LUDWIG WATZAL

FRIEDEN OHNE GERECHTIGKEIT?

LUDWIG WATZAL

FRIEDEN OHNE GERECHTIGKEIT?

Israel und die Menschenrechte der Palästinenser
Mit einem Vorwort von Arnold Hottinger

1994
BÖHLAU VERLAG KÖLN WEIMAR WIEN

Für die Übersetzung der Zitate und der Dokumente trägt der Verfasser die alleinige Verantwortung. Die Schreibweise der Namen erfolgte in Englisch.

Die Deutsche Bibliothek – CIP-Einheitsaufnahme

Watzal, Ludwig:
Frieden ohne Gerechtigkeit? : Israel und die Menschenrechte der Palästinenser / Ludwig Watzal. – Köln ; Weimar ; Wien : Böhlau, 1994
ISBN 3-412-02694-8
NE : GT

Umschlaggestaltung: Stephanie Jancke, Köln
Umschlagfoto: Palästinenser am Grenzzaun
(argus, Hamburg)
Satz: Greiner & Reichel, Köln
Gesamtherstellung: Druckerei Plump KG, Rheinbreitbach
Printed in Germany
ISBN 3-412-02694-8

Allen Opfern der Gewalt
im Nahen Osten

DANKSAGUNG

Gegen die Verletzung der Menschenrechte muß sich unabhängig von historischen, politischen und wirtschaftlichen Rücksichtnahmen die Stimme des Protestes erheben, weil die Menschenrechte universelle Gültigkeit besitzen. Der Schutz der individuellen Freiheits- und Bürgerrechte gegenüber dem Staat gehört zu den großen Errungenschaften unserer Geistesgeschichte, und diese gilt es unbedingt zu schützen. Gehört die Verletzung der Menschenrechte in autoritären und totalitären Regimen zum Alltag, sind selbst Demokratien westlicher Prägung dagegen nicht immer gefeit. In solchen Ländern vollziehen sich die Verletzungen nicht offen, sondern geschehen in subtiler Form.

Dem Verfasser ist es nicht leichtgefallen, dieses Buch zu schreiben, da es zu Ergebnissen kommt, die für Israel nicht immer positiv sind. Durch vielfältiges Zureden und Aufmunterungen von seiten meiner jüdischen und palästinensischen Freunde und Freundinnen in Deutschland, Israel und den besetzten Gebieten und durch die positive Ressonanz von den zahlreichen Menschenrechtsorganisationen und engagierten Bürgern habe ich mich letztendlich überzeugen lassen, es fertigzustellen.

Diese Arbeit hätte nicht ohne die bereitwillige Untersützung zahlreicher Menschen erscheinen können. Allen, insbesondere den Repräsentanten der israelischen und palästinensischen Menschenrechtsorganisationen, gebührt mein ausdrücklicher Dank. Meiner Frau Ursula und meinen Kindern Priska Maria, Lioba Teresa und Linus Samuel sei für ihre Geduld und Verständnisbereitschaft besonders gedankt. Dem Böhlau Verlag und seinem Lektor Johannes van Ooyen sei ebenfalls herzlichst Dank gesagt.

Bonn, im Sommer 1994 *Ludwig Watzal*

INHALT

VORWORT

Der Verfasser erinnert sich an die Jahre, in denen die israelischen Behörden und Sprecher behaupten konnten, ihr Besatzungsregime sei ein ganz anderes als alle jene, die es in früheren Zeiten und unter anderen Eroberer-staaten je gegeben habe. Womit sie in den sechziger und frühen siebziger Jahren im europäischen und amerikanischen Westen oft Glauben fanden. Verletzungen der internationalen Legalität gab es natürlich schon damals. Es gab sie genau besehen seit 1949, als die Israelis sich weigerten, die palästinensischen Vertriebenen und Flüchtlinge in ihre Häuser, ja in ihr Land, zurückkehren zu lassen, ungeachtet der oft wiederholten UN-Resolution 194 vom 11. Dezember 1948.

Doch wenn man den israelischen Behauptungen jener Zeit Glauben schenken konnte, daß es den Palästinensern, jedenfalls jenen, die unter israelischer Besetzung lebten und für die Israel daher verantwortlich war, eigentlich recht gut, ja besser gehe als zum Beispiel früher unter jordanischem Regime, war das Gewissen der Außenstehenden erleichtert. Man brauchte nicht zu protestieren oder gar zu versuchen, etwas wirksames zu unternehmen, wenn es »nur« um die Verletzung von Paragraphen des internationalen Rechtes ging, das ohnehin nicht so genau funktionierte, während in der Praxis alles ganz leidlich eingerichtet zu sein schien.

Die arabische Sicht der Lage war freilich schon damals eine ganz andere. Die ersten Klagen über Folterungen durch die israelischen Sicherheitsdienste gelangten schon 1968 in ausführlichen und weitgehend übereinstimmenden, wenngleich nicht strikt kontrollierbaren Darstellungen nach Beirut. Man wird nicht fehlgehen in der Annahme, daß die Mißhandlungen in Verhören in der Zeit begannen, als die damals noch junge PLO versuchte, ihren Kampf im Inneren der besetzten Gebiete zu führen. Auch Yassir Arafat befand sich nach der arabischen Niederlage von 1967 dort. Die israelischen Geheimdienste benötigten damals um jeden Preis Informationen. Sie scheinen sie auch, mit den besagten Methoden, erhalten zu haben.

Doch all dies wurde von fast allen Israelis, von all ihren Sympathisanten im Ausland und auch von vielen, die sich ein möglichst objektives Bild der Lage zu machen versuchten, mit Schwung und oft mit Empörung unter den Teppich geschoben. »Die Araber«, so hieß es, hätten bekanntlich viel Phantasie, auch »kriminelle Phantasie«, und auf solche allein seien die Foltervorwürfe zurückzuführen. Wer versuchte, auch nur die Möglichkeit einer anderen Erklärung ins Auge zu fassen, wurde lauthals als »Antisemit« verschrien. Doch die Berichte über Mißhandlungen und Folterungen nahmen nicht ab. Sie gewannen im Gegenteil über die Jahre hinweg eine solch solide Konsistenz, daß es schwer fiel, ihre Existenz abzustreiten.

Auf der arabischen Seite gilt es heute als selbstverständlich, daß ein Araber, der von israelischen Sicherheitsleuten oder Soldaten gefangen genommen wird, mit Demütigungen, Beleidigungen und Schlägen mehr oder weniger brutaler Art zu rechnen hat. Wenn er Pech hat, drohen ihm auch schwere Folterungen, die langfristige, wenn nicht sogar lebenslange physische und psychische Schäden verursachen. Die Israelis haben in der Praxis auch aufgehört, dies in Abrede zu stellen. Zur Rede gestellt, pflegen sie sich mit Behauptungen der Art zu begnügen wie: Es sei ja alles gar nicht so schlimm; »die Araber« neigten bekanntlich zu Übertreibungen; aber natürlich würden die Araber nicht immer mit Seidenhandschuhen angefaßt; es sei ja auch nötig, Informationen zu erhalten etc.

Die Mißhandlungen und Folterungen sind – ungeachtet ihrer hohen Zahl – natürlich nicht die einzigen Leiden, die die Besatzungsmacht der palästinensischen Bevölkerung zufügt. Sie stellen nur die Spitze eines Eisberges dar, dessen untere Schichten unter Begriffen wie Rechtsunsicherheit, wirtschaftliche Ausnützung, Beraubung des eigenen Bodens, bürokratische Schikanierung, systematische Beleidigung und Entwürdigung sowie kolonialistische Entmenschlichung zusammengefaßt werden können.

Ein Vorwort kann nicht der Ort sein, um diese Anklagen in allen Einzelheiten zu belegen. Es muß sich mit einigen Schlaglichtern begnügen.

Rechtsunsicherheit: Die Besatzungsbehörden erlassen Rechtsdekrete nach ihrem Gutdünken, die für die besetzten Gebiete gültig sind. Militärkommandanten besitzen und benützen ausgiebig Vollmachten, die zu einschneidenden Zwangsmaßnahmen führen, wie zum Beispiel wochenlange Ausgehverbote und monatelange Aussperrungen der Palästinenser aus Jerusalem.

Wirtschaftliche Ausbeutung: Die zu bezahlenden, aber keine Leistungen abwerfenden Sozialbeiträge der in Israel arbeitenden Palästinenser sind in den 27 Jahren der Besetzung auf Milliardenbeträge angestiegen. Mehr als die Hälfte des Bodens in den besetzten Gebieten ist während der Besetzung in israelische Hände übergegangen. Die Proletarisierung der palästinensischen Bauern, die dadurch entsteht, ist überall sichtbar, wenn man nur hinschauen will. »Berühmt« sind die sogenannten »Sklavenmärkte« in den arabischen Siedlungen, auf denen israelische Unternehmer sich frühmorgens die von ihnen benötigten Tagelöhner abholen.

Die bürokratische Schikanierung ist ein weniger bekannter Prozeß, weil er sich in aller Stille in und vor den Amtsstuben abspielt. Doch es gibt auch darüber sehr glaubhafte Berichte.

All dies war schon vor der Intifada soweit getrieben worden, daß es den eigentlichen Grund zum Ausbruch dieser Verzweiflungsbewegung abgab. Seither und durch die harten Reaktionen auf den palästinensischen Aufstand hat sich alles um ein Vielfaches verschlimmert.

Ist es sinnvoll, all diese Anklagepunkte ausgerechnet heute vorzubringen, wo die Propagandisten aller Seiten, sogar jene der PLO, davon reden, daß ein »Frieden« zwischen Israel und den Palästinensern vor der Türe stehe, ja praktisch bereits abgeschlossen sei? Die Antwort auf diese Frage muß »Ja!« lauten. Zum ersten, weil die angedeuteten Mißhandlungen von Menschen und die Mißachtung ihrer Rechte gegenwärtig ungeschmälert andauern. Zum anderen aber, weil die Erkenntnis dessen, was wirklich stattfand und stattfindet eine unabdingbare Grundlage für alles politische Handeln in bezug auf das künftige friedliche Zusammenleben beider Völker sein müßte. Die Palästinenser können nicht »gerecht« behandelt werden, solange man vor sich selbst, vor ihnen und vor der ganzen Welt abstreitet und leugnet, was sie erleiden mußten und bis zur Gegenwart weiter erleiden. Dies ist nicht nur eine moralische, sondern auch eine politische Grundfrage. Es wird und kann keinen wirklichen Frieden geben, solange die Israelis sich selbst und dem Rest der Welt erklären, sie hätten immer moralisch und politisch richtig, gerecht und sauber gehandelt. Nur wenn sie einmal selbst erkennen, daß sie den Palästinensern schweres Unrecht angetan haben, besteht die Möglichkeit, daß ein dauernder Frieden mit ihren heutigen Untertanen und künftigen Nachbarn (?) zustande kommen kann.

Madrid, im April 1994 *Arnold Hottinger*

I.
FRIEDEN IN ISRAEL UND PALÄSTINA? EINE EINFÜHRUNG

Durch den Zusammenbruch des letzten holistischen Weltdeutungssystems avancieren die Menschenrechte immer stärker zum Hoffnungsträger in einer Welt der Diktaturen, der Unterdrückung und des Unrechts. Sie werden dort zu einem Thema, wo Freiheit und Selbstbestimmung der Menschen mißachtet werden. Die Menschenrechtsthematik bewegt das moralische Gewissen wie nur wenige Themen unserer Zeit. Sie besitzt geradezu eine explosive, eine subversive Kraft. Die Menschenrechte sind eine permanente Herausforderung an jede Regierung; sie stellen ein Kontrastprogramm gegenüber überzogenen staatlichen Ansprüchen dar. Durch sie wird politisches Handeln begründet, bestimmt und eingeschränkt. Deshalb hat die Forderung nach der Achtung der Menschenrechte nichts mit Moralisieren zu tun, weil ihre Umsetzung in der politischen Ordnung geschieht. Sie gehören somit der Sphäre des Rechts und der Politik an.

Menschenrechte sind in der Natur des Menschen begründet. Der französische Philosoph Jacques Maritain hat dafür in seinem Buch »Man and the state« eine klassische Begründung geliefert: »Sie sind unveräußerlich, weil sie in der Natur des Menschen gründen, die natürlich niemand verlieren kann.« Die Menschenrechte sind somit kulturübergreifend gültig. Diese Begründung verbietet es deshalb jeder staatlichen Autorität, Individual- und Freiheitsrechte gewaltsam einzuschränken, weil sie der Verfügungsgewalt des Staates entzogen sind; sie sind Rechte des Menschen gegenüber dem Staat. Demzufolge macht sich jede staatliche Autorität einer Verletzung der Menschenrechte schuldig, die die Freiheit des Menschen gewaltsam einschränkt.

Um wieviel mehr trifft dies für einen Staat wie Israel zu, der sich völkerrechtswidrig eines fremden Territoriums bemächtigt hat, seine Bewohner unterdrückt und das Land durch seine eigene Bevölkerung kolonisiert. Die heutige israelische Ministerin Shulamit Aloni, beschrieb die Lage Israels 1991 folgendermaßen: »Falls wir die Entscheidung der Vereinten Nationen akzeptieren, daß das Zeitalter des Imperialismus in der Welt vorbei ist, haben wir in dem palästinensischen Land nichts zu suchen, beuten es nur aus und unterdrücken es mit militärischen Mitteln.« Die Behandlung der Palästinenser ist »unmoralisch« und fußt auf folgender Philosophie: »Dein ist Mein und Mein ist Mein«, so Aloni.

Die Menschenrechte der Palästinenser werden in den besetzten Gebieten systematisch von Israel verletzt. Dies ist kein singulärer Vorgang, sondern ein permanentes Phänomen, das alle Bereiche des Lebens der Palästinenser berührt. Die Kritik an dieser Verletzung kommt primär nicht aus dem Ausland, sondern israelische Persönlichkeiten und Menschenrechtsorganisationen klagen die eigene Regierung wegen gravierender Verstöße gegen die Rechte der Palästinenser an. Die »Prinzipienerklärung über vorübergehende Selbstverwaltung« vom 13. September 1993 und das am 4. Mai 1994 in Kairo unterzeichnete »Gaza-Jericho-Abkommen« haben an dieser Situation nichts grundlegendes geändert. Dies ist auch deshalb nicht überraschend, weil Israel über die Palästinenser ein Herrschaftssystem errichtet hat, das qua Existenz unrechtmäßig ist. Die Besetzung und die Form der Beherrschung sind ein gravierender Verstoß gegen das Völkerrecht. Alle von Israel errichteten Siedlungen und der Umzug eines Teils seiner eigenen Bevölkerung in die besetzten Gebiete sind völkerrechtswidrig und werden von der internationalen Staatengemeinschaft auch als solches betrachtet, ohne das diese jedoch dagegen etwas unternimmt. Israel hat bis heute 66 UN-Sicherheitsratsresolutionen, die gegen das Land verabschiedet worden sind, ignoriert.

Engagierte Israelis wie die Rechtsanwältin Felicia Langer, die nach jahrelangem Einsatz für die Rechte der Palästinenser resigniert hat, weil sie im Rahmen des Rechtssystems den Palästinensern nicht mehr helfen konnte, stellte auf der »Folterkonferenz« im Juni 1993 in Tel Aviv fest: »Wenn ein Staat solche Immunität genießt, verliert er alle Hemmungen.« Das israelische Unrecht gegenüber den Palästinensern läßt sich nur durch einen totalen Rückzug aus allen besetzten Gebieten aus der Welt schaffen. Micha Brumlik, Professor für Erziehungswissenschaft an der Universität Heidelberg, kann nur beigepflichtet werden, wenn er in seinem Buch »Weltrisiko Naher Osten« schreibt: »Vielmehr war und ist es meine Überzeugung, daß die Art und Weise, in der sich Israel gegenüber den Palästinensern verhält, nicht nur moralisch empörend ist, sondern auch allen Geboten universaler und jüdischer Ethik Hohn spricht, nicht zuletzt deshalb, weil diese Menschenrechtsverletzungen überflüssig und auch durch das kategoriale Gebot der Lebensrettung nicht zu rechtfertigen sind.«

Zu den schärfsten Kritikern der israelischen Politik gegenüber den Palästinensern gehört der 91jährige Philosoph und orthodoxe Jude Yeshayahu

(Jesaja) Leibowitz. Seit Jahren fordert er junge Israelis auf, den Wehrdienst in den besetzten Gebieten zu verweigern. Seit der Besetzung im Juni 1967 verlangt er die kampflose Preisgabe des palästinensischen Landes, weil andernfalls der jüdische Charakter des Staates gefährdet würde. Wie andere kolonialistische Regime sei auch Israel nicht gegen die korrumpierenden Auswirkungen der Okkupation gefeit. In einem Interview mit der Zeitschrift »Die Neue Gesellschaft/Frankfurter Hefte« vom April 1993 vertritt er die These, daß Israel »die Gewaltherrschaft über ein anderes Volk« ausübe. Daß in diesem Zusammenhang immer wieder vorgebrachte Sicherheitsargument sei »eine bewußte Lüge«,..., »nur ein Vorwand«, weil es in der Geschichte keinen Fall gebe, wo eine Eroberung zur Sicherheit nötig gewesen sei. Durch das zum Dogma erhobene Unsicherheitsgefühl rechtfertigt aber die politische Klasse in Israel alle antidemokratischen und menschenrechtswidrigen Maßnahmen gegen die Palästinenser, obwohl durch die moderne Waffentechnik dabei der Besitz von Territorium eine immer unbedeutendere Rolle spielt. Die Berufung auf die Sicherheit hat sich als ein bequemes Instrument zur Unterdrückung der Palästinenser erwiesen; dies wird auch in dieser Untersuchung dokumentiert. Das Sicherheitsargument wird selbst vom Obersten Gericht in Israel (HCJ) zur Begründung völkerrechtswidriger Deportationen, Zerstörung von Häusern und anderer Entscheidungen als ein juristisches Hilfsmittel verwandt. Nach Ruchama Marton von PHR hat »das Oberste Gericht versagt, die Rechte der Palästinenser hochzuhalten.«

Seit 27 Jahren hat das Sicherheitsestablishment immer wieder betont, daß jeder Zentimeter besetzten Landes lebenswichtig für die Sicherheit Israels sei. Dies war immer eine Schutzbehauptung, um soviel palästinensischen Landes wie nur möglich in Besitz zu nehmen. Insbesondere nach der Unterzeichnung der »Prinzipienerklärung« hat die Beschlagnahme unvorstellbare Ausmaße angenommen. So wurden allein im Dezember 1993 36.490 Dunums konfisziert, wie Dalia Habash im Januar-Heft des Magazins »Challenge« berichtet.

Jerusalem gilt als die auf ewig ungeteilte Hauptstadt des Staates. Ein Teil der politischen Klasse hat sich anläßlich des 25. Jahrestages der Vereinigung der Stadt bereitgefunden, den sogenannten »Jerusalemer Bund« (Anhang, S. 353f.) zu unterzeichnen, der vom Obersten Richter Menachem Elon verfaßt worden ist. Mit diesem quasi »heiligen« Vertrag, der zwischen den Unterzeichnern und Jerusalem geschlossen worden ist, geben die Unterzeichner vor, im Namen aller Juden auf der Welt zu handeln. Abgesehen von der Tatsache, daß man keinen Vertrag zwischen Lebenden und einem leblosen Objekt abschließen kann, soll dieser Akt primär als ein Signal an die Palästinenser verstanden werden: Vergeßt Ost-Jerusalem!

Dieser »Bund« stellt eine Verbindung zwischen dem himmlischen und weltlichen Jerusalem her. Inbrünstig endet dieser »Vertrag«: »Wir werden dich für immer an uns binden, mit Treue, Rechtschaffenheit und Gerechtigkeit, mit unerschütterlicher Liebe und Erbarmen. Wir lieben dich, Jerusalem, mit immerwährender Liebe, mit grenzenloser Liebe, belagert und befreit vom Joch der Unterdrücker. Wir sind für dich gemartert worden; wir haben uns nach dir gesehnt, wir haben an dir festgehalten. Unsere Treue zu dir werden wir an unsere Kinder weitergeben. Für immer und ewig soll unsere Heimat in dir sein.« Die Nachricht an die Palästinenser ist unmißverständlich: Wir, die die politische, wirtschaftliche und religiöse Macht besitzen, werden in Ost-Jerusalem bleiben und entscheiden, wer dort leben darf und wer nicht.

Dieser religiös politischen Rhetorik erteilt Leibowitz in einem Interview mit dem Magazin »Challenge« eine deutliche Absage. Weder Jerusalem noch der Staat Israel habe irgendeine spirituelle Bedeutung für Juden. Israel sei kein jüdischer Staat, weil in ihm eine große Minderheit von Nichtjuden lebe. Es gebe keinen Unterschied zwischen Jerusalem und dem Rest des Landes. Die relative Bedeutung Jerusalems für das Judentum wird aus einem Gespräch Nahum Goldmanns mit einem Rabbiner deutlich, über das er in seinem Buch »Das jüdische Paradox« berichtet. Goldmann fragte den Rabbiner: »Ist es ein religiöses Gesetz, die Altstadt in Jerusalem mit aller Macht behalten zu wollen?« Der Rabbiner antwortete: »Es ist eine Absurdität. Das oberste Gesetz des Judentums ist die Achtung vor dem eigenen Leben, außer in zwei Fällen: wenn man sie dazu zwingt, Gott zu verleugnen oder einen Menschen umzubringen. Dann müssen sie den Tod wählen. Aber ansonsten ist es das wichtigste, das Leben zu erhalten. Das Leben eines einzigen Soldaten zu opfern, um Jerusalem zu erobern, verstößt gegen das jüdische Gesetz.«

Viele Intellektuelle halten die Besetzung für ein moralisches Übel, das tiefe Spuren in der israelischen Gesellschaft hinterlassen hat. Sie sind nicht mehr bereit, die Auswirkungen länger hinzunehmen, weil sie das gesamte israelische Wertesystem untergraben. Der Rabbiner David Forman von den RHR, der vor 24 Jahren aus den USA nach Israel eingewandert ist, meint: »Angenommen wir müssen die besetzten Gebiete behalten, den Palästinensern die Menschenrechte verwehren und bis an die Zähne bewaffnet sein. Falls so die Zukunft aussieht, bin ich nicht sicher, ob ich hier bleiben werde. Einen Staat aufrechtzuerhalten, der die Menschenrechte verwehrt, ist kein jüdischer Staat mehr.« Der Direktor von RHR, Ehud Bandel, betont die moralischen Auswirkungen auf die eigene Gesellschaft: »Die Besetzung schädigt unseren Charakter.« Er glaubt, daß »wir alle schuldig sind. Es gibt hier einfach schreiendes Unrecht, und es ist klar, daß die Palästinenser Opfer einer Realität geworden sind, für die wir verantwortlich sind.«

Hat sich die Situation der Menschenrechte durch die »Prinzipienerklärung« und das »Gaza-Jericho-Abkommen« zum Positiven verändert? Gehört die Kritik an den Menschenrechtsverletzungen durch Israel der Vergangenheit an und somit auf den Müllhaufen der Geschichte? Wird diese »Prinzipienerklärung« den Frieden im Nahen Osten und einen Palästinenserstaat bringen? Widerfährt den Palästinensern durch das Abkommen Gerechtigkeit? Mit diesem ersten Schritt wurde nur der gordische Knoten durchschlagen, die jahrzehntelange Mauer der Sprachlosigkeit eingerissen und das Prinzip der Zweistaatlichkeit grundsätzlich anerkannt. Trotzdem kann keine Entwarnung gegeben werden. Nach übereinstimmender Meinung aller Repräsentanten der israelischen und palästinensischen Menschenrechtsorganisationen hat sich an der Lage der Menschenrechte vor Ort grundsätzlich nichts geändert – abgesehen von jenen Gebieten, aus denen Israel seine Truppen verlegt (Gaza-Streifen) oder abgezogen (Jericho) hat –, ja die Lage habe sich in einigen Bereichen sogar noch verschärft, wie zum Beispiel durch die Tötung von Palästinensern durch das Militär und die »Spezialeinheiten«. Noch immer werden Palästinenser gefoltert, Häuser zerstört und versiegelt, »gesuchte Personen« gejagd und liquidiert, Siedlungen errichtet und alte ausgebaut, Land beschlagnahmt, Baugenehmigungen verweigert, Kollektivstrafen wie Ausgangssperren verhängt und Administrativhaft angeordnet. Die totale Abriegelung der besetzten Gebiete, die seit dem 30. März 1993 in Kraft ist, wurde noch verschärft und hat verheerende wirtschaftliche Auswirkungen auf die Bewohner, das Recht auf Familienzusammenführung wird als Privileg angesehen, die Militärgerichte fällen weiter Urteile aufgrund dubioser Beweise u.v.m. Positiv ist nur der Rückgang der gewaltsamen Zusammenstöße und der Tötungen von seiten des israelischen Militärs.

Es wäre naiv anzunehmen, daß das seit hundert Jahren begangene Unrecht, das Leid und die Wunden, die sich beide Seiten geschlagen haben, der Haß, der tief im Bewußtsein der Menschen sitzt, die gegenseitige Dehumanisierung in Form von Zerrbildern wie »Zionisten« und »Imperialisten« hier, »Terroristen« und »Mördern« dort durch dieses Abkommen aus der Welt geschafft worden wäre. Die Abkommen regeln nichts Wesentliches; noch lösen sie auch nur ein einziges Problem. Sie sprechen viel von Kontrolle und einer »starken« Polizei und zu wenig von Demokratie. Dies zeigte sich auch darin, daß auf israelischer Seite hohe Generäle die verschiedenen Verhandlungsdelegationen leiteten. Die Nachricht an die Palästinenser sollte klar sein: Israel ist primär an seiner Sicherheit und der der Siedler interessiert, alles andere ist zweitrangig und wird gemäß israelischen Sicherheitsinteressen definiert. Die palästinensische Polizei wird 9000 Mann umfassen, die mit einigen leicht gepanzerten Fahrzeugen ausgerüstet und bewaffnet sein werden. Arafat wollte ursprünglich eine Truppe von 20.000 bis 30.000 Mann unter anderem für Paradezwecke aufstellen. Auch in dieser Frage mußte er kleinbeigeben. Trotz dieser Einigung wurden alle Knackpunkte zwischen Israel und den Palästinensern ausgeklammert. Bei diesem Abkommen und seinen am 4. Mai 1994 in Kairo unterzeichneten Folgevereinbarungen handelt es sich um keines zwischen gleichberechtigten Partnern. Sie sind asymmetrisch und dienen Israel dazu, internationale Legitimation zu erhalten, ohne die Lage der Palästinenser substantiell verbessert zu haben. Die Beseitigung dieser Ungleichbehandlung sieht die ehemalige Sprecherin der palästinensischen Verhandlungsdelegation, Hanan Ashrawi, als Voraussetzung dafür an, daß die Wunden heilen können, wie sie in einem Interview mit der »Wochenpost« vom 7. April 1994 betonte.

Die »Prinzipienerklärung« enthält verschiedene Aspekte, die eine unterscheidliche Wertigkeit besitzen.

Obwohl das Abkommen nicht die nationalen Rechte der Palästinenser erwähnt, ist es trotzdem das erste Mal, daß Israel offiziell die Palästinenser und ihre legitimen Rechte anerkannt hat. Das Abkommen legt den Grundstein für ein palästinensisches Gebilde, das Arafat bei seinem ersten Bonn-Besuch im Dezember 1993 als Staat bezeichnet hat. Die »Prinzipienerklärung« enthält die potentielle Möglichkeit für Zusammenarbeit und Koexistenz und den historischen Kompromiß zwischen beiden Völkern. Um dies auszuschöpfen, müssen beide Partner aber mit lauteren Absichten seine Umsetzung betreiben.

Durch den Abzug und die Umgruppierung der Truppen von Gaza und Jericho gibt Israel nach 27 Jahren erstmals ideologische und praktische Positionen auf, die bisher immer als irreversibel galten.

Als Ziele sind eine palästinensische Interimregierung und ein demokratisch gewählter Rat für eine Übergangszeit von höchstens fünf Jahren angestrebt. Nach dieser Zeit soll es dann zu einer permanenten Vereinbarung auf der Grundlage der UN-Sicherheitsratresolutionen 242 und 338 kommen.

Die Abhaltung von Wahlen unter internationaler Kontrolle soll einen wichtigen Schritt auf dem Weg zu einer Realisierung der legitimen Rechte des palästinensischen Volkes und deren gerechter Forderungen sein. Die Teilnahme der Palästinenser aus Ost-Jerusalem ist zugesichert, aber es werden nicht die konkreten Bedingungen genannt; so können sie mitwählen, aber nicht gewählt werden.

Bei der Übergabe der Macht muß zwischen Gaza und Jericho einerseits und dem Rest der Westbank und Ost-Jerusalem andererseits unterschieden werden. Im ersteren Falle wird alle Gewalt auf die Palästinenser übertragen. Den Rest der Westbank betreffend, soll auf den Gebieten Kultur, Gesundheit, direkte Besteuerung, Dienstleistungen und Tourismus die Macht an Palästinenser übertragen werden.

Was die Jurisdiktion anbelangt, spricht das Abkommen von einer Einheit des Gaza-Streifens und der Westbank, deren Unverletzlichkeit erhalten bleiben soll. Die Palästinenser wollen Ost-Jerusalem darin eingeschlossen wissen, die Israelis dagegen nicht.

Die entgültigen Verhandlungen über den Status werden nach zwei Jahren vom Beginn der Interimsperiode gerechnet beginnen, was obligatorisch ist. Die palästinensische Seite muß hier auf Eile drängen, weil sonst zu befürchten ist, daß die Israelis den Status weiter zu ihren Gunsten verändern werden, was im Falle des Großraums Jerusalem schon kräftig geschieht.

Folgende Aspekte sind jedoch schwerwiegender als die bereits genannten. Eine politisch, wirtschaftlich und moralisch stark angeschlagene PLO-Führung hat mit der Unterzeichnung der »Prinzipienerklärung« den hundertjährigen Anspruch des Zionismus auf »Eretz Israel« (Land Israel) und die damit verbundene Zerstörung der palästinensischen Gesellschaft anerkannt und zugegeben, daß ihr dreißigjähriger nationaler Widerstand »Terrorismus« war, daß jene Artikel in der palästinensischen Charta zu streichen sind (28 von 33), die explizit oder andeutungsweise zur Vernichtung Israels aufriefen, daß der Terror und die Terroristen zu bekämpfen seien. (Die Anerkennung des Existenzrechtes Israels im November 1988 in Algier durch die PLO implizierte bereits die Außerkraftsetzung der palästinensischen Nationalcharta.) Die PLO hat des weiteren Israel das Tor zu den Märkten der arabischen Länder aufgestoßen, der Besetzung den Anschein der Legalität gegeben und die arabische Anerkennung Israels eingeläutet. Israels Isolation in der Region ist damit aufgehoben, was als positiv zu bewerten ist.

Dieses Abkommen stellt nach der Gründung des Staates Israel im Jahre 1948 den größten Erfolg israelischer Diplomatie dar. Es war eine diplomatische Glanzleistung von Ministerpräsident Yitzhak Rabin und Außenminister Shimon Peres, wobei letzterem wohl das größere Verdienst zukommen dürfte. Israel brauchte nicht einmal anzuerkennen, daß es Besatzungsmacht ist. Dieser völkerrechtswidrige Zustand wurde niemals von der internationalen Staatengemeinschaft ernsthaft in Frage gestellt, ja selbst die PLO hatte ihn durch das Abkommen auch noch sanktioniert. Israel konnte alle seine Vorstellungen durchsetzen. Dies ist auch ein Zeichen dafür, daß die Verhandlungsposition Arafats schwach gewesen sein muß. Die »Prinzipienerklärung« geht sogar noch hinter die Madrider Formel vom »Land gegen Frieden« zurück. Yassir Arafat und die Reste seiner PLO müssen sich schon deshalb heute fragen lassen, ob sie in drei Jahren über die Modalitäten der »Bantustanisierung« mit Israel verhandeln wollen. Das israelische Autonomiekonzept sieht nämlich nur eine Autonomie für die Menschen, nicht aber für die Gebiete vor. Wenn das Abkommen und seine Umsetzungsmodalitäten den Palästinensern nicht einen gerechten Anteil an der Macht und wirkliche Souveränität garantieren, wird es weder zum Frieden noch zu einem Palästinenserstaat führen, wie einige Optimisten der Öffentlichkeit immer noch einreden wollen. Seinen Pessimismus hat Haider Abdel Shafi am 8. Dezember 1993 in der »taz« zum Ausdruck gebracht: »Ich glaube nicht, daß es jemals zu einem palästinensischen Staat kommen wird.«

Einer vernichtenden Kritik unterzog Meron Benvenisti in »Ha'aretz« vom 12. Mai 1994 das Abkommen. Neben der Phraseologie und bewußten Desinformation müsse man sehen, daß »Israels Sieg total war und die palästinensische Niederlage verächtlich«. Alle Vorschläge, die Ariel Sharon vor 14 Jahren Ägypten gemacht und die das Land abgelehnt habe, seinen jetzt von Arafat im »Anhang über Sicherheit« akzeptiert worden. Das Abkommen sei nichts anderes als die Rechtfertigung des Status quo in den besetzten Gebieten, so Benvenisti. Einer noch vernichtenderen Kritik unterzog die Professorin für Linguistik und Literatur an der Universität von Tel Aviv, Tanya Reinhart, in der Wochenendbeilage von »Ha'aretz« vom 27. Mai 1994 die Vereinbarungen zwischen Israel und der PLO. Sie wendet sich gegen den Vergleich vom Ende der Apartheid in Südafrika und dem »Gaza-Jericho-Abkommen« und stellt fest, »das Abkommen mit der PLO erinnert eher an den Beginn der Apartheid als an deren Ende«. Ihr Vergleich der autonomen Gebiete mit den Homelands in Südafrika ist sehr überzeugend, weil deren Ähnlichkeit so frappierend ist. »Die Lage, die durch das ›Gaza-Jericho-Abkommen‹ geschaffen worden ist, … ist fast identisch.«

Der Vorteil dieser Vereinbarungen liegt für Israel darin, daß es die unangenehmen Seiten des unregierbaren Gaza-Streifens so billig losgeworden ist, ohne dafür einen entsprechenden politischen Preis zu zahlen. Das einzige »substantielle« Zugeständnis Israels ist der direkte Dialog mit der PLO.

Die Schwäche Arafats kommt auch darin zum Ausdruck, daß es ihm nicht gelungen ist, für die Übernahme des Gaza-Streifens den totalen Abzug Israels und die Auflösung der israelischen Siedlungen in einem Zeitraum von zum Beispiel zwei bis drei Jahren erreicht zu haben; dies wäre eine substantielle Konzession gewesen. Das Gegenteil ist eingetreten: Die palästinensischen Behörden haben über die 5400 Siedler im Gaza-Streifen keinerlei Autorität. Sie werden vom israelischen Militär bewacht. Die Siedlungen sind quasi exterritorial; ihnen steht weiterhin der halbe Gaza-Streifen zur Nutzung zur Verfügung. Auf dem verbleibenden Rest tummeln sich 800.000 Palästinenser. Es gelten zwei verschiedene Rechtssysteme weiter. Nur ein geringer Teil der Militärerlasse wurde außer Kraft gesetzt. Die Verhandlungen um die Konkretisierung der »Prinzipienerklärung« haben gezeigt, daß man kaum in der Lage war, Petitessen wie die Größe Jerichos, die Kontrolle über die Grenzen oder die Umgruppierung der Truppen zu lösen. Israel behält sich das alleinige Recht vor, über Fragen der Außenpolitik, der Wirtschaft und alle Belange der nationalen Sicherheit zu bestimmen. Bei all diesen Punkten mußte die PLO letztendlich die leicht modifizierte Position Israels akzeptieren. Um wieviel schwerer wird es erst, wenn in drei Jahren über Wesentliches verhandelt werden soll. Zweifel sind angebracht, ob es jemals zu diesen Verhandlungen kommen wird, obwohl sie im Abkommen vertraglich festgelegt sind. Sollte es Israel gelingen, mit Syrien eine Übereinkunft zu erzielen, wird das Palästinenserproblem zu einer völligen Marginalie.

Wenn die Frage der Siedlungen, die Rückkehr der Flüchtlinge, Jerusalem, die Eigenstaatlichkeit, die Enteignungen, die Entschädigung u.v.m. in drei Jahren auf der Tagesordnung stehen sollten, verfügt die PLO über keinerlei Druckmittel, um von Israel auch nur Minimalkonzessionen erreichen zu können. Die Palästinenser werden auf den guten Willen Israels angewiesen sein, und dieser zählt in den internationalen Beziehungen wenig, wo es um die Durchsetzung von Interessen geht. Sollte es Arafat nicht gelingen, Ruhe und Ordnung unter seinen Landsleuten herzustellen, hat Israel alle Optionen auf seiner Seite. Für diese Situation hat Ministerpräsident Rabin bereits die Rückkehr Israels angekündigt. Somit ist Arafat gezwungen, zusammen mit der israelischen Armee und dem Geheimdienst, den Widerstand gegen das Abkommen niederzuschlagen. Die Konsequenzen einer solchen Kooperation könnten die Einschränkung der Freiheit, die Unterdrückung der Opposition, sprich der Intifada und der Opposition gegen das Abkommen, und schließlich eine Diktatur sein. Die Menschenrechtsorganisationen befürchten zu Recht, daß jetzt die Zeit beginnt, wo Palästinenser die Menschenrechte von Palästinensern verletzen werden, aber dann ohne die Möglichkeit der Appellation an das Oberste Gericht in Israel. Die Menschenrechtsverletzungen von seiten Israels in der Westbank werden – solange die Besetzung fortdauert – weitergehen, weil das Abkommen die Situation dort nur unwesentlich tangiert. Wie berechtigt die Sorgen der Menschenrechtsorganisationen sind, zeigt die Tatsache, daß Arafat nichts Wichtigeres zu tun hatte, als Mitte Mai die Gründung eines palästinensischen Geheimdienstes bekanntzugeben, der von General Mosbah Hanafi Rushdie Sakr geführt werden soll. Nur Arafat habe gewußt, daß Sakr lebe und 27 Jahre in Israel untergetaucht war, so die »SZ« vom 25. Mai 1994.

Israels Motive bei der Ausgestaltung der Vereinbarungen lagen primär auf dem Gebiet der Sicherheit. Dies machte Ministerpräsident Rabin in der Zeitung »Yediot Aharonot« vom 3. September 1993 deutlich. »Ich hoffe, daß wir einen Partner finden, der die Verantwortung über die internen Probleme in Gaza übernimmt und mit ihnen fertig wird, ohne Probleme durch das Oberste Gericht, B'Tselem und alle ›blutenden Herzen‹ zu machen.« Der Knessetabgeordnete und Vorsitzende des Auswärtigen – und Sicherheitsausschusses, General Uri Or, erklärte am 1. September 1993 im israelischen Militärrundfunk: »Zum ersten Mal wurde eine Situation geschaffen, in der jemand anderer die israelischen Sicherheitsinteressen teilt.« Dem pflichtete der Arafat-Berater Bassam Abu Sharif am 3. September 1993 im israelischen Fernsehen bei. »Wir werden im Kampf gegen den Terrorismus zusammenarbeiten.« Und am 2. September 1993 wird auf der Titelseite von »Yediot Aharonot« der Washingtoner Journalist Shimon Shiffer mit den Worten zitiert: »Der Geheimdienst und die PLO werden zusammen für die Sicherheit in Gaza sorgen.«

Des weiteren gibt das Abkommen auch keinerlei Orientierung, wohin die Reise gehen wird. »Interim« – so befürchten auch viele Israelis – wird gleichzeitig der Endzustand sein. Warum wurden keinerlei Verbindungen zwischen diesen beiden Phasen aufgezeigt? Die Zukunft für die Palästinenser bleibt somit völlig offen. Israels Politik der Schaffung vollendeter Tatsachen geht inzwischen unvermindert weiter. So plant die Regierung ein neues Straßennetz für die Westbank, das alle jüdischen Siedlungen miteinander verbindet und die palästinensischen Orte umgeht.

Das Abkommen hat die Verhandlungsposition Israels wenigstens für die Zukunft gestärkt, weil das Land zu seiner Vor-Madrid-Formel zurückgefunden hat. Der Ausbruch der PLO aus der arabischen Koalition hat die Grundlagen für ein Junktim zwischen dem jordanischen und syrischen Abkommen zerstört und die PLO isoliert. Positiv ist das Ausscheren der PLO aus der arabischen Front für Syrien und die anderen auch deshalb, weil sich die Anrainerstaaten Israels jetzt auf ihre eigenen nationalen Interessen berufen können, ohne immer die palästinensischen mitberücksichtigen zu müssen.

Bedeutet das Abkommen nur die alte Okkupation in einem neuen Gewand? Die Frage ist, welcher Grad der Autonomie erreicht wird. Ist es nur eine Selbstverwaltung des Mülls und der Abwässer oder umfaßt sie alle Aspekte des Lebens? Wie die Abkommen zeigen, werden die Palästinenser nicht die Kontrolle über die Grenzübergänge erhalten. Diese Form der Autonomie schließt noch nicht einmal das Recht der Palästinenser ein, das Aufenthaltsrecht ihrer eigenen Bevölkerung allein bestimmen zu können. Wer ein- und ausreist, wird also von der Entscheidung Israels abhängen. Die Palästinenser können ohne die Zustimmung Israels nichts selbständig entscheiden. Dan Diner schrieb in seinem Buch »Keine Zukunft auf den Gräbern« nach dem Massaker in Sabra und Shatila 1982 in Beirut Sätze, die immer noch Gültigkeit besitzen. »Es kann keine moralisch und politisch begründbare jüdisch-israelische Existenz auf Kosten ... der Palästinenser geben.« Ist Israel wirklich ernsthaft bereit, eine gemeinsame Perspektive und Zukunft mit den Palästinensern und vice versa zu entwickeln? Demzufolge ist diese Art der Autonomie nur eine modifizierte Variante der Okkupation. Ob sich dadurch die Lage der Menschenrechte der Palästinenser verbessern wird, bleibt abzuwarten. Die Warnung des ehemaligen Leiters der palästinensischen Delegation, Haidar Abdel Shafi, daß »die Verzweifelung sehr grausam sein wird, falls die Erwartungen der Menschen nicht befriedigt werden«, sollte ernstgenommen werden.

Langsam setzt sich unter den Palästinensern die Überzeugung durch, daß sie zu den Verlierern der Abkommen zählen. Sie bedeuten die Festschreibung der Palästinenser auf dem Niveau sozialer Unterwerfung ohne eine positive Perspektive. Je länger die Verhandlungen dauerten, desto geringer war die Zustimmung der Bevölkerung. Wie das Massaker auf betende Muslime in der Ibrahim-Moschee in Hebron und die als Vergeltung erfolgten Terroranschläge in Afula und Hadera in Israel zeigen, haben es sich die radikalen Gruppierungen auf beiden Seiten zum Ziel gesetzt, das Abkommen zu Fall zu bringen und den Verhandlungsprozeß zu stoppen; dies darf ihnen aber nicht gelingen. Die Rückkehr zum Status quo ante kann nicht die Alternative sein. Der Prozeßcharakter dieses Prozesses muß positiv genutzt werden. Daß weitere Demütigungen Arafats nicht im Interesse Israels liegen können, haben Außenminister Shimon Peres und Umweltminister Yossi Sarid erkannt. Letzterer forderte noch Mitte Februar 1994, daß ein starker Arafat im Interesse Israels sei. Das israelische Fernsehen zitierte Peres mit den Worten: »Wir dürfen Arafat nicht zu sehr schwächen, sonst ist er nicht in der Lage, Gaza und Jericho zu regieren.« Wird er dies unter den Bedingungen der Abkommen jemals sein?

Mit dieser Untersuchung soll nicht die Tatsache des palästinensischen Widerstandes und Terrorismus' bis heute gegenüber Israel geleugnet werden. Durch ihn sind zahllose Israelis unschuldig zu Tode gekommen, und der 46jährige Existenzkampf des Staates Israel hat zirka 18.000 Soldaten das Leben gekostet. Dieser permanente Ausnahmezustand kann jedoch nicht als Rechtfertigung für eine Demokratie dienen, die Menschenrechte der Palästinenser jahrzehntelang zu verletzen. Auch das palästinensische Volk hat ebenso zahllose Tote und über eine Million Flüchtlinge durch diesen Konflikt zu beklagen.

Sind wir Deutsche aufgrund unserer Vergangenheit berechtigt, Kritik an der israelischen Menschenrechtspolitik zu üben? Von einigen Israelis wird Deutschland jedes Recht der Kritik an seiner Politik gegenüber den Palästinensern abgesprochen. Die besonderen Beziehungen zwischen beiden Staaten sind jedem verantwortungsbewußten Menschen in Deutschland bewußt und können nicht ohne unsere tragische Vergangenheit verstanden werden. »Die Erben der Opfer und die Erben der Mörder gehören zusammen und sind aufeinander angewiesen«, wie es Yehuda Bauer von der Hebräischen Universität in Jerusalem nennt. Daraus resultiert eine schicksalhafte Verbindung. Wir Deutschen stehen in einer besonderen Haftung für unsere Vergangenheit und deshalb auch für die Zukunft. Konkret heißt dies, daß aus unserer Geschichte eine Verantwortung für das Wohlergehen Israels, aber auch für das der Palästinenser erwächst, weil sie die direkt Betroffenen der israelischen Politik sind. Uns kann ihr Schicksal nicht gleichgültig sein. Obwohl wir am Leid der Palästinenser unschuldig sind, erwächst aus unserer Vergangenheit auch für sie eine besondere Verantwortung. Demzufolge müssen wir die einzige Demokratie des Nahen Ostens überall dort kritisieren, wo rechtsstaatliche Standards und die Menschenrechte verletzt werden. Neben dieser Kritik darf es deutscherseits keinerlei Frage geben, daß wir in politisch schwierigen Zeiten Israel unterstützen müssen. Leider haben wir diesen Test im Golfkrieg nicht bestanden. Die anschließenden Reisen deutscher Politiker mit Schecks in ihrem Gepäck hinterließen in Israel nur einen fahlen Nachgeschmack. Mit der gleichen Konsequenz, mit der wir uns für das Existenzrecht Israels einsetzen müssen, sollten wir aber auch für die Einhaltung der Menschenrechte der Palästinenser eintreten und auf Israel in diesem Sinne einwirken.

Die Kritik an Menschenrechtsverletzungen gilt universal. Kritik am völkerrechtswidrigen Verhalten Israels und der Verletzung der Menschenrechte der Palästinenser hat nichts mit Antijudaismus oder Antisemitismus zu tun. In ihrer Autobiographie »Zorn und Hoffnung« forderte die israelische Rechtsanwältin Felicia Langer die Deutschen auf, »nicht mehr zu diesen Vorgängen zu schweigen und trotz eines möglichen Antisemitismusvorwurfs sich von Israel nicht länger moralisch erpressen zu lassen. So will Israel die Stimme des Gewissens, die sich gegen unsere Vergehen an den Palästinensern erhob, zum Schweigen bringen – durch Erinnerung an die Verbrechen, die die Nazis uns gegenüber begangen hatten. So lautet der Haupteinwand Israels: ›Mit eurer Vergangenheit habt ihr kein Recht, uns Moral zu lehren‹.« Oder Yvonne Deutsch von den »Frauen in Schwarz« in »Publik Forum« vom 4. Juni 1993: »Die Friedensbewegung in USA und in Europa muß versuchen, über die öffentliche Meinung und die Regierungen Druck auf Israel auszuüben. Die Deutschen haben damit ein besonderes Problem. Aber sie müssen lernen, wie man mit dem Vorwurf des Antisemitismus umgeht. Kritik an der Politik Israels hat mit Antisemitismus nichts zu tun. Es ist an der Zeit, den Holocaust und Israel voneinander zu trennen. Die Vernichtung der Juden ist das eine, die Verfolgung der Palästinenser das andere. Wer das ein verurteilt, kann zum anderen nicht schweigen.« Ähnlich äußerte sich Yeshayahu Leibowitz in einem Fernsehinterview. Trotz Holocaust und der vielfältigen Schandtaten, die das jüdische Volk in seiner Geschichte erleiden mußte, werde es nicht von der Verantwortung für die Taten enthoben, die es während seiner 27 Jahre dauernden Besatzungsherrschaft gegenüber den Palästinensern begangen habe. Das Vergangene könne nicht mit dem Gegenwärtigen aufgerechnet werden.

Daß Israel auf Kritik aus Deutschland besonders sensibel reagiert, ist nur zu verständlich. Insbesondere durch die vulgär-nationalistischen Exzesse gegenüber ausländischen Mitbürgern und den wiederaufkeimenden antisemitischen Anschlägen und Schmierereien ist man in Israel sehr beunruhigt und äußert zu Recht Kritik daran. Die Brandanschläge auf türkische Wohnungen, Ausländerwohnheime und eine Synagoge in Lübeck sind alarmierende Zeichen und eine Schande für Deutschland. Uns sollte dadurch deutlich geworden sein, daß wir mit Andersgläubigen und unseren ausländischen Mitbürgern in humanerer Weise als bisher umgehen müssen. Daraus sollte eine Haltung für die Zukunft resultieren, die konsequent gegen Fremdenfeindlichkeit, Antijudaismus, Rassismus und Nationalismus vorgehen muß.

Ist uns Deutschen der »kollektive Verdrängungsmechanismus« durch das Abkommen entwendet worden, wie Micha Brumlik in der »taz« vom

14. September 1993 meinte? Wenn die deutsche Linke wirklich der Meinung war, sie hätte mit ihrem Einsatz für die Rechte der Palästinenser einen Nebenkriegsschauplatz eröffnet, an dem sie ihr permanent schlechtes Gewissen abarbeiten konnte, dann war dies in der Tat eine unpolitische Haltung. Durch die Kritik an israelischen und palästinensischen Menschenrechtsverletzungen sollen deutscherseits nicht die Ermordung der sechs Millionen Juden durch Deutsche kompensiert werden. Dies wäre eine Beleidigung der Toten. Kritik ist deshalb berechtigt, weil die Menschenrechte universelle Gültigkeit besitzen, die Krititk an der Verletzung keine Frage des politischen Standorts ist und das Recht nicht geteilt werden kann. Wer mit wachen Augen durch die Westbank und den Gaza-Streifen fährt, dem springt das dort begangene Unrecht unmittelbar ins Auge; dazu zu schweigen, wäre unverantwortlich. Auf diesen Sachverhalt hat der sozialdemokratische Bundestagsabgeordnete Horst Sielaff im »Sozialdemokratischen Pressedienst« vom 20. April 1994 aufmerksam gemacht.

Israel hat gegenüber den sie umgebenden arabischen Despotien den großen Vorteil, daß es seine zahlreichen Menschenrechtsorganisationen frei und unbehelligt arbeiten läßt, ja es arbeitet sogar partiell mit einigen von ihnen zusammen. Israel kann mit Recht stolz auf seine Demokratie sein, obwohl ohne »liberale Tradition«, wie Shulamit Aloni hervorhebt. Um so mehr sollte das Land darauf achten, auch die Palästinenser an diesen demokratischen Spielregeln teilhaben zu lassen. Ein demokratisches Land wird daran gemessen, inwieweit es sich an rechtsstaatliche Regeln hält und mit seinen Minderheiten umgeht, oder im Falle Israels, wie es seine palästinensischen Staatsbürger und jene Palästinenser behandelt, über die es eine Besatzungsherrschaft ausübt.

So hat auf einem Symposium der »Deutschen Sektion der Internationalen Juristenkommission« im Oktober 1979 in Jerusalem der ehemalige Oberste Richter Gabriel Bach die Tatsache, daß die Palästinenser aus den besetzten Gebieten, wenn ihnen Unrecht geschehe, an das Oberste Gericht in Israel wenden könnten, als Beweis dafür genommen, »daß die Wahrung der Menschenrechte auch in diesen Gebieten in keiner Weise gefährdet ist«. Diese These war bereits zum Zeitpunkt ihrer Formulierung falsch. Die Entscheidungen des Obersten Gerichts widersprechen eher dieser These, weil in fast allen Fällen gegen die Palästinenser entschieden wird, wie die Urteile in bezug auf Deportationen und die Zerstörung von Häusern zeigen. Als Demokratie wird Israel deshalb mit anderen Maßstäben gemessen.

Im folgenden Kapitel werden nur die wichtigsten Ereignisse des israelisch-palästinensischen Konfliktes behandelt; ihn in seiner ganzen Komplexität darzustellen, war nicht das Ziel und zentrale Anliegen der Arbeit. Dies ist in anderen Veröffentlichungen in aller Ausführlichkeit geschehen. Der Einstieg mit dem Zionismus wurde deshalb gewählt, weil es ohne diese geistige Bewegung wohl keinen israelischen Staat gegeben hätte. Wie kontrovers der Zionismus auch unter den Juden diskutiert wurde und wie zentral er für das Verständnis des Konfliktes immer noch ist, soll im Ansatz deutlich werden.

II.
VOM ZIONISMUS ZUR PALÄSTINENSISCHEN TEILAUTONOMIE

Der Kampf um die Beachtung der Menschenrechte der Palästinenser ist kein singulärer Vorgang, sondern ist eingebettet in ein Konfliktszenario, das vor mehr als 100 Jahren mit der jüdischen Besiedlung Palästinas Ende des 19. Jahrhunderts begann. Die politische Entwicklung des Nahen Ostens und der Nahostkonflikt im 20. Jahrhundert sind deshalb ohne den Zionismus nicht zu verstehen. Er bildet als Nationalbewegung die Staatsraison Israels.

Der Zionismus als eine Form des Nationalismus im Europa des ausgehenden 19. Jahrhunderts entstanden, erfuhr seine Bestätigung durch den Assimilationsdruck, den weitverbreiteten Antisemitismus und die diversen Pogrome im zaristischen Rußland nach dem Tode Zar Alexanders II., der 1881 ermordet wurde. Dies führte sowohl zu einer Auswanderung nach »Zion« als auch zu einer Einwanderung osteuropäischer Juden nach Westeuropa. Diese Einwanderung gefährdete die Assimilation des westeuropäischen Judentums. Das jüdische Großbürgertum wollte mit dem »nomadenhaften Proletariat«, wie es Theodor Herzl nannte, wenig zu tun haben. So stellte der englische Jude Sir Edwin Montagu fest, daß ihn mit den Juden anderer Länder nur die Religion verbinde. »Ich stelle fest, daß es keine jüdische Nation gibt«, so der Engländer.

Als einer der Vordenker des Zionismus kann Moses Hess bezeichnet werden. Er forderte wegen des latenten Antisemitismus und des grassierenden Nationalismus als erster eine jüdische Nation, deren Territorium er bereits in Palästina lokalisierte. Seine Verbindung von sozialistischem Gedankengut mit der Konzeption des aufgeklärten Nationalismus hatte auf die zionistische Bewegung nur geringe Ausstrahlung. Nur seine Idee der Schaffung einer jüdischen Bauern- und Arbeiterschaft sollte prägend auf das spätere Israel wirken. Ebenso gehörte der Engländer Moses Montefiori zu einen der ersten, die sich Gedanken über eine jüdische Besiedlung Palästinas machten. So unterbreitete er bereits 1838 auf dem Weg nach Palästina in Kairo Muhammed Ali Pascha, dem Wali von Ägypten, der im Auftrag des Sultans Palästina verwaltete, den Plan, die Juden Europas zu überzeugen, sich in Palästina niederzulassen. Dafür wollte er die Region Galiläa für fünfzig Jahre gegen eine großzügige Zahlung pachten. Der Wali lehnte dies mit dem Argument ab, er sei nicht Eigentümer und könne deshalb auch nichts entscheiden.

Mehr Resonanz als Hess hatte Leo Pinsker, der in seiner Schrift »Autoemanzipation« für die Schaffung eines jüdischen Nationalstaates plädierte. Pinsker schwankte zwar anfangs zwischen Palästina und dem amerikanischen Kontinent, entschied sich aber dann für Palästina. Als Vater des Zionismus gilt allgemein Theodor Herzl. Seine unter den Eindrücken der Dreyfusaffäre 1896 veröffentlichte Broschüre »Der Judenstaat« gilt als Magna Charta des Zionismus. Nur ein jüdisch-politisches Gebilde »in Palästina oder irgendwo auf diesem Planeten« könne die jüdische Frage lösen. Herzl erhielt vom ersten Zionistenkongreß 1897 in Basel den formalen Auftrag, mit den europäischen Regierungen über die Überlassung eines Territoriums für den Judenstaat zu verhandeln. Die Judenfrage war für Herzl eine nationale Frage, die nur durch die Schaffung eines eigenen Staates zufriedenstellend gelöst werden konnte. Auf dieser Baseler Versammlung wurde die »Schaffung einer öffentlich-rechtlichen Heimstätte« für das jüdische Volk in Palästina beschlossen. Dieses Streben nach einer Heimat und einem nationalen Leben stellt nach Chaim Weizman das Fundament des Zionismus dar. Eine solche »Heimstätte« sollte allen Juden der Welt Heimat sein. Daß in dem vorgesehenen Territorium bereits ein anderes Volk lebte, dieser Gedanke kam den 200 Delegierten in Basel nicht. Es kam somit zum Zusammenprall zweier Nationalismen, des jüdischen und des arabischen.

Das zentrale Anliegen des Zionismus, den Begriff prägte 1883 der Österreicher Nathan Birnbaum, besteht im Aufruf an die Juden der Welt, nach »Zion« zurückzukehren, dessen Grenzen in den heiligen Büchern der Juden festgelegt seien. Dieser unpolitische Appell wurde erst später in ein politisch-nationalistisches Programm umgesetzt. »Der Zionismus wurde zu einer international agierenden, durchorganisierten politischen Bewegung mit einer Ideologie, die aus religiösen Legenden, historischen Behauptungen und kolonialistischen Antrieben opportun zusammengemengt war«, so der libanesische Journalist Adel S. Elias in seinem Buch »Wer wirft den letzten Stein«.

Die meisten Juden standen dem Zionismus indifferent gegenüber. Diese Haltung änderte sich erst, als die Nationalsozialisten den Antisemitismus als Herrschaftsinstrument benutzten und die Juden systematisch ermordeten. Der Zionismus benutzte nun diesen Antisemitismus für seine Ziele und reduzierte ihn auf Rassenwahn und Verfolgung und schloß daraus auf die ausweglose Lage der Juden allgemein. Die Judenphobie erwies sich somit als ein konstituierendes Element des Zionismus. Sie mache die Juden erst zu Juden und sei das »Lebenselixier« für die zionistische Bewegung, so Herzl. Ohne die Judenphobie wäre der Zionismus wohl eine esoterisch nationale Bewegung geblieben. Die zionistische Bewegung erklärt die Judenphobie als ein der menschlichen Natur innewohnendes Charakteristikum, so Leo Pinsker. Dem Aufruf des Zionismus nach Palästina auszuwandern, waren bis 1920 zirka 85.000 Juden gefolgt. Dagegen lebten 1895 453.000 Araber und nur 24.000 Juden auf 26.320 qkm in Palästina. Es war also kein menschenleeres Gebiet, wie Israel Zangwills Slogan vom »Land ohne Volk für ein Volk ohne Land« suggerieren wollte.

Die zionistische These, daß die Juden Palästina nicht freiwillig verlassen hätten, sondern von Babyloniern und Römern vertrieben worden seien und deshalb ein Recht auf Heimkehr besäßen, ist historisch so eindeutig nicht zu beantworten. Schon vor der Fremdherrschaft und der Zerstörung Jerusalems hatten die meisten Juden Palästina bereits verlassen, da sie in anderen Ländern bessere ökonomische Entwicklungsmöglichkeiten besaßen. Es gilt als historisch gesichert, daß es keine sozialen, politischen, wirtschaftlichen und geschichtlichen Bindungen zwischen den hebräischen Bewohnern Palästinas und den jüdischen »Nachfahren« in Israel oder sonstwo auf der Welt gibt. So wurden immer wieder religiöse Hilfsargumente verwendet, um den Zionismus zu untermauern und damit Legitimität zu geben. David Ben Gurion bezeichnete zum Beispiel Moses als den »ersten Zionisten«.

Max Nordau war über die Tatsache, daß in Palästina eine halbe Million Menschen lebten, so erschrocken, daß der Zangwillsche Slogan durch die Losung ersetzt wurde: Besiedlung als Fortschritt und Zivilisation für die Araber. Ein solcher Auftrag hatte schon seine todbringende Wirkung sowohl in Latein- als auch Nordamerika gezeigt. Daraus entwickelte sich die Theorie, daß die Zionisten aus der Wüste einen Garten Gottes gestalten würden. Was die Siedler jedoch einführten, waren rentablere Produktionsmethoden, denen die feudalistischen arabischen Verhältnisse deutlich unterlegen waren. Die zionistische Besiedlung brachte den Menschen den Verlust ihrer Heimat, die Vernichtung ihrer Kultur und Tradition und die Massenflucht in Flüchtlingslager. Die Folgen dieser Kolonisierung haben sich auf die Palästinenser bis heute verheerend ausgewirkt. So schreibt Adel S. Elias, daß die Vertreibung der Palästinenser aus ihrer Heimat eine »Chronologie des Schreckens, des Leidens und der Verzweiflung« war. »Die Systematik, mit der die Israelis dabei vorgingen, zieht sich wie ein ›roter Faden des Blutes‹ durch die Chronik der palästinensischen Flüchtlingswellen.«

Karte 1 »Volk ohne Staat«

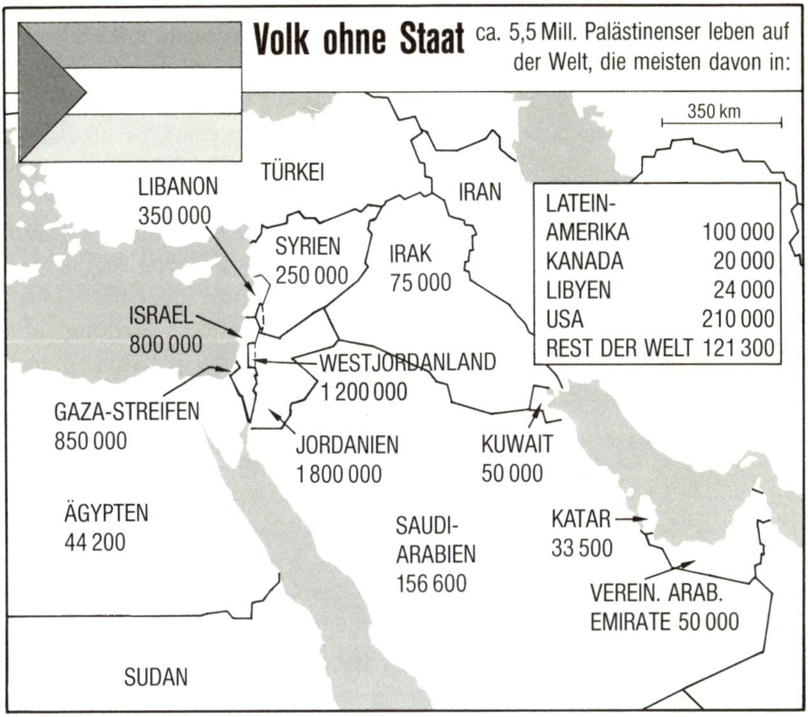

Dabei hatten sie – als die Bewohner des seit 1922 bestehenden britischen Mandatsgebietes – das historische Recht auf einen eigenen Staat. Gemäß Völkerrecht sind die Palästinenser eine Nation mit dem Anrecht auf einen Staat. Es gab keine rechtliche Begründung dafür, warum die Palästinenser neben den Juden nach dem Zusammenbruch des Osmanischen Reiches nicht ihren Staat hätten bekommen sollen. Als die Bewohner Palästinas waren sie die rechtmäßigen Erben des Osmanischen Reiches. Sie hatten eine gemeinsame Kultur, Sprache, Geschichte und zeichneten sich durch enge Familienbande aus. Ihre Ansprüche waren und sind die gleichen, die zu Recht heute die Kroaten, Slowenen, Litauer, Letten, Esten, Ukrainer und alle anderen anmelden. Diese berechtigten Ansprüche wurden aber durch die zionistische Bewegung konterkarriert.

Die Zionisten beschrieben die Palästinenser als Araber, die erst kürzlich nach Palästina aufgrund der von den Siedlern geschaffenen Möglichkeiten eingewandert seien. Die Palästinenser wurden als »Rechtsbrecher« angesehen, deren eigentliche Heimat in irgendeinem der 22 arabischen Staaten sei. Die ersten jüdischen Siedler betrachteten sich als »Kolonialisten« und »Pioniere«. Ihr Verhalten gegenüber den Einwohnern beschreibt Ascher Ginzburg nach seiner Rückkehr aus Palästina 1891 wie folgt: »Sie meinen, die einzige Sprache, die die Araber verstünden, sei die Sprache der Gewalt. Ihr Verhalten ihnen gegenüber ist – milde gesagt – aggressiv. Sie greifen sie grundlos in ihren Dörfern an und sind stolz darauf, sie mit Tritten und Schlägen zu erniedrigen. Das ist der Ausdruck ihrer Wut darüber, daß sich ein anderes Volk in ›ihrem‹ Land befindet und nicht weichen will.« Dagegen unterscheiden sich Palästinenser in ihrer Kultur grundsätzlich von der der anderen Araber. Sie haben eine eigene palästinensische kulturelle Vergangenheit. Die palästinensische Identität basiert nicht auf religiösen Ansprüchen, sondern auf einer eindeutig identifizierbaren palästinensischen Gemeinschaft, die allen jüdischen Ansprüchen auf dieses Gebiet gleichrangig ist.

Der Ursprung des Konfliktes zwischen Juden und Palästinensern liegt also primär in der Weigerung der Zionisten, die Bewohner Palästinas im 19. und frühen 20. Jahrhundert als eine vorstaatliche Gesellschaft anzuerkennen. Die zionistische Negierung einer nationalen palästinensischen Identität führte zwangsläufig zur Verweigerung des palästinensischen Selbstbestimmungsrechtes. Martin Buber und Ernst Simon prophezeiten, daß der Zionismus mit der Behandlung und Akzeptierung der Araber stehe und falle. Diese Stimmen wurden vehement zurückgewiesen und hatten auf den historischen Prozeß keinen Einfluß. Buber gehörte zu den ersten Mahnern des Zionismus und Israels. Auf dem 1921 in Karlsbad abgehaltenen Zionistenkongreß forderte er einen gerechten Bund mit dem arabischen Volk. »Wir verscherzen uns die echten und wertvollen Sympathien, wenn wir eine Methode, die wir bisher als unmenschlich brandmarkten, nun mehr dadurch, daß wir sie selbst üben, praktisch anerkennen … nicht außen, sondern mitten unter euch, breitet sich das eigentliche, das unüberwindlliche Unheil aus.« Und der Schriftsteller Hans Kohn schreibt 1929 in einem Brief an Martin Buber: »Wir sind zwölf Jahre in Palästina, ohne auch nur einmal ernstlich den Versuch gemacht zu haben, uns um die Zustimmung des Volkes zu kümmern, mit dem Volk zu verhandeln, das im Land wohnt. Wir haben uns ausschließlich auf die Militärmacht Großbritanniens verlassen. Wir haben Ziele aufgestellt, die notwendigerweise und in sich selbst zu Konflikten mit den Arabern führen mußten und von denen wir uns sagen müßten, daß sie Anlaß, und zwar berechtigter Anlaß zu einem nationalen Aufstand gegen uns sind.«

Die israelische Rechtsanwältin und Vorsitzende der Menschenrechtsorganisation »Society of St. Yves«, Lynda Brayer, sieht in der zionistischen »Ideologie« die Ursache für die schlechte Behandlung der Palästinenser. Für sie existieren in Israel zwei verschiedene Wertordnungen. Das »neue Jerusalem«, das das moderne Israel ist, erschien ihr als eine Wiederbelebung von Sparta, in der die Kriegskunst den höchsten gesellschaftlichen Wert darstelle. Der Zionismus habe dem modernen Juden das Judentum in dieser Form nahegebracht und damit jene alten jüdischen Werte ersetzt, die in der Bibel genannt werden. »Das wahre Judentum mußte sich dem Zionismus unterordnen.« Sie weist auf den inneren Widerspruch zwischen dem Zionismus als säkularer »Ideologie« sowie seinen religiösen Ansprüchen auf »Eretz Israel«, das Gott Abraham verheißen habe, hin. Dieser Anspruch setzte aber einen Glauben an Gott voraus, der vom Zionismus als säkularer Ideologie nicht eingelöst werden könne. Ähnlich Yeshayahu Leibowitz: »Eine Berufung auf unsere Religion zur Rechtfertigung der Besetzung ist dabei schon deshalb lächerlich, weil dieser Staat die Autorität der Thora nicht anerkennt und die Mehrheit seiner Bewohner die jüdischen Gesetze nicht einhält.« Die Konsequenzen dieses Dilemmas wurden besonders in der Regierungszeit Menachem Begins und Yitzhak Shamirs sichtbar. Ihre religiös-nationalistische Judäa- und Samaria-Rhetorik machte eine Lösung des Konfliktes immer unwahrscheinlicher. Die Existenzberechtigung des Staates Israel wurde mehr und mehr mythologisch begründet. Erst die Rabin-Meretz-Regierung setzte wieder verstärkt auf die säkulare zionistische Tradition. Henryk M. Broder fordert in einem Nachwort zu Hannah Arendts Buch »Die Krise des Zionismus« von den Zionisten, dafür zu sorgen, »daß den Palästinensern endlich Recht zuteil wird«. Dies sei die »letzte große Herausforderung für den Zionismus hundert Jahre nach seinem Entstehen«.

Es hätte einen jüdischen Staat auch ohne den Holocaust gegeben, weil schon vor dem Holocaust Vorbereitungen für eine Staatsgründung getroffen worden sind. Die Zeichen auf der internationalen Bühne standen auf Entkolonisierung. Der Kampf der jüdischen Untergrundbewegungen war ein Antikolonialkrieg. Ihr Kampfgeist überstieg bei weitem den vieler anderer Kolonialvölker. Michael Wolffsohn ist hier zu folgen, wenn er in seinem Buch »Ewige Schuld?« die Gründung Israels in erster Linie auf die »politische, wirtschaftliche, gesellschaftliche und militärische Leistung seiner Gründer« zurückführt. Die Fluchtbewegung aus Europa beschleunigte nur die Ereignisse. In Palästina kämpften zu dieser Zeit bereits drei paramilitärische Truppen gegen die Kolonialpolitik der Briten und gegen die Palästinenser, und zwar die Hagana, Etzel (Irgun Zwai Leumi) und Lehi (»Stern-Bande«). Diese Einheiten gingen nicht zimperlich mit den Arabern um. Für den Terror dieser Gruppen, der überall in Palästina gegenüber den Arabern angewendet wurde, steht stellvertretend für viele das Dorf Deir Yassin, in dem am 9. April 1948 ein Massaker an arabischen Männern, Frauen und Kindern verübt worden ist, das der englische Historiker Arnold Toynbee mit den »Greueltaten der Nazis gegen die Juden« verglich. Menachem Begin vertrat die Meinung, daß das Massaker »nicht nur seine Berechtigung« hatte, sondern daß es ohne den »Sieg« von Deir Yassin »niemals einen Staat Israel gegeben« hätte. Als Palästina kurz vor einem Bürgerkrieg stand, warfen die Briten das Handtuch und wandten sich 1947 an die Vereinten Nationen. Damit waren die Würfel in Palästina für einen jüdischen Staat gefallen.

Die Generalversammlung der Vereinten Nationen verabschiedete am 29. November 1947 eine Resolution, in der Palästina zwischen Arabern, die 90 Prozent des Landes besaßen, und Juden geteilt wurde. Zu diesem Zeitpunkt lebten 1 365.000 Araber und 610.000 Juden in Palästina. Nach dem Völkerrecht war diese Entscheidung nicht bindend, sondern nur eine Empfehlung. Spätere Vorschläge hoben ihre Anwendung auf. Die gesamte arabische Welt lehnte den Teilungsplan ab, weil er das Recht der Palästinenser auf das ganze Land in Frage stellte und einen unschätzbaren Verlust an Rechten, Eigentum und politischen und sozialen Einrichtungen bedeutete. Die Araber sahen die jüdischen Ansprüche auf Palästina als rechtswidrige Inbesitznahme, als eine Form des Kolonialismus, die der ursprünglichen Bevölkerung ihr Recht auf einen Nationalstaat absprach. Dafür zeigte auch David Ben Gurion Verständnis. »Wieso sollten denn die Araber Frieden schließen? Wenn ich arabischer Führer wäre, ich würde nie ein solches Abkommen mit Israel unterzeichnen. Das ist doch ganz normal: wir haben ihr Land genommen. Sicher, Gott hat es uns versprochen, aber wie kann sie das interessieren? Unser Gott ist nicht der ihre … Sie sehen nur eins: Wir sind gekommen und haben ihr Land geraubt. Warum sollten sie das hinnehmen?« Über dieses Gespräch berichtete Nahum Goldmann in seinem Buch »Das jüdische Paradox«. Die Palästinenser sahen in diesem Teilungsplan die Gefahr der Transformation des europäischen »Judenproblems« in den Nahen Osten; die Entscheidung spiegele den westeuropäischen Antisemitismus wider, wie in einem Gespräch mit dem Verfasser der protestantische Pastor von Bethlehem, Mitri Raheb, betonte.

1948 besetzten Juden Teile des arabischen Palästinas und gründeten den Staat Israel. Es entstanden drei separate Gebiete: Israel, die Westbank und der Gaza-Streifen. Das historische Jerusalem kam unter arabische Herrschaft, während der Westteil dem jüdischen Staat eingegliedert wurde. Palästina wurde also nicht gemäß dem Teilungsplan der UNO geteilt, sondern durch die Eroberung von Gebieten. Als David Ben Gurion 1948 den Staat Israel ausrief, waren sechs Prozent der gesamten Landfläche jüdischer Grundbesitz. Durch widerrechtliche Aneignung besaß Israel aber 77 Prozent der Gesamtfläche Palästinas, also 21 Prozent mehr, als der UN-Teilungsplan vorsah. Die Juden akzeptierten die Prinzipien der Teilung, wiesen aber den Teilungsplan zurück. Diplomatische Anerkennung und massive ökonomische Unterstützung trugen zur Legitimation Israels bei. Zahlreiche palästinensische Familien flohen wegen der Kämpfe zwischen Juden und Arabern; viele wurden auch deportiert. Die Israelis verweigerten später diesen Palästinensern die Rückkehr in ihre Heimat. Sie leben bis heute in den Flüchtlingslagern in Jordanien, Gaza, Syrien, Libanon und der Westbank. Israel enteignete diese Palästinenser durch zwei Gesetze: das Staatsbürgerschaftsgesetz, das die Palästinenser aus jüdisch kontrollierten Gebieten fernhielt, und durch das Absentee Property Law, das die Palästinenser als »intern Abwesende« bezeichnete, deren Eigentum durch einen Vormund (Custodian of Absentee Property) verwaltet werden mußte; diese Institution war ein Zwischenstadium, bevor palästinensisches Eigentum in jüdischen Privatbesitz überging.

Das Ergebnis der jüdischen Kontrolle über Palästina bedeutete für die Palästinenser Chaos und Zerstörung. Die meisten der arabischen Bewohner verloren ihren Reichtum, ihre Häuser, ihr Land, ihre Geschäfte und ihr Vermögen in diesem Teil Palästinas, der zum Staat Israel wurde. Dieser Prozeß ruinierte die palästinensische Gesellschaft. Israel behauptet immer wieder, daß die jüdischen Siedler nach Palästina gekommen seien, um mit den dort lebenden Arabern zu kooperieren. Dies sei aber durch den Einmarsch der arabischen Staaten zunichte gemacht worden. Die Aufforderung der arabischen Staaten an die Palästinenser, ihr Land zu verlassen, um mit den arabischen Armeen wieder zurückzukehren, habe dazu geführt, daß man seinen Kooperationswillen zu einem Zusammenleben nicht habe unter Beweis stellen können. Die Juden seien nicht diejenigen gewesen, die die Palästinenser vertrieben hätten; sie hätten sich um ein Verbleiben bemüht, seien aber selbst nach der Proklamation des Staates existentiell bedroht gewesen. Diese Selbstrechtfertigung ist eine Legende, da die arabischen Armeen nicht in die im UN-Teilungsplan vorgesehenen Gebiete der Israelis vordrangen, sondern in die, die den Arabern zugewiesen waren. Simcha Flapan weist in seinem Buch »Die Geburt Israels« nach, daß die Gründung des Staates auf sieben »Mythen« beruht, die sich im öffentlichen Bewußtsein hartnäckig behaupten.

Zur Desintegration der Palästinenser trug weiterhin die Annexion der Westbank und Jerusalems durch Jordanien am 24. April 1950 bei. Der Gaza-Streifen wurde unter ägyptische Verwaltung gestellt. Im zweiten israelisch-arabischen Krieg von 1956 unterlagen die Araber zwar wieder militärisch, aber durch den Druck der Sowjetunion und den der USA wurde die Niederlage diplomatisch bemäntelt. Scharm al-Scheich wurde aber gegen den Widerstand Ägyptens unter UN-Kontrolle gestellt, und der Golf von Aqaba stand für israelische Schiffe zur freien Durchfahrt offen. Im Sechs-Tage-Krieg vom Juni 1967 besetzte Israel diese Gebiete, unterwarf die Palästinenser erneut einer Enteignung und verweigerte Tausenden in ihrem Land zu leben. Diese Niederlage bedeutete für die Araber eine noch nie dagewesene Katastrophe, für Israel aber einen »Pyrrhussieg« wie es Dan Diner ausdrückt. Die Eroberung brachte der Weltöffentlichkeit den Ursprung des Nahostkonfliktes ins Bewußtsein: den zionistischen Anspruch auf »Eretz Israel« und die daraus resultierende Palästina-Frage.

Obgleich die israelische Armeeführung nach dem Juni-Krieg erklärte, keinerlei territoriale Gewinne machen zu wollen, und Moshe Dayan bemerkte, man habe auf den Telefonanruf aus Amman gewartet, der aber ausblieb, konstruierte Israel ein Junktim, das die Gebiete als Faustpfand für eventuelle Friedensverhandlungen einsetzen wollte. Von dieser Erklärung wollte Israel nach dem Krieg nichts mehr wissen, Ost-Jerusalem wurde – um erhebliche Teile im Norden und Süden erweitert – 1980 offiziell annektiert. De facto erfolgte die Annexion bereits am 28. Juni 1967, als Israels Innenminister ein Dekret unterzeichnete, das israelisches Recht auf Ost-Jerusalem ausdehnte und die Stadtgrenzen um 28 Quadratmeilen erweiterte. Damit war die De-facto-Annexion arabischer Gebiete ausgesprochen. Anstatt schon jetzt offen von Annexion zu reden, sprach Israel von »Wiedervereinigung« und »Erweiterung« der Stadtgrenzen. Seine arabischen Bewohner wurden aber keine israelischen Staatsbürger.

Man gab zwar den Sinai im Zuge des Camp-David-Abkommens vom 26. März 1979 an Ägypten zurück – der Sinai gehörte nie zum historischen Palästina –, aber die Golanhöhen annektierte man 1981. Adel S. Elias bewertet den Verhandlungserfolg Israels von 1979 folgendermaßen: »Es ist die große Tragik der Palästinenser und eine perfide Ironie des Schicksals, daß ausgerechnet das arabische Ägypten der zionistischen Ideologie und ihrer Arroganz der Macht zu solch einem überwältigenden Triumph verhalf.« Allenfalls war man bereit, der Bevölkerung der Westbank und des Gaza-Streifens eingeschränkte Autonomie zu gewähren. Von einer Souveränität oder einem eigenen Staat wollte Israel nichts wissen.

Der Sicherheitsrat der Vereinten Nationen verabschiedete am 22. November 1967 die Resolution 242, die Israel zum Rückzug aus allen besetzten Gebieten aufforderte. Die Israelis versuchten durch eine sophistische Interpretation, die Bedeutung der Resolution herunterzuspielen. Sie konstruierten einen Gegensatz zwischen dem englischen und französischen Text. Während der englische Text angeblich von einem »Rückzug aus besetzten Gebieten« sprach, stünde im französischen Manuskript »Rückzug aus den besetzten Gebieten«. Alle anderen offiziellen Übersetzungen sprechen unzweideutig von den besetzten Gebieten, die Israel zurückzugeben habe.

Drei Argumente wurden gegen die Beibehaltung des Status quo ins Feld geführt: Israel benötige aus Sicherheitsgründen strategische Tiefe, aus den besetzten Gebieten wolle man wirtschaftlichen Nutzen ziehen, und aus ideologischer Sicht sei die Westbank historischer jüdischer Boden, auf dem die Juden siedeln müßten, und dieser gehöre zum jüdischen Staat. Israel will zwar diese Gebiete behalten, aber nicht seine ursprüngliche Bevölkerung. Immer wieder fordern einige radikale Politiker einen Bevölkerungstransfer, der sich aber nur in Kriegszeiten realisieren ließe. So will der Likud-Block die Gebiete nicht zurückgeben, sondern plant eine »Bantustanisierung« der Westbank wie in Südafrika, wie dies der neue Vorsitzende des Likud, Benjamin Netanyahu, kürzlich in einem Interview in der »Süddeutschen Zeitung« ausführte. Die Palästinenser sollen nur eine begrenzte Autonomie erhalten, was auf einem Teil des Territoriums umgesetzt worden ist. Die Arbeitspartei will Jerusalem und den Jordangraben kontrollieren, aber dem Staat keine direkt besiedelten Gebiete einverleiben. Jordanien solle die übrigen Gebiete wieder unter seine Verwaltung nehmen. Als Begründung führt man an, daß der jüdische Charakter des Staates erhalten bleiben solle, der bei einer formalen Annexion in Gefahr sei. Aus Gründen der Demokratie müsse man ja dann den Arabern auch Bürgerrechte geben, wodurch die Juden majorisiert werden könnten. Diese Befürchtungen dürften sich durch die massive Einwanderung sowjetischer Juden aus den Gebieten der ehemaligen Sowjetunion gelegt haben.

Wie verhielt sich nun die palästinensische Bevölkerung gegenüber der israelischen Besatzungsmacht? Der offensichtlichste Beweis Israels, in den besetzten Gebieten auf Dauer bleiben zu wollen, ist seine Siedlungspolitik; sie zielt langfristig auf die Veränderung des Charakters der eroberten Gebiete. Zu Beginn der Besatzung ging Israel nach dem 1967 entworfenen »Allon-Plan« – obwohl nie offizielle Regierungspolitik – vor, der vorwiegend auf paramilitärische Siedlungen entlang des Jordangrabens, unbewohnter Gebiete im Süden und der Besiedelung des »Gush Etzion-Blocks«

südlich von Bethlehem und der Annektierung Ost-Jerusalems bestand. Die Siedler kamen so gut wie nie mit den Palästinensern in Kontakt. Israel ließ die Bevölkerung weitestgehend in Ruhe. Durch Drohungen hatte die Arbeitspartei die besetzten Gebiete einigermaßen im Griff.

Die Übernahme der Regierung durch den Likud und die nationalreligiösen Parteien führte 1977 zu einer dramatischen Änderung der Politik und des Status quo. Jetzt nahm die Siedlungstätigkeit – nach dem »Sharon-Plan« – bedrohliche Ausmaße an. Mit »religiösen Rechtstiteln« ausgestattet, fand eine Besiedlung auch im Kernland der Palästinenser statt. Dieser Plan sah die Einteilung der Westbank in sieben und den Gaza-Streifen in vier palästinensische »autonome« Enklaven vor, die unter der Oberhoheit Israels stehen sollten, und es sollte systematisch ein Keil in arabische Wohngebiete getrieben werden, um sie voneinander zu trennen. Dadurch wollte Israel erreichen, daß kein arabisches Siedlungsgebiet mehr als 100.000 Einwohner zählen sollte. Den Palästinensern wollte man nicht mehr als 15 Prozent des besetzten Gebietes als Wohngebiete zugestehen. Der Rest sollte von Siedlern kontrolliert werden, die Straßen wurden um die palästinensischen Enklaven herumgeführt. Das gesamte Gebiet um Jerusalem, von den Außenbezirken Ramallahs bis zu den Grenzen Bethlehems, ist bereits in ein »Groß-Jerusalem« verwandelt worden, in dem die von Palästinensern bewohnten Gebieten zu kleinen Enklaven wurden, die von israelischen Siedlungen umgeben sind. Die augenblickliche Politik der Arbeitspartei gibt sich mit dieser Politik zufrieden; sie unterscheidet sich von der Shamir-Regierung nur dadurch, daß sie größere Enklaven im Auge hat. Das Prinzip aber bleibt bestehen, daß die Enklaven strategisch verstreut entlang den Straßen liegen. Die Arbeitspartei plant für die Westbank nur vier Enklaven: zwei in »Samaria« und zwei in »Judäa« (d.h. nördlich und südlich von Jerusalem) und nur zwei im Gaza-Streifen. Auf »Groß-Jerusalem« bezogen übernimmt die Arbeitspartei die Vorstellungen Ariel Sharons. Sie setzt also mit mehr Vernunft die Politik der Zügellosigkeit Sharons fort.

Unter der Regierung von Menachem Begin gewann die 1974 gegründete Siedlungsbewegung Gush Emunim (Block der Getreuen) beständig an Einfluß. Ihre religiös-nationalistische Siedlungsideologie konnte mit großem Erfolg durchgesetzt werden. Der harte Kern der Gush Emunim-Siedler ist von einer Feindschaft gegenüber den Arabern beseelt. Sie vertreten die Doktrin vom ganzen »Eretz Israel« und sehen die ursprünglichen Bewohner als solche an, die »unrechtmäßig« in »ihrem« Land leben. Sie lehnen jeden Kompromiß mit den Palästinensern ab. Ein palästinensischer Kaufmann aus Shuk wurde durch einen Steinwurf des extremistischen Rabbiners Moshe Levinger von der Gush Emunim-Bewegung getötet. Levinger erhielt fünf Monate Haft für die Tötung eines Arabers. Es kommt oft zu Feindseligkeiten und Demütigungen von Palästinensern, insbesondere durch die nationalreligiösen Siedler, die im Unterschied zu den Palästinensern bewaffnet sind. Diese bewaffneten Siedler in der Altstadt von Hebron stellen für die Palästinenser eine permanente Provokation dar, wie dem Verfasser bei mehreren Besuchen in Hebron immer wieder versichert und wie in den Anfang 1994 augestrahlten Fernsehbericht »Im Bunker Gottes« deutlich wurde. Für die Juden dagegen ist es eine Selbstverständlichkeit, dort zu leben, wo ihre Stammväter begraben liegen.

Durch seine Siedlungspolitik (paramilitärisch, national-religiös und Vorstadtsiedlungen) ist es Israel gelungen, Tatsachen zu schaffen, die eine Rückgabe der besetzten Gebiete im Gaza-Streifen und in der Westbank fast unmöglich erscheinen lassen. Die israelische Position wurde gegenüber der palästinensischen durch die Inbesitznahme des ganzen Landes verbessert. Außerdem stellen die Siedler eine Lobby dar, die jeden Versuch einer Partei in Israel blockieren würde, sich aus den Gebieten zurückzuziehen.

Die Siedler genießen gegenüber der arabischen Bevölkerung viele Privilegien. So erhalten die Siedlungen des Qatif-Blocks im Gaza-Streifen, der von der Rabin-Regierung 1974–1977 gegründet wurde und den Gaza-Streifen in zwei separate Enklaven teilen soll, finanzielle Unterstützung. Efraim Davidi von der Zeitung »Davar« beschreibt, wie lebenswichtig dies für Israel ist. »Der Qatif-Block produziert heute 40 Prozent der israelischen Tomaten und einen wesentlichen Anteil an Schnittblumen, die für den Export bestimmt sind.« Er weist nach, daß die jetzige Regierung die Subventionen weiter erhöht hat; deshalb sind die Wohnungen billig. Die Rabin-Regierung bemüht sich verstärkt, neue Siedler für diesen Block zu gewinnen. Jeder Siedler erhält 95 Prozent Hypotheken auf sein Haus, die ihnen zusätzlich zu einer Anleihe von 6500 US-Dollar bewilligt werden.

Danny Rubinstein erläuterte im März 1993 in »Ha'aretz«, daß vom wirtschaftlichen Gesichtspunkt Israel hermetisch abgeriegelt und alle Palästinenser aus dem Gaza-Streifen daran gehindert werden könnten, nach Israel zu kommen. Die Zahl der aus dem Gaza-Streifen nach Israel kommenden Arbeiter fiel von Mitte der achtziger Jahre von 80.000 auf heute 40.000. Da die Arbeitslosigkeit in Israel wächst, hat auch die Nachfrage nach palästinensischen Arbeitskräften nachgelassen. Die Argumente der Siedler haben heute ein stärkeres Gewicht als die militärischen der israelischen Regierung. Weshalb sich der Haß auf die Siedler immer wieder in gewaltsamen Aktionen der Palästinenser Luft macht, liegt darin begründet, daß Ausschreitungen der Siedler von den Behörden in der Regel weder verhindert noch kontrolliert, ja selbst nicht adäquat bestraft, geschweige den verfolgt werden. Im Karp-Bericht, der von der israelischen Generalstaatsanwaltschaft in Auftrag gegeben wurde, heißt es, daß die Siedler bei Gewaltanwendungen gegenüber Arabern meist ungeschoren davonkämen.

Lange Zeit konnte Israel das Image einer »liberalen Besatzung« in der Öffentlichkeit aufrechterhalten. Dies galt insbesondere bis Mitte der siebziger Jahre. Die Politik von Verteidigungsminister Moshe Dayan zielte darauf ab, den Menschen, so weit es möglich war, die Fortsetzung ihres früheren Lebens zu gestatten. Man half sogar, entstandene Schäden zu reparieren, ohne jedoch eine Verbesserung des früheren Zustandes anzustreben. Reibungen und Konflikte sollten möglichst vermieden werden. Jeder Widerstand aber wurde schärfstens unterdrückt. Man sollte die Besetzung fühlen, aber nicht sehen. Dayans Politik schien aufzugehen. Bis Mitte der siebziger Jahre gab es keinen nennenswerten Widerstand. Auch war die ökonomische Situation zufriedenstellend, und die wenigen jüdischen Siedlungen waren weitab von den palästinensischen Zentren. Die Unterdrükkung der Palästinenser wurde vielfach nicht öffentlich.

Mit der Regierungsübernahme des Likud-Blocks änderte sich nicht nur der Stil der Besetzung, sondern auch die Stimmung der Bevölkerung. Die völkerrechtswidrige Landenteignung und der systematische Straßenbau waren der Ausdruck Israels, die Gebiete auf Dauer behalten zu wollen. Die Unterdrückung wurde jetzt nicht mehr rhetorisch verbrämt, sondern ein Vertreter der Militärregierung gab 1980 freimütig zu, daß er nicht an der Verbesserung der Lage der Menschen interessiert sei, sondern an deren Auswanderung. Die Politik der Nichteinmischung wurde zugunsten einer Zuckerbrot-und-Peitsche-Politik aufgegeben, d.h. Nationalisten wurden bestraft und Kooperationswillige belohnt. Die Selbstverwaltungsstruktur wurde systematisch zerschlagen. So waren alle 1976 gewählten Bürgermeister spätestens 1982 abgesetzt, und die für 1980 terminierten Wahlen haben bis heute noch nicht stattgefunden. Die Bevölkerung ist der Willkür der Militärbehörden ausgeliefert, die jeden »Bittgang« zu einem Spießrutenlauf werden läßt.

Schon kurze Zeit nach Gründung der PLO am 16. Juni 1964 in Kairo nahm die »Palästinensische Befreiungsarmee« den Kampf gegen Israel auf. Die Zerstörung des Landes wurde in ihre Charta aufgenommen. Die Mitglieder der Befreiungsarmee nannten sich »Fedajin« (= Die sich selbst aufopfern). Sie hielten die besetzten Gebiete als Operationsgebiet für besonders geeignet, da sie sich dort »wie die Fische im Wasser« bewegen konnten. Am 20. August 1967 beschloß die »al-Fatah« (= Palästinensische

Befeiungsbewegung) den »Sturm auf die zionistische Festung«. Die ersten Aktionen gegen Israel waren nicht sehr erfolgreich. Erst in der »Schlacht« von Karame, einem jordanischen Dorf, kam es zu einer ersten ernsthaften Auseinandersetzung zwischen den Fedajin und der israelischen Armee, bei der im März 1968 124 Fedajin und 32 israelische Soldaten getötet wurden. Die Palästinenser sahen in diesem Zusammenstoß einen psychologischen Sieg, der sich auch auf die interne Struktur der PLO auswirkte. So mußte am 24. Dezember 1968 der Vorsitzende des Exekutivkomitees der PLO, Achmed Shukairi, als Vorsitzender zurücktreten. Jahija Hammuda übernahm als Übergangspräsident die Leitung, bis im Februar 1969 Yassir Arafat (= Abu Ammar) die Führung übernahm.

Es wurde schnell deutlich, daß die unter der Führung der al-Fatah stehende PLO nicht alle Fedajin-Verbände in den angrenzenden Ländern unter Kontrolle hatte. Mitte 1969 spaltete sich die »Demokratische Volksfront zur Befreiung Palästinas« (DFLP) unter Naif Hawatmeh von der »Volksfront für die Befreiung Palästinas« (PFLP) des George Habash ab. Die palästinensischen Fedajin etablierten sich in Jordanien zu einer Macht, die König Hussein offen herausforderte. Schon Ende August 1970 kam es zu schweren Kämpfen zwischen Fedajin und der jordanischen Armee. Die Lage spitzte sich dramatisch zu, als die PFLP im September 1970 fünf Zivilflugzeuge auf einem »Flughafen der Revolution« im Norden Jordaniens zur Landung gezwungen hatte. Als am 21. September 1970 Syrien auf Druck der Amerikaner seine Panzer wieder aus Jordanien zurückgezogen hatte, schlugen König Husseins Soldaten in ihrem berühmt-berüchtigten »Schwarzen-September-Massaker« gnadenlos gegen die Fedajin zu. Fast 3000 Fedajin fielen dieser »Abrechnungsorgie« zum Opfer. Weil danach die Aktionen gegen König Hussein durch die DFLP und PFLP nicht aufhörten, wurden die PLO-Milizen im Juli 1971 völlig zerschlagen und aus Jordanien vertrieben. Sie hatten damit ihre wichtigste Basis im »Kampf« gegen Israel eingebüßt.

Der Yom-Kippur-Krieg vom 6. Oktober 1973 leitete eine Wende im Verhältnis der arabischen Staaten zu Israel ein. Obwohl der Überraschungsangriff Ägyptens und Syriens Israel anfänglich in größte Schwierigkeiten gebracht hatte, gelang es der israelischen Armee unter Führung Ariel Sharons, den Suezkanal zu überqueren und weit nach Ägypten vorzustoßen und die ägyptischen Armeen auf der Sinai-Halbinsel einzukreisen. Nach Drohungen von seiten der Sowjetunion, Atomwaffen einzusetzen, erzwang der amerikanische Außenminister Henry Kissinger am 24. Oktober 1973 von den Israelis einen Waffenstillstand. Die Verhandlungen darüber begannen am

11. November 1973 beim Kilometerstein 101 in Ägypten. Durch die hohen Verluste der Israelis war erstmals der Nimbus der Armee stark angekratzt. Der UN-Sicherheitsrat rief in seiner Resolution 338 die Konfliktparteien auf, im Rahmen der UN-Resolution 242 einen gerechten und dauerhaften Frieden herbeizuführen. Flankiert wurden diese Maßnahmen von der Verhängung eines Erdölembargos am 16. Oktober 1973 gegen Israelfreundliche Staaten. Dieser »Ölschock« hatte tiefgreifende Veränderungen in der westlichen Wirtschaft und Politik zur Folge.

Die PLO schien aus diesem Konflikt gestärkt hervorgegangen zu sein, denn sie wurde auf der Gipfelkonferenz der arabischen Staatschefs im November 1973 zur einzig legitimen Vertretung des palästinensischen Volkes gekürt. Die PLO schwankte zwischen Kampf und Diplomatie. Einerseits wurde der Kampf gegen das »zionistische Gebilde« fortgesetzt, andererseits brachte die Welle diplomatischer Anerkennung einen sichtlichen Prestigegewinn für die Organisation. Der Widerstand in Form des »Terrors« war bis zu seiner Abschwörung im November 1988 eines der Markenzeichen des palästinensischen Widerstandes. Für den größten Teil des Widerstandes trifft die Bezeichnung »Terror« jedoch nicht zu.

Daß man auch in Israel schon immer etwas differenzierter und verständnisvoller über die Ursachen des palästinensischen Widerstandes nachgedacht hat, machen Moshe Dayans Ausführungen von 1971 vor Studenten des Technion in Haifa deutlich: »Alle unsere Siedlungen sind erbaut auf den Ruinen palästinensischer Dörfer. Ja, wir haben sie nicht nur ausradiert bis auf den Boden, sondern auch ihre Namen aus den Geschichtsbüchern ausradiert. Sie haben also ihre triftigen Gründe für den Kampf, den sie gegen uns führen. Unser Problem ist nicht, wie wir sie loswerden sollen, sondern wie wir mit ihnen leben können. Wenn ich selbst ein Palästinenser wäre, ich wäre wahrscheinlich ein Kämpfer in Al-Fatah.«

Diese Widerstandsmentalität hatte fast ein ganzes Volk erfaßt; sie entlud sich aber nur bei einer Minderheit in Gewaltmaßnahmen. Während der 27jährigen israelischen Besetzung wuchs eine Generation heran, die sich mit den Zuständen nicht abfinden wollte. Sie stellte auch die traditionellen Familienstrukturen (Familienoberhaupt, Dorfvorsteher) in Frage. Diese Generation ist es, die zu Trägern des Palästinenseraufstandes (Intifada) wurde. Sie haben die Furcht vor israelischen Strafmaßnahmen verloren und fordern die Besatzungsmacht massiv heraus. Die Unterdrückung wurde zunehmend härter, um die rücksichtslosen Forderungen der Siedler zu befriedigen. Die Armee war immer schneller bereit, scharfe Munition gegen Demonstranten einzusetzen.

Die Intifada war kein ferngesteuertes Unternehmen aus Tunis oder Damaskus. Die PLO-Vertreter und alle internationalen »Experten« sind von ihr überrascht worden. Weder die Erschießung zweier palästinensischer Studenten in der Bir Zeit-Universität im Dezember 1986 noch die Kamikaze-Aktion eines Aktivisten des PFLP-Generalkommandos vom 25. November 1987, bei der sechs israelische Soldaten in Galiläa getötet wurden, und die von den Palästinensern bejubelt worden war, kann nicht als auslösendes Moment angesehen werden, da diese Aktionen keinerlei Wirkung in den besetzten Gebieten hatten. Es waren vielmehr die Not, die Angst vor Deportationen, Landenteignungen, aggressiven Siedlern, die Verzweiflung gegen den Lagerkrieg, den die Palästinenser im Libanon führten, und der Haß auf die Besatzer, die den Palästinensern das Leben immer unerträglicher machten. Das Szenarium zum Aufstand begann am 6. Dezember 1987 mit der Ermordung des israelischen Geschäftsmannes Shlomo Tahal, dem durch ein Mitglied der Terroreinheit »Force 17« auf dem Palästinaplatz im Gaza-Streifen die Kehle durchgeschnitten wurde. Am 8. Dezember 1987 raste ein israelischer Militärtransporter in einige wartende arabische Autos zwischen Israel und dem Gaza-Streifen. Vier Arbeiter wurden getötet, einige schwer verletzt. Drei der getöteten stammten aus Jabalia, dem größten Flüchtlingslager des Gaza-Streifens. Der Verdacht liegt nahe, daß es sich bei diesem Verkehrsunfall um einen Racheakt handelte. Die Beerdigung der drei Palästinenser am 9. Dezember geriet zu einer riesigen Demonstration gegen die Besetzung. Am nächsten Tag wurde in Jabalia der 15jährige Hatem as-Sissi durch Herzschuß getötet. Der Aufstand hatte seinen ersten »Märtyrer«.

Daraufhin breiteten sich die Proteste aus, zuerst auf die anderen Flüchtlingslager, später auf die größeren Städte der Westbank. Es handelte sich überall nur um Demonstrationen. »Wenn die Armee nicht eingegriffen hätte, wäre weiter nichts passiert«, so Alexander Flores in seinem Buch »Intifada«. Aber die Armee wollte jede Demonstration auflösen, ihre Reaktion war gewalttätig und hilflos. Die Regierung war zu einer politischen Antwort nicht fähig. Statt dessen setzte sie Tränengas, Gummigeschosse und scharfe Munition ein. Bereits nach einigen Tagen hatte der Aufstand weitere »Märtyrer«. Die als Abschreckung der Palästinenser gedachten Maßnahmen führten nur zu einer Eskalation der Gewalt. Innerhalb weniger Tage waren der ganze Gaza-Streifen und einige Flüchtlingslager der Westbank im Aufstand. Es brauchte immerhin zwei Wochen, bis sich die Fatah-PLO mit ihrer Jugendorganisation Schabiba an die Spitze des Aufstandes setzte. Vier Gruppen der PLO bildeten die »Vereinigte Nationale Führung des Aufstandes«

(VNFA), die im Januar 1988 zu einem totalen Volkskrieg aufrief. Dieser sollte nicht mit Feuerwaffen, sondern mit einem »Hagel von Steinen, Molotowcocktails und Eisenstangen« ausgetragen werden. Die Befreiung sollte durch zivilen Ungehorsam erreicht werden; parallel dazu wollte man eine politische, soziale und ökonomische Infrastruktur aufbauen. Ebenso sollte die israelische Wirtschaft boykottiert werden.

Zu einem Ausbruch der Gewalt kam es auch in Jerusalem, als Ariel Sharon im Dezember 1987 eine Wohnung im muslimischen Teil der Altstadt bezog. Der damalige Verteidigungsminister Yitzhak Rabin interpretierte den Aufstand als von der PLO gesteuert. Hier irrte Rabin ebenso wie fünf Jahre später, als er die Hamas-Bewegung als reine Terrororganisation bezeichnete, die aus den USA ferngesteuert würde. Die Hamas konnte erst unter der Kontrolle und mit Duldung des israelischen Militärkommandeurs von Gaza zu dem werden, was sie heute ist. Israel wollte die Hamas als Gegengewicht zur PLO. Mit Rat, Tat und Geld unterstützte die israelische Regierung die Fundamentalisten in den besetzten Gebieten, schreibt Michael Wolffsohn in seinem jüngsten Buch »Frieden jetzt?« Die »Bewegung des Islamischen Widerstands« (Hamas) versteht sich nach ihrer Charta vom 18. August 1988 als ein »Flügel der Muslimbruderschaft in Palästina«. Die Muslimbrüder lehnten den bewaffneten Kampf ab und spielten anfangs eine positive Rolle, indem sie eine soziale und religiöse Infrastruktur aufbauten. Erst im Laufe der Intifada radikalisierten sich wesentliche Teile der Muslimbrüder und gründeten unter Scheich Ahmad Yassin 1988 die Hamas. In ihrer Charta läßt die Organisation keinen Zweifel an ihrem Ziel, der Zerstörung des Staates Israel. Daß Israel diese Organisation mit allen legalen und militärischen Mitteln bekämpfen muß, versteht sich von selbst. Ein Ausgleich mit Arafats PLO drängte sich für Israel auch schon deshalb auf, weil er zunehmend an Unterstützung und Sympathie in den besetzten Gebieten einbüßte; er war das geringere Übel. Ein noch größeres Interesse an einem Modus vivendi dürfte aber Arafat gehabt haben, da durch den Zusammenbruch der Sowjetunion der Sponsor der Palästinenser abhanden gekommen ist. Die »Neue Weltordnung« forderte von Arafat den Kompromiß.

Die Intifada stellte den Staat Israel und seine Armee politisch und militärisch vor Probleme, die das Land in seiner 40jährigen Geschichte noch nie zu bewältigen hatte, schreibt Friedrich Schreiber in seinem Buch »Kampf um Palästina«. Die Identitätskrise der Armee, die mit dem Desaster im Libanon 1982 begann, verstärkte sich noch durch die Intifada. »Dieser 1982 geführte Krieg widersprach dem Selbstverständnis Israels zutiefst, handelte es sich hier nicht um einen der Existenz des Gemeinwesens dienenden Waffengang, sondern um ein militärisches Vorgehen, das die Regierung in den Augen der Mehrheit der Bürger nicht als Staat, sondern als bloße Fraktion offenbarte. Ihre Ziele waren nicht mehrheitsfähig«, so Dan Diner in der »FAZ« vom 14. September 1993. Das Vertrauen zwischen Armee und Bevölkerung war nachhaltig gestört. Der Desintegrationsprozeß der Armee schritt weiter voran. Selbstmorde, Drogenmißbrauch und Gesetzesverstöße nahmen weiter zu. Dementsprechend verunsichert und brutal reagierten die Soldaten. Obwohl laut »Prügelbefehl« der Einsatz von »Gewalt« nur für widerrechtliche Demonstrationen und solche Personen, die sich einer Festnahme entziehen wollten, angewendet werden durfte, sah die Wirklichkeit wesentlich anders aus. Die Soldaten prügelten mit ihrem Schlagstock auf die Drangsalierten ein, brachen den Palästinensern Armknochen oder malträtierten Gefangene mit Felsbrocken, Gewehrläufen, mit Fußtritten oder trampelten auf ihnen herum. Diese Brutalität wurde von den Menschenrechtsorganisationen glaubwürdig dokumentiert, und die israelische Öffentlichkeit wurde umfassend informiert. Verantwortlich für die Einsätze war Yitzhak Rabin.

Der Palästinenseraufstand war eine sogenannte Volkserhebung, seine Fortsetzung bis heute ist es jedoch nicht mehr. Als die gängigsten Protestformen haben sich Demonstrationen, Steinwürfe auf Soldaten und Siedler, Barrikadenbauten und Anzünden von Autoreifen, Hissen der palästinensischen Flagge, Sprühen politischer Slogans an Häuserwände sowie Streiks der Geschäftsleute herauskristallisiert. Mit der Intifada wurde auch der Versuch unternommen, die besetzten Gebiete soweit wie möglich von Israel abzukoppeln und sich auf die eigenen Kräfte zu besinnen, um die Bevölkerung durch eine Mobilisierungsarbeit auf einen langfristigen Widerstand vorzubereiten. Man wollte sich mit der Abhängigkeit vom Staat Israel nicht abfinden. Die Intifada konnte beträchtliche Anfangserfolge verbuchen. Mit dem Boykott israelischer Waren, dem Rücktritt der palästinensischen Polizisten und Steuereintreiber sowie der Zerstörung des Kollaborateur- und Spitzelnetzes wurde eine gewisse, wenn auch keine vollständige Loslösung von Israel erreicht. Die israelische Armee wurde massiv in Bedrängnis gebracht, weil sie auf Polizeidienste nicht vorbereitet war. Erst im August 1988 ergriff sie wieder die Initiative und stellte die Mitgliedschaft in den Komitees, die den Aufbau der Strukturen voranbringen sollten, unter Strafe; damit traf sie den Lebensnerv der Intifada. Just in diesem Augenblick verzichtete König Hussein von Jordanien am 31. Juli 1988 auf die Souveränität über die Westbank. »Die Armee konnte somit die Intifada daran hindern, in dieses Vakuum die Strukturen für einen zukünftigen Staat zu schaffen und zu erproben«, so Helga Baumgarten in ihrem Buch »Palästina: Befreiung in den Staat«.

Das brutale Vorgehen der israelischen Armee half aber lange Zeit nicht, den Aufstand niederzuschlagen. Durch die Intifada wurde die israelische Gesellschaft verunsichert, die Friedenskräfte gestärkt und der Weltöffentlichkeit das Palästinenserproblem noch nachhaltiger ins Bewußtsein gerufen. Die PLO bekannte sich auf Druck der Intifada-Führung zum Zwei-Staaten-Modell. Am 15. November 1988 proklamierte der Palästinensische Nationalrat in Algerien einen unabhängigen Staat »Palästina«. Diesem »Staat« blieb aber der diplomatische Durchbruch versagt, weil die führenden westlichen Industriestaaten – allen voran die USA – ihre völkerrechtliche Anerkennung verweigerten. Da half es auch nicht, daß fast über 100 Staaten der Dritten Welt und des sogenannten sozialistischen Lagers ihn anerkannten. Die PLO schwor – wenn auch erst verklausuliert – dem Terror als Mittel der Politik ab. Das Existenzrecht Israels in den Grenzen von 1948 wurde indirekt anerkannt. Daraufhin knüpften die USA erste vorsichtige Kontakte zur PLO. Die Palästinenser waren also zur friedlichen Koexistenz mit Israel bereit. Diese Bereitschaft wurde aber von der israelischen Regierung nicht positiv erwidert. »Sie wollte sich von den Palästinensern nicht erst anerkennen lassen«, so Dan Diner. Statt dessen weigerte man sich weiterhin, mit »Terroristen« zu verhandeln. Das Interesse, mit der PLO in Verhandlungen über die Rückgabe der besetzten Gebiete einzutreten, war zu keinem Zeitpunkt vorhanden, weil man immer noch dem zionistischen Traum von »Eretz Israel« anhing, der die Westbank als biblisches Land ansieht, das eigentlich Israel zustehe. Von diesen ideologischen Fesseln konnte oder wollte sich – trotz sichtbarer Erfolge – auch die Rabin-Meretz-Regierung noch nicht offiziell befreien.

Die Intifada hatte aber auch eine innerpalästinensische Stoßrichtung. Sie war auch eine Revolte gegen die veralteten Verhältnisse unter den Palästinensern, wie der Direktor der israelischen Menschenrechtsorganisation B'Tselem, Yizhar Be'er, betonte. Es habe ein Machtkampf zwischen der erfolglosen alten Generation und der erfolgreichen jungen stattgefunden. Die israelische Besatzungsmacht habe darauf mit Massenverhaftungen der jeweiligen lokalen Führungen geantwortet. Neue Führungsgruppen folgten, die immer ungebildeter waren. Rivalitäten und Machtkämpfe wurden zunehmend brutaler. Es kam zu zahlreichen Morden innerhalb der palästinensischen Gemeinschaft. Be'er sieht den Versuch der Palästinenser, ihr Schicksal in die eigenen Hände zu nehmen, als gescheitert an, weil es heute keinen

Aufstand mehr gebe, sondern nur noch einen Machtkampf zwischen kleinen Gruppen. Dieser Machtkampf findet auch zwischen den säkularen Gruppierungen der PLO und der islamisch-fundamentalistischen Hamas-Bewegung statt. Die These von dem Aufstand gegen die alte Ordnung wird auch von dem palästinensischen Schriftsteller Said K. Aburish in seinem Buch »Schrei, Palästina« vertreten. Die Kinder der Intifada und ihre Mütter identifizierten sich mit dem Kampf zwischen den Besitzlosen und den Besitzenden. »Sie betrachten sich als eine Vorhut einer Revolution gegen die alte Ordnung, sowohl im Westjordanland als auch in der gesamten arabischen Welt, und die Älteren als eine Generation von Verrätern.« Der Journalist Bassam Schweiki aus Hebron sieht hingegen in der Intifada immer noch den erfolgreichen Versuch, Widerstand gegen die israelische Besetzung zu leisten. »Der Hungerstreik der Häftlinge vom Oktober 1992 hat der Intifada wieder moralischen Rückhalt gegeben.« Auch Ali Abu Hilal, Mitglied des palästinensischen Nationalrates, hält die Intifada nach wie vor für geeignet, den Zusammenhalt der Palästinenser gegenüber Israel zu dokumentieren. Nur wenn es gelänge, eine innerpalästinensische Einheit herzustellen, werde die Intifada ein neues Momentum gewinnen. Je stärker der Druck der Israelis sei, desto eher komme es zu dieser Einheit, so hofft Abu Hilal.

Die Intifada befindet sich im siebten Jahr. Sie hat zwar ihre Ziele nicht erreicht, aber für das palästinensische Selbstbewußtsein war sie von größter Bedeutung. Es wurde offensichtlich, daß die israelische Armee nicht allmächtig ist und auch der Staat Israel, wenn nicht in seinen Grundfesten, so doch in seinem Selbstbewußtsein angeschlagen wurde. Der Aufstand zeigte den Israelis, wo die »ethischen Grenzen« der Gewaltanwendung verlaufen. Die israelische Gesellschaft nahm moralischen Schaden, polarisierte und spaltete sich. Israel konnte seine Herrschaft über die besetzten Gebiete bis heute nur durch eine unverminderte Unterdrückung der palästinensischen Bevölkerung fortsetzen. Sie wurde während und nach dem zweiten Golfkrieg 1991, als die PLO in Verkennung der machtpolitischen Verhältnisse auf den Despoten in Bagdad setzte und jede Scud-Rakete von den Palästinensern öffentlich bejubelt wurde, noch intensiviert. Ein Teil der Linken in Israel war zutiefst enttäuscht. So schrieb Yossi Sarid 1991 in »Ha'aretz«: »Im Vergleich mit den Verbrechen Saddam Husseins erscheinen die Sünden der israelischen Regierung weiß wie Schnee. Ich trete aber weiter für ihr Recht auf Selbstbestimmung und einen unabhängigen Staat ein, weil es mein eigenes Recht ist, die Besetzung und ihre negativen Folgen loszuwerden. Vielleicht haben sie die Besetzung verdient, wir jedenfalls haben sie nicht verdient.« Diese Ausführungen lösten heftigen Widerspruch in Israel aus. Die von den Amerikanern erzwungene Wehrlosigkeit Israels hat das Selbstverständnis des Staates tief erschüttert. Israel sah sich erstmalig mit einer Situation konfrontiert, die seiner Staatsdoktrin widersprach. Im Ausland bewirkte der Angriff auf Israel eine Flut von Solidaritätskundgebungen für das Land, die sich vor allem in finanziellen Hilfeleistungen ausdrückten. Wer erinnert sich nicht der Israelreisen deutscher Politiker mit Schecks in ihrem Gepäck.

All dies ändert jedoch nichts an der Tatsache, daß die Repressionen nicht weniger geworden sind, ja sie wurden in der Folge durch die Massendeportation vom Dezember 1992 noch gesteigert. Ihren Höhepunkt erreichte die Unterdrückung durch die am 30. März 1993 und bis heute in Kraft befindliche totale Abriegelung der besetzten Gebiete durch Israel. Mit dieser Maßnahme wollte Israel dem Morden an unschuldigen Israelis durch Palästinenser ein Ende setzen. Durch zahlreiche Straßensperren hat Israel die besetzten Gebiete in vier separate militärische Kantone aufgeteilt: eine nördliche und eine südliche Westbank, Ost-Jerusalem und den Gaza-Streifen. Zusätzlich sind sieben Dörfer außerhalb Jerusalems zwischen Straßensperren und israelischen Siedlungen sowohl von Jerusalem als auch der Westbank total abgeschlossen. Die Auswirkungen auf die palästinensische Wirtschaft, die Gesundheitsversorgung, die Bewegungsfreiheit, die freie Religionsausübung, die Ausbildung der Palästinenser sowie die Beziehungen zwischen Anwälten und Gefangenen sind auf das schwerste beeinträchtigt.

Wie sich die totale Abriegelung auf die Bevölkerung auswirkt, konnte der Verfasser Mitte Juni 1993 hautnah erleben, als er in einem Taxi eines Palästinensers im Gaza-Streifen und in der Westbank unterwegs war und mehrmals vom Militär kontrolliert wurde. Zweimal erlebte er nachts in Bethlehem, wie das israelische Militär »Jagd auf Terroristen« und sogenannte »wanted persons« machte. Bethlehem glich gegen 22 Uhr einer Geisterstadt, die Stadt war völlig ausgestorben, nur Militär war überall zu sehen. Durch den Abschuß von Leuchtraketen wurde es in einigen Stadtvierteln taghell. Das Militär durchkämmte Straßenzug um Straßenzug, um dieser Personengruppe habhaft zu werden. Auch psychisch hat die Abriegelung für die Palästinenser verheerende Auswirkungen. »Wir leben jetzt hier in Palästina wie in einem großen Gefängnis. Alle Bewegungen werden vom Militär kontrolliert. Für jeden Schritt benötigt man eine Genehmigung der Militärverwaltung«, beschreibt der Chefredakteur von »Jerusalem Times«, Hanna Siniora, die Lage.

Auf die Beschießung Nordisraels mit Katjuscha-Raketen durch die proiranische Hisbollah (Partei Gottes) antwortete Israel mit massiven Angriffen auf den gesamten Libanon. Die »Operation Rechenschaft« wurde in zynischer Weise angekündigt und durchgeführt. Bewußt setzte man das Mittel der Vertreibung der Zivilbevölkerung ein, um auf die libanesische Regierung Druck auszuüben, daß selbst die sonst in ihrer Wortwahl sehr bedachte »FAZ« von »Terror« seitens Israels sprach. Und für den ehemaligen Knesset-Abgeordneten Uri Avnery war es »der grausamste … und vielleicht auch der sinnloseste« Krieg, den Israel je geführt habe. »Noch nie hat eine israelische Regierung einen Krieg geführt, dessen offizielles Ziel es war, die Zivilbevölkerung gänzlich zu vertreiben«, so der Schriftsteller im »Spiegel«. Dieses Kriegsziel wurde erstmalig von israelischen Kolumnisten als »Kriegsverbrechen« bezeichnet. Der neugegründete »Friedensblock« behauptete, »die Fahne der Illegalität« wehe über diesem Befehl, und deshalb seien die israelischen Soldaten verpflichtet, den Befehl zu verweigern.

Seit Eröffnung der Friedenskonferenz in Madrid im Dezember 1991 zogen sich die Verhandlungen über eine Lösung des Nahostkonfliktes bis zur 10. Verhandlungsrunde ergebnislos dahin, bis sich Mitte August 1993 Gerüchte verdichteten, daß sich Israel mit der PLO in Geheimverhandlungen in Oslo über eine Teilautonomie für den Gaza-Streifen und die Stadt Jericho im Westjordanland verständigt habe. Von diesem Ergebnis wurden sowohl die Öffentlichkeit als auch die anderen arabischen Verhandlungsdelegationen überrascht, die man von seiten der PLO bewußt nicht eingeweiht hatte. Das Rahmenabkommen, das einen teilweisen Rückzug der israelischen Streitkräfte und die Übertragung von Verwaltungskompetenzen wie die Aufstellung einer palästinensischen Polizei, Erziehung, Tourismus, Besteuerung, Kultur, Gesundheit und Sozialfürsorge vorsieht, soll an noch zu entstehende palästinensische Behörden übertragen werden. Ausgeklammert wurden Fragen, die den Status von Jerusalem, die Rückkehr palästinensischer Flüchtlinge und die Zukunft der israelischen Siedlungen betreffen. Das Ziel der Verhandlungen ist, eine dauerhafte Lösung des Konfliktes auf der Basis der UN-Sicherheitsratsresolutionen 242 und 338 zu erreichen.

Die Übergangsverwaltung soll aus einem palästinensischen Rat bestehen, der aus freien, allgemeinen und geheimen Wahlen hervorgehen soll. Diese Wahlen sollen spätestens neun Monate nach Inkrafttreten der Grundsatzerklärung abgehalten werden. Ebenfalls soll ein israelisch-palästinensischer Verbindungsrat, der sich mit Themen, die die Koordinierung betreffen und von beiderseitigem Interesse sind, eingerichtet werden. Nach dem Inkrafttreten dieser Erklärung und den Wahlen wird Israel seine Truppen im Gaza-Streifen und um Jericho aus den bewohnten Gebieten verlegen. Die fünfjährige Übergangszeit beginnt mit dem Rückzug aus dem Gaza-Streifen und dem Gebiet um Jericho. Nach dem Rückzug und dem Inkrafttreten der Grundsatzerklärung erfolgt die Übergabe der Autorität von der israelischen Militärregierung und der Zivilverwaltung auf die mit diesen Aufgaben betrauten Palästinenser. Diese Grundsatzerklärung wurde aber nur unterschrieben, weil die PLO das Existenzrecht Israels nochmals offiziell anerkennen und dem Terrorismus als Mittel der Politik abschwören mußte. Im Gegenzug erkannte Israel die PLO als einzig legitime Vertretung des palästinensischen Volkes an.

Die »Verweigerungsfront« gegen eine Versöhnung mit Israel, u.a. Hamas, Islamischer Dschihad, DFLP, PFLP und Achmed Dschibrils »Generalkommando« hat sich Anfang September 1993 in Damaskus getroffen und den Plan abgelehnt sowie Arafat den Kampf angesagt. Ihr Credo: Der »bewaffnete Kampf gegen den zionistischen Feind« werde fortgesetzt. Ihr Widerstand geht sogar soweit, daß Dschibril Arafat gedroht hat, ihn zu ermorden. Daß es Arafat gelingt, neben seiner al-Fatah auch Naif Hawatmehs DFLP und George Habashs PFLP auf seine Seite zu ziehen, ist nicht mehr zu erwarten. In einem »Spiegel«-Interview vom 13. September 1993 hat Habash unzweideutig klargemacht, daß er sich nicht mit dieser »schändlichen Übereinkunft« zufrieden geben wird, sondern daß er weiter auf die Intifada setzt, um »Freiheit, Unabhängigkeit und Selbstbestimmung« für Palästina zu erreichen. »Die Gaza-Jericho-Option hätte die PLO bereits vor 14 Jahren billiger und ohne den Tod so vieler Märtyrer haben können.« Diese These vertritt auch Michael Wolffsohn in »Frieden jetzt?«. Habash will nach Jerusalem, »ich will dort leben«. Mit Hamas und dem Islamischen Dschihad dürfte ein Konsens kaum möglich sein, da sie weiterhin Israel vernichten wollen. Nicht nur die Radikalen sind gegen dieses Abkommen, sondern auch Gemäßigte wie der palästinensische Schriftsteller Almutawakel Taha, der in diesem Abkommen keine Vorteile für die Palästinenser findet. »Die Israelis müssen, wenn sie tatsächlich Frieden wollen, ihre Ansprüche auf die Westbank und den Gaza-Streifen aufgeben. Sie haben dort keine Rechte«, so Taha in einem Interview mit der »FR« vom 9. September 1993. Der syrische Staatspräsident Hafis al-Assad hat Yassir Arafat bei dessen Besuch in Damaskus nicht seine offene Unterstützung für den Friedensprozeß zugesagt. Er wird auch nichts gegen die »Verweigerungsfront« unternehmen, solange sie ihm nützt. Seine Position ist klar: Es wird nur einen umfassenden Frieden in der Region geben, wenn die Israelis sich völlig vom Golan zurückziehen. Israel ist aber nur bereit, dies in einem Zeitraum von sieben

Jahren zu tun – Damaskus fordert ihn in drei Jahren – oder wenn die USA Sicherheitsgarantien übernehmen.

In der Zwischenzeit geht der Machtkampf auch in der al-Fatah-Fraktion weiter. Kritiker des Abkommens werden liquidiert. Arafat umgibt sich mit zweifelhaften Persönlichkeiten wie Aboul Za'im und Haj Ismail. Erst Ende Oktober wurde der Sicherheitschef der PLO im Hauptquartier in Tunis, Adnan Yasin, als Mossad-Agent enttarnt. Über ihn war es dem israelischen Geheimdienst gelungen, ein »Wanze« im PLO-Hauptquartier in Tunis zu plazieren.

Auch Ministerpräsident Yitzhak Rabin hat bei den radikalen Siedlern, den religiösen Fanatikern und dem rechtsnationalen Likud-Block noch viel Überzeugungsarbeit zu leisten. Das Massaker von Hebron war nur die konsequente Folge einer Indoktrination gewisser religiös-nationalistischer Kreise in Israel. Daß Israel die Siedlerbewegung »Kach« und »Kahane lebt« als einen ersten Schritt verboten hat, war nur recht und billig. Zu einer Ausweisung oder Umsiedlung der »Kach«-Mitglieder aus Hebron fand sich die Regierung schon aus prinzipiellen Gründen nicht bereit. Man siedelt keine Juden aus einem der heiligsten Orte des Judentums um, auch deshalb nicht, weil bei einem Massaker im Jahre 1929 die jüdische Gemeinde in Hebron von Arabern liquidiert worden ist. Jetzt rächt es sich, daß man die PLO und einen großen Teil der Palästinenser jahrzehntelang als »Terroristen« und »Mörder« diffamiert hat. Es wird einige Zeit dauern, bis sich die israelische Öffentlichkeit an das neue Image eines »Präsidenten Arafat« gewöhnt haben wird.

In der Zwischenzeit hat Arafats Polizeitruppe ihre Arbeit in den autonomen Gebieten aufgenommen. Der Aufbau der Verwaltung geht nur zögernd voran. Mit seinem Besuch im Juli hatte er sich lange Zeit gelassen. Sein autokratischer Führungsstil wird von den Palästinensern vor Ort heftig kritisiert. Wird sich Arafat überhaupt einer demokratischen Wahl stellen? Warum braucht er zu diesem Zeitpunkt bereits einen Geheimdienst? Soll nun der palästinensische Geheimdienst die Arbeit des Shin Bet fortsetzen? Befürchtungen, daß es eine Kooperation zwischen dem israelischen und dem palästinensischen Geheimdienst gibt, um die Opposition gegen das Abkommen niederzuschlagen, sind nicht von der Hand zu weisen. So wurden vorsorglich im April von Israel bereits einige hundert Gegner der Abkommen in Administrativhaft genommen. Daß der palästinensische Geheimdienst mit seinen Landsleuten zimperlich umgeht, ist nicht zu erwarten. Mit Farid Hachem Dscharbu ist ein erstes Todesopfer zu beklagen. Unter diesen Umständen sind die Aussichten auf eine demokratische Zukunft in den autonomen Gebieten nicht gerade rosig.

In einem weiteren Schritt wollen wir die völkerrechtlichen Grundlagen untersuchen, auf denen die Besetzung beruht, und fragen, welches Recht von der Besatzungsmacht angewandt wird.

Karte 2

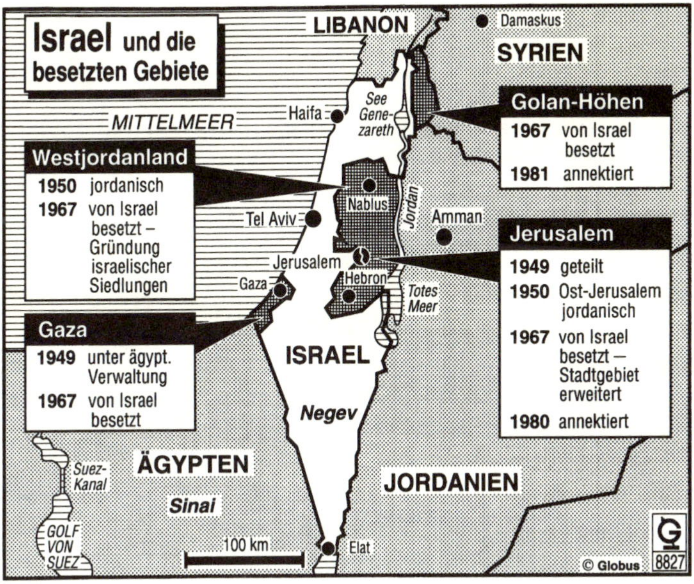

Karte 3

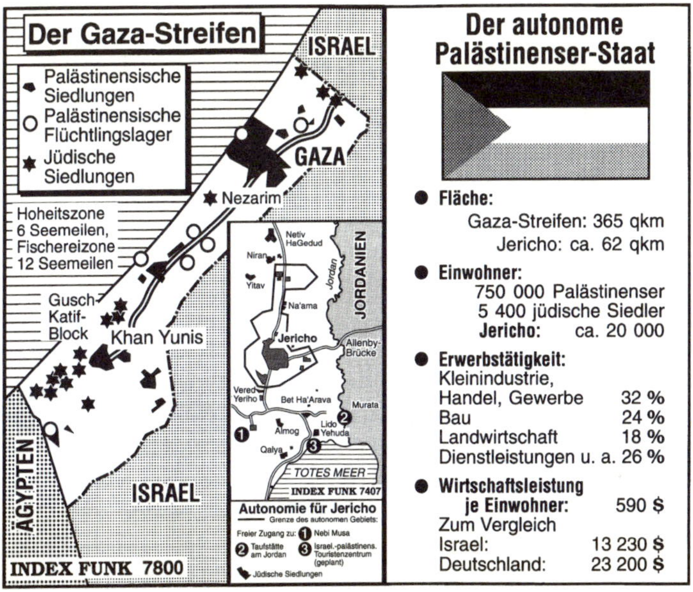

III.
VÖLKERRECHT UND BESETZTE GEBIETE

1. Selbstbestimmungsrecht und Widerstand

Seit Jahrzehnten gehört der Nahe Osten zu den Konfliktregionen der Weltpolitik. Der israelisch-palästinensische Konflikt zählt zu denjenigen Regionalauseinandersetzungen, die das Potential für einen größeren Konflikt in sich tragen. Seit der Gründung Israels wurde den Palästinensern zuerst das Selbstbestimmungsrecht durch Jordanien und seit dem Sechs-Tage-Krieg 1967 von der israelischen Besatzungsmacht vorenthalten. Beim gegenwärtigen Stand der Völkerrechtsentwicklung ist das Selbstbestimmungsrecht als Völkerrechtsnorm anerkannt. Wie der Regensburger Völkerrechtler Otto Kimminich es in einem Beitrag für die Zeitschrift »Vereinte Nationen« ausdrückt, steht es dem Rechtsträger kraft originären Rechtes zu. Schon in der Charta der Vereinten Nationen wird in Artikel 1 Abs. 2 auf den Grundsatz der Gleichberechtigung und der Selbstbestimmung der Völker als der Grundlage für die Festigung des Weltfriedens hingewiesen. Dieser Grundsatz wurde in den 1966 in Kraft getretenen Menschenrechtspakten der Vereinten Nationen zu einem »Recht« konkretisiert. Im Artikel 1 Abs. 1 der beiden Pakte heißt es: »Alle Völker haben das Recht auf Selbstbestimmung. Kraft dieses Rechts entscheiden sie frei über ihren politischen Status und gestalten in Freiheit ihre wirtschaftliche, soziale und kulturelle Entwicklung.« Alle Vertragsstaaten haben entsprechend der Charta der Vereinten Nationen die Verwirklichung des Rechts auf Selbstbestimmung zu fördern und dieses Recht zu achten.

Dieses Selbstbestimmungsrecht steht in einem gewissen Spannungsverhältnis zur territorialen Unversehrtheit und politischen Unabhängigkeit der Mitgliedsstaaten der Vereinten Nationen. Nach Artikel 2 Abs. 1 sind alle Staaten in ihrer inneren und äußeren Souveränität gleich. Das Selbstbestimmungsrecht eines Volkes ist demnach ein Recht gegen den Staat. Einerseits tritt als Inhaber dieses Rechts nicht der Staat auf, sondern ein Volk, was die Palästinenser sind, andererseits bedeutet die Inanspruchnahme dieses Selbstbestimmungsrechtes gegenüber einem anderen Staat die Verkleinerung seines Hoheitsgebietes. Da Israel die Gebiete besetzt hält, hat es nach geltendem Völkerrecht keinen legalen Hoheitsanspruch und auch keine Souveränität über die Westbank und den Gaza-Streifen. Israel nimmt beides einseitig wider alle internationalen Regeln jedoch für sich in Anspruch.

Das Selbstbestimmungsrecht ist historisch ein Recht gegen den Kolonialismus und die Fremdbestimmung. Israel gehört nach dem Zusammenbruch der ehemaligen Sowjetunion zu den letzten Kolonialvölkern, indem es versucht, durch eine schleichende Besiedlung unumstößliche Fakten in den besetzten Gebieten zu schaffen und die demographische Balance zu seinen Gunsten zu verändern. Die Generalversammlung der Vereinten Nationen hat in seiner Resolution Nr. 2625 (XXV) nochmals das Selbstbestimmungsrecht auch für die Kolonialvölker betont und beschlossen, daß die Bewohner solcher Gebiete, die über keine eigene Regierung im Sinne des Kapitels XI der Satzung der Vereinten Nationen verfügen, Vorrang vor den eigenen Interessen haben müssen. Alle Völker haben nach dem in der UN-Charta verankerten Grundsatz der Gleichberechtigung und des Selbstbestimmungsrechtes das Recht, frei und ohne Einfluß von außen ihren politischen Status selbst zu bestimmen. Dabei kann sich das Selbstbestimmungsrecht in der Gründung eines souveränen Staates, in der Vereinigung mit einem souveränen Staat oder der Schaffung eines anderen vom Volk frei bestimmten Staates materialiter ausdrücken. Eine weitere Verwirklichungsform, die mit dem Völkerrecht konform geht, ist die Autonomie oder föderale Struktur.

Daß es sich bei den besetzten Gebieten um ein eigenes Hoheitsgebiet handelt, zeigt sich darin, daß es sowohl geographisch als auch ethnisch eigenständig ist. Das Selbstbestimmungsrecht wird letztendlich nur solchen Völkern zugestanden, deren Streben nach Unabhängigkeit gebilligt wird. Dies ist aber eine Frage der politischen Opportunität und der internationalen Kräfteverhältnisse. Das Spannungsverhältnis zwischen Selbstbestimmungsrecht und staatlicher Souveränität macht die Anwendung unterschiedlicher Maßstäbe erforderlich. So ist zu fragen, wie stark die Verwirklichung des Selbstbestimmungsrechts der Palästinenser in die bestehenden völkerrechtswidrigen Strukturen eingreifen würde und welchen Grad die Unterdrückung der Palästinenser durch Israel erreicht hat. Wenn ein Staat sich bei seiner Ausübung von Herrschaft über ein fremdes Volk nicht vom Grundsatz der Gleichberechtigung und der Selbstbestimmung der Völker leiten läßt und Teile der Bevölkerung einer unerträglichen Diskriminierung und Unterdrückung aussetzt, hat dieses Volk ein Recht, sich gegen dieses Unrecht zur Wehr zu setzen.

Obwohl das moderne Völkerrecht ein Friedensrecht ist, internationale Streitigkeiten friedlich beizulegen sind und die Androhung und Anwendung von Gewalt verboten ist, gibt es doch Ausnahmen vom Gewaltverbot. So kann sich jeder angegriffene Staat verteidigen. Artikel 51 der Charta der Vereinten Nationen sieht ausdrücklich vor, daß keine Bestimmung der Satzung das allgemeine Recht auf individuelle oder kollektive Selbstverteidigung beeinträchtigt. Wenn es dem UN-Sicherheitsrat nicht gelingt, Israel zu verpflichten, die gegen das Land erlassenen Resolutionen einzuhalten, muß die internationale Staatengemeinschaft andere Maßnahmen beschließen, die die Einhaltung garantieren. Ein Widerstandsrecht steht einem Volk auch dann schon zu, wenn es nicht erst kurz vor seiner Existenzvernichtung steht. Gilt ein solches Widerstandsrecht auch für Befreiungsbewegungen?

Während für einen Staat das absolute Gewaltverbot nach Artikel 2 Abs. 4 der UN-Charta gilt, besteht für Befreiungsbewegungen bis heute nach allgemeiner Völkerrechtsmeinung eine Ausnahme. Hier gehen die Rechte von Befreiungsbewegungen weiter als die der Staaten. So wurde auf der 25. Sitzung der Generalversammlung der Vereinten Nationen erstmalig von einem »inhärenten Recht der Kolonialvölker, mit allen notwendigen, ihnen zur Verfügung stehenden Mitteln gegen die Kolonialmächte zu kämpfen, welche ihr Streben nach Freiheit und Unabhängigkeit unterdrücken«, gesprochen. Unter der Führung Algeriens hatte 1966 eine Gruppe afro-asiatischer Staaten in dem Sonderkomitee für die Prinzipien des Internationalen Rechts in der UNO versucht, das Gewaltverbot des Artikels 2 Abs. 4 so zu interpretieren, daß die Gewaltanwendung der Befreiungsbewegungen nicht unter die Verbotsnorm fällt. Der Vorschlag scheiterte am Widerstand der westlichen Staaten. Noch bevor verschiedene Befreiungsbewegungen – darunter auch die PLO – den Beobachterstatus in der UN-Generalversamlung erhielten und eine Definition der Aggression verabschiedet worden war, gelang es einer Reihe aufeinanderfolgender Resolutionen, die Anerkennung des bewaffneten Kampfes durchzusetzen. Gegen den Widerstand von 13 westlichen Staaten wurde 1973 die Resolution 3103 über den rechtlichen Status von Kombattanten, die gegen koloniale, rassistische und fremde Herrschaft kämpfen, verabschiedet. Zusammen mit der Aggressionsdefinition von 1974, die den antikolonialen und antirassistischen Befreiungskampf von dem Begriff der Aggression ausnimmt, läßt sich feststellen, daß seit diesem Zeitpunkt die überwiegende Zahl der Staaten den bewaffneten Kampf der Befreiungsbewegungen als legitim und mit dem Völkerrecht vereinbar anerkennt, wie der Bonner Völkerrechtler Christian Tomuschat in der Zeitschrift »Vereinte Nationen« von 1974 feststellt. Die juristische Begründung des bewaffneten Befreiungskampfes liefert Artikel 51 der UN-Charta. Trotz des heftigen Widerstandes der westlichen Staaten und Israels »muß heute die Gewaltfrage im Befreiungskampf durch die Resolutionspraxis der UNO und die Staatenpraxis völkerrechtlich als entschieden betrachtet werden«, wie Norman Paech und Gerhard Stuby in »Machtpolitik und Völkerrecht in den internationalen Beziehungen« konstatieren.

Solche Widerstandskämpfer kommen auch in den Schutz der Genfer Konvention, denn im I. Zusatzprotokoll zu dem Genfer Abkommen vom 8. Juni 1977 heißt es in Artikel 1 Abs. 4, daß zu den in Abs. 3 genannten Situationen auch gehören »bewaffnete Konflikte, in denen Völker gegen Kolonialherrschaft und fremde Besetzung sowie gegen rassistische Regime in Ausübung ihres Rechts auf Selbstbestimmung kämpfen, wie es in der Charta der Vereinten Nationen und in der Erklärung über Grundsätze des Völkerrechts betreffend freundschaftliche Beziehungen und Zusammenarbeit zwischen den Staaten im Einklang mit der Charta der Vereinten Nationen niedergelegt ist.« Die Abstimmung über diesen Artikel endete 87:1:11. Israel stimmte als einziges Land dagegen, weil es eine völkerrechtliche Legitimation des Befreiungskampfes der Palästinenser fürchtete. In der Tat ist die Einführung gewisser Motive in Form von ideologisch besetzten Begriffen in das humanitäre Völkerrecht in der Literatur umstritten. Begriffe wie »Befreiungskriege« sind gerade im Kriegsrecht mit seiner humanitären Zielsetzung ein Anachronismus. Die PLO als ein »Organ, das ein Volk vertritt« (palästinensischer Nationalrat) hat sich durch einseitige Erklärung an den Depositär (Schweiz) verpflichtet, die Genfer Konvention und das I. Zusatzprotokoll in bezug auf den Konflikt mit Israel anzuwenden. Israel hat das Zusatzprotokoll noch nicht unterzeichnet.

Der Kampf von Befreiungsbewegungen, die gegen eine »fremde Besetzung« kämpfen, wurde von den Verfassern der Genfer Konvention als ein nicht-internationaler Konflikt eingestuft, in dem der gemeinsame Artikel 3 anwendbar sein sollte. Diese Befreiungskriege werden aber als legitim anerkannt, und zusammen mit Artikel 3 Genfer Konvention und dem I. Zusatzprotokoll werden Aufständische als existent betrachtet. Ihr Konflikt wird zu einem internationalen Konflikt, wodurch das gesamte humanitäre Völkerrecht auf ihn anwendbar würde, sprich auch die Vierte Genfer Konvention (VGK), was Israel immer bestritten hat.

Mit welchen Mitteln kann nun das Selbstbestimmungsrecht der Palästinenser durchgesetzt werden, ohne gegen das Völkerrecht zu verstoßen? Im klassischen Völkerrecht war das Mittel der Interessendurchsetzung eindeutig, und zwar in Form des Krieges. Im klassischen Völkerrecht wäre aber das Volk oder eine Volksgruppe nie Träger eines legitimen völkerrechtlichen Anspruches gewesen. Das moderne Völkerrecht dagegen hat das Selbstbestimmungsrecht zu einer Völkerrechtsnorm erhoben. Gleichzeitig wurde aber der Krieg als Mittel der Rechtsdurchsetzung beseitigt. Somit befinden sich die Palästinenser völkerrechtlich in einem Dilemma. Einerseits gilt für sie das Gewaltverbot, andererseits aber auch das Recht auf nationale Selbstbestimmung. Deshalb kann das Selbstbestimmungsrecht nur friedlich durchgesetzt werden.

Was bietet nun das moderne Völkerrecht solchen Völkern an, die unter Fremdherrschaft leben und leiden müssen? Insbesondere der im modernen Völkerrecht verankerte Menschenrechtsgedanke hat die Trennung zwischen innerstaatlicher Alleinzuständigkeit und internationalem Mitspracherecht anderer Staaten ambivalent werden lassen. Wird somit durch Artikel 1 Abs. 4 des I. Zusatzprotokolls mit dem Begriff »fremde Besetzung« eine Art sanktionierte Selbsthilfe in Ermangelung anderer völkerrechtlicher Instrumente zur Rechtsdurchsetzung eingeführt? Obwohl die Ausdehnung des Schutzes dieses Artikels auf den genannten Konflikt nur dadurch möglich wird, daß eine mögliche Gewaltanwendung, die durch die Durchsetzung des Selbstbestimmungsrechts entsteht, als Krieg im völkerrechtlichen Sinne betrachtet werden würde, ohne Rücksicht, ob auch die anderen Kriterien vorliegen, die dies rechtfertigen würden, kann daraus im juristischen Sinne keine Rechtfertigung von Gewalt abgeleitet werden. So schreibt Otto Kimminich in seiner Abhandlung über den »Schutz der Menschen in bewaffneten Konflikten«: »Denn auch die Berufung auf das Selbstbestimmungsrecht kann die Anwendung militärischer Gewalt nicht rechtfertigen. Eine solche Rechtfertigung ist nach geltendem Völkerrecht vielmehr nur dann gegeben, wenn sich die Anwendung militärischer Gewalt als Verteidigung gegen einen Angriff darstellt.« Ein solcher läßt sich wohl von seiten der Palästinenser nicht mehr konstruieren. Kimminich befürchtet, daß die in Artikel 1 Abs. 4 enthaltenen Begriffe eine Sprengkraft besitzen, die »das gesamte System des geltenden Völkerrechts zu zerstören und die Hoffnung auf die Erhaltung des Weltfriedens zunichte« machen würden, wenn die ursprünglichen Begriffsinhalte umgedeutet werden würden. Somit bleibt es bei der alten Sprachregelung: Des einen Terrorist ist des anderen sein Freiheitskämpfer. Terrorismus ist immer nur der Krieg, den der Gegner führt.

In der israelischen Regierungsterminologie ist jeder Anschlag auf Israelis Terrorismus. Diese Sprachregelung wurde von den internationalen Medien so internalisiert, daß es ihnen schwerfällt, zu differenzieren. Nicht jeder palästinensische Widerstand ist jedoch gleichzusetzen mit Terrorismus. So kann von Terrorismus nur dann gesprochen werden, wenn neben Tätern und Opfern noch ein Dritter getroffen werden soll. So handelt es sich um Terrorismus, wenn Palästinenser einen Schulbus mit Kindern kidnappen, um die Regierung Israels zu einer Gegenleistung zu zwingen. Ein klassisches Beispiel für Staatsterrorismus war die Vertreibung von 500.000 Libanesen aus dem Süden Libanons im Juli 1993, um die libanesische Regierung zu zwingen, gegen die Hisbollah (Partei Gottes) vorzugehen, die vom Südlibanon aus israelische Städte und Siedlungen mit Raketen beschossen und dabei immer wieder Israelis getötet hat. Dieses Verhalten der Hisbollah muß ebenfalls als Terrorismus bezeichnet werden, da sie durch die Tötung Unschuldiger die Regierung Israels zwingen wollte, aus der Sicherheitszone im Süden Libanons abzuziehen.

Israel hat den Palästinensern und der ganzen Welt demonstriert, daß es in kürzester Zeit ein halbe Million Menschen vertreiben kann. Seit dem Trauma von 1948 und 1967 leben die Palästinenser deshalb in ständiger Angst, dies könne sich wiederholen; damals wurden 700.000 von ihnen vertrieben. Rechtswidrig sind die israelischen Vergeltungsschläge gegen Unbeteiligte, die Sprengung von Häusern, die Bombardierung ganzer Dörfer, die Verhängung von Ausgangssperren als Form der Kollektivstrafe, weil man dadurch glaubt, die Terroristen von der Bevölkerung isolieren zu können; dies ist bisher nicht gelungen bzw. hatte nur den gegenteiligen Effekt: Die Menschen solidarisierten sich mit den »Terroristen«. Wenn dagegen ein Palästinenser einen Soldaten tötet – er repräsentiert die Staatsmacht –, dann ist dies Mord, der bestraft gehört.

Widerstand ist nur dann gerechtfertigt, wenn es einen Rechtfertigungsgrund gibt. Liegt ein solcher bei allen Taten der Palästinenser immer vor? Gibt es keine anderen Formen des Widerstandes gegen Unrecht als die Tötung von Menschen? Ein Volk, das seit der Besetzung seines Landes vor 27 Jahren solche Demütigungen, Diskriminierungen und den Verlust seines Landes und Besitzes erleiden mußte, hat nach dem Völkerrecht ein Recht auf Widerstand. Auf welcher Grundlage hält Israel die Westbank, den Gaza-Streifen und die Golan-Höhen immer noch besetzt? Mit welchem Recht richteten der damalige Ministerpräsident Shimon Peres und der damalige Verteidigungsminister Yitzhak Rabin eine Sicherheitszone im Süden Libanons ein, nachdem Menachem Begin und sein radikaler Verteidigungsminister Ariel Sharon nach dem Desaster des Libanonfeldzuges zurücktreten mußten? Israel operiert dort immer noch nach Belieben. Die Hisbollah hat gegen diese völkerrechtswidrige Besetzung Widerstand angekündigt.

Ein trauriges Kapitel israelischer Politik ist ihre systematische Dehumanisierung der Palästinenser. Die ständig Titulierung der Palästinenser als »Terroristen« hat ihre Wurzeln vor der Staatsgründung. Die Palästinener wurden schon von den Kämpfern der Hagana als »Terroristen« und »Mörder« bezeichnet, wie der melkitische Priester Elias Chacour in seinen Büchern ausgeführt hat. Diese Herabsetzung der Palästinenser begann schon in den zwanziger Jahren. So sprach Vladimir Jabotinsky 1929 über die Bewohner von Jaffa von »Bastarden, Rowdies und Gesindel«. Raphael Eitan sprach 1988 von einem »Krebsgeschwür, das beseitigt werden müsse«, oder von »Küchenschaben«, und daß man einen »Rattenfänger von Hameln« benötige, um die Palästinenser loszuwerden. In einem Interview mit der ARD sprach Yitzhak Rabin noch am 15. Dezember 1992 von »Raubtieren und Untermenschen«. Auch Menachem Begin nannte Arafat »ein zweibeiniges Tier mit behaartem Gesicht« und sein Nachfolger Yitzhak Shamir sprach 1989 von Palästinensern als »Heuschrecken, die zertreten werden« sollten. Diese herabsetzende Terminologie hat mit zur Brutalisierung der israelischen Gesellschaft und des Militärs und seinem Verhalten gegenüber der Zivilbevölkerung beigetragen. Fast täglich kann man in israelischen Zeitungen Schlagzeilen lesen wie »Jagd auf Terroristen«, »eine Jagd fand statt« etc. Wer in diesem Jargon über Menschen spricht, braucht sich nicht zu wundern, wenn bei 20jährigen Soldaten die Gewehre locker sitzen. War nicht auch einmal der frühere Ministerpräsident Menachem Begin ein gesuchter »Terrorist« in der britischen Mandatszeit? Warum mußte man die PLO und jetzt die Hamas pauschal als »Terroristen« diffamieren? Nach den Motiven dieser Menschen aber wird von israelischer Seite nicht gefragt. Ministerpräsident Rabin reklamiert für Israel ein Recht der Bombardierung des Libanons, den Guerillas aber sprach er ein solches ab. Es ist zu hoffen, daß sich durch die gegenseitige Anerkennung auch eine menschlichere Beurteilung der Palästinenser in der israelischen Öffentlichkeit durchsetzt.

Wie verhält es sich mit den gewalttätigen Siedlern in den besetzten Gebieten, die fast alle bewaffnet sind und von denen etliche die Palästinenser mit ihren Maschinenpistolen terrorisieren? Wie sollen Menschen reagieren, denen ihr Land weggenommen wird, das sie seit Generationen bebaut haben, und auf dem eine Siedlung errichtet wird, nur weil religiöse Fanatiker meinen, dort siedeln zu müssen? Mit welchem Recht? Die erbärmliche Situation der Palästinenser muß immer mit bedacht werden, wenn man sie pauschal als »Terroristen« diffamiert. Ihr Widerstand muß deshalb in legitim und illegitim unterschieden werden. Trägt letztendlich nicht der israelische Regierungschef die Verantwortung für den Tod israelischer Soldaten, die im Süden Libanons durch Angriffe der Hisbollah getötet wurden, weil die Präsenz der Israelis dort wider das Völkerrecht ist? Ist das Vorgehen der Hisbollah gegen die völkerrechtswidrige Besetzung Südlibanons durch Israel nicht eine »fremde Besetzung« und fällt damit unter das I. Genfer Zusatzprotokoll? Die Situation ist in der Tat etwas komplizierter, als es die israelischen regierungsamtlichen Verlautbarungen glauben machen wollen. Wie nun die völkerrechtliche Lage in den besetzten Gebieten ist, soll im nächsten Schritt näher dargestellt werden.

2. Völkerrechtliche Grundlagen der Besetzung

Das Völkerrecht gibt den Staaten ein Instrumentarium an die Hand, das das Verhalten zwischen ihnen friedlich regeln soll. Es definiert seine Subjekte und deren Rechte und Pflichten, hat eigene Rechtsetzungsmethoden, weitet seine Normierungen auf immer weitere Bereiche seiner Subjekte (Staaten) aus und verfügt über Verfahrensweisen und Mechanismen der Streitbeilegung. Das Völkerrecht stellt somit eine geschlossene Rechtsordnung dar, wie es Otto Kimminich nennt.

Die Epoche des klassischen Völkerrechts ist zu Ende; sie erstreckte sich vom Westfälischen Frieden 1648 bis zum Ende des Ersten Weltkrieges. In ihr wurde nur zwischen Krieg und Frieden unterschieden. Man sprach noch bis zur Mitte des 20. Jahrhunderts von einem Friedens- und einem Kriegsrecht. Das klassische Völkerrecht unterwarf nicht den Krieg, sondern nur einzelne Kriegshandlungen einer rechtlichen Nachprüfung und legte damit die Grundlagen für das humanitäre Völkerrecht, das sich noch während der Geltung des klassischen Völkerrechts im Kriegsrecht herausbildete. Das klassische Völkerrecht kannte nicht die Pflicht der Staaten zum Frieden, wie dies das moderne Völkerrecht verbindlich festlegt. Es fand ein Wandel von der Kriegsfreiheit zum Kriegsverbot statt.

Die Behandlung der Palästinenser in den besetzten Gebieten wirft immer wieder die Frage nach den völkerrechtlichen Grundlagen der Besatzung auf. Welches Recht gilt auf den Golan-Höhen, in der Westbank oder im Gaza-Streifen? Sind dort britisches, jordanisches, ägyptisches und israelisches Recht oder nur israelische Militärverordnungen in Kraft? Von der palästinensischen Menschenrechtsorganisation Al-Haq wird immer wieder der Vorwurf erhoben, Israel wende aus jedem Bereich nur jene Artikel an, die in seinem Interesse lägen und den Palästinensern schadeten. Israel weist dies zurück und veranschaulicht seinen Rechtsstandpunkt.

Welche Konventionen oder Abkommen des Völkerrechts finden in den besetzten Gebieten Anwendung? Bevor wir uns dieser Frage zuwenden, sollen noch einige systematische Aussagen zum Entstehen und zur Struktur des Völkerrechts gemacht werden, da der Ursprung des Konfliktes zwischen Israel und den Palästinensern neben der politischen auch eine rechtliche Dimension hat, die nicht zu unterschätzen ist.

Hauptquelle des Völkerrechts sind internationale Verträge und internationales Gewohnheitsrecht. Konventionen oder Verträge sind Abkommen zwischen Staaten, die in der Regel in schriftlicher Form abgefaßt sind. Die Gründe für die Abfassung eines Vertrages können Meinungsverschiedenheiten über gewisse politische Sachverhalte sein, wie z.B. die Gründung internationaler Organisationen oder die Kodifizierung von internationalem Gewohnheitsrecht. Das internationale Gewohnheitsrecht läßt sich aus der »Staatenpraxis« ableiten. Eine bloße Wiederholung gewisser staatlicher Akte ist aber nicht hinreichend, sondern diese müssen vielmehr von einer Rechtsüberzeugung getragen sein. Bevor man von Gewohnheitsrecht sprechen kann, müssen drei Faktoren erfüllt sein: Erstens muß eine wiederholte und regelmäßige, einheitliche Übung vorliegen, die zweitens von der Überzeugung getragen sein muß, rechtlich zu diesem Verhalten verpflichtet zu sein, und die drittens der widerspruchslosen Hinnahme der Gewohnheit seitens der anderen Völkerrechtssubjekte bedarf.

Als weitere Rechtsregeln zum Schutz der Menschen haben sich das humanitäre Völkerrecht und die Menschenrechte entwickelt. Es mag auf den ersten Blick paradox klingen, aber das gesamte internationale Kriegsrecht ist humanitäres Völkerrecht. Dieses Kriegsrecht will nicht den Krieg erleichtern und seine Zerstörungskraft erhöhen, sondern den Krieg so begrenzen, daß menschliches Leid möglichst gemildert wird. Damit ist der Teil des Kriegsrechts gemeint, der den Schutz von Personen betrifft. Diese Art von internationalen Verträgen reicht bis zur Unterzeichnung der ersten Genfer Konvention vom 22. August 1864 zurück. Auf der ersten Haager Friedenskonferenz vom 29. Juli 1899 wurden das »Reglement betr. die Gesetze und Gebräuche des Landkrieges« verabschiedet. Diese Haager Landkriegsordnung (HLKO) enthält wichtige Teile des Rechts des Kriegsgefangenen und der Zivilbevölkerung. Auf der zweiten Haager Friedenskonferenz vom 18. Oktober 1907 wurde das Abkommen über die Gesetze und Gebräuche des Landkrieges und die dazugehörige Landkriegsordnung in verbesserter Fassung angenommen (IV. Haager Konvention von 1907). Die gleiche Konferenz stimmte einer Verbesserung des früheren Abkommens von 1864 zu (X. Haager Konvention von 1907).

Der Erste Weltkrieg stellte die Haager Konvention auf eine erste Probe. Durch die Kriegserfahrungen belehrt, wurden nach Kriegsende Vorschläge für deren Neufassung unterbreitet. Das Kriegsgefangenenrecht von 1907 erwies sich als ergänzungsbedürftig. 1929 kam es in Genf zu einer neuen Staatenkonferenz, die am 27. Juli 1929 zwei Abkommen verabschiedete, die die Lage der Verwundeten, Kranken und Kriegsgefangenen in der Zukunft verbessern sollte.

Dieser »Haager-Rechtskreis« bildet die eine Quelle des internationalen humanitären Völkerrechts. Die andere stellen die vier Genfer Abkommen vom 12. August 1949 dar. In 429 Artikeln werden die Verwundeten und Kranken der Land- und Seestreitkräfte sowie der Schiffbrüchigen der Seestreitkräfte, die Behandlung der Kriegsgefangenen und der Zivilpersonen im Krieg als »Genfer Rotkreuz-Abkommen« oder »Genfer Konvention« bezeichnet. Dieser »Genfer-Rechtskreis« bildet zusammen mit dem »Haager-Rechtskreis« die völkerrechtlichen Grundlagen für die Behandlung der von Israel besetzten Gebiete und zählt zum internationalen humanitären Völkerrecht.

Daneben gibt es die internationalen Menschenrechte. Beide Bereiche, internationales humanitäres Völkerrecht und internationaler Menschenrechtsschutz, überlappen sich und dienen dem Schutz des Individuums. Der Schutz der Menschenrechte zielt immer auf die eigene Bevölkerung in Friedenszeiten ab, wie z.B. innerstaatlich bei der Habeas-Corpus-Akte von 1679 oder international beim Internationalen Pakt über bürgerliche und politische Rechte vom 19. Dezember 1966 (ICCPR). Dieses System des Menschenrechtsschutzes beruht grundsätzlich immer noch auf dem Willen der Staaten, da nur sie Völkerrechtssubjekte, sprich Träger von Rechten und Pflichten, sind. So schreibt Otto Kimminich in seiner »Einführung in das Völkerrecht«: »Solange der einzelne nicht als (partielles) Völkerrechtssubjekt anerkannt ist, kann er auf völkerrechtlicher Ebene grundsätzlich nur durch seinen Heimatstaat – d.h. den Staat, dessen Staatsangehörigkeit er besitzt – geschützt werden.« Wie schwer sich die Staaten tun, den Schutz ihrer Bürger einer internationalen Kontrolle auszusetzen, hat die im Juni 1993 in Wien tagende Weltmenschenrechtskonferenz der Vereinten Nationen deutlich gemacht. Insbesondere die Staaten der Dritten Welt haben sich gegen einen UN-Hochkommissar für Menschenrechte und die Einrichtung eines internationalen Gerichtshofes für Menschenrechte vehement gewehrt. Dies wird immer noch nach herrschender Völkerrechtsmeinung als Einmischung in die inneren Angelegenheiten eines Staates angesehen. Trotz dieses veralteten Souveränitätsdenkens sollen selbst in Kriegs- oder Besatzungszeiten gewisse Menschenrechte geachtet werden.

Welches Recht findet bei einer »kriegerischen Besetzung« Anwendung? Der De-facto-Status einer Besetzung ereignet sich nur im Krieg oder einer kriegerischen Auseinandersetzung. Eine solche temporäre Kontrolle ist statthaft im Kontext einer militärischen Notwendigkeit. Die Besetzung ist nur erlaubt im Falle der Verteidigung; sie ist demnach zeitlich begrenzt. Ein Besatzer erlangt über das betreffende Gebiet weder Souveränität noch irgendwelche Rechte wie die Kontrolle über Ressourcen oder gar originäre Gesetzgebungsbefugnisse. Die fremde Regierung ist entweder besiegt, im Exil oder nicht mehr existent. Die einheimische Bevölkerung behält ihre Souveränität in Form des Selbstbestimmungsrechts. Eine Annexion ist völkerrechtlich verboten. Der Besatzer erlangt keine legalen Rechte. Er ist verpflichtet, die öffentliche Ordnung, soweit es ihm möglich ist, wiederherzustellen; er hat das Recht, seine Armee zu schützen. Die Wiederherstellung der öffentlichen Ordnung schließt auch die Garantie eines normalen Lebens der Zivilbevölkerung mit ein. Jede Änderung muß zum Nutzen der einheimischen Bevölkerung oder zum Schutz der Besatzungsarmee erfolgen. Der gesetzliche Rahmen sollte sich deshalb auf folgende Rechtsbereiche beschränken: lokales bürgerliches Recht, lokales Strafrecht, Militärverordnungen nur zum Schutz der Verteidigung.

Was die Anwendbarkeit von Völkerrecht auf innerstaatliches Recht anbelangt, entscheidet jeder Staat nach eigenem Gutdünken. Nach englischem Rechtsverständnis wird Völkergewohnheitsrecht immer dann auch innerstaatlich angewandt, wenn das Parlament nichts Gegenteiliges beschließt, internationales Völkervertragsrecht hingegen bedarf aber einer ausdrücklichen Übernahme in innerstaatliches Recht. Diese Haltung wurde von den israelischen Gerichten kurz nach der Unabhängigkeit des Staates eingenommen. Konkret heißt dies, daß die Regeln des Völkerrechtes die staatlichen Stellen so lange nicht in ihrem Verhalten gegenüber ihren Bürgern binden – selbst wenn der Staat den Vertrag unterzeichnet hat –, solange dieser Vertrag nicht durch ein innerstaatliches Gesetz übernommen worden ist. Demzufolge sind nur die »humanitären Bestimmungen« der Genfer Konvention anwendbar, aber nicht »justiziabel« vor israelischen Gerichten. In einigen Fällen hat das Oberste Gericht in Israel entschieden, daß das Unterfangen, sich nach diesen Bestimmungen zu richten, legale und administrative Kraft besitzt. Im Falle von Deportationen hat Israel diese Möglichkeit in seinem innerstaatlichen Rechtssystem ausgeschlossen. Deportationen sind aber immer noch nach den Notstandsverordnungen aus der britischen Mandatszeit nur in den besetzten Gebieten möglich, mit denen sie auch begründet werden.

Kurz nachdem die ersten Fragen aufgrund der Besetzung zur Entscheidung anstanden, hat das Oberste Gericht in Israel diese Unterscheidung angewandt, ohne hinreichend der Frage nachgegangen zu sein, wie es sich bei einer »kriegerischen Besetzung« verhält. Das Gericht vertrat die Ansicht, daß Taten, die durch das Militär geschehen, nach Völkergewohnheitsrecht und nicht Völkervertragsrecht beurteilt werden müßten. Sie unterlägen aber formal einer rechtlichen Nachprüfung durch das Oberste Gericht.

In bezug auf die besetzten Gebiete akzeptiert die israelische Regierung nur die HLKO als bindend, weil sie im Gegensatz zur Genfer Konvention Völkergewohnheitsrecht ist. Auch Völkergewohnheitsrecht ist nur dann für die staatlichen Organe bindend, solange es nicht im Widerspruch zum innerstaatlichen Recht stehe, so das Oberste Gericht. Obwohl Israel die Genfer Konvention ohne Vorbehalte 1951 unterzeichnet hat, leugnete es die Anwendbarkeit auf die besetzten Gebiete. Nur der Oberste Richter Alfred Witkon vertrat in der Entscheidung Elon Moreh eine Minderheitenmeinung: »Es ist ein Fehler zu glauben, ..., daß die Genfer Konvention nicht auf Judäa und Samaria angewandt werden kann. Sie ist anwendbar, obwohl ... sie vor diesem Gericht nicht justiziabel ist.« Die gleiche Ansicht vertrat der Oberste Richter Haim Cohen in anderen Fällen. Die israelische Regierung begründet ihre ablehnende Haltung gegenüber der Konvention mit Artikel 2 derselben. Danach sind die Regeln anzuwenden »in allen Fällen eines erklärten Krieges oder jedes anderen bewaffneten Konflikts, der zwischen zwei oder mehreren der Hohen Vertragsparteien entsteht, auch wenn der Kriegszustand von einer dieser Parteien nicht anerkannt wird.

Das Abkommen findet auch in allen Fällen vollständiger oder teilweiser Besetzung des Gebietes einer Hohen Vertragspartei Anwendung, selbst wenn diese Besetzung auf keinen bewaffneten Widerstand stößt.

Ist eine der am Konflikt beteiligten Mächte nicht Vertragspartei des vorliegenden Abkommens, so bleiben die Vertragsparteien in ihren gegenseitigen Beziehungen gleichwohl durch das Abkommen gebunden. Sie sind ferner durch das Abkommen auch gegenüber dieser Macht gebunden, wenn diese dessen Bestimmungen annimmt und anwendet.«

Für die Genfer Konvention ist es daher unerheblich, ob eine Kriegserklärung stattgefunden hat oder eine Partei den Kriegszustand leugnet. Kein Staat kann sich den Verpflichtungen, die aus der Konvention resultieren, entziehen. Für Israel waren weder Jordanien noch Ägypten »Hohe Vertragsparteien« – sprich, hatten keine rechtmäßige Souveränität –, da Jordanien 1950 die Westbank illegal annektiert und Ägypten den Gaza-Streifen niemals annektiert habe, deshalb könne nicht von Besetzung, sondern nur von »verwalteten Gebieten« gesprochen werden. Einen solchen Terminus aber kennt das Völkerrecht nicht. Beide Staaten hatten nach israelischer Ansicht keine rechtmäßige Souveränität ausgeübt. Diese Position wurde bereits 1977 von dem damaligen israelischen Außenminister Moshe Dayan vor der 32. Vollversammlung der Vereinten Nationen vorgetragen.

Mit dieser Position steht Israel in der internationalen Staatengemeinschaft völlig isoliert da. Das Internationale Rote Kreuz (IKRK), die überwiegende Zahl der Rechtsgelehrten Israels, die Vereinen Nationen und alle Völkerrechtler von Rang haben die israelische Position zurückgewiesen. So argumentiert das IKRK, daß die VGK nicht nach der Souveränität einer Partei in einem Konflikt frage. Die Konvention sei auf alle Gebiete anwendbar, die im Zuge eines bewaffneten Konfliktes besetzt würden, unabhängig vom Status des Gebietes. Andere Kommentatoren haben festgestellt, daß Artikel 2 irrelevant sei. Er wurde nur in die Konvention aufgenommen, um auch solche Besetzungen wie die durch die Nazis in Dänemark mit dieser Konvention auffangen zu können. Der erste Paragraph des Artikels 2 sei auf alle bewaffneten Konflikte anwendbar, die zwischen zwei oder mehreren Hohen Vertragsparteien entstehen. Deshalb sei er auf die Besetzung, die sich aus dem bewaffneten Konflikt zwischen Israel, Jordanien und Ägypten ergäbe, anwendbar. Trotz dieser Meinungsunterschiede in der Interpretation der Konvention hat Israel einer umfassenden Kooperation mit dem IKRK zugestimmt und sich daran auch gehalten.

Im Gegensatz zur HLKO kennt die VGK keine »Allbeteiligungsklausel«. Sie gilt zwischen den Vertragsparteien auch dann, wenn sich an dem Konflikt eine Macht beteiligt, die nicht Vertragspartner ist. Die Gültigkeit der Konvention hängt also nicht von der formalen Souveränität über ein Gebiet ab. Sie gilt für alle besetzten Gebiete, unabhängig vom Status derselben. Israel erkennt nur die »humanitären Bestimmungen« der VGK an, hat aber nie gesagt, was es darunter versteht. Man kann zu Recht fragen, warum die israelische Regierung die humanitären Bestimmungen anerkennt, aber immer noch seine Zweifel an der formalen Anwendbarkeit der Konvention äußert. Eine Erklärung könnte sein, daß Israel besorgt war, daß durch die Anerkennung der Anwendbarkeit der Genfer Konvention eine rechtliche Lage hätte entstehen können, nach der die Verwaltungen durch Jordanien und Ägypten über die besetzten Gebiete als legitime Souveränität ausgelegt werden könnten. Anders ausgedrückt: Die Abweichungen in den Ansätzen zwischen Israel und dem IKRK waren nicht so sehr über theoretisch-legale Probleme als vielmehr über deren politische Auswirkungen.

Als Gegenargumente wurden angeführt, daß sich die Genfer Konvention mehr mit Menschen als mit Gebieten befaßt. Mehr mit Menschenrechten als mit Rechtsfragen, die den Status der Gebiete betreffen. Israel mag befürchtet haben, daß bei Unterschrift der VGK andere Staaten die Aktivitäten Israels in den besetzten Gebieten kritisch beobachten würden. Indem sich Israel nur auf die »humanitären Bestimmungen« beschränkte, hat es einer solchen genauen Überprüfung einen Riegel vorgeschoben. Ein solcher Einspruch von außen wurde somit durch das Argument, daß die Konvention nicht anwendbar sei, unterbunden. Darüber hinaus haben die verschiedenen israelischen Regierungen es aus innenpolitischen Gründen vermieden, von besetzten Gebieten zu sprechen, insbesondere solche Regierungen, in denen Mitglieder der Herut-Partei sitzen, da diese Partei ideologisch dem Konzept von »Eretz Israel« anhängt.

Daß Israel es mit seiner unflexiblen Haltung selbst seinen Freunden nicht leichtmacht, zeigt die Tatsache, daß die USA am 1. Juni 1969 im UN-Sicherheitsrat von Israel verlangt haben, die VGK anzuerkennen. Am 4. Februar schloß sich die USA einer Resolution der UN-Menschenrechtskommission an, die die Nichtanwendung der Genfer Konvention durch Israel rügte. Auch in seinen jährlichen Menschenrechtsberichten unterstreicht das U.S.-Department of State, daß die Genfer Konvention auf die besetzten Gebiete anzuwenden sei.

Das Oberste Gericht in Israel hat die HLKO als bindend für die israelische Rechtsordnung in den besetzten Gebieten anerkannt, die Genfer Konvention aber nur unter der Bedingung, daß sie durch ein spezielles Gesetz in das israelische Recht inkorporiert werden würde; bisher sind alle Versuche dieser Art gescheitert. Der HCJ hat implizit zugelassen, daß die israelische Macht in den besetzten Gebieten als souveräne Macht auftritt. Die Ablösung einer ehemaligen Regierung durch Israel wird als ein souveräner Akt angesehen. Diese Haltung steht in krassem Widerspruch zum Völkerrecht, wonach eine Besatzungsmacht keinerlei rechtliche Souveränität aus einer Besetzung ableiten kann.

Die Entscheidungen des Obersten Gerichts in bezug auf die Genfer Konvention sind nicht einheitlich. Obwohl das Gericht immer betont hat, daß die Konvention nicht durchsetzbar sei, hat das Gericht nichtsdestotrotz seine Sicht über die Rechtmäßigkeit eines gewissen Aktes unter den Bestimmungen der Konvention dargelegt. So entschied das Gericht unter Vorsitz von Meir Shamgar, daß Artikel 49 VGK, der einen Transfer der eigenen Bevölkerung in besetztes Gebiet verbietet, nicht auf Deportationen von Individuen aufgrund von Sicherheitsmaßnahmen anwendbar sei.

In einem anderen Fall argumentierte die Mehrheit der Richter, daß Artikel 76 – Absitzen von Strafen wegen Verstößen gegen die öffentliche Ordnung in den besetzten Gebieten – nicht auf die Administrativhaft anzuwenden sei. Auf der anderen Seite hat das Gericht bei sensiblen Fragen eine Stellungnahme mit dem Hinweis abgelehnt, die Konvention sei nicht gerichtlich anwendbar, wie z.B. in den Fragen der jüdischen Siedlungen in den besetzten Gebieten. Das Gericht hat sich geweigert, die Frage zu beantworten, ob diese Siedlungen Artikel 49 der Genfer Konvention verletzen. Die einzige Ausnahme, die zwei Richter als zulässig empfunden haben, ist, daß die Regierung offiziell erklärt, die »humanitären Bestimmungen« der Konvention aufgrund von Verwaltungsvorschriften umsetzten und respektieren zu wollen. In einem Fall, die Lebensbedingungen im Internierungslager Ketziot (Ansar III) im Negev betreffend, vertrat der Oberste Richter Gabriel Bach die Ansicht, daß die Regierung durch das humanitäre Völkerrecht gebunden sei und sie deshalb die Überfüllung des Lagers abbauen müsse.

3. Das Rechts- und Verwaltungssystem

Nach Völkerrecht ist eine Besatzungsmacht verpflichtet, für die Sicherheit der Bevölkerung und der eigenen Armee zu sorgen. Zu diesem Zweck darf der Besatzer auch Militärgerichte einsetzen, die Verstöße gegen die Sicherheit der Besatzungsmacht ahnden sollen. Dieses Recht ist in Artikel 43 HLKO niedergelegt. Es erlaubt der Besatzungsmacht, »alle von ihm abhängenden Vorkehrungen zu treffen habe, um nach Möglichkeit die öffentliche Ordnung und das öffentliche Leben wiederherzustellen oder aufrechtzuerhalten, und zwar, soweit kein zwingendes Hindernis besteht, unter Beachtung der Landesgesetze«. Für Gesetzesänderungen sind also enge Grenzen gesetzt. Das heißt, daß die Militärgerichte das lokale Strafrecht bei Verstößen anzuwenden hätten, wie es auch im Artikel 64 der VGK gefordert wird. »Das Strafrecht des besetzten Gebietes bleibt in Kraft, soweit es nicht durch die Besatzungsmacht außer Kraft gesetzt oder suspendiert werden darf, wenn es eine Gefahr für die Sicherheit dieser Macht oder ein Hindernis bei der Anwendung des vorliegenden Abkommens darstellt. Vorbehaltlich dieser Ausnahme und der Notwendigkeit, eine arbeitsfähige Justizverwaltung zu gewährleisten, setzen die Gerichte des besetzten Gebietes ihre Tätigkeit hinsichtlich aller durch die erwähnten Rechtsvorschriften erfaßten strafbaren Handlungen fort.«

Sofort nach der Besetzung erließ der Militärkommandeur Proklamation Nr. 2, in der es heißt: »Dieses Recht, das am 7. Juni 1967 in diesem Gebiet in Kraft war, bleibt insoweit in Kraft, als es nicht dieser oder anderer Erklärungen oder Befehlen widerspricht, die durch mich erlassen werden, oder solchen Modifikationen unterworfen ist, die durch die Einrichtung einer miltärischen Regierung in diesem Gebiet hervorgerufen werden.« Zum Zeitpunkt der Okkupation war also jordanisches Recht in den betreffenden Gebieten in Kraft. Die Militärregierung behauptet, daß die Militärverordnung das bestimmende Recht in der Westbank sei und jordanisches Recht außer Kraft setzte, das den Verordnungen widerspräche. Unter gewissen Umständen kann die Besatzungsmacht weitere Verordnungen erlassen. So heißt es in Artikel 64 Abs. 2 der VGK: »Jedoch kann die Besatzungsmacht die Bevölkerung des besetzten Gebietes Bestimmungen unterwerfen, die ihr unerläßlich erscheinen zur Erfüllung der ihr durch das vorliegende Abkommen auferlegten Verpflichtungen, zur Aufrechterhaltung einer ordentlichen Verwaltung des Gebietes und zur Gewährleistung der Sicherheit sowohl der Besatzungsmacht wie auch der Mitglieder und des Eigentums der Besatzungsstreitkräfte oder – verwaltung sowie der von der Besatzungsmacht benutzten Anlagen und Verbindungslinien.«

Artikel 66 derselben Konvention gesteht die Einsetzung »ordentlicher Militärgerichte« zu, um die erlassenen Maßnahmen durchzusetzen. »Im Falle eines Verstoßes gegen die gemäß Artikel 64 Absatz 2 erlassenen Strafbestimmungen kann die Besatzungsmacht die Angeklagten an ihre nichtpolitischen und ordentlich bestellten Militärgerichte überweisen, unter der Bedingung, daß diese im besetzten Lande tagen. Die Berufungsgerichte tagen vorzugsweise im besetzten Land.« Die Entscheidungen der Militärgerichte und der Militärverwaltung können seit 1968 einer rechtlichen Prüfung durch das Oberste Gericht unterzogen werden. Allein die Möglichkeit dieser Überprüfung hält ACRI schon für geeignet, daß sie mäßigenden Einfluß auf die Militärverwaltung ausübe. Wir teilen diese optimistische Beurteilung nicht, da das Oberste Gericht – insbesondere in Fällen von Landenteignungen oder der Besiedlung der besetzten Gebiete – andernfalls eingreifen und solche eklatanten Brüche internationalen Rechts hätte stoppen müssen.

Die Einrichtung von Militärgerichten ist demnach gestattet; ebenso der Erlaß gewisser Militärverordnungen, um die Sicherheit zu garantieren und auch legal durchzusetzen. Die örtliche Gerichtsbarkeit, die vor der Okkupation bestand, besteht zwar formal weiter, ihre Bedeutung ist aber sehr gering. Alle sicherheitsrelevanten Straftaten werden nicht dort, sondern vor

Militärgerichten abgeurteilt. Seit 1989 gibt es formale Berufungsgerichte, vorher wurden Einsprüche vom Militärkommandeur entschieden, was einem »Gnadenakt« gleichkam. Diese ordnungsgemäß eingesetzten, nichtpolitischen Militärgerichte sind aber nach Genfer Konvention gewissen rechtsstaatlichen Mindeststandards unterworfen. Zu diesen Mindeststandards gehören nach Artikel 146 der Genfer Konvention ein ordentliches und faires Gerichtsverfahren, Folterverbot, rechtmäßige Gefangenenverwahrung etc. Verstöße gegen diese Mißstände stellen Brüche der Genfer Konvention dar, die durch die anderen Unterzeichnerstaaten zu ahnden sind.

In den international garantierten Menschenrechten wird immer wieder ein ordentliches und faires Gerichtsverfahren angemahnt. So betonen Artikel 10 und 11 der Allgemeinen Erklärung der Menschenrechte vom 10. Dezember 1948 die Bedingungen, nach denen ein Prozeß als fair gelten kann. Insbesondere betonten Artikel 71 VGK die Bedingungen eines ordentlichen Verfahrens sowie Artikel 72 die Prozeduren einer rechtstaatlichen Verteidigung. Auch der Internationale Pakt über bürgerliche und politische Rechte (ICCPR) vom 19. Dezember 1966, den Israel noch im gleichen Jahr unterzeichnet hat, legt in Artikel 14 Verfahrensregeln für einen fairen Prozeß fest, die von den Militärgerichten nicht immer eingehalten werden. Israel ist als Besatzer verpflichtet, für die Sicherheit der Bevölkerung und seiner Armee zu sorgen. Die Frage stellt sich nun: Wie, mit welchen Mitteln und nach welchem Recht die besetzten Gebiete »verwaltet« werden.

3.1 Die Verwaltungsstrukturen

Es stellt sich die Frage, wie mit den jüdischen Siedlern in den besetzten Gebieten umzugehen ist, die offiziell – mit Ausnahme Ost-Jerusalems und der Golan-Höhen – nicht annektiert worden sind. Es mußte also eine Methode gefunden werden, die die Siedler israelischem Recht unterwarf, das aber auf die Palästinenser nicht angewandt werden durfte, weil ja Israel nicht der legitime Souverän dieser Gebiete war und das Land dies auch nicht wollte. Wie läßt sich diese eigenartige Konstruktion in Einklang mit dem Völkerrecht bringen?

Seit der israelischen Besetzung ist weiterhin jordanisches Recht in der Westbank in Kraft. Schon 1968 begann die Besiedlung der Westbank. Bis 1974 lebten dort rund 10.000 israelische Bürger. Nach jordanischem Recht waren diese Menschen Ausländer. Bei zivilen Auseinandersetzungen konnten die lokalen Gerichte, die noch jordanisches Recht, ergänzt durch die

Militärverordnungen, anwandten, Recht sprechen. Bei kriminellen Straftaten entschied der Gebietskommandeur, ob ein Siedler vor ein lokales Gericht gestellt werden sollte oder nicht. Die israelische Regierung behandelt die Siedler oft sehr freundlich und milde, und Rechtsbrüche wurden häufig nicht geahndet, um das Leben der Siedler nicht noch schwerer zu machen, als es schon war, da das jordanische Recht sie nicht gerade bevorzugte. 1979 erklärte Ministerpräsident Menachem Begin, daß die »Bewohner Judäas und Samarias sowie des Gaza-Streifens dem israelischen Recht« unterlägen.

Simultan zu den zwischen 1979 und 1981 stattfindenden Autonomiegesprächen führte Israel gravierende Veränderungen in den besetzten Gebieten durch. So wurden z.B. Landvermessungen von nicht-registriertem Land durchgeführt, eine neue Definition von »Staatsland« eingeführt und die erste Militärverordnung erlassen, die Land zu »Staatsland« erklärte. Des weiteren wurden lokale und regionale jüdische Räte geschaffen sowie eine sogenannte Zivilverwaltung neben der Militärverwaltung aufgebaut. Wie löste nun die Begin-Regierung die schwierige rechtliche Lage der Siedler? Dies gelang mit zwei Kunstgriffen: Erstens wurden einige Gesetze Israels als exterritorial anwendbar erklärt, und zweitens wurde den Siedlungen ein anderer legaler Status gegeben als den palästinensischen Orten, damit mußte jordanisches Recht nicht mehr auf die Siedler angewandt werden. Die Exterritorialität drückte sich darin aus, daß Notverordnungen und andere Gesetze von der Knesset entweder direkt verabschiedet oder auf dem Wege von Militärverordnungen abgeleitet wurden. Mit Militärerlaß Nr. 1141 wurde israelisches Recht für die jüdischen Siedlungen eingeführt.

Nach Regularien 1 konnte jedermann, der in den besetzten Gebieten eine Straftat begangen hatte, vor israelischen Gerichten verurteilt werden. Aber die Regularien 2 schlossen solche Personen aus, die während der Tatzeit Bewohner der besetzten Gebiete waren. Zu dieser Zeit hatten die meisten Siedler neben ihrem Wohnsitz in den besetzten Gebieten auch noch einen in Israel, deshalb konnten sie auch vor israelischen Gerichten angeklagt werden. Aber für solche, die ausschließlich in den besetzten Gebieten lebten, entschied das Oberste Gericht 1972, daß israelische Gerichte dort keine Zuständigkeit hätten, da diese Personen nach den Regularien 2 davon ausgenommen wären. Dies wurde aber 1975 durch einen Zusatz aufgehoben; seit diesem Zeitpunkt sind israelische Gerichte für die Siedler zuständig. 1984 wurden durch Notverordnungen auch das israelische Steuersystem und die Steuerhoheit auf die besetzten Gebiete ausgedehnt, ohne auf die Siedler Bezug zu nehmen. Im gleichen Jahr wurden neun weitere Gesetze übertragen, wie z.B. das Einwanderungsgesetz von 1952, das Wehrdienstgesetz von 1959, das Nationalversicherungsgesetz von 1968, das Psychologengesetz von 1968, um nur einige zu nennen.

Um die Siedlungen nicht der Jurisdiktion der örtlichen Verwaltung zu unterwerfen, wurde durch eine Militärverordnung eine eigene Verwaltung für die Siedlungen geschaffen. Anfangs war der Status der Siedlungen nicht eindeutig bestimmt. Es wäre jedoch richtig gewesen, wenn die Siedler, die zur Jurisdiktion eines palästinensischen Ortes gehören, auch dieser unterworfen wären. In der Realität jedoch geschah dies aber nie. Seit 1974 wurden »religiöse Räte« eingerichtet. Sechs Tage vor der Unterzeichnung des Friedensvertrages zwischen Israel und Ägypten wurden durch die Militärverordnung Nr. 783 fünf regionale Räte in der Westbank geschaffen und 1981 durch Militärverordnung Nr. 892 lokale Räte für die Verwaltung bestimmter Siedlungen ins Leben gerufen. Die regionalen Räte waren für das gesamte Land, das in israelischem Besitz war, zuständig.

Diese Räte haben die gleiche Macht wie die israelischen Stadtverwaltungen. Die jüdischen Räte genießen im Gegensatz zu den palästinensischen eine größere Autonomie. Die Vorsitzenden der jüdischen Räte in der Westbank haben beste Verbindungen zu den israelischen Machtzentren. Sie haben in dem »Rat für israelische Siedlungen in Judäa und Samaria« eine starke Lobby. Dies macht sie von der Militärverwaltung unabhängig, von der sie ja auch finanziell nicht abhängen.

Der Gebietskommandeur ist formal die höchste Autorität in seinem Gebiet. Er ist Gesetzgeber, Chef der Exekutive und ernennt die lokalen Richter und die Offiziellen. Die wichtigste Veränderung innerhalb der Militärverwaltung gab es im November 1981, als durch Militärverordnung Nr. 947 eine sogenannte Zivilverwaltung eingerichtet worden ist, die in Wahrheit eine Militärverwaltung geblieben ist. Der »Leiter der Zivilverwaltung« wird vom Gebietskommandeur ernannt. Zwei Ziele wollte man mit dieser Maßnahme erreichen: Erstens wurde die bereits bestehende Trennung zwischen zivilen und militärischen Funktionen in der Militärverwaltung auch formal vollzogen. Zweitens wurden damit viele Militärverordnungen vom Status zeitlich begrenzter Sicherheitsverfügungen zum dauernden Gesetz gemacht.

Wie ist das Verhältnis zwischen Militär- und Zivilverwaltung? Viele Kenner der Materie sehen keinen Unterschied, da die Zivilverwaltung durch den Militärkommandeur der Westbank eingerichtet worden ist. Sie ist durch eine Militärverordnung geschaffen worden, und der Gebietskommandeur ernennt den Leiter. Deshalb darf zu Recht gefolgert werden, daß beide engstens zusammenarbeiten. Die Macht des Leiters der Zivilverwaltung ist nur eine delegierte Macht, und zwar vom Gebietskommandeur. Die gesamte

Verwaltung ist ihm unterstellt. In der Realität ist die Zivilverwaltung also eine erweiterte Militärverwaltung. Dies wurde auch noch einmal in der Militärverordnung Nr. 950 festgehalten, die am 16. Januar 1982 einen Paragraphen zur Verfügung Nr. 947 hinzufügte: »Um jeden Zweifel auszuräumen, es gibt nichts in der Bestimmung dieses Erlasses (947), das ein Privileg oder Recht des Militärkommandeurs oder einer von ihm ernannten Person einschränken oder aufheben würde.« Die »Zivilverwaltung« befindet sich innerhalb des militärischen Hauptquartiers in Beth El. Der Zugang zu diesem Komplex ist sehr schwer und für Palästinenser nur mit speziellen Vorladungen möglich. ACRI ist in seiner Beurteilung zuzustimmen, »daß die Einrichtung nichts weiter bedeutet, als daß irgendeiner die Zivilbehörde als ein Bevollmächtigter des Gebietskommandeurs koordiniert«.

Im Völkerrecht gibt es unterschiedliche Sichtweisen darüber, ob eine Besatzungsmacht überhaupt eine Zivilverwaltung aufbauen darf. Die Zivilverwaltung in den besetzten Gebieten gliedert sich in eine Wirtschafts-, Dienstleistungs- und Eigentumsabteilung. Jede Abteilung wird von einem Armeeoffizier geleitet. Jene, die die wichtigsten Positionen innehaben, sind gewöhnlich Staatsbeamte, die für eine gewisse Zeit beurlaubt worden sind. Hier werden sie als Militärangehörige betrachtet, die für die betreffende Regierungsstelle als »Regierungsdirektoren« tätig sind. Dadurch wollte man von Kenntnissen profitieren, um die Maßnahmen in den besetzten Gebieten mit den korrespondierenden Regierungsstellen besser abstimmen zu können.

Die Macht der Zivilverwaltung wird dadurch stark eingeschränkt, daß alle Maßnahmen, die nicht ziviler Natur sind, eine »militärische oder sicherheitsrelevante Natur« besitzen. Israel hat immer darauf hingewiesen, daß es für die Sicherheit in den besetzten Gebieten zuständig sei und darüber auch nicht verhandle. In diesem Zusammenhang stellen sich zwei Fragen: Sollen sich die Autonomieverhandlungen nur auf solche Maßnahmen beziehen, die nicht »sicherheitsrelevant« sind und die von der Zivilverwaltung ausgeübt werden dürfen? Oder ist die Schaffung einer palästinensischen Polizei ein erster Schritt, um das starre Sicherheitsdogma aufzubrechen? Die Zivilverwaltung kann Genehmigungen und Lizenzen vergeben und ist mit Bildungsfragen befaßt. Sie kontrolliert den Import und Export, Preise, Banken, Steuern, Gebühren und Zölle, Land- und Wasserrechte, Grund- und Besitzverhältnisse, die Stromversorgung, Telefon und Post, den Sozial- und den Gesundheitsbereich. Indem der Leiter der Zivilverwaltung die ihm zugestandenen Rechte nur verwaltet, wird er keine Veränderungen in der Struktur durchsetzen können. Die Verwaltung kann gegenüber den Palästinensern Rechte großzügiger handhaben; einfacher Genehmigungen erteilen, um somit ein System der Begünstigungen aufzubauen. Palästinenser, die sich solcher Vergünstigungen bedienen, werden von ihren Landsleuten als Kollaborateure beschimpft und zum Teil auch deshalb ermordet. Daß man sich solcher Praktiken bediente und kooperationswillige Palästinenser für seine Ziele zu gewinnen versucht hat, hat der frühere Sicherheitsminister Ariel Sharon und der erste Leiter der Zivilverwaltung, Menachem Milson, bestätigt. »Es scheint, daß Konzessionen, Genehmigungen von Eigentumstransaktionen u.ä. der Kontrolle dienen; durch sie kann die Regierung solche Personen belohnen, die mit Israel zusammenarbeiten, und jene bestrafen, die sich einer solchen Zusammenarbeit verweigern«, so ACRI in seiner Broschüre »The Legal and Administrative System«.

Neben der Militär- und der Zivilverwaltung gibt es noch die aus der jordanischen Zeit stammende lokale Verwaltung. Nach Völkerrecht muß letztere auch nach einer »kriegerischen Besetzung« funktionsfähig bleiben. So wurden z.B. die Kommunalwahlen vom August 1967 durch Militärverordnung Nr. 80 aufgehoben; sie fanden schließlich 1972 statt. Die nächsten Wahlen waren 1976. Die 1980 angesetzten Wahlen wurden ad calendas graecas vertagt. Die Nichtabhaltung von Wahlen verstößt gegen das Völkerrecht, weil keine legitimen Repräsentanten die Bevölkerung gegenüber dem Besatzer vertreten können. Durch den Militärerlaß Nr. 830 wurden die Gemeinderäte zwar in ihren Ämtern bestätigt doch die 1976 gewählten palästinensischen Vertreter wurden fast alle von ihren Posten entfernt und durch solche ersetzt, die von der Militärverwaltung ernannt worden sind. Diese Absetzung wurde durch die Militärverwaltung verfügt, da es auch im jordanischen Recht eine Verordnung gibt, die dies gestattet, wenn die Gemeinderäte nicht ihre Funktion erfüllen. Die Militärverwaltung warf den Palästinensern vor, nicht ausreichend Kontakt zur Zivilverwaltung gehalten zu haben.

Neben diesen lokalen palästinensischen Behörden gibt es noch israelische, die für die Siedlungen zuständig sind. Sie wurden 1979 aufgrund von Erlassen des Gebietskommandeurs eingerichtet. Die Erlasse ähneln denen, die für die israelische Gemeindeverwaltung gelten. Nachdem diese lokalen Behörden eingerichtet worden sind, greift die Militärverwaltung genausowenig in die Belange der Gemeinde ein, wie dies in Israel geschieht.

3.2 Die Rechtsgrundlagen

Nach welchen Gesetzen werden die Palästinenser behandelt, wenn ihnen eine Straftat zur Last gelegt wird? Das jordanische Recht gilt immer noch für die Palästinenser, obwohl Jordanien am 31. Juli 1988 auf seine Souveränität über die Westbank verzichtet hat. Hinzu kommen noch die Notstandsverordnungen aus der britischen Mandatszeit. Die meisten dieser Verordnungen sind auch noch in Israel in Kraft, werden aber nur selten angewandt. Es ist umstritten, ob diese Notverordnungen noch in Kraft waren, als Israel die Westbank besetzte. Jordanien und die Palästinenser bestreiten dies, wohingegen Israel das Gegenteil behauptet. Nach israelischer Meinung waren sie ein Teil des jordanischen Rechts. Die israelische Position wurde sowohl von den Militärgerichten als auch vom Obersten Gericht akzeptiert. Umstritten bleibt jedoch, ob Israel die rechtliche Macht hatte, diese Notverordnungen wieder in Kraft zu setzen, wenn Jordanien sie tatsächlich abgeschafft hatte.

Zwischen Völkerrecht und Notverordnungen gibt es ein Spannungsverhältnis. Durch Völkerrecht kann eine Gesetzgebung nicht außer Kraft gesetzt werden, die vor 1967 erlassen worden ist. Völkergewohnheitsrecht kann aber eine Verwaltungsentscheidung für nichtig erklären, die vor 1967 ergangen ist, und zwar im Fall von Deportationen oder der Zerstörung von Häusern. Unbeschränkte Bindekraft hat aber nach israelischem Rechtsverständnis nur das Völkergewohnheitsrecht.

Israel hat also seine Besetzung auf die Notverordnungen aufgebaut. Sie stehen im Gegensatz zur HLKO und der Genfer Konvention. Mit diesen Notverordnungen werden die Beschlagnahmung von Land, die Zerstörung von Häusern und die Deportationen gerechtfertigt. Die Notverordnungen gehören nicht zum rechtlichen Rahmen einer »kriegerischen Besetzung«. Sie sind eine innerstaatliche Angelegenheit, wohingegen eine Besetzung eine internationale ist. Notverordnungen erlauben für einen begrenzten Zeitraum die Beeinträchtigung gewisser Rechte in Notstandssituationen als absolute Ausnahme. Die Deklaration oder die Wiedereinsetzung der Notverordnungen ist ein Akt originärer Rechtsetzung, dazu ist aber eine Besatzungsmacht nicht berechtigt, da sie kein legitimer Souverän ist. Weil Israel keine legitime Souveränität über die Gebiete hat, kann es auch keinen Ausnahmezustand erklären. Der Ausnahmezustand, den die Briten 1945 in Palästina erklärt haben, endete mit ihrem Abzug. Notverordnungen können deshalb nicht in lokales Recht inkorporiert sein, weil sie von ihrem Wesen her zeitlich begrenzt sind.

Bei seiner Staatsgründung 1948 hat Israel den Ausnahmezustand erklärt, und die Knesset hat ein Gesetz erlassen, das diesen alle drei Monate automatisch erneuert. Diese Automatik gilt bis heute; sie macht den zeitlichen Charakter der Verordnungen zur Farce. Israel befindet sich deshalb seit seiner Gründung in einem Ausnahmezustand! Dies hat die politische Klasse des Landes in der Tat internalisiert und wird ständig als Rechtfertigung für israelische Gewaltmaßnahmen gegenüber Palästinensern angeführt. Israel hat auch die besetzten Gebiete so behandelt, als befänden sie sich seit 1967 im Ausnahmezustand.

Die allumfassende, alleinige Gewalt in den besetzten Gebieten hat nach Militärerlaß Nr. 2 der Militärkommandeur inne. Es existiert keine Gewaltenteilung. Der HCI hat dem Militärkommandeur einen weiten Ermessensspielraum im Hinblick auf seine rechtsetzende Macht eingeräumt, obwohl das Völkerrecht auch eine enge Interpretation kennt, nach der das vorherrschende Gesetz nicht verändert werden darf. Im langen Zeitraum der Besetzung hat Israel neue Gesetze und Verordnungen erlassen, auch wenn es damit gegen geltendes Völkerrecht verstößt. Die Frage nach dem legitimen Eingreifen in die Rechte und das Leben der Bevölkerung muß sich Israel gefallen lassen. Viele der Militärerlasse haben wenig damit zu tun, die »vitalen Bedürfnisse« zu garantieren oder die »öffentliche Ordnung« in den besetzten Gebieten aufrechtzuerhalten, denn nur dazu ist eine Besatzungsmacht nach dem Völkerrecht befugt. Selbst wenn Veränderungen im jordanischen Recht wünschenswert gewesen sind – wie das Wahlrecht der Frauen –, so muß man fragen, ob Israel es völkerrechtlich hätte ändern dürfen.

Israel hat ohne Rücksicht auf die Genfer Konvention das jordanische Recht durch Zusätze ergänzt. Diese Zusätze werden noch verschärft durch Militärerlasse: über 1400 für die Westbank und mehr als 1100 für den Gaza-Streifen. Hinzu kommen noch eine Vielzahl von nicht nummerierten Regularien und zeitlich begrenzten Instruktionen. Nach Untersuchungen von Al-Haq enthielten 63,8 Prozent der von 1967 bis 1989 ergangenen Militärerlasse keine spezielle Begründung für ihr Inkrafttreten; sie waren weder sicherheitsrelevant noch zum Nutzen der Bevölkerung. Die Militärerlasse sind zwar alle nummeriert doch es gibt bis heute keine effektive und gesicherte Möglichkeit für die Palästinenser, sich über die Militärerlasse und deren Änderungen zu informieren. Einige dieser Erlasse werden in den Medien bekanntgegeben, während die gesamten nummerierten Erlasse nur einigen wenigen Rechtsanwälten und Organisationen zur Verfügung gestellt werden. Diese mangelhafte Veröffentlichungspolitik hat zur Folge, daß vielen Palästinensern gewisse Handlungen, die die Militärverwaltung als strafbar ansieht, gar nicht bewußt sind.

Ein Rechtsstaat zeichnet sich auch dadurch aus, daß er seine Gesetze und Verordnungen öffentlich zugänglich macht. Nach israelischem und jordanischem Recht ist die Regierung verpflichtet, die allgemeinen Gesetze in einem öffentlichen Bulletin zu veröffentlichen. Im Militärerlaß Nr. 161 ist der Militärkommandeur ermächtigt, jeden Erlaß in einer Weise den betreffenden Parteien zugänglich zu machen, wie er es für angemessen hält. In den Erlassen 130, 131 und 319, die die Interpretation betreffen, ist nichts von einer Veröffentlichung gesagt. Und in Artikel 9 (A) des Erlasses Nr. 130 ist ein Erlaß nicht rechtsungültig in seiner Anwendung, wenn er nur in Hebräisch abgefaßt ist. Es ist umstritten, ob die Unterlassung der Bekanntgabe der Gesetzgebung im Einklang mit dem Völkerrecht steht. Die Palästinenser führen Klage darüber, daß niemand genau weiß, wann welcher Erlaß in Kraft getreten ist. Nach Artikel 65 VGK erhalten die Strafbestimmungen der Besatzungsmacht erst dann Rechtskraft, wenn sie veröffentlicht und der Bevölkerung in ihrer Sprache zur Kenntnis gebracht worden sind.

Ein weiteres Problem ist der Militärerlaß Nr. 101, der die Rede- und Versammlungsfreiheit stark einschränkt. Eine öffentliche Versammlung von zehn oder mehr Personen für politische Zwecke, »oder was als politisch angesehen wird«, ist ohne Genehmigung illegal und kann mit bis zu zehn Jahren Gefängnis bestraft werden. Militärerlaß Nr. 378 und seine Zusätze erlauben der Militärverwaltung, Palästinenser bis zu 18 Tagen festzuhalten, ohne daß sie einen Anwalt oder Verwandten sehen können. Die Internierung von Palästinensern kann bis zu sechs Monaten ohne formelle Anklageerhebung erfolgen. Militärerlaß Nr. 297 und 1208 definiert den Status der Palästinenser in der Westbank und dem Gaza-Streifen als »Ansässige oder Bewohner«, d.h. ohne Nationalität oder Staatsangehörigkeit, wodurch die enge Verbindung zwischen dem palästinensischen Volk und seinem Land schwer in Mitleidenschaft gezogen wird. Weitere 30 Militärerlasse vervollständigen diese Abtrennung durch die willkürliche Registrierung von Neugeborenen nach wechselnden Kriterien, so daß durch Verwaltungsvorschriften der Verlust des »Privilegs« des Wohnortes erleichtert wird. Durch diese unpräzisen und teilweise widersprüchlichen Erlasse wird die Erlangung eines permanenten Wohnsitzes fast unmöglich gemacht. Durch die Militärerlasse Nr. 215, 260, 324 und 437 sowie Dutzende weiterer wird nahezu jede öffentliche Aktivität genehmigungspflichtig. Selbst das Pflanzen von Obstbäumen für Gewerbezwecke oder deren Erneuerung bedürfen nach Militärerlaß Nr. 1015 einer schriftlichen Genehmigung. Erfolgt die Pflanzung ohne eine solche, wird der Verstoß mit einem Jahr Gefängnis oder einer hohen Geldstrafe belegt. Selbst das Anbauen von Gemüse für gewerbliche Zwecke unterliegt nach Militärerlaß Nr. 1147 diesem Genehmigungsverfahren.

Am 28. Mai 1992 erließ die Militärverwaltung den Erlaß Nr. 1369 für die Westbank und Nr. 1076 für den Gaza-Streifen. Im Zusammenhang mit der »Jagd« auf sogenannte »gesuchte Personen« sollen die Palästinenser gezwungen werden, aufzugeben oder sich zum Verhör aufgrund einiger »Verstöße gegen die Sicherheit« zu stellen. Jeder Verstoß gegen einen Militärerlaß kann als ein »Verstoß gegen die Sicherheit« interpretiert werden. Die Militärerlasse erklären, daß »ein Individuum, das gegen eine spezielle Vorladungsverfügung, die ihm zugestellt worden ist, verstößt, mit sieben Jahren Gefängnis bestraft wird«. Eine solche spezielle Vorladung kann von einem israelischen Offizier unterzeichnet sein, der eine Person zu einem Ort und zu einer gewissen Zeit vorlädt. Diese Vorladung kann jedem Familienmitglied übergeben werden, das über 18 Jahre alt ist.

Palästinensern, die eine Vorladung erhalten haben, stehen zwei Möglichkeiten offen: Sie können die Vorladung ignorieren, dann erwartet sie eine hohe Haftstrafe, die in absentia verhängt wird. Das Risiko der Befolgung dieser Vorladung ist jedoch oftmals größer. Nach statistischen Erhebungen von Al-Haq werden 94 Prozent der Vorgeladenen gefoltert. Nach Angaben eines israelischen Militärrichters im Gaza-Streifen unterschreiben 90 Prozent der Vorgeladenen Geständnisse, bevor sie zu legalen Haftstrafen verurteilt werden.

Diese beiden Militärerlasse (Nr. 1369 und Nr. 1076) verletzen wiederum Artikel 43 HLKO und Artikel 64 VGK. Es ist nur schwer nachzuvollziehen, wie ein Verstoß gegen diese Erlasse ein Verstoß gegen die »Sicherheit« des Staates Israel darstellen könnte. Mit diesen Erlassen wird der Grundsatz eines fairen Gerichtsverfahrens ad absurdum geführt. Damit begeht Israel einen Verstoß gegen Artikel 157 der Genfer Konvention.

Was gewöhnliche Straftaten anbelangt, gilt immer noch das jordanische Strafrecht. In den meisten Fällen finden jedoch auch diese Verhandlungen vor den Militärgerichten und nicht in den dafür zuständigen lokalen Gerichten statt; dies verstößt aber gegen das Völkerrecht. Die Militärverwaltung hat dieses Strafrecht durch einige Artikel über Verstöße gegen die »Sicherheit« ergänzt. Artikel 92 des Militärerlasses Nr. 378 der Verteidigungsrichtlinien setzt für Verstöße gegen diese Richtlinien fünf Jahre Gefängnis oder eine entsprechende Geldstrafe fest. Auch das jordanische Zivilrecht wurde durch Militärverordnungen ergänzt, die den Import und Export, das Bankensystem, Eigentumsfragen sowie den Landtransfer zu israelischen Siedlern regeln. Diese israelischen Militärverordnungen haben es Israel wesentlich erleichtert, »legal« arabisches Land in Besitz zu nehmen. Den nach jordanischem Recht ist es verboten, Land an Juden zu verkaufen.

Es hat den Anschein, daß die Zusätze zum jordanischen Recht und die erlassenen Militärverordnungen dem Zweck dienen sollen, die Kontrolle Israels über die Menschen der besetzten Gebiete so effektiv wie nur möglich zu machen. Dies betrifft nicht nur die Sicherheit oder das politische Engagement der Menschen, sondern auch das ökonomische, soziale, demographische und kulturelle Verhalten. Mit dieser Militär-»Gesetzgebung« soll der Aufbau einer palästinensisch kontrollierten politischen und ökonomischen Infrastruktur, die unabhängig von der israelischen funktionieren könnte, verhindert werden. Dies hat zur Folge, daß die ökonomische Entwicklung stark beeinträchtigt wird und die Palästinenser von allen zukünftigen Planungen ausgeschlossen bleiben. Man hat den Eindruck, daß die israelische Politik auf die Integration der Westbank zielt, ohne die offizielle Form der Annexion zu wählen. Fakten wie die Enteignung von Land und Wasserrechten sowie der natürlichen Ressourcen sprechen für eine solche politische Strategie. Eine völlig unterschiedliche rechtliche Behandlung der Palästinenser und der israelischen Siedler ist mit dem System der Militärerlasse intendiert. Sie dienen nicht der Durchsetzung von Recht, sondern der »legalen« Unterdrückung, Diskriminierung und Kriminalisierung der Palästinenser. Trotz des »Gaza-Jericho-Abkommens« wird sich daran auch in den nächsten drei bis fünf Jahren nichts ändern, weil das Abkommen diese Fragen ausklammert.

Nachdem wir nun die Rechtslage in den besetzten Gebieten untersucht haben, soll in einem weiteren Schritt das Gerichtssystem einer Prüfung unterzogen werden, um beurteilen zu können, ob es nach rechtsstaatlichen Regeln funktioniert.

3.3 Das Gerichtssystem

Für die besetzten Gebiete sind folgende Gerichte zuständig: »reguläre«, lokale Gerichte, die schon vor 1967 existiert haben, Militärgerichte und Tribunale, die auf der Grundlage des Militärerlasses Nr. 378 arbeiten, israelische Zivilgerichte und das Oberste Gericht Israels. Hinzu kommen noch ein Appelationskomitee und ein Offizier, der Entschädigungsansprüche von

Palästinensern entgegennimmt. Recht und Gesetz sowie seine Anwendung unterscheiden sich in Israel und Ost-Jerusalem prinzipiell von der Situation in den besetzten Gebieten. Es gibt dort zwei Rechtssysteme: eins für die Palästinenser und eins für Israelis. Die Tatsache, daß die israelische Regierung das israelische Strafrecht auf jeden israelischen Staatsbürger und jeden Juden anwendet, der nicht die Staatsbürgerschaft besitzt, hat eine rechtliche Situation geschaffen, die die Bevölkerungen nach nationaler Abstammung unterscheidet.

3.3.1 Die »regulären« und lokalen Gerichte

Die Zuständigkeit der aus jordanischer Zeit stammenden Gerichte wurde auf Zivilstreitigkeiten zwischen Palästinensern in der Westbank beschränkt. Seit der Intifada war die Durchsetzung der Gesetze jedoch fast nicht mehr möglich. Viele palästinensische Polizisten und Richter haben auf Druck ihrer Landsleute ihre Positionen aufgegeben. Dagegen unterliegen die jüdischen Siedler nicht der Jurisdiktion dieser Gerichte. Auch können Straftaten des Militärs dort nicht verhandelt werden. Die Ernennung zum Richter erfolgt aus politischen Gründen. »Ein Ausschuß, bestehend aus Offizieren, entscheidet über die Ernennung, Versetzung, Beförderung und die Gehälter der Richter und alle anderen Gerichtsangestellten«, schreibt der palästinensische Rechtsanwalt Raja Shehadeh in seinem Buch »Occupier's Law«. Die meisten der jetzt amtierenden Richter wurden von den Israelis eingesetzt. Man kann sich des Eindrucks nicht erwehren, daß die Gerichte von Ineffizienz und Korruption bestimmt sind. Offiziell kann der Militärkommandeur nur die Richter entlassen, aber keine neuen ernennen. Das Komitee, das das Gerichtspersonal und die Richter ernennt, besteht aber ausschließlich aus Militäroffizieren.

Unter jordanischer Souveränität war das zuständige Berufungsgericht in Amman. Nach der Besetzung wurde es von Jerusalem nach Ramallah verlegt. Örtliche Rechtsanwälte werden zu Richtern in den lokalen Gerichten ernannt. Obwohl die Gerichtsgebühr, die von der Militärverwaltung erhoben wird, sich seit 1967 verfünffacht hat, ist das Gehalt der Richter sehr gering. Dies führt dazu, daß nicht die qualifiziertesten des Berufstandes diese Aufgabe übernehmen, was sich negativ auf die Arbeit der Gerichte auswirkt.

Prinzipiell können diese örtlichen Gerichte jede Straf- und Zivilstraftat aburteilen. Tatsächlich jedoch kommt es nie zu einer Anklage vor diesen

Gerichten, wenn Israelis in ein Verfahren verwickelt sind. Die israelische Militärverwaltung hat systematisch die Unabhängigkeit und die Befugnisse der lokalen Gerichte untergraben und eingeschränkt, so können nach Militärerlaß Nr. 164 folgende Institutionen und Personen nur mit Genehmigung der Militärverwaltung vor diesen Gerichten gehört werden:

- der Staat Israel mit seinen Institutionen sowie seinen Angestellten,
- die israelische Armee und ihre Soldaten,
- die Repräsentanten, die vom Gebietskommandeur ernannt worden sind, oder jene, die beauftragt werden, in den besetzten Gebieten zu arbeiten,
- Personen, die in diesen Institutionen arbeiten, und
- alle, die in der isralischen Armee ihren Dienst tun oder für sie arbeiten.

Der Rechtsberater der Militärverwaltung muß für die ersten vier Kategorien seine Zustimmung zur Anhörung vor den lokalen Gerichten erteilen. Israelische Armeeoffiziere können vor diesen Gerichten nie angeklagt werden. Die Konsequenz dieser israelischen Maßnahme ist, daß große Teile der in den besetzten Gebieten Lebenden dem Zugriff dieser Gerichte entzogen sind. Eine Aussagegenehmigung muß beantragt werden und dauert bis zu drei Monaten. Weitere Befugnisse dieser Gerichte wurden durch den Militärerlaß Nr. 841 entzogen. Strafsachen können an die Militärgerichte übertragen werden; dies hat zur Konsequenz, daß alle Tatbestände, in die Israelis verwickelt sind, automatisch an Militärgerichte überwiesen werden. Dieser Erlaß wird auch dazu mißbraucht, Strafsachen unliebsamer Palästinenser an Militärgerichte zu übertragen, insbesondere wenn sogenannte »sicherheitsrelevante Bereiche« betroffen sind. Es werden aber immer wieder auch Fälle von Drogenbesitz und Raub sowie andere gewöhnliche Straftaten vor Militärgerichten abgeurteilt. Demzufolge verbleiben für die lokalen Gerichte nur solche Strafsachen, die zwischen Palästinensern passieren und nichts mit der »Sicherheit« Israels zu tun haben. Ob ein solcher Kompetenzentzug vor dem Völkerrecht Bestand hat, muß bezweifelt werden.

3.3.2 Die Militärgerichtsbarkeit

Nach dem Völkerrecht darf eine Besatzungsmacht Militärgerichte einrichten, um die Sicherheit seiner Armee zu garantieren; sie muß aber die Gesetze, die vor der Besetzung in Kraft waren, achten. So regelt Artikel 64 VGK ganz klar, daß das Strafrecht vor der Besetzung in Kraft bleibt und es nur eingeschränkt werden darf, wenn es eine Gefahr für die Sicherheit der Besatzungsmacht darstellt. In Absatz 2 dieses Artikels ist es einer Besatzungsmacht unter gewissen Bedingungen gestattet, weitere Verordnungen zu erlassen.

Nur wenn gegen Artikel 64 Abs. 2 (Aufrechterhaltung einer ordnungsgemäßen Verwaltung) verstoßen wird, darf nach Artikel 66 Genfer Konvention die Besatzungmacht Militärgerichte einrichten, die aber keine politischen Straftaten aburteilen dürfen. Den Palästinensern, die vor diesen Gerichten angeklagt werden, stehen gewisse minimale Rechte zu, wie z.B. das Recht auf einen fairen Prozeß und das Verbot von Folter. Beides ist nicht immer garantiert, wie noch zu zeigen sein wird.

Das System der Militärgerichte wurde durch den Erlaß Nr. 378 – die »Verteidigung Judäas und Samarias« betreffend – 1970 eingerichtet. Der gleiche Erlaß regelt die Funktionen der Gerichte und wurde bereits über 50 mal ergänzt. Militärgerichte wurden in den Städten Ramallah, Hebron, Nablus, Jenin und Gaza eingerichtet; sie treten in den Hauptquartieren des jeweiligen Gebietskommandeurs zusammen. Die Militärgerichtsbarkeit besteht aus zwei Zweigen: Militärgerichte, bestehend aus einem und aus drei Richtern. Der Einzelrichter und der Vorsitzende des Dreiergremiums müssen eine juristische Ausbildung besitzen, d.h. die formale Befähigung zum Richteramt. Alle Richter sind Armeeoffiziere und müssen mindestens den Rang eines Hauptmanns bekleiden. Auf Empfehlung des Militärstaatsanwalts, der wiederum von einem speziellen Ausschuß beraten wird, ernennt der Gebietskommandeur die Richter; die Militärankläger werden auf ähnliche Weise in ihr Amt eingesetzt. Militärgerichte, bestehend aus einem Richter, dürfen nur Strafen bis zu fünf Jahren verhängen oder eine entsprechende Geldstrafe. Urteile dieser Gerichte, gegen die nur Einspruch mit Zustimmung des Präsidenten des Berufungsgerichtes erhoben werden kann, sind rechtsgültig; diese Urteile bedürfen keiner Bestätigung durch eine höhere Instanz. Die überwiegende Zahl der Verhandlungen findet vor Ein-Mann-Gerichten statt.

Die Militärgerichte mit drei Richtern können jedes Strafmaß verhängen – auch die Todesstrafe, die aber wegen »Sicherheitsvergehen« nicht ausgesprochen wird. Verurteilungen und Urteile, gegen die keine Berufung eingelegt worden ist, bedürfen der Bestätigung durch den Gebietskommandeur. Er hat die Macht, die Verurteilung aufzuheben, die Strafe herabzusetzen, einen neuen Prozeß anzuberaumen sowie die Schadenssumme zu reduzieren. Bis 1989 gab es keine Möglichkeit eines Einspruchs gegen die Urteile der Militärgerichte.

Mit Militärerlaß Nr. 1265 und Militärerlaß Nr. 378 (mit 58 Zusätzen) wurde eine Einspruchsmöglichkeit geschaffen. Seit dem 1. April 1989 gibt es ein militärisches Berufungsgericht in Ramallah, das auch einmal in der Woche in Gaza-Stadt getagt hat. Aufgrund einer Eingabe eines Ost-Jerusalemer Anwalts sprach der HCJ die Empfehlung aus, solche Berufungsgerichte einzurichten. Generell bestehen die Berufungsgerichte aus drei Richtern, die alle Offiziere der israelischen Armee sind. Zwei müssen reguläre Richter und mindestens den Rang eines Oberstleutnants bekleiden. In Ausnahmefällen kann das Berufungsgericht auch aus fünf Richtern bestehen. Von diesen Richtern müssen mindestens drei ordentlich bestellte sein; der Vorsitzende muß im Range eines Hauptmanns fungieren. Sowohl die Militärrichter als auch die Militärstaatsanwälte gehören zur gleichen Einheit. In der Regel waren alle Richter vorher Ankläger. Ein Ankläger, der direkt zum Richter ernannt wird, bedarf einer »cooling off period« in einer anderen Verwendung. Im Angesicht dieser engen Verbindung zwischen Richtern und Anklägern stellt sich die Frage, wie unabhängig und unparteiisch die Richter der Militärgerichte in den besetzten Gebieten sind. Nach den elementaren Regeln der Menschenrechte kann ein fairer Prozeß nur durch unabhängige Richter gewährleistet sein. Nach Artikel 14 Abs. 1 des ICCPR hat jedermann Anspruch darauf, daß die gegen ihn erhobenen Beschuldigungen »durch ein zuständiges, unabhängiges, unparteiisches und auf Gesetz beruhendes Gericht« geklärt werden.

Diese Einrichtung von Berufungsgerichten, auch für eine als Besatzungsmacht agierende Demokratie eine Selbstverständlichkeit, wurde von der internationalen Juristenkommission als »wichtiger Schritt zur Vollziehung der allgemein akzeptierten Prinzipien des Völkerrechts« gefeiert, wird dagegen von vor Ort praktizierenden Anwälten eher als ein Schritt rückwärts betrachtet; die Einrichtung dieser Berufungsgerichte habe den Klienten eher geschadet. Seine Einrichtung und das Recht des Anklägers auf Berufung hat dazu geführt, daß die Militärgerichte in der Regel höhere Haftstrafen verhängen. Einige Anwälte meinen, daß die »kleinen Siege«, die sie bei milde gestimmten Richtern oder aufgrund von Formfehlern errungen hatten, durch das Berufungsgericht zunichte gemacht werden. Das Berufungsgericht beschränkt sich selbst nur auf Verfahrensfragen und steigt nicht mehr in die Beweisaufnahme ein. 1992 wurden 563 Einsprüche behandelt, von denen drei Fünftel angenommen worden sind. Die Annahme einer Berufung kann eine völlige Aufhebung des ergangenen Urteils oder eine Abänderung des Strafmaßes entweder nach oben oder nach unten zum Ergebnis haben. Rechtsanwalt Raji Sourani legt nur Berufung ein, wenn sich der

Richter nicht an die mit dem Staatsanwalt vereinbarte Übereinkunft gehalten hat. Rechtsanwalt Sharhabeel al-Za'im hat über 25 mal Berufung eingelegt und jedesmal verloren, wohingegen von den über 50 Berufungen der Ankläger 48 erfolgreich waren.

In der Regel sind die Verhandlungen vor den Militärgerichten öffentlich, wenn nicht Sicherheits- oder moralische Bedenken dagegen sprechen. Die Prozeduren können in Verfahren so gehandhabt werden, daß ein Optimum an Recht und Gerechtigkeit erzielt werden soll. Angelehnt sind diese Verfahrensregeln an die in Israel üblichen Standards.

Wie bereits erwähnt, werden immer häufiger neben Straftaten gegen die Sicherheit auch andere Straftatbestände vor den Militärgerichten in den besetzten Gebieten oder vor dem Militärgericht in Lod verhandelt. Die Israelis haben dies damit begründet, daß die örtlichen Gerichte immer unwilliger waren, Verstöße gegen Steuerzahlungen, Betrug oder Autodiebstahl adäquat zu ahnden. Insbesondere die Anwendung der britischen Notstandsverordnungen gibt den israelischen Besatzungstruppen weitreichende Handhabungen, um Palästinenser vor Gericht zu stellen. So erhalten z.B. Palästinenser für Steinwürfe gegen eine Person oder Eigentum bis zu zehn Jahre Gefängnis. Bis zu 20 Jahre erhalten Palästinenser, die Steine in böser Absicht gegen fahrende Militärfahrzeuge werfen. Für Brandstiftung gibt es wiederum zehn Jahre. Sabotage, Spionage oder die Herstellung von Waffen zieht eine lebenslängliche Haftstrafe nach sich. Für einen Meineid erhält man fünf Jahre. Der Militärerlaß Nr. 101 von 1967 kriminalisiert jede Form von politischem Protest, auch wenn er nur Ausdruck von nationalistischen Aspirationen ist, wie z.B. das Zeigen der palästinensischen Fahne oder das Anbringen von politischer Graffiti; dies wurde mit zehn Jahren bestraft. Die zahlreichen Militärverordnungen lassen den Palästinensern kaum Spielraum, frei ihre Meinung zu äußern und sich zu versammeln. Bis zur Unterzeichnung des »Gaza-Jericho-Abkommens« wurde das Zeigen der Fahne noch gleichgesetzt mit Unterstützung der PLO, was gesetzlich verboten war; daß es auch Ausdruck von nationaler Identität sein könnte, ist von den Israelis nie in Betracht gezogen worden. Die Fahne war schon Widerstandssymbol gegen die osmanische Herrschaft. Die israelische Regierung sollte heute vielmehr darauf drängen, daß kein Palästinenser mehr wegen seiner Überzeugung oder seiner nationalen Identität verurteilt oder in Haft gehalten wird.

Mag die Einsetzung von Militärgerichten unter gewissen Voraussetzungen noch völkerrechtskonform sein, so ist die Etablierung von Militärtribunalen, die sich mit Zivilangelegenheiten beschäftigen, sicherlich nicht. Mit Militärerlaß Nr. 172 wurden militärische Einspruchskomitees ins Leben gerufen, die sich mit Einsprüchen gegen Entscheidungen der Militärverwaltung befassen, sowie ein Anspruchskomitee, das sich mit Schadensfällen befaßt, die durch das Militär verursacht worden sind. Sie nehmen Beschwerden in Eigentumsfragen entgegen und Einsprüche gegen die Militärverwaltung. Kompetenzen der örtlichen Gerichte wurden auf diese Einspruchskomitees übertragen, wie z.B. die Steuerschätzungen. Die Entscheidungen des Einspruchskomitees sind Empfehlungen für den Gebietskommandeur, von denen dieser jedoch jederzeit abweichen kann. Dieser Ausschuß genießt nicht viel Vertrauen, wie ACRI lapidar feststellt.

3.3.3 Israelische Zivil- und Rabinatsgerichte

Obwohl Israel die besetzten Gebiete bis auf Ost-Jerusalem und die Golan-Höhen nicht formal annektiert hat, hat es trotzdem sein Rechtssystem auf diese ausgedehnt. Die Regierung verteidigt ihre Siedlungspolitik mit dem Argument, daß Israelis das gleiche Recht wie den Palästinensern zustehe, siedeln zu können, wo sie es möchten. Dies setzt jedoch voraus, daß beide Gruppen den gleichen Bedingungen und Regeln unterliegen; dies ist jedoch im vorliegenden Beispiel nicht der Fall. Die israelischen Siedlungen in den besetzten Gebieten stellen de facto eine Expansion Israels, eine Art Kolonialisierung fremden Landes dar. Israelische Siedler werden wegen begangener Straftaten nicht vor lokalen Gerichten angeklagt. Für sie gibt es drei Arten von Gerichten, vor denen sie angeklagt werden können:

1. Vor regulären Gerichten in Israel (Stadtgerichte = 1. Instanz; Bezirksgerichte = 2. Instanz; Oberste Gericht = 3. Instanz). 1967 erließ das israelische Parlament ein Gesetz, das es ermöglichte, ein Vergehen, das nicht im Jurisdiktionsbereich dieses Gebietes gelegen hat, auch dann vor Gericht zu bringen, wenn es außerhalb Israels begangen wurde; dies ist ein rechtsstaatlich höchst problematisches Verfahren.

2. Vor Militärgerichten in den besetzten Gebieten, die kompetent sind und die Jurisdiktionsgewalt über alle Straftaten haben, die dort begangen worden sind.

3. Vor speziellen Siedlergerichten, die der Militärkommandeur 1981 eingerichtet hat. Dies waren die ursprünglichen Ortsgerichte, die nach Militärerlaß Nr. 631 nicht von der Militärverwaltung über-

nommen worden sind. Bis 1979 gab es keine Ortsgerichte in den Siedlungen. Durch Militärerlaß Nr. 1057 wurden diese Gerichte in »Gerichte für lokale Angelegenheiten« umbenannt; sie haben nur eine begrenzte Jurisdiktionsgewalt.

In den für die israelischen Siedler zuständigen Gerichten sitzen israelische Richter, die vom Gebietskommandeur ernannt werden. Es gibt für die Siedlungen auch ein Berufungsgericht, deren Richter aus den israelischen Bezirksgerichten berufen werden. Es gibt zwar kein Gesetz oder einen Militärerlaß, der feststellt, daß israelische Siedler nicht vor ein lokales palästinensisches Gericht gestellt werden können, aber praktisch kommt dies nie vor. In einem Schreiben vom 6. Dezember 1984 stellt der verantwortliche Offizier für das Gerichtswesen fest: »daß es nach Dokument Nr. 3/63 vom 11. Januar 1979 nicht möglich ist, israelische Bürger vor örtlichen Gerichten anzuklagen, ohne eine ausdrückliche Genehmigung«.

Zivilstreitigkeiten von oder gegen israelische Siedler können vor israelischen Gerichten oder lokalen Siedlergerichten oder in Ausnahmefällen in lokalen palästinensischen Gerichten ausgetragen werden. Bei Vertragsauseinandersetzungen können die betreffenden Parteien entscheiden, welches Gericht zuständig sein soll. In einigen Fällen, wo es z.B. um Schadensansprüche geht, haben die lokalen palästinensischen Gerichte immer noch die Jurisdiktionsgewalt. Praktisch ist es jedoch unmöglich, ein Verfahren gegen einen israelischen Siedler vor diesen Gerichten zu eröffnen.

Die Siedlungen gehören aufgrund von Verteidigungsrichtlinien als territoriale Verteidigungseinheiten zur israelischen Armee und haben so viel Macht, daß sie es sich leisten können, selbst bei polizeilichen Untersuchungen, wenn es um Straftatbestände geht, die Kooperation zu verweigern, wie der Karp-Bericht 1984 feststellte. Auch werden die Verbrechen von Siedlern an Palästinensern von den zuständigen Gerichten äußerst milde, wenn überhaupt bestraft.

Der Gefangenenaustausch vom Mai 1985, bei dem 1150 Palästinenser gegen drei isralische Soldaten ausgetauscht wurden, führte zu einer Welle organisierter Angriffe der Siedler gegen palästinensische Dörfer, Einrichtungen und Flüchtlingslager in der Westbank. Die Siedler verfügen über ein enormes Waffenarsenal. So schrieb Motti Golan in »Ha'aretz« vom Dezember 1984: »Die Praxis lehrt, daß man in Judäa und Samaria ... auf Leute schießen und sie töten kann, ohne deswegen wirklich bestraft zu werden.« Was rechtsstaatlich unhaltbar ist, ist die Ausdehnung israelischer Gesetze auf die Westbank. Sie beziehen sich auf die israelische Bevölkerung im gesamten Gebiet und nicht nur auf die völkerrechtswidrigen Siedlungen. Dies wurde durch eine Gesetzgebung ermöglicht, die israelisches Gesetz auf Israelis ausdehnte, die jenseits der Grenzen Israels leben, sowie durch Militärerlasse.

Als dritte Form gibt es noch die Rabinatsgerichte, die durch einen Militärerlaß von der Zivilverwaltung eingerichtet worden sind. Diese Gerichte regeln die persönlichen Dinge des Lebens wie Scheidungen, Erbschaftsangelegenheiten und Vormundschaftsfragen. Unter britischem Mandat war es neun nicht-muslimischen Gemeinden gestattet, eigene religiöse Gerichte einzurichten, aber ein Rabinatsgericht gehörte nicht dazu.

3.3.4 Das Oberste Gericht in Israel (HCJ)

Der HCJ in Israel erfüllt als 3. Instanz zwei zentrale rechtliche Funktionen: Zum einen ist er Appellationsgericht und zum anderen oberstes Verwaltungsgericht, das die Kontrolle über die Entscheidungen der Regierung und der Verwaltung ausübt.

Nachdem die israelische Besatzungsmacht die gerichtlichen Möglichkeiten der Palästinenser in den besetzten Gebieten stark eingeschränkt und das Kassationsgericht abgeschafft und die Berufungsinstanzen verkürzt hat, erweist sich das Oberste Gericht in Israel immer mehr als letzte Instanz für die Palästinenser, die sich Recht zu verschaffen suchen. Diese Möglichkeit wurde von Israel als ein historischer Meilenstein gepriesen, weil hier erstmals ein Land sein Oberstes Gericht für Ausländer geöffnet habe. Der frühere Oberste Richter Haim Cohen beschrieb die Grundlage der Rechtsprechung des Gerichtes dahingehend, daß das Gericht eine exterritoriale Jurisdiktion über den Militärkommandeur und seine Untergebenen ausübe; der tiefere Grund dafür sei, daß alle Staatsorgane der Rechtsprechung des HCJ unterworfen seien, gleich wo die Taten oder Versäumnisse begangen würden.

Der damalige Generalstaatsanwalt und heutige Präsident des Obersten Gerichts, Meir Shamgar, erhob keine Einwände dagegen, daß Palästinenser aus den besetzten Gebieten sich an das Oberste Gericht wandten. Die Möglichkeit formaler Einwände gegen diese Vorgänge besteht aber weiterhin. Auch unter den Obersten Richtern gibt es abweichende Meinungen. So hat sich Haim Cohen durch seine liberale Haltung ausgezeichnet. Er hielt Deportationen immer für völkerrechtswidrig, konnte sich aber mit seiner Meinung nicht durchsetzen. In einem Gespräch mit dem Verfasser im Juni

1993 bedauerte er diesen Umstand. »Meine liberale Entscheidungspraxis nutzt wenig, ich hätte viel lieber meine Kollegen überzeugen wollen.« In der Entscheidung Holy Land Christian Society vs. Minister of Defense war Haim Cohen bereit, die Frage nach der Rechtmäßigkeit der Militärerlasse zu stellen. So wurde die gesetzgebende Kraft des Militärgouverneurs niemals vom Obersten Gericht in Frage gestellt. Solange diese Frage nicht gerichtlich geklärt ist, scheint der Gang zum Obersten Gericht für Palästinenser nicht sinnvoll, da nachfolgende Militärerlasse die gerade erlassenen Entscheidungen des Obersten Gerichts immer wieder unterlaufen können. Obgleich in den letzten Jahren immer öfter Palästinenser Eingaben an das Gericht gemacht haben, sind die Ergebnisse wenig ermutigend. Ein Grund liegt darin, daß das Gericht schwierigen und grundsätzlichen Fragen aus dem Wege geht, auf die wir im folgenden kurz eingehen möchten.

Das Oberste Gericht hat sich bis heute geweigert, die Vierte Genfer Konvention auf die besetzten Gebiete anzuwenden. Mit der Regierung ist das Gericht der Auffassung, daß Militärerlasse Gesetzeskraft besitzen und jordanisches Recht in solchen Fällen außer Kraft setzen, wenn es den Erlassen widerspricht. Das Oberste Gericht fühlt sich in seiner Rechtsprechung nur durch Völkergewohnheitsrecht und nicht durch Völkervertragsrecht gebunden, solange dieses nicht durch ein spezielles innerisraelisches Gesetz in israelisches Recht inkorporiert worden ist. Somit findet eine der zentralen Dokumente für den Schutz der Menschen unter der Besetzung keine volle Anwendung.

Der HCJ räumt der Militärverwaltung einen weiten Handlungsspielraum ein, wenn Fragen der »Sicherheit« berührt sind. So wurde immer wieder privates palästinensisches Land aus »Sicherheitsgründen« enteignet und darauf eine israelische Siedlung errichtet, wie in Beth El geschehen. Das Oberste Gericht gab sich mit dieser Begründung zufrieden. Nur einmal sprach sich das Gericht gegen die Militärverwaltung aus, und zwar im Falle Elon Moreh. Diese Entscheidung fiel gegen die Siedler und das Militär, weil die Gründe nicht sicherheitspolitischer, sondern religiös-nationalistischer Natur waren. Die Siedlung wurde trotzdem auf einem etwas entfernteren Landstück errichtet. Um nicht noch einmal vor dem Obersten Gericht zu unterliegen, erklärte von nun an die Militärverwaltung alles Land zu »Staatsland«, und dagegen kann nur beim Einspruchskomitee Beschwerde eingelegt werden.

Indem sich Palästinenser an das Oberste Gericht wenden, erkennen sie auch eine gewisse Legitimität der Besetzung an. Die innere Abneigung der Palästinenser wird noch dadurch gestärkt, daß Personen, die eine Eingabe an das Gericht machen, kein öffentliches Aufheben in Form von Informationen an die Presse machen dürfen. Obwohl die Gerichtsgebühren gering sind, muß nach einer Entscheidung die Seite, die verloren hat, die Kosten des Rechtsstreits und die Kosten der Gegenseite mittragen. Das Honorar der Rechtsanwälte ist ebenfalls sehr hoch; die Palästinenser können nur von israelischen Anwälten dort vertreten werden, da es nur ihnen gestattet ist, Eingaben einzureichen.

Trotz dieser Einwände kann es in einigen Fällen nützlich sein, sich an das Oberste Gericht zu wenden, wie z.B. bei einer drohenden Zerstörung des eigenen Hauses. Das Gericht kann die Militärverwaltung anweisen, mit der Zerstörung so lange zu warten, bis die Gegenseite gehört worden ist. In fast allen Fällen haben solche Eingaben jedoch keinen Erfolg gehabt. Ebenso kann es in Fällen von Deportationen geschehen, wodurch aber bisher keine einzige geplante Deportation verhindert worden ist. Oder in solchen Fällen, in denen der Rechtsverstoß so gravierend ist wie im Fall Elon Moreh. Das Oberste Gericht könnte durchaus eine wesentlichere Rolle spielen, wenn es sich von einigen selbstauferlegten Beschränkungen befreite und nicht oft rechtswidrigen Aktionen der Regierung wie bei der Massendeportation vom Dezember 1992 noch den Mantel der Legalität umhängen würde. Das Gericht könnte sich der Frage der Gleichbehandlung von Israelis und Palästinensern vor Gericht annehmen, denn wie aus der Darstellung hervorgeht, sind die Israelis gerichtlich besser gestellt. Die rechtliche Ungleichbehandlung beklagt auch die israelische Menschenrechtsorganisation B'Tselem. Wenn ein Israeli von einem Palästinenser verletzt oder getötet werde, beginne eine gründliche Untersuchung, die mit harten Strafen ende. Beim Tod eines Israelis verhänge das Gericht lebenslange Haftstrafen und zerstöre die Häuser der Familien. Wenn dagegen ein Israeli eine Straftat begehe, lasse sich die Polizei viel Zeit mit der Beweisaufnahme. Viele solcher Fälle endeten damit, daß keine Anklage erhoben werde. Sollte Anklage erhoben werden, gehe der Prozeß nur schleppend voran. Diese extensive Trennung des Rechts im gleichen Gebiet verstößt sowohl gegen das Völkerrecht als auch innerisraelisches Recht; es verletzt den Gleichheitsgrundsatz, der ein elementarer Bestandteil eines jeden Menschenrechtes ist.

Das Oberste Gericht wäre gut beraten, seine Unabhängigkeit gegenüber der Regierung und der Militärverwaltung in den besetzten Gebieten stärker zur Geltung zu bringen. Es sollte denjenigen Palästinensern, die sich in ihrer Verzweiflung an das Gericht wenden, Rechtsschutz garantieren, insbesondere wenn es um die Sprengung von Häusern oder Deportationen geht. Beides sind gravierende Verstöße gegen das Völkerrecht und gegen alle Regeln der Menschlichkeit. Was ist von der Unabhängigkeit eines Gerichtes zu halten, das sich wie bei der Entscheidung für die Massendeportation im Dezember 1992 dem Druck der Regierung und der öffentlichen Meinung beugt? Das Oberste Gericht hat im Prozeß um John Demjanjuk gezeigt, daß es auch gegen das allgemeine Volksempfinden in Israel votieren kann. Es hat damit seiner Unabhängigkeit und der Glaubwürdigkeit der israelischen Justiz einen großen Dienst erwiesen. Warum entscheidet es nicht so in Fällen, in denen Palästinenser um ihr Recht nachsuchen?

Der ehemalige Oberste Richter Haim Cohen hat in einem Gespräch mit dem Verfasser erklärt, daß der Präsident des Obersten Gerichts, Meir Shamgar, bei seiner Übernahme der Präsidentschaft seinen Kollegen eröffnet habe, daß das Oberste Gericht in bezug auf die besetzten Gebiete so entscheiden solle, als sei die Vierte Genfer Konvention auf diese anwendbar. Warum hat sich trotz dieser Position das Oberste Gericht noch zu keiner einheitlich stringenten Auslegung der Genfer Konvention zum Nutzen der Palästinenser durchgerungen? Können nicht diejenigen, die heute vergeblich das Recht vor diesem Gericht suchen, in ihrer Frustration über die Niederlagen die »Terroristen« von morgen sein? Das Oberste Gericht müßte die absolute Macht des Militärkommandeurs durch Gerichtsentscheid beschneiden, denn er ist Legislative, Exekutive und Judikative in einer Person. Er kann tun und lassen, was er will. Seine Macht ist theoretisch unbegrenzt.

Trotz einiger kritischer Einwände gibt es keinen Zweifel an der Unabhängigkeit des HCJ. Die Obersten Richter sind zu Recht stolz darauf. So wurden leider die zahlreichen Mahnungen des HCJ von den untergeordneten Instanzen zu wenig gehört, Straftaten von Siedlern an Palästinensern oder deren Eigentum härter zu bestrafen, als bisher geschehen.

4. Die Ambivalenz der Rechtslage

Israel hat die besetzten Gebiete mit einer komplexen Verwaltungsstruktur und einem Rechtssystem überzogen und damit den Anschein von geordneter Legalität erweckt. Bei einer oberflächlichen Betrachtung scheint sich dieser Eindruck auch zu bestätigen, aber bei näherem Hinsehen stellt sich heraus, daß dieser ausgeklüngelte Verwaltungs- und Rechtsapparat nur dem einen Zweck dient, die Palästinenser »legal« zu beherrschen und zu unterdrücken.

So stellt sich Israel mit seiner Interpretation der VGK völlig außerhalb der gängigen Völkerrechtsmeinung. Hier folgt selbst die USA nicht der Ansicht Israels. Die internationale Staatengemeinschaft ist sich fast unisono darin einig, daß die Genfer Konvention anzuwenden sei. In den besetzten Gebieten sind nach israelischer Meinung die Notstandsverordnungen aus der Zeit des britischen Mandats immer noch in Kraft. Diese Notstandsverordnungen widersprechen aber dem Kriegsrecht, da eine Besatzungsmacht an die Gesetze gebunden ist, die eine »kriegerische Besetzung« regeln; dies sind die HLKO und die VGK. Da die israelische Regierung keine rechtmäßige Souveränität über die besetzten Gebiete besitzt, kann sie dort auch keine Verordnungen wieder in Kraft setzen, die durch Jordanien abgeschafft worden sind, da dies nur einem Souverän zusteht. Eine Militärverwaltung kann nur aufgrund von Militärerlassen regieren. Die Notstandsverordnungen sind keine Militärverordnungen, sondern originäre Gesetzgebung. Da Israel keine souveräne Macht in den Gebieten besitzt, kann es dort auch keinen Ausnahmezustand oder Notstand erklären. Eine Besatzungsarmee ist der Grund für einen nationalen Notstand und nicht ein Opfer. Deshalb können Notverordnungen nicht in örtliches Recht transferiert werden, weil sie qua definitionem nur temporär sind. Die israelische Rechtsanwältin Lynda Brayer beschreibt diese Lage wie folgt: »Eine kriegerische Besetzung hat Israel den ›legalen‹ Zugang zu den Gebieten gegeben. Die Besetzung schafft die legislative, exekutive und rechtliche Macht für die israelische Kolonisation. Die Notstandsverordnungen wurden zu Instrumenten des Krieges gegen die Palästinenser ... Das israelische Militär hat deshalb keine legale und legitime Grundlage, von der sie die Notstandsverordnungen anwenden kann.«

Israel wendet also in den besetzten Gebieten selektiv Teile der Notstandsverordnungen, Teile des jordanischen Rechts, Militärerlasse und das gesamte israelische Recht, dies aber nur für die Siedler, an. Auf die Palästinenser werden außer dem israelischen Recht alle anderen Rechtsbereiche angewendet. Israel ist völkerrechtlich jedoch nicht befugt, sein Rechtssystem auf die Gebiete auszudehnen. Aber auch hier wurden mit einem Verfahrenstrick und ensprechenden Gesetzen durch die Knesset Fakten geschaffen, die – trotz ihres rechtsstaatlich fragwürdigen Charakters – von der internationalen Staatengemeinschaft hingenommen worden sind.

Diese ambivalente Rechtslage spiegelt sich auch im Gerichtssystem wider. Die »regulären« lokalen Gerichte wurden systematisch ihrer Kompetenz beraubt sowie personell und administrativ ausgedünnt. Kaum ein Palästinenser wendet sich noch an diese Gerichte. Da Israel einen exzessiven Sicherheitsbegriff in den besetzten Gebieten anwendet, werden fast alle Vergehen vor Militärgerichten verhandelt. Diese sind zwar völkerrechtlich legitim, was Verstöße gegen die Sicherheit anbelangt, in ihren Urteilen aber moralisch fragwürdig.

Nach der Vierten Genfer Konvention können die Militärgerichte auch solches Recht anwenden, das sich nicht im Widerspruch zu den allgemeinen Prinzipien des Rechts befindet. Durch die Militär-»Gesetzgebung« anhand von Militärerlassen sind solche Prinzipien aber außer Kraft gesetzt. So haben die Palästinenser nur die Möglichkeit, gegen Verwaltungsakte des Militärs bei den Einspruchkomitees Widerspruch zu erheben; sie sind die einzigen Instanzen, vor denen Verwaltungsakte des Militärs wie die Beschlagnahme von Land, die Zerstörung von Häusern, Deportationen und Steuerstreitigkeiten in Frage gestellt werden können.

Als einziger Lichtblick in diesem »rechtlichen Chaos« erscheint der HCI, der bisher in einem einzigen relevanten Fall, und zwar nur im Falle der Siedlung Elon Moreh, gegen den Militärkommandeur entschieden hat. Das Gericht hat keine der zahlreichen Deportationen verhindert, und auch bei der Zerstörung von Häusern obsiegte fast immer der Vertreter des Militärs. Obwohl Israel nicht-israelischen Staatsbürgern den Zugang zu seinem Obersten Gericht geebnet hat, hat dies nicht zum Durchbruch der Rechtsstaatlichkeit in den besetzten Gebieten geführt. Palästinensische Rechtsanwälte können vor diesem Gericht jedoch nicht auftreten. Im eigenen nationalen Interesse sollte Israel die Palästinenser in den Genuß voller demokratischer Spiel- und Verfahrensregeln kommen lassen. Dies sollte selbst für eine »demokratische Besatzungsmacht« eine Selbstverständlichkeit sein. Auch nach Unterzeichnung des »Gaza-Jericho-Abkommens« hat sich an dieser Lage nichts geändert. Die Repression hat auf allen Gebieten eher zu- als abgenommen.

Nachdem wir die rechtlichen Grundlagen der Besetzung dargestellt haben, soll in einem weiteren Schritt die Politik Israels gegenüber den Palästinensern untersucht werden. Es ist der Frage nachzugehen, welche Lebensbereiche durch die Besetzung tangiert werden und mit welchen Mitteln Israel das palästinensische Volk davon abhält, sein Selbstbestimmungsrecht in einem eigenen Staat zu realisieren.

IV. MENSCHENRECHTSVERLETZUNGEN UND DISKRIMINIERUNGEN

Die Menschenrechtsverletzungen durch die israelische Besatzungsarmee betreffen alle Aspekte des täglichen Lebens der Palästinenser. Dabei macht es nur einen graduellen Unterschied, ob gerade eine »linke« oder »rechte« Regierung in Israel an der Macht ist, wie es aus einem Vergleich der letzten sechs Monate der Shamir-Regierung mit den ersten sechs Monaten der Rabin-Regierung in der nachfolgenden Tabelle ersichtlich wird.

So nahmen z.B. personenbezogene Menschenrechtsverletzungen wie Tötungen, Verletzungen und Administrativhaft unter Rabin zu, wohingegen sachbezogene Beeinträchtigungen des Lebens eher unter der Shamir-Regierung dominierten.

Aus Tabelle 2 werden die schwerwiegenden Verstöße gegen die Menschenrechte im Jahr 1993 allgemein ersichtlich. So nahm die Tötung von Palästinensern nach Berichten von PHRIC um 50 Prozent gegenüber 1992 zu, als 117 Palästinenser getötet worden waren. Auch die Anzahl von Tötungen, deren Umstände nicht geklärt worden sind, nahmen um 33 Prozent von 54 auf 73 im Jahr 1993 zu. Das »Gaza-Jericho-Abkommen« hatte keinen Einfluß auf die Tötung von Palästinensern. Auch die gewalttätigen Übergriffe der Siedler verzeichneten eine erhebliche Steigerung. Von den bekannten 82 Übergriffen 1993 ereigneten sich 57 nach der Unterzeichnung des Abkommens. Insbesondere in und um Jerusalem herum wurden neue Straßen gebaut und neue Siedlungen errichtet. Mindestens 35 Siedlungen wurden 1993 weiter ausgebaut. 1993 verzeichnete auch eine erhebliche Zunahme von Landenteignungen. 59.212 Dunum wurden entlang der »grünen Linie« und um Jerusalem konfisziert. Die Enteignungen dienten der Expansion von Siedlungen, dem mit diesen Siedlungen verbundenen Straßenbau und der Schaffung von »Naturschutzgebieten«. Trotz Friedensprozeß verlief 1993 nicht viel anders als die vorausgegangenen Jahre.

Tabelle 1: Vergleichende Übersicht über die Menschenrechtsverletzungen unter den Regierungen Shamir und Rabin, 1992–1993

MENSCHENRECHTSVERLETZUNG	Jan	Feb	Mär	Apr	Mai	Jun	1-12 Jul	*Shamir*	13-31Jul	Aug	Sep	Okt	Nov	Dez	Jan	*Rabin*
TÖTUNGSDELIKTE																
• *Direkt verantwortlich*																
Von Soldaten/Agenten erschossen	4	9	14	12	9	4	3	55	4	2	4	13	11	23	17	74
Tränengaseinwirkung	-	-	-	1	-	-	-	1	-	-	-	-	-	-	1	1
Schläge u.a.	-	1	-	-	-	-	-	1	-	1	-	1	1	-	0	3
Insgesamt	4	10	14	13	9	4	3	57	4	3	4	14	12	23	18	78
(davon unter 16 Jahren)	-	1	1	1	3	2	1	9	2	-	1	5	2	8	5	23
• *Unaufgeklärt*																
Von Soldaten aus dem Hinterhalt überfallen	1	-	-	2	3	3	-	9	1	3	3	-	2	-	-	9
Angriffe auf Israelis	-	-	3	-	2	1	-	6	1	-	-	-	-	-	1	2
Sonstige	1	1	1	5	3	3	1	15	-	1	5	5	3	2	1	17
Insgesamt	2	1	4	7	8	7	1	30	2	4	8	5	5	2	2	28
VERLETZTE (geschätzt)	410	249	672	916	118	616	204	3185	306	614	454	596	700+	750+	800+	4220
BESCHLAGNAHMUNG VON LAND (Dunums)	2,742	613	5,861	4,181	2	100	160	15,099	2401	112	167	745	-	7	60	3492
GEFÄLLTE BÄUME	1910	4805	5004	4887	3256	2501	26	22,389	403	503	250	742	460	898	2047	5303
AUSGANGSSPERREN	100	55	104	42	71	23	15	410	22	22	22	112	20	69	--	267
HÄUSER																
Zerstört (Sicherheitsgründe)	18	10	24	18	22	14	13	119	18	23	10	10	12	14	6	93
	1	2	-	3	1	1	1	9	-	-	1	1	-	2	4	8
• *Versiegelt (Sicherheitsgründe)*	4	1	6	2	7	-	2	22	3	4	-	4	2	2	2	17
• *Zerstört: ohne Genehmigung*	13	7	18	13	14	13	10	88	16	19	9	5	10	10	--	69
(und andere Gebäude ???)	10	1	1	2	6	3	2	25	4	1	-	-	1	4		10
ADMINISTRATIVHAFT**	349	300	320	237	270	250	220	weniger	--	200	157	183	202	600+	-	mehr
AUSWEISUNGEN	12*		-1					11		-11				415?	--	

*Anordnungen **Zur Zeit in Haft

Stand: 22. Februar 1993/ Quelle: Palestine Human Rights Information Center – Jerusalem.

Tabelle 2: Größere israelische Menschenrechtsverletzungen in den besetzten Gebieten im Jahr 1993

MENSCHENRECHTSVERLETZUNG	Jan	Feb	Mär	Apr	Mai	Jun	Jul	Aug	Sep	Okt	Nov	Dez	1987–1992	1993 ges.	Intifada ges.
TÖTUNGSDELIKTE															
• *Direkt verantwortlich*															
Von Soldaten/Agenten erschossen	16	21	26	14	30	4	7	4	8	5	11	10	959	156	1,115
Tränengaseinwirkung	1	-	-	-	-	1	-	-	-	-	-	-	92	2	94
Schläge u.a.	-	1	-	1	-	-	-	2	-	1	-	-	68	5	73
Insgesamt	17	22	26	15	30	5	7	6	8	6	11	10	1,119	163	1,282
(davon unter 16 Jahren)	4	9	8	6	8	1	2	2	1	-	3	1	287	45	332
• *Unaufgeklärt*															
Von Soldaten aus dem Hinterhalt überfallen	-	-	-	-	-	-	-	-	-	-	1	-		1	
Angriffe auf Israelis	1	-	1	-	-	-	2	-	4	1	3	4		16	
Unbekannte Täter	-	-	-	1	2	-	-	1	1	3	-	2		10	
Verstorben in Haft	1	-	-	1	-	-	-	-	-	2	-	-		4	
Sonstige	-	3	3	1	6	5	5	4	4	2	6	3		41	
Insgesamt	2	3	4	3	8	5	7	5	9	8	10	9		72	
VERLETZTE (geschätzt)	431	386	448	441	459	230	147	263	185	109	185	137	127,051	3,421	130,472
BESCHLAGNAHMUNG VON LAND (Dunums)	30	13	7	3	3100	-	133	2541	NA	9086	20	44283	408,460	59216	467,676
GEFÄLLTE BÄUME	2,159	96	836	18	2160	20,105	446	5089	430	776	2990	854	148,298	359,595	184,257
AUSGANGSSPERREN	50	28	70	29	27	18	1	17	11	9	11	22	14,704	293	14,997
HÄUSER	24	39	29	52	15	18	13	7	19	19	21	3	2,273	259	2,532
• *Zerstört (Sicherheitsgründe)*	3	-	-	-	1	1	1	-	-	1	-	-	507	7	514
• *Zerstört (Militäreinsatz)*	18	22	19	22	*7	-	-	4	1	8	1	-	NA	103	103
• *Versiegelt (Sicherheitsdienst)*	1	-	7	11	3	1	-	2	7	-	1	-	380	33	413
• *Zerstört: ohne Genehmigung (und andere Gebäude)*	2	17	3	*19	4	**16	12	1	11	10	19	3	1,386	117	1,503
ADMINISTRATIVHAFT (geschätzt)	520	510	506	500	300	310	300	297	294	180	150	120	18,101	3987	22,088
AUSWEISUNGEN		-	-	-	-	-	-	-	-	-	-	-	-	481	-

* nicht enthalten die Zerstörung von einer Baracke
**nicht enthalten die Zerstörung von einer Baracke und einer Garage

Quelle: Palestine Human Rights Information Center – Jerusalem.

1. Folter, Mißhandlungen oder »moderate physische Gewalt«

In Israel werden mit Wissen und Billigung der Regierung Palästinenser durch den Geheimdienst Shin Bet gefoltert; einige von ihnen erliegen diesen Torturen, andere begehen Selbstmord, und der Rest erleidet lebenslange physische und psychische Schäden, so der Tenor einer Konferenz zum Thema: »Der internationale Kampf gegen die Folter und das israelische Beispiel«, an der am 13. und 14. Juni 1993 in Tel Aviv Mitglieder palästinensischer, israelischer und internationaler Menschenrechts- und Hilfsorganisationen zur Diskussion über Folter und über Rehabilitationsmöglichkeiten von Folteropfern zusammentrafen. Veranstalter der Tagung, zu der auch Vertreter des Roten Kreuzes, von amnesty international und des UN-Flüchtlingshilfswerkes für die Palästinenser (UNRWA) kamen, waren die »Vereinigung für israelisch-palästinensische Ärzte für Menschenrechte (PHR)« und das »Öffentliche Komitee gegen Folter in Israel (PCATI)«. Im Mittelpunkt der Veranstaltung stand das Gastgeberland selber.

Die Konferenzteilnehmer diskutierten über die Geschichte der Folter in israelischen Gefängnissen, über die staatliche Protektion der Täter und die oft lebenslangen Schäden, die die Opfer aufgrund der Mißhandlungen davontragen. Immer wieder wurde die Mitverantwortung der Gefängnisärzte betont, ohne deren Schweigen dieses System nicht aufrechterhalten werden könnte. »Selbst wenn wir 100 Ärzte mehr hätten, könnten wir nicht mit den Menschenrechtsverletzungen fertig werden«, so die Vorsitzende von PHR, Ruchama Marton. Ihre Ausführungen machten deutlich, daß eine große Zahl von Ärzten sich nicht an die Tokioer Konvention von 1975 gebunden fühlt, nach der es jedem Arzt verboten ist, sich an Folterungen zu beteiligen. »Die Ärzte müssen alles unternehmen, um diese Situation abzustellen.« Bedrückend sind die Berichte über Folterungen zu lesen. Marton berichtete von schweren Mißhandlungen des 34jährigen Hassan Bader Abedalla Zubeidi, der am 25. September 1992 in das Gefängnis in Tulkarem eingeliefert worden ist. Er wurde nie angeklagt und so schwer mißhandelt, daß er keinen Kontakt zu seiner Umwelt aufnehmen konnte; »er fängt erst langsam wieder an, sprechen zu lernen«.

Der palästinensische Urologe Mamdouh al-Aker aus Ramallah, selbst Folteropfer des Shin Bet, verstand nicht, warum der israelische Ärzteverband immer noch zu diesen Vorgängen schweige. Er rief dazu auf, das »tödliche Schweigen zu durchbrechen«. Dieses Foltersystem könne nur aufrechterhalten werden, weil die Ärzte schwiegen. So ist z.B. Mustafa Akawi aufgrund unzureichender medizinischer Versorgung an seinen Mißhandlungen gestorben. Al-Aker berichtete auch von Vergewaltigungen an männlichen Jugendlichen im Gefängnis von Tulkarem. »Das System, das solche Zustände aufrechterhält, muß bloßgestellt werden«, so al-Aker.

Während der Konferenz gegen die Folter wurde ein Dokument über die »medizinische Tauglichkeit« präsentiert, in dem die Ärzte bescheinigen, daß der Betreffende für Verhöre medizinisch tauglich sei. Die Informationen an den Ärzteverband waren für diesen neu und zeitigten umgehend Wirkung. So schrieb die Vorsitzende des Israelischen Ärzteverbandes (IMA), Miriam Zangen, in einem Brief an Ministerpräsident Yitzhak Rabin, in dem sie betonte, daß Ärzten die Zusammenarbeit mit Folterknechten streng verboten sei. Damit reagierte der Ärzteverband auf die Veröffentlichung eines Formulars, das Ärzte der Geheimdienstabteilung von Gefängnissen ausfüllen müssen, wenn Palästinenser dort verhört werden sollen. Mit dem Ausfüllen des Fragebogens geben die Amtsärzte ihr Gutachten darüber ab, ob den Häftlingen vom medizinischen Standpunkt die einzelnen Foltermethoden zugemutet werden können. Vom Arzt wird verlangt, daß er mitteilt, ob der zum Verhör eingelieferte Palästinenser körperlich behindert ist und an welchen Krankheiten er vor dem Verhör gelitten hat. Davon hängt dann ab, ob sie für gewisse extreme Behandlungsmethoden tauglich sind oder nicht. Dieser Fragebogen war bisher dem Ärzteverband unbekannt. Er verstoße »gegen die Grundsätze der medizinischen Ethik ..., und Ärzte dürfen mit den Behörden nicht zusammenarbeiten, wenn es sich um solche Tätigkeiten handelt«, so lautete die Meinung des Ärzteverbandes. In einem Interview mit der israelischen Zeitung »Hadashot« vom 30. Juni 1993 erklärte Miriam Zangen: »Das Ausfüllen dieses Formulars bedeutet impliziet eine Zusammenarbeit mit den Verhörern.« Sie rief die Ärzte dazu auf, nicht mit dem Geheimdienst zu kooperieren. Der Armeesprecher Moshe Fogel dementierte, daß Gefängnisärzte die »Tauglichkeit« von Häftlingen für Verhöre feststellen müssen. Schon am 16. März 1993 schrieb der Vorsitzende der Ethikkommission des israelischen Medizinerverbandes, Ram Ishai, an PHR und bezog klar Stellung zur Haltung eines Arztes, der sich in einer solchen Situation befindet. »Deshalb muß ein Arzt, der Zeuge einer Situation wird, die gegen die medizinische Ethik oder die Menschenrechte verstößt, Maßnahmen ergreifen, die die Situation stoppen. Er muß vor denjenigen protestieren, die diese Taten ausführen. Sollte ein Arzt von einem unethischen Verhalten eines Kollegen erfahren, muß er dies der Ethikkommission mitteilen. Seine Pflicht schließt jedoch nicht die Weitergabe der Information an eine andere Partei ein.«

Die Ärzte haben sich nicht gegen die schlechte Behandlung durch den Geheimdienst gewandt, der, wie der Menschenrechtsanwalt Avigdor Feld-

Dokument 1

נספח
אגף חקירות

טופס כשרות רפואית

מספר העצור	שם משפחה	תאריך

1. בתאריך ______ בדקתי את העצור הנ"ל וממצאיו הרפואיים הינם:

א. ______
ב. ______
ג. ______
ד. ______
ה. ______

2. לאור זאת המגבלות הרפואיות על תנאי הכליאה הינם:

א. האם ישנם מגבלות לשהיית הכלוא בתא בודד כן/לא
ב. האם ישנם מגבלות לכבילת הכלוא כן/לא
ג. האם ישנם מגבלות לחבישת כיסוי ראש/עיניים כן/לא
ד. האם ישנם מגבלות לעמידה ממושכת כן/לא
ה. האם לכלוא חבלות גופניות (טרם כניסתו לחקירה) כן/לא
ו. עיקרי המגבלות הרפואיות:
(1 ______
(2 ______
(3 ______
(4 ______

חתימת הרופא

Abteilung Verhör
Formular für medizinische Tauglichkeit

Nr. des Häftlings Name Datum

1. Am habe ich den o.g. Häftling untersucht, und der medizinische Befund lautet wie folgt:

Den oben aufgeführten Befunden zufolge, ergeben sich folgende Haftfähigkeitsbeschränkungen aus medizinischer Sicht:

a. Bestehen Einschränkungen bezüglich Isolationshaft ja/nein
b. Bestehen Einschränkungen bezüglich Ankettung des Häftlings ja/nein
c. Bestehen Einschränkungen bezüglich Verwendung von Kopf-/Augenbinden ja/nein
d. Bestehen Einwände gegen langes Stehen ja/nein
e. Weist der Häftling körperliche Verletzungen auf (vor Beginn des Verhörs) ja/nein
f. Haupteinwände aus medizinischer Sicht:

Unterschrift des Arztes

Dokument 2

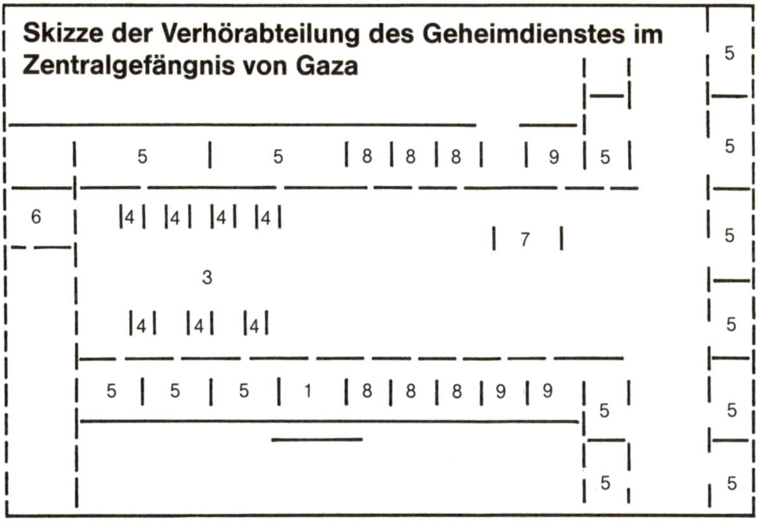

Dies ist die Skizze der Verhörabteilung des Geheimdienstes Shin Bet im Zentralgefängnis von Gaza, das weithin als „Schlachthaus" bekannt ist. Nach Angaben von ehemaligen Häftlingen liegt es im zweiten Stock des Gefängnisses. Die Skizze wurde nach Angaben eines Häftlings von einem Menschenrechtsaktivist des „Gazateams" aufgezeichnet und von der „Protagoras Association" unterstützt.
Eine Treppe in der Mitte führt in ein schmales Vorzimmer (1), in dem ein Soldat hinter einem Schreibtisch sitzt (2). Ein verschlossenes Eisentor trennt das Vorzimmer von der übrigen Abteilung. Einer inhaftierten Person wird, bevor sie Zutritt erhält, eine Kapuze über den Kopf gezogen, die bis zur Brust reicht, und Handschellen angelegt. Der Sack über dem Kopf dient auch dazu, den Häftling hinter sich herzuziehen. Durch das Tor gelangt man in einen langen Gang (3), auch bekannt als „der Bus".
Links der Treppe:
In dem langen Gang stehen einige Holzstühle (4). Sie sind sehr lang, und es ist schwer, auf ihnen zu sitzen. Der Häftling muß eine sehr lange Zeit darauf sitzen, bevor die Verhöre in dem sich anschließenden Zimmer (5) beginnen. Den Häftlingen ist es verboten, miteinander zu sprechen; wer dagegen verstößt, wird von der Wache geschlagen. Der Häftling wird einmal täglich zur Toilette geführt. Am Ende des Ganges befindet sich ein Raum (6), in dem ein Arzt und ein Oberstleutnant sitzen.
Rechts der Treppe:
Ein diensthabender Soldat steht an einer Art Thekentisch (7) in dem langen Gang. Auf jeder Seite dieses Tisches sind Zellen für Isolationshaft (8) von 0,60 x 1,85 Meter. Sie sind absolut dunkel und stinken nach Urin. Eine kleine Öffnung an der Decke befindet sich in jeder Zelle. Etwas weiter im gleichen Gang befinden sich die „refrigerator" Zellen (9). Sie sind 1 x 2 Meter, ebenfalls dunkel und riechen stark nach Urin. Kaltluft wird durch eine Öffnung in der Decke in den Raum geblasen. Häftlinge, die sich in diesen Zellen befinden, werden jede Stunde für einige Minuten herausgeführt. Sie sind nur mit dünner Kleidung bekleidet und haben weder Decken noch Matratze. In einem anderen Gang, der sich rechtwinklig zu beiden Seiten des langen Ganges erstreckt, befinden sich weitere Verhörzellen (5).

Quelle: PHR, Activity Report July–November 1992, Tel Aviv 1992, S. 1f. (Das Zentralgefängnis wurde Mitte Mai 1994 aufgelöst.

man ausführte, jenseits des Gesetzes existiere; »er kam mit dem Staat Israel«. Seine Macht sei durch kein Gesetz legitimiert; er existiere als ein »parasitäres System«, das in den offiziellen Strukturen der Polizei und der Gefängnisse arbeite und seine Macht für illegale Zwecke nutze. Der jeweilige Leiter eines Gefängnisses habe in dem Bereich, in dem der Geheimdienst arbeite, keine Befugnisse. Für Feldman gibt es zwei Arten von Staaten: die einen bestreiten jede Art von Folter, andere hingegen geben ebensolche zu. Israel sei auf dem Weg zu letzterem, weil hier eine »Bürokratisierung der Folter« stattfinde. Israel sei ein Beispiel dafür, wie sich ein Staat eine Rechtfertigung für Folter schaffe und dabei das Image eines demokratischen Systems aufrechterhalte. Die Medien schauen weg; sie wollen damit nichts zu tun haben. Die Fundamente dieser »postmodernen Foltergesellschaft« seien durch den Landau-Bericht gelegt worden, der dem Geheimdienst von Rechts wegen die Anwendung »moderater physischer Gewalt« gestattete. Feldman sieht, daß dieses System der verbürokratisierten Folter ohne »Schamgefühl« arbeite; es habe sich in den letzten vier bis fünf Jahren herausgebildet. Diese Form der Folter sei wesentlich gefährlicher als die direkte Art der Folter, weil Organisationen wie Polizei und Ärzte darin eingebunden seien, die ursprünglich nichts damit zu tun gehabt hätten.

Als »legalisierten Sadismus« bezeichnete Haim Gordon von der Ben-Gurion-Universität in Beer Sheba die Folterungen durch den Geheimdienst. Die Shin Bet-Verhörer akzeptieren die Palästinenser nicht und betrachten sie als Objekte, »die keines menschlichen Respekts bedürfen. Sie sind Objekte des Sadismus«. Im Newsletter »Struggle« Nr. 7 schreiben Rivca und Haim Gordon: »Die wichtigste Aufgaben des Geheimdienstes heute ist die Sicherung der 27jährigen Militärherrschaft über die besetzten Gebiete, die die Zerstörung der Freiheit der Palästineser verlangt.«

Die israelische Rechtsanwältin Felicia Langer klagte 1974 den Geheimdienst vor dem Obersten Gericht in Israel wegen Folterungen an; das Gericht sprach dem Geheimdienst jedoch sein Vertrauen aus. Die Todesursache des 23jährigen Awad Hamdan, der am 22. Juli 1987 starb, wurde nach einer Entscheidung des Obersten Gerichts zu einer Geheimsache erklärt, »und es wurde mir verboten, sie zu veröffentlichen«, so Felicia Langer. Sie sprach in bezug auf Israel vom »symbiotischen Charakter des Systems und der Komplizenschaft zwischen Ärzten, der Polizei und der Hilfe der staatlichen Vertreter des Rechts in der Verschleierung der Wahrheit«. Der Shin Bet-Folterer wurde wegen Beihilfe zur fahrlässigen Tötung angeklagt und in einem Geheimprozeß in Jerusalem freigesprochen. Felicia Langer behauptete zuletzt, daß eine »zweite Generation von Folterern« in Israel am Werke sei, die eine totale Dehumanisierung der Palästinenser betrieben. Der Landau-Bericht sei ein Freibrief für die Folterer. Frau Langer kritisierte besonders das internationale Stillschweigen. »Obwohl Israel Kinder tötet und Menschen mißhandelt, genießt dieser Staat immer noch eine internationale Immunität. Wenn ein Staat solche Immunität genießt, verliert er alle Hemmungen.«

Die israelische Rechtsanwältin Lea Tsemel schätzt den harten Kern der Folterer in Gaza, Jerusalem und der Westbank auf rund 30 Personen, davon allein zwölf in Gaza. Für die »Dreckarbeit« bediene man sich palästinensischer Kollaborateure, die oft eine kriminelle Vergangenheit haben. »Sie bekommen auch den Rest aus ihnen heraus.« Da die aktiven Folterer so wenige seien, müßten die Leute hart arbeiten und Geständnisse wie am Fließband produzieren, so Lea Tsemel auf der »Folterkonferenz«.

Die psychischen Schäden der Folter wurden erstmals vom Direktor des »Gaza Community Mental Health Program (GCMHP), Eyad al-Sarraj, auf einer Pressekonferenz am 20. Mai 1993 der Öffentlichkeit vorgestellt. Ausgewertet wurden die Unterlagen von über 500 Palästinensern aus dem Gaza-Streifen, die zwischen sechs Monaten und zehn Jahren in israelischen Gefängnissen zugebracht hatten. »Wir sind zu erschreckenden und sehr unterschiedlichen Ergebnissen gekommen«, so Sarraj.

Aus der Untersuchung geht hervor, daß nicht nur die Gefangenen selbst mißhandelt wurden, sondern auch die nächsten Angehörigen. 30 Prozent der 500 Befragten berichteten, daß Mitglieder ihrer Familien vor ihren Augen mißhandelt worden seien. Fast 70 Prozent wurde damit gedroht, daß man ihre Frauen oder Mütter vergewaltigen werde, und 47,3 Prozent berichteten, daß Familienmitglieder geschlagen worden seien.

Auf der Pressekonferenz stimmte Sarraj mit dem amerikanischen Psychologen und Psychoanalytiker John van Eenwyk darin überein, daß in Gaza weiter gefoltert werde. Van Eenwyk erklärte, daß die Foltermethoden, die der Geheimdienst anwende, sich von denen in anderen Ländern unterschieden, aber im Ergebnis dasselbe bewirkten. Die Foltermethoden in Lateinamerika seien physisch brutaler, jedoch die israelischen Methoden und deren Folgen seien schwieriger nachzuweisen. In seiner Studie »Mentale Gesundheit der Palästinenser unter der Besatzung« erklärte Sarraj, daß die Vertreibungen von 1948 und 1967 zu einem Zustand der Hilflosigkeit und Abhängigkeit geführt haben.

Bezüglich der angewandten Foltermethoden kommt die Studie zu folgenden Ergebnissen: Die meisten Palästinenser wurden durch Schläge (96,5

Prozent) mißhandelt. Die gleiche Anzahl sei extremer Kälte (refrigerator) ausgesetzt gewesen. 92 Prozent mußten lange stehen, und 78,8 Prozent hatten extreme Hitze zu erdulden. Fast alle Gefangenen (94,8 Prozent) wurden verbal erniedrigt, oder es wurde ihnen mit Ermordung gedroht (90,5 Prozent). 15 Prozent wurden Reizgas ausgesetzt und 7,8 Prozent wurden Gegenstände in Penis und Rektum eingeführt sowie 5,3 Prozent mit Elektroschocks gequält.

Die Ergebnisse der Studie zeigen, daß 41 Prozent Schwierigkeiten hatten, sich wieder an ein normales Familienleben zu gewöhnen. 45,3 Prozent hatten Probleme, sich wieder in die Gesellschaft einzugliedern. Über zu behandelnde psychische Symptome klagten 30,5 Prozent. 75,8 Prozent hatten finanzielle Probleme.

Am 16. Juni 1993, zwei Tage nach der Konferenz, traf sich ein Abordnung von PHR mit Justizminister David Libai. Sie übergaben ihm ein Dokument mit 3000 Unterschriften aus Israel und dem Ausland, in dem die Verabschiedung eines Anti-Foltergesetzes gefordert wird. Das Treffen fand am gleichen Tag statt, an dem in der Knesset über ein solches Gesetz debattiert werden sollte. Der Gesetzentwurf wurde aber an einen Ausschuß überwiesen, der zusätzliche Empfehlungen ausarbeiten soll. Ruchama Marton, Neve Gordon und Rela Mazali waren mit der Entscheidung Libais sehr zufrieden, weil in der Stimmungslage, die vor der Konferenz geherrscht hatte, das Gesetz abgelehnt worden wäre. Der Minister empfahl der Delegation, dem Ausschuß weiteres Material über Folterungen zur Verfügung zu stellen.

Die am häufigsten angewandten Verhör- und Foltermethoden sind: Schlaf- und Essensentzug, Verbalinjurien, Demütigungen und Androhung von Verletzungen, Schläge mit Knüppeln auf alle Körperteile, langes Stehen mit einem übelriechenden Sack über dem Kopf und gebundenen Händen und Füßen, manchmal auch in speziell engen Räumen, die »closet« oder »refrigerator« genannt werden, in denen der Häftling nicht aufrecht stehen kann. So ist z.B. bei der »Bananen«-Haltung der Körper nach hinten gebogen, und die Hände sind an den Fußknöcheln gefesselt, oder beim »Shabah« sind die Gefangenen an ihren Armen, die wie Röhren zusammengebunden sind, an der Decke oder Wand aufgehängt, so daß sie den Boden gerade noch mit ihren Zehen berühren können. In diesen Stellungen werden sie dann entweder mit Knüppeln oder mit Fäusten geschlagen. Diese Foltermethoden wurden von Mißhandelten in eidesstattlichen Erklärungen gegenüber ihren Anwälten bestätigt und von verschiedenen Menschenrechtsorganisationen veröffentlicht (Anhang, S. 355–360).

Verhör- und Foltermethoden

»Bananen«-Haltung

»Sacking«

Quelle: B'Tselem, The Interrogation of Palestinans During the Intifada, Jerusalem, März 1991.

Seit wann ist bekannt, daß der israelische Geheimdienst Palästinenser foltert? Drei oder vier Jahre nach der Besetzung gab es die ersten Anschuldigungen gegenüber dem Shin Bet; sie konnten aber nicht bewiesen werden. Die israelische Regierung bestritt die Vorwürfe. Erst als in der Londoner »Sunday Times« 1977 eine Serie von Artikeln über Mißhandlungen auftauchte, gewann das Thema an Brisanz. So schrieb die »Sunday Times« vom 19. Juni 1977: »Folter ist so systematisch organisiert, daß sie nicht geleugnet werden kann als die Tat einer handvoll ›Schurken‹, die Befehle übertreten. Sie geschieht planmäßig …« Am 31. Mai 1978 schickte das amerikanische Konsulat in Ost-Jerusalem folgendes Telegramm nach Washington: Vom März 1977 bis April 1978 »das Konsulat hat eine Reihe von Beweisen, die darauf hindeuten, daß Israelis arabische Gefangene in den besetzten Gebieten foltern; dies scheint eine weitverbreitete und übliche Praxis zu sein«. Nachdem der Likud-Block die Regierung 1977 übernommen hatte, gingen die Folterungen des Geheimdienstes zurück; anscheinend auf persönliche Veranlassung von Ministerpräsident Menachem Begin. Israelische Rechtsanwälte wie Felicia Langer, die mit politischen Gefangenen in der Zeit von 1978 bis 1983 arbeiteten, bestätigten einen deutlichen Rückgang gegenüber der Zeit vor Begin. Unter seiner Regierung gab es viele Anschuldigungen gegen die Polizei und die Soldaten wegen Gewaltanwendungen, aber weniger gegenüber dem Shin Bet. Ab 1984 nahmen die Beschwerden über Folterungen an Palästinensern wieder zu. Daraufhin erhoben amnesty international, Al-Haq und einige israelische und palästinensische Anwälte den Foltervorwurf wieder gegenüber dem Geheimdienst.

1984 veröffentlichte Al-Haq einen Bericht – den B'Tselem in seiner Veröffentlichung über Folter zitiert – über die Bedingungen der Gefangenen im dem Gefängnis Fara. Fünf eidesstattliche Erklärungen beschreiben detailliert die Haftbedingungen im Internierungslager für jugendliche Palästinenser. Durch weitere zehn eidesstattliche Erklärungen wurde dokumentiert, daß die Gefangenen niederträchtigen Demütigungen wie regelmäßigen Schlägen, Besprühen mit Tränengas, Essens- und Schlafentzug und psychischen Erniedrigungen wie Masturbation vor ihren Verhörern und anderern Perversitäten ausgesetzt waren. Diese zehn eidesstattlichen Erklärungen wurden unabhängig voneinander abgegeben; sie enthalten auch Namen von Verhörern wie »Abu Dani« und »Abu Fathi«. Andere Vorwürfe, obwohl nicht detailliert, wurden vom »Alternative Information Center (AIC)« erhoben. Der Bericht belegt sechs Fälle von Folterungen im Zeitraum zwischen 1984 und 1987.

Welche Bedeutung kommt nun dem Bericht der Landau-Kommission zu, der auf der Konferenz in Tel Aviv so heftig kritisiert worden ist? Bevor wir uns den Hintergründen, die zur Einsetzung dieser Kommission geführt haben, und mit den Ergebnissen des Berichtes auseinandersetzen wollen, soll kurz auf den Status des »General Security Services« (Shabak oder Shin Bet) oder die »heiligen Krieger«, wie sie der Landau-Bericht nennt, eingegangen werden. Der Shin Bet ist für alle Fragen der Sicherheit in Israel und den besetzten Gebieten zuständig und untersteht direkt dem Ministerpräsidenten; er unterliegt keiner gesetzlichen Kontrolle. Der Name des Sicherheitschefs ist in der Regel geheim. Für die Auslandspionage ist dagegen der Mossad zuständig. Israel hat im November 1993 zugegeben, daß die damalige Ministerpräsidentin Golda Meir entschieden hatte, alle am Massaker bei den Olympischen Spielen 1972 in München beteiligten Palästinenser zu liquidieren.

Die »legale« Macht des Shin Bet in den besetzten Gebieten beruht auf dem Militärerlaß Nr. 121. Dort arbeitet der Shin Bet mit der Armee, der Polizei und der Grenzpolizei zusammen und ist für die Verhöre solcher Personen zuständig, die nach seiner Ansicht die Sicherheit Israels bedrohen. Militärerlaß Nr. 378 regelt die Formalitäten bei Verhaftungen und erlaubt in Artikel 78, daß der Verhaftete bis zu 18 Tage interniert sein darf, ohne daß er einem Richter vorgeführt werden muß. Spätestens nach 14 Tagen muß einem Vertreter des Roten Kreuzes Zugang zum Gefangenen gestattet werden, was auch in der Regel geschieht. Das erste Zusammentreffen mit einem Rechtsanwalt geschieht zwischen dem zwanzigsten und dreißigsten Tag nach der Verhaftung. Die Verweigerung der Kontaktaufnahme zwischen dem Rechtsanwalt und dem Häftling kann bis zu sechzig Tagen ausgedehnt werden. Innerhalb dieser Zeit geschehen die meisten Folterungen, so berichten die Häftlinge. Der Häftling kann in den ersten achtzehn Tagen von der Polizei, vom Militär oder vom Geheimdienst vernommen werden. Der überwiegende Teil der Verhöre in den besetzten Gebieten geschieht jedoch durch den Shin Bet.

Die Shin Bet-Verhöre finden in einem separaten Bereich des Gefängnisses statt, der zwar unter der formalen Kontrolle der Gefängnisverwaltung steht, aber nur vom Geheimdienst benutzt wird; die Einrichtungen in Petah Tikva und in Jerusalem (Russian Compound) unterstehen der Polizei. Alle drei formal zuständigen Behörden geben jedoch zu, keine Kontrolle über die getrennten Einrichtungen des Geheimdienstes zu haben; sie erhalten dazu keinerlei Zugang. Nach den Verhören wird der Gefangene an den Leiter der Untersuchungsabteilung der Polizei übergeben, der dann das »Geständnis« zu Protokoll nimmt, das vor Gericht als Schuldeingeständnis präsentiert wird. Eine eventuelle Verlängerung der Untersuchungshaft wird ebenfalls von der Polizei beantragt.

Der Häftling hat zwei Möglichkeiten, sich zur Wehr zu setzen: Erstens, was aber selten der Fall ist, sind beim Häftling noch Spuren der Mißhandlung sichtbar, so kann der Richter dies auf Antrag der Verteidigung zu Protokoll nehmen. Als zweite Möglichkeit kann der Verteidiger einen »little trial« (Prozeß innerhalb eines Prozesses) verlangen, wenn das »Geständnis« das einzige Beweismittel ist. Dann ist das Plädoyer »nicht schuldig« vor Gericht gleichwertig der Behauptung, daß das »Geständnis« auf rechtswidrigem Wege zustande kam und deshalb als Beweismittel unzulässig ist. Dieser Vorgang ist nun der eigentliche Prozeß, d.h. der Prozeß selbst dreht sich um die Glaubwürdigkeit des Beweismittels und damit implizit um die des Geheimdienstes. Da der Geheimdienst jenseits jeglicher Legalität arbeitet, ist seine Arbeit auch keiner juristischen Bewertung zugänglich. Eine solche hat die Landau-Kommission in Ansätzen versucht, was dabei herausgekommen ist, ist die »Legalisierung« der Verhörmethoden des Geheimdienstes. Vor israelischen Gerichten sind Geständnisse, die unter Anwendung von Gewalt zustande gekommen sind, nicht gerichtsverwertbar.

Den Hintergrund der Einsetzung einer Untersuchungskommission zur Untersuchung der Verhörmethoden des Geheimdienstes unter Vorsitz des ehemaligen Präsidenten des Obersten Gerichts in Israel, Moshe Landau, bilden die »No. 300 Bus Affair« und der »Nafsu-Fall«. Izzat Nafsu war Offizier der israelischen Armee, der 1982 unter dem Vorwurf der Gefährdung der Staatssicherheit und des Verrates von Staatsgeheimnissen verhaftet worden war. Aufgrund eines »Geständnisses« wurde er zu 18 Jahren Haft verurteilt. Während seines Prozesses machte Nafsu geltend, daß das Geständnis durch Anwendung physischer und psychischer Gewalt zustande gekommen sei. Die Shin Bet-Offiziere bestritten dies unter Eid. Auch der Staatsanwalt leugnete diese Vorwürfe, und die Beweise der Verteidigung wurden vom Gericht zurückgewiesen. In der »Bus-Affäre« kam heraus, daß der Geheimdienst Untersuchungen verhindert habe, um damit die Exekution zweier Palästinenser zu verschleiern, die einen israelischen Bus in Gaza gekidnappt hatten. Ursprünglich waren es vier Palästinenser, von denen noch zwei nach dem Eingreifen der Israelis außerhalb des Busses gesehen wurden. Danach wurde im israelischen Radio gemeldet, vier seien bei der Erstürmung des Busses erschossen worden. Auf Anfrage des Roten Kreuzes erhielt man die Antwort, daß die beiden auf dem Weg ins Krankenhaus gestorben seien. Als Konsequenz dieser Enthüllungen konnte Nafsu einen Geheimdienstagenten, der zu seinen Verhörern gehört hatte, identifizieren. Daraufhin veranlaßte der Geheimdienstchef eine interne Überprüfung seines Falles. Es stellte sich heraus, daß die ursprüngliche Behauptung Nafsus

– er sei gefoltert worden – korrekt war. Nafsu reichte daraufhin 1987 Einspruch beim Obersten Gericht ein, das diesem stattgab, und die Freilassung Nafsus veranlaßte.

Aus diesem Grunde wurde am 31. Mai 1987 die Landau-Kommission eingesetzt, die am 30. Oktober 1987 ihren Bericht veröffentlichte, der aus zwei Teilen bestand. Am 8. November 1987 hieß das Kabinett den Bericht gut. Im ersten Teil konzentrierte sich der Bericht auf die Aktivitäten des Geheimdienstes seit 1971. Er beschreibt die »Tatsachen« über »Hostile Terrorist Activity« (HTA), die Falschaussagen über die Shin Bet-»Geständnisse« und eine Rechtfertigung von Gewalt während der Verhöre. Der zweite Teil ist geheim und bis heute unveröffentlicht.

Die Kommission betreibt eine enorme Rechtfertigung betreffend die Falschaussagen durch den Shin Bet. Von 1967 bis 1971 seien die »Geständnisse«, die von den Shin Bet-Verhörern vorgelegt wurden, vom Gericht in gutem Glauben akzeptiert worden. Ab 1971 wurde immer häufiger die Glaubwürdigkeit dieser »Geständnisse« vor Gericht angezweifelt. Von diesem Zeitpunkt an begannen die Geheimdienstoffiziere vor Gericht zu leugnen, die »Geständnisse« unter Anwendung von Gewalt erhalten zu haben. Der Bericht macht klar, daß solche Methoden die freie Willensentscheidung beeinträchtigen und somit das »Geständnis« als vor Gericht inakzeptabel anzusehen ist. Der Ausweg aus diesem »Dilemma« war nach Ansicht der Landau-Kommission die Lüge. Die bewußten Falschaussagen vor Gericht dauerten bis 1986. Eine solche Praxis war Routine, »eine nicht hinterfragte Norm, die für 16 Jahre die Regel war«.

Die Kommission zitiert ein internes Geheimdienstpapier, das implizit aussagt, über die Anwendung von Gewalt bei Verhören vor Gericht die Unwahrheit zu sagen. Meineid war »internalisiert und selbstverständlich«. Dies mißbilligte die Kommission auf das schärfste. Der Bericht legt jedoch viel Wert darauf, die Gründe für die Falschaussagen zu erklären. So erwähnt der Bericht die Schwierigkeiten, Informationen und Geständnisse zu erhalten, die Zersplitterung der Arbeit des Shin Bet und die Tatsache, daß diese Shin Bet-Offiziere »ideologisch motivierte Täter« seien, die nicht aus persönlichen Motiven handelten, sondern aus einer tiefen Überzeugung, »ihre nationale Pflicht« zu tun. Obwohl sich die Kommission nicht mit allen ihren Begründungen identifiziert, ist sie doch davon überzeugt, daß die Geheimdienstler persönlich untadelige »Repräsentanten des israelischen Volkes« seien. Obgleich die Kommission die Falschaussagen des Shin Bet verurteilte, spricht sie die Empfehlung aus, die Shin Bet-Offiziere nicht wegen Meineides anzuklagen, weil eine solche Anklage nicht im Interesse Israels sei, da es zu Prozessen führen würde, die die Arbeit des Geheimdienstes paralysieren würde. Der Kommission ging es also primär um die Wiedergewinnung des Vertrauens der Bevölkerung in die Arbeit des Geheimdienstes und weniger um die Durchsetzung abstrakter Rechtsgrundsätze, die dessen Arbeit völlig diskreditieren würde.

Im Gegensatz zu den mit großem »Einfühlungsvermögen« vorgebrachten Ausführungen über Falschaussagen wird auf die Verhörmethoden der Vergangenheit kaum eingegangen, weil die »Sicherheitsgründe« es nur im zweiten Teil gebieten. Man äußerte zwar seine »größte Verachtung« über die geschworenen Meineide, zeigte aber Verständnis für die Verhörmethoden, »die sowohl moralisch als auch rechtlich verteidigt werden müssen«. Um es zynisch auszudrücken: Es ist gestattet, Gewalt auszuüben, aber nicht, dies zu leugnen. Felicia Langer führt dazu in ihrer Autobiographie »Zorn und Hoffnung« folgendes aus: »Heuchelei und Frömmelei in der Einstellung, wonach die Lüge die schlimmere Straftat sei und nicht die Verletzung der Psyche und des Körpers eines anderen, ist nichts anderes als die Frucht der Sittenverderbnis einer andauernden Okkupation. Aber auch in Sachen Lüge zeigte die Kommission, daß sie sich mit diesem Thema nicht ernsthaft auseinanderzusetzen gewillt war, indem sie die juristische Instanz entlastete, die während all dieser Jahre die Lüge als Wahrheit akzeptierte, ebenso die politische Instanz, die in ihrer Naivität nie vermutet und nie Verdacht schöpfte, daß ihre Emissäre ein Komplott gegen die Wahrheit geschmiedet hatten.« Wie konnte die Kommission eine solche Schlußfolgerung akzeptieren?

Im Bericht werden zwei Argumente dafür genannt: Erstens »terroristische Organisationen und ihr bewaffneter Kampf« ist eine politische Analyse der israelischen Sicherheitslage. Dies beschreibt nur die Gefahr, die durch »feindliche terroristische Aktivitäten« und durch Organisationen wie die PLO, deren Ziel die »Zerstörung« Israels ist, darstellen. Der zweite Grund liegt in dem Umstand begründet, daß der Shin Bet in einer solchen Situation Schwierigkeiten hat, Informationen durch reguläre Verhöre zu erhalten. Unter diesen Bedingungen stimmt die Kommission völlig mit der Position des Geheimdienstes überein, daß auch die Anwendung physischer Gewalt »für ein Verhör unabdingbar sei«. Das Zusammentreffen beider Umstände mache die Anwendung von Gewalt notwendig. Die Kommission schickt sich deshalb an, diese »Notwendigkeit« ausdrücklich vom legalen und moralischen Standpunkt zu rechtfertigen.

Das israelische Strafrecht gewährt demjenigen Straffreiheit, der in einem Akt der Verteidigung sich selbst oder andere schützt. Diese »Notwehr« ist in folgenden Fällen gerechtfertigt: wenn der Schaden, der abgewendet wurde, unmittelbar bevorstand; wenn der Schaden, der entstanden ist, nicht unangemessen war – dahinter steht die Lehre vom »geringen Übel« – und wenn der Schaden nicht anderweitig hätte abgewendet werden können. Im Analogieschluß heißt das, daß sich der Staat durch seine Geheimdienstoffiziere auf die gleiche Abwehr berufen kann wie der einzelne und daß die Sicherheitsinteressen des Staates und der Schutz der Bevölkerung vor terroristischen Anschlägen Unrecht rechtfertigen. Die rechtliche Berufung auf einen Notstand hat nach Meinung der Kommission eine moralische Grundlage. Im Spannungsverhältnis zwischen dem unter das Strafrecht fallenden Täter und der ethischen Pflicht, Leben zu schützen, werden die Sicherheitsinteressen des Staates zu einem ethischen Imperativ, das geringere von zwei Übeln. Somit gibt es eine höhere moralische Rechtfertigung für die Maßnahmen des Geheimdienstes. Die Kommission kommt zu folgenden Schlüssen: Erstens ist die Anwendung von Gewalt internationaler Standard, zweitens bestand die Notwendigkeit der Verteidigung, die die Anwendung von Gewalt bei Verhören rechtfertigt, und drittens sind »Geständnisse« dieser Art vor Gericht zulässig.

Was ist nun nach Ansicht der Kommission zulässige Gewalt? »Die Formen der Gewalt sollen prinzipiell die Art des gewaltfreien psychologischen Druckes durch nachhaltige und extensive Verhöre unter Anwendung von List, die auch den Betrug einschließt, annehmen. Sollte diese Methode nicht zum Erfolg führen, kann auch moderate physische Gewalt angewandt werden.« Die Kommission wies gleichzeitig auf die Gefahren einer willkürlichen Gewaltanwendung durch die Verhörer hin. Ihr war auch bewußt, daß eine Demokratie, die durch »Terrorismus« bedroht werde, einen Konflikt zwischen der Sicherheit des Staates und Recht und Moral zu bestehen habe. Deshalb verwarf die Kommission die Möglichkeit, daß der Geheimdienst in einer rechtlichen Grauzone arbeiten sollte. Somit ist nach ihrer Ansicht die Anwendung psychischer und moderater physischer Gewalt nur anhand fester Richtlinien möglich, die dann auch im geheimen Teil des Berichtes dargelegt worden sind.

Der Landau-Bericht hat heftige Kritik auf sich gezogen, »aber es ist fair zu sagen, daß kein ernstzunehmender Kommentator seine Ergebnisse verteidigt oder sie in Einklang mit nationalem- und Völkerrecht« findet, schreibt B'Tselem. Fast alle Kritiker verwarfen die Analogie der »Notwehr« aus dem Strafrecht für Staatszwecke. Bei diesem Rückgriff auf das Notwehrrecht ist nicht einsichtig, warum man nur »moderate« Gewalt anwenden sollte, wenn brutale Gewalt angebrachter und effektiver wäre. Es besteht ein gravierender Unterschied zwischen einer nachträglichen Rechtfertigung einer individuellen Straftat unter außergewöhnlichen Bedingungen und der Autorisierung der Geheimagenten, das Gesetz zu brechen. Vergebung und rückwirkende Strafmilderung für ein Individuum ist etwas ganz anderes als die Berechtigung für den Staat, Gewalt bei Verhören einzusetzen. Gerade dies will man durch das Völkerrecht verhindern. Wie die Untersuchungen von B'Tselem zeigen, geht es dem Shin Bet bei der Erpressung von Geständnissen gar nicht um die Überführung der Schuldigen. »Ihre Absicht ist die Sammlung von Information, willkürliche Abschrekkung, Einschüchterung oder Leid um des Leides willen.«

Der Bericht wurde auch wegen seines politischen Feindbildes, gegen das besondere Maßnahmen angewandt werden müssen, kritisiert. Problematisch wird es, wenn die Kommission »politische Subversion« oder nur den bloßen Verdacht darauf als direkte Gefahr für die nationale Sicherheit Israels ansieht. Dazu gehört auch das Zeigen der Palästinenserfahne sowie anderer nationaler Symbole, wie die Kommission feststellte. Die Kommission übernimmt die politische Rhetorik, daß die PLO eine Terrororganisation sei, die nur die Zerstörung Israels zum Ziel habe. Demzufolge sind alle gefangenen Palästinenser in »terroristische Aktivitäten« verwickelt.

Vorausgesetzt, die Richtlinien für die Anwendung »moderater physischer Gewalt« sind im geheimen Teil des Berichts niedergelegt, ist klar, daß diese Empfehlungen dem Geist und dem Buchstaben nach nicht nur allen internationalen Konventionen, sondern auch israelischem Gesetz widerspricht. Außerdem läßt sich das Konzept nicht eindeutig kontrollieren; es trägt die Möglichkeit der Eskalation in sich. Zuletzt wurde deutlich, daß im Zuge der Eskalation durch die Intifada das Verhörsystem des Geheimdienstes zur Routine geworden ist. Indem die Kommission alle konkreten Vorschläge in den geheimen Teil verbannt hat, hat sie ein Klima der Geheimniskrämerei geschaffen, in dem just Folter und Mißhandlung gedeihen können. Die bereits privilegierte Stellung des Geheimdienstes wird dadurch noch weiter gefestigt. Die Verhöre finden nicht in absoluter Isolation statt, sondern die Polizei, die Armee, das Gefängnispersonal, die Ärzte und die Gerichte sind indirekt darin involviert. Durch den Landau-Bericht werden Unschuldige in dieses Netz der Geheimniskrämerei eingebunden. Hat die Kommission die Vorgänge bei den Verhören von 1971 bis 1987 noch als illegal empfunden, erlaubt sie sie jetzt. Selbst wenn man das Völkerrecht eng auslegen wollte, legitimiert die Landau-Kommission Folter nur unter dem euphemistischen Namen der »moderaten physischen Gewalt«. Dazu stellt B'Tselem fest, daß »die Anwendung der Folter und der Mißhandlung logisch aus ihren Empfehlungen folgt«. Und der Dekan der juristischen Fakultät der Hebräischen Universität von Jerusalem, Mordechai Kremnitzer, urteilt, daß durch diesen Bericht Gewalt »von höchster Stelle legalisiert wurde ... und nicht durch Individuen begangen werde, sondern durch staatliche Stellen, die im Namen und zum Nutzen der Öffentlichkeit handeln«.

Sollten der Rabin-Meretz-Regierung doch Bedenken wegen der Richtlinien im geheimen Teil der Landau-Empfehlungen gekommen sein? Am 4. Februar 1993 tauchten Spekulationen in der Presse auf, daß die geheimen Empfehlungen korrigiert werden sollten. Ein Unterausschuß, der von Justizminister David Libai und Polizeiminister Moshe Shahal geleitet wird, sollte zusammen mit dem damaligen Generalstaatsanwalt Joseph Harish und Staatsanwältin Dorit Beinish, dem Leiter des Geheimdienstes und einiger hochrangiger Geheimdienstoffiziere eine Überarbeitung der Verhörrichtlinien Ministerpräsident und Verteidigungsminister Yitzhak Rabin vorlegen. Die Ergebnisse mußten dem Obersten Gericht spätestens am 24. Februar 1993 unterbreitet werden. Der Unterausschuß legte folgende nicht offiziellen Richtlinien vor: Erstens sollen die neuen Regularien für die Shin Bet-Verhörer die ersetzen, die im Landau-Bericht niedergelegt worden sind. Zweitens legen die Regularien fest, was statthaft ist und was nicht. Sowohl die Ausstattung als auch die Methoden, die Dauer, das Ausmaß der anzuwendenden »physischen Gewalt« sowie die Zeit, die der Inhaftierte in den geschlossenen Einrichtungen des Shin Bet bleiben darf, werden geregelt. Auch sollen die Richtlinien so festgelegt werden, daß die Gesundheit und die Sicherheit vor und während der Verhöre garantiert ist. Drittens genießen die Shin Bet-Offiziere, die sich gemäß den Richtlinien verhalten, Immunität, falls im Laufe eines Verhörs ein Unfall passiert, in dessen Folge der Inhaftierte verletzt wird. Innerhalb dieser Immunität genießt der Verhörer den Schutz des Staates gegenüber möglichen Disziplinar- oder Strafmaßnahmen. Viertens droht denjenigen Verhörern, die gegen diese Richtlinien verstoßen, eine Anklage, falls der Inhaftierte zu Tode kommt oder dauerhafte Schäden davonträgt.

Diese Richtlinien wurden aber bis heute nicht veröffentlicht, wie Hannah Friedman, Geschäftsführerin von PCATI, dem Verfasser in einem Schreiben vom 5. Januar 1994 mitteilte. PCATI wird seine Eingabe an das Oberste Gericht, die Landau-Vorschläge zu veröffentlichen, nicht zurückziehen, wie Friedman, sagte. Sie sieht gegenüber den Landau-Richtlinien nur kosmetische Veränderungen. PCATI wendet sich strikt gegen die geplante Immunität. Sie garantiere bei möglichen Unfällen den Verhörern Straffreiheit und rechtlichen Schutz bei der Durchführung illegaler Taten. »Dies beseitigt alle Möglichkeiten der Kontrolle und Überwachung von Shabak-Verhören«, so Hannah Friedman. Diese neuen Richtlinien entsprechen noch nicht den völkerrechtlichen Anforderungen, die von Israel unterschrieben worden sind, sowie dem geltenden Strafrecht Israels selbst. B'Tselem kommt in seiner Untersuchung »The ›New Procedure‹ in GSS Interrogation: The Case of Abd A-Nasser Ubeid« zu dem Ergebnis, daß durch die neuen Vorschriften nur »geringe und marginale« Veränderungen eingetreten seien. »Die Vorschriften erlauben immer noch die effektive psychologische und physische Erniedrigung und Folter von palästinensischen Gefangenen.« Die Untersuchung zeigt, daß der Shin Bet die gleichen Verhörmethoden anwendet, die schon durch den Landau-Bericht grundgelegt worden sind.

Inzwischen hat der HCJ die Eingabe von PCATI vom April 1991 im August 1993 abgelehnt, die geheimen Empfehlungen des Landau-Berichts zu veröffentlichen. Nach mehreren Interventionen von seiten der Regierung hatte der HCJ eine Entscheidung um zwei Jahre hinausgezögert. Der HCJ hat die Beschwerde mit dem Argument abgelehnt, daß der vorliegende Fall des Palästinensers Adnan Salahat nicht konkret genug sei und über Folter nicht abstrakt entschieden werden könne, sondern nur am konkreten Fall. Am 17. August 1993 reichte PCATI daraufhin erneut Beschwerde über die Vorschläge der Landau-Kommission beim HCI ein. Feldman beantragte eine zusätzliche Anhörung vor fünf Obersten Richtern, bei der ersten waren nur drei Richter damit befaßt. Die Aussichten, daß es zu einer Wiederaufnahme kommt, sind jedoch gering, weil nur zirka fünf Fälle pro Jahr durch eine solches Verfahren wieder aufgerollt werden. PCATI, das vom Menschenrechtsanwalt Avigdor Feldman vertreten wird, argumentiert, daß man nicht erst einen Toten brauche, um einen ordentlichen Prozeß führen zu können, weil dann erst der konkrete Fall gegeben sei, um die Rechtmäßigkeit der Richtlinien überprüfen zu können. Die Rechtmäßigkeit müsse aber schon im voraus diskutiert werden, um einen Machtmißbrauch des Staates einzuschränken. Nach Ansicht des HCJ gehöre die Überwachung der Verhörrichtlinien in die Hände eines interministeriellen Ausschusses. Nach Ansicht von PCATI kann aber nur ein Gericht über die Rechtmäßigkeit der Landau-Vorschläge entscheiden.

Daß die Verhörer des Shin Bet nicht völlig immun vor dem Gesetz sind, zeigt die Tatsache, daß am 1. September 1991 zum ersten Mal in der Geschichte Israels zwei Geheimdienstoffiziere zu sechs Monaten Gefängnis verurteilt wurden. Das Gericht befand die beiden für schuldig, den Tod von Khaled Sheikh Ali aus Gaza durch unterlassene Hilfeleistung mit herbeigeführt zu haben. Das Oberste Gericht wies ihren Einspruch ab, das Strafmaß in eine gemeinnützige Tätigkeit umzuwandeln. Sheikh Ali wurde am 7. Dezember 1989 in die Verhöreinheit des Shin Bet im Zentralgefängnis von Gaza gebracht, in der er drei Tage später tot aufgefunden worden war. Seine Verhörer hatten ihn in den Bauch getreten, wodurch er innere Blutungen erlitt, an denen er starb. Der israelische Pathologe Yehuda Hiss und sein amerikanischer Kollege Michael Baden kamen zu dem Ergebnis, daß Sheikh Ali eines unnatürlichen Todes gestorben sei. Nach dieser Anhörung erklärte der Oberste Richter Aharon Barak, daß »die Verhörer handelten in der Tat zum Nutzen der Sicherheit des Staates ... aber sie handelten ungesetzlich«. Seit zweieinhalb Jahren bemüht sich PCATI vergeblich, ein Protokoll dieser Verhandlung des Obersten Gerichts zu erhalten. Es erreichte die Organisation schließlich auf inoffiziellen Wegen im Zusammenhang mit einer Eingabe an den HCJ. 1992 wurden insgesamt 43 Personen der Sicherheitskräfte angeklagt. Im einzelnen sind dies 23 Polizisten, 2 Grenzpolizisten und 18 Soldaten. Seit 1989, dem Gründungsjahr von PCATI, hat die Organisation eine konstante Zunahme von Folterfällen, die von der Organisation betreut werden, zu verzeichnen. So befaßte sich PCATI 1989 mit 5, 1990 mit 18, 1991 mit 33 und 1992 mit 51 Fällen von Folter plus 11 Fällen von Brutalität.

Der Staat Israel hat sich durch die Unterzeichnung diverser internationaler Deklarationen und Abkommen verpflichtet, Folter nicht zuzulassen. So wurde am 10. August 1951 die Genfer Konvention vom 12. August 1949 von Israel unterzeichnet, es erkennt aber nur seine »humanitären Bestimmungen« an. Fällt Artikel 31 dieser Konvention nicht unter die »humanitären Bestimmungen«? »Auf die geschützten Personen darf keinerlei körperlicher oder seelischer Zwang ausgeübt werden, namentlich nicht, um von ihnen oder dritten Personen Auskünfte zu erlangen.« Am 22. Oktober 1986 unterzeichnete Israel die UN-Konvention gegen Folter, die am 3. Oktober 1991 ratifiziert wurde. Am gleichen Tag unterschrieb das Land den ICCPR vom 19. Dezember 1966, dessen Artikel 7 wie folgt lautet: »Niemand darf der Folter oder grausamer, unmenschlicher oder erniedrigender Behandlung oder Strafe unterworfen werden ...« Des weiteren betrachtet die israelische Regierung die von der UNESCO 1957 angenommenen Regeln für die Behandlung von Gefangenen nur als Empfehlungen. Ebenso hat Israel der von den Vereinten Nationen verabschiedeten Deklaration über den Schutz aller Menschen vor Folter und anderer brutalen, inhumanen oder erniedrigenden Behandlung und Strafe nicht zugestimmt, obwohl es an der Sitzung teilgenommen hat.

Daß die israelische Regierung sich an diese internationalen Konventionen halten soll, mahnt immer wieder PCATI an. Am 24. April 1994 wandte sich die Organisation in einem Schreiben an den Sekretär des UN-Ausschusses gegen Folter, Alessio Bruni, in dem sie die Stellungnahme der israelischen Regierung, die diese an die vom 18 – 29. April tagende Menschenrechtskommission übermittelt hatte, kritisierte. PCATI stellte in ihrer Stellungnahme die positive Darstellung Israels in Frage. »Wir behaupten, daß Israel sich nicht an die Gesetze hält, die es in ihrem Bericht aufgeführt«, so die Menschenrechtsorganisation. PCATI erwarte von der UN-Menschenrechtskommission eine Stellungnahme. Die erreichte die Organisation am 5. Mai. In ihr wird Israel sowohl gelobt als auch getadelt. Der Ausschußbericht hob positiv hervor, daß in Israel eine öffentliche Debatte über Mißhandlungen stattfinden könne, daß die israelische Medizinervereinigung ihre Mitglieder davor schützt, das »Formular für medizinische Tauglichkeit« weiter ausfüllen zu müssen und daß der Geheimdienst und die Polizei nicht mehr ihre eigenen Menschenrechtsverstöße untersuchen dürfen, sondern diese durch eine Spezialabteilung des Justizministeriums durchgeführt werde. Kritisiert wurde, daß die Folterkonvention noch nicht in innerstaatliches Recht transformiert wurde, daß das israelische Gesetz von einer Verteidigung von »übergeordneten Befehlen« und »Notwendigkeiten« spricht, die klar im Widerspruch zu Artikel 2 der »Folterkonvention« stehen, der Bericht der Landau-Kommission inakzeptabel ist und die Berichte über Folter und Mißhandlungen von seiten verschiedener Menschenrechtsorganisationen Anlaß zu tiefer Sorge geben. Anläßlich dieser Sitzung warf amnesty international in einer Untersuchung vom April 1994 Israel vor, trotz »Gaza-Jericho-Abkommens« mit den Folterungen von Palästinensern fortzufahren. Den gleichen Vorwurf erhob die amerikanische Menschenrechtskomission »Human Rights Watch« in ihrem Mitte Juni veröffentlichten Bericht, in dem 36 Fälle – allein sechs nach der Unterzeichnung der »Prinzipienerklärung« – von Mißhandlungen dokumentiert worden sind. Am 14. Juni 1994 wurde im israelischen Fernsehen erstmals das Geständnis eines Soldaten ausgestrahlt, der zugab, täglich zehn bis fünfzehn Palästinenser bei Verhören geschlagen und teilweise schwer verletzt zu haben. Ein Sprecher der israelischen Armee wies die Schilderungen des Soldaten als falsch zurück. Er verwies darauf, daß der Militär-Generalstaatsanwalt mit dem Soldaten gesprochen habe, er jedoch nicht bereit gewesen sei, seine Behauptungen in einem Prozeß zu wiederholen.

Wie die Lage seit der Unterzeichnung des »Gaza-Jericho-Abkommens« ist, sollen einige Beispiele verdeutlichen. So wurde der 20jährige Henia Abu Haled in der Nacht vom 2. auf 3. November 1993 verhaftet. Man beschuldigte ihn, einer illegalen Organisation anzugehören. Im Russian Compound

Gefängnis in Jerusalem wurde Abu Haled schwer geschlagen. Während einiger Nächte band man ihn mit Händen und Füßen an einen Stuhl und zog ihm einen Sack über den Kopf. Am 14. November wurde er Richter David Frenkel beim Stadtgericht vorgeführt, der die Haftzeit bis zur zulässigen Grenze verlängerte. Am 30. November besuchte ihn sein Anwalt, der ihn in der Isolationszell vorfand. Die Behörden begründeten diese Behandlung mit »Sicherheitserwägungen«. Am 3. Dezember wurde er schließlich mit anderen Gefangenen zusammengelegt. Am 30. Dezember wurde sein Fall vor dem Militärgericht in Lod verhandelt, aber auf den 2. Februar 1994 vertagt. PCATI reichte beim Generalstaatsanwalt gegen die brutalen Verhörmethoden Beschwerde ein.

Abd A-Nasser Ubeid wurde am 30. August 1993 um ein Uhr nachts verhaftet und zum Russian Compound Gefängnis gebracht, in dem er für 19 Tage festgehalten wurde, bevor man ihn gegen eine Kaution von 5000 Shekel freiließ. Bassem Id von B'Tselem dokumentierte am 17. September folgende Zeugenaussage, die die Brutalität der Verhörer zeigt. Ubeid gab zu Protokoll, daß ihm ein Sack über den Kopf gezogen wurde, während seine Hände gefesselt waren. Man verlangte von ihm, daß er für eine längere Zeit mit halbgebeugten Knien stehen mußte, während man ihn dabei zirka alle halbe Stunde mit dem Rücken gegen die Wand drückte. Ein Verhörer, der »Benny« genannt wurde, hielt ihn das arabische Wort für Kollaborateur (Amil) vor die Brust und fotografierte ihn. Die Verhörer drohten Ubeid, dieses Bild in seinem Dorf und dem Gefängnis zu verteilen und sein Haus mit seinen drei kleinen Mädchen anzuzünden sowie ihn im Gefängnis zu foltern. Diese Prozedur dauerte von der Verhaftung bis zur nächsten Nacht. Danach wurde ihm in einem anderen Raum gestattet zu schlafen. Während des Tages bekam er weder zu essen noch zu trinken. Später wurde er von Kollaborateuren brutal verhört, die als Gefangene verkleidet waren. Er wurde in den Magen, auf die Hände und Füße getreten und gezwungen, ein Geständnis zu unterschreiben, daß er zur Hamas gehöre und ein Cafe in Ost-Jerusalem in Brand gesteckt habe. Danach gingen zwei Kollaborateure mit ihm ins Bett, die ihn an Händen und Füßen festhielten, während ein dritter Zigaretten auf seinem Arm ausdrückte. (Bassem Id hat diese Wunden fotografiert). Später wurde er von »Abu Ismail« geschlagen, der ihn aber auch küßte und sagte: »Du bist wie meine Frau, sie ist nicht hier und Du bist an ihrer statt ...« Ubeid wurde dann auf einen sehr niedrigen Stuhl gesetzt und über sein Kopf ein Sack gezogen; in dieser Position mußte er einen Tag und eine Nacht zubringen. Er wurde zweimal einem Richter zwecks Verlängerung des Verhörs vorgeführt. Ihm zeigte er seine

Verbrennungen und verlangte eine Untersuchung, die aber niemals eingleitet wurde. Für 19 Tage konnte Ubeid niemanden sehen und nur einmal duschen.

Der jüngste Todesfall betrifft den 22jährigen Palästinensers Ayman Said Hassan Nassar aus Gaza, der an den Mißhandlungen durch seine Verhörer und an der »nicht adäquaten medizinischen Versorgung zur rechten Zeit« starb. Zu diesem vorläufigen Ergebnis kam der unabhängige dänische Pathologe Jorgen Dalgaard zusammen mit dem Leiter des Gerichtsmedizinischen Instituts in Abu Kabir, Yehuda Hiss, auf einer gemeinsamen Pressekonferenz am 8. April 1993. Eine endgültige Diagnose könne nicht gestellt werden, da sich die israelischen Behörden weigerten, den Totenschein, den Polizeibericht und den medizinischen Bericht des Gefängnisarztes freizugeben. »Hätte Ayman eine angemessene und umgehende Behandlung erhalten, nachdem er offensichtlich Atembeschwerden entwickelt hat, hätte er wahrscheinlich erfolgreich behandelt und dadurch sein Leben gerettet werden können«, sagte Jorgen Dalgaard. Der Pathologe beendete die Pressekonferenz mit einer »persönlichen Erklärung«: »Als ein Däne habe ich tiefe Sympathie und Verständnis für die politischen Schwierigkeiten, die es in diesem Land zwischen Juden und Palästinensern gibt. Aber weder verstehe ich, noch will ich den eindeutigen Beweis der Folter von Israelis an Palästinensern akzeptieren. Ich betrachte das Schlagen von gefesselten Gefangenen, den Schlafentzug für mehrere Tage, den Gebrauch einer Kapuze und das Gefesseltsein für eine längere Zeit als Folter. Ich hoffe, daß die freie Presse und die öffentliche Meinung in Israel in der Lage sein werden, diese Praktiken zu stoppen.«

Eine Gesellschaft, die diese Praktiken zulasse, bedürfe der Selbstimmunisierung. Wie ein solches System funktioniert, zeigte Stanley Cohen von der Hebräischen Universität in Jerusalem in einem Beitrag in der »Jerusalem Post«. Zur Rechtfertigung ihrer Haltung führt die israelische Regierung an, daß man in einer Ausnahmesituation, in der sich das Land seit seiner Gründung befinde, auch einmal Fehler machen könne, aber alles in allem halte man sich an die Gesetze. Diese Behauptung hält Cohen für einen »Mythos«. Er legt das offizielle Vokabular offen, dessen sich die Regierung, aber auch die sogenannten »Meretz-Liberalen« bedienten. Die Rechtfertigung erfolgt in drei Schritten: Nichts passiert; was passiert, wird anders interpretiert; und was passiert, wird gerechtfertigt, wie z.B. die Aktionen gegen sogenannte palästinensische Terroristen. Diese drei Elemente hängen aufs engste zusammen und determinieren folgendes Sprachritual. »Israel ist und war immer eine funktionierende Demokratie. Alle Elemente eines Rechtsstaates werden geachtet: Bürgerrechte, Redefreiheit, Unabhängigkeit der Gerichte, rechtsstaatliche Verfahren usw. Es gibt zwar einige Entgleisungen und Abweichungen, aber die werden aufgedeckt und von den Mechanismen des Systems behoben. Was die besetzten Gebiete anbetrifft, nun, das ist eine andere Sache. Jeder versteht, daß der Rechtsstaat jenseits der »Grünen Linie« endet. Militärverordnungen, die Sicherheitslage, die öffentliche Sicherheit, die Bedürfnisse der Armee und der Siedler, unterschiedliche Interpretationen des Völkerrechts, all dies bedeutet, daß die übliche Vorstellung von Gerechtigkeit und Menschenrechten bis zu einer politischen Lösung aufgeschoben werden muß.« Mit der Aufrechterhaltung dieses »Mythos« und der Berufung auf eine Sicherheitsdoktrin werden alle Aktionen gegen Palästinenser gerechtfertigt, ob sie nun rechtsstaatlichen Grundsätzen entsprechen oder nicht.

Ein an der Universität von Bethlehem studierender 27jähriger Palästinenser aus dem Gaza-Streifen, der seinen Namen aus Sicherheitsgründen nicht nennen möchte, erzählte dem Verfasser im Juni 1993, daß der Anlaß seiner Verhaftung die Ermordung seines Freundes durch einen Kopfschuß bei einer Demonstration gewesen sei. Er habe aus Wut und Verzweiflung Steine auf die Soldaten geworfen. Die erfolgte Verhaftung führte ihn in die Folterkammern des Geheimdienstes im Gefängnis von Hebron; er wurde 30 Tage lang von fünf Verhörern malträtiert. Er wurde geschlagen, mußte tagelang gefesselt auf einem Stuhl mit stinkender Kapuze über dem Kopf in seiner Zelle zubringen. Als das noch nicht reichte, steckte man ihn für sechs Tage in seiner Sommerkleidung in den »refrigerator«, in dem er bei Minusgraden ausharren mußte. Ein Shin Bet-Verhörer übte mit ihm für einige Tage Karate. Der Torturen noch nicht genug, wurde er gefesselt auf den Boden geworfen und in den Genitalbereich getreten. Ein israelischer Arzt, der gerufen wurde, konnte keine Verletzungen feststellen, obwohl der Student blutete. Nach den Verhören wurde der Student zu 18 Monaten Haft verurteilt.

Ein anderer zur »Berühmtheit« gelangter Fall ist der Tod von Mustafa Akawi, der 36jährig am 4. Februar 1992 zwei Wochen nach seiner Verhaftung in der Verhöreinheit des Geheimdienstes im Gefängnis von Hebron starb. Am Tag vor seinem Tode wurde er noch einem Militärrichter vorgeführt, der über eine Verlängerung der Untersuchungshaft entscheiden sollte. Akawi wies auf Folterungen seitens der Verhörer hin und zeigte dem Richter die Wunden. Daraufhin verlängerte dieser die Untersuchungshaft nur um acht anstatt der üblichen 30 Tage. Der Richter ordnete eine medizinische Untersuchung an, die aber niemals stattfand. Akawi mußte über sieben

Stunden bei null Grad in einem offenen Korridor in der Nacht ausharren. Er beschwerte sich über Schmerzen im Brustbereich; man schickte ihn zum Arzt, der aber nichts feststellen konnte und ihn wieder nach draußen schickte. Akawi wurde daraufhin in das »closet« gesperrt, einen Raum von 100 x 80 cm, um sich »auszuruhen«; kurz darauf starb er. Die anschließend durchgeführte Obduktion durch Yehuda Hiss und den amerikanischen Pathologen Michael Baden ergab Herzversagen. Baden fügte hinzu, daß der Herzinfarkt durch die physische und mentale Ausnahmesituation mit verursacht worden sei, der Akawi ausgesetzt war. Die Untersuchungen wurden von offizieller Seite eingestellt, da keine »Verbindung zwischen dem Verhör und/oder seinem Verlauf sowie dem Herzinfarkt, der zum Tode führte«, hergestellt werden konnte.

B'Tselem dokumentierte im September 1992 sehr ausführlich den Fall des 34jährigen Mustafa Barakat, der von einem Studienaufenthalt aus Jordanien nach Tulkarem zurückgekehrt war und zum Verhör am 3. August in das Militärgefängnis von Tulkarem bestellt wurde. Am Abend des 4. August 1992 verstarb er an einem Asthmaanfall. In seinem aufsehenerregenden Bericht »The Interrogation of Palestinians during the Intifada: Ill-treatment, ›Moderate physical Pressure‹ or Torture?« schrieb die Organisation, daß den Todesfällen während der Haft wachsende Aufmerksamkeit zukomme, da solche von zirka zwei pro Jahr in den achtziger Jahren auf jeweils neun im Jahre 1988 und 1989 angestiegen seien. Wie diese Palästinenser in den israelischen Einrichtungen starben, ist oft unklar. Die Todesfolge kann nicht immer direkt auf die Mißhandlungen durch den Shin Bet zurückgeführt werden, aber die indirekten Beweise sind doch sehr erdrückend. B'Tselem berichtet von fünf Fällen, die 1988/89 passierten, die direkt auf Shin Bet-Verhöre zurückzuführen sind.

Ein Jahr später veröffentlichte B'Tselem im März 1992 seinen Anschlußbericht über Folterungen und Mißhandlungen durch den Geheimdienst Shin Bet. Die Organisation kommt zu folgender Schlußfolgerung: »Wir bedauern, sagen zu müssen, daß sich wenig in den Verhören von palästinensischen Verdächtigen geändert hat. Die Methode, die wir in unserem ersten Bericht beschrieben haben, werden routinemäßig und intensiv angewandt. Dies wurde uns von jeder Seite bestätigt, die wir finden konnten … Diese Methoden bilden gewiß Mißhandlungen und korrespondieren mit den Definitionen von Folter. Die Militärgerichte haben wenig oder gar keine Kontrolle über den Mißbrauch bei Verhören.« B'Tselem vermutet, daß viele Gefangene den Mißhandlungen durch den Geheimdienst ausgesetzt sind. »Die Häftlinge beschweren sich kaum noch über solche Methoden.«

B'Tselem stellt auch selbstkritisch fest, daß sie das Problem der Ärzte und der medizinischen Versorgung in ihrem ersten Bericht zu wenig berücksichtigt habe. Neben dieser mangelnden medizinischen Versorgung »gibt es ein noch ernsteres Problem, das die Ärzte und das medizinische Personal in den Prozeß der Folter und der Mißhandlung involviert, indem sie Verletzungen nicht melden, die sie sehen oder solche, die durch die Verhörer verursacht worden sind«.

Der 21jährige Atta Iyad vom Flüchtlingslager Qalandiya in der Nähe von Ramallah wurde am 23. Juni 1988 verhaftet und in das Gefängnis von Dahariya gebracht. Am 14. August – noch bevor ihn ein Rechtsanwalt oder ein Abgesandter des Internationalen Roten Kreuzes sehen konnten – wurde er nach Angaben der Militärleitung erhängt in seiner Zelle aufgefunden. Der Leichnam wurde in der Nacht seiner Familie übergeben und unter strengen Sicherheitsvorkehrungen bestattet. Eine Eingabe an das Oberste Gericht mit der Bitte um Untersuchung der Todesumstände wurde Ende August eingereicht. Ein Mithäftling sagte aus, daß Iyad laut geschrien habe und daß er geschlagen wurde. Iyad hatte diesem Häftling auch erzählt, daß er mit Elektroschocks »behandelt« worden sei und ihm eine Flüssigkeit gespritzt wurde.

Der 27jährige Mahmud Yusuf Alayan al-Masri vom Flüchtlingslager Rafah im Gaza-Streifen wurde am 3. März 1989 verhaftet. Er starb drei Tage später im Flur der Verhörabteilung des Shin Bet im Zentralgefängnis von Gaza. Erst durch die Todesnachricht erfuhr die Familie von seiner Verhaftung. Der Autopsiebericht sprach von einem natürlichen Tod aufgrund eines aufgebrochenen Magengeschwüres. Durch eine Eingabe beim Obersten Gericht konnten die Familienangehörigen den Bericht einsehen. Entgegen der ursprünglichen Version sprach der Bericht des Gerichtsmedizinischen Instituts von Abu Kabir von 24 Prellungen und Schürfwunden. Der diensthabende Pfleger wurde gerügt, weil er al Masri nur Aspirin gegen seine Magenschmerzen gegeben habe, obwohl die Symptome des geplatzten Geschwürs – starke Schmerzen und Erbrechen von Blut – sich über 24 Stunden hingezogen hatten. Zu keinem Zeitpunkt wurde ein Arzt gerufen. Es wurden keine gerichtlichen Schritte gegen den Pfleger oder den Shin Bet-Offizier wegen unterlassener Hilfeleistung, die zu al Masris Tod beigetragen hat, erhoben.

B'Tselem berichtet von drei weiteren Todesfällen bei Shin Bet-Verhören, und zwar vom Tod des 31jährigen Ibrahim al-Matar, der sich am 21. Oktober 1988 in der Haftanstalt Dahariya erhängte. Der 23jährige Jamal Muhammad Abel al-Ati erhängte sich am 4. Dezember 1989 im Zentralgefängnis von Gaza. Der 27jährige Khaled Sheikh 'Ali, der am 7. Dezember 1989 verhaftet worden war, starb 12 Tage später im gleichen Gefängnis an einem »Herzinfarkt«. PCATI berichtet vom Tode Samir Omars, der 17jährig am 31. Mai 1992 starb, zehn Tage nachdem er nach Verhören im Zentralgefängnis von Gaza entlassen worden war. Am 13. Mai wurde er wegen des Verdachts der Brandstiftung, der Teilnahme bei einem Verhör eines »Kollaborateurs« und der Mitgliedschaft in einer verbotenen Organisation verhaftet. Er wurde neun Tage in der Shin Bet-Abteilung festgehalten, aus der er am 21. Mai ohne Angaben von Gründen entlassen worden war, ohne das gegen ihn Anklage erhoben worden wäre.

Nach seiner Freilassung erzählte er seinen Eltern, daß er während des Verhörs kaum etwas zu essen bekommen habe, daß er für lange Zeit im »refrigerator« eingesperrt war, abwechselnd kalt und warm geduscht worden sei und vier Tage gefesselt und mit einer Kapuze über dem Kopf auf einem Stuhl verbringen mußte. Dazu wurde er wiederholt durch Karateschläge in den Genitalbereich, auf die Oberschenkel, das Rückgrat und den Kopf malträtiert. Er wurde weiterhin gezwungen, sich unter einen Tisch auf den Fußboden zu legen, wo er von Verhörern getreten worden sei. Als er freigelassen worden ist, haben ihm seine Verhörer gedroht, ihn als Kollaborateur zu denunzieren. Samir befand sich in einem schlechten Zustand. Das Anraten seines Vaters, ein Krankenhaus aufzusuchen, lehnte er wegen der hohen Kosten ab. Nach zehn Tagen, am Morgen des 31. Mai, hörte der Vater ihn nach Luft ringen. Erste-Hilfe-Maßnahmen wurden eingeleitet, bevor er ins Krankenhaus eingeliefert wurde, wo er 15 Minuten später verstarb.

Bis heute wurden vom Palestine Human Rights Information Center (PHRIC) in Ost-Jerusalem 35 Todesfälle dokumentiert, die durch direkte oder indirekte Einwirkungen des Geheimdienstes verursacht worden sind. Die meisten Palästinenser überleben aber die Folterungen des Geheimdienstes. Zu ihnen gehört auch Maher Mahlouf, der am 29. Mai 1992 verhaftet worden war. Vom Tag seiner Verhaftung bis zur Vorführung vor einem Richter zwei Wochen später war es ihm nicht gestattet zu schlafen; er war die ganze Zeit mit seinen Füßen an einen Stuhl und mit seinen Händen an die Wand gefesselt. Die Verhörer schlugen ihn auf alle Körperteile und sprühten Tränengas in sein Gesicht. Als die israelische Anwältin Lea Tsemel ihn sah, war sein Körper mit blauen Flecken übersät; er konnte schlecht atmen, und es schien, als sei eine Rippe gebrochen. Mahlouf behauptete, daß ein Verhörer namens »Haim« gedroht hatte, ihn zu erwürgen, und man zu acht auf ihn eingeschlagen habe. Der Shin Bet erstattete bei der Polizei in Ramallah Anzeige gegen Mahlouf, weil er einen Verhörer angegriffen habe. Der Gefangene wies darauf hin, daß er die ganze Zeit an Händen und Füßen gefesselt gewesen sei. Mahlouf erstattete nun seinerseits Anzeige wegen brutaler Mißhandlungen während des Verhörs. Die Polizei nahm die Anzeige des Geheimdienstes entgegen, die von Mahlouf aber nicht. Am 14. Juni 1992 machte Lea Tsemel eine Eingabe an den Generalstaatsanwalt. Am 9. Juli 1992 wurde PCATI vom Polizeichef aus Ramallah mitgeteilt, daß der Militärstaatsanwalt Mahlouf anklagen wolle; aber es kam nicht dazu. Mahlouf wurde ohne Angabe von Gründen freigelassen.

Ebenso willkürlich ging man nach Angaben von PHRIC mit dem 40jährigen Mahmoud Ibrahim Khalil al-Toukhi aus al-Bireh um. Am 22. Januar 1992 wurde er vor seinem Haus verhaftet. Er wurde gefesselt und mit verbundenen Augen ins Gefängnis von Hebron gebracht, wo er über einen Monat verhört worden ist. Er wurde der Mitgliedschaft in der PFLP beschuldigt. Mahmoud wurde geschlagen und gezwungen, lange Zeit zu stehen, und durfte die Toilette nicht benutzen; er wurde in eine schmale Zelle gesperrt. Mahmoud beschrieb sein Verhör wie folgt: »Während der Verhöre schneite es. Ich war nur mit einem Hemd und einer kurzen Hose bekleidet, ohne Schuhe. Manchmal waren meine Hände auf dem Rücken gefesselt, und ich mußte auf dem Shabeh-Stuhl sitzen. (Die gängigste Form der Folter ist al-Shabeh: Hier wird der Gefangene gezwungen, für eine lange Zeit gefesselt und mit einer Kapuze auf dem Kopf zu stehen oder zu sitzen, ohne essen und schlafen zu können L.W.). Der ›Schrank‹ (60cm x 160cm) und der ›refrigerator‹ waren sehr kalt; kalte Luft wurde von außen durch einen Ventilator zugeführt. Dann wurde ich in den Verhörraum gebracht, der so warm war, daß ich zu schwitzen begann. Das Verhör dauerte zwei Stunden. Ich saß wieder auf dem Shabeh-Stuhl, und der Verhörer hielt mir seine Füße vors Gesicht und befahl mir, mich hinzuhocken, während meine Hände auf den Rücken gebunden wurden, so daß ich hinfiel. Der Verhörer zog mich an den Handschellen nach oben. Ich wurde auch in der Shabeh-Stellung an eine Röhre mit den Händen nach oben festgebunden, so daß ich weder sitzen noch stehen konnte. Ich verspürte schreckliche Schmerzen in meinen Beinen und Armen. Daraufhin wurde ich bewußtlos und litt an Halluzinationen. Am 4. Februar wurde ich in den ›Schrank‹ Nr. 7 gesperrt, und ich hörte eine Stimme: ›Er ist gestorben‹. Die Stimme war in der Nähe von Mustafa Akawis ›Schrank‹ Nr. 6. Nach dem Tod von Akawi wurde ich noch viermal in die Abteilung zu den Kollaborateuren gesperrt. Sie drohten mir das gleiche Schicksal wie Akawi an. Selbst die Krankenschwester wollte mir weismachen, daß ich in der Gefängnisabteilung sei und nicht in der, wo die Kollaborateure einsitzen.«

Darüber hinaus drohte man Mahmoud, seine Mutter und seine Frau ins Gefängnis zu bringen und sie zu vergewaltigen; sie zeigten ihm ein Bild seines Sohnes und drohten, daß ihm auch etwas zustoßen würde. Ohne Angabe von Gründen wurde Mahmoud am 26. Februar 1992 entlassen. Ähnlich erging es dem 22jährigen Ibrahim Khalil al-Toukhi aus einem Dorf in der Nähe von Ramallah. Er wurde am 4. Februar 1992 verhaftet, mißhandelt und am 27. Februar 1992 ohne Angabe von Gründen freigelassen. PHRIC veröffentlichte 1992 in zweiter Auflage eine Studie über den Gebrauch von Elektroschocks durch Shin Bet-Verhörer. Diese Foltermethode wird nur »selten« angewandt, aber sie kommt vor.

Daß der Shin Bet nach PCATI auch an der Organisierung von Vergewaltigungen involviert ist, zeigt das Beispiel des 17jährigen Muhammad Jaradat, der am 20. Februar 1992 verhaftet wurde. Seine Verhörer drohten ihm permanent, seine Mutter zu holen und sie vor seinen Augen zu vergewaltigen. Nachdem einige Tage verstrichen waren, ohne daß Jaradat gestanden hatte, sagte ein Verhörer zu ihm: »Da gibt es einen Soldaten, der schon zehn Jahre nicht mehr mit seiner Frau gesprochen hat und in deine Zelle kommen möchte.« Er brachte einen Soldaten in die Zelle, der Handschellen und eine Flasche mit einer öligen Flüßigkeit mitbrachte. Der Soldat legte Muhammad die Handschellen an und vergewaltigte ihn. Aus Furcht, dies könnte sich wiederholen, gestand er Dinge, die er nicht getan hatte. Einige Tage später beschwerte er sich bei einem anderen Verhörer, der diesen Vorfall seinem Vorgesetzten meldete. Die daraufhin stattgefundene Untersuchung bestätigte die Anschuldigungen. Am 12. Mai 1992 reichten PCATI und andere Menschenrechtsorganisationen Beschwerde beim Generalstaatsanwalt und beim Obersten Militärstaatsanwalt ein, die eine Untersuchung anordneten. Der Soldat Zion Okhion wurde angeklagt und zu sechs Jahren Gefängnis plus fünf Jahre Bewährung verurteilt. PCATI forderte darüber hinaus vom Generalstaatsanwalt, daß er eine Untersuchung des Shin Bet und der Gefängnisverwaltung anordnen solle, da ohne deren Unterstützung und Beihilfe der Vergewaltiger nicht hätte in die Zelle kommen können.

PCATI dokumentiert einen Prozeß gegen zehn Polizisten von der »Minorities Division« in Jerusalem, die wegen Folterung von Ismail al-Rol angeklagt wurden, der aber nach 53 Tagen am 7. Februar 1990 freigelassen werden mußte, weil der wirkliche Täter verhaftet worden war: Dieser Prozeß bestätigte, daß es systematische Folterungen während der Verhöre gibt. Erstmals sagte im November 1992 ein Mitglied des »Sicherheitsestablishments« aus, und zwar der frühere Leiter des »Russian Compound«, Menachem Nidam. Er gab an, daß die Häftlinge in der Shin Bet-Abteilung für

Stunden stehen müssen, an eine Wand angekettet seien und einen Sack über ihrem Kopf hätten. Er bezeugte weiterhin, daß einige Häftlinge in Zellen untergebracht würden, die nach Schimmel und Urin röchen und in denen man sich nicht ausstrecken könne. Er sagte auch aus, daß die Polizeileitung diese Bedingungen angeordnet hätte. Diese Anschuldigungen hat der Geheimdienst jahrelang bestritten.

Am 10. Mai 1991 beauftragte Generalstabschef Ehud Barak General Rafael Vardi mit der Untersuchung über Folter und Mißhandlungen in den Internierungslagern der israelischen Armee in der Westbank und dem Gaza-Streifen. Vardi besuchte sieben Internierungslager des Militärs und ging 16 Beschwerden nach und verhörte 26 Verhörer des Militärs. Die Empfehlungen General Vardis, die er am 13. August 1991 abgab, wurden nicht in voller Länge veröffentlicht. Die meisten der Empfehlungen sind aber geheim. Von den 16 Beschwerden bedürften acht weiterer Nachforschungen durch die Militärpolizei, so der Bericht. Diese Untersuchungen wurden eingeleitet und dem Staatsanwalt übergeben.

Fragen Rechtsanwälte bei den offiziellen Stellen wegen Unregelmäßigkeiten an, so erhalten sie entweder keine oder nichtssagende Antworten. So erhielt die israelische Rechtsanwältin Tamar Pelleg-Sryck auf zehn Beschwerden kurze und substanzlose Antworten. Im Fall von Nasser Sheikh Ali wurden »Irregularitäten« zugegeben, in den anderen neun Fällen wurde mitgeteilt, »daß die Anschuldigungen der Betroffenen nicht der Wahrheit entsprächen«. Diese nichtssagende Auskunft wurde ein Jahr nach Einreichung der Anfrage mitgeteilt. So erhielt die Rechtsanwältin am 5. Februar 1991 folgende Mitteilung: »Es tut mir Leid, daß wir erst heute antworten. Ihre Beschwerde vom 21. Dezember 1989 wurde an die zuständigen Stellen weitergeleitet, die keine Berechtigung für eine solche sahen. Der Beschuldigte erhob keinerlei Anschuldigungen, als er am 12. November 1989 wegen der Verlängerung der Haft dem Richter vorgeführt wurde.«

Wie manchmal Nachforschungen der offiziellen Stellen enden können, zeigt die Anzeige Riyad Shihabis, dem während der Verhöre im July 1990 Arme und Beine gebrochen worden sind, wie man im Jerusalemer Hadassah-Krankenhaus feststellte. Nach der Anzeige sollte gegen den Polizisten Rami Hafetz ein Strafverfahren eingeleitet werden. Der Jerusalemer Bezirksstaatsanwalt schreibt B'Tselem zu diesem Fall: »Seit Dezember 1991 ist es uns nicht gelungen, Rami Hafetz ausfindig zu machen. Da er sich zu den Anschuldigungen noch nicht äußern konnte, konnte er auch noch nicht angeklagt werden.« Wer die Effizienz der israelischen Sicherheitskräfte und insbesondere die Qualität des Geheimdienstes kennt, kann sich über diese »Inkompetenz« und »Naivität« des Bezirksstaatsanwaltes nur wundern.

Auch Frauen sind vor dem Zugriff des Shin Bet nicht sicher. Um die Rechte der weiblichen Gefangenen kümmert sich insbesondere die »Women's Organization for Political Prisoners« (WOFPP), die 1988 in Tel Aviv gegründet worden ist. Sie berichtet in ihrem zweimonatlich erscheinenden Rundbrief über den aktuellen Zustand der weiblichen Gefangenen. Die Organisation ist klein und kann deshalb nach Hava Keller »nur bellen, aber nicht beißen«.

Die englische Rechtsanwältin Teresa Thornhill hat in ihrer Untersuchung »Making Women Talk« 14 Palästinenserinnen aus Ost-Jerusalem, der Westbank und dem Gaza-Streifen, drei israelische Palästinenserinnen und zwei Israelinnen zu Wort kommen lassen, die jeweils für einige Wochen vom Shin Bet diverser entwürdigender Maßnahmen unterworfen waren und danach zu Haftstrafen bis zu zwei Jahren verurteilt wurden. Die Interviews sind Zeugnisse menschlicher Niedertracht und Perversion. Besonders aufschlußreich ist das Verhalten des Shin Bet gegenüber den israelischen Journalistinnen Roni Ben Efrat und Michal Schwartz. Beide wurden extrem ausgefeiltem psychischem Druck ausgesetzt, wohingegen sich die Palästinenserinnen stärker verbale sexuelle Belästigungen gefallen lassen mußten. Die physischen Bedingungen, denen die Israelinnen ausgesetzt waren, waren weniger extrem als bei den Palästinenserinnen. Als Fazit hält Thornhill fest, daß es Beweise gibt, »daß die israelischen Behörden ausdrücklich Taten billigen, die als Folter bezeichnet werden können«.

Die Veröffentlichung des B'Tselem-Berichtes über Folter führte zu einem Aufschrei in der israelischen Gesellschaft. Die Armeeführung warf der Organisation vor, den Bericht veröffentlicht zu haben, ohne sie vorher darüber informiert zu haben; der Justizminister behauptete fälschlicherweise, daß ihm die Anschuldigungen vorher nicht zur Überprüfung zugesandt worden seien. Die politische Rechte lief geradezu Sturm gegen diesen Bericht. Sie forderte, daß die Doktrin der nationalen Sicherheit Priorität vor Überlegungen bezüglich der Menschenrechte und bürgerlichen Freiheiten haben müsse. Selbst ein liberaler Journalist wie Dan Margalit schrieb in »Ha'aretz« über einen Zwischenfall zwischen seiner Tochter und einem Palästinenser, bei dem nichts geschehen ist: »Eines dieser jungen Mädchen ist meine Tochter und soweit es mich betrifft, kann der Geheimdienst so viel moderate physische Gewalt anwenden, wie die Landau-Kommission gestattet hat, um die Bande zu finden. Es interessiert mich nicht, was der B'Tselem-Bericht darüber schreiben wird.« Die politische Rechte versuchte systematisch in einer Serie von Interviews in »Ha'aretz«, die Informationen von Palästinensern zu diskreditieren.

Für Limor Livnat vom Zentralkomitee des Likud würde das Lesen dieses Berichtes bedeuten, sich mit der »moralischen Obszönität« ihrer Quelle zu infizieren. Diejenigen, die über Menschenrechte sprechen, werden als Verräter, feindliche Agenten und sich selbst hassende Juden diffamiert. Stanley Cohen wurde durch einen Brief eines Blanche Tannenbaum aus New York als »jüdisches antisemitisches Stück Scheiße« bezeichnet. Die Menschenrechtsaktivisten wurden als »Denunzianten« (malshin) verleumdet. »Laßt es nicht die Goyim (Nicht-Juden L.W.) wissen, selbst wenn es wahr ist«, lautete ein Vorwurf. Der frühere Oberrabiner Shlomo Goran exkulpierte alle Juden, insbesondere die »heiligen und reinen«, die für den Shin Bet arbeiten; sie seien einfach nicht fähig, solche üblen Dinge zu tun. Generell wurde immer die Richtigkeit der Anschuldigung in Frage gestellt oder als »Ausnahme« von der Regel entschuldigt. Alle diese Aussagen drücken eine sich widersprechende Nachricht aus: »Es kann hier nicht geschehen, aber falls doch, muß es in Ordnung sein.« Stanley Cohen faßt die beiden Argumentationsstränge unter den Begriffen Rechtfertigung und Leugnung zusammen.

Die Leugnung drückt sich in dem Satz aus: »Du kannst niemals glauben, was Palästinenser erzählen.« Als Beispiel führt Cohen ein Interview mit zwei Shin Bet-Agenten an, die behaupteten, die Araber hätten ein »mentales Problem«, eine »genetische Differenz«, die sie davon abhält, die Wahrheit zu sagen. »Ein Beduine kann keinen Polygraph passieren, weil sein moralischer Standard sich von unserem unterscheidet.« Abgesehen von den rassistischen Implikationen, sollte man sich mit solchen Argumenten gar nicht auseinandersetzen. Dieser Rassismus kam auch in den Ausführungen von Raphael Eitan bei der Demonstration im September 1993 gegen die Unterzeichnung der Vereinbarung mit der PLO zum Ausdruck. »Die Araber sind gewalttätig. Es ist ihre Natur«, so in der »FR« vom 9. September 1993 nachzulesen. Eine etwas anspruchsvollere Begründung lautet: »Die Palästinenser sind unsere Feinde, aus Propagandagründen lügen sie bewußt und übertreiben.« B'Tselem wurde Blauäugigkeit vorgeworfen, und die dargestellten Fälle wurden verniedlicht.

Generell gab es in dieser Auseinandersetzung vier Argumente, die die Foltermethoden rechtfertigten:

1. Die Sicherheit Israels mache diese Maßnahmen erforderlich.
2. »Der Zionismus ist das Größte. Wenn eine Organisation wie B'Tselem vor der Gründung Israels existiert hätte, hätte es keinen jüdischen Staat gegeben«, so Limor Livnat vom Likud-Block.

3. Das darwinistische Argument: Wir oder sie. Israel befindet sich in einer unendlichen Gewaltspirale.
4. »Das Image des Geheimdienstes muß erhalten bleiben: Es sind gute Menschen, die nur ihren Job unter schwierigen Bedingungen tun. Jemand muß die Dreckarbeit machen.«

Am 15. Mai 1991 teilte der frühere Polizeiminister Roni Milo mit, daß ein Ausschuß von Mitgliedern des Geheimdienstes und des Justizministeriums gebildet worden sei, um sich mit den Verhörmethoden des Shin Bet zu befassen. Dieser Ausschuß tagt geheim, auch sind seine Mitglieder nicht bekannt. Auf Anfrage von B'Tselem erhielt die Organisation vom Büro des Generalstaatsanwaltes zur Antwort, daß der Ausschuß kein Interesse habe, sich mit irgendjemand zu treffen, der über Informationen verfüge. Die Ausschußmitglieder wollten sich nur mit individuellen Beschwerden befassen. Der Ausschuß gab im Fall Nasser Sheikh Ali »Abweichungen vom Gesetz« gegenüber Rechtsanwältin Pelleg-Sryck zu. Nach zwei Jahren erhielt die Anwältin auf ihre Anfrage folgende Zeilen: »Die Kommission fand, daß tatsächlich außergewöhnliche Maßnahmen gegen Nasser Sheikh Ali angewandt wurden. Disziplinarmaßnahmen wurden gegen jene eingeleitet.«

Die absolute Geheimhaltung wirft ein schiefes Licht auf das Justizministerium, das sich dem Vorwurf aussetzt, in die illegalen Aktivitäten des Shin Bet eingebunden zu sein. Warum soll der Name des Abgesandten des Justizministeriums absolut geheim gehalten werden? Wenn Israel gegen Folter ist, warum werden die Ergebnisse dieses Ausschusses nicht veröffentlicht? Warum kann man die »Änderungen« in den Methoden der Mißhandlungen nicht der Öffentlichkeit mitteilen? Wenn sich der Geheimdienst an die Gesetze halten und nicht mehr Palästinenser foltern würde, könnte man doch auch der öffentlichen Kritik entgegentreten. Ein gemeinsamer Ausschuß von Justizministerium und Geheimdienst ist kein unabhängiges Gremium. Dem Geheimdienst wurde wieder einmal erlaubt, sich selbst zu untersuchen. Das Justizministerium wurde durch diese Zusammenarbeit ein Teil jenes Apparates in Israel, der ein Klima schafft, in dem Mißbrauch unkontrolliert geschehen kann.

Obwohl Israel die UN-Folterkonvention unterzeichnet und ratifiziert hat, hat es bei der Unterzeichnung zwei Vorbehalte angemeldet. In Übereinstimmung mit Artikel 28 Abs. 1 erkennt Israel das in Artikel 20 vorgesehene Komitee nicht an. Ebenfalls in Übereinstimmung mit Artikel 30 Abs. 2 fühlt sich Israel nicht an Abs. 1 desselben Artikels gebunden. Viele der Unterzeichnerstaaten haben diese Vorbehalte gemacht. Der letztere ist nach Meinung von amnesty international nicht »signifikant«, der erstere hat aber eine größere Tragweite. In diesem Vorbehalt wendet man sich gegen ein »UN Committee Against Torture«, das durch Artikel 17 der Konvention eingerichtet worden ist und das jeder Beschwerde nachgehen muß. Durch den Vorbehalt erkennt Israel nicht die Kompetenz dieses Komitees an. Dadurch schiebt Israel einer offiziellen Überwachung der Anwendung der Folterkonvention einen Riegel vor. Das Komitee hat im Falle Israels nur die Macht, die Berichte, die das Land nach Artikel 19 erstellen muß, zu kontrollieren.

Das erschwerende an diesen Berichten ist nicht so sehr deren grausamer Inhalt, sondern die Tatsache, daß die offiziellen israelischen Stellen darauf überhaupt nicht mehr reagieren oder sie dementieren. Untersuchungen werden eingeleitet, die Knesset debattiert, Leitartikel in Zeitungen werden geschrieben, und persönliche Beschwerden werden nicht beantwortet. Bestenfalls erhält man die Antwort, daß die Fälle übertrieben seien oder »Irregularitäten« enthielten. Nichts ist abweichend oder irregulär bei diesen Fällen, sondern die Methoden sind alltäglich geworden, ja »normal«. Diese »Normalität« spiegelt sich auch in den Menschenrechtsberichten des amerikanischen State Department wider, die ohne kritische Hinterfragung jedes israelische Dementi über Foltervorwürfe abdrucken.

2. Das Recht auf einen »fairen Prozeß«

Nachdem wir nun gesehen haben, mit welchen Methoden zum Teil die »Geständnisse« zustande gekommen sind, stellt sich zwangsläufig die Frage nach einem fairen Prozeß für angeklagte Palästinenser, wie dies im humanitären Völkerrecht niedergelegt ist. Dieses Recht auf einen ordentlichen und fairen Prozeß schließt das Recht des Häftlings von Beginn seiner Gefangennahme bis zu seiner Verurteilung ein. Bei solchen Palästinensern, die wegen Sicherheitsvergehen angeklagt und vor Gericht gestellt werden, hat man von seiten Israels schon in vielen Fällen gegen die Prinzipien eines fairen und regulären Prozesses verstoßen. Auch nach Artikel 147 VGK stellt die Verweigerung eines »fairen Prozesses« einen schweren Bruch der Konvention dar.

Das Konzept eines »fairen Prozesses« beschränkt sich nicht nur auf das formale Prozedere des Prozesses. Es schließt den Rechtsschutz von Anfang bis zum Ende eines Verfahrens ein, wie dies in Artikel 71 und 72 der VGK niedergelegt ist. Beide Artikel stehen aber in einem größeren Zusammenhang und machen das aus, was man als Bestandteile eines ordnungsgemäßen Prozesses bezeichnen könnte. So heißt es in Artikel 64 der Konvention, daß das Strafrecht in Kraft bleibt und auch von der Besatzungsmacht zu respektieren sei sowie die lokalen Gerichte ihre Funktion behalten. Nach diesem Artikel darf die Besatzungsmacht nur insofern das Strafrecht ergänzen, um eine ordnungsgemäße Verwaltung aufrechtzuerhalten und die Sicherheit der Besatzungstruppen zu garantieren. Die israelischen Militärgerichte sollten deshalb nur solche Vorfälle aburteilen, die von Artikel 64 und 65 der VGK abgedeckt werden. Gewöhnliche Straftatbestände fallen nicht in deren Jurisdiktion. Die Militärgerichte sollten keine politischen Urteile fällen, wodurch sie gewissen Beschränkungen unterworfen sind, die eine Wiederholung wie während des Zweiten Weltkrieges ausschließen sollen, als solche Gerichte zu einem Instrument der politischen und rassischen Unterdrückung wurden.

Durch die Kriminalisierung fast aller politischer Aktivitäten von Palästinensern hat die israelische Regierung gegen diese Verbote verstoßen. Von einem »fairen Prozeß« kann deshalb nur gesprochen werden, wenn die Vorschriften des Artikels 71 sowie die Ausführungen der Artikel 64 bis 66 eingehalten worden sind. Die Liste derjenigen Artikel, die einen fairen Prozeß ausmachen, läßt sich noch durch Artikel 75 des I. Zusatzprotokolls zur Genfer Konvention ergänzen. Obgleich Israel dieses nicht unterzeichnet hat, ist es trotzdem daran gebunden, weil das Protokoll nach Ansicht der USA zum Völkergewohnheitsrecht gehört und somit auch bindend für Israel ist. Selbst wenn Israel erkläre, daß in den besetzten Gebieten ein Krieg um die Sicherheit und die Existenz des Staates Israel geführt werde, müßten gerade von einer Demokratie folgende rechtsstaatlichen Prinzipien eingehalten werden, die einen regulären und fairen Prozeß konstituieren. Dazu zählen:

1. Das Recht, nicht aufgrund eines Militärerlasses verhaftet zu werden, der nicht in Einklang mit Artikel 64 und 65 der Genfer Konvention steht.
2. Das Recht, in seiner Sprache, d.h. in Arabisch, schriftlich über die Vorwürfe unterrichtet zu werden.
3. Das Recht, nach Artikel 31 Genfer Konvention keinem körperlichen oder seelischem Zwang ausgesetzt zu sein sowie nach Artikel 32 derselben Konvention keiner Maßnahme ausgeliefert zu sein, »die körperliche Leiden zur Folge haben«, einschließlich Folter und anderer Grausamkeiten, »gleichgültig, ob sie durch zivile Bedienstete oder Militärpersonen begangen wurden«.

4. Das Recht, nicht gezwungen zu werden, gegen sich selbst auszusagen oder sich schuldig zu bekennen.
5. Das Recht, so schnell wie möglich vor Gericht gestellt zu werden.
6. Das Recht, so lange als unschuldig zu gelten, bis die Schuld bewiesen ist.
7. Das Recht, sich aller Beweismittel zu bedienen, um die Unschuld zu beweisen; dazu gehört, Zeugen zu hören und das Recht, mit einem Anwalt des Vertrauens frei sprechen zu können.
8. Das Recht, am Prozeß teilzunehmen.
9. Das Recht, über einen Dolmetscher sowohl bei der Beweisaufnahme als auch beim Prozeß selber zu verfügen.

Diese grundlegenden Rechte sind in den verschiedenen Artikeln der VGK, des I. Zusatzprotokolls und dem ICCPR niedergelegt.

Welche Verstöße werden gegenüber Häftlingen begangen, die einen »fairen Prozeß« in weite Ferne rücken lassen? Gemäß Militärerlaß Nr. 378 ist es jedem Soldaten erlaubt, Palästinenser, die gegen die »Sicherheitsmaßnahmen« verstoßen, zu verhaften. Gegenüber solchen Personen, die sich einer Haft widersetzen, soll gemäß Völkerrecht so viel Gewalt angewandt werden, wie »vernünftigerweise nötig« ist.

Die Realität sieht jedoch anders aus. Da wird sowohl gegen Völkerrecht als auch gegen eigene militärische Anweisungen verstoßen. Die Verhaftung von Palästinensern ist fast immer durch Anwendung von Gewalt, Mißhandlung und Folter begleitet. So gehören Gewaltmaßnahmen bei Verhaftungen von Palästinensern zum Standardrepertoire des Militärs. Schläge nach der Verhaftung sind ein integraler Bestandteil des Häftlingsalltags. Dieses Verhalten ist nicht als Vergeltung gegen Widerstand oder als Abschreckung gegenüber den Häftlingen gedacht, sondern es zielt auf die Einschüchterung der Menschen generell. So wurde z.B. der Sozialarbeiter Sha'wan Jabarin von der Menschenrechtsorganisation Al-Haq am 10. Oktober 1989 in seinem Haus verhaftet; er wurde geschlagen und gefesselt und mit verbundenen Augen auf dem Weg zur Polizeistation in Hebron mißhandelt. Als er eine Beschwerde einreichen wollte, drohte man ihm mit der Verhöreinheit des Geheimdienstes. Danach wurde er mit gebundenen Händen und verbundenen Augen in ein Bad gesperrt und gezwungen, sich auf die Erde zu legen; ein Soldat sprang dann etwa für zehn Minuten auf Jabarins Kopf und Brust herum. Auch brennende Zigaretten wurden am rechten Ohr und rechten Arm ausgedrückt. Ein Arzt, der ihn untersuchte, wies ihn in das Hadassah Krankenhaus in Ein Karem ein. Die Botschaft Israels in den

USA veröffentlichte am 25. Oktober 1989 eine Erklärung mit dem Tenor, daß nur »maßvolle Gewalt« angewendet worden sei. Präsident Jimmy Carter hatte sich für Jabarin eingesetzt und erhielt von Verteidigungsminister Yitzhak Rabin am 27. Oktober 1989 folgende zynische Antwort: »Was das Schlagen des Mannes betrifft, war es nur moderat genug, um ihn von der Haft zu überzeugen.« Sha'wan Jabarin wurde am 23. Juni 1992 wieder verhaftet und zur Polizei nach Petah Tikva in Israel gebracht. Nach 14 Tagen wurde er ohne Angaben von Gründen freigelassen; Anklage wurde keine erhoben. Jabarin war insgesamt zwanzig Monate inhaftiert, ohne jemals angeklagt worden zu sein. Ebenso sind Massenverhaftungen nach Völkerrecht und Artikel 9 ICCPR verboten. Sie kommen in den besetzten Gebieten immer wieder vor, insbesondere nach gewissen Zwischenfällen wie Mord an israelischen Soldaten oder wenn andere terroristische Anschläge verübt werden.

Ebenso sollte ein Häftling unverzüglich darüber informiert werden, was ihm vorgeworfen wird. Obwohl das Oberste Gericht in seiner Entscheidung (HCJ 726/88) eine unverzügliche Information angemahnt hat, wird von der Militärverwaltung immer wieder dagegen verstoßen. Da die meisten Palästinenser wegen sogenannter »Sicherheitsverstöße« verhaftet und später angeklagt werden, machen sie erst mit den Folterkammern des Geheimdienstes Bekanntschaft. Kaum einem wird unmittelbar eröffnet, weshalb er festgehalten wird. Dies war auch ein Grund, warum die palästinensischen Strafverteidiger 1989 gegen die Militärgerichte gestreikt hatten. So heißt es in Artikel 71 Genfer Konvention: »Jeder von der Besatzungsmacht Angeklagte wird ohne Verzug schriftlich in einer ihm verständlichen Sprache von den gegen ihn erhobenen Anschuldigungen eingehend in Kenntnis gesetzt, und sein Fall wird so schnell wie möglich vor Gericht gebracht.« Durch die »Behandlung« des Shin Bet wird von den Häftlingen entweder ein Geständnis durch Folter erpreßt oder er wird so lange »behandelt«, bis er sich vor Gericht schuldig bekennt, so daß er eine verkürzte Haftstrafe erhält.

Die ausgedehnte Haft und die Verhöre durch den Geheimdienst, bevor der Häftling einem Haftrichter vorgeführt wird – dies geschieht frühestens nach 18 Tagen, in Israel sind es 48 Stunden – verstoßen gegen allgemein anerkannte Standards. Diese Haftzeit kann bis zu sechs Monaten und 18 Tagen ausgedehnt werden, bevor der Häftling einem Richter vorgeführt wird. Eine solche Praxis verstößt in eklatanter Weise gegen Prinzip 11 der Grundsatzerklärung der Vereinten Nationen, das dem Verhafteten zusichert, einem Richter vorgeführt zu werden, und er ein Recht auf einen Anwalt hat.

Im Januar 1992 hat ACRI an den HCJ appelliert, die Frist für die Vorführung eines Häftlings vor den Richter in den besetzten Gebieten auf acht Tage festzulegen. ACRI argumentierte, daß die augenblickliche Zeit von 18 Tagen ein ungerechtfertigter Eingriff in die fundamentalen Rechte eines Verdächtigten darstelle. Mit dieser Eingabe bezieht sich ACRI auf die Landau-Kommission, die diese Zeitspanne vorgeschlagen hatte. Die Umsetzung dieses Vorschlages ist immer wieder Jahr für Jahr hinausgeschoben worden. Eine frühzeitige Vorführung des Verdächtigten vor einen Richter könnte mögliche Mißhandlungen während der Verhöre verhindern.

Die Anhörungen für eine Verlängerung der Untersuchungshaft finden in der Regel dort statt, wo der Häftling einsitzt. Die Anwälte der Klienten werden oft nicht rechtzeitig über diese Anhörungen benachrichtigt. Wenn ein Häftling vor diesen Anhörungen noch nicht gestanden hat, hat er sowieso keine Möglichkeit, mit seinem Verteidiger zu sprechen. So werden z.B. bis zu 150 Fälle von einem einzigen Richter im Dahariya-Militärgefängnis angehört. So kommt es häufig vor, daß bei diesen Anhörungen ein Abgesandter der Polizei dem Richter einen Zettel übergibt, auf dem die Gründe für eine Verlängerung stehen, der dann von dem Richter stattgegeben wird. Eine Verlängerung der Haft wird so gut wie nie abgelehnt. Manchmal wird diese Anhörung von Richtern dazu benutzt, ein Schuldeingeständnis des Häftlings zu bekommen. Sollte dies der Fall sein, wird ein Protokoll der Anhörung erstellt, das als Beweisstück im Prozeß verwandt wird. Für einen Verteidiger ist es dann äußerst schwierig, den Wahrheitsgehalt in einem späteren Prozeß anzuzweifeln. So stellte das Protokoll über die Anhörung im Falle Muhammad Abdallah Abd-al-Rahman Salhiyya fest, daß er nur eine bestimmte Aussage getätigt habe. Daraufhin informierte Salhiyya seinen Anwalt und erklärte, daß er nicht diese Aussage, sondern andere gemacht hätte, die aber nicht im Protokoll vermerkt seien. In diesen widersprach er Anschuldigungen, er sei bei der Tötung eines Palästinensers beteiligt gewesen. Sein Anwalt war bei dieser Anhörung nicht zugegen.

Ein gravierender Verstoß sowohl gegen alle Normen des Völkerrechts als auch gegen innerisraelisches Gesetz stellt die Isolationshaft des Häftlings in den ersten 18 Tagen dar. Hierdurch wird gegen Artikel 72 Genfer Konvention und gegen Artikel 15 und 18 der Prinzipienerklärung der Vereinten Nationen verstoßen; beide Dokumente verlangen die umgehende Hinzuziehung eines Anwaltes. Da die meisten Mißhandlungen in dieser Zeit geschehen, wird dadurch die Gesundheit und die Sicherheit des Häftlings stark beeinträchtigt. Rechtsanwalt Muhammad Na'amna beschreibt den Besuch bei seinem Klienten als »eine Reise der Erniedrigung« sowohl für ihn als auch für den Gefangenen.

Ein Rechtssystem beruht auf einigen fundamentalen Regeln, die sich in den Prozeduren und der Praxis widerspiegeln müssen, wenn das gesamte System glaubhaft bleiben will. Auch das Völkerrecht reflektiert diese fundamentalen Regeln. So betont die VGK, daß die Militärgerichte nur solche Gesetze anwenden dürfen, die sich in Übereinstimmung mit den allgemeinen Rechtsprinzipien befinden. Durch das Rechtssystem, das durch das Militär in den besetzten Gebieten eingeführt worden ist, und die geübte Praxis sind eine große Anzahl dieser Prinzipien außer Kraft gesetzt worden. Das Prinzip eines »rechtsstaatlichen Verfahrens« wird durch die Besetzung permanent verletzt.

Das Rechtsprinzip der Unschuldsvermutung bis zum Beweis der Schuld und die persönliche Verantwortung sollen uns zum Abschluß dieses Kapitels noch interessieren. Nach israelischen Angaben werden bis zu 95 Prozent der Delikte von Palästinensern in den besetzten Gebieten verurteilt. Strafverteidiger schätzen sogar 97–99 Prozent. Fast alle Verurteilungen beruhen auf Geständnissen. Warum werden nur wenige nicht verurteilt? Yaron Rabinowitz, früherer Militärankläger im Gaza-Streifen und Rechtsanwalt in Jerusalem, erklärt diesen Sachverhalt wie folgt: »Als jemand, der beide Seiten kennt, habe ich Schwierigkeiten, mich zu erinnern, daß einer des Terrorismus Angeklagter, freigesprochen worden wäre. Das ist fast unmöglich. Jede Person, die angeklagt wird, ist schuldig. Manchmal auf der Grundlage von Kriterien, die kein israelisches Gericht akzeptieren würde. In 99 Prozent der Fälle haben die Beschuldigten ein Geständnis unterschrieben.«

Al-Haq nennt vier Gründe, die als Druckmittel angewandt werden, um zu Geständnissen zu kommen:

1. Mißhandlungen und Folter während der Verhöre;
2. Lange Haftzeiten vor dem Prozeß;
3. Druck durch die Richter auf die Angeklagten, sich schuldig zu bekennen und
4. die Bevorzugung der Richter von Zeugenaussagen von Soldaten über palästinensische Angeklagte.

Nach Angaben von Rechtsanwalt Muhammad Na'amna wird fast jeder Angeklagte vom Richter unter Druck gesetzt, sich schuldig zu bekennen; ihm wird dafür eine geringere Strafe in Aussicht gestellt.

Das Prinzip der persönlichen Verantwortung für eine Tat wurde durch das Mittel der Kollektivstrafen ad absurdum geführt. Für eine individuelle

Tat werden ganze Dörfer oder Städte durch Kollektivstrafe wie ausgedehnte Ausgangssperren, Schließung von Schulen und Universitäten, Zerstörung von Häusern und Reiseverweigerung belegt. So heißt es in Artikel 33 VGK: »Keine geschützte Person darf wegen einer Tat bestraft werden, die sie nicht persönlich begangen hat. Kollektivstrafen sowie jede Maßnahme zur Einschüchterung oder Terrorisierung sind untersagt.« Ähnlich lautet Artikel 50 der HLKO: »Keine Strafe in Geld oder anderer Art darf über eine ganze Bevölkerung wegen der Handlungen einzelner verhängt werden, für welche die Bevölkerung nicht als mitverantwortlich angesehen werden kann.«

Durch Militärerlaß Nr. 1235 vom 29. April 1988 sowie durch Ergänzungen in Nr. 1256 und 1275 werden Eltern für die Straftaten ihrer Kinder verantwortlich gemacht. In den besetzten Gebieten liegt das straffähige Alter bei zwölf Jahren. Begeht ein über 12jähriger eine Straftat, müssen die Eltern eine Geldstrafe bezahlen. Sie bekommen die Summe zurück, falls das Kind innerhalb eines Jahres nicht wieder straffällig wird. Sowohl die Haftbarmachung Unschuldiger für Straftaten, die sie nicht begangen haben, als auch die Bestrafung Minderjähriger verstoßen gegen alle Normen des Rechts im allgemeinen. Auch gilt es als Regel, daß bei Hausdurchsuchungen eine andere Person verhaftet wird, wenn der Gesuchte nicht festgenommen werden kann; in der Regel ist es der Vater oder ein Bruder.

Bei Strafverfahren vor israelischen Gerichten ist ein Geständnis nur zulässig, wenn die Angeklagten nachweisen können, daß es freiwillig geleistet wurde und das Gericht davon überzeugt ist. Somit liegt die Beweislast bei der Anklagevertretung. Eine ähnliche Regelung gilt auch für die Militärgerichte in den besetzten Gebieten. Der kleine Unterschied besteht aber darin, daß die Anklagevertretung nicht vor Gericht nachweisen muß, daß das Geständnis nicht freiwillig geleistet worden ist. Es reicht, wenn das Militärgericht von sich aus überzeugt ist. Es kann aber auch von dieser Regel »aus besonderen Gründen, falls es diese für erforderlich hält«, abgewichen werden, wie es im Militärerlaß Nr. 378 auch heißt. In Parenthese sei angemerkt, daß der Präzedenzfall für diese Ausnahme schon in den britischen Notstandsverordnungen von 1945 niedergelegt ist. Hier bestand die Ausnahme für das Gericht darin, daß es im »Interesse der Gerechtigkeit« sein mußte. Im israelischen Militärerlaß gibt es aber keine solche Sicherheitsklausel. Noch alarmierender ist jedoch, daß die Gerichte sich auf »Geständnisse« von einer dritten Partei in ihrer Beweisaufnahme stützen können. Diese »rechtliche« Grundlage bildet das sogenannte »Tamir Amendment«.

Diese Gesetzesänderung für die Zeugenaussage in Strafprozessen garantiert, daß, wenn der Angeklagte die Unterzeichnung eines Geständnisses verweigert, er trotzdem angeklagt und verurteilt werden kann aufgrund einer schriftlichen Erklärung einer dritten Partei, ohne daß diese vor Gericht als Zeuge aufzutreten braucht. In fast allen Ländern ist eine solche Praxis nur zulässig, wenn dieser Dritte seine Aussage im Zeugenstand wiederholt. Eine solche Aussage, die ein Dritter nur gegenüber einem Polizisten macht, diese aber nicht vor Gericht wiederholen will, kann unter rechtsstaatlichen Bedingungen niemals als ein Beweis Teil der Anklage sein. Eine solche Regel soll den Angeklagten gegen Gerüchte und konstruierte Beweise schützen.

Diese von Shmuel Tamir eingebrachte Gesetzesergänzung wurde 1980 verabschiedet. Der Hintergrund war, daß Israel die Auslieferung des Palästinensers Ziyad Abu Ain von den USA verlangte, um ihn wegen einer Kampfhandlung anzuklagen. Die USA stimmten der Auslieferung nur zu, wenn Ain in einem ordentlichen Strafverfahren angeklagt werde. Israel hatte ein Problem. Abu Ain war nicht bereit zu gestehen, und der einzige Zeuge war nicht bereit, öffentlich auszusagen. Dieses Gesetz wird weiterhin in israelischen Strafprozessen angewandt. Auch die Militärgerichte wenden es häufig an. Wenn ein Häftling das Geständnis verweigert, versucht der Geheimdienst, eine belastende Aussage von einem anderen Häftling zu erhalten. Sie wenden dazu oft die gleichen Methoden an, die sie für ihre »Geständnisse« anwenden. Rechtsanwälte wie Felicia Langer und Lea Tsemel bestätigen, daß in Fällen von Sicherheitsverfahren der Richter diese »Zeugenaussagen« von dritter Seite akzeptiert. Daß solche »Geständnisse« leicht zu erhalten sind und ihre Authentizität nur schwer zu widerlegen ist, dürfte beim Zustand der Militärgerichte einleuchtend sein. Es ist gleichgültig, ob ein Angeklagter sein eigenes »Geständnis«, das unter Mißhandlungen von seiten des Geheimdienstes zustande kam, oder das von einem Dritten in Frage stellt, da die Zeit, die durch diesen Einspruch benötigt wird, ihm am Ende auf sein Strafmaß angerechnet wird. Selbst die Verweigerung der Aussage wird dem Häftling beim Verlesen der Anklage noch negativ ausgelegt und als Beweis im Sinne der Anklage aufgefaßt. Auch dies ist wiederum ein schwerer Verstoß gegen das Gebot eines fairen Prozesses.

Die meisten der palästinensischen Rechtsanwälte beklagen sich über die diskriminierende Behandlung vor israelischen Militärgerichten oder beim Gefängnisbesuch. So schilderte Raji Sourani die entwürdigenden Prozeduren beim Besuch seiner Klienten im Zentralgefängnis von Gaza. Man könne nicht wie die israelischen Anwälte dort undurchsucht die Kontrolle passieren, sondern müsse sich anstellen und werde gründlichst untersucht, könne mit den Häftlingen nie alleine sprechen, sondern bekomme eine

Gruppe vorgeführt, wobei bei diesen Gesprächen immer eine Aufsichtsperson zugegen sei. Man habe für fünf bis sechs Häftlinge zwei Stunden Zeit, wohingegen die israelischen Anwälte sich bis zu zwei Stunden mit einem Mandanten unterhalten könnten. Diese diskriminierende Behandlung bestätigte auch der Vorsitzende der Arabischen Rechtsanwaltsgewerkschaft Ali Ghuzlan. Die palästinensischen Rechtsanwälte werden genauso behandelt wie alle anderen Palästinenser auch. Manchmal greife man sich die Rechtsanwälte heraus, um sie zu demütigen, weil sie eine Respektsperson in der palästinensischen Gesellschaft darstellten.

So hat jeder Angeklagte nach Artikel 72 VGK das Recht, »daß ihm ein Anwalt seiner Wahl beisteht, der ihn ungehindert besuchen kann und sich aller Erleichterungen erfreut, die zur Vorbereitung der Verteidigung notwendig sind«. Auch die Militärrichter seien den palästinensischen Anwälten gegenüber äußerst kleinlich, wie Rahman Abu Nasr von der PLHR in einem Gespräch im Juni 1993 mitteilte. Man müsse sich immer korrekt verhalten, wobei die Lässigkeiten der israelischen Kollegen toleriert würden. Daß die palästinensischen Anwälte auch vor physischen Angriffen nicht sicher sind, zeigt der Fall des israelisch-palästinensischen Anwalts Salah Hassan Mahamid, der am 17. Juni 1991 von einem Wachsoldaten wegen eines Disputes über den Ausschluß der Frau eines Gefangenen vom Gerichtssaal geschlagen worden war. Dieser Zwischenfall ereignete sich vor mehreren anderen Rechtsanwälten und den Gerichtsangestellten. Auf Protest des Anwalts und der Anwaltskammer in Gaza entschuldigten sich die zuständigen israelischen Stellen, weigerten sich aber, den Soldaten von seinem Posten zu versetzen. Es wurde berichtet, daß der Soldat über die Tat gesagt haben soll: »weil er dachte, er ist ein Rechtsanwalt aus Gaza und deshalb spielte es keine Rolle«. Am 11. Juni 1991 beschwerte sich die israelische Anwältin Lea Tsemel beim Rechtsberater im Gaza-Streifen über die »respektlose, willkürliche und bedrohende Art eines jeden Gerichtsangestellten gegenüber Besuchern und Anwälten«. Über den Wachsoldaten, der Mahamid angegriffen hatte, schreibt sie, daß dieser Soldat »auf ein Schlachtfeld gehört. Wenn er denkt, der Gerichtssaal ist ein Schlachtfeld, dann sollte er auf eines geschickt werden«.

Die meisten Beschwerden von Anwälten werden einfach nicht beantwortet. So erhielt Ali Ghuzlan auf seinen Beschwerdebrief vom 23. Januar 1991 über die schlechte Behandlung von sechs Rechtsanwälten von der Westbank im Dahariya-Gefängnis keine Antwort. Ebenso unbeantwortet blieb die Beschwerde von Anwalt Tawhid Shaban, der von zwei Geheimdienstoffizieren im Gerichtssaal von Ramallah beleidigt und bedroht wurde. Gerichtsangestellte, die dem Vorfall beiwohnten, wollten sich nicht als Zeugen zur Verfügung stellen.

Das Verhalten des israelischen Militärs und die Praxis der Militärgerichtsbarkeit in den besetzten Gebieten waren als eine Antwort auf die Intifada gedacht. Das Ergebnis war ein völliger Verlust von Vertrauen in das Militärgerichtswesen und eine Infragestellung des Nutzens von Gesetzen. Das Militärgerichtswesen hat nicht die Wahrheitsfindung zum Ziel, sondern die Verurteilung der Palästinenser. Von einem rechtsstaatlichen Verfahren kann nicht gesprochen werden.

3. »Undercover Units« oder »Todesschwadronen«

Als einer der heftigsten Kritiker der israelischen Besatzungspolitik und insbesondere der »verdeckten Einheiten« tritt der am 19. Januar 1903 in Riga geborene Yeshayahu Leibowitz auf. Er wirft der Armee vor, diese Sondereinheiten zu unterhalten, die, als Araber verkleidet, in den besetzten Gebieten operierten und unliebsame Palästinenser liquidierten. 1992 wurden zwei Berichte veröffentlicht, die die israelische Öffentlichkeit aufwühlten. B'Tselem veröffentlichte »Activity of the Undercover Units in the Occupied Territories« und PHRIC »Targedting to kill: Israel's Undercover Units«. Beide Organisationen warfen der Regierung vor, durch diese »Undercover Units« Jagd auf unliebsame Palästinenser, sogenannte »wanted persons« zu machen. Sie gehören zum harten Kern der Intifada und bringen ihrerseits israelische Soldaten, Siedler und »Kollaborateure« um. Bis zu Mordechai Kirshenbaums TV-Bericht leugnete die Regierung die Einrichtung solcher »Todesschwadronen«. Dieser Bericht beschrieb den Auftrag der Einheit »gesuchte Personen vom harten Kern der Intifada zu verhaften, die Blut an ihren Händen haben«.

Im Gaza-Streifen arbeitet die sogenannte »Schimschon« – und in der Westbank die »Duwdewan«-Einheit. Ihre einzige Aufgabe ist die Liquidierung oder Verhaftung dieser »gesuchten Personen«. Das Militär hat immer bestritten, daß es einen Auftrag gebe, »gesuchte Personen zu liquidieren«, aber die Beweise, die B'Tselem zusammengetragen hat, zeigen, daß das Phänomen existiert. Am 21. Juni 1991 wurde ein 15minütiger Film im israelischen Fernsehen über die Arbeit dieser Einheiten gezeigt, der in Zusammenarbeit mit der israelischen Armee entstanden ist. Israel gab nun offiziell zu, daß diese Einheiten existieren. Der Bericht war in einem anonymen Dorf in der Westbank aufgenommen worden. Eine bizarre inner-israelische Diskussion entzündete sich daran, inwieweit der Film die Sicherheit der Mitglieder dieser Einheit gefährde. Kein Wort über die Menschenrechtsverletzungen und den offenen Rechtsbruch, den diese Einheiten begehen, sowie über die Opfer. Ein ähnlicher Bericht wurde im August 1993 in den dritten Fernsehprogrammen des WDR und Bayern gezeigt; er berichtete über eine Aktion der Einheit im Gaza-Streifen.

Seit wann war bekannt, daß es solche Einheiten gibt? Erstmalig dokumentierte PHRIC die Tötung von Palästinensern (1986) im Flüchtlingslager Balata und (1987) in Gaza. Aktivisten des »Islamischen Heiligen Krieges« wurden in zwei voneinander getrennte Hinterhalte gelockt und getötet, was Ausschreitungen und Proteste hervorrief, die zur Schließung der besetzten Gebiete für eine Woche führten. So mußte CBS-TV ihre Aufnahmen löschen, die es unbeabsichtigt von Mitgliedern dieser Sondereinheiten gemacht hatte, als sie aus einem arabischen Auto sprangen, um Steinewerfer in Nablus im Juli 1988 zu verhaften. Am 31. August 1988 erschoß ein Siedler zwei Mitglieder dieser Einheiten, weil er sie für Palästinenser hielt. In der israelischen Presse wurde nicht berichtet, daß die Soldaten nicht in Uniform waren. Sechs Wochen später veröffentlichten ausländische Zeitungen diesen Vorfall unter Hinweis auf die »Sondereinheiten«. Israel entzog daraufhin drei ausländischen Journalisten von »Reuters« und »Financial Times« die Akkreditierung, weil sie aus nicht offiziellen Sicherheitsquellen zitiert hatten. Nach dem Bericht von »Reuters« wurde die Westbank-Einheit »Cherry« (Auwdewan) genannt. Yitzhak Rabin nannte die Vorwürfe »totalen Unsinn«. Die Duwdewan-Einheit wurde vom jetzigen Generalstabschef Ehud Barak aufgebaut. Angeordnet wurde der Aufbau von Yitzhak Rabin im Jahre 1988. Die Gründung solcher Sondereinheiten kann als eine Antwort auf das Versagen der regulären Armee auf die Auswüchse der Intifada verstanden werden. Die Armee war wenig geeignet, gegen eine Zivilbevölkerung vorzugehen. Dies wirkte sich auf die Moral der Truppe negativ aus.

Zu Beginn der Aufbauphase dieser »verdeckten Einheiten« rekrutierten sich die Mitglieder aus den »successful graduates« der Marine und der Luftwaffe. Durch die Ausdehnung der Intifada mußte die Armee die Einheiten ausbauen. Dies hat dazu geführt, daß heute schon die gerade Einberufenen sich zu diesen Einheiten melden können. Die Zahl hat nach Angaben der Zeitung »Kol Ha'ir« vom 13. März 1992 zugenommen. Nach Schätzungen von PHRIC umfassen die beiden Einheiten zirka 200 Personen.

Die Soldaten müssen sich einem speziellen psychologischen Test unterziehen. Anschließend werden sie einem intensiven Training unterworfen, bevor sie in den Einsatz geschickt werden. Obwohl Soldaten mit orientalischem Hintergrund bevorzugt werden, stehen die Einheiten auch anderen offen. Nach Angaben von »Kol Ha'ir« verfügen die Einheiten über ausreichende finanzielle Mittel und haben Zugang zu Geheimdienstinformationen. Die Mitglieder dieser Einheiten kommen vom rechten und linken Spektrum der israelischen Gesellschaft.

Einerseits sind die Einheiten professionell ausgebildet, andererseits sollen sie jede Unterscheidung zwischen einem Araber und Juden aufheben. Deshalb tragen sie die normale Kleidung der Araber und sprechen perfekt Arabisch. Verkleiden und maskieren sich wie die Jugendlichen, um so erfolgreich in die Lager eindringen zu können. Sie bedienen sich Autos mit Nummernschildern aus der Westbank und dem Gaza-Streifen, die Palästinensern für »militärische Zwecke« weggenommen wurden, so daß sie für die Einheimischen vertraut erscheinen. Auch werden Autos und Lastkraftwagen von der Zivilverwaltung konfisziert, um z.B. eine Steuerschuld zu begleichen. Die Einheiten benutzen gerne Lastwagen, weil damit nicht nur viele Soldaten an den Einsatzort gebracht, sondern auch die Toten und Verwundeten leichter abtransportiert werden können. Es ist bekannt, daß die Einheit die Siedlung Hallamish in der Nähe von Ramallah als temporären Aufenthaltsort genutzt hat, um Einsätze in den umliegenden Dörfern durchzuführen.

Die Verkleidung ging sogar so weit, daß einige Mitglieder der Einheit als Journalisten auftraten. Der Verein der Auslandspresse protestierte 1988 dagegen, daß ein Soldat sich als Journalist von ABC und VIS News TV Networks ausgab. Im August 1989 traten die Soldaten in Bethlehem als Touristen verkleidet auf und erschossen einen palästinensischen Jugendlichen. Als Frau verkleidet und mit einem »Baby« im Wagen gelangten sie durch die UNWRA-Kontrollen in ein Flüchtlingslager. Ein Soldat gab am 21. Juni 1991 im israelischen Fernsehen zu, daß einige Soldaten im Untergrund arbeiteten, sich in palästinensische Gruppen einschlichen und sich an Steinwürfen gegen israelische Soldaten beteiligten, um dadurch an den harten Kern der Widerstandsbewegung zu gelangen. Eine erfolgreiche und oft benutzte Form der Verkleidung ist das Auftreten als alte Frau oder Mann. Die Soldaten beherrschen auch hier die arabische Mimik und Gestik perfekt.

Geplant werden die Einsätze dieser Spezialeinheiten zusammen mit dem Shin Bet, der die Opfer aussucht, Hintergrundmaterial zur Verfügung stellt und oft bei Aktionen beteilgt ist. Bei den Aktionen, die aus dem Hinterhalt stattfinden, ist Schnelligkeit und der Überraschungseffekt von besonderer Wichtigkeit. Ihre Waffen halten sie verborgen, wenn sie sich ihrem Ziel nähern; sie werden häufig von Armeeinheiten aus dem Hintergrund unterstützt. Ein Militärsprecher beschrieb die Arbeit der Einheiten in »Ha'aretz« vom 23. Juni 1991 eher mit der Arbeit eines Geheimagenten, der Harlem in New York City infiltriere, als mit der israelischen Aktion auf dem Flughafen in Entebbe.

Aus Sicherheitsgründen hat sich die israelische Armee geweigert, detaillierte Informationen über die Vorgehensweise dieser Einheiten zu veröffentlichen. Sie unterlägen den gleichen Vorschriften in bezug auf den Schußwaffengebrauch wie andere Soldaten auch. In dem offiziell gesendeten Film über diese Spezialeinheiten erklärte ein Soldat: »Wir planen die Einsätze sehr gründlich ... wir sind bereit, zu schießen ... Unsere Hauptaufgabe ist nicht der Gebrauch der Waffen. Unsere Anweisungen lauten, nur im Notfall zu töten. Eine gründliche Besprechung schließt sich an jeden Einsatz an.« Bisher wurden keine Untersuchungsberichte über Tötungen durch diese Einheiten veröffentlicht. In der Londoner »Sunday Times« vom 30. Oktober 1988 wird eine militärische Quelle zitiert, die bestätigt, daß die Mitglieder dieser Einheiten »haben eine blanko Vollmacht im Einsatz ihrer Mittel, um ihre Pflichten zu erfüllen«.

Nachdem der Einsatz beendet ist und der »Gesuchte« erschossen oder verhaftet worden ist, verschwinden die Mitglieder dieser Einheiten so schnell wie möglich in ihr lokales Lager oder in eine nahe gelegene Siedlung. Handelt es sich um eine größere Aktion, bei der mehrere Personen ums Leben gekommen sind, wird die reguläre Armee beauftragt, die Aufräumarbeiten zu übernehmen oder die Mitglieder dieser Einheiten gegebenenfalls zu befreien, wenn es zu Zusammenstößen mit der Bevölkerung kommen sollte. Ist eine Aktion in einem Flüchtlingslager oder einem größeren Ort geplant, wird sie in Zusammenarbeit mit der Armee durchgeführt. Die Ermordung von Mahmoud Abu Shamleh aus dem Flüchtlingslager Bureji im Gaza-Streifen führte zu einer Anklage gegen einen Oberstleutnant und einen Leutnant der Spezialeinheiten, weil sie einen Befehl nicht ordnungsgemäß ausgeführt hatten. Shamleh war einer von zwei maskierten Jugendlichen, die Graffiti an die Wände gemalt hatten und dabei erschossen wurden, danach hatte man ihn durch das Lager geschleift. Dies war bisher der einzige Fall, der zu einer Bestrafung von Mitgliedern dieser Einheit geführt hatte. Einer der angeklagten Offiziere wurde anonym in der Zeitung »Hadashot« vom 17. April 1992 interviewt. Er gestand, daß ihm der Vorfall »Alpträume« bereite und er sich schuldig bekennen wollte, aber dies hätte bedeutet, »daß die Einheit ihre Vorschriften verletzt hätte ... Als ein Kommandeur vertrete ich die Meinung, daß ein Schuldeingeständnis den Kameradschaftsgeist und den Glauben zerstören würde, der uns beim Einsatz

Kraft gibt und wo wir wie eine Familie sind.« Vor Gericht sagte Tzvi Polag, ein ehemaliger Kommandeur der israelischen Armee in Gaza, aus, daß er die Methoden des Vorgehens unterstütze: »Ich würde ein Mitglied der verdeckten Einheiten unterstützen, der einen Palästinenser erschießt oder irgend jemand illegal tötet«, so zitiert in der Zeitung »Ma'ariv« vom April 1992. 1992 gab die Armee bekannt, daß sie die Zahl der Spezialeinheiten erhöhen wolle, um adäquat auf die Konfrontation mit den Palästinensern reagieren zu können. Die Ministerin Shulamit Aloni, hat erst kürzlich die Mitglieder dieser Einheiten als »gute Jungs« bezeichnet.

Die Jagd der Sondereinheiten nach »gesuchten« oder »maskierten Personen« wirft rechtliche Fragen auf. Ist es einer Besatzungsmacht gestattet, kaltblütig und gezielt politische Tötungen vorzunehmen? Das Völkerrecht schützt in einigen Konventionen Leben allgemein wie in der HLKO in Artikel 46, der VGK in seinen verschiedenen Artikeln sowie in der ICCPR in Artikel 6 und 14. Nach Artikel 147 der Vierten Genfer Konvention ist die »willkürliche Tötung« ein schwerer Bruch der Konvention. Obwohl die Konvention nicht definiert, was unter »willkürlich« zu verstehen ist, kann aus dem Völkerrecht und den international akzeptierten Prinzipien geschlossen werden, daß »willkürlich« sowohl intentional als auch ungesetzlich impliziert. Sowohl die Generalversammlung der Vereinten Nationen im Jahre 1989 als auch amnesty international haben sich gegen willkürliche Tötungen ausgesprochen. Die Menschenrechtskommission der Vereinten Nationen hat in ihrem Bericht aus dem Jahre 1992 vier Kategorien von willkürlichen Tötungen identifiziert. Drei von vier treffen auf die besetzten Gebiete zu. So kommen willkürliche Tötungen während eines militärischen Konfliktes, bei einem Ausnahmezustand und internen Unruhen, bei einer übermäßigen Anwendung von Gewalt, beim Versuch der Wiederherstellung der Ordnung und durch Tod während der Haft vor.

Nicht jede absichtliche Tötung kann als willkürlich angesehen werden. Eine Anzahl führender Militärs in Israel haben 1992 die Methoden der Sondereinheiten in den besetzten Gebieten damit gerechtfertigt, daß dort ein Krieg stattfinde und deshalb die Armee sich wie auf einem Schlachtfeld verhalten dürfe. Diese Forderung ist grundlos, wie es B'Tselem ausdrückt. Diesen Ausführungen hat selbst Generalstabschef Ehud Barak widersprochen. So beruft er sich auf das israelische Strafrecht, das die »Selbstverteidigung« und die »Notwehr« für rechtens erklärt. Die Verknüpfung von Tötungen der Sondereinheiten mit dem Recht auf Notwehr wird vom ehemaligen Obersten Richter Chaim Cohen in Frage gestellt. »Der Schutz des Gesetzes gilt jemandem, der bei seiner Verteidigung keine andere Wahl hat, und nicht einem, der nur unter dem Vorwand der Selbstverteidigung handelt.« Selbstverteidigung zielt demnach nicht auf eine mögliche Aktion in der Zukunft, sondern dient zur Abwehr einer Aktion, die im Augenblick passiert. Auch die »Notwehr« kann nicht auf Aktionen angewandt werden, die zum Tode führen. Nur wenn Dritte durch »gesuchte Personen« in Mitleidenschaft gezogen würden, wären die Aktionen der Sondereinheiten rechtlich abgesichert. Deshalb kommt B'Tselem zu dem Schluß, daß »die Notwehr auf die Aktion der Spezialeinheiten, die zum Tode führen, nicht anwendbar sind«. Selbst die Berufung der Armee auf Paragraph 24 des israelischen Strafrechts, nach dem eine Straffreiheit für den Fall zugesichert wird, wenn die Person in der »Ausführung des Gesetzes« handelt, trifft auf die Sondereinheiten nicht zu. »Der passende rechtliche Rahmen für die Spezialeinheiten ist die Verhaftung. Dies erfordert die persönliche Verantwortung der Soldaten, die die Verhaftung durchführen oder die den Haftbefehl ausstellen sowie demjenigen, der die Verantwortung trägt, wenn sich die Frage stellt, ob die Verhaftung gerechtfertigt war.«

Die palästinensischen Menschenrechtsorganisationen Al-Haq, PHRIC und GCRL sowie B'Tselem werfen den israelischen Sicherheitskräften vor, daß sie in den meisten Fällen auf eine Verhaftung verzichten. Eine nicht unerhebliche Zahl der Opfer war schon unter der Kontrolle der Israelis, als die Tötung erfolgte. Einige der Verwundeten starben aufgrund unterlassener medizinischer Hilfeleistungen. Von den von PHRIC dokumentierten 29 Fällen in 1991 hat es von seiten der israelischen Sicherheitskräfte keinen Versuch gegeben, die Palästinenser vor einer Verhaftung zu warnen; es wurde sofort geschossen, und zwar aus einer Entfernung von null bis fünf Metern. 1992 waren es 55 Todesfälle sowie zirka 61 weitere 1993. Den Opfern wurde keine Chance gegeben, sich zu ergeben. So wurde am 4. Juni 1992 der 18jährige Student Sa'ed Khali Abdul Karim Meqdad in Khan Yunis – einer Stadt im Gaza-Streifen – von einem in zivil operierenden Soldaten mit einer Uzi-Maschinenpistole niedergeschossen. Der Palästinenser lag verwundet mit erhobenen Händen am Boden, als der Soldat hinzutrat und nochmals einige Schüsse abfeuerte; Sa'ed wurde von insgesamt zehn Schüssen getroffen.

Am 22. März 1992 erschossen nach Angaben von B'Tselem vier Männer in zivil Jamal Rashid Ghanem während eines Fußballspiels zwischen dem »Schweike Sportclub« und den »Tulkarem Trade Union«. Ghanem gehörte der Mannschaft von Schweike an. »In der Mitte der zweiten Halbzeit kamen vier Personen aufs Spielfeld gerannt, zogen ihre Uzi-Maschinenpistolen und rannten auf Ghanem zu, der sich hinter dem Schiedsrichter verstecken wollte; dieser lief aber ebenfalls weg. Ohne Vorwarnung oder auf die Beine zu zielen, erschossen sie den Spieler. Er befand sich zirka 50 Meter vom nächsten Ausgang entfernt, der aber von Soldaten abgeriegelt war.« So berichtet der Mitspieler Jamal Ayyab: »Jamal ergriff den Schiedsrichter und sagte zu ihm: Beschütze mich. Der Schiedsrichter wollte nicht und ging weg; er war allein und wußte nicht, was er tun sollte; dann schossen sie auf ihn. Sie schossen ohne vorherige Warnung und ohne den Versuch zu machen, ihn lebend zu bekommen. Ein Soldat trat mit seinem Fuß auf seine Brust. Sie begannen, in unsere Richtung zu schießen. Ich verließ das Fußballfeld.« Auch der Trainer der Schweike-Mannschaft bestätigt im wesentlichen die Angaben des ersten Augenzeugen.

Nach dem Zwischenfall erklärte ein Armeesprecher, daß die Operation geplant gewesen sei und daß die Soldaten den Auftrag hatten, Ghanem festzunehmen und, wenn er fliehen sollte, zu erschießen. Ghanem wurde von den Israelis gesucht, weil er sich angeblich an gewaltsamen Verhören gegenüber Palästinensern beteiligt und Anschläge auf Einrichtungen der israelischen Armee verübt habe. Die Aktion wurde von der Grenzpolizei durchgeführt. In einem Interview erklärte am 1. Mai 1992 General Dani Yatom, daß die Soldaten auf Ghanems Beine gezielt hätten, er aber weggerutscht und deshalb von den Kugeln im Oberkörper tödlich getroffen worden sei. Nach Augenzeugenberichten hatten die Soldaten nicht auf die Beine gezielt. B'Tselem hält die Erklärung General Yatoms für »inakzeptabel«. In vier von zehn Fällen, die B'Tselem in seinem Bericht dokumentiert hat, benutzte man die gleiche Begründung, daß die Soldaten auf die Beine gezielt hätten, aber bei allen vier Opfern waren die Schüsse im Oberkörper oder Kopf. »Dies zeigt, daß es nicht eine einzelne Ausnahme ist, sondern ein wiederkehrendes Muster.« Weder war Ghanem bewaffnet, noch bedrohte er das Leben der Soldaten.

Nach Angaben von Al-Haq wurde am 12. März 1992 der 19jährige Khalid Mohammed Shaker Fahmawi im Hause seines Schwagers in Al-Damaj nahe des Flüchtlingslagers von Jenin nach kurzer Flucht und Verfolgung festgenommen. Bei der Festnahme war er unverletzt und unbewaffnet; er wurde in einem Militärjeep abtransportiert. Kurze Zeit später kamen die drei Grenzpolizisten und durchsuchten Khalids Haus und fanden unter dem Bett eine Pistole. Die drei Männer fielen sich um den Hals und beglückwünschten sich. Sechs Stunden später gab ein Militärsprecher den Tod von Khalid im Radio bekannt; er sei bei einem Zwischenfall mit der Armee ums Leben gekommen. Am nächsten Tag wurde Khalids Kleidungsstücke gefunden, die aber weder blutig waren noch Einschußstellen aufwiesen. Ein

Tag später wurde der Leichnam von Khalid seiner Familie übergeben. An der Beisetzung durften nur 13 Angehörige teilnehmen; eine große Anzahl Soldaten war ebenfalls präsent. Augenzeugen bei der Beerdigung bestätigten, daß Khalid eine Einschußwunde in der linken Brustseite hatte. Ebenfalls wies er Blutspuren auf der Rückseite des Kopfes auf. Khalid galt als »gesuchte Person«. Dieser Fall zeigt mit großer Wahrscheinlichkeit, daß Kahlid nach seiner Festnahme von israelischen Soldaten exekutiert worden ist, als er unter absoluter Kontrolle des Militärs war.

Bei einem anderen Zwischenfall wurde der 20jährige Ra'ed Abdul-Rahman Dihma von Soldaten in Zivilkleidung am 18. März 1992 erschossen, als er mit zwei Freunden auf dem Weg zu seinem Dorf Kufr Qadum war. Ra'ed Dihma wurde »gesucht«. Die drei wurden unterwegs von einem Kommando, das sich hinter Bäumen versteckt hielt, überrascht. Auf den Anruf: »Halt, Armee«, hoben die drei ihre Arme und blieben stehen, so Al-Haq. Die Soldaten blendeten sie mit starken Taschenlampen und begannen zu schießen. Der verletzte Freund wurde mit einem Hubschrauber in ein Krankenhaus geflogen, wo er anschließend von der Polizei verhört wurde. Der Unverletzte und Ra'ed wurden mit einem Jeep abtransportiert. Nach einigen Minuten Fahrt wurde der Unverletzte freigelassen; er erkannte »Captain Don«, den Shin Bet-Offizier, der für die Gegend verantwortlich ist, mit einigen Soldaten. »Captain Don« forderte den Palästinenser auf, mit ihm zu kollaborieren, dann würde man ihm ein Haus bauen. Auf die Frage, was er getan habe, antwortete dieser, daß er seine Kuh zur Insemination gebracht habe. »Captain Don« beschuldigte ihn der Lüge und drohte ihm, ihn sofort umzubringen. Der Palästinenser wurde zur Zivilverwaltung gebracht und später freigelassen. Nach einer Autopsie am 20. März 1992 im Gerichtsmedizinischen Institut von Abu Kabir wurde der Leichnam zur Beisetzung freigegeben. 15 Familienmitglieder und viele Soldaten nahmen an der Beisetzung teil. Am 20. März 1992 bestätigten Armeequellen, daß Soldaten einen maskierten Palästinenser erschossen und einen anderen verwundet hätten, nachdem einer die Soldaten angegriffen habe. Die drei Palästinenser waren weder bewaffnet noch maskiert, auch hatten sie die Soldaten nicht angegriffen.

Von offizieller israelischer Seite erklärte der Armeesprecher Moshe Fogel in der »New York Times« vom 12. April 1992: »Die israelischen Soldaten haben den Auftrag, jene Leute zu fangen, unabhängig davon, wieviel Blut sie an ihren Händen haben und sie vor Gericht zu stellen … (Die Absicht ist), die in Frage kommenden Leute zu verhaften und sie nicht zu töten; die Befehle sind sehr speziell und klar.« Eine Begründung für die Tötung solcher Personen wurde von Fogel einige Tage später im BBC World Service vom 17. April 1992 nachgeliefert. »Der wahre Grund, daß sie getötet werden, liegt darin, daß sie Waffen benutzen. Sie setzen scharfe Munition gegen israelische Soldaten ein.« In 21 der 29 dokumentierten Fälle trugen die Getöteten keine Waffen bei sich und stellten somit keine wirkliche Gefahr für die Sicherheitskräfte dar. Entgegen israelischen Darstellungen waren von den Getöteten nur vier in Widerstandsaktivitäten involviert. Selbst der Bericht des U.S.-Department of State aus dem Jahre 1991 führt 27 Fälle auf, die den »Todesschwadronen« zum Opfer gefallen sind, ohne sie aber irgendwie einzuordnen.

Tabelle 3: Durch »Undercover Units« getötete Palästinenser seit Ausbruch der Intifada

1988	1989	1990	1991	1992	1993	Gesamt
5	26	8	28	46	23	136

Quelle: B'Tselem, Jerusalem 1994.

Seit dem Abschluß des »Gaza-Jericho-Abkommens« haben die »verdeckten Einheiten« die »Jagd« auf »gesuchte Personen« intensiviert. Die Tötung dieses Personenkreises hat ein unvorstellbares Ausmaß erreicht. Nach Angaben der »FAZ« vom 30. November 1993 gibt es Hinweise darauf, daß die Fatah Arafats dem israelischen Geheimdienst bei der Suche nach Hamas-Aktivisten helfe. Die »Todesschwadronen« waren dabei durchaus erfolgreich. So wurde am 25. November 1993 der Anführer des militärischen Kommandos der Hamas, der 24jährige Imad Akel, erschossen. Die Soldaten der »Schimschon-Einheit« hatten den Gesuchten in einem Dach eines Hauses aufgespürt. Sie schossen mit einer Panzerabwehrrakete auf das Gebäude. Am Morgen seien nur noch Leichenteile gefunden worden. Akel wurde für die Tötung von elf israelischen Soldaten und vier palästinensischen Kollaborateuren verantwortlich gemacht. Yitzhak Rabin lobte die Armee für diesen »wichtigen Erfolg«. Zwei Tage später wurde in Ost-Jerusalem eine weitere »gesuchte Person« erschossen. Auch ein Mitglied der Arafat nahen »Fatah-Falken« wurde am 28. November 1993 in Khan Yunis im Gaza-Streifen vom Shin Bet erschossen. Der 24jährige Khaled Abu Alrish hatte sich am 21. November freiwillig gestellt, wurde entlassen und geriet zusammen mit zwei weiteren »Falken« in der Nacht zum 29. November in einen Schußwechsel mit dem Geheimdienst.

Im ersten Quartal des Jahres 1994 haben die todbringenden Einsätze der »Spezialeinheiten« stark zugenommen. Zielscheibe sind Mitglieder der »Fatah-Falken«, Hamas und dem Islamischen Dschihad. Selbst solche Mitglieder der Falken, denen man Amnestie gewährt hat, werden von diesen Einheiten liquidiert. So wurden nach Berichten von GCRL am 23. Januar 1994 das Haus von Mahmoud Atta al-Khour in Gaza-Stadt gestürmt und vier Personen verhaftet und im Lager Ansar 2 interniert. Die Amnestierten Marwan Abu Monghesib, Talat al-Shaer und Mohammed Wadi, alle zwischen 19 und 24 Jahre alt, wurden am 25. Januar 1994 verhaftet.

Im Februar wurde Saleem Mowafi, Führer der »Fatah-Falken« im Gaza-Streifen, während des Tages in Rafah von der »Spezialeinheit« niedergeschossen. Wie Augenzeugen berichten, wurde keinerlei Versuch gemacht, ihn festzunehmen, obwohl er bereits durch Schüsse in die Beine kampfunfähig gemacht worden war. Hier wurde nicht in Notwehr gehandelt, sondern ein Palästinenser exekutiert. Abdel Rahman Hamdan wurde während einer militärischen Belagerung in Abu Dis in der Nähe von Jerusalem getötet. Am 28. März 1994 wurden sechs Mitglieder der »Fatah-Falken« in Gaza von den »Todesschwadronen« aus dem Hinterhalt erschossen. Nach Angaben von zwei Augenzeugen gab man sich keine Mühe, die Männer zu verhaften, obwohl sie keine Gefahr für die Sicherheitskräfte darstellten. Keine der Getöteten stand auf der sogenannten »gesuchten Liste«. Nach dieser Aktion verhängten die Israelis über das Gebiet eine Ausgangssperre, so daß eine gründliche Untersuchung des Zwischenfalls von GCRL nicht sofort stattfinden konnte. Nachträglich entschuldigten sich die Militärbehörden für den Zwischenfall. Die Israelis glaubten, die Getöteten seien Mitglieder von Hamas gewesen. Diese Entschuldigung kann nicht die berechtigten Zweifel an den Aktionen dieser »verdeckten Einheiten« und ihrer Methoden zerstreuen. Obwohl die sechs Palästinenser bewaffnet waren, setzten sie ihre Waffen zu keinem Zeitpunkt ein. Die Israelis schossen ohne Vorwarnung und töteten sie, bevor sie sich verteidigen konnten. Trotz palästinensischer Polizeitruppe besteht die Sorge, daß die »verdeckten Einheiten« weiter eingesetzt werden, da Israel für die »gesamte Sicherheit« verantwortlich bleibt, und die palästinensische Polizei die Sicherheit der palästinensischen Bevölkerung nicht garantieren kann.

Am 31. Mai erschossen Mitglieder dieser Einheiten auf offener Straße in Ram den 30jährigen Palästinenser Zuheir Radwan Abdul Iawad Farrah und den 25jährigen Abdul Mun'im Mohammad Yusef Naji. Farrah gehörte nicht zur Kategorie der gesuchten Personen und war bisher niemals verhaftet. Naji wurde seit dem 13. Februar 1994 wegen angeblicher Tötung eines israelischen Militärangehörigen gesucht. Nach Angaben des Militärs gehörten beide der Hamas an. Nach Augenzeugenberichten eröffneten zwei von fünf Mitgliedern der Spezialeinheiten das Feuer aus nächster Nähe, obwohl beide unbewaffnet waren. Eine Identifizierung war nicht möglich, weil die Kugeln die Schädel völlig zerfetzt hatten.

Was sind die rechtlichen Konsequenzen für die willkürlichen Tötungen? Es gibt eine dreifache Verantwortlichkeit. Erstens trägt der Staat Israel die rechtliche Verantwortung für die Tötungen durch die Sondereinheiten, die an die Einhaltung der VGK gebunden sind, die willkürliche Tötungen verbietet. Zweitens ist jedes Mitglied dieser Einheiten für seine Tötungen selbst verantwortlich und muß angeklagt werden, wenn es gegen Strafgesetze verstößt. Drittens haben alle Signatarstaaten der VGK die Verpflichtung, Israel auf die Einhaltung der Genfer Konvention zu verpflichten.

B'Tselem resümiert, daß das gesamte Sicherheitsestablishment sich bei der Rechtfertigung der Tötung von »gesuchten Personen« beteiligt. Diese Rechtfertigung wird von den »Experten« legitimiert, was darin mündet, daß die »Anpassung der Regularien an die neue Situation« zu erfolgen habe. Nach jedem Zwischenfall, so B'Tselem, kommentiert der Armeesprecher den Fall, was aber oft »inkorrekt« ist. Ein Vergleich der Nachforschungen von B'Tselem mit den Erklärungen des Armeesprechers »erweckt den Eindruck, daß der IDF-Sprecher der Person irreführende Informationen gibt, die auf entstellten Berichten von den Streitkräften vor Ort basieren ..., oder, noch schlimmer, Erklärungen abzugeben, um illegale Aktionen zu verheimlichen«. Durch die Vorgehensweise der Sondereinheiten ist die Wahrscheinlichkeit groß, daß die »gesuchte Person« ihr Leben verliert. Je gefährlicher die Lage für die Mitglieder dieser Einheiten ist, desto größer ist die Wahrscheinlichkeit, daß sie tödliche Schüsse abgeben werden. Die letzte Kette in der Rechtfertigung bildet die Militärpolizei, die die Untersuchungen in einer »nachlässigen Weise« durchführt und nicht an der Wahrheitsfindung interessiert ist, wie B'Tselem berichtet, sondern nur bestätigt, daß die Soldaten »in Übereinstimmung mit den Befehlen handelten«. Die Untersuchungen hinterlassen den Eindruck, daß nichts unternommen wird, palästinensische Zeugen zu vernehmen. Selbst wenn das Ziel der Sondereinheiten nicht die Tötung der »gesuchten Personen« ist, so wird sie doch nicht als falsch angesehen. »Die Nachricht ist so unmoralisch wie illegal. In Israel wie in allen normal funktionierenden Ländern hat nur das Gericht die

Macht, die Todesstrafe zu verhängen, nachdem eine Person rechtmäßig verurteilt ist … Das Rechts- und Verteidigungsestablishment trägt die Verantwortung dafür, dies den in den Gebieten operierenden Einheiten klarzumachen und sie von ungerechtfertigten Tötungen abzuhalten«, so B'Tselem.

Die Dokumentationen von B'Tselem und PHRIC sowie die diversen Veröffentlichungen anderer Menschenrechtsorganisationen zeigen, daß die Besatzungsmacht sich Methoden bedient, die mit einem demokratischen Prozeß nur schwer in Einklang zu bringen sind. »Todesschwadronen« findet man eigentlich nur in solchen Ländern, in denen demokratische Prinzipien mit Füßen getreten werden oder überhaupt nicht existieren. Die Rechtfertigung solcher Aktionen mit dem israelischen Strafrecht ist ein Versuch, Illegalität durch Legalität zu bemänteln. Dadurch diskreditiert man aber das ganze israelische Strafrechtssystem.

In den Vereinbarungen von Kairo hat Israel eventuellen Rechtsansprüchen von seiten der Palästinenser schon dahingehend vorgebeugt, daß es für alle während seiner Besatzungsherrschaft verursachten materiellen- oder Personenschäden nicht zur Verantwortung gezogen werden kann.

4. Deportationen

Seit Beginn der israelischen Besetzung hat die Regierung zirka 1600 Palästinenser deportiert. Diese Art der Strafe wird sowohl von den Palästinensern als auch von den Israelis als gravierend angesehen. Deportationen werden nach Artikel 112 der britischen Notstandsverordnungen durchgeführt; er lautet: »Der Hohe Kommissar hat die Macht, jede Person zum Verlassen von Palästina aufzufordern … Eine Person, gegen die dieser Befehl erlassen worden ist, muß solange außerhalb Palästinas bleiben, bis er aufgehoben ist.« Die israelische Seite vertritt die Meinung, daß diese Bestimmung sowohl in der Westbank als auch in Gaza noch in Kraft ist.

Eine Deportation wird in der Regel wegen Aufruhrs, politischer Tätigkeit, Mitgliedschaft in illegalen Organisationen und ähnlichen Aktivitäten begründet. Der Gebietskommandeur für den Gaza-Streifen und der Militärkommandeur der Westbank unterzeichnen den Deportationsbefehl aufgrund Artikel 108 und 112 der Notstandsverordungen. Den zu Deportierenden und seinem Anwalt ist es nicht gestattet, Einsicht in den Vorgang zu nehmen. Artikel 108 nennt einige Gründe wie die Herstellung der öffentlichen Ordnung und der Sicherheit, die Verteidigung Palästinas, die Unterdrückung eines Aufstandes, einer Rebellion sowie eines Tumultes, die zur

Deportation führen können. Nach Artikel 112 kann der Betroffene auf unbestimmte Zeit und ohne Auflagen ausgewiesen werden. Bis zur Ausweisung bleibt er in Haft. Gegen den Deportationsbescheid kann Einspruch bei einer militärischen Einspruchskommission eingelegt werden. Diese wird vom Gebietskommandeur ernannt; sie besteht aus einem Militärrichter und einem Offizier, berät hinter verschlossenen Türen und kann Einsicht in die Deportationsentscheidung nehmen und unverbindliche Empfehlungen an den Militärkommandeur abgeben; er braucht sich aber nicht an diese zu halten. Dieser rechtsstaatlich seltsamen Praxis hat der HCJ am 12. Januar 1992 einen Riegel vorgeschoben (HCJ 103/92; 120/92). Von jetzt an muß die Öffentlichkeit freien Zugang zu den militärischen Berufungsinstanzen haben, die über solche Deportationen entscheiden. Falls die Berufung abgewiesen wird, steht dem Betroffenen noch der Weg zum HCJ offen. Bisher wurden alle Einsprüche negativ beschieden; nur im Falle des Bürgermeisters von Nablus, Bassam Schaka, wurde die Entscheidung 1979 von der Einspruchskommission aufgehoben. Felicia Langer, die Anwältin von Bassam Schaka, bemerkt in »Zorn und Hoffnung« dazu: »So etwas hatte es noch nicht gegeben. Die Aufhebung der Ausweisungsanordnung wurde aber vor allem unter dem Druck einer vor der Intifada beispiellosen Protestaktion der Bevölkerung erreicht.« Am 2. Juni wurden Bassam Schaka bei einer Explosion seines Autos beide Beine abgerissen; wie durch ein Wunder überlebte er das von Terroristen des »Jüdischen Untergrundes« verübte Attentat.

Da Israel die Deportationen mit örtlichem Recht begründet, sieht es in ihnen auch keinen Verstoß gegen die VGK, die in ihrem Artikel 49 Abs. 1 unzweideutig feststellt: »Einzel- oder Massenzwangsverschickungen sowie Verschleppungen von geschützten Personen aus besetztem Gebiet nach dem Gebiet der Besatzungsmacht oder dem irgendeines anderen besetzten oder unbesetzten Staates sind ohne Rücksicht auf deren Beweggrund untersagt.«

Nach Meinung der palästinensischen Seite sind die Notverordnungen nicht mehr in Kraft. Die jordanische Verfassung von 1952 verbietet ausdrücklich Deportationen. Da die Briten bei ihrem Abzug die Notverordnungen aufgehoben hatten, wurden sie von Jordanien in der Zeit von 1948 bis 1967 auch nie angewandt. Die Israelis setzten sie 1967 durch zwei »Interpretationserlasse« wieder in Kraft. Demzufolge bildeten die Notstandsverordnungen kein gültiges lokales Recht zum Zeitpunkt der Besetzung. Auch das Völkergewohnheitsrecht kennt keine Rechtfertigung von Deportationen. Obwohl ein offizielles Vertreibungsverbot nicht kodifiziert ist, läßt es sich aus der Gesamtheit der Völkerrechtsnormen ableiten. Artikel 13 der

Allgemeinen Erklärung der Menschenrechte garantiert jedermann das Recht, sich innerhalb eines Staates frei zu bewegen, seinen Wohnsitz frei zu wählen, jedes Land einschließlich seines eigenen zu verlassen und in dieses wieder zurückzukehren.

Der HCJ hat die offizielle Regierungshaltung, daß die VGK nicht zutreffe, immer wieder bestätigt; diese Konvention bezöge sich nur auf Massendeportationen. So argumentierte Richter Meir Shamgar in einer Entscheidung (HCJ 785/87), daß die Ausweisung eines einzelnen aus »Sicherheitsgründen« durch die VGK nicht verboten sei, weil es in der rechtlichen Absicht des Artikels 49 liege, Massendeportationen aus politischen und ethnischen Gründen, wie bei den Nazis geschehen, zu verhindern. Eine solche Interpretation widerspricht nach Inhalt und Geist dem Artikel 49. Dies hatte auch schon Richter Gabriel Bach in seinem Minderheitenvotum zum Ausdruck gebracht. »Die Sprache des Artikels 49 VGK ist klar und unzweideutig. Die Verbindung der Wörter ›Massenverschiebung von Individuen ohne Rücksicht auf deren Beweggrund‹ läßt keinen Zweifel daran, daß sich der Artikel nicht nur auf Massendeportationen, sondern auch individuelle bezieht. Dieses Verbot war total, umfassend und uneingeschränkt, ›ohne Rücksicht auf deren Beweggründe‹.« Ebenfalls in einem Minderheitenvotum vertritt Richter Haim Cohen die Ansicht, daß Deportationen dem Völkerrecht widersprechen. In der Deportationsentscheidung gegen die Bürgermeister von Hebron und Halhul, Muhammad Milhelm und Fahad Qawasmeh, machte er deutlich, daß kein Befehl eines Gebietskommandeurs über dem Völkerrecht stehe.

Insbesondere in den beiden ersten Jahren der Intifada wollte das Sicherheitsestablishment Deportationen als Disziplinierungsinstrument einsetzen. Wegen der langen Zeit zwischen dem Erlaß und der Entscheiung des HCJ sollte eine »legale Lösung« gefunden werden, die eine Deportation in 72 Stunden oder höchstens einer Woche durchführbar machen sollte. In der Zeitung »Hadashot« vom 5. Dezember 1990 äußerte sich ein hoher Militär skeptisch über den Nutzen von Deporationen: »Es kann nicht behauptet werden, daß wir die Intifada niedergeschlagen oder das Ausmaß der Gewalt eingedämmt haben, trotz der Tatsache, daß hunderte von Häusern zerstört und Dutzende von Bewohnern aus den Territorien deportiert worden sind.« Nachdem Hamas-Aktivisten in Jaffa drei Israelis erstochen hatten, nahm man die Deportationen wieder auf, ohne das der Prozeß beschleunigt worden wäre. Ein Einspruch der vier Ausgewiesenen wurde von der Einspruchskommission unter Leitung des Präsidenten des Militärischen Appellationsgerichtes, Uri Shoham, abgewiesen. Auch das daraufhin angerufene Oberste Gericht lehnte nach Einsicht in die »geheimen Beweise« den Einspruch ab.

Diese Begründungen des HCJ sollen uns noch näher beschäftigen. Aus ihnen wird ersichtlich, wie der HCJ alle juristischen Spitzfindigkeiten einsetzt, um die Entscheidungen der Regierung nicht zu konterkarieren. Selbst liberale Richter wie Gabriel Bach und Haim Cohen können sich den Erwartungen des Sicherheitsestablishments nicht entziehen. So argumentierte Bach in der Entscheidung (HCJ 814/88) »Taysir Nasrallah vs. IDF Commander in the Westbank«, daß zwar die Deportation gegen Artikel 49 VGK verstoße«, Israel aber nicht an sie gebunden sei, weil sie nicht zum Völkergewohnheitsrecht gehöre. Statt dessen argumentierte er, daß es besser wäre »sich auf die Fragen zu konzentrieren, ob der Beklagte auf der Basis der ihm vorliegenden Beweise ermächtigt war, eine Deporationsentscheidung gegen den Antragsteller zu verfügen und ob diese Entscheidung in gutem Glauben und auf der Grundlage von relevanten und überzeugenden Erwägungen gefällt worden ist.« Nachdem der HCJ das offene und geheime Beweismaterial gesichtet hatte, kam er zu dem Ergebnis, daß die Einspruchskommission in gutem Glauben gehandelt habe und ihre Entscheidung weder unvernünftig noch unlogisch gewesen sei.

In der Entscheidung (HCJ 765/88) »Bilal Shakhshir vs. IDF Commander in the Westbank« blieben alle rechtsstaatlichen Prinzipien auf der Strekke. Meir Shamgar verwandte vier Fünftel seiner Begründung auf die Beschreibung des Beweises der Einspruchskommission und den Einlassungen des Beklagten; in einem kurzen Teil begründete er, warum er sich nicht auf die rechtliche Begründung einlasse, indem er ähnlich gelagerte Fälle anführte. Den Argumenten der Gegenseite schenkte er keine Beachtung. Auf den Antrag des Beklagten den Gebietskommandeur, den Gefängnisleiter, die Verhörer des Geheimdienstes und die Gerichtsoffiziere vor die Einspruchskommission vorzuladen, entgegnete die Einspruchskommission als Begründung, die sich Meir Shamgar zueigen machte. »Die Klägerseite verlangte, alle GSS-Verhörer vorzuladen, die die vier Kläger bisher verhört hatten. In dieser Angelegenheit scheint die ›generelle‹ Einladung nicht mehr zu sein als der Versuch, die Kommission zu ärgern und die Diskussion in die Länge zu ziehen; dies hat nichts mit dem Erlaß der Deportationsentscheidung zu tun.« Daß sich der Präsident eines Obersten Gerichtes sich eine solche Begründung zu eigen macht und den Klägern alle möglichen Beweise aus der Hand schlägt, läßt die Rolle des HCJ in einem zwielichtigen Licht erscheinen. Die Kläger hingen nicht vom Recht, sondern völlig von der Gnade des Gerichtes ab, das die Deportationsentscheidung bestätigte.

Die Entscheidung (HCJ 792/88) »Muhammad al-Mtour vs. IDF Commander in the Westbank« ist von einigem Interesse, da der Antragsteller ein neues Argument in den Prozeß einführte. Er argumentierte, daß eine Deportation ein so schwerer Eingriff in die Menschenrechte und die Bewegungsfreiheit sei, daß die Beweislast umgekehrt sei und der Kläger beweisen müsse, daß er legal und vernünftig reagiert habe. Wie – so das Argument weiter – kann ein Gericht entscheiden, dem die Einsicht in geheimes Beweismaterial vom Verteidigungsminister verweigert worden ist. Falls es keine offenen Beweise gebe, die die Deportation rechtfertigen, müsse das Gericht zugunsten des Betroffenen entscheiden. Bei dieser Entscheidung wurde die Liberalität Gabriel Bachs auf eine harte Probe gestellt, und ihm wurden einige kasuistische Verrenkungen zugemutet. Richter Bach wiederholte zu Beginn seiner Entscheidung, daß die Gründe für eine Deportation nach bestem Wissen und Gewissen beurteilt werden müssen, und daß aus Sicherheitsgründen eine Ausweisung gerechtfertig sei. »Aber wenn das geheime Material dem HCJ aufgrund eines vertraulichen Schreibens des Verteidigungsministeriums nicht unterbreitet werden kann, dann ist dies noch kein Grund, die Deportationsentscheidung aufzuheben, selbst dann nicht, wenn das Gericht davon ausgehen kann, daß das vorliegende Material eine Deportation nicht rechtfertigen würde … Es ist das Recht des Antragstellers, das Material zurückzuhalten, aber in diesem Fall wird es für ihn schwieriger, das Gericht zu bewegen, daß das Urteil gegen den Beklagten ohne eine ausreichende Beweislage gefällt worden ist.« Mit anderen Worten: Trotz des Verstoßes der Deportation gegen die Menschenrechte, trägt der Betroffene die Beweislast. Wenn es ihm nicht gelingt nachzuweisen, daß der Gebietskommandeur keine ausreichenden Gründe für die Entscheidung hatte und ihm die Einsicht in geheimes Material verwehrt wird, kann er sich nur an den HCJ wenden. Der HCJ nahm nur Einsicht in das geheime Material, weil er die Einsichtnahme der Anwälte von drei anderen Betroffenen nicht zugelassen hatte. Das Oberste Gericht bestätigte auch diese Deportationsentscheidung. Diese drei Entscheidungen machen deutlich, daß eine Eingabe an den HCJ für Palästinenser wenig versprechend ist. Das Gericht hat mit sophistischen Argumenten jede rechtliche Möglichkeit der Betroffenen zunichte gemacht.

Am 2. Januar 1992 gab die israelische Regierung die Deportation von zwölf Palästinensern bekannt. Sie wurden vom Militär willkürlich ausgesucht, ohne daß man ihnen etwas Konkretes vorwerfen konnte. Die Shamir-Regierung mußte wieder einmal aus »Sicherheitsgründen« auf palästinensische Anschläge reagieren. Keiner der zwölf wurde irgendeines Verbrechens beschuldigt. Sechs von ihnen waren schon in Verwaltungshaft, ohne verurteilt worden zu sein; Sami Samhadana bereits seit sechs Jahren. Zwei waren in Untersuchungshaft, und vier wurden in ihren Häusern verhaftet. Im Januar entschied der HCJ, daß den Beschuldigten der Beschwerdeweg in einem offenen Verfahren zustünde. Der Militärgouverneur hatte ein geschlossenes Verfahren im Gefängnis wegen angeblicher »Sicherheitsprobleme« angeordnet. Unter diesen Bestimmungen bleiben die »Beweise« für einen Anwalt und seinen Mandanten unzugänglich. Die erste Anhörung fand für fünf Betroffene im Gefängnis von Hebron statt. Der Ankläger erlaubte den Einblick in einen Teil der »Beweise« gegen einen zu Deportierenden, und zwar zwei handgeschriebene Flugblätter, die angeblich bei Ali Faris gefunden wurden. Der Vorsitzende des Tribunals, Yosef Hikri, ließ keine weiteren »Beweise« mehr zu. Dem Verteidiger des Betroffenen gestattete er jedoch, 400 Fragen an das Militär zu richten. Die militärische Einspruchskommission empfahl, die Deportation des 28jährigen Studenten der Bir Zeit Universität, Iyad Judeh, aufzuheben, mangels an »Beweisen«; er wurde statt dessen in Administrativhaft genommen. Dies war nach Bassam Schaka das zweite Mal, daß eine Deportationsanordnung des Militärs aufgehoben wurde. Aufgrund massiver internationaler Proteste wurde die Deportation immer wieder hinausgezögert. Bis sie endlich von der Rabin-Regierung ganz zurückgenommen wurde. Die elf Betroffenen wurden aber in Administrativhaft genommen. Fünf wurden am 24. Dezember 1992 freigelassen, unter ihnen war auch Sami Samhadana, der aufgrund einer Eingabe von ACRI zwei Monate früher aus der Administrativhaft entlassen wurde. Zwei gehörten zu den 415 Deportierten, und die restlichen vier blieben weiter in Administrativhaft.

Eine ähnliche legitimatorische Funktion für rechtswidriges Handeln der Regierung hatte der HCJ bei der Massendeportation vom 17. Dezember 1992 eingenommen, bei der 415 Palästinenser Mitten im Winter im Libanongebirge in einer Nacht und Nebel Aktion ausgesetzt worden sind. In der Urteilsbegründung des HCJ wurde die Massendeportation in eine massenhafte »individuelle Deportation« umgedeutet und somit für Rechtens erklärt. Demzufolge war nur die über die Sammellisten zusammengestellte Deportation als »Massendeportation« unrechtmäßig, da dort nur Wohnort und Name der Deportierten aufgeführt waren und ihnen keine Einspruchsmöglichkeit gegeben worden sei. Das Militär hatte nicht versäumt, jedem Ausgewiesenen noch einen »Deportationsbefehl« als Marschbefehl mit auf den Weg zu geben; dieser wurde als rechtmäßig anerkannt. Der HCJ ordnete auch an, daß den Ausgewiesenen »das Recht auf ein ordentliches Einspruchsverfahren gewährleistet« werden müsse; jeder muß »persönlich« dazu die Möglichkeit erhalten.

Um Deportationen schneller durchführen zu können, erließ Ministerpräsident Rabin am 16. Dezember 1992 Befehl Nr. 97, der es dem Militärkommandeur in den besetzten Gebieten erlaubte, Unruhestifter zu vertreiben. Fast gleichzeitig wurde Militärerlaß Nr. 1086 in Kraft gesetzt, der es jedem Militärkommandeur ermöglichte, die Deportation zu veranlassen. Die Möglichkeit des Einspruchs gegen diese Entscheidung wurde erst zugelassen, wenn der Befehl ausgeführt war. Familienangehörige oder ein Rechtsanwalt mußten Einspruch gegen die Ausweisung einlegen. Dieser Militärerlaß wurde anfänglich nicht den Anwälten zur Verfügung gestellt.

Wie kam es zur Entscheidung Israels, 415 Palästinenser auszuweisen? Mit der Regierungsübernahme durch Yitzhak Rabin war die Hoffnung verbunden, die Verletzung der Menschenrechte würde nachlassen; das Gegenteil davon trat jedoch ein. Die Zahl der getöteten Palästinenser stieg in den ersten sechs Monaten der Rabin-Regierung ständig an. Nach Angaben von B'Tselem stieg von August 1992 bis Januar 1993 die Zahl der getöteten Palästinenser auf 76, in den ersten sechs Monaten des Jahres 1992 waren es 63. Im gleichen Zeitraum stieg die Zahl der getöteten palästinensischen Kinder von sechs auf 16. B'Tselem untersuchte jeden Einzelfall und stellte fest, daß in zwei Dritteln der Fälle Soldaten schossen, ohne in Lebensgefahr gewesen zu sein. Bei einer Anhörung am 9. Februar 1993 vor dem Verteidigungs- und Auswärtigen Ausschuß wurden Kopien dieses Berichtes vom Meretz-Abgeordneten Naomi Hazan verteilt. Generalstabschef Ehud Barak reagierte wütend. »Der Anstieg der getöteten Palästinenser existiert nur in den kranken Gehirnen derer, die diesen Unsinn erfunden haben.« Er behauptete vor dem Ausschuß, daß in 1992 nur 88 Palästinenser und nicht 121, wie B'Tselem behauptete, erschossen worden seien. Rechte Politiker aus allen Parteien warfen B'Tselem vor, »falsche und boshafte Propaganda« zu verbreiten. Nach einer Woche mußte ein etwas verlegener Generalstabschef zugeben, daß die Zahlen von B'Tselem korrekt waren. Er entschuldigte sein Verhalten damit, falsch unterrichtet worden zu sein.

Der auslösende Faktor für die Massendeportation war die Entführung und Ermordung des Grenzpolizisten Nissim Toledano durch Hamas-Aktivisten. Vorausgegangen waren die Ermordung israelischer Zivilisten und Soldaten. Während der Entführung Toledanos regte der inoffizielle Sprecher von Hamas, Mahmoud Zahar, an, im Austausch für Toledano solle Israel einer internationalen Medizinerkommission gestatten, den Gesundheitszustand Scheich Ahmad Yassins zu untersuchen. Dieser Vorschlag wurde sowohl von der israelischen Regierung als auch den Entführern ignoriert. Die Entführer mißachteten selbst einen Appell Scheich Yassins im israelischen Fernsehen, das Leben Toledanos zu verschonen. Nach Angaben der »Jerusalem Post« vom 22. Juni 1993 gab die Regierung die Verhaftung von vier Palästinensern aus Ost-Jerusalem bekannt, die der Entführung und Ermordung Nissim Toledanos beschuldigt werden. Die vier Palästinenser gehörten nicht der Hamas an. Während einer Anhörung in der Untersuchungshaft beschwerten sich die Rechtsanwälte bei der Richterin, daß ihre Mandanten gefoltert wurden und ihnen Essen und Schlafen verweigert worden sei. Richterin Shelly Timen hält die Anschuldigungen der Anklage »noch nicht für bewiesen«.

Ihrer Deportation war die Verhaftung von zirka 1600 Palästinensern vorausgegangen. Von diesen wählte man willkürlich 415 aus und verfrachtete sie gefesselt und mit verbundenen Augen in einer Nacht-und-Nebel-Aktion mit Bussen zur libanesischen Grenze. Vorbereitet wurde die Aktion in einer Art »Geheimsitzung« eines Teils des israelischen Kabinetts. Nachdem Ministerpräsident Rabin sich entschieden hatte, rief er einige Minister zusammen, um ihnen die Entscheidung zu eröffnen. Zu ihnen gehörten der Polizeiminister Moshe Shahal, Wohnungsbauminister Benjamin Ben-Eliezer sowie der Rechtsprofessor von Meretz, Amnon Rubinstein, seines Zeichens Energieminister. Wissend von den Vorbehalten von Justizminister David Libai und der Staatsanwältin Dorit Beinish unterließ es Rabin, beide hinzuzuziehen. Die rechtliche Lücke mußte der ehemalige Generalstaatsanwalt Yosef Harish ausfüllen. Er gab am 16. Dezember bekannt, daß Einspruch nur 60 Tage nach der Ausführung der Deportation statthaft sei.

Der israelischen Presse wurde vom Militärzensor am 16. Dezember 1992 ein Maulkorb umgehängt, was die Berichterstattung über Deportationen anbelangte. Der Zensor gefiel sich im vorauseilenden Gehorsam und verbot den Leitartiklern selbst Archivmaterial von vorausgegangenen Deportationen zu benutzen. Zum ersten Mal seit dem Libanon-Feldzug kam es zu einem Konflikt zwischen dem Militärzensor, der dem Verteidigungsminister und Ministerpräsidenten Yitzhak Rabin untersteht, und dem Herausgebergremium. In Parenthese sei erwähnt, daß die israelischen Zeitungen sich eine eigene Selbstzensur auferlegt haben, was sensitive »Sicherheitsfragen« anbetrifft.

Was sich dann abspielte, hätte auch in Hollywood erfunden sein können. Nachdem am 17. Dezember Familienangehörige von den geplanten Deportationen Wind bekommen hatten, informierten sie einige Menschenrechtsorganisationen, die daraufhin eine Eingabe an das Oberste Gericht einreichten. Zu ihnen gehörten Lea Tsemel, Andre Rosenthal, Tamar Pelleg-Sryck, ACRI und GCRL. Die Eingabe wurde um 23 Uhr bei einem Richter des HCJ abgegeben. Jetzt begann ein Wettlauf gegen die Zeit. Die Frage war, ob die Busse zuerst die libanesische Grenze erreichen würden oder ob der HCJ einen Stop der Deportationen durchsetzen würde. Die Obersten Richter mußten zur Schlafenszeit zusammentreten. Die Menschenrechtsanwälte erreichten um zwei Uhr nachts eine gerichtliche Verfügung, nach der die Busse angehalten werden mußten. Dieser Sieg war aber nur von kurzer Dauer. Um vier Uhr früh des 17. Dezember begann das Gericht mit seinen Beratungen, um die Aktion der Regierung zu rechtfertigen. Zum ersten Mal in der Geschichte des Gerichts wurde Generalstabschef Ehud Barak vorgeladen, der ein Horrorszenario entwarf und das Gericht warnte, daß die Sicherheit des Staates auf dem Spiele stehe, wenn die Deportation wieder rückgängig gemacht werden würde. Am Nachmittag des 17. Dezember entschied das siebenköpfige Gericht mit 5:2 die Aufhebung der ersten richterlichen Verfügung. Die Deportierten konnten in den Libanon verfrachtet werden! Wie überhastet die Aktion durchgeführt worden war, zeigt die Tatsache, daß 19 Palästinenser »versehentlich« ausgewiesen wurden.

Der israelische Menschenrechtsanwalt Avigdor Feldman stellte nach der Entscheidung des HCJ zu Recht fest: »Der Oberste Richter Shamgar und andere israelische Richter sind weltweit die einzigen, die das klare Verbot von Deportationen in eine Erlaubnis umdeuten konnten.« Und der ehemalige Oberste Richter Haim Cohen, der mit Stolz auf eine liberale Rechtssprechung zurückblicken darf, findet die Entscheidung skandalös. »Der Beschluß ist völlig ungesetzlich und außerdem unmoralisch. Deportation ist nicht weniger grausam als der Tod. Sokrates wollte lieber sterben, als von Athen ins Exil zu gehen. Sie (die Regierung L.W.) deportierten die Menschen an einen Ort, wo nichts ist. Kein Dach, kein Essen. Nichts. Ich trauere nicht weniger als der Ministerpräsident mit den jüdischen Familien, die ihre Angehörigen verloren haben. Aber an Menschen ohne Gerichtsverfahren Rache zu nehmen bedeutet, daß man sich die Standards des Terrorismus zu eigen macht.«

Der Rechtsprofessor an der Hebräischen Universität von Jerusalem und Mitglied des Vorstandes von ACRI, David Kretzmer, hält Deportationen für inakzeptabel. »Ich denke sie sind nach der Genfer Konvention illegal. Ich glaube auch, daß sie politisch unklug sind, und sie bezwecken nichts. Vom Standpunkt der Sicherheit sind sie sogar kontraproduktiv ... Wir waren von Anfang an immer gegen Deportationen von Bewohnern. Trotz der Meinung des Obersten Gerichts vertreten wir die Position, daß Deportationen vom Völkerrecht verboten sind«, so in einem Interview mit Judith Green in »Challenge« vom April 1992.

Ministerpräsident Rabin entfachte nach dieser am Ende für die Regierung glücklich verlaufenen Deportation einen einzigartigen Verleumdungsfeldzug gegen die Menschenrechtsorganisation ACRI. In einer Kampangne machte er die Organisation dafür verantwortlich, daß die Massendeportation nicht glatt über die Bühne gegangen ist. Er diffamierte in mehreren direkt übertragenen Radiosendungen die Organisation: »Der ganze Ärger begann, als die ›Association for Hamas Rights in Israel‹ an das oberste Gericht appellierte. Dies gab den Libanesen Zeit, die Grenzübergänge zu blockieren.« Er beschuldigte die Organisation, Mördern zu helfen. Nach diesen Angriffen wurde ACRI mit anonymen Drohanrufen und -briefen überhäuft. Wer die Organisation kennt, weiß, daß sie zu den vorsichtigen und am meisten respektierten gehört. Ministerpräsident Rabin greift ungerechtfertigterweise eine Organistation an, die mit rechtsstaatlichen Mitteln eine rechtswidrige Aktion der Regierung stoppen wollte. Rabin bezeichnete die Deportation als »das geringere von zwei Übeln«. Als Alternative zur Deportation wurde den Deportierten die Todesstrafe in Aussicht gestellt. Keine wirkliche Alternative! Nach Ansicht der israelischen Anwältin Lynda

Tabelle 4: Deportationen von Palästinensern (1967–1992)

1967	5 + ein Stamm (250 Menschen)	1980	3
1968	69	1981	-
1969	223 + ein Stamm	1982	-
1970	406	1983	-
1971	306	1984	1
1972	91	1985	29 (21 waren freigelassene Häftlinge)
1973	10	1986	10 (5 waren freigelassene Häftlinge)
1974	11	1987	8
1975	13	1988	32
1976	2	1989	26
1977	6	1990	-
1978	9	1991	8
1979	1 (annulliert)	1992	12 (annulliert) 415 (19 wegen Versehens des Militärs)

Quelle: PHRIC vom 17. Dezember 1992.

Brayer kann man den Deportierten nur vorwerfen, daß sie an den traditionellen Islam glauben.

Was sind die Deportierten für Menschen? Sind es alle »Terroristen«, wie die israelische Regierung der Weltöffentlichkeit weismachen wollte? Keiner der Deportierten hatte etwas mit der Ermordung des Grenzpolizisten zu tun. Die Mehrheit der Deportierten unterstützen die politischen Ansichten von Hamas, gehören der Organisation aber nicht an. Es waren auch keine politischen Desperados, sondern gingen respektablen Berufen nach. Über die Hälfte sind Akademiker oder als Selbständige tätig.

Einige der prominenten Deportierten sind: Abdel Aziz Rantisi, Arzt und Dozent an der Islamischen Universität von Gaza (IUG) und offizieller Sprecher der Deportierten im Libanon; Mahmoud Zahar, Arzt und Dozent an der IUG; Salem Salameh, Präsident der IUG; Abdel Fatah Aweisi, Geschichtsprofessor und Schriftsteller an der Universität von Hebron; Ziad Aishe, Direktor des Krankenhauses von Jenin und Hamed Bitawi, Imam der Al-Aqsa Moschee in Jerusalem, um nur einige zu nennen.

B'Tselem sandte seinen Mitarbeiter vor Ort, Bassem Id, zu den Deportierten in den Libanon. Sein erster Versuch über Jordanien endete in Syrien, das ihm die Einreise verweigerte. Der zweite Versuch über Zypern war dagegen erfolgreich. Id führte für mehrere Tage Interviews mit allen Deportierten über deren persönliches Wohlbefinden, Lebenslauf, Haft und Ausweisung. Nachdem die israelische Öffentlichkeit von dem Besuch Ids erfahren hatte, wurde das Büro von B'Tselem mit Drohanrufen und Morddrohungen überhäuft. Eine Morddrohung wurde sogar an die Wohnungstür von Direktor Yizhar Be'er gesprüht. Der Knessetabgeordnete Moshe Peled von der rechtskonservativen Tzomet Partei beschuldigte B'Tselem der Finanzierung durch die PLO. Daraufhin schrieb der Friedensaktivist Benny Gefen vom Moshav Ben-Ami dem Abgeordneten: »Da sie sich für die Finanzierung von B'Tselem interessieren, gebe ich ihnen einige Informationen: In den letzten fünf Jahren habe ich die Hälfte der Rente des Verteidigungsministeriums, die ich für den Tod meines Sohnes erhalten habe, gespendet.«

Die Massendeportation war nicht eine einmalige Aktion, sondern wie die nebenstehende Tabelle zeigt, ist sie ein Glied in einer systematischen Politik Israels. In der Aufstellung sind nicht die Massenvertreibungen von 1948 und 1967 enthalten. Was ins Auge sticht, ist die Tatsache, daß es in der Zeit der Likud-Regierung im Vergleich zur Regierungszeit der Arbeitspartei relativ wenige Deportationen gab. So wurden »nur« 20 Palästinenser in der Zeit deportiert, in der die Arbeitspartei nicht in der Regierung vertreten war.

Vielleicht ist der Grund darin zu suchen, daß der damalige Ministerpräsident Menachem Begin Jurist war und durch die Verbrechen der Nazis seine ganze Familie im Konzentrationslager verloren hatte. In seiner Regierungszeit gab es so gut wie keine Folterungen durch den Geheimdienst, wenig Deportationen und nur wenig Administrativhäftlinge. Mit der Bildung der Regierung der »nationalen Einheit« und der Übernahme des Verteidigungsministeriums durch Yitzhak Rabin im Jahre 1985 wurde die Form der Ausweisung als Teil der Rabinschen Politik der »eisernen Faust« wieder ein Teil israelischer Politik.

Die Massendeportation führte zu einem Aufschrei der internationalen Staatengemeinschaft. Auf seiner 3151 Sitzung des UN-Sicherheitsrates am 18. Dezember 1992 verabschiedete das Gremium Resolution 799, in der die Deportation als Verstoß gegen die Artikel der VGK scharf verurteilt worden war und Israel aufgefordert wurde, die Deportierten zurückkehren zu lassen. Die internationale Juristenkommission in Genf intervenierte mit einem Schreiben an den Präsidenten des UN-Sicherheitsrates, in dem sie die Deportation als eine Gefahr für den internationalen Frieden und die Sicherheit bezeichnete. Der Sicherheitsrat wurde aufgefordert, Artikel 39 und 41 der Satzung anzuwenden. In Artikel 39 stellt der Sicherheitsrat fest, ob eine Bedrohung oder ein Bruch des Friedens vorliegt und beschließt Maßnahmen, die in Artikel 41 ausgeführt sind, wie z.B. die Unterbrechung der Wirtschaftsbeziehungen und andere Sanktionen.

Die amerikanische Außenpolitik hat nicht nur einen starken moralischen Impetus, sondern war auch oft am Völkerrecht orientiert. Die Regeln des Völkerrechts galten den Amerikanern als »heilig«. So hielt die zu dieser Zeit im Amt befindliche Bush-Administration wenigstens noch an rechtlichen Prinzipien fest und erklärte, daß Vertreibungen aus besetztem Gebiet illegal seien. Der damalige amerikanische Außenminister Lawrence Eagleburger bestätigte am 18. Dezember 1992 die Haltung der USA, daß Vertreibungen als Verletzung der VGK zu betrachten seien. Dies unterstrich auch noch einmal der US-Botschafter zu den Vereinten Nationen, Thomas Pickering, am 6. Januar 1992 als er für die UN-Sicherheitsratsresolution 726 stimmte, die die Deportation von zwölf Palästinenser verurteilte. »Die US-Regierung ist der Auffassung, daß die Deportation von Einzelpersonen aus besetzten Gebieten eine Verletzung des Artikels 49 der Genfer Konvention darstellt ... Jede Person, die sich eines Fehlverhaltens schuldig macht, sollte auf Grundlage von Beweisen vor Gericht gestellt und einer fairen Verhandlung zugeführt werden, dazu ist ein allumfassendes juristisches Verfahren notwendig.«

Der neue amerikanische Präsident Bill Clinton dagegen rückte sofort von traditionellen Rechtspositionen ab, die die USA seit Jahrzehnten aufrechterhalten und gegen den Irak so erfolgreich ins Feld geführt hatten. Yitzhak Rabin ist es gelungen, die USA zum »Komplizen« einer völkerrechtswidrigen Aktion zu machen. Am 1. Februar wurde in Washington ein »Kompromiß« erzielt, der vorsah, daß Washington gegen durchgreifende Sanktionen im Sicherheitsrat stimmen würde, wenn sich Israel im Gegenzug bereiterklären würde 101 der Deportierten die sofortige Rückkehr zu erlauben und das Exil der übrigen 295 auf ein Jahr zu begrenzen. Der amerikanische Außenminister Warren Christopher verkündete, daß die USA »jede Entscheidung internationaler Foren verhindern werden, die bedeutende Maßnahmen gegen Israel ergreifen wollen«. Die USA wollten auch Druck auf die EU ausüben, die wegen der Deportation aufgeschobenen Wirtschaftsgespräche mit Israel wieder aufzunehmen. Rabin bezeichnete die Vereinbarung als »Paketlösung« und versicherte, daß diese »uns prinzipell die Möglichkeit bewahrt, Hunderte von Unruhestiftern, Führungspersönlichkeiten und Organisatoren für einen begrenzten Zeitraum zu entfernen«. Gegen diese Interpretation und insgeheime Zustimmung der USA zu einer illegalen Aktion hat kein offizieller Vertreter der amerikanischen Regierung Stellung genommen. Die französische Nachrichtenagentur »Agence France Presse« vom 7. Februar 1993 hatte Rabin mit den Worten zitiert: »Ich habe einen großartigen Deal mit den Amerikanern ausgehandelt.« Als man ihn auf den palästinensischen Widerspruch gegen den Deal angesprochen hat, soll er geantwortet haben: »Das ist nicht mehr mein Problem ... Das ist jetzt Clintons Problem. Er kann im eigenen Saft schmoren. Ich wollte einen Deal mit den Amerikanern, und den habe ich erreicht ... die Reaktion der vertriebenen Palästinenser interessiert mich nicht und hat mich noch nie interessiert.« Und in der Knesset triumphierte Rabin, daß »die Rückkehr von einhundert Deportierten rechtfertigt die Fortsetzung der Deportation der Dreihundert sowie das Prinzip der Deporation«. Die 101 Deportierten haben ihre vorzeitige Rückkehr in ihre Heimat abgelehnt und bestanden auf der Rückkehr aller. Im Zuge der Unterzeichnung der »Prinzipienerklärung« kehrten am 9. September 1993 ein erstes Kontingent von 181 Deportierten zurück; die restlichen 197 folgten am 15. Dezember 1993. 65 von ihnen blieben in Militärgefängnissen. Einige wurden in Administrativhaft genommen. Zu ihnen zählte auch ihr Sprecher, Abdel-Aziz Rantisi, Abdel Fattah Dukhan und Muhammad Shamah. Anfang April 1994 hat Israel wieder 40 Deportierte oder freiwillig ins Exil gegangene Palästinenser die Rückkehr in die besetzten Gebiete gestattet. Damit wäre die »Vereinbarung« mit den USA erfüllt.

Es ist ein Novum und wird auf die weitere Politik der USA nicht ohne Folgen bleiben, daß die amerikanische Regierung erstmalig offiziell zu einem illegalen Akt geschwiegen bzw. ihn durch eine quasi formelle Absprache gebilligt hat. Ein zweites Irak dürfte sich mit legalistischen Argumenten von seiten der USA so schnell nicht wiederholen lassen.

Artikel 147 der VGK definiert Deportationen als eine »schwere Verletzung« der Konvention. Schwere Verstöße gegen die VGK sind gleichbedeutend mit Kriegsverbrechen. In der Charta zu den Nürnberger Kriegsverbrecherprozessen der Alliierten im Jahre 1945 wurden Deportationen als »Kriegsverbrechen« und »Verbrechen gegen die Menschlichkeit« bezeichnet. Die Deportation hatte die Eskalation der Gewalt zur Folge, die 23 Palästinensern – darunter acht Kinder – das Leben kostete. 19 Häuser wurden dem Erdboden gleichgemacht. Auch von palästinensischer Seite wurden israelische Soldaten getötet und Zivilisten mit Messern erstochen. Um den Morden von palästinensischer Seite ein Ende zu bereiten, verhängte Israel am 30. März 1993 die totale Abriegelung der besetzten Gebiete, die bis heute in Kraft ist.

5. Zerstörung und Versiegelung von Häusern

Seit der Besetzung der Westbank und des Gaza-Streifens im Juni 1967 hat Israel die Zerstörung und – die moderatere Version – die Versiegelung von Häusern als Form der Kollektivstrafe eingesetzt, um Familienangehörige, Nachbarn oder Mitbewohner von Tatverdächtigen, die sogenannte Sicherheitsverstöße begangen haben, zu bestrafen und abzuschrecken. Bei diesen Maßnahmen berufen sich die Israelis auf Artikel 119 der Notstandsverordnungen aus der britischen Mandatszeit; sie wurden seinerzeit gegen solche Personen angewandt, die die Sicherheit verletzten.

Der Gebietskommandeur ordnet eine Zerstörung oder Versiegelung an. Der Befehl kann Varianten enthalten: teilweise oder totale Versiegelung, teilweise oder totale Zerstörung. Nach einer Entscheidung des HCJ sollte sich ein Urteil an der Schwere der Tat, die einem Verdächtigen zugeschrieben wird, orientieren. Nach Ansicht von B'Tselem ist diese Form der Bestrafung einzigartig in der Welt, obwohl sie auf Verordnungen beruht, die die Briten eingeführt hatten. Die Entscheidung zur Zerstörung eines Hauses ist ein Verwaltungsakt, der ausgeführt wird, ohne daß ein Prozeß stattgefunden hat, in dem die Schuld des Beschuldigten festgestellt worden ist. In fast allen Fällen findet die Zerstörung vor der Verurteilung statt. Diese drastischen Strafmaßnahmen werden sogar oft gegen Familienangehörige verhängt, dessen Mitglied noch nicht einmal von den Sicherheitskräften festgenommen worden ist oder das bereits erschossen wurde. Der Oberste Richter Ahron Barak hat in der Entscheidung (HCJ 361/82) deutlich gefordert, daß eine solche Strafmaßnahme nur nach gründlichster Untersuchung angewandt werden dürfe. Trotz dieser Sensibilität hat das Oberste Gericht bis heute alle Beschwerden – bis auf zwei – gegen eine Zerstörung abgewiesen. Die Entscheidung des HCJ, daß der Betroffene vor der Zerstörung vom Gericht zu hören sei, habe nach Ansicht von Sicherheitskreisen die Effektivität der Strafmaßnahme beeinträchtigt.

Seit Beginn der Intifada bis Ende 1993 wurden nach Angaben von PHRIC insgesamt 2532 Häuser zerstört oder versiegelt. Der Wert dieser Zerstörungen beläuft sich auf rund 13 Mio. US-Dollar. In 90 Prozent der Fälle waren die Betroffenen noch keiner Straftat überführt.

Der formale Prozeß der Zerstörung läuft folgendermaßen ab: Entweder die Armee oder der Geheimdienst entscheidet, ob ein Verstoß gegen die Sicherheit vorliegt; sie legen auch die Art der Bestrafung fest. Diese Empfehlung wird an den militärischen Rechtsberater des Gebietes weitergeleitet, in dem der Verdächtige wohnt. Wenn die Maßnahme gerechtfertigt erscheint, bestätigt er sie. Falls eine Zerstörung sich als nicht durchführbar erweist, weil die Wohnung in einem Apartmentkomplex liegt, wird eine Versiegelung angeordnet, sie kann umgehend erfolgen, wohingegen bei einer Zerstörung erst eine Ablehnung des Einspruches abgewartet werden muß. Der Besitzer wird von der Absicht der Behörden informiert. Danach hat er 48 Stunden Zeit, beim Gebietskommandeur Einspruch einzulegen. Weist dieser die Beschwerde zurück, hat der Besitzer weitere 48 Stunden Zeit, um sich an den HCJ zu wenden. Im Laufe dieses Prozesses kann der Anwalt des Betroffenen mit dem Militär einen Kompromiß aushandeln, wie z.B. Versiegelung statt Zerstörung. Nachdem alle rechtlichen Möglichkeiten ausgeschöpft sind, erhält der Betroffene eine Mitteilung, daß er in kurzer Zeit – in der Regel eine Stunde – sein Eigentum räumen muß und das Haus zu verlassen hat. Die Armee verhängt dann eine Ausgangssperre über das Gebiet und zerstört das Haus mit einem Bulldozer oder durch Sprengung.

Der Familie ist es nicht gestattet, das Haus wieder aufzubauen oder die Versiegelung zu entfernen, weil mit der Anordnung der Zerstörung oder Versiegelung eine Enteignung mit einhergeht. Nach der Zerstörung erhält die Familie von der UNRWA ein Zelt, das es auf den Trümmern des zerstörten Hauses errichtet, was aber verboten ist, weil das Land enteignet ist. In den meisten Fällen werden die Zelte jedoch geduldet. Nur im Falle der Familie von Amar Sa'id Abu Sirhan, der drei Israelis in Jerusalem ermordet hatte, wurde das Zelt zweimal von den Sicherheitskräften wieder eingerissen.

Wie ist die Rechtslage in bezug auf diese Maßnahmen? Israel beruft sich bei der Zerstörung von Häusern auf die Notstandsverordnungen aus der britischen Mandatszeit. Die Briten hatten diese eingeführt, um das Mandatsgebiet Palästina kontrollieren zu können. Am 13. Mai 1948 setzten die Briten diese Notverordnungen außer Kraft, bevor ihr Mandat am 15. Mai 1948 ablief. In einem Brief an Al-Haq bestätigte das Britische Foreign Office die Ungültigkeit der Verordnungen. Während der jordanischen Herrschaft über die Westbank von 1948 bis 1967 wurden die Notstandsverordnungen niemals angewandt. In Artikel 128 der jordanischen Verfassung wurde jordanisches und palästinensisches Recht vor Inkrafttreten der Verfassung als null und nichtig erklärt. Artikel 128 war solange gültig, bis er ersetzt wurde durch eine andere jordanische Gesetzgebung einschließlich des jordanischen Strafrechts von 1955, das 1960 ergänzt wurde. Dieses Gesetz erklärt ebenfalls die Notstandsverordnungen für ungültig. Somit waren sie bei der Inbesitznahme der Gebiete durch Israel nicht mehr in Kraft. Der HCJ vertritt dagegen die Meinung, daß die Notstandsverordnungen seit 1945 fortwährend in Kraft geblieben seien (HCJ 434/79).

Trotz dieser klaren Rechtslage beruft sich Israel bei seiner Politik der Häuserzerstörung auf die britischen Notstandsverordnungen. Die Regierung behauptet, daß sie zum örtlichen Recht gehörten und Israel durch Völkerrecht verpflichtet sei, dieses Recht zu achten. Bei Hinzuziehung der oben erwähnten historischen Entwicklung ist dies inkorrekt. Diese Notstandsverordnungen verletzen auch die VGK, die den Rechtsschutz für Menschen in Kriegszeiten garantieren soll. Die Anwendung der Notstandsverordnungen greifen in die Rechte der Menschen auf so fundamentale Weise ein, daß man fragen muß, welchen Sinn Völkerrecht noch hat, wenn es wie im Falle von Israel zum Instrument der Machtpolitik wird und willkürlich angewendet wird.

Des weiteren werden durch die Zerstörung von Häusern sowohl die HLKO als auch die VGK verletzt. Artikel 50 HLKO und Artikel 33 VGK erlaubt keine Kollektivstrafen; Artikel 53 VGK verbietet die Zerstörung von Individual- und Gemeinschaftseigentum; nur in solchen Fällen, in denen es militärisch geboten ist, können Häuser gesprengt werden. Außerdem verbietet die Allgemeine Erklärung der Menschenrechte in ihren Artikeln 12 und 17 Abs. 2 willkürliches Eindringen in die Privatssphäre. Der HCJ vertritt die Meinung (HCJ 434/79; 897/86), daß diese Konventionen hier nicht zutreffen, weil Artikel 119 der Notstandsverordnungen Teil des örtlichen Rechts sei, das nach Artikel 43 HLKO und Artikel 64 VGK Vorrang vor anderen Artikeln habe. Vor seiner Berufung zum Energieminister hat Amnon Rubinstein zusammen mit ACRI einen Gesetzentwurf vorbereitet, der die VGK in israelisches Recht inkorporieren sollte; dieser Gesetzentwurf wird aber im Augenblick nach Angaben des ACRI-Anwaltes Eliahu Abram nicht weiterverfolgt.

Selbst den Vorwurf der Kollektivstrafe wies der HCJ (698/85) als grundlos zurück. Wenn nur derjenige bestraft werden würde, der die Tat begangen habe, wie die Palästinenser verlangen, und der HCJ diese Interpretation akzeptieren würde, so würde »die vorher erwähnte Bestimmung inhaltsleer und würde nur die Bestrafung eines Terroristen erlauben, der der alleinige Besitzer der Häuser ist«. Der HCJ machte sich auch das Abschreckungsargument des Sicherheitsestablishments zu eigen, wenn er in seiner Entscheidung fortfährt »solch eine Konsequenz sollte nicht nur den Terroristen treffen, sondern auch seine Umgebung oder seine Familie ... Er sollte wissen, daß seine kriminelle Tat nicht nur ihm schadet, sondern sie auch die angemessene Ursache für das Leiden seiner Familie darstellt«. Eine Zerstörung ist nach Ansicht des HCJ vom 2. August 1989 selbst dann erlaubt, wenn der Beschuldigte nur Mieter und nicht Eigentümer des Hauses ist. Bezieht man eine solche Haltung in seine Überlegungen mit ein, wird klar, warum Palästinenser mit ihren Eingaben gegen Häuserzerstörungen bisher so wenig Erfolg hatten. B'Tselem kommentiert dieses seltsame Rechtsverständnis wie folgt: »Strafen, die über eine Gruppe von Menschen für Taten, die sie nicht begangen haben, verhängt werden, stellen klar eine Kollektivstrafe dar.« Der HCJ hat der Tatsache keine Aufmerksamkeit geschenkt, daß die Zerstörung eines Hauses einer Familie diese bestraft und nicht den Beschuldigten. In den allermeisten Fällen gehört das Haus nicht dem Verdächtigten, sondern irgend einem Familienangehörigen.

Israels wichtigstes Argument für diese drakonischen Maßnahmen ist die abschreckende Wirkung. Die israelische Rechtsanwältin Lea Tsemel hat in mehreren Eingaben vom HCJ verlangt, daß er eine zeitlich begrenzte gerichtliche Verfügung erlassen sollte, die ihr gestatten würde, die Generalstaatsanwaltschaft zu veranlassen, Angaben über die Anzahl der verdächtigten Personen und ihre Taten sowie über die daraufhin geschehenen Häuserzerstörungen zu machen. Tsemel wollte damit nachweisen, daß die Zerstörung und die Versiegelung der Häuser keine abschreckende Wirkung hatten. Deshalb seien solche Sanktionen ineffektiv und nicht zu rechtfertigen. Der HCJ hat Lea Tsemels Eingaben abgelehnt und sich den Argumenten des Sicherheitsestablishment angeschlossen, daß Sprengung und Versiegelung eine abschreckende Wirkung hätten (HCJ 982/89; 948/89).

Die Sicherheitskräfte konnten die abschreckende Wirkung nie durch Zahlen belegen. Ihre Rechtfertigung war immer stets nur rhetorisch, wie die Äußerung des früheren Generalstabschefs Dan Shomron bestätigt: »Ich glaube, daß Zerstörungen eine nicht unbeträchtliche Abschreckung darstellen.« Eine gegenteilige Meinung vertritt der ehemalige General Aryeh Shaler in seinem Buch »The Intifada – The Reasons, Characteristics and Implications«. So gingen Anschläge mit Molotowcocktails in dem Moment, in dem massiv Häuser zerstört worden sind, nicht zurück. Im April 1989 wurden 23 Häuser zerstört, und im Mai 163 Anschläge mit Molotowcocktails verübt. »Es kann gesagt werden, daß einerseits durch den Abschreckungseffekt den betroffenen Familien finanzielle Entschädigung gezahlt wurden, andererseits führten sie zu einer Zunahme der Opposition gegen die israelische Herrschaft.« Ähnlich äußerte sich die Zeitung »Hadashot« am 5. Dezember 1990: »Man kann nicht sagen, daß wir die Intifada niedergeschlagen oder das wir eine Abnahme der Gewalt erreicht haben, trotz der Tatsache, daß wir hunderte von Häusern zerstört und Dutzende von Bewohnern deportiert haben.« Selbst für den damaligen Verteidigungsminister Yitzhak Rabin schienen die Häuserzerstörungen nicht die abschreckende Wirkung gehabt zu haben, über die das Sicherheitsestablishment immer so lobende Worte fand. Anfang Juni 1989 fragte er bei den Rechtsberatern an, »sich rechtliche Schritte einfallen zu lassen, um neue Strafmaßnahmen anzuwenden, die der IDF und dem Sicherheitsdienst helfen, effektiver mit der andauernden Gewalt in der Westbank und dem Gaza-Streifen umgehen zu können«.

Selbst wenn das Sicherheitsestablisment glaubhaft eine Verbindung von Abschreckung und Häuserzerstörung hätte nachweisen können, würde eine solche Maßnahme niemals diese Art von Menschenrechtsverletzung rechtfertigen. Nicht aus Gründen der Abschreckung, sondern aus sogenannten »Sicherheitserwägungen« zerstört die israelische Armee Häuser der Palästinenser; sie benutzt dieses Mittel als eine Vergeltungsmaßnahme gegen palästinensische Familien. B'Tselem kommentiert die zurückhaltende Haltung des HCJ in bezug auf die rechtliche Legitimierung von Häuserzerstörungen: Der HCJ »rechtfertigt die andauernden Menschenrechtsverletzungen und die verhängten Strafen, die in keinem Verhältnis zu dessen Schwere stehen. Dies wurde vom früheren Präsidenten des Obersten Gerichtes Agranat als ›inhuman‹ bezeichnet«. Richter Shimon Agranat gab diese Charakterisierung in einem Interview mit der israelischen Wochenzeitung »Kol Ha'ir« am 2. November 1990.

Die Zerstörung von Häusern als Mittel der Kollektivstrafe verhindert keine weiteren Anschläge, sondern bringt nur Not und Leid über unschuldige Familienangehörige. So berichtet B'Tselem in seinem Jahresbericht 1990/91 von der Zerstörung des Hauses von Hashem al-Abd Qarabsa, dessen Sohn Muhammad folgende Verbrechen begangen hat: Er war Mitglied einer Gruppe, die palästinensische Kollaborateure liquidierte; Herstellung von 14 Molotowcocktails, die gegen israelische Fahrzeuge und Regierungseinrichtungen eingesetzt worden sind; Teilnahme an drei Morden an Kollaborateuren, die mit Israelis zusammengearbeitet hatten, und mehrere Mordversuche an Kollaborateuren. Am 14. Mai 1990 wurde Qarabsa formal angeklagt. Am 3. Juni wurde der Vater informiert, daß sein Haus zerstört werden soll. Am 5. Juni legte der Vater Berufung gegen diese Entscheiung ein. Am 11. Juni wurde sie von der Einspruchskommission abgelehnt, und am 17. Juni reichte er Beschwerde beim HCJ ein. Der Vater argumentierte, daß sein Sohn Muhammad nur in einer von fünf Wohungen lebe. Die Zerstörung der anderen vier Wohnungen würde 26 Menschen unschuldig treffen. Am 13. September 1990 wies der HCJ die Beschwerde ab. Richter Michael Ben-Yair begründete die Ablehnung mit der Schwere der Beschuldigungen und mit Artikel 119 der Notstandsverordnungen, nach dem kein Spielraum für die Begründung des Betroffenen bestehe. Obwohl der Prozeß gegen den Beschuldigten noch nicht begonnen habe, könne nicht zu seinen Gunsten interveniert werden. »Im Hinblick auf die Forderung, daß nur die Wohneinheit des Gefangenen zerstört werden sollte, gibt es keinen Zweifel, daß diese Einheit einen untrennbaren Teil des Hauses des Klägers ist; deshalb werden wir seine Einwände nicht berücksichtigen, nur die eine Wohneinheit zu zerstören.« Das Haus wurde am 30. Oktober 1990 in Anwesenheit von 40 Soldaten, die eine Ausgangssperre über die Gegend verhängt hatten, gesprengt, wodurch auch erheblicher Sachschaden an den Nachbarhäusern entstand.

Auch die israelische Menschenrechtsorganisation »Rabbis for Human Rights« lehnt die Art der Kollektivstrafe durch die Armee ab. Solche Maßnahmen verletzen nicht nur Völkerrecht, sondern auch »moralischen Anstand und die Halacha« (Religionsgesetz). Rabbiner Ehud Bandel zieht eine Parallele zwischen der Zerstörung des Tempels, der »Das Haus« (Habayit) genannt wird, zu den Häuserzerstörungen in den besetzten Gebieten. Die RHR protestierten gegen die Zerstörung des Hauses von Aiman Muhsein al-Raza, dessen Sohn von einem Soldaten erschossen worden ist, weil er eine kriminelle Tat gegangen hatte.

Nach Angaben von PHRIC wurden allein im Januar 1992 28 Häuser zerstört und versiegelt, 27 in der Westbank und eins im Gaza-Streifen. 100 Menschen, davon 46 Kinder, wurden dadurch obdachlos. Zusätzlich zerstörte man noch einen muslimischen Friedhof in Kfar Shalan in Tel Aviv, um Wohnhäuser zu errichten. Am 29. Januar 1992 – während des schlimmsten Schneesturms in hundert Jahren in der Region – wurden zwei Häuser in dem Bedouinen-Dorf Za'tara in der Nähe von Bethlehem zerstört, weil sie ohne Baugenehmigung gebaut wurden. Im Juli 1991 wurde dem Besitzer Daoud Wahsh erklärt, er solle innerhalb von sieben Tagen sein Haus selber abreißen oder es würde vom israelischen Militär zerstört. Wahsh legte Einspruch ein und bekam die mündliche Zusage, daß man das Haus aus humanitären Gründen nicht zerstören wolle. Am 29. Januar erschienen 30 Soldaten mit einem Bulldozer. Wahsh wurde befohlen, sein Haus umgehend zu räumen. Er bat um einen Aufschub von zwei Tagen, um sich eine neue Bleibe zu suchen, was die Soldaten ablehnten. Nach 15 Minuten war das Haus zerstört.

Im April 1992 machte das Militär 19 Häuser unbewohnbar, vier aus »Sicherheitsgründen« und 14, weil keine Baugenehmigung vorlag; ein Haus wurde im Gaza-Streifen zerstört, weil der Sohn von Faraj Salameh al-Zayig »gesucht« wurde. Im Mai 1992 waren es 26 Häuser, wodurch 253 Menschen obdachlos wurden. Am 12. Mai 1992 wurde im Dorf Hussan in der Nähe von Bethlehem eine Moschee zerstört, weil sie ohne Baugenehmigung errichtet worden war. Die Moschee wurde aus Spendengelder der Dorfbewohner erbaut. Ende Februar überbrachte ein Beamter der Planungsbehörde ein Schreiben mit der Aufforderung, eine Genehmigung in Beit El zu beantragen. Der Dorfchef und einige Dorfbewohner trafen sich in Beit El mit den zuständigen Beamten, der ihnen zusicherte, daß die Planungsbehörden in Bethlehem eine Genehmigung ausstellen würde. Der Antrag wurde jedoch abgelehnt, weil man eine Straße bauen wollte, die genau über das Land führte, auf dem die Moschee stand. Den Dorfbewohnern wurde nicht gestattet, die religiösen Gegenstände wie Koran und andere religiöse Literatur zu entfernen. Mit einem Bulldozer wurde die Moschee dem Erdboden gleichgemacht und total abgeräumt.

Von Juni bis September 1992 wurde der überwiegende Teil der Häuser wegen fehlender Baugenehmigungen zerstört. Im gleichen Zeitraum fielen vier Häuser aus Sicherheitsgründen den Bulldozern zum Opfer, neun wurden versiegelt und 70 zerstört, weil keine Baugenehmigung vorlag; über 500 Menschen verloren dadurch ihr Dach über dem Kopf.

Die Society of St. Yves berichtete am 8. Juni 1993 von der Zerstörung zweier Häuser von Ibrahim Ahmed Hassan Mash'al aus dem Dorf Suwahra, das an der Grenze zwischen Ost-Jerusalem und der Westbank liegt. Seit 1988 hatte er sich vergeblich bemüht, vom Jerusalemer Bauamt eine Baugenehmigung zu erhalten. Sie wurde ihm am 12. November 1989 wegen Nichtzuständigkeit verweigert; ein weiterer Antrag bei der Zivilverwaltung in Beit El wurde nach eineinhalb Jahren am 21. Juli 1991 ebenfalls abgelehnt. Angeblich war das Land als »Grünzone« ausgewiesen, was den Einwohnern von Suwahra nicht bekannt war. Ibrahim Mash'al ließ nochmals die Baupläne überarbeiten, um doch noch eine Genehmigung zu erhalten – aber vergeblich. Daraufhin baute er für seine Großfamilie drei Häuser, von denen zwei am 8. Juni und das dritte am 26. Juli 1993 zerstört wurden. Nach Ansicht von Rechtsanwältin Lynda Brayer widerspricht dieses Verhalten der israelischen Regierung »allen moralischen und sozialen Normen der zivilisierten Welt«. Sie sieht dieses Problem nicht als ein rechtliches, sondern als ein politisch-moralisches. Für sie gibt es keinen rechtlichen Grund, um ein Haus zu zerstören. »Gesetze sind nicht nur Wörter auf Papier; sie sind nicht eine bloße Formalität. Ein Gesetz darf nicht als ein alternatives ›Verteidigungssystem‹ gebraucht werden, als eine andere Waffe der Zerstörung. Um legitim zu sein, muß ein Rechtssystem den Interessen der Menschen dienen. Tyrannei ist die Anwendung des Rechtssystems als ein Mittel des Angriffs, als ein System der Unterdrückung«, so in einem offenen Brief Lynda Brayers an die Freunde der Gesellschaft vom Heiligen Ivo. Sie beendet ihren »Hilferuf« mit einem emotionalen Appell: »Das menschliche Herz ist nicht für Schadenfreude gemacht und jene, die sich am Leiden anderer freuen, werden zu Recht als Sadisten verurteilt. Gestern mußte ich aus Schamgefühl weinen. Ich schämte mich, eine Israelin zu sein, dessen Armee Zivilisten terrorisieren und ihre Häuser zerstören.«

Nach dem Regierungswechsel von Yitzhak Shamir zu seinem Namensvetter Rabin wurden auch die Richtlinien für den Einsatz militärischer Mittel gegen »gesuchte« Palästinenser verschärft. B'Tselem und PHRIC dokumentieren in ihren Veröffentlichungen den Einsatz schwerer Waffen, um diesem Personenkreis habhaft zu werden. So setzen die israelischen Sicherheitskräfte Panzerabwehrraketen, Feldartillerie, Granaten und andere schwere Munition gegen »gesuchte Personen« und deren Familienangehörige ein. Seit September 1992 findet verstärkt eine »Jagd« auf »gesuchte Personen« statt. Diese Einsätze eskalieren, wie z.B. am 13. November 1992, als in Khan Yunis neun Häuser durch den Einsatz schwerer Waffen und Munition zerstört wurden. Drei der Häuser wurden so schwere beschädigt, daß sie unbewohnbar waren. Bei diesem Einsatz fand das Militär keine »gesuchten Personen«. Sechs Wochen später gab es einen kombinierten Einsatz von »undercover units«, Armee und Grenzpolizei, die einen Militäreinsatz gegen eine Person in der Westbank durchführten. Mit Granaten, Panzerabwehrraketen und Maschinengewehrfeuer wurde eine »gesuchte Person«

getötet und ein Haus zerstört. Eine solche Taktik wird in jüngster Zeit häufig angewandt, insbesondere im Gaza-Streifen, wo ein ganzer Straßenzug zerstört worden ist, wie der Verfasser im Juni 1993 bei einem Besuch feststellen konnte. 19 Häuser wurden total und 83 erheblich zerstört; mehr als 1000 Menschen verloren dadurch ihr Heim.

Israelische Quellen behaupten, diese Einsätze dienten ihrer eigenen Sicherheit, um die Risiken für ihre Truppen zu reduzieren, nachdem im August zwei Mitglieder der Sicherheitskräfte getötet worden sind. »Angeblich sind diese Maßnahmen als Teil eines Krieges gegen bewaffnete gesuchte Personen gerechtfertigt, um Leben zu retten sowohl von Soldaten als auch unschuldigen Bewohnern«, schreibt B'Tselem. Ganz anders die Meinung von PHRIC, die die Gründe für solche Einsätze eher in der Absicht sieht »die Bevölkerung einzuschüchtern und zu terrorisieren, um so gesuchte Personen zur Aufgabe zu zwingen«. Bei einigen Fällen scheinen die Motive eher aus niederen Rachegelüsten zu resultieren, da die »gesuchten Personen« bereits verhaftet waren.

B'Tselem dokumentiert in seiner Broschüre »House Demolition During Operations against wanted Persons« vom Mai 1993 15 Fälle, in denen die Sicherheitskräfte schwere Munition eingesetzt hatten. Die Bezeichnung »wanted persons« bezieht sich auf Palästinenser, die von den israelischen Sicherheitskräften so bezeichnet werden, weil sie als »gesucht« gelten. Die meisten von ihnen haben Verbrechen begangen wie die Tötung von »Kollaborateuren« oder Anschläge auf israelische Armeeangehörige. Trotzdem betont B'Tselem, daß es sich hier um Verdächtigte handelt und »der Einsatz der Gewalt durch die Sicherheitskräfte gegen sie nur im Falle der Lebensgefahr oder Verweigerung der Verhaftung gerechtfertigt ist«.

Die Behandlung der Bewohner war von Fall zu Fall unterschiedlich. In sechs Fällen gab es keinerlei Beschwerden wegen erniedrigender Behandlung, in diesen Fällen wurden die Bewohner nur evakuiert und konnten in die Ruinen ihrer Häuser zurückkehren. In neun Fällen erklärten die Betroffenen in eidesstattlichen Erklärungen, daß sie erniedrigt worden seien. So wurden sie gefesselt, und ihre Augen wurden verbunden; sie bekamen nichts zu essen und wurden geschlagen; man verweigerte ihnen den Gang zur Toilette. Wie die Erklärungen auch zeigen, haben die Soldaten darauf geachtet, daß sich niemand mehr in den Häusern aufhielt, bevor sie zerstört worden sind. Die Soldaten selbst aber kümmerten sich nicht darum, ob noch jemand in den Häusern war, sondern schickten die Angehörigen hinein, um nachzusehen. Nach den Vorschriften für den Schußwaffeneinsatz ist es nicht gestattet, »gesuchte Personen« zu töten, die das Leben der Soldaten nicht bedrohen.

PHRIC berichtet von 48 zerstörten Häusern im April 1993 sowie von einer Geflügelfarm und einem Schafstall. Davon waren 374 Menschen betroffen. Der Einsatz von Artillerie und Panzerabwehrraketen hat seit Anfang 1993 stark zugenommen. Der Vorwand für den größten Teil dieser Zerstörungen war die Suche nach »gesuchten Personen«. Im Mai 1993 wurden 15 Häuser und eine Geflügelfarm zerstört oder versiegelt. 141 Personen wurden obdachlos. Im Juni fielen 17 Häuser, eine Baracke und ein Geschäft der Zerstörung durch das israelische Militär zum Opfer, wodurch 145 Menschen betroffen waren. Im Juli waren es 17 Häuser, die für 80 Personen die Obdachlosigkeit bedeuteten.

Der GCRL berichtet von einem Einsatz am 20. April 1993, bei dem 200 israelische Sicherheitskräfte über dem Stadtbezirk Tuffah in Gaza-Stadt eine Ausgangssperre verhängten und die Familien aufforderten, ihre Häuser zu verlassen. Bei diesem Einsatz wurden 20 Appartements zerstört und 136 Menschen obdachlos. Frauen, Männer und Kinder wurden getrennt, viele von ihnen gefesselt und die Augen verbunden. Die Angriffe erstreckten sich über den ganzen Tag; zuerst wurden alle Gebäude mit Panzerabwehrraketen und Gewehrfeuer angegriffen. Später durchkämmten kleine Gruppen von Soldaten die Gebäude und zündeten Granaten. Am Nachmittag wurde der gesuchte Zakaria Shorbaji von Sicherheitskräften erschossen. Fünf weitere wurden verhaftet, zwei von ihnen am nächsten Tag freigelassen. Der Schaden war beträchtlich; er überstieg den vom 10. Februar 1993 in Khan Yunis, wo drei Häuser zerstört und neun beschädigt wurden. Am 28. Juli 1993 schlugen 200 Soldaten im Al Amal Viertel in Khan Yunis zu und zerstörten vier Häuser.

Auch nach der Unterzeichnung der »Prinzipienerklärung« gehen die Häuserzerstörungen weiter. So wurde nach Angaben des GCRL am 18. Dezember 1993 das Haus von Saleem Mousbach Mwafi aus dem Flüchtlingslager Rafah im Gaza-Streifen durchsucht. Mwafi gehört den »Fatah-Falken« an. Die Soldaten zerstörten die Möbel und zündeten im Haus mehrere Granaten. Am 23. Januar 1994 – während der nächtlichen Ausgangsperre – zerstörten Soldaten 40 Marktstände in der Nähe der Stadtverwaltung von Gaza-Stadt. 40 Familien sind davon betroffen. Von seiten des Militärs wurde keine Begründung gegeben. Das Haus von Abed Ahmed Ameen al-Toweel wurde am 5. Januar 1994 ohne jegliche Vorwarnung in Gaza-Stadt zerstört.

Bei dem hohen Sachschaden stellt sich unweigerlich die Frage nach der Entschädigung. Die israelische Armee lehnt eine solche in den Fällen ab, in denen »gesuchte Personen« gefunden wurden. Dies ist jedoch bei der überwiegenden Zahl der Fälle nicht der Fall. Zur Frage der Entschädigung äußerte sich am 3. März 1993 der Generalstabschef Ehud Barak im Fernsehen wie folgt: »Wir arbeiten daran, daß sich die Zivilverwaltung mit den Betroffenen in Verbindung setzt, um Entschädigungszahlungen an jene Menschen zu zahlen, deren Eigentum zerstört worden ist, dies geschieht aber nur, wenn es sich herausstellt, daß die gesuchte Person nicht in ihrem Haus war und die Bewohner nicht mit ihr in Verbindung standen.« Trotz dieser Aussage hat sich die Zivilverwaltung um eine Schadensaufnahme nicht bemüht und auch keine Entschädigung gezahlt. Der stellvertretende Rechtsberater, Baroukh Mini, im Gaza-Streifen schrieb an Raji Sourani vom GCRL am 25. Juli 1993, daß diese Einsätze militärisch notwendig waren und somit kein Grund bestünde, eine Entschädigung zu zahlen. Es wurde aber die Bereitschaft zur Entschädigungszahlung für solche Familien erklärt, die keine »gesuchte Person« versteckt hatten. Trotz dieser positiven Haltung haben die israelischen Behörden dem GCRL ein Hindernis nach dem anderen in den Weg gelegt bei seinem Versuch, den Familien zu ihrem Recht zu verhelfen, trotz anders lautender Erklärungen von israelischer Seite. Die Familien, die eine Entschädigung beantragen wollten, sollten sich an die zuständige Kommission wenden. Nach Angaben von B'Tselem wurde bisher an keine Familie eine Entschädigung gezahlt. »Die Verpflichtung, Entschädigung zu zahlen, sollte selbstverständlich sein, gleichgültig ob gesuchte Personen gefunden wurden oder nicht.« Auch in den wenigen Fällen, in denen »gesuchte Personen« gefunden wurden, müßten die Familien für den Schaden entschädigt werden, da es in einem Rechtsstaat keine Grundlage für eine Sippenhaft gibt. Die Aktionen vermitteln den Eindruck, daß es den israelischen Sicherheitskräften eher darum geht, Palästinenser obdachlos zu machen und die Menschen zu demütigen, als »gesuchte Personen« festzunehmen. Der Einsatz der Mittel rechtfertigt in keiner Weise die mageren Resultate. Israels »Sicherheitsdogma« muß in Relation zur Sicherheit und den Rechten von unbewaffneten Menschen gesetzt werden. Bei einer solchen Abwägung ist das Sicherheitsverlagen jenseits jeder Verhältnismäßigkeit der Mittel. »Diese Politik ist illegal und stimmt nicht mit der Verpflichtung der israelischen Regierung überein, die Wohlfahrt der Bewohner der Territorien zu sichern«, so B'Tselems Beurteilung.

Selbst unter der »liberalen« Regentschaft des ehemaligen Jerusalemer Bürgermeisters Teddy Kollek wurden im Juni 1993 acht Häuser von Palästinensern zerstört, die alle ohne Baugenehmigung errichtet worden waren. So wurden allein in Silwan im Jahre 1993 neun Häuser zerstört; weitere vier sollen 1994 folgen. Die meisten Häuser im Einzugsbereich von »Groß-Jerusalem« wurden seit 1967 ohne Genehmigung gebaut, weil die Stadtverwaltung bewußt keine Baugenehmigungen erteilt hatte. Obwohl Bürgermeister Kollek 1991 versprochen hat, keine Häuser zerstören zu lassen, scheint ihm die Entwicklung von höherer Stelle aufgezwungen worden zu sein. Seit 1986 wurden nach Angaben von PHRIC über 210 Häuser von Palästinensern in Ost-Jerusalem zerstört. Augenblicklich fallen jährlich ca. 50 dieser Politik zum Opfer.

Am 29. Juni 1993 wurde das Haus des 70jähigen Khalil Ibrahim in Jabal Mukabar zerstört, das vor 18 Jahren zum Preis von 35.000 Shekel erbaut worden war. Die Zerstörung kam für den Besitzer völlig überraschend; er wußte nichts von einer gegen ihn verhängten Entscheidung zur Zerstörung. Er hatte niemals Probleme mit den israelischen Behörden. Das Haus war zwar ohne Baugenehmigung erbaut, aber man versicherte ihm, daß das Gebiet in das Bebauungsgebiet von Jerusalem eingegliedert werden würde und er in diesem Falle nachträglich eine Genehmigung ausgestellt bekäme. 1988 baute er noch drei Zimmer an, woraufhin die Stadtverwaltung ihn mit einer Strafe von 12.500 Shekel belegte, die er in Raten abzahlte; die letzte im Dezember 1992. Obgleich die Stadtverwaltung niemals den ursprünglichen Bau rechtlich in Frage gestellt hatte, wurde das komplette Haus zerstört. Die Stadtverwaltung drehte ihm auch noch das Wasser mitten im Juni ab. Zwischen den Trümmern seines Hauses sitzend, fragt Khalil Ibrahim verzweifelt, ob ein Pressebericht ihm sein Haus wiederbringen würde?

Die Unterzeichnung des »Gaza-Jericho-Abkommens« hat sich bisher auf das Verhalten des israelischen Militärs noch nicht ausgewirkt. So berichtet GCRL von massiven Angriffen der Sicherheitskräfte auf Shaboura im Flüchtlingslager von Rafah, Jabalija, Khan Yunis, Bureij Flüchtlingslager und Gaza-Stadt am 2. Oktober 1993. Mit schwerer Munition, Granaten und Panzerabwehrraketen unterstützt von Hubschrauber und Militäraufklärern glich der Gaza-Streifen einem »Schlachtfeld«. Bei diesen schweren Angriffen wurden 18 Häuser schwer beschädigt, zwei Palästinenser in einem Schußwechsel erschossen und 17 Personen verhaftet. Keiner der 17 gilt als »gesucht«. Die Society of St. Yves berichtet von der Bombardierung des Hauses von Aiman Jaber Abu Sader aus dem Dorf Zayta am 24. September 1993. Die israelischen Sicherheitskräfte machten wieder einmal »Jagd« auf »gesuchte Personen«. Sie verhängten eine Ausgangssperre über das Dorf und umzingelten das Haus. Über Lautsprecher wurden die Bewohner aufgefordert, herauszukommen. Abu Sader und sein Bruder waren die einzigen Personen im Haus; sie wurden sofort verhaftet und nach Tulkarem ins Gefängnis gebracht. Die Sicherheitskräfte feuerten zwischen 20 und 30 Raketen auf das Gebäude. Nach dem Einsatz sammelten die Soldaten die Reste der Raketen wieder ein.

Am 14. Februar 1994 umstellten israelische Soldaten das El Bayok Viertel von Khan Yunis, um einen »gesuchten« der »Fatah-Falken« festzunehmen. Im Zuge dieses erfolglosen Einsatzes verschafften sich die Soldaten Zutritt mit Spitzhacke und Metallstangen und richteten Schäden an der Inneneinrichtung an. Bei einem anderen Militäreinsatz am 17. Februar in Rafah umstellte israelisches Militär zusammen mit den »verdeckten Einheiten« das Jenena Viertel auf der Suche nach »gesuchten Personen«. Auch dieser Einsatz verlief erfolglos, was die Personen betraf, aber »erfolgreich«, was den Schaden anbelangte, wie GCRL in seinem monatlichen Menschenrechtsbericht berichtete. So wurde das Dach des Hauses von Salama Salim Soliman al-Soultan mit Panzerabwehrraketen beschossen, wodurch das gesamte Haus stark beschädigt worden ist. Bei diesem Einsatz verloren 53 Personen ihr Dach über dem Kopf.

Im Zuge der Vorbereitungen ihrer Truppenverlegung aus Teilen des Gaza-Streifens spricht GCRL in seinem monatlichen Bericht vom April von systematischen Verhaftungen von Kritikern der israelisch-palästinensischen Vereinbarungen. Dabei kam es zu weiteren Häuserschäden und erheblichen Beschädigungen der Inneneinrichtungen von Mitgliedern der Hamas und des Islamischen Dschihad. So wurde das Haus von Mahmoud Abu el Kas am 4. April bei einer Durchsuchung durch die Zündung von Granaten schwer beschädigt. Schwere Schäden wurden in den Häusern von Fathi Rabah Said Farhat am 4. April und Samir Ismail Hafeth Kuheil am 7. April angerichtet.

WOFPP berichtet in einer Presseerklärung vom April 1994 von folgendem Vorfall: Am 21. Juli 1992 wurde Abeer al-Waheadi aus Ramallah verhaftet und am 10. April 1994 zu 17 Jahren Gefängnis verurteilt. Am 12. April wurde über Ramallah eine Ausgangssperre verhängt. Am Morgen wurde das Haus umstellt und die Familie aufgefordert, es unverzüglich zu räumen. Der Vater weigerte sich; daraufhin wurde die ganze Familie verhaftet. Das Haus wurde mit Raketen beschossen und anschließend von zwei Bulldozern zerstört. Alle privaten Einrichtungsgegenstände kamen ebenfalls bei der Zerstörung zu schaden. Die Militärbehörden rechtfertigten die Zerstörung mit dem Verdacht, daß sich in dem Haus sogenannte »gesuchte Personen« aufgehalten hätten. Solche wurden jedoch nicht in den Trümmern gefunden. Am nächsten Morgen wurde die Familie wieder freigelassen.

In vielen Fällen, in denen Häuser von Palästinensern der israelischen Siedlungspolitik in den besetzten Gebieten im Wege standen, fallen diese der Zerstörung zum Opfer. Über einen tragischen Fall berichtet Michal

Schwartz im Januar-Heft von »Challenge«. Dabei handelt es sich um das Haus der Witwe Faiza Abu Shafe. Nachdem sie aus dem Irak zurückgekehrt war, wo ihr Mann überraschend starb, zog sie in ihr Heimatdorf Silwan mit ihren vier Kindern. Dort baute sie ein einstöckiges Haus sowie einen Schuppen für ihre Ziegen, Hühner und Gänse. Vor einem Jahr errichtete sie ein weiteres Stockwerk für die inzwischen verheirateten Kinder. Sie beantragte eine Baugenehmigung, erhielt aber wie fast alle Palästinenser von Ost-Jerusalem eine Absage. In Parenthese sei erwähnt, daß alle Häuser, die seit 1967 in Silwan gebaut worden sind, ohne eine solche Genehmigung entstanden. Ende November 1993 erhielt die Familie den »Abbruch-Auftrag«, unterzeichnet vom neuen Bürgermeister Ehud Olmert. Daraufhin ging Tochter Salah zur zuständigen Stelle bei der Jerusalemer Stadtverwaltung. Dort erzählte man ihr, sie solle das zweite Stockwerk selber abreißen, um die Kosten zu sparen. Der erste Stock könne stehen bleiben. Die Familie lieh sich entsprechendes Gerät aus und zerstörte ihr für 70.000 Shekel errichtete zweites Stockwerk. Am 11. Dezember war die Tat vollbracht! Am 16. Dezember war das Haus von Militär, der Polizei und Vertretern der Jerusalemer Stadtverwaltung umstellt. In wenigen Minuten war das restliche Haus zerstört, ohne daß man der Familie Gelegenheit gegeben hätte, ihre Tiere zu retten; ebenso wurden ihre persönliche Habe und die Einrichtung zerstört. Diejenigen, die sich auf ein Streitgespräch mit den Behörden einließen, schlug man. Die Amtsperson, mit der Salah gesprochen hatte, stritt ab, jemals mit ihr zu tun gehabt zu haben. Auf die verzweifelte Frage von Faiza, wie irgend jemand auch nur vom Frieden sprechen könne, wenn die Israelis den Palästinensern das Bauen von Häusern verböten, konnte keiner beantworten.

Silwan und der angrenzende Wadi Yasul gehören zu den schönsten Gegenden um Jerusalem. Der Planungsausschuß der Stadt Jerusalem hat den Bau eines Hotels oberhalb des Wadis beschlossen. Zu diesem Komplex gehören 30.000 Quadratmeter Land. Die Familie Musa und Khader Hirbawi beantragten Mitte der achtziger Jahre eine Baugenehmigung für ein Haus im Wadi Yasul. Diese wurde mit der Begründung abgelehnt, dieses Gebiet sei als »Grünzone« ausgewiesen, in der nicht gebaut werden dürfe. Ihnen wurden aber keinerlei Pläne gezeigt. In den folgenden fünf Jahren stellten sie immer wieder neue Bauanträge, jedoch ohne Erfolg. 1992 entschloß sich die Familie zu bauen. Im Januar 1993 war das Haus fertig. Kurz nach der Fertigstellung erschienen Vertreter der Stadtverwaltung und fotografierten das Haus. Nach einigen Wochen erhielt die Familie die Aufforderung zum Abriß. Ein beauftragter Rechtsanwalt handelte mit der Stadt eine Strafe in

Höhe von 18.000 Shekel aus, die kurzfristig zu entrichten war. Die Familie hatte bereits 17.000 gezahlt, als die Stadtverwaltung anrückte und das Haus zerstörte.

Das Dorf Hizmeh steht symbolisch für viele. Es ist umgeben von Siedlungen, die um Jerusalem herum entstehen; über kurz oder lang werden die Bewohner von dort »vertrieben«. Yifat Susskind berichtet in »Challenge« von dem Fall Suleiman Khatib, obwohl sein Haus legal gebaut worden war, dies aufgrund einer geschickten Enteignungspolitik in Jerusalem plötzlich »illegal« wurde und zerstört werden mußte. Durch die völkerrechtswidrige Annexion Ost-Jerusalems in das israelische Staatsgebiet wurden 4400 Dunums annektiert, und die Siedlung Pisgat Ze'ev wurde gegründet. Khatibs Eigentum gehörte ebenfalls dazu, ohne ihm dies jedoch mitzuteilen. Letztendlich war Khatib ein Opfer der undurchsichtigen Rechtsvorschriften von Militärverordnungen und Besatzungsrecht. Susskind schließt mit folgender Feststellung: »Israels Politik der Landenteignung und Konzentration von jüdischen Siedlungen um das besetzte Jerusalem ist ein Disaster für das Dorf Hizmeh, das von einem Ring von Siedlungen umgeben ist. Die Prinzipienerklärung, die die Diskussion um die Siedlungen ausklammert, wird nur den Ausbau von Siedlungen um die Stadt beschleunigen.«

Eine Zerstörung von Häusern kann – wenn überhaupt – nur dann gerechtfertigt werden, »gesuchte Personen« sich bewaffnet in dem Haus aufhalten, diese Personen das Leben der Sicherheitskräfte bedrohen, alle unbeteiligten Personen das Haus verlassen haben sowie andere Mittel wie Tränengas und die Aufforderung, sich zu ergeben, zwecklos sind. Die verantwortlichen israelischen Stellen müssen in jedem Falle Entschädigungszahlungen leisten. Die brutale und inhumane Vorgehensweise scheint eher die Norm als die Ausnahme zu werden.

6. Diskriminierungen bei Entwicklungsplanung und Hausbau

Die israelische Stadtentwicklungspolitik beeinträchtigt in unvorstellbarem Ausmaße das Leben der Palästinenser. Die Erteilung von Baugenehmigungen ist um vieles geringer als das Bevölkerungswachstum. Für Jerusalem werden an Palästinenser so gut wie keine Baugenehmigungen erteilt, so daß die Bevölkerung gezwungen ist, »illegal« zu bauen, obdachlos zu werden oder aus Ost-Jerusalem wegzuziehen. Über die Hälfte des palästinensischen Landes wurde beschlagnahmt, und die Zerstörung von Häusern überschritt in den letzten Jahren die Zahl der erteilten Baugenehmigungen. Die Ausreden für eine solche Politik beruhen auf Bebauungsplänen, die 1930 von der britischen Verwaltung erstellt worden sind. Die israelische Besatzungsmacht hat seit 1967 so gut wie keine Landesentwicklungs- und Bebauungspläne für die palästinensische Bevölkerung genehmigt. Die Situation ist besonders in den ländlichen Gebieten der Westbank angespannt; seit der Intifada hat sie sich dramatisch zugespitzt. Die 1990 erstellten Bebauungspläne haben die Flächen für Bauland so restriktiv festgelegt, daß eine Ausdehnung aufgrund des Bevölkerungswachstums nicht möglich ist.

Das hohe Bevölkerungswachstum verlangt zwangsläufig die Erstellung von Entwicklungsplänen. Trotz hoher Emigration wird die arabische Bevölkerung in den nächsten zehn Jahren um ein Drittel wachsen. Bei dieser angespannten Lage ist es den Palästinensern nicht gestattet, zwei Drittel ihres Landes in der Westbank für Baumaßnahmen zu nutzen. Das Bevölkerungswachstum erzeugt einen Bedarf an Häusern zwischen 2300 und 3000 zusätzlich Wohneinheiten. Die Erteilung von Baugenehmigungen fiel von 4400 im Jahre 1979/80 auf 1600 in 1985/86 und auf 400 in 1988/89 und erreichte ab 1990 zirka 250 pro Jahr; dies ist ein Zehntel des Bevölkerungswachstums. Von jeder verweigerten Baugenehmigung werden zirka elf Menschen betroffen. Ihnen wird das Recht auf Wohnen in einer menschenwürdigen Unterkunft verweigert. So schätzt PHRIC die Zahl der palästinensischen Familien, die in Ost-Jerusalem in Höhlen und Zelten leben müssen, auf ca. 21.000. Deshalb beginnen die Betroffenen, ohne Baugenehmigung zu bauen; diese Häuser werden dann »legal« vom israelischen Militär in Zusammenarbeit mit den Behörden zerstört. Im gleichen Zeitraum nahmen die Zerstörungen von einigen Dutzend Häusern in der Mitte der achtziger Jahre auf 305 im Jahre 1988, 431 in 1989, vom Januar 1990 bis Ende 1991 auf 494 zu und betrugen 1992 207, um 1993 auf 259 anzusteigen.

Die Militärgesetzgebung wirkte sich in zweifacher Hinsicht auf die Entwicklungspläne aus: Erstens wurde die Planungshoheit auf solche Personen übertragen, die vom Militärkommandeur ernannt wurden. Die einzige Ausnahme ist, daß in den Verwaltungen der Städte lokale Planungsbehörden erhalten blieben. Dagegen wurden auf dem Land die Planungskommissionen durch Militärerlaß Nr. 418 von 1971 abgeschafft. Zweitens behält sich der Militärkommandeur oder seine Beauftragten alle Macht vor, zu jeder Zeit Pläne oder Genehmigungen wieder zu ändern oder zurückzuziehen.

Es gibt zwei separate und sich überlagernde Systeme der Entwicklungsplanung in den besetzten Gebieten: eins für die Palästinenser und das andere für die jüdischen Siedler. Was die palästinensische Bevölkerung anbelangt, sind deren Entwicklungspläne unvollständig und überholt. Der vom

Militärkommandeur ernannte »Hohe Planungsrat« hat seit 1967 kaum neue Entwicklungspläne für die Palästinenser genehmigt oder erstellt. Seine Ziele sind nicht zum Nutzen der Bevölkerung oder zur Sicherheit der Armee, wie es die VGK betont. Dieser Planungsrat überschreitet die Kompetenzen Israels als Besatzungsmacht. Die Entwicklungspläne aus der britischen Mandatszeit haben weder praktische Gültigkeit, noch wurden sie ins Arabische übersetzt. Es scheint, als seien sie von Israel zu Beginn der achtziger Jahre wiederentdeckt worden.

Wenn ein Palästinenser bei den israelischen Behörden anfragt, wo in seinem Dorf oder in einem anderen Dorf oder außerhalb des Dorfes der Bau eines Hauses gestattet ist, erhält er zur Antwort, daß solche Gebiete nicht existierten. Den Palästinensern ist nämlich nur erlaubt, innerhalb ihres Dorfes auf freiem Grund zu bauen. B'Tselem schreibt zum Verhalten der israelischen Behörden: »Die technischen Erwägungen der zentralen Planungsbehörde und ihrer nachgeordneten Stellen sind von einem geheimnisvollen Schleier umhüllt. Elementare und wichtige Informationen werden dem Antragsteller nicht erteilt. Dieser Geheimniskrämerei begegnete B'Tselem auch bei seiner Anfrage an die Militärbehörden; ihre Antworten waren unspezifische Rechtfertigungen und Gemurmel anstatt Information. Die Planungs- und Baubehörden nutzen ihre durch die Militärerlasse erhaltene Macht und andere dadurch aus, daß die lokale Vertretung an den Entscheidungen, die unter jordanischem Recht gegeben war, verhindert wird. Im Gegensatz dazu wurde den Siedlern Staatsland zur Verfügung gestellt, Baupläne vorbereitet und genehmigt, örtliche Räte erhielten die Entscheidungsgewalt von Bauausschüssen und Wege wurden gefunden, das Phänomen der illegalen Bauten anzugehen, ohne die Häuser zu zerstören. Mit anderen Worten: Hier existiert eine schreiende Diskriminierung zwischen den beiden Bevölkerungen.«

Für viele Palästinenser ist die Beantragung einer Baugenehmigung ein langer und kostspieliger Prozeß mit nur geringen Erfolgsaussichten. Ein Antrag muß von einem offiziellen Landvermesser mit allen topographischen Karten eingereicht werden. Das betreffende Land muß in alleinigem Besitz des Antragsstellers sein, was nachgewiesen werden muß, und darf noch nicht bebaut sein. Der Bau muß im Gegensatz zu einem jüdischen privat finanziert werden. Oft lebt der Besitzer im Ausland. Die Registrierung von Land begann unter jordanischer Herrschaft und wurde von Israel 1967 gestoppt. Der Antragsteller hat normalerweise keinen Zutritt zur zentralen Planungsabteilung, die die Entscheidung trifft. Die meisten Anträge werden von einem »Informationsausschuß« zurückgewiesen, weil sie sich auf Land außerhalb eines Dorfes beziehen und jenseits der »Entwicklungsgrenzen« liegen; diese sind aber in der Regel nicht veröffentlicht. Antragsteller, die verdächtigt werden, politischen Gruppierungen anzugehören oder schon einmal in Administrativhaft gesessen haben sowie deren Angehörige werden vom Geheimdienst Shin Bet abgelehnt. Der Shin Bet erteilt aber gleichzeitig Kollaborateuren Genehmigungen. Vermutet man, daß der Bewerber nicht der wirkliche Besitzer ist oder nicht alle Steuern bezahlt hat, wird sein Antrag abgelehnt. Keiner der Ablehnungsgründe hat eine rechtliche Grundlage. Zirka ein Viertel der Bewerber werden vorgeladen, die ihren detaillierten Plan für ihr eigenes Grundstück bestätigen müssen – die meisten dieser Pläne sind kleiner als 2,5 Acker – diese Bestimmung scheint eingeführt worden zu sein, um potentielle Antragsteller abzuschrecken.

Resümierend kann festgestellt werden, daß es keine veröffentlichten Bauvorschriften gibt, nach denen die Palästineser vorgehen können. Das durchschnittliche Antragsverfahren beträgt ein Jahr und kostet zirka 2500 US-Dollar. 80 Prozent der Anträge werden abgelehnt. Diese Negativfaktoren schrekken die meisten Antragsteller – nicht nur aus finanziellen Gründen – ab.

Im Gegensatz dazu steht die Bau- und Genehmigungspraxis für jüdische Siedlungen. Ein Vergleich bietet sich auch schon deshalb an, weil beide Bevölkerungsgruppen der gleichen Behörde unterliegen. So wurden große Teile des Landes, die »Staatsland« waren oder dazu erklärt wurden, oder wo Land, das die Armee für »ihre Zwecke« benötigte wie in Kiryat Arba, den Siedlern zu ihrer ausschließlichen Nutzung übergeben. Von den über 400 palästinensischen Dörfern in der Westbank haben nur ein Dutzend einen offiziellen Entwicklungsplan. In den meisten Fällen wurden schnell Entwicklungspläne erstellt, ohne die Bevölkerung zu konsultieren oder deren Bedürfnisse in Rechnung zu stellen. Im Gegensatz dazu, werden nach Meinung von B'Tselem für die Siedler Entwicklungspläne erfunden und von offizieller Seite autorisiert. Ein Siedler, der in einer Siedlung ein Haus bauen möchte, braucht sich nicht mit den Schwierigkeiten herumschlagen, die einem Palästinenser zugemutet werden. »Der Weg der Siedler zu einer Baugenehmigung ist wesentlich klarer, geordneter, schneller und nicht so teuer«, so B'Tselem.

Im Gegensatz zu den palästinensischen Dörfern sind die örtlichen und regionalen Planungsabteilungen in den Siedlungen erhalten geblieben. Ein Siedler braucht sich deshalb nicht an unbekannte Stellen zu wenden und sich mit nicht zuständigen Behörden herumschlagen, denen das Wohl des Dorfes nichts bedeutet. Obwohl der »State Comptroller's Report« (Ombudsmann) die nicht genehmigten Häuser in den Siedlungen scharf kritisiert, ist bisher keines von diesen zerstört worden. Einige Beispiele aus verschiedenen Siedlungen mögen diesen Umstand belegen. So wird den »Jordan Valley Regional Council« vorgeworfen, ungenehmigte Erweiterungsbauten innerhalb der Zuständigkeit des Rates gestattet zu haben. Oder in »Mateh Binyamin« in Samaria und den »Etzion Regional Councils« wurde beanstandet, Bauten in allen Siedlungen bis auf eine ohne Baugenehmigung zugelassen zu haben. Dem »Alfei Menashe Local Council« wurde vorgehalten, daß deren Pläne nach den Gesetzen in Judäa und Samaria (Westbank) nicht gültig waren, obwohl sie für jüdische Siedlungen angewandt worden sind. Für Kiryat Arba, Emanuel und Ma'aleh Adumim war sogar das Bauministerium direkt beim Bau und dem Verkauf von hunderten von Häusern involviert, die ohne Baugenehmigung gebaut wurden.

Worin besteht nun der »kleine« Unterschied in der Behandlung der Palästinenser und den jüdischen Siedlern in den besetzten Gebieten? Was die Palästinenser betrifft, waren die offiziellen israelischen Behörden sehr kreativ, weil sie sowohl den Palästinensern das Bauen so schwer wie möglich gemacht haben, als sich auch Begründungen haben einfallen lassen, um die Häuser der Palästinenser zu zerstören. Dies geht sogar so weit, daß offizielle israelische Behörden, und zwar das Militär, den Ingenieur des örtlichen Stadtrates von Kiryat Arba beauftragt haben, die Zerstörung von Häusern anzuordnen, die ohne Baugenehmigung errichtet worden sind. In den vergangenen Jahren wurden in Siedlungen wie Kiryat Arba, Ma'aleh Adumim und vielen anderen Siedlungen, Bauentwicklungspläne erstellt, die im nachhinein hundertausend von illegalen gebauten Appartements »legalisiert« hatten; eine Zerstörung dieser Wohnungen wurde selbstverständlich nicht in Betracht gezogen.

Ein Beispiel für den geschickten Einsatz des Planungsinstrumentariums, um unumstößliche Fakten zu schaffen, ist das Beispiel der Stadtplanung von »Groß-Jerusalem«. Sofort nach der Inbesitznahme der Stadt wurden Planungen vorgenommen und Besitzrechte erlassen, die die Stadt zu einer jüdischen machen sollte. Diese Strategie beruht auf der Errichtung jüdischer Siedlungen bei gleichzeitiger Begrenzung der baulichen Möglichkeiten für Palästinenser. Dadurch soll ein späterer Anspruch auf eine palästinensische Souveränität verhindert werden, da die Palästinenser in verstreuten Gebieten leben, die von jüdischen Siedlungen umgeben sind.

Mit welchen rechtlichen, administrativen, politischen oder gewaltsamen Maßnahmen versucht Israel, sich Ost-Jerusalem und das umliegende Land, was heute als »Groß-Jerusalem« firmiert, »legal« anzueignen? Vor dem Krieg von 1967 verlief die Entwicklung von West- und Ost-Jerusalem in getrennten Bahnen. Die Grenze bildete die Waffenstillstands- oder »Grüne

Linie« von 1949. Nach der Besetzung im Sechs-Tage-Krieg dehnte Israel sein Rechts- und Verwaltungssystem auf Ost-Jerusalem aus. Der Stadtrat wurde aufgelöst und einige seiner Mitglieder deportiert. Man erweiterte Jerusalem von 38 auf 108 Quadratkilometer, indem man Land von den angrenzenden Dörfern aus der Westbank enteignete, ohne die Bevölkerung mit einzubeziehen.

Um die Souveränität auch in Zukunft zu sichern, versucht Israel, soviel Juden wie möglich in Jerusalem zu integrieren. Die Strategie dazu waren dichtbewohnte Vorstadtsiedlungen. Von zirka 550.000 Bewohnern Jerusalems sind drei Viertel jüdisch. Wenn alle geplanten Siedlungen fertiggestellt sein werden, wird die Bevölkerungsrelation in Ost-Jerusalem 2:1 zu gunsten Israels betragen. Durch eine Triade von restriktiven Planungsgesetzen, eingeschränkten Baugenehmigungen und Beschlagnahmung von Land wird das Leben der Palästinenser eingeschränkt. Dadurch werden sie vom Zentrum an die Peripherie gedrängt. Der Bau der Siedlungen wird durch die Bereitstellung von enteignetem Land, durch staatlich unterstützte Baufinanzierung und Anreize für private Bauherren gefördert. Die Straßen werden so angelegt, daß sie die jüdischen von den arabischen Wohngebieten trennen und somit die Möglichkeit der Ausdehnung der Palästinenser weiter einschränken.

Nach Meinung von PHRIC kooperieren militante Siedlerorganisationen mit den israelischen Behörden, wenn es um die Übernahme von Eigentum in der Altstadt von Jerusalem geht, um die Expansion des jüdischen Viertels weiter in den muslimischen Teil voranzutreiben. So wollten vor einigen Jahren extremistische Siedler auf dem Haram al-Sharif (Tempelberg), dem drittheiligsten Platz in der islamischen Welt, den Grundstein für den dritten jüdischen Tempel legen. Als ein weiteres Mosaik gilt die Gründung israelischer Institutionen wie Abteilungen der Regierung, Einrichtungen der Sicherheitsdienste, Hotels, Krankenhäuser und Universitäten in palästiniensischen Wohngebieten.

Seit 1967 wurden zirka 40 Prozent des Gebietes von Ost-Jerusalem für den »öffentlichen Gebrauch« konfisziert und für die Errichtung von Wohngebieten für Juden und für israelische Institutionen verwandt. Die einzige Öffentlichkeit, die davon profitiert, ist die jüdische. Nach der Beschlagnahmung werden die Gebäude entweder an Siedlerorganisationen gegeben oder von Regierungsseite genutzt. So wurden von den 73.000 Dunums in Ost-Jerusalem 29.000 für den Bau von jüdischen Siedlungen enteignet. 10.000 Dunums sind für Palästinenser vorgesehen, und 35.000 sind noch unverplant.

Langfristig ist es das Ziel Israels, im Großraum von Jerusalem die Mehrheit der Bevölkerung zu stellen, um diesen größeren Souveränitätsanspruch als »nicht verhandelbar« in mögliche weitere Verhandlungen einbringen zu können. Die augenblickliche intensive Expansion jüdischer Siedlungen – insbesondere nach der Unterzeichnung der »Prinzipienerklärung« – soll die Waage zugunsten Israels verändern. Augenblicklich ist die Anzahl von Juden und Palästinensern im Großraum von Jerusalem ungefähr gleich. Durch eine solche massive Bevölkerungsansiedlung soll Jerusalem zum Zentrum und Mittelpunkt Israels werden. Zu diesem Zweck plant man die Erweiterung der Landebahn des Qalandia Flugplatzes von derzeit 1900 auf 4400 Meter, um Großraumflugzeugen die Landung zu ermöglichen. Israel hofft, daß der internationale Boycott des Flugplatzes demnächst aufgehoben werden wird. Die Landebahn kann nur in westlicher Richtung erweitert werden. Dazu bedarf es weiterer Landenteignungen in der Westbank. Wie schreibt Michal Sela in der Zeitung »Davar« vom 30. November 1993: »Israels Baupolitik nutzt ausschließlich der jüdischen Bevölkerung in Groß-Jerusalem. Sie kann als Fortsetzung der bekannten Pläne von Ariel Sharon gesehen werden, der die Gebiete mit palästinensischer Bevölkerung in Enklaven aufspaltet, die er ›Autonomietaschen‹ nennt. Weder Redlichkeit noch eine befriedigende Lösung für die beiden Völker ist möglich, falls der Sharon-Plan für die Stadtentwicklung von Jerusalem angewandt wird.«

Das palästinensische Dorf Beit Safafa ist ein Beispiel, wie jüdische Siedlungen direkt das Leben der Palästinenser beeinträchtigen. Beit Safafa ist im Norden und Westen von Wohn- und Industriegebieten West-Jerusalems umgeben. Im Süden entstand die Siedlung Gilo und im Osten Gi'vat Hamatos. Gilo wurde auf Land errichtet, das von Beit Safafa und Beit Jala konfisziert worden ist; heute wohnen dort zirka 30.000 Siedler. Die Ironie der Geschichte wollte es, daß das Land, auf dem Giv'at Hamatos errichtet wurde, von der jordanischen Regierung für Beit Safafa und Beit Jala als Bauland vorgesehen war. In den siebziger Jahren wurde das Land im Süden Beit Safafas von der Siedlung Gilo genutzt. Das Beit Safafa-Land, das östlich der Straße nach Bethlehem liegt, ist unter der Kontrolle des Kibbutz Ramat Rachel und dem Kloster Mar Elias. Diese Einschränkungen bewirkten unter den 4500 Bewohnern von Beit Safafa eine große Wohnungsnot; zirka zehn Menschen kommen auf eine Wohnung. Trotz dieser Einschränkungen durch Straßen und »grüne Zonen« ist der Entwicklungsplan für Beit Safafa »großzügiger« als für die anderen Dörfer der Westbank. Durch ein neues Straßensystem, das auf die Bedürfnisse der Siedlungen Gilo und Giv'at Hamatos zugeschnitten ist, wird Beit Safafa aber nochmals geteilt. Straße Nr. 4 durchschneidet das Dorf diagonal von Nordwest nach Südost, und Straße Nr. 5 trennt im Norden einen weiteren Teil des Dorfes ab.

Neben der Einkreisung von Ost-Jerusalem und die es umgebenden Dörfer zielt die israelische Politik auf die Kontrolle der Altstadt von Jerusalem, insbesondere um den Tempelberg herum. Bis vor kurzem war dies noch das Privileg ideologisch motivierter Siedler. Augenblicklich ist das Ziel, soviele Siedler wie nur möglich im jüdischen Viertel anzusiedeln, die in palästinenischen Wohngebieten wohnen sollen; die Rabin-Meretz-Regierung hat hier einen Schwerpunkt ihrer Wohnungspolitik. Dies hat eine zweifache Stoßrichtung: Nach außen von der Altstadt und nach innen aus den Vorstadtsiedlungen, um so eine territoriale Kontinuität zwischen beiden herzustellen. Seit 1967 hat es so gut wie keine Baugenehmigungen für Palästinenser mehr um die Altstadt herum gegeben. Die Beschlagnahme und die Einteilung des Landes in Zonen sowie das sich daran anschließende Land in »grünen Zonen« oder die Reservierung für »Insitutionen« hat der Umgebung der Altstadt eine ländliche Idylle bewahrt.

Sofort nach der Besetzung Jerusalems machte Israel an der Klagemauer das Mughrabi Viertel dem Erdboden gleich, um darauf einen freien Platz vor der Klagemauer zu schaffen. Dafür wurden 595 Gebäude zerstört, einschließlich fünf Moscheen und vier Schulen. Als einziges Großbauprojekt wurde daraufhin das Nusseibeh-Wohnungsbauprojekt genehmigt, um den vertriebenen Palästinensern neuen Wohnraum zur Verfügung zu stellen. Danach vertrieben sie die Palästinenser aus der sich daran anschließenden Wohngegend, die sich daraufhin zu einem teuren und exklusiven jüdischen Viertel entwickelte. 1978 entschied der HCJ, daß Palästinenser von dem wiederaufgebauten jüdischen Viertel ausgeschlossen werden können, weil vom Staat unterstützte Stellen berechtigt seien, Palästinensern das Bauen in jüdischen Vierteln zu verbieten. Eine von rassistischen Merkmalen nicht freie Entscheidung. Seitdem geht die Expansion des jüdischen in den muslimischen und christlichen Teil der Altstadt weiter. Die Journalistin Michal Schwartz schreibt dazu in »Challenge«: »Die schreiende Ungerechtigkeit dieser jüdischen Beschlagnahmung arabischen Landes in der Altstadt ist eine Tatsache für seine Bewohner.« Die Stadtverwaltung von Jerusalem zusammen mit verschiedenen Ministerien versuchen, so viele Gebäude wie möglich zu beschlagnahmen und sie als »Regierungseigentum« oder »öffentliches Eigentum« zu deklarieren. Von 1985 bis 1987 wurden viele Gebäude im muslimischen Teil der Altstadt von Israelis übernommen, was zu heftigen Zusammenstößen mit Palästinensern führte. Den Höhepunkt bildete der Einzug Ariel Sharons am 28. Juli 1987. Bis April 1992 wurden 55 Plätze von Israelis oder israelischen Firmen übernommen, das jüdische Viertel nicht mitgerechnet. Somit sind schon 20 Prozent der Altstadt – inkulusive des jüdischen Viertels – enteignet worden. Ein weiteres jüdisches Viertel außerhalb – südlich der Altstadt – ist in Silwan geplant. 1991 und 1992 haben jüdische Siedler in Kooperation mit dem Wohnungsbauministerium einige Häuser besetzt. Die Siedler und auch die Stadtverwaltung von Jerusalem ließen sich durch den massiven Protest der Bevölkerung nicht beeindrucken. Eine Art historischer Rechtfertigung erhielt die illegale Aktion dadurch, daß die jüdische Siedlung »Stadt David« genannt wurde.

Mit welch fragwürdigen Methoden Israel versucht, Legitimität über die Altstadt zu gewinnen, zeigt das Untertunnelungsprojekt unterhalb der Klagemauer, das 1968 begann. Erstmals wurde es Anfang der siebziger Jahre entdeckt, als Gebäude, die zur Wqaf gehörten, Risse bekamen und einstürzten. Die Ausgrabungen begründete man damals mit archeologischen Argumenten. In den achtziger Jahren veröffentlichte das Religionsministerium, daß die Ostmauer des alten Tempels sich über diesen hinaus erstrecke und entlang des Tempelberges verlaufe; somit stellt dies ebenfalls für Juden einen heiligen Ort dar. Der leitende Architekt der Wqaf, Adnan Husseini, befürchtet, daß sich daraus Ansprüche auf den gesamten Tempelberg ableiten lassen könnten. Augenblicklich hat der Tunnel eine Länge von 480 Meter und könnte an der Via Dolorosa durchbrochen werden. 1984 erlaubte Israel einem Repräsentanten der UNESCO, Raymond Lamar, den Tunnel zu inspizieren. Er erklärte, daß die Grabungen »unprofessionell« mit religiösen Motiven verbunden seien. Am 23. Februar 1992 schrieb der stellvertretende Bürgermeister für arabische Angelegenheiten der Stadt Jerusalem, Amir Heshin, an Adnan Husseini, daß die Ausgrabungen gestoppt würden. Dieses Versprechen wurde aber nicht eingehalten. Es gibt keine Kontrollmöglichkeit für die Wqaf, da sie eine Genehmigung von Heshin benötigt.

Am 3. Juli 1988 wurde versucht, heimlich den Tunnel zu durchstoßen. Es kam zu gewaltsamen Auseinandersetzungen; der Versuch wurde abgebrochen. Ministerpräsident Yitzhak Shamir befolgte 1990 den Rat des Geheimdienstes, daß ein Durchbruch des Tunnels zu einem Blutbad führen würde. Trotz dieser Warnung unterzeichneten zwanzig Mitglieder des Stadtrates von Jerusalem eine Petition und verlangten die Öffnung des Tunnels. Die Initiative ging von Shmuel Meir von der Nationalreligiösen Partei aus, der sich als Lobbyist der Siedler im Jerusalemer Stadtrat betätigt. Bereits 1972 führte die Untertunnelung zu einem teilweise Einsturz der 600 Jahre alten islamischen Othmaniya Schule. Zwanzig Jahre waren noch nicht lange genug, um die Schäden zu beheben. Schülern und Lehrern ist es seither verboten, die Schule zu betreten. Um das Bild zu vervollständigen, müssen noch andere Plätze mitberücksichtigt werden. So wurde die Tanqiziya Schule 1967 von der Armee besetzt. Die Begründung war, daß man von dort die Klagemauer übersehen könne! Der Schlüssel für den Eingang von Südwesten, dem sogenannten Mughrabi Tor wurde 1967 von der Wqaf beschlagnahmt und ist seitdem im Besitz des Religionsministeriums. Die archäologischen Ausgrabungen vervollständigen die Einkreisung des Tempelberges von Süden her, die sich bis zur Mauer der Altstadt erstrecken. In den achtziger Jahren benutzte man diese Ausgrabungen, um von unten in eine Mosche aufgrund der sogenannten »Stables of Salomon« durchzustoßen. Die schleichende Einkreisung durch die Siedler, mit Unterstützung durch die Polizei und verschiedener Ministerien, hat die arabische Bevölkerung von Jerusalem und den besetzten Gebieten sehr beunruhigt. Sie müssen hilflos einer »legalen« Enteignung ihres Grundbesitzes zusehen.

Die Diskriminierung in großem Maßstab setzt sich auch im Kleinen fort, wie der Fall der Familie Fouaka illustriert. Wie geschickt und »legal« eine palästinensische Familie in Jerusalem diskriminiert wird, zeigt das Beispiel von Sabir Fouaka, über das die Journalistin Judith Green in der Juli-Ausgabe von »Challenge« berichtet: Der Ort Sur Baher liegt jenseits der »Grünen Linie« am südöstlichen Rand von »Groß-Jerusalem«, wo heute 15.000 Menschen leben. Nach dem Juni-Krieg von 1967 wurde der größte Teil des Landes durch die israelische Regierung für »Öffentlichen Gebrauch« enteignet, einschließlich siebeneinhalb Dunums der Fouaka-Familie, auf deren Land heute 48 israelische Familien leben; der jüdische Name des Stadtteils ist East Talpiot. Für Fouaka blieb ein Dunum. Auf diesem verbliebenen Land baute Fouaka im Oktober 1992 ein Haus für sich, seine vier Kinder und seine 80jährige Mutter. Sechs Jahre hat er sich vergeblich um eine Baugenehmigung bemüht; in dieser Zeit lebte er in einem gemieteten Zimmer. Das wirkliche Problem liegt darin, daß drei Viertel des gesamten Landes in Sur Baher als »Grüne Zone« ausgewiesen und somit nicht für private Zwecke freigegeben ist. Diese Methode, daß man ein Viertel für Bauzwecke und drei Viertel als »Grüne Zonen« ausweist, ist üblich für palästinensisches Land.

Einige dieser »grünen Zonen« im palästinensischen Teil von »Groß-Jerusalem« wurden kürzlich als Wohngebiete für ultra-orthodoxe Juden ausgewiesen, wie z.B. das Shu'afat Rift. Die ursprüngliche Intention hinter dieser Einteilung in »Grüne Zonen« war, wie die Wochenzeitung »Kol Ha'ir« am 18. Juni 1993 berichtete, »die Araber vom Bauen abzuhalten«. Daraus folgert Judith Green: »Dieses ›Begrünen‹ von Ost-Jerusalem ist offensichtliches Manöver, um ein Anwachsen der palästinensischen Bevölkerung zu verhindern.« Durch solche Restriktionen schaffen die israelischen Behörden willkürlich eine künstliche Wohnungsknappheit. Nach Ansicht der ehemaligen Stadtverordneten Sarah Kaminker ist dies »Rassismus von der offensichtlichsten Art«.

Der Fall von Sabri Fouaka bekam aber eine noch absurdere Wendung und zeigt die »Liberalität« Bürgermeister Teddy Kolleks. Nachdem ein Komitee für »gute Nachbarschaft« aus den Stadtvierteln Talpiot-Arnona den Bürgermeister aufgefordert hatte, aus humanitären Erwägungen zu intervenieren, antwortete dessen Berater für »Arabische Angelegenheiten«, Amir Heshin, den Demonstranten: »Warum sollte ich irgendetwas für diese Familie tun? Es gibt noch weitere vierhundert!« Am Tag nach der Demonstration wurde eine »Einigung« erzielt. Die Stadtverwaltung würde ihre Abrißkolonne zurückhalten, wenn Fouaka sein Haus selbst abreißen würde. Großzügigerweise wurde ihm erlaubt von 160 Quadratmeter Wohnfläche 45 zu erhalten. Ein Jahr, nachdem Fouaka sein Haus gebaut hatte, mußte er es mit seinen eigenen Händen wieder abreißen. Dieser Fall ist ein Beispiel von Zynismus und Demütigung, der seinesgleichen sucht.

Auf welchen rechtlichen Grundlagen beruhten die Planungen und der Bau von Häusern unter jordanischem Recht, das nach VGK in den besetzten Gebieten weiterhin gültig ist. Grundlagen für die Zerstörung von Häusern dient den Israelis das jordanische Planungsrecht Nr. 79 von 1966. Ziel des Gesetzes war die Organisation der Entwicklung von Städten und Dörfer und der Bau von Gebäuden nach städtebaulichen Gesichtspunkten. Durch diverse Gesetze wurden folgende Gremien geschaffen: Higher Planning Council (HPC), District Planning Committee (DPC) und Local Planning Committee (LPC) zusätzlich wurden noch das Joint Planning Committee (JPC) und das Cultural Urban and Rural Planning Department (CURPD) geschaffen.

Nach Artikel 6 des Gesetzes Nr. 79 hat der HPC die Entwicklungsbefugnis für die Stadtplanung und deren Erweiterung. Der Rat ist auch für die regionalen Entwicklungspläne und die Vergabe von Genehmigungen sowie Entschädigungsfragen zuständig. Er fungiert auch als Beschwerdeinstanz. Der DPC ist nach Artikel 8 für strukturelle Entwicklungspläne eines Bezirkes verantwortlich. Er gibt Empfehlungen an das HPC und bearbeitet Einsprüche gegen Entscheidungen des LPC. Nach Gesetz Nr. 79 kann der Ministerpräsident Empfehlungen des HPC folgen, Stadträte als LPC einzusetzen. In einigen Fällen konnte der Planungsminister einige solcher Entscheidungen verhindern. Das LPC konnte örtliche Strukturentwicklungspläne entwerfen und die technische Unterstützung von der Planungsabteilung (DOP) anfordern. Es konnte Baugenehmigungen vergeben und den Fortgang der Bauten überwachen. Das LPC war auch für die Zerstörung von Häusern verantwortlich. Nach Artikel 10 Abs. 1 des Gesetzes Nr. 79 wurde ein JPC dann eingesetzt, wenn es um die Prüfung von Struktur- und Entwicklungsplänen mehrerer Bezirke und Orte ging. In diesen Fällen übernahm das JPC die Verantwortung eines LPCs. Das Department of Planning (DOP) auch als CURPD bekannt, wurde von der zuständigen Abteilung des Innenministeriums, das für Stadt- und Dorfangelegenheiten (MOI) zuständig ist, eingerichtet. Das DOP soll die Planungsausschüsse mit wissenschaftlichen und technischen Ratschlägen unterstützen. Diese verschiedenen Planungsbehörden zeigten, daß Jordanien die Stadt- und Landentwicklung ernstnahm und auf eine rechtliche Basis gestellt hatte. Im Gegensatz zum jordanischen Planungsrecht, unter dem die örtlichen Behörden ein großes Mitspracherecht hatten, liegt seit der Besetzung die alleinige Planungshoheit bei der zentralen Planungsabteilung der Zivilverwaltung in den besetzten Gebieten.

Seit 1968 wurde deutlich, daß die israelischen Behörden das Gesetz Nr. 79 nur selektiv anwandten. Dies drückte sich darin aus, daß man unter dem Vorwand fehlender Baugenehmigungen begann, Häuser zu zerstören. Der zunehmende Mißbrauch dieses Gesetzes zeigte sich darin, daß man es durch Militärerlasse teilweise außer Kraft setzte, Korrekturen im israelischen Sinne vornahm und Zusätze verfügte. 1971 wurden durch Militärerlaß Nr. 416 die Planungsausschüsse durch Räte ersetzt, die der Militärkommandeur ernannte. Artikel 2 dieses Erlasses übertrug die Planungsentscheidungen, wie sie im Gesetz Nr. 79 ausgeführt waren, auf Personen, die von den Besatzungsbehörden ernannt worden waren. Die im Prinzip fortschrittliche Planung wurde zunehmend restriktiv ausgelegt. Dies zeigte sich in der indifferenten Haltung der israelischen Behörden gegenüber diesem Gesetz. So wurden die vom Gesetz geforderten integralen Strukturpläne, die die Grundlage für eine Reihe öffentlicher Dienstleistungen sein sollten, durch Militärerlaß Nr. 418 verhindert. Die israelischen Entwicklungspläne erfüllten nie die Mindestvoraussetzungen für ausgewiesene Baugebiete.

Ein flagrantes Beispiel für den Mißbrauch des Planungsgesetzes ist der Strukturentwicklungsplan Nr. 1589 für das Gebiet Ram nördlich von Jerusalem gelegen. Der Plan bezeichnete die Geschäfts- und Industriegebiete von 45.000 Menschen als ein unbedeutendes Dorf. Die Industriestruktur wurde nicht berücksichtigt. Die erteilten Baugenehmigungen entlang der Straße von Jerusalem nach Ramallah waren auf Wohnhäuser beschränkt. Zusätzlich wurden große Teile des Gebietes aus dem Plan herausgenommen. Von 7000 Dunums standen nur noch 2585 Dunums für Bebauung zur Verfügung. Nur 626 Dunums wurden für Wohnhäuser vergeben, in einem Gebiet, das sich nur zu 60 Prozent für solche Zwecke eignete. Große Teile dieser Fläche wurden als landwirtschaftliche Nutzfläche ausgewiesen, obwohl dafür in diesem Gebiet kein Bedarf besteht. Diese Haltung Israels widerspricht eindeutig den Erfordernissen dieses Gebietes. Rechtsanwalt Musa al-Kurdi ist der Ansicht, daß »die Maßnahmen der Besetzungsmacht im totalen Widerspruch zum Buchstaben des Gesetzes stehen. Die israelischen Behörden haben versucht, die ursprüngliche Bedeutung des jordanischen Rechtes durch Militärerlasse zu zerstören und zu obstruieren«, so der Anwalt in »House Demolition in the Occupied Territories«.

Im Gegensatz zum jordanischen Planungsrecht, das den Gemeinden ein großes Mitspracherecht eingeräumt hatte, hat die Planungsabteilung der Zivilverwaltung in den besetzten Gebieten die Macht und Kontrolle über die Planung. Zur gleichen Zeit hat der Hohe Planungsrat die oberste Kontrolle bei der Bestätigung von Entwicklungsplänen. Zugang zu diesen Einrichtungen ist für Palästinenser sehr schwierig. So wurde die Planungsabteilung in die jüdische Siedlung Ma'ale Adumim in der Nähe von Ost-Jerusalem in die Westbank verlegt.

Die israelischen Behörden betrachten die Bauplanung nach den alten jordanischen Gesetzen als die Ausnahme und die Zerstörung der Häuser als die Regel. Dies schafft eine Lage, in der die Palästinenser gezwungen wurden, die Gesetze zu verletzen und ohne Baugenehmigung zu bauen. Nach 27 Jahren Besetzung sind somit die Grundlagen für eine wirkliche Planung zerstört worden. Das Ziel der israelischen Planungsausschüsse in den besetzten Gebieten ist die Obstruktion der Entwicklungspläne für die Palästinenser. Es geht um die Verhinderung der Ausdehnung der palästinensischen Dörfer, während gleichzeitig die Gründung jüdischer Siedlungen erleichtert wird. »Man will die Ausdehnung von arabischen Dörfern und Städten in das Umland verhindern, indem man es zu landwirtschaftlichem Land erklärt«, wie es Musa Al-Kurdi formulierte. Die Konzentration der Palästinenser in der Westbank in isolierten und begrenzten Enklaven scheint das übergeordnete Ziel der israelischen Besatzungsmacht zu sein.

Das Problem der »illegalen« Bauten haben die israelischen Behörden gezielt herbeigeführt. Die Palästinenser haben keine andere Möglichkeit an neuen Wohnraum zu kommen, als durch »Gesetzesbruch«. Sie werden quasi von Amts wegen kriminalisiert. Die Zeitung »Ha'aretz« vom 26. Januar 1994 berichtet von einer Sitzung des Innen- und Umweltausschusses auf der Bürgermeister Ehud Olmert von »illegalen« Bauten als einer »Plage für die Stadt und den Staat« sprach. Auf dieser Sitzung sprach sich der Knessetabgeordnete der Tsomet-Partei, Raphael Eitan, für radikale Maßnahmen aus. Nach ihm sollten alle »illegalen« Bauherren solange ins Gefängnis, bis sie ihr Haus zerstört haben. »Wenn es zwei Jahre dauert, um sein Haus zu zerstören, dann muß er für zwei Jahre ins Gefängnis«, so Eitan. Auf der gleichen Sitzung gab der Jerusalemer Polizeichef, Yehuda Willk, bekannt, daß 1993 45 Häuser mit Hilfe der Polizei in Ost-Jerusalem zerstört worden sind. Von April bis Dezember 1993 seien dagegen aber über 700 »illegale« Wohneinheiten entstanden, berichtete das Ausschußmitglied Yehoshua Matza vom Likud-Block. Anstatt die diskriminierende Haltung bei der restriktiven Vergabe von Baugenehmigungen einzustellen, werden Palästinenser weiter willkürlich kriminalisiert.

7. Beschlagnahme von Land und Siedlungspolitik

Die jüdischen Siedlungen unterliegen einem Verwaltungssystem, das noch aus der britischen Mandatszeit stammt. Die Siedlungen lassen sich grob in zwei Kategorien unterteilen: in militärische und in zivile. Die ersteren bestehen aus militärischen Einrichtungen mit angegliederten landwirtschaftlichen Dörfern. Die Siedler haben hier den Status von »Zivilisten in militärischen Diensten«. Die zivilen Einrichtungen sind entweder der Kibbutz oder der Moschaw.

Bereits fünf Wochen nach dem Juni-Krieg von 1967 begann die israelische Siedlungspolitik in den besetzten Gebieten. Jede Regierung verfolgte eine unterschiedliche Besiedlungsstrategie, die sich nur in der Art der »legalen« Beschlagnahme palästinensischen Landes glich. Die wichtigste Voraussetzung der »Judaisierung« der Westbank ist der Besitz von Land. Alle israelischen Regierungen haben versucht, soviel Land quasi legal in Besitz zu bekommen wie möglich. Die Politik gegenüber dem Rest des Landes lief auf die Verhinderung von Entwicklung hinaus. Die Rechtsgrundlage für die zionistische Landnahme in den besetzten Gebieten beruht auf verschiedenen Gesetzen aus völlig unterschiedlichen historischen Epochen. Daß man sich auf Dauer in der Westbank einrichtet, macht der Leiter der Siedlungsabteilung der zionistischen Weltorganisation, Mattitjahu Drobless, deutlich, den Friedrich Schreiber in »Kampf um Palästina« wie folgt zitiert: »Über unsere Absicht in Judäa und Samaria zu bleiben, darf es nicht den Schatten eines Zweifels geben. Eine dichte Kette von Siedlungen, die auf dem Bergkamm von Nablus nach Süden bis Hebron reicht, dient als zuverlässige Barriere an der Ostfront gegen die arabischen Staaten. Diese Pufferzone von Siedlungen schafft auch Sicherheit für die Siedler im Jordantal. Sowohl die Gebiete zwischen den Konzentrationen der Minderheitsbevölkerung (damit sind die Palästinenser gemeint, L.W.), als auch die Gebiete rund um sie herum müssen besiedelt werden, um die Gefahr der Errichtung eines weiteren Staates in der Region zu minimieren.«

Von Beginn der Besetzung bis 1979 wurde das meiste Land für »militärische Zwecke« beschlagnahmt. Erst die Entscheidung des HCJ im Falle Elon Moreh leitete eine Änderung in der Politik der Konfiszierung ein. Dieser Fall erregte einiges Aufsehen und trug dem damaligen Militärkommandeur und heutigen Wohnungsbauminister Benjamin Ben-Eliezer vor dem HCJ eine Niederlage ein. Am 5. Juni 1979 ordnete der General die Beschlagnahme von Land für »militärische Zwecke« an, um es danach der nationalreligiösen Siedlerbewegung Gush Emunim für die Gründung der Siedlung Elon Moreh zu überlassen. Das beschlagnahmte Land befand sich aber in Privatbesitz. Am 14. Juni 1979 wandten sich Mustafa Duweikat und andere Landbesitzer an den HCJ. Die Siedler selbst lehnten es ab, das Sicherheitsargument vor Gericht zur Begründung anzuführen, sondern bestanden darauf, im besetzten Land aufgrund ideologischer und religiöser Gründe siedeln zu dürfen. Der HCJ wies das Argument der Siedler zurück. Die Argumente der Siedler überzeugten das Gericht, daß bei der Beschlagnahme keine Sicherheitserwägungen vorlagen. Die Begründung der Elon Moreh-Siedler gründete nach Richter Moshe Landau in der zionistischen Doktrin. Die Frage für das Oberste Gericht war, ob unter Militärherrschaft eine solche Grundlage die Beschlagnahme von Privatbesitz rechtfertige. Richter Landau machte in seiner Begründung klar, daß die Entscheidung anders ausgefallen wäre, hätten nicht diese ideologischen Beweggründe vorgelegen. Das Gericht entschied, daß nach Völkerrecht die Beschlagnahme von Privatbesitz verboten sei, es wies die Regierung jedoch darauf hin, daß die Entscheidung anders ausgefallen wäre, wenn es sich nicht um Privatbesitz gehandelt hätte. Der HCJ entschied aber auch, daß fortan nur Eingaben statthaft seien, die privates Land beträfen; in Fragen des Besitzstatus könne das Gericht nicht intervenieren. Die Entscheidung konnte den Bau der Siedlung aber nicht verhindern. In einiger Entfernung wurde sie auf »Staatsland« errichtet. Von nun an wurde das Land zu »Staatsland« erklärt. Gemäß Militärerlaß Nr. 59 definiert Israel das Land, das am 6. Juni 1967 teilweise dem jordanischen Staat gehört hatte als eigenen Staatsbesitz. Ergänzend legitimiert Militärerlaß Nr. 364 die Erklärung der Behörden, daß dieses Land bis zum Beweis des Gegenteils Staatsland bleibe.

Nach jordanischen Dokumenten waren vor 1967 nur 13 Prozent des Westjordanlandes Staatsland. Obwohl 80 Prozent in Privatbesitz waren, ist nur ein Drittel formal registriert. Das restliche Land setzte sich zusammen aus nicht eingetragenem Privatbesitz, von Körperschaften für religiöse Zwecke verwaltetem Land, dörflichem Weideland, das im Gemeinschaftsbesitz war, und Ackerland sowie gemeinnützigem Land wie Straßen und Friedhöfe. Israel betrachtet bis auf religiös genutztes Land alles als Staatsland. »Staatsland« wird per Beschluß der Israelischen Landbehörde (ILA) konfisziert. Einspruch muß bei einem militärischen Einspruchskomitee eingelegt und die Beweislast für den Anspruch geführt werden. Der Besitzer muß eine genehmigte Vermessungsurkunde und Dokumente für seine Ansprüche vorlegen. Dies fällt nicht immer leicht, da die unter britischer und jordanischer Herrschaft vorgenommenen Eintragungen von Landbesitz in die Kataster nur für etwa ein Drittel des Westjordanlandes vorgenommen worden sind. Unter jordanischer Herrschaft ging diese Registrierung nur langsam voran. Nach 1967 unterband Israel diesen Vorgang. Grundsteuerbelege wurden dagegen als Beweis nicht anerkannt. Wird die Landnutzung als Basis für den Besitzanspruch zugrunde gelegt, muß der Besitzer eine »ununterbrochene« Nutzung des Landes in den letzten zehn Jahren nachweisen. Selbst wenn ein verbrieftes Besitzrecht besteht, kann Israel Land für wichtige militärische Zwecke oder öffentliche Belange auch weiterhin beschlagnahmen.

Das Gesetz, nach dem der Besitz von Land geregelt wird, ist das osmanische Landrecht. Nach diesem gibt es drei Kategorien von Land:

1. Wakf-Land, es ist bestimmt für religiöse Zwecke.
2. Mulk-Land, es wurde vom ottomanischen Besatzer – der sich selbst als Besitzer des Landes sah, das er besetzt hatte, – an die muslimischen Bewohner ausgegeben. Khuraj-Land wurde von ihm an die nicht-muslimischen Bewohner verteilt.
3. Miri-Land, es wurde vom Sultan nicht als Wakf- oder Mulk-Land angesehen. Bei dieser Landform verbleiben die letzten Eigentumsrechte beim Sultan, der es nur unter gewissen Bedingungen anderen zur Nutzung überlassen hat.

   Matruke-Land war vorgesehen für den Straßenbau, den Bau von Friedhöfen etc.

   Mawat-Land ist sogenanntes »totes« oder »braches« Land, das nicht mehr in »Rufweite« des Dorfes lag, wie es im osmanischen Landrecht genannt wird. Jetzt konnten große Teile der Westbank zum »Nulltarif« beschlagnahmt werden.

Nach diesem Landrecht gab es keine Kategorie wie »Staatsland«. Erst die britische Mandatsverwaltung führte 1922 eine solche Bezeichnung ein. In Artikel 12 hieß es, daß »Staatsland das Land in Palästina ist, das sich unter der Kontrolle der palästinensischen Regierung aufgrund von Verträgen, Konventionen, Abkommen oder Erbfolge sowie alles Land, das für öffentliche Zwecke oder sonstwie erworben wurde und erworben wird«. Jordanien hob in seinem Gesetz Nr. 79 von 1953 jede Unterscheidung zwischen Mulk- und Miri-Land auf. So sollte das Miri-Land innerhalb einer Gemeinde zu Mulk-Land umgewandelt werden. Die israelische Regierung sieht das Miri-Land als »Staatsland« an. Die jordanische Regierung hatte weder Wakf- noch Mulk-Land als »Staatsland« betrachtet. Auch die Gerichte unter der britischen Mandatszeit hatten Miri-Land nie als »Staatsland« angesehen. Auch Israel war wie die Westbank nach den gleichen Land-Kategorien aufgeteilt. Das osmanische Landrecht wurde bis 1969 angewandt. Folgerichtig erkannte der HCJ dieses osmanische Recht als örtliches Recht an, das weiter fortbestand. So heißt es in Artikel 153 des iraelischen Landrechts von 1969: »Das Besitzrecht, das vor Inkrafttreten dieses Gesetzes zu der Miri-Kategorie gehörte, wird volles Eigentum in Übereinstimmung mit den Bestimmungen dieses Gesetzes bleiben.« Es ist nur schwer verständlich, warum Israel das gleiche Gesetz unterschiedlich auslegt. Dies waren die Ausgangsbedingungen, als am 31. Juli 1967 Militärerlaß Nr. 59 in Kraft gesetzt wurde. Die exzessive Auslegung begann 1979 als sich die Likud-Regierung anschickte, ihre Siedlungspolitik in den besetzten Gebieten zu intensivieren. Dazu ließ der Justizminister 1980 Luftaufnahmen vom Westjordanland machen. Nach diesen Aufnahmen wurde die Quote des »Staatslandes« von 70.000 auf 215.000 Hektar erhöht; dies entsprach 41 Prozent der Gesamtfläche von 550.000 Hektar.

Vor 1979 wurden bereits kleinere Gebiete für jüdische Siedler zur Verfügung gestellt. Man bediente sich folgender Methoden:

1. Die Aneignung von Eigentum, indem man es als »aufgelassenes« Land erklärte. Dieses Konzept des »aufgelassenen« Landes wurzelt im frühen Denken der Zionisten, die davon ausgingen, daß die Palästinenser keine starke Bindung zu ihrem Land hätten und sie deshalb bereit seien, Land in anderen arabischen Ländern anzunehmen, wenn man es ihnen anböte. Von der Staatsgründung Israels bis 1967 beläuft sich der Wert des hinterlassenen unbeweglichen Vermögens auf 100.383.784 palästinensische Pfund. Hinzu kommen noch 19.100.000 palästinensische Pfund an beweglichem Eigentum. Die zurückgebliebenen Palästinenser wurden als »Abwesend-Anwesende« bezeichnet. Es wurde eine Gattung Mensch erfunden, »die nicht da sind, obwohl sie da sind«, wie es Erich Fried nannte. Sie wurden zum Teil von ihren ursprünglichen Grundstücken vertrieben, blieben aber in Israel. Insgesamt wurden 478 von 585 arabischen Dörfern innerhalb der Grenzen Israels zerstört. Die restlichen 107 Dörfer wurden besetzt und das Land beschlagnahmt. 40 Prozent des Landes von dieser Bevölkerungsgruppe wurde als »aufgelassenes Eigentum« beschlagnahmt. Selbst das religöse Wakf-Land wurde als »aufgelassenes Land« betrachtet.

1950 wurde von der Knesset ein Gesetz über »Privatland von Abwesenden« verabschiedet, nach dem ein Treuhänder dieses Eigentum verwalten sollte (Custodian for Absentee Property CAP). Einer 1950 gegründeten »Entwicklungsgesellschaft in Israel« wurde es gesetzlich gestattet, diesen Besitz käuflich zu erwerben. Ein »Abwesender« wurde nach dem Gesetz als einer definiert, der in ein Land gegangen war, mit dem sich Israel im Kriege befand. Der Militärerlaß von 1967 definiert dagegen einen Abwesenden als jemanden, der die Westbank vor, während oder nach dem Juni 1967 verlassen hat. Nach dieser Definition wäre ein Palästinenser, der z.B. zu dieser Zeit in den USA lebte, zu einem Abwesenden gemacht worden. Der Sitz des Büros des Treuhänders für das Eigentum von Abwesenden ist in West-Jerusalem. Qua Amt ist der israelische Landwirtschaftsminister der Direktor dieser Behörde, die in allen größeren Städten der Westbank Zweigstellen unterhält und nach aufgelassenem Land Ausschau hält.

2. Beschlagnahme von Land zu militärischen Zwecken. Durch nicht numerierte Militärerlasse kann jeder Privatbesitz für »vitale und unmittelbare militärische Beanspruchung« beschlagnahmt werden. Theoretisch bleibt dieses Land in Privatbesitz. Viele Siedlungen sind auf solchem Land entstanden. Zirka 40.000 Dunums wurden dafür verwandt.

3. Land für militärische Zwecke geschlossen. Nach einigen Militärerlassen gelten gewisse Gebiete der Westbank als geschlossene Gebiete. Dieses Land darf von den Bauern nicht mehr bearbeitet werden. Eine solche Maßnahme kann aus den unterschiedlichsten Motiven heraus entstehen. Die größte Siedlung in der Westbank, Kiryat Arba, bei Hebron entstand nach diesem Muster. 53 Prozent des von Israel beanspruchten Landes wurden auf diese Weise den Eigentümer entwendet.

4. Enteigung von Land für öffentliche Zwecke. Nach dem jordanischen Gesetz Nr. 2 über die Enteignung von Land für öffentliche Zwecke, steht den Betroffenen eine Entschädigung zu. Durch diverse Militärerlasse wurden dem Militärkommandeur alle Vollmachten übertragen, die die jordanische Regierung auch hatte. Das Recht des Betroffenen auf Einspruch und Entschädigung wurde durch Militärerlaß Nr. 1060 von den örtlichen Gerichten auf das militärische Einspruchkomitee übertragen. Durch die Hinzufügung eines Artikels ist es dem Militärkommandeur erlaubt, bei der Entfernung der Eigentümer Gewalt anzuwenden, wenn dieser in der vorgegebenen Frist seinen Besitz nicht freiwillig räumt. Widerstand gegen diese Entscheidung wird mit fünf Jahren Haft oder einer Geldstrafe belegt. Diese Enteignungspolitik wurde sowohl für den Bau von Siedlungen als auch Straßen genutzt.

5. Landerwerb durch Kauf für israelische Siedlungen. Ein kleiner Teil des Landes für Siedlungen ist regulär gekauft worden. Schätzungen sind nicht möglich, weil solche Transaktionen von einer besonderen Landabteilung im Hauptquartier des Militärs vorgenommen wird, über deren Arbeit nichts bekannt ist. Da diese Abteilung geheim arbeitet, ist auch nicht bekannt, wieviel Land schon auf Israelis übertragen worden ist. Bei diesen Transaktionen kommt es häufig zu Fälschungen. Nach jordanischem Recht war es nicht gestattet, Land an Juden zu verkaufen; es war ein Verbrechen und wurde mit dem Tode bestraft. Der Grund dafür liegt darin, daß man davon ausging, daß Israel die Westbank annektieren würde, um einen palästinensischen Staat zu verhindern. Ein Verkauf von Land hätte deshalb dem Selbstbestimmungsrecht der Palästinenser widersprochen.

Gegen diese verschiedenen Enteignungsmethoden von Land kann nur Beschwerde vor dem Einspruchskomitee eingelegt werden, das eine Empfehlung an den Gebietskommandeur gibt, der sie akzeptiert oder sich darüber hinwegsetzen kann. Der HCJ läßt nur noch Fälle zu, bei denen es sich um Enteignung von Privatbesitz handelt. Mit diesen rechtlich »äußerst raffinierten Gesetzen«, wie es Felicia Langer nennt, wurde den Palästinensern »legal« ihr Land geraubt. Dagegen streikten die Menschen am 30. März 1976 und nannten diesen Tag den »Tag des Bodens«. Sechs tote Palästinenser und schwere Erschütterungen im ganzen Land waren die Folge. Die Armee schoß auf alles, was sich der »Judaisierung« Galiläas in den Weg stellte. Der Schriftsteller Aharon Megged schrieb am 9. April 1976 in »Davar«, daß eine tiefe Sensibilität gegenüber Werten erforderlich sei, die mit tiefen Gefühlen befrachtet seien wie die Judaisierung Galiläas. »Ich kann mir vorstellen, wie ich mich fühlen würde, wenn die Parole von der ›Islamisierung Tel Avivs‹ ausgegeben würde.«

Mit welchen Argumenten verteidigt Israel diese sonderbare Landenteignungspolitik? Israel nimmt für sich in Anspruch, die Beschlagnahme von Land geschehe nach dem in Kraft befindlichen lokalen Recht. Von Mitte März 1982 bis Mai 1983 erschienen in einigen israelischen Tageszeitungen Berichte über Fälschungen von Besitzurkunden. Der israelische Generalstaatsanwalt verurteilte diese Fälschungen auf das schärfste. Im Dorf Bidia in der Nähe von Nablus kamen häufig Fälle von illegalem Landerwerb vor. Obwohl das örtliche Gericht in Nablus eine Anordnung gegen die Siedler erließ, bis zur endgültigen Klärung der Vorwürfe die Arbeiten auf dem umstrittenen Land einzustellen, hielten sich diese Siedler nicht an die Weisung des Gerichts, und auch die Polizei tat nichts, die Durchsetzung der gerichtlichen Anweisung zu erwirken. Trotz dieser Mißstände bestehen die israelischen Behörden darauf, daß die Beschlagnahme von Land legal geschehe.

Wie stellt sich die internationale Rechtslage dar? Da Israel das Land durch eine kriegerische Besetzung erworben hat, ist nach Meinung fast aller Staaten und der herrschenden Völkerrechtslehre die VGK anzuwenden. Dies impliziert die Achtung des Rechts, das vor einer Besetzung in Kraft war. Nach Artikel 17 Abs. 6 der Allgemeinen Erklärung der Menschenrechte hat jedermann das Recht auf Eigentum. Keinem darf dies willkürlich entzogen werden. Nach Artikel 49 Abs. 6 VGK ist es einer Besatzungsmacht untersagt, »Teile ihrer eigenen Zivilbevölkerung in das von ihr besetzte Gebiet« zu senden. Artikel 43 HLKO verlangt von einer Besatzungsmacht »nach Möglichkeit die öffentliche Ordnung und das öffentliche Leben wiederherzustellen und aufrechtzuerhalten, und zwar, soweit kein zwingendes Hindernis besteht, unter Beachtung der Landesgesetze«. Nach Völkerrecht ist deshalb der Transfer großer Teile der jüdischen Bevölkerung in die besetzten Gebiete illegal. Nach der HLKO ist Israel verpflichtet, die vorhandenen Strukturen, die lokalen Behörden wie die Institutionen in den besetzten Gebieten während der Besatzungszeit und bis zu deren Beendigung in ihrem Status zu erhalten. Nach Artikel 55 HLKO darf eine Besatzungsmacht Staatseigentum nur nutzen und verwalten im Sinne des Nießbrauches.

Israel sieht sich nicht als eine Besatzungsmacht, weil das Land nicht an die Stelle eines legitimen Souveräns getreten sei. Deshalb treffe die VGK hier nicht zu. Ferner argumentiert Israel, daß es die Gebiete in einem Akt der Verteidigung erworben und daß deshalb sein Rechtsanspruch gegenüber allen anderen Vorrang habe. Dieser Auffassung widerspricht aber die Charta der Vereinten Nationen. Nach ihr darf zwar ein Staat zu Verteidigungszwecken seine Grenze überschreiten, er darf sich jedoch nicht auf diese Weise Gebiete aneignen. Die USA und die internationale Staatengemeinschaft haben die Siedlungen nie als rechtmäßig anerkannt. Die Vereinten Nationen forderten in mehreren Resolutionen Israel zum Verlassen der besetzten Gebiete auf und pochten auf die Anwendung der VGK. Erst in der im Zusammenhang mit dem Massaker von Hebron erlassenen UN-Sicherheitsratsresolution spricht diese wieder von der Besetzung Ost-Jerusalems und der anderen Gebiete, was von der Clinton-Administration kritisiert worden ist. Damit wird die Unrechtmäßigkeit der »Souveränität« Israels über Jerusalem und die besetzten Gebiete wieder deutlich gemacht. Trotz internationaler Proteste hat die israelische Regierung wiederholt ihre Absicht bekräftigt, die Gebiete nicht zurückzugeben. Das Gaza-Jericho-Abkommen bestätigt nur die Haltung Israels, denn die palästinensische Polizeitruppe hat keinerlei rechtmäßige Gewalt über die Siedler. Die Siedlungen und ihre Bewohner sind quasi exterritorial.

Von 1975 bis 1994 stieg die Zahl der Siedler von 2500 auf über 136.000 plus 130.000 in Ost-Jerusalem. Israel kontrolliert ohne Ost-Jerusalem 65,5 Prozent, d.h. 3476 von 5300 Quadratkilometer der Westbank sowie 60 Prozent des Gaza-Streifens. Im Westjordanland müssen sich über 1 Mio. Palästinenser mit 30 Prozent des Bodens zufriedengeben, während sich im Gaza-Streifen 800.000 Palästinenser mit der Hälfte des Gebietes von der Größe Bremens abfinden müssen, wohingegen 5400 jüdische Siedler die andere Hälfte für sich beanspruchen. Dieser Zusatnd ist durch die Vereinbarung von Kairo vom Mai 1994 »legalisiert« worden. Damit hat der Gaza-Streifen eine der höchsten Bevölkerungsdichten der Welt. Nach Mitteilungen von »Peace Now« sind in den besetzten Gebieten 10.443 Häuser gebaut worden, mehr als 8000 stehen kurz vor der Fertigstellung. Wenn diese Häuser bezogen würden, sei für fast 50.000 Siedler Wohnraum geschaffen. Der Wohnungsbauminister Benjamin Ben-Eliezer von der Arbeitspartei hat kurz nach dem Regierungsantritt einen einjährigen Baustopp für 3000 Wohneinheiten und Straßen in den besetzten Gebieten verfügt, der aber schon völlig durchlöchert worden ist.

Obwohl Israel nach Völkerrecht verpflichtet ist, das vor der Besetzung geltende Recht beizubehalten, versucht es, durch Militärerlasse das alte osmanische und das jordanische Recht sowie die britischen Notstandsverordnungen in seinem Sinne und zum Schaden der Palästinenser umzufunktionieren, so daß seine Konfiszierungen und seine Siedlungspolitik den Anschein von Legalität erwecken.

Neben das rechtliche Argument tritt das historische und religiöse. Die meisten der Siedler betrachten ihren Anspruch auf »Judäa« und »Samaria« als ein »höheres« Recht. Das Gebiet sei ihnen von Gott versprochen. Diese Grundlage reicht ihnen, ihren Rechtsanspruch durchzusetzen und Siedlungen zu errichten. Der religiöse Anspruch auf Besitztitel ist der am wenigsten gerechtfertigte, da eine säkulare Rechtsordnung diese Argumente nicht akzeptieren darf. Ihre Hinnahme auf internationaler Ebene würde nur Chaos hervorrufen.

Die gängigste Rechtfertigung für die Siedlungen ist das Sicherheitsargument. Selbst das israelische Kabinett war sich seiner Sache im Falle Elon Moreh nicht sicher. Haim Bar-Lev war der Meinung, daß die Siedlung nichts zu Israels Sicherheit beitrage. Im Ernstfall müsse die reguläre Armee auch noch die Siedler schützen. Von der militärischen Bedeutung der Siedlungen war auch Moshe Arens – noch bevor er Verteidigungsminister wurde – nicht überzeugt. Im Yom Kippur-Krieg mußten die Siedlungen auf dem Golan Hals über Kopf evakuiert werden. Bei der heutigen Waffentechnik erscheint das Sicherheitsargument immer weniger überzeugend. Es diente auch schon in der Vergangenheit dazu, eine expansive Siedlungspolitik zu rechtfertigen.

Die amerikanische Regierung hatte für die Gewährung des Zehn-Milliarden-Dollar-Kredits der Rabin-Regierung einen Siedlungsstopp abgerungen. Dieser führte aber zu einer verstärkten Planung und Errichtung von Siedlungen im Gebiet von Jerusalem durch die Umleitung von Mitteln, die für andere nicht so bedeutende Siedlungen bestimmt waren. Der Siedlungsstopp wurde noch zusätzlich dadurch verwässert, daß Rabin erklärte, daß von diesem Baustopp Siedlungen, die für die Sicherheit Israels und aus strategischen Gründen wichtig seien, davon unberührt blieben. Daß in den bestehenden Siedlungen weiter kräftig gebaut wird, führt die Zusage an die amerikanische Regierung völlig ad absurdum. Die Clinton-Administration steht Israel sowieso wohlwollender und nachsichtiger gegenüber als die ehemalige Bush-Administration und achtet nicht auf die Einhaltung der Abmachungen ihrer Vorgänger-Administration.

So gab Rabin bekannt, daß die Siedlungen im Jordantal und auf den Golan-Höhen von strategischer Bedeutung seien und nicht unter die Abmachungen mit den USA fielen. Die Siedlungen um Jerusalem herum seien auch nicht von dem Abkommen betroffen. Auch geht der Bau von 10.000 Wohnungen im Gush Etzion Block in Hebron, um Ma'aleh Adumim östlich von Jerusalem und Ma'aleh Ephraim in Nablus ungehindert weiter. Seit der Regierungsübernahme durch Ministerpräsident Rabin erhalten nur noch solche Siedler das Regierungsgeschenk von 20.000 US-Dollar, die in sogenannten »Sicherheitssiedlungen« im Jordantal, im Großraum von Jerusalem und im Etzion Block in Bethlehem leben wollen. Siedler, die in eine »politische« Siedlung ziehen, erhalten einen besonderen Kredit. Siedlungen, die in die Sicherheitskategorie fallen, stellt die Regierung einen speziellen Fonds für den Straßenbau zur Verfügung. Priorität genießt der Ausbau der Verbindungsstraßen zwischen den Siedlungen im Großraum von Jerusalem: Givat Ze'ev, die Gegend um Ramallah, Ma'aleh Adumim bis zur Grenze nach Jericho im Osten und bis nach Hebron im Süden sowie die Gegend um Beit Jala, wo auf einem Hügel die Siedlung Gilo liegt und wo weitere 20 Siedlungen entstehen.

Meron Benvenisti, der Leiter des Westbank Data Base Project, schrieb 1985: »Die arabischen Städte und Dörfer werden einmal wie Gettos.« Diese Behauptung ist keine propagandistische Übertreibung, sondern zeichnet sich immer deutlicher ab. Der von Ariel Sharon entworfene »Seven Stars Settlement Plan« zielt bewußt auf die »Bantustanisierung« der Palästinenser in den besetzten Gebieten. Sharon wollte durch diesen Plan »eine irreversible Karte schaffen – eine neue Demographie – von ökonomischen und politischen Realitäten«, schreibt Michal Schwartz in »Challenge«. Der »Sieben Sterne Plan« zielt auf einer Länge von 80 Kilometer entlang der »Grünen Linie« auf die »Judaisierung« dieser Gegend ab. Zwölf Vorstadtzentren sollen in einem Dreieck gebaut werden, in dem zur Zeit 140.000 Palästinenser und 40.000 Israelis leben. Es erstreckt sich von Modi'in im Süden bis Umm al-Fahm im Norden. Die meisten dieser Zentren, die »Sterne« genannt werden, entstehen auf der »Grünen Linie«.

Gemäß diesem Plan wird sich die »Judaisierung« in drei Etappen vollziehen. 1995 sollen 90.000 Juden in den Gebieten leben, sein Ziel hat der Plan im Jahre 2005 erreicht, wenn in diesem Gebiet 393.000 Juden und nur noch 162.100 Araber leben werden. Ob die Ziele dieses Planes auch noch von der Rabin-Meretz-Regierung anvisiert werden, kann noch nicht mit letzter Sicherheit gesagt werden. Der Plan spricht zwar nur von einer Entwicklung innerhalb der »Grünen Linie«, aber in der Realität entstehen die Siedlungen direkt auf der »Waffenstillstandslinie« mit Zielrichtung besetzte Gebiete. Der Plan vermeidet jede Aussage über die zukünfige Entwicklung. Der »Star-Plan« zielt auf die Schaffung von vier Zentren: Modi'in, Rosh, Ha'ayin, die Kochav Yair-Gruppe und Karish. Die geplante sechsspurige Straße Nr. 6 von 120 Meter Breite bildet das Rückgrat des Star-Planes und soll diese miteinander verbinden. Zu diesem Zweck müssen tausende von Dunums enteignet werden.

Sollte dieser Plan in seiner ehrgeizigsten Form realisiert werden, wird dies katastrophale Auswirkungen auf die in den besetzten Gebieten lebenden Palästinenser haben. Die schon im Gange befindliche Marginalisierung und Unterentwicklung der palästinensischen Dörfer und Städte wird sich weiter fortsetzen. Sie werden zu Slums in der Nähe prosperierender jüdischer Siedlungen und Städte. Die Palästinenser werden ein Reservoir billiger Arbeitskräfte für die israelische Industrie. In Middle East International vom 30. April 1993 bewertet der israelische Wissenschaftler und Publizist, Israel

Karte 4: Sieben Sterne Siedlungsplan von Ariel Sharon

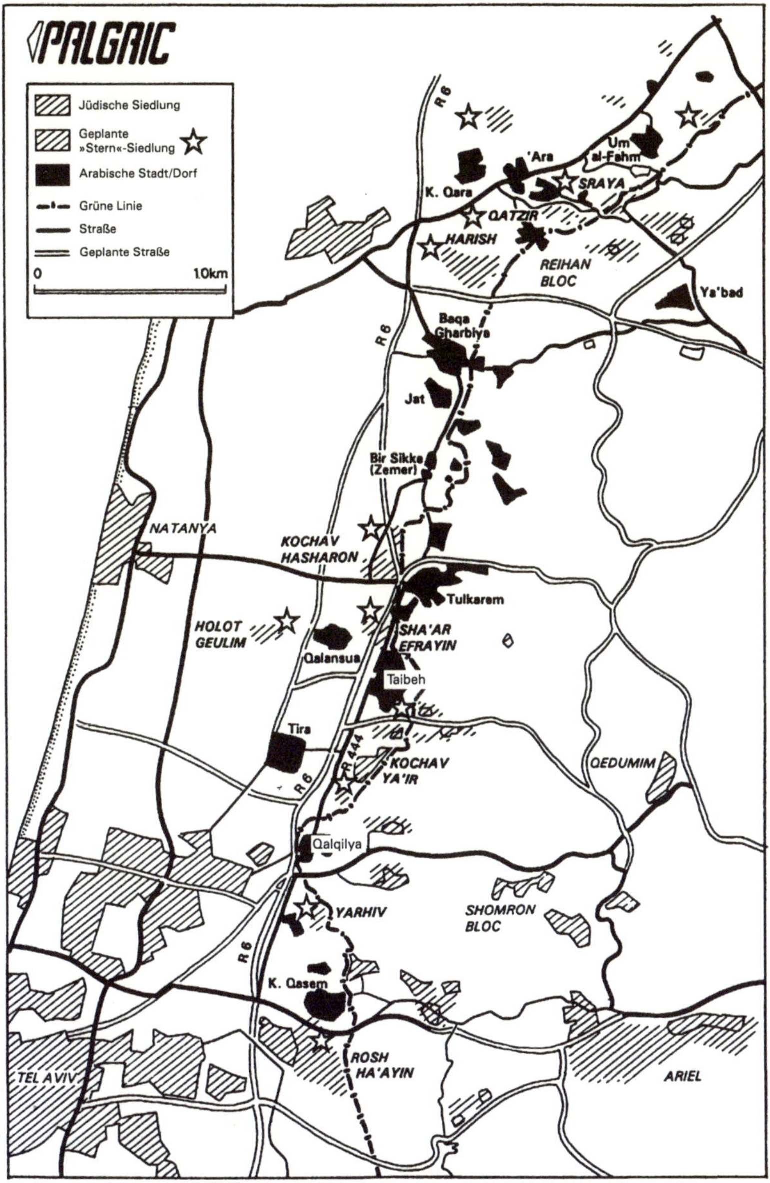

Quelle: Challenge, III (1992) 2, S. 17.

Shahak, die Konsequenzen der Siedlungspolitik für die Palästinenser wie folgt: »Der Plan zur Errichtung palästinensischer Enklaven schließt eine langsam aber stetig vorausschreitende Verarmung der Palästinenser ein. Man weiß das in Israel, im Ausland wird diese Tatsache von den Betroffenen und wohl auch von der PLO nicht zur Kenntnis genommen.«

Der »Seven Stars«-Siedlungsplan hängt stark von der Finanzierung von gemeinützigen Organisationen wie »Hamutot« ab. Von 4300 Wohnungseinheiten für elf Siedlungen, wurden 66 Prozent oder 2854 von Privatorganisationen gebaut. Der Generaldirektor des Wohnungsbauministeriums, Aryeh Bar, verlängerte den Privatorganisationen die Frist, um weitere Unterstützung zu organisieren, da Bar, wie am 11. August 1992 in der »Jerusalem Post« zu lesen war, »keine Absicht habe, dem Projekt zu schaden«. Der bedeutendste Bereich, der von der Einfrierung ausgenommen ist, ist die privat geförderte Besiedlung, die sich gegenwärtig auf 1000 Einheiten beläuft. So können Siedler ihre Gönner in den USA einladen, in die Erhaltung von »Judäa« und »Samaria« zu investieren. Die Vorkehrungen, die in den Gesetzen der USA gegen die Verwendung gemeinnütziger Beiträge in den besetzten Gebieten getroffen wurden, stellen keine wirkliche Hürde dar, da eine Überwachung von Spendengeldern schwierig ist.

In ihrem Haushaltsplan für 1993 wurden auf Druck von Wohnungsbauminister Ben-Eliezer 473 Mio. Shekel zusätzlich eingeplant. Die Geschenke der israelischen Regierung an die Zionistische Weltorganisation (WZO) sind für Siedlungen, die an der »Konfrontationslinie« auf dem Golan und im Jordantal liegen, vorgesehen. Die WZO benutzt dieses Geld der Regierung, um die »Infrastruktur« in den besetzten Gebieten auszubauen. Auf diesem Weg werden aber tatsächlich weitere Siedlungen in der Westbank und dem Gaza-Streifen finanziert. Im 1992-Etat der WZO waren für Siedlungen 116 Mio. Shekel vorgesehen; von diesen gingen acht Mio. an den Gush Etzion Block und 40 Mio. für Siedlungen in der Westbank und dem Gaza-Streifen, wie die »Jerusalem Post« vom 8. September 1992 berichtete. Obwohl die Regierungsgelder für 1993 um 20 Mio. Shekel an die WZO gekürzt wurden, ist der Etat des Wohnungsbauministeriums für Infrastrukturmaßnahmen um 265 Mio. Shekel erhöht worden.

Am 14. Dezember 1981 annektierte die Knesset die Golan Höhen. Auch dort wird weiter kräftig investiert. 1992 wurden 20. Mio. Shekel für den Ausbau von Straßen ausgegeben. Trotz der Friedensverhandlungen wurden für Katzrin 700 weitere Häuser genehmigt, und 600 Häuser werden in weiteren zwölf Siedlungen gebaut, wie die »Jerusalem Post« vom 14. Juni 1992 berichtete. Insgesamt gibt es auf dem Golan 41 Siedlungen mit einer geschätzten Bevölkerung von 15.000. Die Regierung plant, insgesamt 40.000 Israelis dort anzusiedeln. Die Siedlungen auf dem Golan stehen mehrheitlich der Arbeitspartei nahe. Sie sind säkular und nicht messianisch und werden sich nicht gegen die kleine arabische Minderheit (Drusen), die nach dem Sechs-Tage-Krieg nicht vertrieben worden ist. Die strategische Bedeutung der Golan-Höhen ist in Israel allgemeiner Konsens. So ist die Idee einer Volksabstimmung, wie sie Rabin ins Gespräch gebracht hat, über diese Gebiete naheliegend. Aber eine solche wäre völkerrechtswidrig, weil Israel dort nicht der rechtmäßige Souverän ist.

Mit der Vollendung der Siedlung Pisgat Ze'ev Ende 1993 wird die Zahl der jüdischen Bevölkerung die der arbischen in Jerusalem übersteigen. Von den 3163 Baugenehmigungen 1991 in Jerusalem erhielten die Palästinenser 156, was fünf Prozent entspricht, wohingegen 3007 oder 95 Prozent dem jüdischen Bevölkerungsteil zufielen. Das gleiche Mißverhältnis existiert bei der Subventionierung von Wohnraum. So kamen 70.000 israelische Familien und nur 555 palästinensische in den Genuß von subventioniertem Wohnraum. Der ehemalige Wohnungsbauminister Ariel Sharon hat am sogenannten Jerusalem Tag bekanntgegeben: »Wir haben uns ein Ziel gesetzt, daß es keine Wohngegend in Ost-Jerusalem ohne Juden geben wird.« In dem palästinensischen Dorf Silwan sollen 200 Appartements entstehen; es grenzt an die »David Stadt«.

Der Bezirkstaatsanwalt von Jerusalem erreichte vor einem Gericht die Rückgabe von zwei Gebäuden, die 1969 aus »Sicherheitsgründen« ihren Besitzern weggenommen wurden, und die bei der militanten Siedlerorganisation Ateret Cohanim gelandet waren. Anstatt die Gebäude der Familie von Tirhi und Naif Abu Mayyaleh zurückzugeben, bestand der Polizeiminister am 31. August 1992 darauf, dort Polizeistationen einzurichten. Die radikale Siedlerorganisation begrüßte diese Entscheidung. Bei dieser Gerichtsverhandlung kam weiter ans Tageslicht, das hohe Regierungsbeamte Siedlerorganisationen illegal finanziell unterstützt hatten und ihnen Rechtsberatung zu Teil werden ließen, wie sie am besten in den Besitz von Häusern im muslimischen Teil der Altstadt von Jerusalem kommen könnten.

Die meisten dieser beabsichtigten Aktionen zielten auf die Gegend um den Tempelberg. Dieser »Deal« lief folgendermaßen ab: Der »Treuhänder für Eigentum von abwesenden Palästinensern« (CAP) verweigerte die Annahme der Mietzahlungen und erließ daraufhin Räumungsbescheide wegen nicht Bezahlung der Miete. Die Gebäude wurden dann als aufgegeben deklariert und militanten Siedlerorganisationen wie Ateret Cohanim zur Nutzung übergeben. Die Organisation behauptet, im Rahmen der Gesetze zu arbeiten. Die Rechtmäßigkeit ihrer »Rückgewinnungsmethoden« wird augenblicklich von der Polizei untersucht. Ateret Cohanim arbeitet mit den besten Anwälten Israels zusammen, die eine Methode von Zuckerbrot und Peitsche anwenden. Sie drohen den palästinensischen Besitzern mit einem Gerichtsprozeß, bieten ihnen aber auch gleichzeitig Geld an, damit sie ihren Besitz verlassen. Nach »Ha'aretz« vom 17. August 1992 wurden auf diese Weise 50 Gebäude an jüdische Siedler oder Yeshiva Studenten übergeben. Die Aktionen stellen einen Teil des Regierungsplanes dar, um in Ost-Jerusalem Grundstücke zu erwerben, wie am 16. September 1992 die »Jerusalem Post« meldete.

Die Expansion jüdischer Siedler geht in Ost-Jerusalem munter weiter. So kaufen amerikanische Juden Häuser von Palästinensern in Silwan. Diese Häuser werden von einer anderen militanten Siedlerorganisation, El-Ad, besetzt, die angrenzend an die »David Stadt« die Bevölkerungsbalance zugunsten der Juden verändern will; acht Häuser wurden bereits besetzt. El-Ad wurde 1984 von David Bari mit dem Ziel gegründet, das jüdische Eigentum vor 1948 zurückzuerlangen, aber gleichzeitig soviel arabisches Eigentum unter seine Kontrolle zu bekommen wie nur möglich. Der frühere Wohnungsbauminister David Levy unterstützte El-Ad, indem er der Organisation 1984 Millionen Shekel für den Kauf von Häusern in Silwan zur Verfügung stellte. Am 20. Juli 1992 wurde mit Hilfe der Grenzpolizei 800 Quadratmeter Land von dem 65jährigen Juma Mohammad Ruweid im Zentrum von Alt-Silwan (Wadi Hilweh) besetzt. Das Land wurde für »Sicherheitszwecke« beschlagnahmt und mit Stacheldraht umzäunt. Die gleichen Siedler hatten schon das Haus von Mahmoud Ghuzlan aus Silwan im Oktober 1991 besetzt. In der Nacht zum 9. Oktober 1991 überfielen zirka 200 Siedler das Dorf Silwan. Sie besetzten acht arabische Häuser – fünf davon waren bewohnt – und brachten Verwüstung und Zerstörung über die unmittelbare Nachbarschaft. Der Zeitpunkt war bewußt gewählt, und zwar am Abend vor der Ankunft des damaligen amerikanischen Außenministers James Baker und als Jahresgedächtnis des Tempelberg-Massakers. Beteiligt an dieser illegalen Aktion waren auch die Knesset-Abgeordneten Michael Eitan und Geula Cohen. Eitan setzte seine Immunität als Abgeordneter dazu ein, die Polizei am Betreten der Häuser zu hindern. Er schlug einem Polizisten ins Gesicht und schrie jeder Fernsehanstalt ins Mikrophon: »alles ist legal«. Nach Meinung der Journalistin Michal Schwartz ist diese Aktion in Silwan mehr als eine Provokation. »Es ist eine weitere sorgfältig geplante und erfolgreiche Übernahme von arabischen Häusern innerhalb eines dicht besiedelten muslimischen Wohngebietes in Jerusalem, die sofort nach 1967 begann.« Die Übernahmestrategie ist ähnlich wie in der Altstadt von Jerusalem: es ist eine Mixtur aus Militärverordnungen und speziell für Jerusalem erlassenen Gesetzen. Die beteiligten Einrichtungen und Behörden sind die folgenden: der CAP, das Wohnungsbau-, das Justiz-, das Finanz- und das Innenministerium, die Polizei sowie die Jerusalemer Stadtverwaltung.

Der CAP wandte sich zuerst an das jüdische Eigentum vor 1948, das zu dieser Zeit in jordanischer Treuhandschaft und an palästinensische Familien vermietet worden war. 1967 fiel dies automatisch der israelischen CAP zu, die es weiter an Palästinenser vermietete, aber bereits schon damals eine Politik verfolgte, die auf die Räumung des Besitzes hinauslief. Falls Eigentum als »abwesend« erklärt wurde, fiel das Haus an den Treuhänder, der es an irgend jemand vermieten konnte. Als Abwesender wurde der bezeichnet, der sich nicht zwischen dem 29. November 1947 und 19. Mai 1948 in Palästina aufgehalten hatte. Am 26. Juni 1967 wurde dieses Gesetz wieder reaktiviert. Dadurch wurden alle Jerusalemer Palästinenser zu Abwesenden erklärt, weil sie sich 1947 in Feindesland (Jordanien) befunden haben. Dieses Gesetz wurde immer dann angewandt, wenn kein anderer Vorwand zur Enteignung vorlag. Alle Bewohner der Westbank, die Eigentum in Jerusalem hatten, verloren es an den CAP. Verschiedene Formen des Drucks wurden auf die Bewohner ausgeübt, einen Mietvertrag mit einer Laufzeit von einem Jahr zu unterschreiben, ohne dem Mieter aber zu eröffnen, daß er damit seinen geschützten Status aufs Spiel setzen und nach einem Jahr seinen Besitz räumen müßte. Die Karten, die Aufschluß über die Besitzverhältnisse von Abwesenden geben, sind für Bewohner und Journalisten geheim, für Siedler aber zur Einsicht offen.

1990 wurde ein Notstandsgesetz erlassen, daß es Ariel Sharon gestattete, 200 Häuser in Silwan zu planen, ohne daß dieses Gesetz die Zustimmung des Bauausschusses hatte und die Betroffenen keinen Einspruch einlegen konnten. Die formale Begründung war, die Bürokratie zu umgehen, um schnell Wohnraum für Einwohner zur Verfügung zu stellen. Obwohl dieses Gesetz nur für zwei Jahre in Kraft sein sollte, ist es immer noch gültig. Die Rolle Bürgermeister Teddy Kolleks ist »zwiespältig«. Er hatte die Idee der Umzingelung arabischer Wohngebiete durch jüdische Siedlungen, um sie dadurch zum Aufgeben zu zwingen. Kollek versucht, die arabischen Wohngebiete zu sogenannten »grünen Zonen« zu erklären, die nur eine Bebauungsquote von 25 Prozent zulassen. Das heißt, daß die Bewohner Silwans keine Baugenehmigung erhalten können, um ein weiteres Stockwerk aufzustocken. Tun sie es trotzdem, wird in der Regel das Haus zerstört. Die

Entwicklungspläne für Silwan und die anderen arabischen Wohngebiete sind solange geheim, bis sie formell von der Stadtverwaltung verabschiedet sind, so daß kein Einspruch mehr möglich ist. Der frühere Vorsitzende des Bezirksausschusses für Planung und Wohnungsbau, Rafi Levi, war verantwortlich für die Erteilung von Baugenehmigungen. Er ordnete an, daß es verboten ist, Häuser in Stand zu halten, die der Waqf gehörten. Solche »verwahrlosten« Häuser wurden als gefährlich für die Bevölkerung angesehen, geräumt und dem CAP übertragen und von diesem den Siedlern übergeben. Levi setzte auch durch, daß die Entwicklungspläne für die Jerusalemer Altstadt im Ausschuß ohne Anhörung verabschiedet wurden. Nach Bekanntwerden wurde diese Praxis eingestellt. Levi wurde später wegen Korruption verurteilt und eingesperrt.

Rechtsanwalt Ibrahim Sha'ban, der Nachbar eines der besetzten Häuser in Silwan ist, weist auf Eigentümlichkeiten des israelischen Rechtssystems hin. Das Gesetz über »Privatland von Abwesenden« gibt einem Militärrichter die Möglichkeit, Land und Häuser zu beschlagnahmen, Häuser zu versiegeln und gleichzeitig dem Finanzministerium die Macht zu geben, Land aus »öffentlichem Interesse » zu enteignen. Militärerlaß Nr. 58 erlaubt es dem CAP, Besitz in der Westbank zu enteignen, zu verkaufen oder zu vermieten, selbst wenn es an eine andere Person verkauft worden ist. Da der HCJ nicht die Rechtmäßigkeit der Militärerlasse in Frage stellt, sondern nur die korrekte Umsetzung auf der Verwaltungsebene prüft, gibt es keine rechtliche Möglichkeit gegen solche Entscheidungen vorzugehen. Theoretisch haben sie Anspruch auf Entschädigung. Somit können Juden auf ihren Besitz in den Jerusalemer Stadtteilen Talbiye, Baha, Qatamon und Romema zurückkehren, die Araber aber nicht. »Diese Gesetze sind tatsächlich Apartheid-Gesetze, die keinen Platz in einem Rechtssystem haben sollten, weil sie nur für eine bestimmte Gruppe von Menschen gemacht wurden. Wenn die Aktivitäten der Siedler so legal sind, warum müssen sie dann die Häuser wie Diebe in der Nacht an sich reißen«, so Rechtsanwalt Sha'ban in einem Gespräch mit »Challenge«.

Selbst einem Urteil des HCJ zur Räumung eines besetzten Hauses in der Altstadt von Jerusalem leisteten die radikalen Siedler nicht Folge. Nachdem sie 1989 die Häuser von Rafiga Salaymeh und Neèla Azzaru besetzt hatten, ging Azzaru vor das Oberste Gericht und gewann. Daraufhin terrorisierten die Siedler die Familien, um sie zum Verlassen ihres Hauses zu zwingen. Im Juli reichte die Familie eine Beschwerde beim HCJ gegen die israelische Polizei ein, da sie nichts unternahm, um die Gerichtsentscheidung von April 1992 durchzusetzen.

Eine starke Beeinträchtigung erfahren die Palästinenser immer wieder durch gewalttätige Siedler, die durchweg mit Pistolen und Maschinengewehren bewaffnet sind. Die Gewalt reicht von der vorsätzlichen Zerstörung palästinensischen Eigentums durch Brandstiftung, Überfall, Vandalismus und Körperverletzung bis zur Ermordung von Palästinensern. Die Blockade von Zufahrtsstraßen zu Jerusalem und wichtiger Kreuzungen ist dabei eine häufig angewandte Methode, wie am 29. Oktober oder 7. November 1993 geschehen. Sie gehört aber zu den harmloseren Rechtsverletzungen der Siedler. Diese Blockaden hatten ihre Ursachen in der Ermordung des Siedlers Haim Mizrahi und dem Anschlag auf den ehemaligen Knesset-Abgeordneten Haim Druckman, bei dem der Fahrer des Rabbiners ums Leben kam. Dies führte zu einer Serie von gewaltätigen Übergriffen auf Palästinenser durch extremistische Siedler, wie zum Beispiel die Tötung des 52jährigen Palästinensers Talal Bahri – Vater von zehn Kindern – im Taxi durch den Siedler Mendel Kessar aus Kiryat Arba. Am 3. Dezember 1993 zog der extremistische Rabbiner Moshe Levinger mit einigen seiner fanatischen Siedlerkollegen randalierend und willkürlich auf Palästinenser schießend durch das Zentrum von Hebron. Zwei Militärfahrzeuge erschienen, ließen die Siedler aber gewähren. Wie PHRIC in seinem Bericht »Settler Lawlessness in the Occupied Territories. Deliberate Shootings, Racist Attacks and Mob Violence« berichtet, halten sich Palästinenser selbst mit Anzeigen oder Beschwerden bei der Polizei zurück, weil sie sich vor Vergeltungsmaßnahmen der Siedler fürchten und weil die Polizei sehr unwillig reagiert, diese Beschwerden überhaupt zu verfolgen, und ein eventuelles Strafmaß sehr gering ausfällt. Wie PHRIC dokumentiert, hat sich in einigen Fällen die Polizei überhaupt geweigert, die Anzeige entgegenzunehmen, und machte die Palästinenser für die Gewalt der Siedler verantwortlich.

Nach Meinung von Al-Haq resultiert die Gewalt der Siedler gegenüber den Palästinensern daher, daß man ihnen ihr Land wegnimmt und es an jüdische Siedler gibt, und dies auch noch finanziell, »legal« und militärisch absichert. Nach Artikel 43 VGK sollte die Besatzungsmacht eigentlich die Zivilbevölkerung schützen. Israel tut genau das Gegenteil, indem es die Rechte der Palästinenser permanent verletzt und die Staatsmacht dazu einsetzt, das Land zu kolonisieren. Das Militär geht nur zu selten gegen gewalttätige Siedler vor, ja es hat sich sogar gelegentlich an Gewaltaktionen beteiligt bzw. sie toleriert, wie B'Tselem in seinem Bericht feststellt. Der Militärkommandeur hat den lokalen Gerichten die Jurisdiktion über die Aburteilung von Siedlern entzogen und sie an die Militärgerichte übertragen. Seit Begin der Intifada wurden über 62 Palästinenser von Siedlern oder anderen Privatpersonen erschossen. Die Organisation zählt in ihrer Mitte März 1994 veröffentlichten Untersuchung 206 Siedlerangriffe auf. Die meisten Täter seien nur mit geringen Strafen belegt worden. In elf Mordfällen hätten die Behörden nicht einmal Ermittlungen aufgenommen. »Die Unterlassung der Militärbehörden, einen Fall angemessen zu untersuchen und die Gewalttätigkeit der Siedler gegenüber Palästinensern zu bestrafen, ermutigt zu weiterer Gewalt«, so Al-Haq in »Protection Denied«.

Wie bei einer Anhörung im Zusammenhang mit dem Massaker von Hebron von einem Offizier zu Protokoll gegeben wurde, ist es den Soldaten verboten, gegen gewalttätige Siedler vorzugehen, geschweige den auf sie zu schießen. »Selbst wenn ich am Freitag am Abraham-Grab gewesen wäre, wäre es mir nach dem Gesetz verboten gewesen, Goldstein am Massaker zu hindern.« Die Siedler durften also solange auf Palästinenser schießen, bis sie ihr Magazin leergefeuert hätten, um dann von den Soldaten zur »Mäßigung« aufgefordert werden zu können. Auf die Frage eines arabischen Richters, ob die Grenzpolizei untätig zusehen müsse, wenn ein Araber erschossen werde, antwortete der Soldat mit »Ja«, wie die »FAZ« vom 11. März 1994 berichtete. Der Abschlußbericht, der Ende Juni von der Shamgar-Kommission vorgelgt wurde, erklärte Baruch Goldstein »zum Alleinschuldigen an dem Blutbad«. Die Kommission rechtfertigte die militärische Anweisung, das Feuer in keinem Fall auf jüdische Siedler zu eröffnen. Empfohlen wurden »schärfere Sicherheitsmaßnahmen«.

B'Tselem weist in seinem Bericht »Law Entforcement vis-s-vis Israeli Civilians in the Occupied Territories« vom März 1994 auf die Gewaltmaßnahmen von Siedlern und anderer Privatpesonen gegen Palästinenser hin. Sie erstrecken sich von Schüssen auf Häuser, Sabotage und Anzünden von Fahrzeugen, Straßensperren, Einwurf von Fensterscheiben, Zerstörung der Ernte und Entwurzelung von Bäumen, Belästigungen der Menschen in den Orten und auf Märkten bis zur willkürlichen Erschießung von Palästinensern. Viele dieser Überfälle sind gut organisiert. B'Tselem hält diese Taten nicht nur für bloße kriminelle, sondern für »ideologisch und politisch motivierte Gewalt«. Der Bericht kommt zu interessanten Ergebnissen, und zwar in bezug auf die israelische Armee, die Polizei und das Rechtssystem. Nicht nur gehen die Soldaten nicht gegen gewaltätige Siedler vor, sondern es gibt Fälle, in denen sich die Soldaten sogar daran beteiligen. Die Zurückhaltung der Armee gegen die Siedler führt B'Tselem auf »die engen Verbindungen zwischen IDF und Siedlern zurück«. Da die IDF die einzige Autorität in den besetzten Gebieten ist, wäre es ihre Pflicht, für Recht und Ordnung auch gegenüber den Siedlern zu sorgen. »Die IDF hat in der Durchsetzung des Rechts gegenüber Siedlern permanent versagt, um das Leben, die Personen und das Eigentum der Palästinenser gegen wiederholte Angriffe durch Juden zu schützen.« Solange die IDF dieses Verhalten der Siedler toleriert und sogar mit ihnen zusammenarbeitet, »trägt sie aktiv zur Fortsetzung solcher Gewalt bei«. Auch die Polizei tut alles, um die Aufklärung von Verbrechen von Siedlern zu verhindern. »Oft hat sich die Polizei geweigert, Anzeigen von Palästinensern entgegenzunehmen ... und wenn eine Untersuchung eingeleitet wird, endet sie fast immer damit, daß niemand angeklagt wird.« Dieses Versagen habe »Methode«, so B'Tselem. Kommen solche Fälle einmal bis vor Gericht, so zeigen einige Gerichte für die nationalen und religiösen Motive der Beschuldigten Verständnis und versäumen somit das richtige Strafmaß festzusetzen, das dem Wert eines Menschenlebens entspricht, so die Menschenrechtsorganisation. Nur der HCJ stemmte sich gegen diesen Trend. So sprach er sich einmal für eine Strafe aus, die der begangenen Straftat angemessen sein müsse, und daß solche Personen abgeschreckt werden müßten.

Das Büro des Generalstaatsanwalts hat viele Fälle aufgrund Mangels an Beweisen geschlossen. »Dies scheint eher sonderbar vor der Tatsache, welche Fakten B'Tselem zutage gefördert hat.« Die Organisation hält der Generalstaatsanwaltschaft zugute, daß sie unter permanentem Druck von Politikern und Siedlern stehe und »daß dies Einfluß auf die tolerante Haltung gegenüber den Siedlern hatte und somit Gerechtigkeit gegenüber jüdischen Verbrechen nicht voll zum Tragen kam«, so B'Tselem. Die Organisation resümiert, daß die israelische Regierung bei der Anwendung von Recht und Gesetz einen doppelten Standard in den besetzten Gebieten verfolgt. »Diese Diskriminierung – und die Nichtverfolgung von israelischen Straftaten in den Gebieten – untergräbt die Fundamente des israelischen Rechtsstaats.«

Wie die Zahlen der »Arab Studies Society« von 1992 zeigen, hat es unter der Rabin-Regierung weder eine Verringerung der Siedlungstätigkeit noch eine Änderung in der Politik der Landbeschlagnahmung gegeben. So wurden 53.000 Dunums palästinensischen Landes konfisziert. Zirka ein Drittel dieser Fläche wurde direkt zum Bau und zur Erweiterung jüdischer Siedlungen genutzt. 1992 wurde damit soviel Land für den Siedlungsbau beschlagnahmt wie in den ersten vier Jahren der Intifada insgesamt. Auf 2 857 Dunums wurden fünf neue Siedlungen 1992 errichtet und 43 auf insgesamt 16.288 Dunums erweitert. Die Erweiterung hat sich auf den Raum Ramallah konzentriert. Die Daten stehen im Widerspruch zu den Erklärungen über Siedlungsstop oder Einfrieren der Siedlungstätigkeiten. Das Gegenteil ist der Fall. Die Konfiszierung von Land hat im Dezember 1993 36.490

Dunums und im Januar 1994 4900 Dunums betragen, und dies trotz des »Gaza-Jericho-Abkommens«. Auf einer Pressekonferenz am 24. Januar 1994 von PHRIC, Land Research Committee, Palestine Geographic Research & Information Center und der Society of St. Yves wurde von einer Eskalation der israelischen Enteigungspolitik seit dem Abkommen gesprochen. So wurden vom 13. September 1993 bis zum Ende des Jahres 46.000 Dunums überwiegend entlang der »Grünen Linie« und um Jerusalem herum enteignet. Eine direkte Ausdehnung von Siedlungen auf 1025 Dunums, die mit der Zerstörung von 5540 Obstbäumen einherging. Dem Bau von acht neuen Straßen zwischen Siedlungen. Die Gründung von zwei Siedlungsinvestment Projekten auf 5520 Dunums in der Nähe von Hebron. Damit einher ging die Vertreibung von 46 Großfamilien und die Zerstörung von 63 Häusern. Es findet sogar eine Intensivierung der Siedlungstätigkeit statt. So wird die Straße Nr. 6, die von der libanesischen Grenze über die Westbank bis in den Süden des Landes führt, gebaut. Der Bau dieser Straße macht die Beschlagnahme großer palästinensischer Ländereien notwendig, wodurch die wirtschaftliche Infrastruktur vieler palästinensischer Dörfer zerstört wird, wie z.B. in den Städten Tireh und Taibe. Allein in den Siedlungen Elon Moreh, Revava und Eli entstehen 7.200 neue Wohneinheiten.

Wie hat sich der israelisch-amerikanische Zehn-Milliarden-Dollar-Deal auf die Siedlungstätigkeit ausgewirkt? Diese Vereinbarung hat zu einem beispielosen Anstieg der Siedlungstätigkeit geführt, da die USA die meisten Bedingungen aufgehoben haben, die mit der Kreditzusage verbunden waren. Es ist deshalb irreführend, wenn Rabins Politik mit dem Etikett »Siedlungsstop« versehen wird. Da Rabin einige Kautelen wie »Sicherheitssiedlungen« durchgesetzt hat, stellt die Entscheidung nur eine Verlangsamung dar, weil auch privat finanzierte Gebäude davon nicht berührt sind. Wie man auch immer seine Politik bezeichnen mag, das Faktum bleibt bestehen, daß der Bau von 11.000 Wohneinheiten den größten Bauboom in der Siedlungsgeschichte darstellt. Falls dieser Plan verwirklicht wird, steigt die Bevölkerung in den besetzten Gebieten – ohne Ost-Jerusalem – um 40 Prozent von derzeit 136.000 auf 170.000 an.

Da die USA keinen Einspruch gegen die Verwendung ihrer Hilfe zugunsten israelischer Siedlungen und das Festhalten an der Besetzung einlegen, machen sich die Amerikaner zum stillen Teilhaber einer Politik, die gegen alle Normen des Völkerrechts verstößt und die Menschenrechte mißachtet. Noch im Februar 1992 erklärte der damalige amerikanische Außenminister James Baker öffentlich, daß es durch den Kredit »zu einem Stillstand oder einem Ende der Siedlungsaktivitäten« kommen muß. Die im Bau befindli-

Tabelle 5: Die Beschlagnahme von Land

Region	Neue Siedlungen	Erweiterung alter Siedlungen	Insgesamt
Jenin		30	30
Nablus	447	2335	2782
Tulkarem & Qalqiliya	450	3833	4283
Ramallah	200	7445	7645
Jerusalem	1500	79	1579
Bethlehem		1848	1848
Jordantal			
Hebron		354	354
Gaza-Streifen	260	364,2	624,2
Insgesamt	2857	16288,2	19145,2

Quelle: Arab Studies Society.
Alle Angaben in Dunum = 1000 m².

chen Häuser können zwar fertiggestellt werden, die dafür anfallenden Kosten würden aber von den Kreditgarantien abgezogen. Er machte klar, daß der Bau von Straßen und anderer mit den Siedlungen in Verbindung stehender infrastruktureller Maßnahmen, den Kreditrahmen beeinflussen würde. Davon ist unter Präsident Clinton nicht mehr die Rede.

Die Bedingungen haben sich nach dem Machtantritt Rabins geändert. Die ersten zwei Mrd. US-Dollar wurden bedingungslos überwiesen, ein sonst ungewöhnlicher Vorgang für jeden Empfänger von US-Hilfe. Die israelische Regierung soll die USA nur weiter informieren. Durch die geschickte israelische Haushaltsführung läßt sich nicht feststellen, wohin das Geld geflossen ist, da offizielle israelische Quellen die Ausgaben für besetzte Gebiete nicht gesondert ausweisen. Verdeckte Kosten wie verbilligte Hypotheken und Einkommensteuervergünstigungen, die den Siedlern zugute kommen, lassen sich ebenso schwierig nachweisen. Auch sprechen einige amerikanische Quellen von der Verwirrung zwischen der US-Diplomatie in Tel Aviv und Jerusalem, wer für die Überprüfung zuständig ist. Nach Angaben der in Washington ansässigen »Foundation for Middle East Peace« werden die Kosten für die 11.000 Wohneinheiten nicht von der Kreditgarantie abgezogen. An der Autobahn Jerusalem-Bethlehem werde ungeahndet weitergebaut. In Ost-Jerusalem und dem Golan dürfen weiterhin neue Siedlungen entstehen. Regierungsunterstützung für private Bauvorhaben wird bis 1994 nicht geahndet. Es bleibt abzuwarten, ob staatlich konfisziertes und von privater Hand erworbens Land als Regierungsinvestitionen betrachtet wird. Sollte dies der Fall sein, bedeutet dies, daß die USA Israels Politik einer privaten Besiedelung de facto zustimmen. Zivile Ausgaben oder Subventionen für Siedler im Bereich wie Gesundheits- und Erziehungswesen, Landwirtschaft und Handel werden nicht geahndet. »Diese Bedingungen machen klar, daß Rabin die größte Ausweitung des Siedlungsbaus in der Geschichte betreiben wird, ohne Auflagen aus Washington befürchten zu müssen«, so die Schlußfolgerung des Berichtes. Selbst ein so wichtiger Mann wie der ehemalige Chef des militärischen Nachrichtendienstes, Yehoshafat Harkabi, klagt die USA der historischen und moralischen Verantwortung für den enormen Anstieg der Siedlungen nach 1977 an. Er weist darauf hin, wie die Bemühungen Jimmy Carters scheiterten, Menachem Begin mit seiner Zurückweisung der Resolution 242 zu konfrontieren und ihn zur Einstellung seiner Sieldungspläne zu zwingen.

Trotz Friedensgespräche und »Gaza-Jericho-Abkommen« geht die Gründung von Siedlungen unvermindert weiter. So meldete »Ha'aretz« vom 22. September 1993 die Gründung zweier Siedlungen in Ost-Jerusalem. Dieser Gründung stimmte die mit der Arbeitspartei verbundene Fraktion des Stadtrates »Ein-Jerusalem« zu. Laut Beschluß des Stadtrates vom 20. Oktober 1993 soll eine Siedlung in der Nähe des arabischen Stadtteils Ras al-Amud entstehen und 132 Wohneinheiten umfassen; sie wird aber von einer 1,8 Meter hohen Mauer umgeben sein. Die zweite Siedlung soll 400 Wohneinheiten umfassen und in der Nähe des Dorfes Jabel Mukaber gebaut werden. Bei dieser Entscheidung wich der Stadtrat von seiner traditionellen Politik ab, neue Siedlungen innerhalb oder in unmittelbarer Nähe von arabischen Wohngebieten zu errichten. In der Vergangenheit geschah dies immer gegen den Willen des Stadtrates. Die letzten Entscheidungen wurden von der Nationalreligiösen Partei und dem Likud begrüßt. Das Stadtratsmitglied der Nationalreligiösen, Shmuel Meir, sagte, »daß der Besitz und die Souveränität über Jerusalem durch Taten und nicht durch Reden verdeutlicht werden muß«. Elisha Peleg vom Likud bemerkte, daß »die Veröffentlichung der augenblicklichen Baupläne Israels Souveränität über alle Teile Jerusalems zeigt und die jüdischen Siedlungsaktivitäten in Ost-Jerusalem verstärken wird«. Abraham Kehila, Vorsitzender des städtischen Planungs- und Bauausschusses erklärte, daß »die Gerüchte um eine Vereinbarung zwischen der PLO und der Regierung über Jerusalem es notwendig machen, besondere Baugebiete für Juden und Araber auszuweisen, und daß alle Anstrengungen unternommen werden müßten, diese so schnell wie möglich zu verabschieden«.

Einige Tage nach der Unterzeichung des Abkommens wurde ein geheimer Plan eines Sonderausschusses für die Bebauung in Jerusalem der Presse zugespielt. Dieser sogenannte »Fingers-Plan« sieht den Bau einer riesigen Siedlung nordöstlich von Pisgat Ze'ev für 300.000 Bewohner vor. Diese Siedlung wäre aber ausschließlich für Palästinenser und sollte den Namen al-Quds (=die Heilige), so nennen die Palästinenser Jerusalem in Arabisch, tragen und als Ersatz für Ost-Jerusalem sein. Ob ein solcher Plan jemals Realität werden wird, darf bezweifelt werden, weil keine israelische Regierung Interesse an einer solchen hohen Konzentration von Palästinensern in der Nähe von Jerusalem haben kann. Hohe Persönlichkeiten aus der Regierung und der Stadtverwaltung von Jerusalem sowie die Jewish Agency haben sich für den Plan ausgesprochen. Der Vorsitzende dieses Sonderausschusses und der Vorsitzende der Planungsbehörde für Jerusalem, Uzi Veksler, sagte in der Zeitung »Yediot Aharanot« vom 6. Oktober 1993: »Wir müssen eine Hauptstadt für die Palästinenser finden; wir müssen einen Platz für al-Quds finden.«

Mehrfach hat Ministerpräsident Rabin öffentlich betont, daß es zu keiner Auflösung von Siedlungen kommen werde. Trotzdem wollen nach einer Umfrage von »Yediot Aharonot« vom 3. Dezember 1993 33 Prozent der Siedler gegen eine Entschädigung die besetzten Gebiete verlassen. Die Regierung hat es bisher strikt abgelehnt, Entschädigungen anzubieten oder die Siedler zum Verlassen der Gebiete aufzufordern. Nichtsdestotrotz bereiten sich zahlreiche darauf vor. Während 82 Prozent der religiösen Siedler um jeden Preis bleiben wollen und nur 18 Prozent eine Entschädigung akzeptieren würden, wären 60 Prozent der säkularen Siedler bereit, gegen Kompensation umzuziehen, und nur 40 Prozent lehnt dies auf jeden Fall ab. Laut einer Umfrage von »Kol Ha'ir« vom 18. März 1994 wollen 500 von 2500 Familien der Siedlung Ariel zurück ins israelische Kernland, wenn die Regierung ihnen entsprechende Wohnungen zur Verfügung stellt oder eine adäquate Entschädigung zahlt.

Eine treffende Einschätzung der Ziele der israelischen Politik gibt Ze'ev Shiff im März in »Ha'aretz«. »Wir stehlen weiter das Wasser aus dem Gaza-Streifen, obwohl seine Qualität von Jahr zu Jahr mehr zu wünschen übrig läßt. Wir stehlen weiter die winzigen Landreserven, um dort immer mehr Siedlungen zu gründen, als ob wir die Einwohner willentlich der Hoffnungslosigkeit preisgeben und sie zu der Auffassung veranlassen wollten, daß sie nichts mehr zu verlieren haben. Durch unser eigenes Zutun brauchen die Arbeiter aus dem Gaza-Streifen heute genauso lange, um an ihren Arbeitsplatz zu gelangen, wie sie dann dort arbeiten. Vom militärischen Standpunkt aus haben wir nicht mehr als die Hälfte des Streifens unter Kontrolle, und daß zu einem immer exorbitanter werdenden Preis an menschlichen und anderen Ressourcen.«

Und über die Ziele der israelischen Landnahme- und Siedlungspolitik fällt Meron Benvenisti ein vernichtendes Urteil: »Die israelische Bodenpolitik hat durch direkte Kontrolle über die Hälfte der Westbank praktisch zwei räumlich getrennte Regionen geschaffen, die ethnisch geteilt, getrennt und ungleich sind. Die Methoden der Landkontrolle zielen darauf ab, durch Bauverbote arabische Gebiete einzukreisen und durch lange Gebietsstreifen in sie einzudringen. Das Straßensystem soll die arabischen Bevölkerungszentren umgehen und zugleich arabische Siedlungsgebiete zerstückeln und zerschneiden. Diese Vorschriften zwingen die palästinensische Bevölkerung in starre ›Pferche‹, die eine natürliche Ausdehnung verhindern.«

Die israelische Siedlungspolitik in den besetzten Gebieten erfolgt nicht willkürlich und planlos, sondern beruht auf klaren politischen Vorgaben und Planungen. Die damit einhergehenden Menschenrechtsverletzungen sind keine Ausnahme, sondern voraussehbares Ergebnis der israelischen Siedlungspolitik und Enteignungsstrategie. Trotz der vollmundig angekündigten »vertrauensbildenden Maßnahmen« im Zuge des Regierungswechsels zu Yitzhak Rabin, bleibt ein Widerspruch zwischen den Ankündigungen der israelischen Regierung und deren Maßnahmen. Das angekündigte Einfrieren der Siedlungen wurde durch die zahlreichen Ausnahmeregelungen wieder rückgängig gemacht; somit wurde kein fundamentaler Wandel in der Politik eingeleitet. Es zeigt sich, daß es in den Autonomieplänen von Rabin und Sharon nur quantitative Unterschiede gibt. Der einzige wirkliche Unterschied in beiden Konzeptionen liegt in der Anzahl und Größe der einzelnen Enklaven. Die Erklärungen an die Weltöffentlichkeit enthielten kein Wort zu den Rechten der Palästinenser auf ihr Land.

Da die Siedlungen und die Siedler Teil des israelischen Sicherheits- und Verteidigungssystems sind, müßten die Vorschriften für die Rolle der Siedler öffentlich gemacht werden. Die Existenz solcher Richtlinien würde den Status der Siedler als »Agenten« des Staates bestätigen und die Behauptung Israels ad absurdum führen, die bewaffneten Siedler seien Zivilisten mit allen Konsequenzen, die dies beinhaltet. Falls die Militärregierung weiterhin die Meinung vertritt, die Siedler seien keine »Agenten« des Staates und hätten kein Recht, das Gesetz in ihre Hände zu nehmen, dann ist die israelische Regierung verpflichtet, alle kriminellen Akte der Siedler konsequenter zu verfolgen, als bisher geschehen. Die israelische Regierung kann nicht behaupten, die Siedler seien Zivilisten; sie beteiligen sich aber alle in militärischen Aktivitäten und sind durchweg bewaffnet. Die Regierung sollte sich für eine der beiden Varianten entscheiden. Das Verbot der rassistischen Siedlerbewegung »Kach« und »Kahane lebt« war längst überfällig. Ihre Wortführer gehören vor Gericht gestellt und verurteilt; ihre Siedlung im Herzen von Hebron aufgelöst. Aber zu diesem Schritt kann sich Ministerpräsident Rabin nicht entschließen, wie er in einem Interview Anfang April 1994 erklärte. Rabin braucht die Siedler, um einen Palästinenserstaat zu verhindern. Die radikalen Siedler beklagen sich nun darüber, daß die Gesetze auf sie angewandt würden, die einstmals gegen die Palästinenser erlassen worden seien. Nur ein kleiner Teil der »Rechten« wird jetzt selber Opfer dieser antidemokratischen Gesetze, die sie einst initiiert hat. Da sich die radikalen Siedler oft jenseits der Legalität bewegen, wäre es Aufgabe der israelischen Regierung gewesen, schon viel früher den gesetzwidrigen Aktionen der Siedler Einhalt zu gebieten.

Israels Politik der Landbeschlagnahme raubt den Palästinensern als Mitgliedern einer Nation ihre Zukunft. Dadurch wird die palästinensische Nation ihres selbstverständlichsten Rechtes auf Selbstbestimmung beraubt. Die Politik Israels – wonach ein Palästinenser seinen Landbesitz nicht durch eine Urkunde belegen kann – erklärt das Land als jüdisches und stellt es den Juden aus aller Welt zur Verfügung; eine solche Politik schließt Landerwerb für Menschen anderen Glaubens aus.

8. Haft, Haftbedingungen und Prozesse gegen Palästinenser

Die Verhaftung von Palästinensern in den besetzten Gebieten gehört zum Alltag. Es gibt kaum eine Familie, die davon nicht betroffen ist. Für jeden Rechtsstaat ist es eine Selbstverständlichkeit, daß eine Verhaftung nur hingenommen werden kann, wenn die Beweise für die Tat eindeutig oder zumindest überzeugend sind. Nicht so in den besetzten Gebieten. Nach Militärerlaß Nr. 378 Artikel 78 ist es jedem Soldaten, Polizisten und Geheimdienstoffizier gestattet, einen Verdächtigen ohne Haftbefehl festzunehmen. Der Erlaß zählt eine Vielzahl von Sicherheitsverstößen unter anderem auch solche dubiosen Beschuldigungen auf wie »Aktionen, die dazu dienen, den Frieden zu stören« und »das Unterlassen, einen anderen von einer Tat abzuhalten«. Verhaftungen werden nach drei verschiedenen Mustern vorgenommen: erstens nach Störungen der öffentlichen Ordnung, zweitens auf Anordnung des Geheimdienstes und drittens nach einer Straßenkontrolle und Durchsicht der Fahndungslisten.

Artikel 21 des Militärerlasses Nr. 378 fordert, daß in einer Anklageschrift der genaue Grund der Verhaftung festgehalten und daß eine Kopie vor dem Prozeß an den Häftling gegeben wird. Artikel 12 verlangt die Übersetzung des Prozesses. Es gibt keine Bestimmung, nach der der Häftling umgehend und schriftlich in seiner Landessprache von den Gründen seiner Verhaftung informiert werden müßte. In der Praxis werden dem Verhafteten nicht die Gründe seiner Verhaftung mitgeteilt. Selbst die Anwälte erfahren von den genauen Vorwürfen erst vor Gericht. Diese Praxis widerspricht einer Entscheidung des Obersten Gerichtes (HCJ 726/88), die die umgehende Unterrichtung der Beschuldigungen an den Verhafteten vorsah. Die Anklageschrift ist in Hebräisch abgefaßt, was die meisten Angeklagten nicht verstehen.

Ein Palästinenser kann von jedem Soldaten bis zu 96 Stunden in Haft gehalten werden, bevor ein Offizier sie zweimal um sieben Tage verlängern kann, höchstens jedoch 18 Tage. Erst nach Ablauf dieser Frist bedarf die Verlängerung der Haft der Bestätigung durch einen Richter. In vielen Fällen passiert in dieser Zeit nichts, und der Gefangene wird nach Ablauf der 18-Tage-Frist ohne Angabe von Gründen entlassen. Mißhandlungen sind in dieser Zeit nicht ungewöhnlich. Es ist bekannt, daß die Verhöre häufig erst begannen, nachdem ein Richter der Haftverlängerung zugestimmt hatte. Es kann vermutet werden, daß solche Verhaftungen irrtümlich, willkürlich oder nur deshalb vorgenommen werden, um den Häftling zu ärgern. »In Abwesenheit eines rechtsstaatlichen Verfahrens, sind sie nicht überraschend«, stellt B'Tselem fest. Im Gegensatz dazu darf in Israel und Ost-Jerusalem ein Polizist einen Menschen bis zu 48 Stunden festhalten, danach benötigt er die Zustimmung eines Richters. Die Haft darf dreißig Tage nur dann überschreiten, wenn der Generalstaatsanwalt zugestimmt hat. Eine solche Genehmigung wird nur in äußerst schweren Fällen erteilt. Die Landau-Kommission hatte bereits in ihrem Bericht gefordert, die Zeit der Untersuchungshaft ohne richterliche Einwilligung auf acht Tage zu verkürzen. Auf Veranlassung von ACRI hat der HCJ einer Reduzierung der Haftzeit zugestimmt mit Ausnahme von Verstößen gegen die »Sicherheit« und anderer schwerer Verbrechen wie Mord usw.

Oft zielt das Verhalten der Soldaten auf die willkürliche Belästigung von Palästinensern. So berichtet amnesty international von einem Fall vor dem Militärgericht in Jenin vom November 1990, als drei Jugendliche wegen Steinewerfens angeklagt waren. Der Militärrichter ließ sie frei, ohne eine

Karte 5: Die israelischen Gefängnisse

Nach der Umgruppierung der israelischen Truppen im Gaza-Streifen wurden die Gefängnisse in Gaza-Stadt und Khan Yunis aufgelöst.

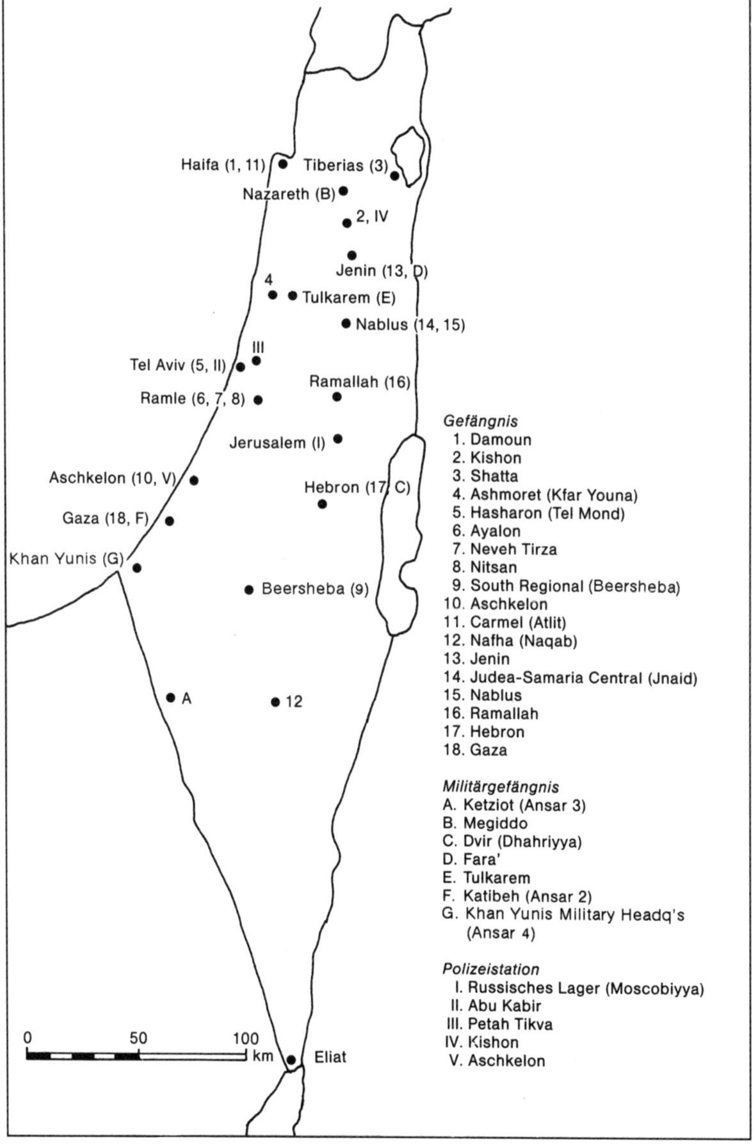

Begründung zu liefern. Hätte der Richter die Jugendlichen aufgrund der Aussage der Offiziere verurteilt, wäre dies nach Ansicht von amnesty einer Rechtsbeugung gleich gekommen. Die beiden Zeugen der Anklage machten sich widersprechende Aussagen, und zwar über die Zeit, den Ort und über die Identität der Beschuldigten. Es gab eine Diskrepanz von vier Tagen in ihren Aussagen. Ein Zeuge verstieg sich sogar zu der Behauptung, er könne alle 15 Jugendliche identifizieren, die an den Steinwürfen beteiligt gewesen seien. Wären die Jugendlichen nach 48 Stunden schon einem Richter vorgeführt worden, hätte er sie umgehend freigelassen, so mußten sie noch über drei Wochen in Haft verbringen.

Bei einem anderen Fall vor dem Militärgericht in Hebron behauptete ein Soldat, er habe einen steinewerfenden Jugendlichen mit einem Fernglas aus 1600 Meter Entfernung erkannt und gehört, was gesagt worden sei. Er gab vor Gericht dann zu, daß er den Steinewerfer eigentlich nicht gesehen habe. Über ein Monat verging, bis der Prozeß begann. Vor Gericht sah der Soldat den Steinewerfer zum ersten Mal. Er identifizierte ihn erst, als der Jugendliche vor ihm aufstehen mußte. Nach dieser unblaubwürdigen Vorstellung des Zeugen entließ der Richter den Jugendlichen umgehend. Amnesty schlußfolgert aus diesen Fällen, daß die Beweislage der Anklage sehr dürftig war. Wäre auch hier sofort nach 48 Stunden der Gefangene einem Richter vorgeführt worden, hätte man den Beschuldigten viel Ärger ersparen können. Fälle wie diese lassen die Vermutung aufkommen, daß das Militär die Zeitspanne von 18 Tagen dazu nutzt, den Verhafteten Schwierigkeiten zu bereiten.

Obwohl nach Sektion 78 c(B) der Verteidigungsrichtlinien ein Verhafteter das Recht auf einen Anwalt hat, kann es vorkommen, das ein Beschuldigter diesen bis zu 90 Tagen nicht zu Gesicht bekommt. Nach diesem Erlaß kann die Person, die die Verhöre durchführt, dieses Treffen zuerst bis zu 15 Tagen hinauszögern, wenn es die Sicherheit oder der Erfolg des Verhörs erfordern. Ein Polizeioffizier vom Direktor aufwärts kann diese Frist um weitere 15 Tage verlängern. Ein Militärrichter vom Range eines Hauptmanns oder höher kann weitere 30 Tage draufsatteln, die der Präsident eines Militärgerichts aus Sicherheitsgründen nochmals um 30 Tage verlängern kann. Ein Treffen zwischen Anwalt und Klient läßt sich nach Angaben von B'Tselem für die ersten 30 Tage aus Sicherheitsgründen leicht verhindern. Nach Angaben eines IDF-Sprechers wurde in den letzten Jahren die Frist von 30 Tagen nicht überschritten. In dieser Zeit gestehen viele der Häftlinge. Oft verspricht man ihnen bei einem Geständnis eine geringere Strafe. Der Häftling weiß in der Regel nicht, daß das Gericht an eine solche Zusage nicht gebunden ist. Am 21. September 1992 gab die israelische Regierung eine Änderung betreffend der Zeit, in der ein Gefangener einem Richter vorgeführt werden muß, bekannt. Die neuen Bestimmungen betreffen Jugendliche und solche Personen, bei deren Verstöße kein Dritter zu Schaden gekommen ist; sie müssen jetzt nach acht Tagen einem Richter vorgeführt werden. Diese Frist kann jedoch auch verlängert werden.

1990 reichte ACRI eine Beschwerde an den HCJ betreffend der Verhinderung von Treffen zwischen Anwälten und Klienten ein. Nach dieser Eingabe wurde – von zwei Ausnahmen abgesehen – das Treffen sofort gestattet oder der Betreffende wurde sofort entlassen. Nach B'Tselem scheint die Verhinderung eines Treffens nur dem Zweck zu dienen, Druck auf den Gefangenen auszuüben, und es hatte nie etwas mit sogenannten »Sicherheitserwägungen« zu tun. Am 18. November 1990 wurde der palästinensische Anwalt Muhammad Hashem Abu Sha'ban verhaftet und konnte nicht mit ACRI-Anwalt Dan Yakir sprechen. Am 20. November 1990 reichte ACRI Beschwerde beim HCJ ein. Am nächsten Tag fand das Treffen statt. Sha'ban wurde am 21. September 1993 von maskierten Männern der Fatah-Fraktion der PLO erschossen.

Die Anhörung für eine Verlängerung der Untersuchungshaft findet oft innerhalb der Gefängnisse statt, ohne das ein Anwalt zugegen ist. Dies stellt einen Verstoß gegen das Recht der Zulassung der Öffentlichkeit zu solchen Anhörungen dar. Ein Militärrichter kann einen Gefangenen für sechs Monate in Haft halten, bis die Anklageschrift fertiggestellt und für eine unbegrenzte Zeit, bis die Anklageschrift verkündet worden ist. Entsprechend der Länge des Verfahrens und unter der Berücksichtigung der schlechten Bedingungen in den Gefängnissen und Internierungslagern bedeutet Untersuchungshaft nicht mehr das, für was sie eigentlich bestimmt war, sondern wurde zu einer Form von Bestrafung umfunktioniert.

In Israel kann ein Häftling nur unter besonderen Umständen bis zum Ende des Verfahrens in Untersuchungshaft gehalten werden. Die Gründe sind im Strafrecht aufgelistet. In den besetzten Gebieten dagegen kann der Häftling bis zum Abschluß des Verfahrens in Haft bleiben, unabhängig von der Beschuldigung. In Israel kann nur ein Richter des HCJ die Untersuchungshaft über den Zeitraum eines Jahres hinaus verlängern, was selten vorkommt. In den besetzten Gebieten dagegen ist dies ein ganz normaler Vorgang.

In allen demokratischen Staaten ist es jederzeit gestattet vor einem Richter die Rechtmäßigkeit und Notwendigkeit einer Verhaftung in Frage stellen zu lassen. Ein solches Recht beruht auf der Habeas Corpus Akte. Nach Militärerlaß Nr. 378 Artikel 78 (i)(1) existiert in Israel ein ähnlicher Anspruch, der unter »bet shin« firmiert. Dieser Artikel gestattet es, ein Freilassungsgesuch an einen Militärrichter zu stellen. Obwohl dieser Erlaß eine Freilassung aus Gründen der illegalen und unnötigen Festnahme vorsieht, wird ein solcher Antrag von den Militärrichtern konstant als ein Antrag auf Freilassung gegen Kaution behandelt. Somit fallen die Häftlinge in den besetzten Gebieten nicht unter den Schutz der Habeas Corpus Akte. In Israel kann ein solches Recht umgehend in Anspruch genommen werden, sogar vor Ablauf der 48-Stunden-Frist.

Internationale Menschenrechtsstandards – wie zum Beispiel Artikel 9 Abs. 1 ICCPR – verbieten willkürliche Verhaftungen und verlangen, daß alle diejenigen, die ihrer Freiheit beraubt werden – auch solche, die einer Straftat beschuldigt werden – unverzüglich einem Richter vorgeführt werden müssen. Ein Häftling muß umgehend einem Richter vorgeführt werden, der über seinen Freiheitsentzug befinden muß. Des weiteren gewährt die UN-Grundsatzerklärung den Schutz aller Personen vor jeder Form von Haft oder Inhaftierung. Obwohl Israel daran nicht gebunden ist, zeigt diese Erklärung doch den humanitären Standard der Behandlung von Gefangenen. Ebenso der UN-Mindesstandard für die Behandlung von Gefangenen vom 31. Juli 1957 und in modifizierter From vom 13. Mai 1977. Diese Mindesstandards sind nicht für alle Staaten bindend. Der HCJ hat die Anwendung in seiner Entscheidung (HCJ 221/80) auf Israel zurückgewiesen. Als weitere Erklärung und Konvention, die Gefangenen internationalen Schutz gewähren, sind die Allgemeine Erklärung der Menschenrechte und die Konvention gegen Folter zu nennen, die beide für Israel bindend sind. Folgende Militärerlasse regeln die Haft in den besetzten Gebieten: Militärerlaß Nr. 29 (Befehl über die Arbeitsweise eines Gefängnisses); Nr. 322 (Befehl über die Arten der Strafen); Nr. 378 (Befehl über die Sicherheitsbestimmungen und die Bestimmungen für die Administrativhaft vom 31. Januar 1982 laut Militärerlaß Nr. 378, Artikel 87 G.

Nach Militärerlaß Nr. 378 Artikel 78 A (b) und der Ergänzung in Militärerlaß Nr. 1220 vom März 1988 sind die Militärbehörden verpflichtet, die Angehörigen des Gefangenen über die Tatsachen der Verhaftung und den Aufenthaltsort zu informieren. Nach Artikel 78 D (b) (6) ist es einem Richter gestattet, die Benachrichtigung aus »Sicherheitsgründen« und wegen »Untersuchungen« für zwölf Tage zurückzuhalten. Der HCJ wies ein Eingabe von ACRI in bezug auf die Benachrichtigungspolitik der Militärs mit dem Hinweis ab, daß der Generalstaatsanwalt mitgeteilt habe, daß die Information der Angehörigen in Kürze geregelt werde, und zwar durch Zusendung einer Postkarte, auf der er seine Angehörigen über seinen augenblicklichen Aufenthaltsort informieren kann. Zusätzlich muß von den einzelnen

IDF Militärposten eine aktualisierte Liste von den Namen der Gefangenen nach Bezirken geordnet an die Zivilverwaltung eines jeden Bezirkes gegeben werden. »Dies ist ein Naturrecht, das auf der Menschenwürde und den allgemeinen Prinzipien der Gerechtigkeit beruht; es wird dem Verhafteten und seinen Angehörigen gewährt«, so der HCJ in seiner Entscheidung (HCJ 670/89).

Es ist interessant anzumerken, daß es bei dieser Entscheidung zwei Minderheitenvoten des Obersten Richters Theodor Or, der mit der Begründung von Menachem Elon, Vizepräsident des Gerichtes, nicht übereinstimmte, indem er Vorbehalte gegenüber der Informationspolitik des Militärs anmeldete, und des Obersten Richters Eliahu Mazza dahingehend gab, daß dieser die Behörden auf die Einwände Richter Ors aufmerksam machte, »to impose as much as possible the previous procedures«. Richter Or bezweifelte, ob eine adäquate Information der Angehörigen durch eine Postkarte gesichert sei; er empfahl statt dessen einen Telefonanruf.

Sowohl B'Tselem als auch amnesty international weisen übereinstimmend daraufhin, daß diese Art der Information nicht gut genug funktioniere; für die regulären Gefängnisse gelte dies noch am wenigsten. Auch die veröffentlichten Listen sind oft ungenau und völlig veraltet, so daß die sicherste Informationsquelle entlassene Gefangene, Rechtsanwälte und das Internationale Rote Kreuz seien. Das Militär in den besetzten Gebieten ist technisch auf einem ausgezeichneten Stand, daß es für es einfach sein sollte, die Familien der Verhafteten umgehend und schnellstens zu informieren. In Israel und Ost-Jerusalem verlangt Artikel 28 (a) des israelischen Strafrechts eine umgehende Information der Angehörigen. Jedoch gestattet es Artikel 30 (a) und(c) einem Bezirksrichter aus Sicherheitsgründen, diese Information für 15 Tage zurückzuhalten, falls der Verteidigungsminister schriftlich bestätigt, daß die Sicherheit des Staates dies verlange.

Auch die internationalen Standards verlangen eine umgehende Unterrichtung der Angehörigen über den Aufenthaltsort und die Gründe der Verhaftung. Sowohl Prinzip 16.1 der UN-Prinzipienerklärung als auch Regel 92 der UN-Mindeststandards verlangen eine unverzügliche Information der Angehörigen. Die israelischen Besatzungsbehörden sollten ihre Informationspolitik hinsichtlich der Versendung von Postkarten und Namenslisten überprüfen. Besser wäre eine telefonische Unterrichtung und wo diese nicht möglich ist, sollten andere Maßnahmen zur Anwendung kommen, wie z.B. durch einen Militärangehörigen persönlich. Es wäre auch zu bedenken, ob nicht ein Büro eingerichtet werden könnte, bei dem man sich nach dem Aufenthaltsort eines Gefangenen erkundigen könnte.

Palästinenser werden augenblicklich in 16 Gefängnissen gefangengehalten, neun davon sind unter der Verwaltung des Militärs. Ein Teil dieser Haftanstalten sind in Israel und der andere in den besetzten Gebieten. Indem Israel Gefangene aus den Gebieten in Gefängnisse in Israel verlegt, verstößt es gegen die VGK, die eine Verlegung verbietet. Im August 1992 gab die Rabin-Regierung die Freilassung von 800 politischen Gefangenen bekannt, die bereits zwei Drittel ihrer Strafe abgesessen hatten und die Sicherheitsverstöße ohne Personenschäden begangen hatten. Nach Angaben von GCRL waren es keine 800, sondern nur 600, davon waren 250 aus dem Gaza-Streifen. Nach Angaben der »Jerusalem Post« vom 28. Mai 1993 hat Israel anläßlich des muslimischen Festtages Id al-Adha 245 politische Gefangene freigelassen. 162 kamen aus dem Internierungslager Ketziot (Ansar 3) in der Negev Wüste, 51 von Meggido und 32 aus dem Gefängnis in Fara in der Nähe von Nablus. Keiner dieser Gefangenen war in Taten verwickelt, die Dritte verletzt hatten. Der größte Teil waren Jugendliche, ältere Männer, Frauen oder Einzelpersonen, die eine medizinische Versorgung benötigten.

Nach Angaben eines IDF-Sprechers vor dem Rechtsausschuß der Knesset wurden seit 1987 100.000 Palästinenser verhaftet, von denen 70 Prozent zu Haftstrafen verurteilt wurden, während 30 Prozent entweder freigelassen oder als unschuldig befunden worden waren. Nach Angaben von amnesty international wurden 1992 25.000 Palästinenser aus »Sicherheitsgründen« verhaftet, von denen Ende 1992 noch 10.000 in Gefängnissen einsaßen. Nach neusten Angaben des Mandela Instituts befinden sich Ende Juni 1994 zirka 7.000 Palästinenser in isralischen Gefängnissen und Internierungslagern.

Mandela Institut, WOFPP und GCRL berichten übereinstimmend von den schlechten Zuständen in Gefängnissen und Internierungslagern, wobei die Zustände in den Haftanstalten in den besetzten Gebieten, in denen nur Palästinenser einsitzen, noch um einiges schlechter sind als in Israel. Insbesondere nach dem Golfkrieg als Gabi Amir zum neuen Kommandeur des Gefängnisdienstes ernannt wurde, trat nochmals eine weitere Verschlechterung der Haftbedingungen ein. Aufgrund dieser miserablen Zustände traten die palästinensischen Gefangenen vom 27. September bis zum 15. Oktober 1992 in einen Hungerstreik. Das Streikkomitee betonte wiederholt, daß ihr Streik kein politischer sei, sondern es ihnen um bessere Haftbedingungen gehe. Zirka 5000 Gefangene nahmen an dem Streik teil, der größte, den es jemals gegeben hat. Diese Gefangenen machen ein Drittel der Gefangenen überhaupt aus. Zwei Drittel sind in Internierungslagern untergebracht, die der Kontrolle der Armee unterstehen und nicht der regulären Gefängnisverwaltung. Die Gefangenen stellten einen 30 Punkte Forderungskatalog auf, der u.a. folgendes enthielt: die Schließung der Isolationshaft in Nitsan und Beersheba, die allgegenwärtige physische Gewalt, willkürliche Durchsuchungen, Kollektivstrafen, die Überfüllung der Zellen, das Eingreifen des Personals durch Gewalt, Drohungen und der Einsatz von Tränengas bei nationalen oder religiösen Feiern sowie das Ende des »kulturellen Belagerungszustandes«, der so gut wie keine Zeitungen, Magazine und Bücher zuläßt. Die Gefangenen forderten weiterhin eine deutliche Verbesserung der medizinischen Versorgung. Betätigungsmöglichkeiten beim Ausgang, Verbesserung der Umstände bei Familienbesuchen sowie Fortbildungsmöglichkeiten. Die Gefangenen forderten nicht mehr und nicht weniger als die Beachtung ihrer Menschenrechte. Die Gefängnisverwaltung betrachtet Familienbesuche, Besuche von Anwälten, medizinische Versorgung, warmes oder kaltes Wasser und ausreichende Verpflegung als Privilegien, die man gewähren, aber auch wieder verweigern kann.

Die israelischen Behörden reagierten auf den Streik, indem sie die medizinische Behandlung zurückhielten; Gefangenen würde erst wieder geholfen werden, wenn sie ihren Hungerstreik beendet hätten. Die Gefängnisärzte erklärten, daß Blutdruckmessungen oder das Wiegen von Gefangenen nur noch in Kliniken durchgeführt werden würde. Die Gefangenen verweigerten dies, weil bei einem früheren Streik diese Gefangenen dann zwangsernährt wurden. Rechtsanwälten wurde ohne Angabe von Gründen der Zugang zu den Klienten verwehrt; man verzichtete sogar auf die Standardbegründung aus »Sicherheitserwägungen«. Am 9. Oktober wiederholte Polizeiminister Moshe Shahal, daß Verhandlungen erst möglich seien, wenn die Gefangenen ihren Hungerstreik beenden würden. Am 11. Oktober entschieden die Gefängnisbehörden im Jneid Gefängnis, in Verhandlungen mit dem Gefängniskomitee einzutreten. Die Behörden sagten zu, Untersuchungskommissionen in jedes Gefängnis zu senden, um die Haftbedingungen überprüfen zu lassen.

Am 14. Februar 1993 traten die Gefangenen im Jneid Gefängnis in einen eintägigen Hungerstreik, um gegen die Verzögerungen der zugesagten Verbesserungen zu protestieren. Obwohl die Shaul Levy-Kommission, die Polizeiminister Shahal eingesetzt hatte, alle Gefängnisse besucht und seine Empfehlungen abgegeben hat, sind diese bis heute noch nicht umgesetzt worden. Die einzige Veränderung, die überall eintrat, ist die Verlängerung der Besuchszeit auf einheitlich 45 Minuten. Obgleich einige Verbesserungen in der medizinischen Versorgung vorgeschlagen wurden – wie die Zulassung palästinensischer Ärzte in den Gefängnissen, die Verlegung der kranken Gefangenen in Krankenhäuser in der Westbank – wurden nach Meinung des Mandela Instituts keine »signifikanten Verbesserungen« erreicht. Im Mai 1993 erhielt das Institut Schreiben von Gefangenenvertretern, in denen die umgehende Behandlung von 410 medizinischen Notfällen angemahnt wird. Mandela Institut hatte bereits 200 solcher Fälle registriert. Dies ist immer noch der Status quo, obwohl die Levy-Kommission Verbesserungen vorgeschlagen hatte. Mandela Institut hat sich deshalb an die israelischen Behörden gewandt und um die Zulassung von mehr palästinensischen Ärzten gebeten. Seit November konnte das Institut neun Ärzte in Gefängnisse schicken. Die Empfehlungen dieser Ärzte wurden aber von den Gefängniskliniken nicht umgesetzt.

So sitzt der Hamas Gründer Scheich Ahmad Yassin seit seiner Verhaftung im Mai 1989 in Isolationshaft. Er ist vom Hals bis zu den Füßen paralysiert, hat dauernde Infektionen in Ohren und Brustbereich, permanente Kopfschmerzen, Schwellungen im Magen und an den Beinen, sein rechtes Auge ist erblindet, und er ist schwerhörig. Seit Jahren forderte der Scheich eine Operation an den Augen, um das gesunde zu retten. Diesem Wunsch wurde endlich im März 1993 entsprochen. Der 55jährige ist auf die ständige Hilfe von Mithäftlingen angewiesen.

Bisher sind 35 Gefangene in der Haft zu Tode gekommen. Der letzte starb am 24. Oktober 1993 vermutlich an einem Herzinfarkt. PHR hatte mehrmals von der Regierung die Verlegung des 24jährigen Yehya al-Natour in ein Krankenhaus verlangt, was aber immer abgelehnt worden ist. Al-Natours Gesundheitsprobleme begannen nach einer 70 Tage dauernden Verhörprozedur in 1991. Er wurde daraufhin zweimal in das Gefängniskrankenhaus von Ramleh verlegt, wo aber nichts festgestellt worden ist. Der Gefangene beklagte sich aber immer wieder über starke Schmerzen im Brust- und Unterleibsbereich. Ihm verordnete man immer nur den Aspirin-Ersatz Acamol. PHR erhielt auf ihren Brief vom 8. September 1993, in dem sie die Verlegung und eine adäquate Behandlung verlangten, nie eine Antwort. Auch wurde ihnen der Name des behandelnden Arztes in Jneid Gefängnis nicht mitgeteilt. Sami Nu'mat Suliman Zu'rob wurde am 20. August 1993 tot in seiner Zelle aufgefunden. Der dänische Pathologe Erik Engebjerg erwähnte in seinem Autopsiebericht die unzureichende medizinische Versorgung durch die israelischen Behörden; eine rechtzeitige adäquate Versorgung hätte das Leben von Sami Zu'rob retten können. Die Todesursache war Lungenentzündung, Herzbeutelentzündung und Blutvergiftung. Neben der nicht sachgerechten medizinischen Behandlung führte Engebjerg noch den physisch-psychologischen Streß und die Überbelegung in den Gefängnissen an. Der Pathologe kritisierte auch die Bedingungen unter denen die Autopsie stattfand sowie die Nichtbereitstellung der medizinischen Dokumente. Die Informationen waren entweder unvollständig oder irreführend, und der Polizeibericht war überhaupt nicht zugänglich. Die Anamnese des Gefängnisarztes Ben Ari wurde ebenfalls nicht zur Verfügung gestellt, obwohl es zugesagt war. Die Zurückhaltung von diversen Berichten gehört zur Politik der Israelis. Es zeigt die Widerstände von seiten Israels, daß Todesfälle von unabhängiger Seite untersucht werden.

Wie kleinlich die israelischen Behörden reagieren, zeigt die Tatsache, daß harmlose Bücher in den Gefängnissen und Internierungslagern verboten sind. Zu den verbotenen Büchern gehören u.a.: Ezer Weizman, »The Battle for Peace«; Issac Deutsch, »The Non-Jewish Jew«; Danny Rubinstein, »Gush Emunim. The True Face of Zionism«; Mahmud Darwish, »Selected Poems« und viele andere. Die Begründung für das Verbot dieser Bücher gab der Informationsoffizier Liat Menachmi: »Diese Bücher wurden verboten, weil ihr Inhalt die Sicherheit des Staates, die öffentliche Sicherheit und Ordnung beeinträchtigt; einige enthalten Aufrufe zu Aufständen und Unruhen sowie Unterstützung für Terroristen und Ermutigung zur Gewalt. Es sei darauf hingewiesen, daß einige dieser Bücher wegen der Zusätze der Übersetzer, die verleumderisch und aufwieglerische Kommentare enthielten, verboten wurden und nicht so sehr wegen des Inhaltes selbst.« Bei ihrem Besuch in Ketziot am 11. Oktober 1989 erhielt die Rechtsanwältin Tamar Pelleg-Sryck folgende Bücher zurück, die für die Gefangenen nicht geeignet seien: Jack London, »The Sea Wolf«; William Shakespeare, »Hamlet«; Amnon Rubinstein, »Constitutional Law«, um nur einige zu nennen.

Neben männlichen Gefangenen gibt es auch Frauen in Haft. Vor der Intifada waren es nie mehr als 20 bis 30. Nach dem Palästinenseraufstand stieg ihre Zahl auf zirka 1000 an. Die meisten wurden wegen Verstöße gegen die »Sicherheit« eingesperrt; viele jedoch nur für kurze Zeit. Andere wurden gegen Kaution freigelassen. Zur Zeit werden noch 46 Frauen fast ausschließlich im Hasharon Gefängnis in Tel Mond festgehalten, eine geringe Zahl auch im sogenannten Russian Compound in Jerusalem. Durch die Zunahme weiblicher Gefangener gründete sich WOFPP, die sich dieser Person in selbstloser Weise annimmt. Josefa Pick, die Vorsitzende, und Hava Keller leisten mit ihren wenigen Mitarbeiterinnen großartige Arbeit. Sie kümmern sich von der Information der Angehörigen, der Beschaffung eines Rechtsanwalts über persönliche Besuche bis zu der Versorgung mit den Gegenständen des alltäglichen Lebens um quasi alles.

Daß die israelischen Behörden die Frauen nur graduell besser behandeln als die Männer, machen Untersuchungen und die Veröffentlichungen von WOFPP und dem Alternative Information Center (AIC) deutlich. Nach ihrer Verhaftung erfahren die Frauen ebensowenig den Grund ihrer Verhaftung wie ihre männlichen Leidensgenossen. Oft werden Frauen willkürlich verhaftet, wenn die Armee nach Steinewerfern oder Rädelsführern von Demonstrationen sucht, oder sie werden als Unbeteiligte in der Folge von Demonstrationen festgenommen.

Wie die Untersuchung »Making Women Talk« der englischen Rechtsanwältin Teresa Thornhill zeigt, werden Frauen auch physischem, psychischem und sexuellem Mißbrauch während der Verhöre unterzogen, obwohl es nie die Vergewaltigung einer Gefangenen gegeben hat. Vom Zeitpunkt ihrer Verhaftung sind Frauen sexuellen Belästigungen ausgesetzt. Auf dem Weg zum Gefängnis werden fast alle als »Prostituierte« oder »Hure« bezeichnet. Ihnen wird mit Vergewaltigung gedroht. In der Regel werden die weiblichen Gefangenen im Gefängnis von einer weiblichen Aufsichtsperson empfangen, die sie durchsucht. Nur in den Verhöreinheiten des Shin Bet befinden sie sich ausschließlich in den Händen von Männern. Dies bedeutet für die Frauen wie auch für Männer, daß sie für die ersten drei Wochen nur die Verhörer zu Gesicht bekommen. Von einer schweren sexuellen Belästigung, die sich in obszönen Worten und Andeutungen oder im Berühren des Busens ausdrückt, zeugt die eidesstattliche Erklärung von Fatma Abu Bakra, die sie gegenüber Lea Tsemel abgegeben hat. Auch die Aussagen von Fatma Salama aus Nablus zeugen von Belästigungen, die bis zum gewaltsamen Auseinanderziehen der Beine der Gefangenen gingen.

Von fairen und menschlichen Haftbedingungen kann man im Hasharon Gefängnis nicht mehr sprechen, seitdem ein neuer Leiter für die Frauenabteilung im Januar 1993 ernannt worden ist. Nach Aussagen von WOFPP ist sein Benehmen unhöflich, grob und voller Mißtrauen gegenüber den weiblichen Gefangenen. Alle ihre Forderungen hält er für übertrieben, und sie wurden deshalb abgelehnt. Fast alle Bücher, Briefe und Zeitungen wurden beschlagnahmt. Auch die wöchentlichen Briefe von WOFPP an die Häftlinge wurden konfisziert. Warum sollten auch Jüdinnen Briefe an Palästinenserinnen schreiben? Erst aufgrund massiver Beschwerden von Häftlingen fand ein Treffen zwischen Vertretern der Gefangenen und dem Gefängnisdirektor statt. Daraufhin versprach der leitende Offizier der Frauenabteilung, kooperativer zu sein und die »verdächtigen« Briefe, Bücher und Zeitungen weiterzuleiten. Seitdem erhalten die Gefangenen Bücher und Zeitungen rechtzeitig. Eingehende Briefe werden zwischen zehn Tagen und einem Monat später den Gefangenen zugestellt, manche werden auch beschlagnahmt. Der Streik der Gefangenen vom September/Oktober 1992 hat auch im Hasharon Gefängnis zu einigen Verbesserungen geführt. So können sich die Häftlinge jetzt viermal wöchentlich von neun Uhr morgens bis vier Uhr nachmittags im gleichen Block besuchen. Auch sind private Radios und Fernseher in den Zellen gestattet. Die Vergünstigungen werden aber immer nur als Privilegien gewährt. Die Gefangenen haben auf sie keinerlei Rechtsanspruch, obwohl dieser ihnen eigentlich zugesagt worden war.

Wie willkürlich die Gefängnisleitung ihre früher gemachten Zusagen interpretiert, wird aus dem Informationsblatt von WOFPP vom Februar 1994 deutlich. Die Hoffnung auf Besserung, die noch im Dezember berechtigt erschien, ist einer skeptischen Betrachtungsweise gewichen, da die Gefängnisleitung zu ihrer ursprünglichen Haltung zurückgekehrt ist. So wurden im Krankheitsfalle die politischen Gefangenen zur Untersuchung in ein Krankenhaus überstellt, was im Prinzip positiv ist. Zu welchen Zwecken die Behörden dieses Instrument aber einsetzen, macht WOFPP deutlich: »Besonders wenn es Anfragen aus dem Ausland gibt, erhält der Anfragende eine beeindruckende Antwort: Ein Arzt oder Professor dieses oder jenes Krankenhauses hat sie untersucht. Was aber nicht geschrieben wird, ist, daß es nach dieser Untersuchung keine weitere gegeben hat, nichts wird mehr getan.« Diese Haltung wurde im Falle der Gefangenen Abeer Swais und Khamisa Mehanna an den Tag gelegt. Im letzteren Fall erkundigten sich Menschenrechtsaktivisten bei der israelischen Botschaft in London nach ihrem Gesundheitszustand. Als Anwort wurde eine Liste der Krankenbesuche übersandt und hinzugefügt, daß »ihr allgemeiner Zustand zufriedenstellend ist«. Tatsächlich erhielt Khamisa nach Angaben von WOFPP keinerlei Behandlung. Es wird auch weiterhin zwischen gewöhnlichen Kriminellen und politischen Gefangenen unterschieden, indem man letztere auf allen Gebieten diskriminiert, sei es nun Ernährung oder Arbeitsmöglichkeiten und den damit zusammenhängenden Verdienstmöglichkeiten.

Ganz anders dagegen die privilegierte Behandlung einiger Verurteilter der Kahane-Bewegung. So schreibt WOFPP in ihrem Informationsblatt vom Mai 1994: »Nach dem Hebron-Massaker veranstaltete die israelische Regierung eine Show (nicht mehr als das) von Standhaftigkeit gegenüber den jüdischen Extremisten von der Kahane-Bewegung, die den Massenmörder Baruch Goldstein aufzog. Einige von ihnen, die seit Jahren auf ihren Prozeß warteten, wurden zu einigen Monaten Gefängnis verurteilt. Im ganzen waren höchstens zehn Personen betroffen.« Sie wurden in einen »religiösen Flügel« des Gefängnisses gesperrt, in dem sie alle Privilegien genossen, die man sich nur vorstellen konnte. Die Haftbedingungen in dieser »religiösen Abteilung« unterscheiden sich von denen der politischen Gefangenen fundamental. Diese Abteilung hat ein Eß- und ein Erholungszimmer, die Zellen sind mehrere Stunden am Tag geöffnet, die Häftlinge können zusammen beten, studieren und gemeinsame Dinge tun. Sie können mit ihren Angehörigen telefonieren und sich Essen von zu Hause kommen lassen. Bei besonderen Anlässen können sie ihre Familie besuchen. Alle diese Privilegien werden den palästinensischen Häftlingen verweigert.

Ein Fall, der besonderes Aufsehen erregt hat, ist der der 30jährigen Ataf Alyan aus Deheishe in der Nähe von Bethlehem. Am 2. August 1987 wurde sie zu einer 14jährigen Gefängnisstrafe verurteilt; sie ist sehr religiös und kümmert sich um die religiösen Angelegenheiten ihrer Mithäftlinge. Am 15. April 1993 besuchte der Beauftragte des Gefängnisdienstes, Arieh Bibi, Hasharon, um mit einer Abordnung Gefangener zu sprechen. Ataf bat, auch mit ihm sprechen zu dürfen. Als er feststellte, daß sie als Beauftragte einiger religiöser Frauen sprach, unterbrach er sie barsch und weigerte sich, ihr weiter zuzuhören. Am nächsten Tag wurde sie an Händen und Füßen gefesselt in das Gefängnis von Kishon gebracht, das der Polizei untersteht. Atafs Mitgefangene, Leila Mogahed und Najwa Darduni, die ihr helfen wollten, wurden »gnadenlos« geschlagen. Ihre persönlichen Dinge wurden zerstört und ihr Ausgang um die Hälfte verkürzt. Die Bedingungen in Kishon sind für Ataf schlechter als in Hasharon, weil dort 20 Gefangene pro Zelle verglichen mit zwei bis drei in Tel Mond untergebracht sind. Ataf ist mit Kriminellen und Drogenabhängigen in dieser Zelle zusammen, die sie schlagen und mit dem Leben bedrohen. Seit ihrer Einlieferung befindet sie sich im Hungerstreik; sie wurde künstlich ernährt. Nach Angaben eines Anwalts von WOFPP ist ihr Zustand besorgniserregend. Ihr Anwalt forderte die Zusammenlegung mit einer anderen politischen Gefangenen Amal Daragmeh, was aber abgelehnt wurde. Statt dessen wurde Amal in die Zelle von Ataf verlegt, wo sie den gleichen Belästigungen und Schikanen ausgesetzt ist. Beide Häftlinge müssen abwechselnd schlafen, um sich so gegenseitig vor den anderen Mithäftlingen schützen zu können.

Ataf hat gesundheitliche Probleme, da sie nach ihrer Festnahme 1987 geschlagen worden ist. Dabei wurde ihre Nase gebrochen; seither hat sie regelmäßig Nasenbluten und Ohrenschmerzen. Aufgrund intensiver Intervention von seiten WOFPP hatte Ataf 1990 die erste und Mitte Juni 1993 die zweite Operation. Obwohl der Chirurg einige Tage Bettruhe angeordnet hatte, wurde Ataf eine Stunde nach ihrer Operation wieder nach Kishon zurückgebracht. ACRI reichte am 27. Juni 1993 eine Beschwerde beim Bezirksgericht in Haifa ein. Die Anhörung wurde auf den 7. Juli verschoben, da die Staatsanwaltschaft um diesen Aufschub gebeten hatte, um sich entsprechend vorbereiten zu können. Am 4. August 1993 ordnete das Gericht die Rückverlegung der Gefangenen ins Hasharon Gefängnis an; sie wurde aber statt dessen ins Gefängnis von Neve Tirza verlegt. Hier wird sie in Isolationshaft gehalten. Immer wenn Ataf ihre Zelle verlassen will, werden ihr Beinschellen angelegt und ihre Hände auf dem Rücken gefesselt. In diesem Zustand sah sie ein Anwalt von WOFPP am 9. August. Bei einem Familienbesuch am 13. August waren »nur« ihre Beine gebunden. In Neve Tirza ist Ataf die einzige politische Gefangene und den gleichen erniedrigenden Angriffen ausgesetzt wie in Kishon. Selbst ihr Peiniger ist nach Neve Tirza verlegt worden. Am 8. August wurde der Vorsitzenden von WOFPP, Josefa Pick, verboten, Ataf zu besuchen.

Die früheren Mithäftlinge von Ataf in Hasharon traten für mehrere Tage in Hungerstreik, um so die Rückverlegung von Ataf zu erzwingen. Am 22. September 1993 wurde Ataf schließlich nach Tel Mond zurückverlegt. Dies war nur möglich, weil ACRI in seinen rechtlichen Bemühungen nicht nachgelassen und die israelische Öffentlichkeit Druck ausgeübt hatte. Ataf hatte ihre Verlegung noch durch einen zwölftägigen Hungerstreik unterstützt. Die Haftbedingungen in Tel Mond haben sich wieder zusehends verschlechtert, und die Atmosphäre zwischen den Vertretern der Gefangenen und der Gefängnisleitung ist gespannt. Die Zahl der gegenseitigen Besuche wurde reduziert. Auch werden Briefe wieder verstärkt zensiert, besonders die in Arabisch weisen immer wieder geschwärzte Blöcke auf. Den Gefangenen dürfen keine Musikkasetten von Familienangehörigen mehr mitgebracht werden; sie stehen auf der schwarzen Liste und können nur im Laden des Gefängnisses käuflich erworben werden. »Was sehr irritierend ist«, schreibt WOFPP in ihrem Rundbrief vom August 1993, ist, daß »die neuen Bestimmungen unsinnig und unberechenbar sind: manchmal ist etwas in der einen Woche erlaubt, in der anderen wieder verboten.«

Obwohl Israel immer wieder betont, daß es die »humanitären Bestimmungen« der VGK achte, hat es deutlich gemacht, daß es sie als Privilegien ansieht. Alle anderen demokratischen Staaten betrachten diese Bestimmungen als Selbstverständlichkeiten. Den palästinensischen Häftlingen werden demnach fundamentale Rechte vorenthalten. Verbesserungen werden versprochen, aber nicht umgesetzt. Als eine erste Geste des guten Willens hat Israel nach 25 Jahren Haft am 19. Oktober 1993 Issa Ibrahim Rashid Qeisi freigelassen, der am 20. Februar 1968 zu lebenslanger Haft verurteilt worden war. Am 25. Oktober 1993 gab Israel die Freilassung von 760 Gefangenen bekannt, tatsächlich freigelassen aber wurden nur 660. Die Mitglieder von Hamas und Islamischer Dschihad wurden von der Liste gestrichen, weil zwei Tage vor der geplanten Freilassung Hamas-Aktivisten zwei israelische Soldaten erschossen hatten. Gefangene im Alter zwischen 18 und 50 Jahren wurden freigelassen, hauptsächlich Jugendliche, weibliche, ältere und kranke Häftlinge; alle hatten keine schweren Straftaten verübt und bereits zwei Drittel ihrer Strafe abgesessen oder nur noch ein oder zwei Monate Haft zu verbüßen. Die Freilassung von 101 politischen Gefangenen am 7. Januar 1994 betraf ebenfalls nur solche, die dem Friedensprozeß positiv gegenüberstehen. Alle gehörten zu Arafats Fatah, und ihre Reststrafe betrug nur noch zwanzig Tage. In der Folge des Massakers von Hebron ließ die israelische Regierung nochmals zirka 900 Häftlinge frei, um ihren guten Willen zu zeigen. Ihre Freilassung war zum Ende des Fastenmonats Ramadan sowieso geplant. Auch diese Häftlinge hatten fast alle ihre Strafe verbüßt und unterstützen das »Gaza-Jericho-Abkommen«. Sie waren wegen politischer Graffiti und Mitgliedschaft in palästinensischen Organisationen verurteilt.

Nach der Unterzeichnung des »Gaza-Jericho-Abkommens« in Kairo wurden 180 Gefangene aus dem Zentralgefängnis in Gaza-Stadt freigelassen, nachdem sie eine Erklärung unterzeichnet hatten (Anhang, S. 362), in der sie dem »Terrorismus« und der »Gewalt« abschworen und den »Friedensprozeß« unterstützten. Die restlichen 300 wurden in Gefängnisse in Israel verlegt. Damit will man sich weiterer Unterstützung der Vereinbarung versichern. Bisher haben sich über 2000 Häftlinge geweigert, diese Erklärung zu unterzeichnen. Hinzu kommt noch, daß freigelassene Häftlinge mit hohen Haftstrafen diese restliche Zeit entweder in Jericho oder dem autonomen Gebiet von Gaza »ableben« müssen, obwohl sie nicht von dort stammen. Diejenigen, die sich nicht an diese Auflagen halten und widerrechtlich in die besetzten Gebiete zurückkehren, werden nach ihrer Ergreifung erneut verurteilt. Neben politischen Gefangenen läßt Israel jetzt auch gewöhnliche Kriminelle frei, was zu erheblichen Problemen vor Ort führt.

Im Rahmen des Abkommnes hat sich Israel verpflichtet, insgesamt 5000 Häftlinge freizulassen. Wie die »SZ« vom 15. Juni 1994 meldete, hat Ministerpräsident Rabin die weitere Freilassung von Häftlingen von der Nichtverfolgung von Kollaborateuren durch die palästinensische Polizei in Gaza abhängig gemacht. Weiterhin erklärte er, daß die Freigelassenen bis zum Ablauf ihrer regulären Strafzeit in Jericho bleiben müssen, bevor sie in die Westbank zurückkehren können. Fast alle der ehemaligen Häftlinge sind Mitglieder von Arafats Fatah. Kritiker des Abkommens werden nicht freigelassen. Im Gegenteil: Im April wurden nach Angaben von GCRL 399

Palästinenser, die sich vorwiegend zu Hamas, Islamischer Dschihad, PFLP und DFLP bekannten, verhaftet und in Admistrativhaft genommen.

9. Administrativhaft

Seit Beginn der Intifada wurden zwischen 14.000 und 15.000 Palästinenser in Administrativhaft (Verwaltungshaft) genommen. Es scheint höchst unwahrscheinlich, daß alle diese Festnahmen, zwingend und unvermeidbar waren. Diese von der Verwaltung und dem Militär erlassene Strafmaßnahme geschieht jenseits des regulären rechtlichen Rahmens. Administrativhaft wird als Präventivmaßnahme eingesetzt, wenn die israelischen Behörden glauben, daß eine bestimmte Person eine Gefahr für die Sicherheit und die öffentliche Ordnung darstellen könnte. In diesen Fällen kann innerhalb Israels der Verteidigungsminister und in den besetzten Gebieten der Militärkommandeur eine Person ohne Gerichtsverfahren und ohne die Möglichkeit der Verteidigung für sechs Monate in Verwaltungshaft nehmen. Diese Internierung kann um weitere sechs Monate verlängert werden, wenn sie für erforderlich gehalten wird. Einige Palästinenser verbringen somit einige Jahre ohne Gerichtsverhandlung in Administrativhaft.

Nach Völkerrecht ist die Internierung von Personen nur in außergewöhnlichen Situationen und als quasi letzter Ausweg vorgesehen, um die öffentliche Ordnung wiederherzustellen. Die VGK gibt dafür detaillierte Anweisungen, wie Internierte zu behandeln sind (Artikel 79–135). So darf nach Artikel 78 VGK eine Besatzungsmacht Personen nur aus zwingenden Sicherheitsgründen internieren und wenn sich alle anderen Maßnahmen als unwirksam erwiesen haben. Bescheide müssen ein ordentliches Verfahren durchlaufen, und dem Betroffenen müssen Rechtsmittel dagegen offenstehen. Die Verlängerung der Internierung muß einer halbjährlichen Überprüfung von einer dazu bestellten Behörde unterzogen werden. So darf nach Artikel 83 VGK ein Internierungslager nicht in Gebieten liegen, die einer Kriegsgefahr besonders ausgesetzt sind. Internierte werden getrennt von Kriegsgefangenen und anderen gewöhnlichen Gefangenen untergebracht, so Artikel 84 derselben Konvention. Nach VGK dürfen Personen nicht außerhalb der besetzten Gebiete in Haft genommen werden. Während der Zeit der Internierung ist die Besatzungsmacht nach Artikel 39 verpflichtet, für die abhängigen Familienangehörigen zu sorgen. Die Internierten genießen gegenüber den gewöhnlichen Gefangenen Privilegien. Nach Daphna Golan von B'Tselem »verletzt Israel die meisten dieser Bestimmungen«.

Auf welcher historischen Ausgangslage basiert die Administrativhaft? Die britische Mandatsverwaltung erließ 1945 die Notstandsverordnungen. Nach Artikel 111 war es dem Militärkommandeur gestattet, jede Person zu verhaften und sie auf unbestimmte Zeit in Verwaltungshaft zu halten. Der Betroffene hatte dagegen ein Einspruchsrecht vor einem Beratungskomitee, das eine nicht-bindende Empfehlung an den Militärkommandeur gab. Die Administrativhaft wurde sowohl vom Obersten Gericht in England als auch von der damaligen jüdischen Bevölkerung in Palästina scharf kritisiert. So nahm die Vereinigung Jüdischer Rechtsanwälte am 7. Februar 1946 eine Resolution an, in der die Notstandsverordnungen dahingehend kritisiert wurden, daß sie »den Bewohnern von Palästina ihre Grundrechte vorenthalten ... die Grundlagen von Gesetz und Ordnung untergraben und eine große Gefahr für das Leben und die Freiheit des einzelnen darstellen sowie eine willkürliche Herrschaft ohne juristische Kontrolle sind«. An diesem Treffen nahmen über 400 Mitglieder teil. In seiner Eröffnungsrede erklärte Rechtsanwalt Menachem Donkelbloom: »Diese Notstandsverodnungen stellen eine Gefahr für die ganze jüdische Gemeinde in Palästina dar... Es liegt hier ein Bruch mit den elementaren Rechtsbegriffen vor. Die Verordnungen sanktionieren die absolute Willkür der administrativen und militärischen Behörden. Selbst wenn diese Willkür von einer gesetzgebenden Körperschaft institutionalisiert wird, handelt es sich um Anarchie... Diese Verordnungen annullieren die Rechte des einzelnen und geben der Verwaltung unbegrenzte Macht an die Hand. Das Ziel unserer Versammlung ist es, unserer Einschätzung als Gemeindemitglieder wie Rechtsanwälte Ausdruck zu verleihen, daß diese Notstandsverordnungen auf der Negierung der Grundrechte der jüdischen Gemeinde und ihrer einzelnen Mitglieder sowie auf einem Bruch von Gesetz und Ordnung, Gerechtigkeit und Recht basieren.« Der spätere israelische Justizminister Ya'akov S. Shapira ergänzte auf der gleichen Tagung: »Die Art von Herrschaft, die mit der Verabschiedung der Notstandsverordnungen in Eretz Israel etabliert wurde, hat in keinem aufgeklärten Land ihresgleichen. Sogar im Nazi-Deutschland gab es keine solchen Gesetze, und auch Dinge wie Majdanek und ähnliches waren de facto gegen den Buchstaben des Gesetzes. Nur eine Art von Herrschaftsausübung gibt es, die diesen Bedingungen gleichkommt – die Stellung eines besetzten Landes ... Wir sind verpflichtet, der ganzen Welt gegenüber zu erklären: Die Notstandsverordnungen der Regierung Eretz Israel bedeuten die Demontage rechtsstaatlicher Fundamente. Die Militärgerichte schmükken sich nur mit dem Titel ›Gerichte‹, in Wirklichkeit sind sie jedoch nichts anderes als den ›General beratende militärische Rechtskommissionen‹. Die

Übertragung eines großen Teils der zivilen Rechtssprechung auf eine exklusive oder parallele Militärgerichtsbarkeit bedeutet eine Annullierung des Rechts an sich.« Von dieser Administrativhaft waren sowohl Araber als auch Juden betroffen. Unter den jüdischen Internierten waren »illegale« Immigranten und ihre Helfer sowie Mitglieder der Untergrundorganisationen Lehi und Etzel. Sie wurden entweder in Palästina oder in Ost-Afrika interniert. So waren rund 1500 jüdische Frauen und Männer im September 1946 in Palästina und Eritrea in Verwaltungshaft.

Mit der Gründung Israels wurden die britischen Notstandsverordnungen in israelisches Recht übernommen. Kurz nach der Staatsgründung wurden zwei Etzel-Untergrundkämpfer, Hillel Kook und Ya'akov Vinirski, verhaftet und 21 Tage in Administrativhaft genommen. Dies erfolgte mit Billigung des damaligen Verteidigungsministers David Ben Gurion. Beide wandten sich an den HCJ, der folgende Begründung gab: »Das Oberste Gericht ist nicht an illegale Bestimmungen gebunden, die in Israel existieren, weil die gesetzgebende Gewalt noch nicht die Zeit hatte, sie zu annullieren und andere Verteidigungsbestimmungen für einen Notstand noch nicht an deren Stelle getreten sind. Ein Richter kann nicht nach diesem Gesetz entscheiden, und man kann nicht von ihm verlangen, dies gegen sein Gewissen zu tun, nur weil die augenblickliche Regierung nicht das formale Recht für ungültig erklärt hat.« Kritik an den Notstandsverordnungen gab es nicht nur von rechtlicher Seite, sondern auch in der Knesset entzündete sich eine heftige Kontroverse über das Erbe aus britischer Mandatszeit. 1949 wurde entschieden, daß ein Gesetz zur »Verteidigung und Sicherheit im Ausnahmefall« an den Rechts- und Verfassungsausschuß überwiesen werden sollte. Es wurde aber nie von der Knesset verabschiedet, und deshalb sind die Notstandsverordnungen noch bis heute in Kraft. Sie erneuern sich automatisch alle drei Monate.

Als 1951 53 ultra-orthodoxe Juden wegen konspirativer Tätigkeit gegen den Staat Israel und illegalen Waffenbesitzes aufgrund Artikel 111 der Notstandsverordnungen in Administrativhaft genommen wurden, entzündete sich daran wieder eine heftige Diskussion um die Gültigkeit dieser Verordnungen. Der damalige Vorsitzende der Herut-Partei, Menachem Begin, sprach sich für die Abschaffung dieser »tyrannischen Gesetze aus der britischen Mandatszeit« und der Internierung von Personen ohne Gerichtsverfahren in »Konzentrationslagern« aus. Der amtierende Ministerpräsident Moshe Sharet entgegnete Begin, daß man nicht zwischen Gesetz und Gesetz unterscheiden könne, sondern »all law is law«. Daraufhin erwiderte Begin mit einer Begründung, von der er unter seiner Regierungszeit als Ministerpräsident nichts mehr wissen wollte. »Es gibt tyrannische Gesetze, es gibt unethische Gesetze, es gibt Nazi-Gesetze. Ich weise darauf hin, daß der Rechtsberater der Regierung vor dem britischen Gericht erklärt hat, daß es noch nicht einmal in Nazi-Deutschland eine solche Gesetzgebung gab, die den Notstandsverordnungen ähnelte, und die hier angewandt wird. Fragen sie mich nicht, wer entscheidet, welches ein Nazi-Gesetz ist und welches unethisch. Das Recht, das Sie anwenden, ist Nazi, tyrannisch und unethisch. Und ein unethisches Gesetz ist auch illegales Recht. Die Haft ist somit illegal und ihr Gesetz ist willkürlich. Sie haben nicht das Recht, dies zu tun, wenn es eine Knesset und ein Rechtswesen gibt. Wenn Sie das gesamte System auf ihrer Seite haben, warum haben Sie ein Konzentrationslager eröffnet?«

In regelmäßigen Abständen wurden immer wieder Vorstöße unternommen, die Notstandsverordnungen abzuschaffen. Erst nachdem die Militärherrschaft über die Palästinenser in Israel abgeschafft wurde, reduzierte sich auch die Zahl der Internierungen. Noch im Juni 1966 erklärte der israelische Justizminister Ya'akov S. Shapira, daß die Notstandsverordnungen keinen Platz in israelischen Gesetzbüchern hätten. Auch der HCJ stellte wiederholt fest, daß Administrativhaft die Freiheitsrechte des einzelnen verletze und damit keine Grundlage im gültigen Recht habe. Trotz dieser Sichtweise wurden immer wieder israelische Araber wegen angeblicher »Sicherheitsverstöße« in Verwaltungshaft genommen. Der Justizminister setzte 1966 eine Kommission ein, die die Modalitäten der Abschaffung der Notstandsverordnungen prüfen sollte. Der Sechs-Tage-Krieg machte nicht nur diese Kommission, sondern auch der Idee der Abschaffung dieser Verordnungen den Garaus.

Sofort nach der Besetzung der Gebiete erließ die Regierung einen Erlaß, in dem festgestellt wurde, daß das Recht, das vor der Besetzung in Kraft war, weiterbestehen sollte. 1967 erließ das Militär seine Verteidigungsrichtlinien. Sie enthielten einige Vorschriften, die denen der Notstandsverordnungen sehr ähnlich waren, nur mit einigen Ausnahmen, die darauf angelegt waren, die Vorschriften kompatibel mit der VGK zu machen.

Erst im Jahre 1979 wurde auf Initiative von Justizminister Shmuel Tamir ein Gesetz erlassen, daß die Administrativhaft auf eine rechtsstaatliche Grundlage stellte. Das Gesetz betreffend »Authority for Detention (in an Emergency)« entzog dem Militärkommandeur die Macht zur Ausstellung eines Internierungsbefehls und übertrug sie dem Verteidigungsminister allein. Artikel 111 der Notstandsverordnungen wurde außer Kraft gesetzt. Die Dauer der Verwaltungshaft wurde auf sechs Monate beschränkt. Alle drei Monate mußte der Internierte dem Präsidenten des Bezirksgerichtes vorgeführt werden. Gegen seine Entscheidung konnte er Einspruch beim HCJ einlegen. Ein Internierter mußte binnen 96 Stunden einem Richter vorgeführt werden. Für die besetzten Gebiete wurde das Gesetz 1980 dahingehend abgeändert, daß das Recht zum Erlaß eines Internierungsbefehls vom Verteidigungsminister auf den Gebietskommandeur übertragen wurde. Kurz nach Beginn der Intifada wurde 1988 der Erlaß aus dem Jahre 1980 aufgehoben. Dieser Erlaß schränkte die Rechte der Häftlinge weiter ein und gab wieder jedem Militärkommandeur die Macht, Personen in Administrativhaft zu nehmen; damit war der Zustand wie vor 1980 wiederhergestellt. Aufgehoben wurden das Recht des Häftlings, innerhalb von 96 Stunden einem Richter vorgeführt zu werden sowie die Überprüfung der Erlasse nach drei Monaten. Beschwerde konnte nur noch vor einem beratenden Ausschuß eingelegt werden, der zu Empfehlungen befugt war. Aufgrund heftiger Kritik wurde dieser Ausschuß durch einen ordentlichen Richter ersetzt, der den Internierungsbefehl bestätigen oder aufheben konnte. Im August 1989 wurde der Militärerlaß dahingehend ergänzt, daß die Administrativhaft von sechs auf zwölf Monate ausgedehnt wurde und nach sechs Monaten eine richterliche Überprüfung erfolgen mußte. 1991 wurde die Dauer wieder auf sechs Monate reduziert, die aber um sechs Monate erneuert werden konnte.

Die meisten der Administrativhäftlinge sind im Internierungslager Ketziot (Ansar 3) untergebracht, das am 18. März 1988 etwa 70 Kilometer südlich von Beersheba in der Wüste Negev eingerichtet wurde, um mit der großen Zahl von Verhaftungen in Folge der Intifada fertig zu werden. Die Zahl der Internierten unterlag immer großen Schwankungen. So lag deren Anzahl 1970 bei rund 1261, um auf 445 im Jahre 1971 zu sinken. Zwischen 1973 und 1977 schwankte die Zahl um 40 pro Jahr. Von 1985 bis zum Ausbruch der Intifada lag sie bei zirka 320. Nach Angaben von Al-Haq stieg sie 1989 auf rund 4000 an, um in den Jahren 1990/91 auf 1590 zurückzugehen. B'Tselem ging Ende 1991 von 457 Internierten aus. Nach Angaben von PHRIC befanden sich Ende 1992 noch 500 Palästinenser in Administrativhaft. Deren Zahl belief sich nach übereinstimmenden Angaben von GCRL und Mandela Institut im Juni 1994 auf rund 397.

Von Israel wird die Administrativhaft, die eigentlich eine vorbeugende Maßnahme sein sollte, als Strafmaßnahme ohne Prozeß eingesetzt. Diese Form der Bestrafung wird in den besetzten Gebieten »extensive« genutzt. So schreibt Daphna Golan von B'Tselem in »Detained without Trial«: »Es gibt vielfältige Beweise, daß die israelischen Behörden die Administrativhaft während der Intifada extensiv eher als eine Strafmaßnahme als eine Präventivmaßnahme eingesetzt haben.« Die »Beweise«, die zur Administrativhaft führen, sind in der Regel geheim. Den Anwälten stehen sie nicht zur Einsicht zur Verfügung. Somit kann sich ein Anwalt auf die Anhörung nicht adäquat vorbereiten. Nur elementare Informationen wie Name, Ort und Tag, an dem der Häftling die ihm vorgeworfene Tat begangen haben soll, werden ihm ausgehändigt. Keine Angaben werden über den konkreten Vorwurf gemacht, sei es die Teilnahme an einer Demonstration oder das Rufen »nationalistischer« Slogans etc. Verlangt ein Anwalt, daß der Geheimdienst zusätzliche Informationen preisgeben soll, wird dies fast immer vom Richter abgelehnt. »Solche Ungerechtigkeiten sind nicht wiedergutzumachen. Das Oberste Gericht hat festgesetzt, daß die Einsicht in Beweise für den Gefangenen und seinen Anwalt die Administrativhaft unmöglich machen würde«, so Tamar Peleg-Sryck in »Ha'aretz« vom 18. Dezember 1990.

So wurde z.B. dem Universitätsdozent Kamel Astel aus Gaza von der Zivilverwaltung eröffnet, daß er wählen könne zwischen drei Jahren Oxford oder dem Internierungslager Ketziot. Als er sich weigerte, das Land zu verlassen, wurde er in Administrativhaft genommen. Oft wird den Palästinensern kein schriftlicher Internierungsbescheid ausgestellt, deshalb wissen die meisten auch nicht das Datum ihrer Entlassung. Die sich daraus ergebende Unsicherheit setzt sich nach der Freilassung fort, weil die Entlassenen nicht wissen, wann sie wieder verhaftet werden. Nachdem Salen Masurj nach sechs Monaten Internierungslager entlassen wurde, sagte man ihm, daß er wieder verhaftet werde, wenn er nicht nach Jordanien ausreisen würde. Masurj konnte seine Freiheit nur 17 Tage genießen. Davon mußte er an sieben Tagen bei der Zivilverwaltung vorsprechen, die restlichen zehn Tage durfte er wegen einer auferlegten Ausgangssperre sein Haus nicht verlassen. Während dieser Zeit übte der Geheimdienst Druck auf ihn aus, nach Jordanien zu gehen. Als er sich weigerte, wurde er für ein weiteres Jahr in Administrativhaft genommen.

B'Tselem geht davon aus, daß zwischen 10 und 15 Prozent aller Internierten vor ihrer Einlieferung in Ketziot verhört werden. Haben die Verhörer in diesen 18 Tagen keinen Erfolg, Geständnisse aus den Verhafteten herauszubekommen, belegt man sie mit Administrativhaft. Dieses Verfahren ist illegal und gibt zu der Vermutung Anlaß, daß die Verhörer erst versuchen, Beweise für eine Anklage zu erhalten, und wenn dieses nicht gelingt, werden die Festgenommenen in Verwaltungshaft geschickt. Über 25 Prozent der Internierten erhalten ihren Internierungsbefehl, nachdem sie bereits in Haft sind. Die Internierung muß sowohl nach Völkerrecht als auch inner-israelischem Recht regelmäßig überprüft werden. Eine solche Überprüfung dauert nicht länger als zehn Minuten. Diese Tatsache macht die »gerichtliche Überprüfung zu einer reinen Formsache«, wie B'Tselem feststellt. Nach Angaben von ACRI-Anwältin Tamar Pelleg-Sryck ist die Zeit nicht festgesetzt, innerhalb derer die gerichtliche Überprüfung stattfindet. In einigen Fällen findet eine solche innerhalb eines Monats statt. Andere Fälle werden nie gerichtlich überprüft, oder der Häftling wird vorher entlassen. Alles hängt davon ab, ob den Internierten ein Anwalt zur Verfügung steht oder wie dessen Verhältnis zu den Militärbehörden ist.

In den meisten Fällen werden die Einsprüche in Ketziot verhandelt. Daran nehmen der Häftling und sein Anwalt, der Militärstaatsanwalt und ein Geheimdienstoffizier teil. Der größte Teil der Beweise ist geheim. Der Anwalt erhält neben den allgemeinen Angaben eine kurze Beschreibung der Beweislage, die für eine Infragestellung der Beschuldigung nicht ausreicht. Auch der Richter muß sich mit solchen Informationen zufrieden geben. Oft treffen sich der Richter und der Geheimdienstoffizier allein, um Informationen auszutauschen. Selbst der Anwalt und sein Mandant sowie der Staatsanwalt sind dann im Gerichtssaal anwesend; der Richter verhandelt mit dem Geheimdienst allein den Fall. Für den Richter besteht keine Möglichkeit, die Informationen des Geheimdienstes zu überprüfen. Die Richter machen nur unzureichend von ihrer Macht Gebrauch und heben den Internierungsbescheid selten auf.

ACRI hat sich schon große Verdienste in bezug auf Eingaben gegen die Administrativhaft erworben; seit der Intifada wurden über 900 solcher Beschwerden eingereicht. So wurde ein Lehrer während des zweiten Golfkrieges interniert. Nach seiner Freilassung verlor er seine Arbeit. Bisher konnten ihm keine Verfehlungen nachgewiesen werden, und er wurde ohne Angabe von Gründen erlassen. Einem anderen Lehrer erging es ähnlich; aufgrund seiner Entlassung hat er seine in 20 Jahren angesparten Pensionsansprüche verloren. ACRI hat in beiden Fällen Eingaben an das militärische Einspruchskomitee eingereicht und argumentiert, daß beide Lehrer nicht angehört wurden oder ihre Anstellung eine Gefahr für die Sicherheit darstellen würde. Auch die Zeit in Administrativhaft sei kein Kündigungsgrund. In beiden Fällen war ACRI erfolgreich.

Welche Palästinenser trifft die Verwaltungshaft? Auf dem Höhepunkt der Intifada von 1988 bis 1989 wurden die Anführer des Aufstandes in Administrativhaft genommen, um so den Aufstand »kopflos« zu machen. Zu anderen Zeiten waren es Rechtsanwälte, Journalisten, Akademiker und Selbständige. Generell lassen sich die Administrativhäftlinge in zwei Gruppen einteilen:

Zur ersten gehören solche Personen, die eine Straftat begangen haben, aber aus irgendeinem Grunde nicht vor Gericht gestellt werden, entweder der Geheimdienst will seine Informationsquellen nicht offenlegen, oder die

Beweise sind nicht ausreichend. Oft finden es auch die israelischen Behörden einfacher, Palästinenser durch Internierung zu bestrafen, da man sich dadurch langwierige Gerichtsverhandlungen erspart. Oder wie ein Geheimdienstoffizier während eines Gerichtsverfahrens vor einem Richter zugab: »die Mittel reichen nicht aus, um zu verhören«.

Zur zweiten Gruppe gehören politische Persönlichkeiten wie Feisal Husseini, Sari Nusseibeh, Ziad Abu Ziad, Jad Issac, Radwan Abu Ayash oder Mitglieder der Verhandlungsdelegation wie Muhammad al-Hurani und Jemal Shobqi. Ebenso wurden viele Hamas-Aktivisten interniert. Nach israelischer Rechtsauffassung darf »politische Subversion« (d.h. politisches Engagement) mit Verwaltungshaft bestraft werden. Auch die Administrativhaft von Palästinensern mit Jerusalemer Identitätskarte ist nach Ansicht des Obersten Gerichtes rechtens. Selbst palästinensische Mitglieder einer jüdisch-palästinensischen Dialoggruppe, die sich in Beit Sahur trifft, saßen fast alle in Verwaltungshaft.

Wie lange die Administrativhaft dauern kann, zeigt das Beispiel des 31jährigen Sami Atiyah Samhadana, der von September 1985 bis April 1990 interniert war. Kurz nach seiner Entlassung heiratete er und wurde zwei Monate später im Juni 1990 erneut für ein Jahr mit Verwaltungshaft belegt; sie wurde um ein weiteres Jahr bis 25. Mai 1992 verlängert. Am 3. Januar 1992 wurde gegen ihn und elf weitere die Deportation verfügt, gegen die Samhadana vor dem HCJ Einspruch eingelegt hat. Die Rabin-Regierung nahm diese Deportationsentscheidung zurück und verwies ihn wieder in Administrativhaft. Hauptmann Ze'ev Shaltiel, ein ehemaliger Kommandeur von Ketziot, beschreibt Samhadana wie folgt: »Ich kannte einen Mann mit persönlicher Ausstrahlung und der Fähigkeit, sowohl mit Menschen im Block als auch mit den Gesetzen und Bestimmungen umzugehen; er konnte in einer respektvollen und angenehmen Art Dinge vorbringen, die ihn und seine Freunde störten, was mich veranlaßte, seinen Wünschen stattzugeben und ihn in einer Weise zu behandeln, die meiner Behandlung als Kommandeur entsprach.«

Husseina Abd al-Qader vom Flüchtlingslager Balata wurde am 9. April 1992 interniert. Sie ist in verschiedenen Frauenorganisationen aktiv, die sich um Vorschulkinder kümmern. Ihr Gesundheitszustand ist stark angeschlagen. Aufgrund geheimer Beweise, die ihre früheren Verhaftungen 1988 und 1990 betreffen, war sie Mitglied der PLO; sie soll Demonstrationen organisiert haben. Ein Geheimdienstoffizier gab bei einer Anhörung zu, daß er nicht wisse, wo die Demonstration, die al-Qader organisiert haben soll, stattgefunden habe und ob sie gewalttätig verlaufen sei.

Mahmud Muhammad Abdallah Abu Mathqur vom Flüchtlingslager Shabura in der Nähe von Rafah wurde erstmalig am 3. August 1985 interniert. Bis März 1991 verbrachte er 57 Monate in Administrativhaft; er wurde nur entlassen, weil der Krebs hatte.

Das wohl bekannteste und größte Internierungslager ist Ketziot. Es gehört zu den Einrichtungen, die von der Armee verwaltet werden und »beherbergt« heute zirka 4000 Gefangene. Geplant war es nur temporär und ausschließlich für Administrativhäftlinge bis zu einer Kapazität von 2500 Personen. Seit Dezember 1988 sitzen dort Häftlinge jeder Art ein. Aus der zeitlichen Befristung ist ein Dauerzustand geworden. Am 9. November meldete die Zeitung »Hadashot«, daß Ketziot Ende Dezember 1994 geschlossen werden soll. Weil die Armee keine Erfahrung mit Gefangenen hat, sind die Bedingungen dort wesentlich härter als in den gewöhnlichen Gefängnissen. Die Armee eines demokratischen Staates ist nicht dafür geschaffen, Internierungslager zu unterhalten und Gefangene zu bewachen. Am 14. August 1988 verwarf der HCJ eine Beschwerde von Internierten in Ketziot wegen schlechter Haftbedingungen und ihrer Unterbringung in Israel. Nach Meinung des HCJ verstoße ihre Haft nicht gegen Völkerrecht, weil sie durch inner-israelisches Recht gerechtfertigt sei. Auch sei die VGK hier nicht maßgebend, da sie nicht zum innerstaatlichen Recht gehöre. Der HCJ empfahl aber einen Ausschuß, der die Haftbedingungen untersuchen sollte. Vorsitzender dieses Ausschusses wurde ein Militärrichter. Auch die Obersten Richter konnten sich von den erbärmlichen Bedingungen im Lager bei einem Besuch im Jahr 1988 einen persönlichen Eindruck verschaffen; ihr Besuch hat zwar zu leichten Verbesserungen geführt, an der generellen Lage aber nichts Wesentliches geändert.

Die Gefangenen und Internierten sind extremen Bedingungen ausgesetzt. Das Lager liegt mitten in der Wüste und besteht nur aus Zelten. In jedem Zelt wohnen und schlafen zirka 26 Personen auf einer Fläche von 60 Quadratmetern. Im Sommer steigt die Temeratur auf 40 Grad, und in der Nacht geht sie gegen Null Grad. Das ganze Lager ist in sechs Blocks aufgeteilt, einschließlich »Gefängnis 7«, das von den anderen Blöcken getrennt liegt. Jeder Block ist noch einmal in Abteilungen unterteilt. Zwischen den Abteilungen und um die einzelnen Blöcke herum sind hohe Zäune errichtet worden. Dazwischen verlaufen Wege, auf denen bewaffnete Wachen und anderes Militärpersonal patroulliert. Die meisten der Blocks sind asphaltiert. Bei dieser Enge gibt es keinerlei Privatssphäre. Die Gefangenen werden bei ihren Nummern gerufen. Jede Gruppe wird durch einen Vertreter (shawish) repräsentiert, der die Verbindung zur Lagerleitung unterhält. Beim täglichen Durchzählen der Gefangenen werden diese gezwungen, in Reihen auf dem Boden zu sitzen, während ein Offizier – begleitet von einer Wache, der seinen Finger am Abzug eines Kanisters mit Tränengas hat – die Gefangenen zählt. Dutzende von schwerbewaffneten israelischen Soldaten stehen Gewehr bei Fuß, falls es zu Zwischenfällen kommt. Dem Internationalen Roten Kreuz ist es gestattet, Internierte regelmäßig zu besuchen; es darf gemäß der Vereinbarung mit der Regierung über diese Besuche aber nichts berichten. In einigen Veröffentlichungen übt das Rote Kreuz dennoch harsche Kritik an den Zuständen im Lager. Im April 1992 wurde erstmals Familienangehörigen gestattet, Gefangene zu besuchen. In Zukunft kann jeder Gefangene zweimal pro Monat für 30 Minuten Besuch von zwei verschiedenen Personen empfangen. Der Besucher darf nicht vorbestraft sein und muß sämtliche Steuern gezahlt haben. Als einziger Nicht-Regierungsorganisation ist es ACRI gestattet, Besuche im Lager abzustatten, und die erfolgten Beschwerden haben immer wieder zu Verbesserungen geführt. Auch B'Tselem wurde es zweimal erlaubt, sich im Lager umzusehen.

Bis September 1992 war es den Häftlingen verboten, eine Uhr zu tragen; bis dahin war es nur dem »shawish« gestattet. In allen anderen Gefängnissen war das Uhrentragen schon immer erlaubt. Fernsehen ist in Ketziot verboten, woanders aber nicht. Die Mülltonen bestehen aus halben Fässern und quellen täglich vor Müll über; auf engem Raum schafft dies Gesundheitsprobleme. Drei oder vier dieser Tonnen sind für zirka 100 Personen zuwenig; sie sind so verschmutzt, daß sie nicht adäquat gereinigt werden können. Den Inhaftierten stehen Plastikfolien zur Verfügung, um die Tonnen abzudecken; auch ist es ihnen gestattet, diese zu leeren, wann immer sie wollen. Da Ketziot nur temporär geplant war, gibt es keine ausreichenden Dauereinrichtungen. Auch das Studium in diesem Lager ist verboten.

Es sei noch auf einige außergewöhnliche Umstände in diesem Internierungslager hinzuweisen. So kann der Leiter Gefangene in Isolationshaft nehmen, solange es ihm beliebt, wie Hauptmann Shaltiel gegenüber B'Tselem zugab. Omar al-Beig verbrachte einige Monate in Isolationshaft, weil er den Kommandeur beschimpft hatte. Er erhielt in dieser Zeit weder Zeitungen und Bücher noch durfte er Briefe schreiben. Besuche waren nicht gestattet. Seine tägliche Notdurft mußte er in einen Eimer verrichten, der einmal im Monat ausgeleert wurde. Erst durch mehrmalige Intervention von ACRI kam er aus der Isolationshaft frei. Dies ist kein Einzelfall, wie B'Tselem berichtet.

Die Stimmung im Lager ist von Furcht gekennzeichnet. Obwohl es in Ketziot keine Verhöre oder Folter gibt, ist es das einzige Lager, in dem bewaffnete Aufseher Dienst tun. Dies dient ihrer Sicherheit. 1992 gab es zwei schwere Zwischenfälle, als Gefangene die Waffe eines Soldaten entwenden wollten. Am 19. Dezember 1993 kam es wieder zu Spannungen im Lager, weil die Gefangenen meinten, sie seien gegenüber der Lagerleitung nicht ausreichend vertreten. Sie weigerten sich, beim Zählen der Gefangenen zu sitzen. Das Wachpersonal setzte daraufhin Schlagstöcke, Tränengas und scharfe Munition ein. Mindestens fünf Gefangene wurden erschossen, 121 durch Schläge oder Tränengas verletzt. 56 der Gefangenen wurden in Isolationshaft genommen.

Bis heute wurden zirka 30 Gefangene von Mithäftlingen umgebracht, darunter kein Internierter. Einige von ihnen waren sogenannte Kollaborateure. In Ketziot gibt es für bedrohte Gefangene eine separate Abteilung, in der sie für einige Zeit untergebracht werden. Auch die medizinische Versorgung in diesem Lager läßt zu wünschen übrig. Wasser und Aspirin scheinen die Lösung für alle Gesundheitsprobleme zu sein. Die Ärzte des Lagers absolvieren hier ihren Reservedienst und können schon aus diesem Grunde nicht mit den Krankengeschichten der Gefangenen vertraut sein. Diese Ärzte sind auch für die Soldaten zuständig. Für Gefangene in Ketziot gibt es keine Möglichkeit, von einem externen Arzt untersucht zu werden. Für Verwaltungshäftlinge gibt es aber eine Spezialklinik. Auf der Fahrt zum Krankenhaus in Beersheba sind die Gefangenen an Händen und Füßen gefesselt. Die Gefangenen beklagen die Überbürokratisierung. Auf jedes Problem, das angesprochen werde, erhalte der Häftling die alles erklärende Antwort: »Der Sache wird nachgegangen.« Gelöst wird aber dann doch nichts.

Schon von weitem hört man die Lautsprecher des Lagers, aus denen täglich für fünf Stunden die »Stimme Israels« auf Arabisch auf die Gefangenen niedergeht. Das Lager erweckt den Eindruck eines »Konzentrationslagers«. Es hat riesige Ausmaße, macht einen notdürftigen Eindruck und liegt völlig isoliert in der Wüste. Umgeben ist es von einem hohen Stacheldrahtzaun und Wachtürmen. Trotz guten Willens, läßt sich aus diesem Lager kein lebenswerter Ort machen.

1990 wurden neue Einrichtungen für Administrativhäftlinge geschaffen, die als besonders »gefährlich« und als »führende Persönlichkeiten« eingestuft wurden, sowie für Gefangene mit langen Haftstrafen. Diese »Gebäude« sehen aus wie Käfige. Sie bestehen aus hohen Mauern und sind mit Stacheldraht überspannt, darüber befindet sich ein »Dach« aus Leinwand.

Zwischen den Mauern befinden sich drei Zelte, die alle von einer Kette umgeben sind.

Einmal im Monat können die Anwälte ihre Klienten im Ketziot sehen. Der Besuch muß bereits eine Woche vorher angemeldet werden. Dazu ist eine Namensliste mit einzureichen, auf der die Namen der Häftlinge aufgeführt sind, mit denen der Anwalt sprechen möchte. Theoretisch kann ein Anwalt mit 18 Personen sprechen, was aber so gut wie nie vorkommt. In der Regel treffen sich jeweils fünf Anwälte mit fünf ihrer Mandanten. Sie sitzen in Buchsen, deren obere Hälfte aus Plastik besteht, in das man Löcher gestampft hat, durch die gesprochen wird. Die Verständigung ist nicht sehr gut, wenn fünf bis zehn Personen gleichzeitig sprechen. Jedes Treffen dauert zwischen fünf und zehn Minuten, danach muß der Anwalt zirka eine halbe Stunde warten, bis die nächste Gruppe von Gefangenen gebracht wird.

Im Juni 1993 wandten sich die Administrativhäftlinge aus Ketziot mit einer Beschwerde an den UN-Generalsekretär Boutros Boutros-Ghali, etwas gegen die permanenten Menschenrechtsverletzungen durch Israel zu unternehmen. Sie hoben hervor, daß die Verwaltungshaft eine inakzeptable Form der Bestrafung sei. Sie wiesen weiter darauf hin, daß die Haftzeit einer Vielzahl von Gefangenen bereits zwei oder drei Mal verlängert worden ist. Von elf Internierten hatten sieben ihre Verwaltungshaft schon zweimal verlängert.

Anfang Juni 1993 schrieben Internierte aus dem gleichen Lager an das Mandela Institut einen Brief, in dem sie über ihren Status berichteten. Demzufolge befanden sich im Juni 295 Verwaltungshäftlinge in Ansar 3. 163 kamen aus dem Gaza-Streifen und 132 aus der Westbank. 40 Prozent der Häftlinge waren sechs Monate interniert. Ebenfalls 40 Prozent hatten eine oder zwei Verlängerungen ihrer Administrativhaft erhalten, 20 Prozent haben eine Haftzeit zwischen einem und sechs Monaten.

Am 23. September 1993 reichte PHR eine Eingabe an den HCJ ein und forderte vom Verteidigungsminister, der israelischen Armee, der Polizei und dem Sanitätsoffizier Auskunft darüber, warum in Ketziot nicht die gleichen Bedingungen herrschen wie in den anderen Gefängnissen und warum noch keine Schritte unternommen worden sind, das Internierungslager zu schließen. Mit ihrer Eingabe will die Organisation entweder die Schließung des Lagers oder eine Verbesserung der Haftbedingungen erreichen. Die Bedingungen, unter denen die Palästinenser dort leben müssen, sind mit den israelischen nicht zu vergleichen. ACRI hat seit Begin der Intifada zirka 1000 Einsprüche gegen Administrativhaftbescheide eingereicht, von denen die

Hälfte entweder zur Freilassung oder zu einer Strafminderung geführt haben.

Obwohl Völkerrecht Administrativhaft in besonderen Ausnahmefällen gestattet, ist seine Anwendung in Israel rechtswidrig, weil es Menschen ihrer Freiheit beraubt, die keine Straftat begangen haben und nicht wissen, warum sie interniert sind. Diese Art der Verwaltungshaft verstößt auch gegen die Grundsätze eines rechtsstaatlichen Verfahrens, das es in diesen Fällen gar nicht gibt. Daß in einem solchen Umfang von dieser Maßnahme Gebrauch gemacht wird, deutet darauf hin, daß man sie primär als Strafmaßnahme und nicht als Präventivmaßnahme ansieht. Daß bei Einspruchsverfahren mit geheimen Beweisen gearbeitet wird, die vom Geheimdienst nur dem Richter zur Kenntnis gebracht werden, spricht jedem rechtsstaatlichen Verständnis Hohn. Die geheimen Beweise rechtfertigte der israelische Justizminister im Juni 1989 mit der »Sicherheit des Staates« und der Aufrechterhaltung der »öffentlichen Ordnung«. In jüngster Zeit werden die Kritiker des »Gaza-Jericho-Abkommens« mit Verwaltungshaft belegt.

10. Kollektivstrafen: Ausgangssperren und totale Abriegelung

Der Schutz der Menschenrechte im Krieg ist schwieriger als in Friedenszeiten, und eine Militärherrschaft über eine Zivilbevölkerung geht immer mit der Einschränkung von bürgerlichen Freiheiten einher. Dies darf jedoch nicht als Entschuldigung dafür dienen, die Menschenrechte zu verletzen. Das Gegenteil sollte der Fall sein: Je länger eine militärische Besetzung andauert, desto größer müßte der Respekt vor den Menschenrechten der Zivilbevölkerung sein und sich dem Verhalten einer zivilen Regierung in Friedenszeiten immer stärker annähern.

Besonders im Völkerrecht gilt der fundamentale Grundsatz, daß für eine begangene Straftat unter Besetzung die Verantwortung immer individuell ist. Daraus folgert, daß weder einzelne noch Gruppen für die Taten anderer mitverantwortlich gemacht werden dürfen. Dieses Prinzip ist sowohl in der HLKO als auch VGK niedergelegt. So darf nach Artikel 50 HLKO keine Strafe »über eine ganze Bevölkerung wegen der Handlungen einzelner verhängt werden, für welche die Bevölkerung nicht als mitverantwortlich angesehen werden kann«. Artikel 33 VGK unterstreicht dies in seinem ersten Paragraphen: »Keine geschützte Person darf wegen einer Tat bestraft werden, die sie nicht persönlich begangen hat. Kollektivstrafen sowie jede Maßnahme zur Einschüchterung oder Terrorisierung sind untersagt.«

Die anerkannte völkerrechtliche Interpretation des Artikels 50 HLKO läßt einen gewissen Spielraum für Kollektivstrafen, und zwar im Falle einer »passiven Verantwortung« der Gemeinschaft gegenüber einer Tat eines einzelnen zu. Artikel 33 VGK dagegen verbietet Kollektivstrafen auf der Grundlage der Verantwortung des einzelnen für seine Tat. Auf die Vorbehalte gegenüber der VGK von seiten Israels ist schon mehrfach in anderem Zusammenhang hingewiesen worden; sie kommen auch hier zum Tragen.

Nach Artikel 50 HLKO kann der Gemeinschaft eine Art Kollektivhaftung aufgebürdet werden. Die Frage ist nur, wann und unter welchen Umständen diese festgestellt werden kann. Da der Artikel sehr allgemein bleibt, liegt die Beantwortung dieser Frage beim Militärkommandeur. Deutschland machte sowohl während des Ersten als auch des Zweiten Weltkrieges weiten Gebrauch von Kollektivstrafen. Führende Völkerrechtler vertreten die Meinung, daß Deutschland durch die Anwendung des Artikels 50 fundamental gegen Prinzipien der Gerechtigkeit verstoßen habe. Konsequenzen dieses Interpretationsbedarfes führten zur Formulierung des Artikels 33 VGK. Dieser bezieht sich nicht auf rechtmäßig gefällte Urteile nach dem Strafrecht. Er ist nur relevant in bezug auf die Bestrafung ganzer Gruppen aufgrund individuell begangener Straftaten. Wie sieht dies nun in der Praxis in den besetzten Gebieten aus?

Nicht jede Beschränkung der individuellen Freiheit kann als Strafe bezeichnet werden, da die Militärverwaltung die Macht nach Artikel 43 HLKO hat, die öffentliche Ordnung aufrechtzuerhalten und zu diesem Zweck auch die Individualrechte einschränken darf. Deshalb ist bei jeder Verhängung einer Kollektivstrafe der Frage nachzugehen, ob diese restriktive Maßnahme nicht in die Macht des Militärkommendeurs fällt. Viele der Kollektivstrafmaßnahmen werden mit der Wiederherstellung und der Erhaltung der öffentlichen Sicherheit begründet. Dies wird als Präfentiv- oder Abschreckungsmaßnahme angesehen. Auch darf die Frage nach der Schwere der Beschränkungen und den Gründen für ihre Verhängung nicht vernachlässigt werden.

Die Verhängung einer Ausgangssperre ist eine schwere Kollektivstrafe, die öfters über die Bevölkerung der besetzten Gebiete verhängt wird. Die Möglichkeit zur Verhängung einer Ausgangssperre wird in Artikel 89 des Militärerlasses Nr. 378 und in der Anordnung 124 der Notstandsverordnungen aus der britischen Mandatszeit geregelt.

Es gibt weder eine zeitliche Beschränkung der Ausgangssperren noch die Möglichkeit einer Beschwerde mit aufschiebender Wirkung gegen sie. Nach einer Entscheidung des HCJ ist die Verhängung einer Ausgangssperre als

Strafmaßnahme legal. Ein öffentliches Eingeständnis, daß die Ausgangssperren diesen Zielen dienen, kann vom Militärkommandeur wohl nicht erwartet werden. Eher werden Sicherheitserwägungen als Gründe genannt. Ein IDF-Sprecher definiert in einem Schreiben an B'Tselem vom 18. November 1990 Ausgangssperren wie folgt: »Die Ausgangssperre ist eine Maßnahme des Militärs, um Ordnung in den Gebieten zu schaffen. Sie ist eine leise und gewaltlose Maßnahme, die darauf abzielt, die Bewohner vor sich selbst zu schützen und die Agitatoren daran zu hindern, eine sensible Lage für ihre Zwecke auszunutzen.« Die Verhängung der Ausgangssperre in heiklen Situationen soll also unnötige Agitation verhindern und somit den radikalen Elementen den Wind aus den Segeln zu nehmen.

Trotz der Aussagen des Sicherheitsestablishments, daß es in den besetzten Gebieten keine Kollektivstrafen gebe, erließ der ehemalige Verteidigungsminister Moshe Arens 1991 neue Richtlinien, nach denen »der Armee verboten ist, eine Ausgangssperre als eine Kollektivstrafe zu verhängen und nur der Verteidigungsminister selbst das Recht hat, eine Ausgangssperre über eine ganze Stadt für unbestimmte Zeit zu erlassen. Allgemein geht man beim Vorgehen davon aus, daß es ein Verbot der Verhängung einer Ausgangssperre in der Westbank und Gaza mit der Ausnahme gibt, daß die Dauer genau vorher festgelegt wird und sie so kurz wie möglich ist.« Diese Richtlinien verbieten klar den Einsatz von Ausgangssperren als Kollektivstrafe. In der Wirklichkeit setzt die israelische Besatzungsmacht sie aber just zu diesem Zwecke ein. Dies wurde immer wieder in Äußerungen israelischer Behörden deutlich, die Ausgangsperren dazu benutzen, um auf die Palästinenser Druck auszuüben. Und wenn sich einmal ein iraelischer Politiker wie der frühere Justizminister Dan Meridor bemühte, einige sicherheitsrelevante Argumente anzuführen und die Ausgangssperren als Kollektivstrafen zu rechtfertigen, wurde die Intifada zu einem »Krieg« hochstilisiert, in dem größere Abschreckung und Ausgangssperren gestattet seien. Al-Haq stellt immer wieder das »Sicherheitsargument« in Frage und argumentiert, daß Israel über eine hervorragend ausgebildete Armee verfüge, die deshalb nicht zu so langen Ausgangssperren greifen müsse, um die relativ kleinen Bevölkerungszentren unter Kontrolle zu bringen. Des weiteren gebe es keine plausible Verbindung zwischen der Schwere der Störung und der Dauer der Ausgangsperre. Da aber Israel die Form der Ausgangssperre häufig und in großem Umfange einsetzt, übersteigt sie die legitimen Sicherheitsvorkehrungen der Behörden. Durch die häufige Anwendung wird die Ausgangssperre zu einer Kollektivstrafe für die Bevölkerung, schreibt B'Tselem in seinem Jahresbericht 1990/91.

Die Verhängung von Ausgangssperren beeinträchtigt in einem erheblichen Umfang das öffentliche Leben und die Ordnung in den besetzten Gebieten. Sie fragmentiert das einzelne Dorf oder die Stadt, spaltet aber auch die palästinensische Gesellschaft im ganzen. Die sozialen und ökonomischen Beziehungen zwischen der Westbank und dem Gaza-Streifen sind durch Ausgangssperren und Abriegelung der Gebiete stark in Mitleidenschaft gezogen. So können z.B. palästinensische Bauern nicht ihre Ernte einbringen und sie nicht vermarkten. 35 Prozent der palästinensischen Bevölkerung hängen direkt von der Landwirtschaft ab. Ihre Ernte verrottete während der wegen des Golfkrieges verhängten mehrwöchigen Ausgangssperre. Durch Ausgangssperren sind die Menschen stark beeinträchtigt, ihren täglichen Lebensunterhalt zu beschaffen, sich medizinisch versorgen zu lassen, ihren religiösen Neigungen nachzugehen, Schulen und Weiterbildungseinrichtungen zu besuchen sowie sich frei zwischen der Westbank und dem Gaza-Streifen zu bewegen. Wie Israel mit dem Vorwurf von seiten der Palästinenser umgeht, daß Ausgangssperren das Leben stark zerrütten, zeigt ein Zitat eines hohen Militärs in der »Jerusalem Post« vom 16. Mai 1989. »Die Bewohner des Gaza-Streifens sollten wissen, daß wir – und nicht einige Flugblätter – entscheiden, wenn und wie ihr Leben zerstört wird.«

Seit der Intifada wurden Ausgangssperren aus folgenden Gründen verhängt: um die Ordnung wiederherzustellen und die Unruhen nach einem Aufstand abflauen zu lassen; um die Suche nach Personen zu intensivieren, die Demonstrationen organisieren und Anschläge planen; um Verhaftungen vorzunehmen und nach Waffen und anderen gefährlichen Gegenständen zu suchen; um Zwischenfälle mit Menschen während einer Häuserzerstörung zu vermeiden; um in der Folge von schwerwiegenden Ereignissen wie die Ermordung von Salah Chalaf alias Abu Jihad 1988 in Tunis oder der Golfkrieg die Kontrolle nicht zu verlieren. Auch vor wichtigen nationalen oder religiösen Tagen wie dem »Tag des Bodens« oder dem Festtag »Id al-Fitr« werden Ausgangssperren verhängt; dies geschieht auch manchmal zum Zwecke der Steuereintreibung.

Neben der Ausgangssperre steht den Militärbehörden noch als Kollektivstrafe die Abriegelung der Gebiete zur Verfügung; sie dient dazu, die Bewegungsfreiheit einzuschränken. Wenn ein Gebiet abgeriegelt wird, können sich die Menschen zwar in diesem Gebiet frei bewegen, aber dieses nicht verlassen. Regelmäßig erklären die Israelis eine totale Abriegelung der Gebiete vor hohen israelischen nationalen und religiösen Festtagen, insbesondere vor dem Unabhängigkeitstag und dem Yom Kippur. Seit 1990 wird die totale Abriegelung oft infolge von Anschlägen auf Israelis verhängt. Die Ermordung von 14 Israelis war auch der auslösende Grund für die totale Abriegelung der besetzten Gebiete am 30. März 1993, die noch immer andauert. Von der Abriegelung sind die jüdischen Siedler in den Gebieten nicht betroffen.

Zu Beginn der Besetzung wurde eine Ausgangssperre nicht länger als 24 Stunden verhängt. Erst mit der Intifada realisierte das Sicherheitsestablishment das Mittel der Ausgangssperre als ein Ordnungsinstrument. So wurde infolge der Ermordung eines »Kollaborateurs« die Stadt Qabatiya 1988 für 40 Tage mit einer Ausgangssperre belegt, oder im April 1990 die Stadt Anabata 13 Tage lang davon betroffen. Die Bewohner von Qabatiya waren 1989 für 28 Tage, 1990 für fünf Wochen sowie 1991 für 19 Tage unter Ausgangssperre. Mit Beginn des Golfkrieges im Januar 1991 wurde über alle Dörfer, Städte und Flüchtlingslager in der Westbank und dem Gaza-Streifen eine dreiwöchige Ausgangssperre verhängt, die nur nach und nach wieder aufgehoben wurde. Der Gaza-Streifen ist seit Mai 1988 generell mit einer nächtlichen Ausgangssperre belegt, die von sieben Uhr abends bis vier Uhr morgens gilt; in Gaza-Stadt herrscht Ausgangssperre von neun Uhr abends bis vier Uhr morgens. Eine Anhörung vor dem HCJ hat an dieser Lage nichts geändert. Das Gericht empfahl, daß der Militärkommandeur von Zeit zu Zeit deren Notwendigkeit überprüfen solle. Erst mit der Unterzeichnung des »Gaza-Jericho-Abkommens« wurde sie endgültig aufgehoben.

Besonders im Gaza-Streifen wirkten sich Ausgangssperren verheerend auf die Bevölkerung aus; über 50 Prozent wurden über dieses Gebiet verhängt. Da das Gebiet klein ist und eine der höchsten Bevölkerungsdichten der Welt aufweist, bewirkt eine Ausgangssperre den Stillstand des ganzen sozialen Lebens. Dienstleistungen, Kommunikationssysteme und die Wirtschaft kommen völlig zum Erliegen. Die israelische Politik der Ausgangssperren hat besonders im Gaza-Streifen wirtschaftlichen, sozialen, psychologischen und medizinischen Schaden angerichtet. Besonders unter General Yitzhak Mordechai wurden über den Gaza-Streifen zahlreiche Ausgangssperren verhängt, denn er war ein glühender Befürworter solcher Maßnahmen. Nach seiner Versetzung in die Westbank gingen Ausganssperren drastisch zurück. Die häufige Anwendung dieser Maßnahmen bis heute hat aber gezeigt, daß das Phänomen nicht an eine bestimmte Person gebunden ist. Ausgangsperren wurden im Gaza-Streifen im Dezember 1993 temporär für einige Flüchtlingslager oder Stadtviertel verhängt. Insbesondere in Folge des Massakers von Hebron wurde über den »Strip« eine totale Ausgangssperre vom 26. Februar bis 2. März 1994 verfügt. Jegliches gesellschaftliche Leben kam zum Erliegen. Zusätzlich wurde das Gebiet auf unbestimmte

Zeit abgeriegelt, so daß kein Palästinenser zur Arbeit nach Israel einreisen oder die Waren exportiert werden konnten. Die Verlängerung des Kriegsrechts für fünf Tage kostete fünf Menschen das Leben und verletzte 370.

Daß die Militärverwaltung Ausgangssperren bewußt zur Bestrafung der Palästinenser einsetzt, machen zwei Eingaben von ACRI an den HCJ deutlich. Nachdem 1991 ein Siedler in der Nähe von Ramallah und al-Bireh erschossen worden war, wurde über beide Städte eine Ausgangssperre verhängt, um die Suche nach den Mördern zu erleichtern. Mehrmals wandte sich ACRI an das Verteidigungsministerium mit dem Ersuchen, die Ausgangssperre aufzuheben, erhielt aber keine Antwort. Nach drei Wochen Ausgangssperre wandte sich die Organisation mit einer Petition an den HCJ. ACRI argumentierte, daß auch durch diese lange Ausgangssperre der Täter noch nicht festgenommen werden konnte und deshalb die Maßnahme diskriminierend sei; auch wurde eine vergleichbare Ausgangssperre nie über jüdische Siedlungen verhängt, wenn Siedler einen Palästinenser erschossen hatten. Eine Anhörung wurde anberaumt, aber kurz davor wurde von der Armee die Ausgangssperre während des Tages aufgehoben, damit wurde der Fall strittig.

1992 ermordete ein Palästinenser aus dem Flüchtlingslager Nuseirat einen jungen Israeli in einem Vorort von Tel Aviv, worauf die Armee den Gaza-Streifen abriegelte. Keinem Bewohner war es gestattet, nach Israel einzureisen. Nach zwei Wochen wurde die Abriegelung teilweise aufgehoben, aber den Bewohnern von Nuseirat war der Zutritt nach Israel weiterhin verwehrt. Nur Bewohner des Gaza-Streifens, die über 28 Jahre alt waren, konnten Israel betreten. Nach einigen Tagen wurde die Altersgrenze auf 25 Jahre gesenkt. Davon waren aber immer noch 15.000 Arbeiter sowie deren Familien betroffen. ACRI wandte sich mit einer Eingabe an den HCJ. In der ersten stellte die Organisation die Abriegelung in Frage, da dies eine Form der Kollektivstrafe sei; die zweite Eingabe richtete sich gegen die Altersgrenzen. Hier habe die Armee versäumt, zwischen den Sicherheitsinteressen und der Verpflichtung des Schutzes der Bevölkerung abzuwägen, wozu sie völkerrechtlich verpflichtet gewesen wäre. Kav La'oved reichte auch gegen die Altersgrenze eine Eingabe beim HCJ ein. Kurz nachdem der HCJ die Anhörung über Nuseirat angesetzt hatte, wurde die Abriegelung des Flüchtlingslagers von der Armee aufgehoben, damit war der Fall erledigt. Nachdem die Anhörung für die zweite Eingabe angesetzt war, wurde die Altersgrenze von der Armee auf 20 Jahre herabgesetzt. Kurz vor der tatsächlichen Anhörung wurden auch noch die Verheirateten und die Personen, die als einzige ihre Familien unterstützen, aus dieser Regelung herausgenommen. Daraufhin zogen ACRI und Kav La'oved ihre Eingaben zurück, da durch letztere Maßnahmen vielen Menschen geholfen wurde. Beide Fälle zeigen deutlich, daß die Armee bewußt die Ausgangssperren als Mittel der Bestrafung der Palästinenser einsetzt und nur auf legalen Druck bereit ist, diese aufzuheben oder zu lockern.

In gewissen Extremsituationen scheinen präventive Ausgangssperren für eine kurze Zeit vielleicht sinnvoll zu sein, wie weit und zu welchen Zwekken die israelische Armee aber die Prävention nutzen kann, macht die Einweihung einer Thora Rolle am 3. Mai 1990 am Josephs Grab deutlich, an der 130 Siedler und einige staatliche Vertreter teilnahmen. Die Armee belegte das 120.000 Einwohner zählende Nablus an diesem Tag mit einer Ausgangssperre. In diesem Fall gab es keine »Sicherheitsprobleme«, die eine solche Ausgangssperre hätten rechtfertigen können. Dazu schreibt B'Tselem: »Die Entscheidung der IDF diese Veranstaltung stattfinden zu lassen für den Preis der Freiheitsberaubung von vielen Menschen zeigt, mit welcher Unbedenklichkeit Ausgangssperren verhängt werden, selbst wenn keine sicherheitsrelevanten Gründe vorliegen.«

Während der Intifada und in deren Folge hat Israel Ausgangssperren und Abriegelungen verhängt, um Steuern und Gebühren einzutreiben. Eine Verhängung zu solchen Zwecken ist völkerrechtswidrig und verstößt gegen Artikel 50 HLKO. Israel kann sich in solchen Fällen auch nicht auf das Sicherheitsargument zurückziehen. Die Stadt Beit Sahur, die berühmt für ihren Steuerstreik geworden ist, wurde im August und September 1989 mit einer 11tägigen Ausgangssperre und mit einer sich daran anschließenden 40tägigen Abriegelung bestraft. Es vergeht kaum ein Monat, in dem es keine Ausgangssperren oder Abriegelungen gibt. So wird aus Tabelle 6 (S. 234) ersichtlich, wo und für wieviel Tage Ausgangssperren verhängt wurden.

Personen, die die Ausgangssperre verletzen, können sofort erschossen werden. Ausgedehnte Ausgangssperren sind lebensbedrohlich, da sie es unmöglich machen, Lebensmittel, Wasser und Medikamente zu beschaffen. Bei diesen Ausgangssperren ist selbst die Benutzung der Außentoilette nicht erlaubt!

Extrem war die verlängerte Ausgangsperre im Dezember 1992, insbesondere nach der Ermordung des Grenzpolizisten Nissim Toledano, die das auslösende Moment für die Massendeportation war. Der Dezember 1992 gehört zu den Monaten seit dem Palästinenseraufstand, in dem eine rapide Zunahme der Gewalt zu verzeichnen gewesen ist.

Die Universität von Bethlehem, in der 1650 Studenten eingeschrieben sind, wurde am 18. Mai 1993 für eineinhalb Tage durch das Militär belagert;

Tabelle 6: Verhängte Ausgangssperren

	1988 Orte	Anzahl der Tage	1989 Orte	Anzahl der Tage	1990 Orte	Anzahl der Tage	1991 Orte	Anzahl der Tage	1992 Orte	Anzahl der Tage	1993 Orte	Anzahl der Tage
Westbank												
Flüchtlingslager	Tulkarem	124	Tulkarem	158	Tulkarem	84	Nur Shams	82	Balata	42	Balata	5
	Balata	123	Nur Shams	110	'Ascar	69	Tulkarem	78	Deheishe	31	Daheishe	5
	Al-ama'ri	114	Balata	99	Deheishe	58	Jenin	77	'Ascar	26	Tulkarem	3
	Jelazu	94	'Ascar	94	'Ein Beit al-Ma	57	Deheishe	71	'Arub	12	Ascar	2
	'Ein Beit al-Ma	68	Jenin	54	Balata	56	Balata	63	Nur Shams	11		
Dörfer und Städte	Qalqiliya	111	Denabeh	70	Qabatiya	56	Qabatiya	94	'Azmut	23	Hebron	18
	'Anabta	75	Nablus	60	Nablus	49	'Anabta	90	Ramallah	22	Beit Liqia	6
	Denabeh	67	Beit Wazan	43	'Anabta	40	'Awarta	68	'Anabta	21	Sa'ir	4
	'Azun	63	Tulkarem	42	Hebron	39	Jenin	64	Salfit	18	Obadiye	3
	Nablus	58	Jneid	40	Jenin	37	'Azun	62	al-Bireh	16	Rafidiye	3
Gaza-Streifen												
Flüchtlingslager	Shati	149	Rafah	109	Jabaliya	66	Jabaliya	43	Rafah	38	Jabaliya	19
	Jabaliya	134	Shati	86	Rafah	64	Khan Yunis	42	Nusseirat	25	Rafah	17
	Bureij	117	Jabaliya	85	Shati	56	Shati	38	Jabaliya	15	Shati	10
	Nusseirat	107	Nusseirat	84	Nusseirat	53	Nusseirat	34	Shati	14	Khan Yunis	9
	Khan Yunis	85	Bureij	80	Khan Yunis	47			Khan Yunis	13	Bureij	7
Dörfer und Städte	Jabaliya	25	Beit Hanun	43	Rafah	59	Khan Yunis	43	Beit Lehya	15	Khan Yunis	13
	Dir al-Balah	23	Rafah	37	Khan Yunis	32	Beit Lehya	37	Dir al-Balah	15	Beit Lahiye	10
	Khan Yunis	23	Jabaliya	34	Gaza City	31	Dir al-Balah	30	Khan Yunis	30	Jabaliya	9
	Beit Hanun	22	Khan Yunis	33	Beit Hanun	28	Gaza City	30			Rafah	8
	Rafah	20	'Absan	29	Dir al-Balah	19					Dir al-Balah	6

Quelle: B'Tselem, Jerusalem 1994.

der Grund waren die Wahlen zum Studentenparlament. Die Soldaten belagerten den Campus und errichteten Straßensperren und verweigerten bis auf Studenten und Arbeitern allen anderen Personen den Zutritt zur Universität. Beobachtungsposten wurden auf den Dächern plaziert, um das Gelände beobachten zu können. Die Belagerung wurde am nächsten Tag aufgehoben.

Nach den im Zuge der Massendeportationen zugenommenen Gewalttätigkeiten auf beiden Seiten entschloß sich die israelische Regierung, die besetzten Gebiete am 30. März 1993 für eine unbestimmte Zeit total abzuriegeln. Ob die Abriegelung völkerrechtswidrig ist, scheint auch zwischen den Menschenrechtsorganisationen umstritten zu sein. So sieht PHRIC darin einen Verstoß gegen Völkerrecht, weil es die Bewegungsfreiheit einer ganzen Bevölkerung einschränkt und deshalb eine Kollektivstrafe darstellt. Dagegen sieht der Direktor von B'Tselem, Yizhar Be'er, in der totalen Abriegelung keine Verletzung der Menschenrechte, wie er in einem Gespräch im Juni 1993 mit dem Autor betonte. »Jede Macht hat das Recht, ihre Grenzen zu schließen.« Die jetzige Situation verstoße nicht gegen das Völkerrecht, so Be'er. »Es ist eine Art des Friedens.« Die Abriegelung kann seiner Meinung nach aufrechterhalten werden; die Palästinenser müssen aber Zugang zu den elementarsten sozialen und wirtschaftlichen Einrichtungen sowie zu Ost-Jerusalem haben. Trotz dieser unterschiedlichen Sichtweise verurteilten am 21. April 1993 über 20 palästinensische und israelische Menschenrechts- und humanitäre Organisationen die Abriegelungsmaßnahmen Israels. Sie wiesen in ihrer gemeinsamen Stellungnahme auf die völkerrechtliche Verantwortung Israels und auf die massiven Auswirkungen auf die Bevölkerung hin. ACRI unterschrieb als einzige der Menschenrechtsorganisationen diese Stellungnahme nicht, weil die Organisation in der Jerusalem-Frage befangen war, und zwar in der Beachtung inner-israelischen Rechts, das die Annexion des Ostteils der Stadt für rechtens erklärt, und dem Völkerrecht, das dies als illegal bezeichnet.

Diese Abriegelung wird durch 57 Straßensperren kontrolliert. Sie teilen die besetzten Gebiete in vier getrennte militärische Enklaven oder Kantone; nördliche Westbank, Ost-Jerusalem, südliche Westbank und den Gaza-Streifen. Neun Dörfer in der Westbank – um Jerusalem herum gelegen – sind zwischen israelischen Straßensperren und den Siedlungen eingeschlossen und vom Rest der Westbank völlig isoliert. An diesen militärischen Kontrollpunkten kommt es häufig zu Zwischenfällen, die oft tödlich enden. Nach Angaben von PHRIC starben in der Zeit von Januar bis Mitte November 1993 17 Palästinenser durch Schüsse an diesen Kontrollpunkten.

Diese langandauernde Abriegelung hat die palästinensische Wirtschaft an den Rand des Zusammenbruchs geführt, da sie zu einem großen Teil von den Jobs der palästinensischen Arbeitskräfte in Israel abhängt. Zirka 120.000 aus den Gebieten arbeiteten täglich in Israel, von denen bisher zirka 40.000 wieder eine Arbeitserlaubnis erhalten haben. Israel beabsichtigt aber nicht mehr als 70.000 Palästinensern, die Arbeit in Israel wieder zu gestatten.

Seit 1988 hat Israel die Zahl der palästinensischen Arbeiter in Israel durch bürokratische Maßnahmen reduziert, um nicht mehr so stark von ihnen abhängig zu sein. Vor der totalen Abriegelung wurde das System der Vergabe von Arbeitsgenehmigungen als restriktive Maßnahme eingesetzt. Dieses System eliminierte die nichtregistrierten Arbeiter und reduzierte die Zahl der palästinensischen Arbeiter in Israel von 120.000 um 50 Prozent im Jahre 1991. Allmählich stieg die Zahl bis zur Abriegelung im März 1993 wieder auf zirka 100.000 an; nach Angaben der israelischen Arbeitsbehörde sind nur 70.000 registriert. Ende Januar 1994 betrug die Zahl der registrieten palästinensischen Arbeitskräfte in Israel zirka 40.000. Auf Anfrage von Kav La'oved teilte das Labour Bureau Payments Division mit, daß das Militär die Nichtverlängerung von 8000 Arbeitsgenehmigungen angeordnet habe. Die Richtlinien für die Ausstellung von Arbeitsgenehmigungen für Arbeiter aus dem Gaza-Streifen wurden verschärft. Sie verlangen von den Arbeitern nach Arbeitsgenehmigungen nachzusuchen, die sich auf einen bestimmten Arbeitgeber beziehen, der dann die Transportmittel für diese Arbeiter bereitstellen muß. Wer sich nicht an diese Vorschriften hält, wird bestraft. Die Arbeiter aus dem Gaza-Streifen werden durch diese Maßnahmen verletzbarer. Nach der Übernahme der Selbstverwaltung durch die Palästinenser könnte es passieren, daß israelische Arbeitgeber überhaupt keine Arbeitskräfte mehr aus dem Gaza-Streifen anheuern, was die Situation weiter verschlechtern würde. Durch die Abriegelung werden zirka 15 Prozent der palästinensischen Arbeitskräfte nicht mehr in Israel arbeiten. Arafats Fatah protestiert nicht gegen diese Abriegelung, da die palästinensischen Behörden jetzt die Erteilung der Arbeitsgenehmigungen als Druckmittel dazu benutzen, Unterstützung für das »Gaza-Jericho-Abkommen« zu erhalten.

PHRIC schätzt den täglichen Einkommensverlust auf 1 265.000 Shekel. Dieser Einkommensverlust schlägt sich sofort in einem Kaufkraftverlust von 20 bis 25 Prozent nieder. Jeder Sektor der palästinensischen Ökonomie bekommt diesen Rückschlag zu spüren. Im Industriesektor sind 15 Prozent der palästinensischen Arbeitskräfte beschäftigt; er hängt zu einem erheblichen Teil von israelischem Kapital und Rohstoffen ab. Der größte Teil der Produktion ist ausschließlich für Israels Export bestimmt. Mehrere Industrieunternehmen entließen 20 Prozent ihrer Arbeiter. Industrieunternehmen halten sich wegen der Unsicherheit und der Instabilität der Lage mit Investitionen zurück.

Über 25 Prozent der palästinensischen Arbeitskräfte hängen direkt von der Landwirtschaft ab. Die Abriegelung macht es den Palästinensern unmöglich, ihre Produkte nach Ost-Jerusalem oder in andere Städte der Westbank zu transportieren. Dies hat zu einem Überangebot bei gewissen Produkten geführt und zu einem Preisverfall beigetragen, wohingegen andere knappe Produkte hohe Preissteigerungen verzeichnen. So gab es große Preisunterschiede im Norden der Westbank im Vergleich zum Süden, da dort weniger Gemüse angebaut wird. Erst die vermehrte Ausstellung von Transportgenehmigungen brachte eine Angleichung im Preisniveau. Im Bus- und Taxi-Bereich sind zirka vier Prozent der palästinensichen Arbeitskräfte beschäftigt. Durch die Abriegelung ging die Zahl der Fahrgäste dramatisch zurück. In den ersten zwei Monaten waren Taxis zu 10 und Busse nur zu 25 Prozent ausgelastet. Erst im Juni 1993 hatten 50 Prozent der Fahrer wieder eine Genehmigung erhalten, um nach Ost-Jerusalem fahren zu können. Die Fahrer hatten Einkommenseinbußen von 50 Prozent hinzunehmen.

Auch der Handel hatte beträchtliche Verluste zu verzeichnen. 12,5 Prozent der Palästinenser sind in diesem Bereich beschäftigt. Das Verteilungssystem, das in Ost-Jerusalem konzentriert ist, wurde aufgrund der zahlreichen Straßensperren völlig zerrüttet, weil die Fahrzeuge ohne Genehmigung keine Zufahrt zur Stadt erhielten. Israelische Geschäfte und Industrien unterbrachen den Handel mit ihren palästinensischen Geschäftspartnern, weil sie nicht mehr im voraus bezahlen konnten. Die Nachfrage nach Konsumgütern wie Fernseher, Videogeräte, Kühlschränke und Möbel belief sich auf nur zehn Prozent des Umsatzes vor der Abriegelung. Zahlreiche Palästinenser verdingten sich als Straßenhändler. Viele verkauften ihre Habseligkeiten; einige auch ihren Schmuck. Da die Palästinenser ihre Ersparnisse, die sie in jordanischen Dinar angelegt haben, in Shekel umtauschten, ist der Kurs des Shekel gefallen.

Auch die Krankenhäuser in Ost-Jerusalem sind für die Bevölkerung der besetzten Gebiete nicht mehr frei zugänglich. 80 Prozent der Patienten und der gleiche Prozentsatz des Personals kommen aus der Westbank. Maqassed – das größte und am besten ausgestattete Krankenhaus – hatte einen Rückgang von 80 Prozent zu verzeichnen. Zwei Frauen bekamen ihr Baby an einer Straßensperre, weil Soldaten sie an der Weiterfahrt gehindert hatten.

Die Ost-Jerusalemer Apotheken hatten nach Angaben der Pharmazeutin Mary Mina mit zwei Schwierigkeiten zu kämpfen, ihren Vorrat aufzufüllen. Erstens, weil die pharmazeutischen Produktions- und Vertreiberfirmen ihren Sitz in der Westbank haben und zweitens, weil die Lieferungen durch israelische Firmen eingestellt wurden. Der Umsatz ging um 60 Prozent zurück.

Auch das Bildungssystem wurde stark in Mitleidenschaft gezogen. Die privaten Schulen in Jerusalem meldeten hohe Abwesenheitszahlen von Lehrern, Schülern und Studenten. Nach Angaben der UNWRA hat die Organisation Schwierigkeiten in ihren acht Schulen in Jerusalem, den Lehrbetrieb aufrechtzuerhalten, da die Lehrer nicht kommen konnten. Deshalb hat man Klassen zusammengelegt, und Lehrer mußten doppelt soviel Stunden unterrichten. In welchem Umfang die einzelnen Institutionen betroffen sind, zeigt die folgende Tabelle.

Tabelle 7: Bildungssystem und Abriegelung

Institution	Abwesenheitsraten	
	Arbeiter (%)	Studenten (%)
Qalandia Center for Professional Training	27	51
Ramallah Community College	4	55
A-Nejah University (Nablus)	9	7
Bir Zeit U. (Ramallah District)	11	22
Jerusalem Girl's Art College	50	50
Abus Dis Science and Technology Institute	60	75
Hebron University	6	13
Dar al-Yatim, Jerusalem	83	43

Quelle: B'Tselem: The Closure of the West Bank and Gaza Strip: Human Rights Violations Against Residents of the Occupied Territories, Jerusalem, April 1993, S. 9.

Die Abriegelung beeinträchtigt auch die Reisefreiheit von Rechtsanwälten und Familien von Häftlingen. Die Arabische Rechtsanwaltskammer trat am 22. April in einen achttägigen Streik, um gegen die Abriegelung als Kollektivstrafe zu protestieren. Die Anwälte konnten ihre Mandanten, die außerhalb ihres Gebietes inhaftiert waren, nicht sehen. Viele Gerichtsverhandlungen wurden aufgeschobern, weil die Anwälte nicht an den Gerichtsort kommen konnten. Selbst das religiöse Leben wurde durch die Abriegelung betroffen, obwohl Israel den freien Zugang zu den Heiligen Stätten garantiert hatte. So konnten die palästinensischen Christen nicht an den Osterfeierlichkeiten in Jerusalem teilnehmen, und den Muslimen wurde die Teilnehme am Freitagsgebet auf dem Tempelberg nicht gestattet.

Die Abriegelung hat das Leben der Palästinenser völlig paralysiert. Die Isolation ist zum Alltag geworden, ohne Rücksicht auf rechtliche Normen und menschliche Standards. Das »Sicherheitsargument«, um Ausgangssperren und Abriegelung zu rechtfetigen, dient nur als Vorwand, um Druck und Bestrafung auf die Palästinenser auszuüben. Die Unterdrückung der Menschen hat bereits ein Maß erreicht, daß durch diese Maßnahmen nicht noch gesteigert werden bräuchte. Auch das »Gaza-Jericho-Abkommen« hat der Abriegelung und den Ausgangssperren kein Ende bereitet, wie GCRL und die israelische Journalistin Roni Ben Efrat in einem Gespräch Mitte Juni 1994 mitgeteilt haben. So leiden nach Ben Efrat schon einige Familien Hunger. So rief Hanitzotz/a-Sharara Publishing House zu einer Spendenaktion auf, diesen Familien zu helfen. So weiß zum Beispiel die Familie von Samira Rabia mit ihren elf Kindern nicht mehr, wovon sie leben soll, nachdem ihr Mann zu zehn Jahren Haft verurteilt worden ist. Seit Mai ist es Frauen und Jugendlichen unter 18 Jahren wieder gestattet, frei nach Jerusalem zu reisen. B'Tselem beurteilt die Abriegelung in seiner Untersuchung vom April 1993 als eine »schwere Verletzung der Rechte der Palästinenser in den besetzten Gebieten und als eine Kollektivstrafe, von der 1,8 Millionen Menschen betroffen sind«.

Durch die Abriegelung gelang es der Rabin-Regierung, die Menschen zu teilen und gleichzeitig die Kontrolle über die besetzten Gebiete zu erhöhen. Sie diente ihm als eine langfristige Strategie, seinen Autonomieplan umzusetzen. Der inner-israelische Nutzen der Abriegelung liegt darin, daß die Israelis gezwungen wurden, wieder Handarbeit zu leisten, wie z.B. am Bau oder in der Landwirtschaft, um die Palästinenser in diesen Sektoren zu ersetzen. Rabin will mit dieser Maßnahme, der von Moshe Dayan initierten Strategie der Verbindung beider Ökonomien mit dem Ziel, einen unabhängigen Palästinenserstaat zu verhindern, unterstützen. Rabins Ziel ist es auch nicht, die »grüne Linie« als Grenze im alten Sinne wieder einzuführen. Seine Maßnahmen zielen auf eine Autonomie ohne jegliche territoriale Berührung. Dies schließt Ost-Jerusalem und die Verweigerung des Zugangs der

Palästinenser aus den besetzten Gebieten mit ein. In seinem Sinne wird diese Autonomie auf der Grundlage von drei Kantonen entstehen, ohne einen zentralen Fokus, das heißt, ohne Ost-Jerusalem. Der Gaza-Streifen wird von den beiden anderen Kantonen völlig getrennt sein. Um die Palästinenser zu zwingen, den Autonomieplan letztendlich zu unterzeichnen, diente auch die lange Dauer der totalen Abriegelung.

11. Diskriminierungen im wirtschaftlichen, sozialen und medizinischen Bereich

Was von der Öffentlichkeit wenig wahrgenommen wird, sind die Auswirkungen der beachtlichen Benachteiligungen im wirtschaftlichen, sozialen und medizinischen Bereich. Die Systeme sind so ausgelegt, daß sie den Palästinensern wenig nutzen. So mußte sich die palästinensische Wirtschaft den politischen und ökonomischen Interessen Israels unterordnen, was sich in der Politik der Landnahme und im Exportsektor niederschlug. Das System der Erteilung von Genehmigungen ließ ein beachtliches Kontrollsystem entstehen, das die Spielräume der Palästinenser auf Null reduzierte. Das Steuer- und Gebührensytem wurde ohne Rücksicht auf palästinensische Bedürfnisse ausgebaut. Was diese Maßnahmen nicht erreichten, bewirkte eine Sicherheitspolitik, die der palästinensischen Wirtschaft keinerlei Entfaltungsmöglichkeiten ließ.

Einige Zahlen sollen das Mißverhältnis verdeutlichen: So kontrollieren zirka zwei Millionen Palästinenser – etwas weniger als ein Drittel der Bevölkerung Israels – acht Prozent der Wasservorräte und zirka 13 Prozent des Landes. Ihr Pro-Kopf-Einkommen entspricht einem Zwölftel des israelischen. Der Teil der Wirtschaft, der als unabhängig von der israelischen angesehen werden kann, bewegt sich zwischen fünf und sechs Prozent. Ihr industrieller Ausstoß ist mit dem eines mittleren israelischen Industrieunternehmens zu vergleichen.

Die wichtigsten Veränderungen, die die Besetzung der Gebiete mit sich gebracht hat, sind die Beschäftigung von Palästinensern in Israel und die Überschwemmung der Gebiete mit israelischen Waren. Für die israelische Wirtschaft bedeuten die Gebiete ein unerschöpfliches Arbeitskräftereservoir. Sie sind billig, weitestgehend rechtlos und können bei Bedarf entlassen oder wieder eingestellt werden. Es gibt an einigen Stellen einen regelrechten »Sklavenmarkt«, auf dem sich die palästinensischen Tagelöhner israelischen Arbeitgebern anbieten. Obwohl das Prinzip »Gleicher Lohn für gleiche Arbeit« gilt, verdienen die Arbeiter aus den besetzten Gebieten wesentlich weniger als ihre israelischen Kollegen für dieselbe Arbeit. Palästinensische Arbeiter können nicht Mitglied im israelischen Gewerkschaftsverband Histadrut werden, obgleich ihre Beiträge automatisch abgezogen werden. Wenn sie legal beschäftigt sind, werden ihnen automatisch Steuern, Sozialversicherung und Rentenbeiträge abgezogen, von denen sie nichts zurückerhalten mit Ausnahme beim Zusammenbruch der Firma und Arbeitsunfällen.

Seit Beginn der Intifada ging es mit der palästinensischen Wirtschaft bergab. Dies hat zu einer weitgehenden Verarmung weiter Teile der Bevölkerung geführt. Hinzu kommen interner und externer Druck. Insbesondere das israelische System der Erteilung von Genehmigungen jeder Art hat fast alle Lebensbereiche der Menschen berührt. Hinzu kommen die willkürlich verhängten Ausgangssperren oder die Abriegelung der besetzten Gebiete, die die Situation weiter verschlimmert hat. Durch die massive Einwanderung von Juden aus der ehemaligen Sowjetunion verlieren zigtausende palästinensischer Arbeiter ihre Arbeit. Mit dem alten zionistischen Konzept der »Hebräischen Arbeit« will man Israelis veranlassen, mehr und mehr Handarbeit zu verrichten. Konkret heißt dies, daß die Neueinwanderer physisch arbeiten müssen, und daß das Land unter jüdische Kontrolle kommen soll, d.h. die gleichen Juden müssen es bearbeiten. Mit diesem Konzept will man bis zu 20.000 palästinensische Arbeiter jährlich durch jüdische ersetzen. Seit Oktober 1990 wird dieses Konzept umgesetzt. Die Regierung erstattet den Arbeitgebern ein Drittel des Gehaltes eines israelischen Arbeiters, wenn er einen palästinensischen Arbeiter durch einen jüdischen ersetzt. Die Subsidien belaufen sich zwischen 150 und 250 US-Dollar. Sollte sich dieses Konzept als unwirksam erweisen, versucht Israel parallel dazu, ausländische Arbeitskräfte anzuwerben, insbesondere aus Thailand. Die Moschaw-Bewegung hofft, die Genehmigung für die Anstellung von 15.000 thailändischen Arbeitskräften zu erhalten. Sie werden durch eine Firma ausgesucht und angeworben, die von einem israelischen Unternehmer beaufsichtigt wird. Der Arbeiter aus Thailand bezahlt seinen Flug selber, den er sich durch Kredit finanziert. Manche israelische Arbeitgeber zahlen aber auch den Flug und ziehen die Kosten dann nach und nach vom Lohn ab. Der ausländische Arbeitnehmer hat den Vorteil, daß er auf dem Gelände der Firma wohnt, nicht streikt und durch eine Abriegelung der Gebiete nicht betroffen ist.

Obwohl die Arbeitsministerin Ora Namir gegen den Import von ausländischen Arbeitskräften eintritt, äußerten sich hohe Beamte des Arbeits- und Finanzministeriums auf der Jahrestagung der »Industrial Relations Research Association« am 30. Mai 1994 gegenteilig. So sprach sich Nachman Ori vom Arbeitsministerium gegen den freien Zugang von palästinensischen Arbeitern nach Israel aus. Der Bedarf richtet sich in Zukunft nach »israelischen Bedürfnissen«, und das Land Israel behält sich das Recht vor, »die Grenzen und Bedingungen für ›ausländische‹ palästinensische Arbeitskräfte« zu bestimmen. Hauptredner auf dieser Konferenz war Zivi Zussman, Leiter des Beratungsgremiums des Finanzministeriums in Sachen Autonomieverhandlungen, der eine »totale Neubewertung der israelischen Politik« forderte. Er sprach sich für eine feste Quote von 13-15.000 palästinensischen Arbeitern in Israel aus.

Bis 1988 mußten palästinensische Unternehmer ihren gesamten Export durch die israelische Monopolfirma Agrexco abwickeln. Erst auf massiven Druck der EU gestattete es Israel, daß die Palästinenser ihre Produkte selbst nach EU-Richtlinien ausführen konnten. Diese wurde aber durch exzessive Sicherheitskontrollen stark eingeschränkt. Der Handel wird durch die Zivilverwaltung nach israelischen wirtschaftlichen Interessen geregelt, die den Wettbewerb durch die besetzten Gebiete so gering wie möglich hält. Dieser Wettbewerb wird durch die Vergabe von Genehmigungen stark eingeschränkt. Anstatt die Wirtschaft durch Investitionen zu stimulieren, stellt die Ausstellung von diversen Genehmigungen durch die Zivilverwaltung ein großes Hindernis dar. Folgende kostspielige und zeitaufwendige Genehmigungen müssen eingeholt werden: Baugenehmigung, Gewerbeschein, Entwicklung von Privatbesitz, Reisen ins Ausland, Arbeitserlaubnis für Israel und Ost-Jerusalem, Reisen während einer Ausgangssperre, das Graben eines Brunnens auf Privatbesitz, Vertiefung eines bereits bestehenden Brunnens sowie Export und Import von Waren in und aus den besetzten Gebieten.

Wie sieht das Paßsystem aus, das Israel Anfang 1989 eingeführt hat? Es diskriminiert die Palästinenser aufgrund ihres ethnischen und nationalen Hintergrundes. Es besteht aus einer »Grünen Karte« (für Westbank), einer »Blauen Karte« (für Jerusalem), einer Magnetkarte (für Gaza-Streifen), einer Arbeitserlaubnis, einer Reisegenehmigung und Fahrerlaubnis für Privatfahrzeuge. Offizielle Beschränkungen für palästinensische Arbeiter setzten am 24. Februar 1989 ein, als die Behörden anordneten, daß jedes Auto aus dem Gaza-Streifen, das nach Israel fahren wollte, einen besonderen Aufkleber benötige. Nur Fahrer mit einer »einwandfreien Vergangenheit« erhielten einen solchen. Am 15. Mai 1989 gab der damalige Verteidigungsminister Rabin bekannt, daß Israel die Abhängigkeit von palästinensischen Arbeitern abbauen und ökonomische Maßnahmen gegen sie ergreifen wolle. Am nächsten Tag wurden alle Arbeiter aufgefordert, Israel sofort zu verlassen.

Gleichzeitig wurde der gesammte Gaza-Streifen mit einer allgemeinen Ausgangssperre belegt. Am 17. Mai 1989 gab Rabin bekannt, daß ab sofort alle Arbeiter aus Gaza eine Arbeitsgenehmigung für Israel benötigten. Diese neue Magnetkarte mit Foto ersetzte die alten Papiere. Sie kann jederzeit ohne Angabe von Gründen vom örtlichen Geheimdienstoffizier eingezogen werden. Für jeden Bewohner des Gaza-Streifens ist sie verpflichtend.

Im Februar 1989 führte Israel die »Grüne Karte« durch Militärerlaß Nr. 1269 ein. Sie sondert einige Palästinenser besonders aus, um ihnen den Zugang nach Israel und Ost-Jerusalem zu verbieten. Die Besitzer eines solchen Ausweises können nicht vom nördlichen Teil der Westbank in den südlichen reisen, da ihr Weg durch Jerusalem führt. Sie können auch nicht in den Gaza-Streifen, weil sie durch Israel müssen. Bekamen früher nur ehemalige Häftlinge einen solchen Ausweis, wurde die betroffene Gruppe dahingehend erweitert, daß jeder diensthabende Geheimdienstoffizier oder Offizier der Zivilverwaltung diesen ausstellen und ihn alle sechs Monate verlängern kann. Ende 1992 waren über 18.000 Palästinenser im Besitz eines solchen Ausweises, der eine willkürliche, außergerichtliche Reisebeschränkung darstellt. Der gewöhnliche Ausweis für die Bewohner der Westbank ist orange, für den Gaza-Streifen rot und für Jerusalem blau.

Die Einführung einer Arbeitserlaubnis im Januar 1991 hatte verheerende Auswirkungen auf die palästinensischen Arbeitskräfte. Zirka zwei Drittel von ihnen konnten ab sofort nicht mehr in Israel arbeiten. Um eine Arbeitserlaubnis zu erhalten, müssen Palästinenser vorher acht verschiedene israelische Behörden aufsuchen, um ihr jeweiliges Einverständnis einzuholen. Zusätzlich muß der israelische Arbeitgeber sie schriftlich anfordern und sie bei dem israelischen Beschäftigungsbüro registrieren. Erst danach kann eine Genehmigung ausgestellt werden. Bewohner des Gaza-Streifens zwischen 16 und 20 Jahren ist es generell verboten, nach Israel einzureisen. Die Begründung für diese Maßnahme gab der Oberbefehlshaber für den südlichen Bezirk vor dem HCJ: »Wir (das Sicherheitsestablishment L.W.) glauben, daß es eine definitive Gefahr durch diese Altersgruppe gibt.« Palästinenser mit krimineller Vergangenheit, die als Kollaborateure tätig sind, erhalten sowohl Reise- als auch Arbeitsgenehmigungen.

Nach dem Golfkrieg mußte jeder Palästinenser, der nicht in Israel arbeiten oder zu Behörden mußte oder andere Termine in Israel oder Ost-Jerusalem hatte, eine zeitlich befristete Reisegenehmigung beantragen. Mit der Einführung der Reisegenehmigung wurde gleichzeitig ein Verbot für alle Privatfahrzeuge erlassen, nach Israel oder Ost-Jerusalem zu fahren. Eine solche Genehmigung wird nur selten erteilt. Ohne Genehmigung dürfen

Arbeiter aus der Westbank nicht mit ihrem Privatwagen einreisen. Sie sind auf Busse oder Taxis angewiesen.

Vor der Einführung dieser restriktiven Maßnahmen waren zirka 110.000 Palästinenser in Israel beschäftigt, 35 Prozent der palästinensichen Arbeitskräfte. Nach der 40tägigen Ausgangsperre in den ersten drei Monaten des Jahres 1991 waren es knapp 54.000. Ende 1992 waren es gerade wieder 78.000. Die Arbeitslosenrate stieg um 20 Prozent, von zehn auf 25 bis 30 Prozent. Das Bruttosozialprodukt ging um 10,2 Prozent zurück, und das jährliche Einkommen sogar um 33,6 Prozent. Seit der Intifada sank das Bruttosozialprodukt konstant um zirka elf Prozent per annum. Auch andere Indikatoren wie Konsum, Investitionen und Export sind rückläufig.

Die Abriegelung der besetzten Gebiete Ende März 1993 trug weiter zur Verarmung der Palästineser bei und hat die PLO endgültig in die Knie gezwungen, ein Abkommen mit Israel zu unterzeichnen. Von den bereits wieder erteilten 40.000 Arbeitsgenehmigungen haben die Palästinenser nur zirka die Hälfte in Anspruch genommen. Laut Angaben der UNWRA erleidet die Westbank dadurch einen täglichen Einkommensverlust von zwei Millionen und der Gaza-Streifen von 750.000 US-Dollar. Da die in Israel verdienten Gehälter zwischen einem Drittel in der Westbank und zur Hälfte im Gaza-Streifen des palästinensischen Bruttosozialproduktes ausmachen, verzeichnen die besetzten Gebiete einen massiven Kaufkraftverlust. Nach Schätzungen von palästinensischen Ökonomen beträgt die Arbeitslosigkeit im Gaza-Streifen zwischen 60 und 70 Prozent, in der Westbank liegt sie bei 50 Prozent. Daß in der Westbank zunehmend der jordanische Dinar als Zahlungsmittel auftaucht, dient als Indiz dafür, daß man bereits auf den Verzehr des Ersparten angewiesen ist. Eine kleine Erleichterung der angespannten Situation brachte das Sofortprogramm der Regierung von 123 Millionen US-Dollar zur Schaffung von Arbeitsplätzen wie Straßenfegen und Straßenbau.

Über die geplanten gemeinsamen Wirtschaftsprojekte im Zuge des »Gaza-Jericho-Abkommens« schreibt Meron Benvenisti in »Ha'aretz« vom 29. September 1993: »Die geplante Entwicklung wird den Lebensstandard der Palästinenser vielleicht erhöhen, aber unter Berücksichtigung des Trends, den wir sehen, wird es zu keinem fundamentalen Wandel in der Beziehung zwischen Israel und den Gebieten kommen. An die Stelle eines externen kolonialistischen Systems wird ein intern kolonialistisches treten.« Derselbe Autor schreibt am 12. Mai 1994 an gleicher Stelle, daß die Vereinbarungen über die Wirtschaft den Israelis jegliche Kontrolle über die autonomen Gebiete garantieren.

Als ein besonders diskriminierendes Kontrollinstrument wird das israelische Steuersystem empfunden, das schwer auf den Palästinensern lastet. Der HCJ hat entschieden, daß die Steuereinnahmen zum Wohl der Menschen und zur Finanzierung der Verwaltung und der Erhaltung der besetzten Gebiete eingesetzt werden müsse. Seit der Intifada haben die Steuereinnahmen drastisch zugenommen. B'Tselem schreibt in seinem Jahresbericht 1990/91, daß die Methode der Steuereinziehung gegen die Prinzipien des israelischen Rechts verstoßen. So beschreibt der Leiter der Zoll und Gebührenabteilung, Mordechai Bareket, die Methoden wie folgt: »Wenn wir versuchen würden, innerhalb Israels einige dieser Steuereinzungsmethoden anzuwenden, würden sie mich auf dem Zionsplatz in Jerusalem aufhängen.« Der Bezirksrichter Eliezer Rivlin aus Beersheba entschied im März 1990, daß der Staat Israel für illegale Steuereinziehung verantwortlich sei und die Bewohner der Gebiete entschädigen müsse. Geklagt hatte der Kaufmann Ahmad Mahmud Nasser gegen die Schließung seines Geschäftes, weil er sich geweigert hatte, sich bei der Steuerbehörde registrieren zu lassen.

Die wichtigsten erhobenen Steuern und Gebühren in den besetzten Gebieten sind: Einkommenssteuer, Ausbildungssteuer (Westbank), Landsteuer für ländliche Gebiete (Westbank), Landsteuer für städtische Gebiete (Westbank), Zölle, Mehrwertsteuer, Reisesteuer, Stempelsteuer sowie Autozoll. Gebühren werden erhoben für: Geschäftsgenehmigung, Überquerung der Grenze nach Jordanien und nach Ägypten, Krankenversicherung, Führerschein usw. Die meisten dieser Steuern und Gebühren wurden bis zur Intifada nicht erhoben. Der im Zuge der Intifada erfolgte Rückzug der palästinensischen Arbeitnehmer aus der Zivilverwaltung führte zum Zusammenbruch des Steuereinzugssystems. Mit dem Militärerlaß Nr. 1262 vom 17. Dezember 1988 wurde die Erteilung von Dienstleistungen von der Bezahlung der Steuern abhängig gemacht. Dieser Erlaß wurde auf 23 Bereiche ausgedehnt, die das gesamte Leben der Palästinenser berühren. Vor israelischem Recht könnte dieser Militärerlaß nicht bestehen, so B'Tselem. Den Palästinensern wurde als oberste Pflicht auferlegt, ihre Steuern und Gebühren zu zahlen, da sonst nichts funktioniere. Diese bürokratischen Zwangsmechanismen wurden noch zusätzlich zu solchen erlassen, die schon in den einzelnen Gesetzen vorgesehen sind. Um in diesem System etwas erreichen zu können, mußte man sich Vermittler bedienen, die man entsprechend bezahlen muß. »Es ist zweifelhaft, ob dieser bürokratische Prozeß mit dem Völkerrecht vereinbar ist, weil er nicht der Sicherheit und dem Wohlergehen der Bevölkerung dient«, so B'Tselem. Solche Maßnahmen würden unter israelischem Recht als illegal gelten.

Die Behörden machen oft noch darüber hinaus die Erteilung einer Genehmigung von der Bezahlung der Steuer abhängig, auch wo dies nicht gesetzlich vorgeschrieben ist. Oft werden auch Dritte für die Steuerschulden von Verwandten haftbar gemacht, indem man ihnen die Genehmigung verweigert. So wird z.B. des öfteren die Identitätskarte von Personen beschlagnahmt, die entweder selber oder deren Verwandte nicht die Steuern bezahlt haben. Eine solche Beschlagnahme ist selbst mit dem Militärerlaß, der die Verteidigung der Gebiete regelt, nicht vereinbar. Auch der HCJ entschied in diesem Sinne. Trotz dieser eindeutigen Rechtslage dient es als ein Strafmaßnahme. Kurz nach der Entscheidung des HCJ begann die routinemäßige Beschlagnahmung von Führerscheinen. Hinzu kommen übertriebene Steuerschätzungen, Konfiszierung von Gegenständen, Fahrzeugen und Grundbesitz. So gehört es zum Alltag, daß für Zwecke der Steuereinziehung eine Ausgangssperre für einige Tage über das betreffende Gebiet verhängt wird. Israelische Steuerbeamten kommen mit dem Militär und erheben die Steuer. Berühmt wurde der Steuerstreik in Beit Sahur in der Nähe von Bethlehem im September und Oktober 1989.

Am 6. März 1990 wurde das Dorf Beit Furiq mit einer mehrtägigen Ausgangssperre belegt. Die Besitzer der Geschäfte wurden am fünften Tag aufgefordert, ihre Geschäfte zu öffnen und auf die Steuerbeamten zu warten. Weil nicht alle den Befehl befolgten, wurden die Ladenbesitzer auf dem Schulhof des Dorfes zusammengetrieben und jeder wurde einzeln aufgerufen, mitzugehen. Auch die lange Ausgangsperre während des Golfkrieges wurde zur Steuereinziehung genutzt. Die Steuerbeamten kamen oft nachts, wie Bewohner dem Verfasser im Juni 1993 berichteten.

Seit 1. Januar 1992 trat eine Steuerreform in den besetzten Gebieten in Kraft. Eine vom früheren Verteidigungsminister Moshe Arens eingesetzte Kommission unter Leitung von Professor Ezra Sadan empfahl die Abschaffung der 55 Prozent Steuerklasse, die Reduzierung der Steuerklassen von elf auf fünf, eine Veränderung der Steuerklassen und die Festsetzung einer Steuerhöchstgrenze. Dies hat zu einer gewissen Erleichterung der horrenden Steuerbelastung für die Palästinenser geführt. So zahlt ein Familienvater mit zwei Kindern bei einem Einkommen von 4000 Shekel in Israel 655 Shekel Steuer, in den besetzten Gebieten vor der Steuerreform 2174 Shekel und nach der Reform immer noch 1117 Shekel. Die Diskriminierung der Palästinenser ist offensichtlich.

Fühlt sich ein Israeli von der Einkommensteuerbehörde ungerecht behandelt, kann er eine Beschwerde an ein Bezirksgericht oder den HCJ richten. Ein Palästinenser hat diese Möglichkeit nicht. Für ihn existiert nur eine Überprüfungsinstanz, die vom Militärkommandeur eingesetzt worden ist. Sie besteht aus Militäroffzieren und Offizieren der Zivilverwaltung. Die Entscheidungen dieses Gremiums können nicht angefochten werden. B'Tselem bezweifelt in seiner Untersuchung »The System of Taxation in the West Bank and the Gaza Strip«, ob diese Zwangsmaßnahmen effektiv sind. Was sie bewirken, ist die Spaltung der Bevölkerung. Es schadet ihnen nicht nur finanziell, sondern es ist auch ein »Angriff auf ihre Würde, bringt Ärger, Verbitterung und eine wachsende Entfremdung von den Behörden. Die gleichen Steuern, die in Israel demokratisch erhoben werden, werden den Menschen in den Gebieten durch Verwaltungserlaß aufgezwungen. Sie dienen als ein Instrument der Korruption, das die Bewohner zu Menschen macht, die nicht wissen an wen sie sich wenden sollen, keinen Verhandlungsspielraum besitzen und nichts zu verlieren haben«, so B'Tselem.

Eine besondere Art der Benachteiligung erfahren die palästinensischen Arbeiter in Israel. Sie sind einer systematischen und einer weniger systematischen Verletzung ihrer Rechte ausgesetzt. Sie zahlen für Sozialleistungen, die nicht wieder an sie zurückfließen. Seit 1970 bis 1993 haben die palästinensischen Arbeiter zirka 1,5 Milliarden Shekel an Sozialversicherungsbeiträgen aufgebracht. Die Ungleichbehandlung geht auf eine Entscheidung vom 8. Oktober 1970 zurück, nach der israelische und palästinensische Arbeiter die gleichen Sozialabgaben zu entrichten hätten. Die Gründe für diese Entscheidung waren erstens, daß die Lohnskala durch den Import billiger Arbeitskräfte nicht zu stark beeinträchtigt werden sollte und zweitens, daß die Anstellung der Arbeiter aus den besetzten Gebieten nur temporär sein sollte, weil man zu dieser Zeit den Status der Gebiete von Regierungsseite auch noch als vorübergehend angesehen hatte.

Obgleich die palästinensischen Arbeiter den vollen Sozialversicherungsanteil bezahlen, erhalten sie nur einen geringen Teil in Form von Sozialleistungen wieder zurück. So steht ihnen nur im Falle eines Arbeitsunfalles oder der Schließung des Betriebes eine Kompensation zu. Sie erhalten jedoch kein Arbeitslosengeld, keine Rente, keine Lohnfortzahlung im Krankheitsfall, Invalidenrente, Lohnfortzahlung bei Schwangerschaft wie ihre israelischen Kollegen. In den letzten 23 Jahren wurden den palästinenischen Arbeitern 12,7 Prozent für Sozialversicherung abgezogen. Nur 2,7 Prozent wurde aber tatsächlich in die Sozialversicherung übertragen. Der Rest floß in den Säckel des Finanzministers, obwohl auf dem Lohnstreifen auch dieser Betrag für die Sozialversicherung ausgewiesen war.

Die Beträge, die dem Finanzminister zugeflossen sind, wurden niemals veröffentlicht. Dies geschah nach Angaben von Yael Renan von Kav La'oved aufgrund einer geheimen Entscheidung des Ministerausschusses für Sicherheitsangelegenheiten. Workers Hotline, die sich besonders der Rechte der palästinensischen Arbeiter annimmt, nennt diesen Vorgang einen »Massenbetrug«. Die Begründung von seiten des National Insurance Institute (NII) lautete, daß »die Nutznießer nicht ausfindig gemacht werden konnten«. Workers Hotline hält diese Begründung für eine »blanke Ausrede der Regierung, die ansonsten jede Bewegung der Palästinenser mit äußerster Gründlichkeit beobachtet«. Auf diesem Wege werden enorme Summen akkumuliert. Von den einbehaltenen Gesamtbeträgen zur Sozialversicherung wurden 1991 rund 86 Mio. Shekel vom NII zum Finanzministerium transferiert. Die tatsächliche Summe, die zum NII überwiesen wurde, belief sich auf 6,6 Mio. Shekel. Im Jahr 1992 betrugen die Beiträge für erstere 104,5 Mio. Shekel, die an das Finanzministerium flossen, und 7,8 Mio. Shekel für die NII. »Diese Ungleichheit hat ihre Ursache in einer Regierungspolitik, die die Besoldungsstelle anweist, eine inkorrekte Buchführung zu unterhalten«, so Workers Hotline in ihrem Rundbrief vom März 1993.

Am 12. Januar 1994 strengte Kav La'oved gegen den Staat Israel und die Payments Division des Arbeitsministeriums einen Prozeß vor dem Jerusalemer Bezirksgericht an, der Rechtsgeschichte machen könnte. Im Namen von drei Palästinensern fordern die Anwälte Frances Raday und Jonathan Misheiker, daß den Arbeitern aus den besetzten Gebieten die gleichen sozialen Rechte zustehen müßten wie ihren israelischen Kollegen und daß die einbehaltenen Sozialabgaben, die einbehalten werden und die sie nie erhalten haben, an sie zurückfließen sollten. Die Kläger argumentieren, daß die Einbehaltung von Sozialversicherungsbeiträgen auch einen vollen Sozialversicherungsschutz einschließe. Die Nichteinhaltung ist eine Verletzung des Vertrages zwischen dem Staat, den Arbeitern und den Arbeitgebern. Die Angelegenheit sei illegal und diskriminiere die palästinensischen Arbeiter. Die Anwälte forderten das Gericht auf, eine befristete Verfügung zu erlassen, die es der Regierung verbieten sollte, Mittel der Sozialversicherung bis zu einer Entscheidung in der Hauptsache an andere Institutionen und Personen zu untersagen. Diese Forderung wurde erhoben, weil Gerüchte kursierten, daß ein Geldtransfer an die zu schaffende palästinensische Institution erfolgen sollte.

Nach Angaben der »Paymants Division«, die für den Rentenfonds der Palästinenser zuständig ist, waren seit 1970 600.000 palästinensische Arbeiter legal registriert, die zirka 1 Billion Shekel an Sozialabgaben entrichtet haben. Aber nach Angaben der Behörde erhalten nur 985 Palästinenser eine Rente. Ein Teil des Geldes wurde an Palästinenser gezahlt, weil sie es aus ökonomischen Gründen brauchten. Sie haben später dann keinen Anspruch auf Rente mehr. Kav La'oved wollte den Finanzbericht dieses Rentenfonds einsehen, was aber verweigert wurde, weil er nicht für die Öffentlichkeit zugänglich sei. Den Palästinensern sind somit hohe Summen an angesparten Renten verloren gegangen. Neben diesen erheblichen Benachteiligungen gibt es noch kleinere, die aber ebenfalls erhebliche Auswirkungen haben. Alle palästinensischen Arbeiter – auch jene, die über Jahre in Israel gearbeitet haben – werden als »Tage Arbeiter« eingestuft. Man kann für 20 Jahre am gleichen Ort tätig sein, am Status eines »Tage Arbeiters« ändert dies nichts. Er verhindert die Anwartschaft auf Rechte und Ansprüche. Irgendwelche Vergünstigungen aufgrund des hohen Dienstalters oder Fortzahlung im Krankheitsfall wurden deshalb nicht gewährt. Viele Arbeitgeber nutzen dies aus, weil sie wissen, daß die Palästinenser keinerlei Unterstützung aus Israel erhalten. Sie verweigern ihnen selbst noch die wenigen Rechte, die ihnen laut Gesetz zustehen.

Es sei angemerkt, daß sich die israelische Regierung nach 24 Jahren bemüßigt fühlt, erste Schritte zu unternehmen, diese Ungerechtigkeiten durch ein Gesetz zu beseitigen. Das Gesetz berücksichtigt nicht die bereits entrichteten 1,5 Milliarden Shekel. Auch macht es keine Aussagen über deren Verwendung. Statt dessen betont es, daß von jetzt an das Geld, das tatsächlich von den palästinensischen Arbeitskräften einbehalten werde, der Zivilverwaltung in den besetzten Gebieten zur Verfügung gestellt werden solle. Es kann für »Infrastruktur und Routineangelegenheiten im Bereich Gesundheit, Arbeitsbeschaffung und Wohlfahrt« verwendet werden. Normalerweise werden Ausgaben für Infrastruktur und »Routineangelegenheiten« durch die einbehaltene Einkommensteuer finanziert. Dieses Geld wird aber von jedem einzelnen für die Sozialversichung abgezogen und sollte auch für diese Zwecke verwendet werden, da die palästinensische Bevölkerung diese dringend braucht. Mit dem Gesetz, das den seltsamen Namen »Equalization Levy« trägt, wird das alte Unrecht nicht beseitigt, sondern legalisiert und neues Unrecht in Gesetzesform gegossen. Das ganze Geld bleibt in israelischer Hand und erreicht nicht die palästinensischen Arbeiter, für die es eigentlich bestimmt ist und nicht für die allgemeine öffentliche Wohlfahrt.

Bei einer Anhörung am 12. Mai 1993 vor dem Knesset-Ausschuß für Arbeit und Wohlfahrt wurden Zahlen genannt, die weit über den Schätzungen von Kav La'oved lagen. So wurden 1992 50 Mio. US-Dollar an Sozialabgaben eingenommen, 17,5 Mio. wurden an Leistungen ausgezahlt. Die verbliebenen 32,2 Mio. wurden an das Finanzministerium als »überschüssige

Steuern« überwiesen. Ebenso wurde mitgeteilt, daß von den für die NII einbehaltenen Beiträgen 40 Mio. US-Dollar und an Einkommensteuer 11,4 Mio. an das Finanzministerium flossen. Die Gesamtsumme betrug also 85 Mio. US-Dollar. Die Zivilverwaltung erhielt 20 Mio. für Krankenversicherung, 2,6 Mio. bekam die Histadrut, 900.000 die Unternehmervereinigung und 214.000 ein Fonds für kranke Arbeiter, der aber nichts mit den Palästinensern zu tun hat.

Alle Ausschußmitglieder erklärten, daß die augenblickliche Situation weder legal noch moralisch sei. Nichtsdestotrotz wurde nach der ersten Lesung im Parlament das Gesetz in seiner alten Fassung mit allen Ungerechtigkeiten am 24. Mai 1993 verabschiedet. Nur 15 Abgeordnete nahmen an der Abstimmung teil. Eine zweite und dritte Lesung fand nicht mehr statt. Nach Angaben von Hannah Zohar von Kav La'oved vom November 1993 soll es auch vor Ende der Verhandlungen zwischen Israel und der PLO nicht mehr verabschiedet werden. Vielleicht werde das Geld an palästinensische Behörden übergeben. Als einzige stimmte die Meretz-Abgeordnete Anat Maor gegen das Gesetz. Im Plenum erklärte sie: »Dieses Gesetz hätte nicht eingebracht werden dürfen, weil es nur die augenblickliche Situation festschreibt. Es wäscht eine 26jährige Wirklichkeit rein, an der wir uns nicht hätten beteiligen dürfen.« Der Abgeordnete der Arbeitspartei Yossi Katz zitierte in seiner Rede den ehemaligen Arbeitsminister Yosef Almog mit folgenden Worten: »Wir haben kein moralisches Recht, das Geld der Arbeiter ohne deren Zustimmung auszugeben. Was passiert, wenn wir eines Tages Frieden haben werden und die arabischen Arbeiter fordern zu Recht ihre geleisteten Sozialbeiträge zurück, die wir einbehalten haben? Werden wir in der Lage sein, ihre gerechten Forderungen zu verweigern?«

Man sollte meinen, daß eine solche Ungleichbehandlung ein klassisches Betätigungsfeld für eine Gewerkschaftsorganisation sein würde. Doch der offizielle israelische Gewerkschaftsverband Histadrut sieht hier keinen Handlungsbedarf. Palästinensern ist es ja nicht gestattet, dort Mitglied zu werden. Dies hindert den Staat aber nicht, 0,8 Prozent das Lohnes von Palästinensern als Beitrag an die Histadrut abzuführen. Seit 1967 haben die palästinensischen Arbeiter zirka 30 Mio. US-Dollar an die Histadrut gezahlt, ohne dafür auch nur eine einzige Gegenleistung erhalten zu haben. Die Histadrut setzt sich weder für eine Lohnfortzahlung bei Arbeitslosigkeit noch für die Anwendung des Sozial- und Arbeitsrechts für palästinensische Arbeiter, die in den Siedlungen beschäftigt sind, ein. Ihnen werden nur vereinzelt Rechte und Leistungen zugestanden. Sie sind selten krankenversichert und erhalten nur in Ausnahmefällen Sozialleistungen. Obwohl die Zivilverwaltung die Verordnung Nr. 967 erlassen hat, nach der die Arbeiter Mindestlohn erhalten und gegen Krankheit versichert sein sollten, befolgten nur wenige der Siedlungen diese Verordnung. Für die Arbeiter gilt noch das Jordanische Recht von Januar 1965, nach dem keinerlei zusätzliche Vergütungen vorgesehen waren. Selbst der Stadtrat von Pisgat Ze'ev hielt sich nicht an die Verordnung. Er zahlte erst nach massiver Intervention von Amira Hass von Kav La'oved 1992 den Mindeslohn. Diese Untätigkeit setzt die Arbeiter einer noch größeren Ausbeutung aus, als sie sowieso schon ausgesetzt sind. Selbst in Histadrut-eigenen Coop-Gesellschaften ist es der Gewerkschaft gelungen, einigen ihrer Arbeiter nur die Hälfte des gesetzlich vorgeschriebenen Mindestlohnes zu zahlen.

Daß dieser »Massenbetrug« von Staats wegen auch von israelischen Verbänden nicht mehr schweigend hingenommen wird, zeigt die Eingabe der Gewerkschaft der Blumenzüchter vom 31. Juli 1991 an den HCJ gegen das Labor Bureau. Der Verband argumentierte, daß er nicht mehr länger bereit sei, Sozialabgaben für die Arbeiter aus den besetzten Gebieten an die NII zu zahlen, da diese Zahlungen zum größten Teil dem Finanzministerium zugute kämen; dies stelle eine zusätzliche »illegale Steuer« dar, weil das Geld nicht der NII zuflösse. Der Verband bat das Gericht, ihn von dem Teil der Zahlungen, der an das Finanzministerium fließt, zu entbinden. Der daraufhin eingesetzte ministerielle Ausschuß erabeitete ein Gesetz, das einen neuen Namen bekam, aber alles beim alten beließ.

Weil die Palästinenser wegen der bestehenden Abriegelung nicht ihrer Arbeit nachgehen können, sind sie gezwungen, vor dem Arbeitsgericht auf Zahlung ihrer Entschädigungsabfindung zu klagen. Kav La'oved wandte sich an die Arbeitsministerin und bat um die Einfrierung der Rechte der Arbeiter, bis sie zu ihrer Arbeitsstelle zurückkehren können, weil sie sonst ihre erworbenen Rechte verlieren würden. Ende Mai zitierte die Tageszeitung »Al Hamishmar« den Ministerpräsidenten, der einer Entschädigung für Arbeiter aus dem Rentenfonds für den Verlust ihres Arbeitsplatzes zugestimmt haben soll. Jene, die keinen solchen Rentenanspruch haben, sollten Geld von der NII bekommen. Auf einer Pressekonferenz der Arbeitsministerin Ora Namir am 17. Oktober 1993 wurde sie auf diese Situation hin angesprochen. Sie antwortete »diese Menschen wurden nicht im Zuge eines normalen Kündigungsverfahrens entlassen, sondern aus Sicherheitsgründen; deshalb gibt es keinen Grund, ihnen eine Entschädigungszahlung zu gewähren«. Weiterhin gab sie bekannt, daß den Arbeiter aus den besetzten Gebieten in Zukunft die gleichen Rechte gewährt werden wie israelischen Arbeitern. Das Geld, das Israel ihnen schulde, werde aber palästinensischen Behörden übergeben und nicht dem einzelnen Arbeiter. Letzteres fordert aber Kav La'oved.

Zwei Regierungseinrichtungen sollen etwas näher untersucht werden. 1970 wurde von der Regierung die »Payments Division« gegründet, um die Rechte der palästinensischen Arbeiter zu garantieren. Diese Einrichtung erklärte zuerst alle Arbeiter zu »Tage Arbeitern«, was ihre Rechte beträchtlich einschränkte. Dies bedeutet für einen Arbeiter, der für einige Jahre gearbeitet hat und seine Stelle verliert, daß er eine Entschädigungszahlung anstatt für einen Monat nur für zwei Wochen erhält. 1983 wurde die Unterscheidung zwischen »Tage Arbeiter« und »Dauerarbeiter« in bezug auf die Entschädigungszahlung abgeschafft. Eine andere From der Diskriminierung bleibt jedoch bestehen, und zwar die Kündigungsfrist von in der Regel zwei Wochen bis zu einem Monat. Diese Einrichtung tut alles, um die Beiträge sowohl von den Arbeitgebern als auch Arbeitnehmern einzutreiben. Sie versagte aber in der Achtung der Rechte der palästinensischen Arbeiter. Bevor Änderungen in den kollektiven Vereinbarungen in Kraft traten, zog die »Payments Division« bis 1990 Gelder von den »Dauerarbeitern« für zusätzliche Entschädigungszahlungen, Weiterbildung und finanzielle Unterstützung für Studien der Schüler von den Arbeitern ab. Von diesen zusätzlichen Zahlungen haben die Arbeiter nie einen Pfennig gesehen. Die palästinensischen Arbeiter haben auch ihren Lohn für März 1993 nicht erhalten, weil diese Einrichtung ihn zu spät von den Arbeitgebern angefordert hat. Ende März trat die Abriegelung der Gebiete in Kraft. Nach Ansicht von Kav La'oved ist diese Einrichtung »völlig überflüssig«,weil sie sich nicht für die Rechte der palästinensischen Arbeiter einsetzt. Sie sollte deshalb aufgelöst werden, und die Arbeitgeber sollten ihre Arbeiter direkt bezahlen.

Am Schlimmsten diskriminiert das NII die Palästinenser auf der Grundlage der Regierungsentscheidung von 1970. Obwohl die palästinensischen Arbeiter die gleichen Abgaben wie ihre israelischen Kollegen zahlen müssen, erhalten sie nur Zahlungen bei Arbeitsunfall und beim Zusammenbruch des Unternehmens. Ihre Frauen haben nur Anspruch auf Mutterschaftsgeld, wenn das Kind in einem Krankenhaus in Israel zur Welt kommt. Alle anderen Vergünstigungen sind ihnen vorenthalten. Auf Initiative von Kav La'oved hat die Abgeordnete der Chadash-Fraktion, Tamar Gozansky, vorgeschlagen, Artikel 92 des NII-Gesetzes zu ändern. Dadurch würden Palästinenserinnen auch Mutterschaftsgeld bekommen, wenn ihr Kind in den besetzten Gebieten geboren würde. Weitere Angleichungen sind aber dringend notwendig. So sollten Palästinensern, die für einen längeren Zeitraum in Israel gearbeitet haben und 65 Jahre alt sind, Rente erhalten oder arbeitslos gewordene Arbeiter, Arbeitslosenunterstützung usw., bis alle diskriminierenden Maßnahmen abgebaut sind. Die Regierung arbeitet gerade an Veränderungen, die nicht den Wohnort, sondern den Arbeitsplatz des Arbeiters als Grundlage für Ansprüche ins Gesetz aufnehmen will. In Israel erhalten Gastarbeiter die gleichen Vergünstigungen wie Arbeiter aus den besetzten Gebieten. Mit einer Ausnahme, sie zahlen nicht für etwas, das sie nicht erhalten, deshalb wird ihnen weniger von der NII abgezogen. Sollten die palästinensischen Arbeiter zu Gastarbeitern erklärt werden, würden sie auch noch ihre Minimalrechte aus der Vereinbarung aus dem Jahre 1970 verlieren. Eine solche Statusänderung wäre nur zu rechtfertigen, wenn ihnen die gleichen Rechte wie den Gastarbeitern in der EU zugestanden werden würden.

Hannah Zohar, ein Gründungsmitglied von Workers Hotline und die treibende Kraft, findet den Kampf für einen politischen Wandel zu Gunsten von mehr Gerechtigkeit gegenüber den Palästinensern sehr frustrierend. »Wenigstens bekommen wir ein Gefühl für unsere Leistung, daß wir einzelnen helfen können. Zirka 80 Prozent der Fälle unserer Klienten enden mit einem positiven Vergleich. Wir gewinnen sehr oft vor dem Arbeitsgericht.« Augenblicklich vertritt Kav La'oved 120 Entschädigungsansprüche aufgrund der Abriegelung der Gebiete vor den Arbeitsgerichten. Die Organisation hat aber auch noch Fälle aus der Zeit des Golfkrieges vor Gericht auszufechten. Daß sich eine israelische Freiwilligenorganisation der Rechte der palästinensischen Arbeiter annehmen muß, wohingegen die Histadrut die Ausbeutung der Palästinenser und die Mißachtung ihrer Menschenrechte durch das politische Establishment hinnimmt, ist ein Skandal.

Der frühere israelische Generalstabschef Dan Shomron erklärte in einem »Brief an die Soldaten« im September 1989: »Die Fahrt eines Krankenwagens und anderer medizinischer Dienste soll nicht verhindert und unnötigerweise verzögert werden. Die medizinische Versorgung bei Verletzten darf nicht behindert werden.« Obwohl diese Anweisungen eindeutig sind, berichten Menschenrechtsorganisationen wie B'Tselem, Al-Haq und PHR von zahlreichen Verstößen gegen selbstverständliche Standards der sofortigen Hilfeleistung. So haben nach Al-Haq und B'Tselem israelische Soldaten verwundete Palästinenser geschlagen, Krankentransporte mit Verletzten aufgehalten, Ärzte und anderes medizinisches Personal körperlich mißhandelt, medizinische Einrichtungen überfallen sowie Maßnahmen ergriffen, die die Qualität und Verfügbarkeit von Gesundheitsdiensten beeinträchtigt haben. Diese Eingriffe stellen schwere Verstöße gegen international akzeptierte Menschenrechtsstandards dar. Artikel 35–37 der Ersten Genfer Konvention, Artikel 16–21 der Vierten Genfer Konvention sowie die Artikel 8–21 des I. Zusatzprotokolls von 1977 machen unzweideutig klar, daß Verwundete, Ärzte oder medizinisches Personal sowie Krankenwagen und Krankenhäuser einen besonderen Schutz genießen. Insbesondere Artikel 16 VGK verlangt für die Verwundeten und Kranken sowie die Gebrechlichen und die schwangeren Frauen einen besonderen Schutz und Rücksichtnahme.

Gegen diese Bestimmungen des Völkerrechts wird in den besetzten Gebieten immer wieder verstoßen. So wurde die medizinische Versorgung für die Opfer des Tempelberg Massakers am 8. Oktober 1990 durch das Militär stark behindert, als die Grenzpolizei wahllos auf muslimische Gläubige schoß und 17 Palästinenser tötete und 150 verletzte. So wurden die Krankenwagen mit Verletzten angehalten, durchsucht und für längere Zeit aufgehalten. Auf medizinisches Hilfspersonal und Privatwagen, die Verletzte abtransportierten, wurde geschossen. So wurde z.B. der Krankenwagen des Augusta-Viktoria-Krankenhauses auf seiner Fahrt zum Maqassed Krankenhaus in Jerusalem mit einem Schwerverletzten dreimal angehalten und durchsucht. Während des gleichen Zwischenfalls wurde der 17jährige Tarek Farouk Guosha in den Rücken geschossen. Sein Vater, der ihm zur Hilfe eilte, wurde beschossen. Zwei Jugendliche, die ihm dabei helfen wollten, wurden ebenfalls beschossen, einer von ihnen wurde verletzt. Ein Soldat verhinderte, daß ein Krankenwagen sie aufnehmen konnte. Während des Tempelberg-Massakers umstellten Soldaten das Maqassed Krankenhaus und schossen drei Gasgranaten hinein. Gas drang in die Kinderstation ein, die umgehend evakuiert werden mußte. Mütter mit Babies auf der Entbindungsstation mußten wegen Einatmens von Gas behandelt werden.

PHR berichtet, daß am 12. Mai 1991 der Arzt Mufid al-Mohalalati aus dem Gaza-Streifen vom Geheimdienst drei Wochen lang verhört worden ist. Ohne konkrete Vorwürfe zu erheben, wurde er nach drei Wochen freigelassen. Seine Identitätskarte wurde einbehalten, und seine Reiseerlaubnis wurde nicht erneuert. Somit konnte er nicht ins Maqassed Krankenhaus nach Jerusalem zur Arbeit kommen. Durch Intervention von PHR erhielt er am 19. Juni seine Identitätskarte zurück, aber nicht die Magnetkarte, ohne die er den Gaza-Streifen nicht verlassen kann. Erst nach mehrmaligem massivem Intervenieren erhielt er Ende August seine Magnetkarte ausgehändigt.

Am 20. Juni 1990 verhafteten Soldaten den verletzten Bassam Ashur aus dem Operationsaal des al-Ittihad Krankenhaus in Nablus heraus. Am 26. Juni drangen sie wieder in den Operationsaal ein, um den 14jährigen Ayman Mustafa Kulab aus Nablus zu verhaften, der durch einen Schuß am Arm verletzt worden war. Erst durch die Intervention des Knesset-Abgeordneten Dedi Zucker verließen die Soldaten den Operationsaal, so daß die Operation beendet werden konnte. Nach Angaben von UNWRA brachen Soldaten 1990 159 mal in Kliniken und Krankenhäuser der UNRWA ein. 31 mal in der Westbank und 128 mal im Gaza-Streifen. Im gleichen Jahr wurden nach Angaben der gleichen Organisation 43 mal Krankentransporte von Sicherheitskräften angegriffen. In letzter Zeit haben die Belästigungen von UNRWA-Einrichtungen aufgehört.

Während der Ausgangssperre war auch die Bewegungsfreiheit der Ärzte stark eingeschränkt. Am 5. Februar 1991 reichte Lynda Brayer für PHR eine Beschwerde beim HCJ gegen die Einschränkung der ärztlichen Tätigkeit ein. Am 24. April 1991 entschied der HCJ, daß die Zivilverwaltung zusammen mit den Krankenhäusern Bestimmungen in Hebräisch und Arabisch veröffentlichen müssen, die die Reisefreiheit von Ärzten und Patienten während der Ausgangssperre regelt. Diese Instruktionen sollen alle Soldaten an Straßensperren, den Dorfchefs und den Bewohnern gegenüber bekanntmachen. Trotz dieser Entscheidung wurden die Auflagen erst Monate später nach mehrmaliger Intervention von PHR umgesetzt.

Am 26. April 1993 drangen Soldaten in die Kinderstation des Nasser Krankenhauses in Khan Yunis ein und belästigten Patienten und das Personal und zerschlugen einige Möbelstücke, wie GCRL berichtet. So berichtet dieselbe Organisation, daß am 28. Juni 1993 zwei schwerkranke Patienten den Gaza-Streifen nicht verlassen konnten, obwohl sie eine Ausreisegenehmigung hatten. Der 57jährige Abdul Hamid al-Helo und der 18 Monate alte Ahmed Samir al-Tawul sollten zu einem Tumor Szintigramm, das es im Gaza-Streifen nicht gibt. Der Krankenwagen des palästinensischen Roten Kreuzes wollte sie am Morgen des 28. Juli nach Beersheba ins Krankenhaus bringen, wurde aber am Kontrollpunkt Nahal Oz aufgehalten. Die Identitätskarte des Fahrers wurde beschlagnahmt, und beiden Patienten wurde die Ausreise verweigert. Trotz Intervention durch das Internationale Komitee vom Roten Kreuz wurde das Ausreiseverbot ohne Angaben von Gründen aufrechterhalten.

Für die Palästinenser im Gaza-Streifen wird es zusehends zu einem Problem, medizinische Versorgung außerhalb von Gaza zu erhalten. Es scheint selbst jene zu treffen, die vom Militär angeschossen wurden und die in der Vergangenheit immer in Israel behandelt worden sind. Der 13jährige Muhammad Omer Mahmoud Zagoot wurde am 14. April 1993 von Soldaten angeschossen, als er auf dem Weg in die Sheikh Radwan Moschee in Gaza war. Er wurde schwer verletzt im Shifa Krankenhaus versorgt, bevor man ihn ins Tel Hashomer Krankenhaus verlegte. Nach einiger Zeit wurde er wieder zurückverlegt mit der Zusage, zu einem späteren Zeitpunkt operiert zu werden. Mitte Mai zeichnete sich ab, daß er diese Spezialbehandlung nur in Israel bekommen könnte. Trotz Intervention von GCRL auf oberster Ebene erhielt er keine Einreiseerlaubnis mehr. Nach einigen Wochen erhielt er die Mitteilung, daß er keine Krankenversicherung habe und somit niemand für die Operationskosten aufkäme. Dies ist eine neue Entwicklung, da bisher die Opfer von Verletzungen, die durch Soldaten verursacht worden waren, niemals für ihre eigene Versicherung sorgen mußten. GCRL sagte die Übernahme der Kosten zu. Nach Angaben derselben Organisation ist dies kein Einzelfall mehr, sondern es zeichnet sich eine Tendenz ab, daß die Abriegelung dafür benutzt wird, um Palästinensern die notwendige Spezialbehandlung zu verweigern. Am 5. Mai 1994 feuerte ein Soldat auf den Krankenwagenfahrer Zuheik Mousa Abu Husasma, als er einen Draht vom Vorderrad entfernen wollte, und verletzte ihn am Oberschenkel. Am 7. April verfolgten israelische Soldaten jugendliche Steinwerfer, die im Ahli Arab Krankenhaus Schutz suchten. Obwohl sich 72 Patienten und das Personal im Krankenhaus aufhielten, zündeten die Soldaten Tränengasgranaten und durchsuchten das Gebäude.

Als Besatzungsmacht ist Israel nach Artikel 56 VGK verpflichtet, die Gesundheitversorgung in den besetzten Gebieten zu garantieren. Anstatt die medizinische Versorgung »sicherzustellen und weiterzuführen« scheint es, als ob Israel die medizinische Versorgung unterminiert. Das Sicherheitsestablishment tut nicht genug, um Verstöße zu ahnden. So wurde ein Armeeoffizier, der eine Tränengasgranate in eine Klinik der UNWRA im Gaza-Streifen schoß zu zehn Tagen Haft verurteilt, die in 21 Tage auf Bewährung umgewandelt wurde. Ein anderer Offizier, der auf einen Fahrer eines Krankenwagens schoß, der später daran starb, erhielt zwei Monate auf Bewährung, wie B'Tselem berichtet. In ihrem Tätigkeitsbericht vom September 1991 bewertet PHR die Rolle der israelischen Behörden wie folgt: »Die israelischen Behörden in den besetzten Gebieten benutzen weiterhin die Mediziner und vitale medizinische Dienstleistungen als ein Mittel der Erpressung und der Drohung gegenüber Palästinensern.« Sie benutzen ihre Macht für politische Zwecke und »verletzen damit die Menschenrechte und die medizinische Ethik«. Und in ihrem Jahresbericht aus dem Jahre 1990 stellt dieselbe Organisation fest, daß die israelische Besatzungspolitik jede gerechtfertigte »Anstandsregel« überschritten habe. Sie betreiben in der Praxis eine »Politik der Dehumanisierung der Palästinenser. Menschenleben und Gesundheit werden zu Faustpfänden im politischen Spiel; die Menschenwürde wurde jeglicher Bedeutung beraubt.«

12. Beschränkungen der Presse-, Meinungs- und Reisefreiheit

Presse- und Meinungsfreiheit gehören zu den fundamentalen Rechten eines jeden Menschen. Obwohl in vielen Ländern der Welt stark eingeschränkt, garantiert Israel mehr oder weniger diese Rechte auch in den besetzten Gebieten. Artikel 19 der Allgemeinen Erklärung der Menschenrechte versteht unter Presse- und Meinungsfreiheit. »Jedermann hat das Recht auf Freiheit der Meinung und der Meinungsäußerung; dieses Recht umfaßt die ungehinderte Meinungsfreiheit und die Freiheit, ohne Rücksicht auf Staatsgrenzen Information und Gedankengut durch Mittel jeder Art sich zu beschaffen, zu empfangen und weiterzugeben.« Die Reisefreiheit wird in Artikel 13 Abs. 2 garantiert. »Jedermann hat das Recht, jedes Land einschließlich seines eigenen zu verlassen und in sein Land zurückzukehren.« Die Einschränkung der Meinungsfreiheit in den besetzten Gebieten äußert sich in Form von Zensur in Zeitungen, Büchern, künstlerischen Werken, einigen Formen der Berichterstattung durch Journalisten sowie persönlichen Verletzungen, ja auch vorübergehender Verhaftung.

Welche Formen nimmt die Vorzensur in den besetzten Gebieten an? So werden kurzfristig solche Gebiete, in denen sich heikle und berichtenswerte Vorfälle ereignet haben, zu militärischen Sperrgebieten erklärt, insbesondere für die Presse. Dies ist ein beliebtes und oft angewandtes Mittel, um die freie Berichterstattung zu behindern. Mitglieder der Presse werden physisch an der Berichterstattung gehindert oder vorübergehend in Haft genommen. Die Beschlagnahme von Aufnahmen von Fernsehteams z.B. dient auch dazu, die Aufnahmen auszuwerten und damit die Journalisten unglaubwürdig zu machen. Des weiteren wird der Zugang zu Informationen durch die Schließung von palästinensischen Pressebüros oder durch die Konfiszierung des Materials verhindert.

Bei Eingriffen in die Meinungs- und Pressefreiheit beruft sich Israel auf sein »Sicherheitsbedürfnis«, ohne zu erklären, inwiefern der freie Fluß von Informationen dieses beeinträchtigen würde. Obwohl Artikel 19 des ICCPR die Meinungsfreiheit hoch ansiedelt, läßt er auch Einschränkungen zu, und zwar in Falle des Schutzes der »nationalen Sicherheit« und der »öffentlichen Ordnung«. Der Presse wird von seiten Israels auch schon einmal vorgeworfen, der Grund für die Unruhe in den besetzten Gebieten zu sein. So äußerte auf dem Höhepunkt der Intifada Israels früherer Arbeitsminister Moshe Katsav am 28. Februar 1988. »Ich komme nach 80 Tagen des Aufstandes zu dem Schluß, daß die Anwesenheit der Presse diese Tumulte verursacht hat.« Die traditionelle oder »klassische« Konzeption der Zensur bezieht sich nur auf eine »Nachprüfung von Veröffentlichungen zum Zwecke des Verbots, der Verteilung oder Produktion von Material, das anstößig erscheint«. Die israelische Zensur übersteigt bei weitem diesen Nachprüfungscharakter, weil die Beschränkungen der Presse auf Militärerlasse und Notstandsverordnungen aus der britischen Mandatszeit basieren. Die Garantie der Presse- und Meinungsfreiheit ist auch deshalb von zentraler Bedeutung, weil durch die freie Berichterstattung auch ein gewisser Schutz der Menschenrechte garantiert zu sein scheint. Die Berichterstattung über die zahlreichen Menschenrechtsverletzungen von seiten Israels scheint manchmal die Militärs von extremen Aktionen abgehalten zu haben. Im Zusammenspiel mit Menschenrechtsorganisationen stellen sie die Verbindung zur Weltöffentlichkeit her.

Bis zum Sechs-Tage-Krieg war Ost-Jerusalem das Zentrum der jordanischen Presse; fünf von sechs Tageszeitungen des Königreiches wurden in der Stadt produziert. Mit einem neuen Pressegesetz vom März 1967 wollte Jordanien die Anzahl der Tageszeitungen auf eine beschränken. Dieses Gesetz trat wegen des Juni-Krieges nie in Kraft. Im ersten Jahr der Besetzung erschienen keinerlei Zeitungen. Im Dezember 1968 konnte als erste die Zeitung »Al-Quds« erscheinen. 1972 folgten »Al-Fajr« und »Asha'b« und »An-Nahar«. »Al-Fajr« wurde aus finanziellen Gründen Ende Juli 1993 eingestellt. Hinzu kommen zwei Wochenzeitungen (»Al-Bayader Assiyasi« und »Attali'a«). Da Ost-Jerusalem der israelischen Jurisdiktion unterliegt, gilt für die palästinensischen Zeitungen das israelische Presserecht. Somit unterliegen die Zeitungen nicht den restriktiven Militärerlassen, die in der Westbank und dem Gaza-Streifen gelten.

Die Gesetzgebung seit der Gründung des Staates Israel macht sich wenig Gedanken um die Pressefreiheit. Die einzigen Gesetze, die sich auf die Printmedien beziehen, sind Verordnungen und Bestimmungen aus der britischen Mandatszeit, die 1948 in inner-israelisches Recht überführt worden sind. Diese Verordnungen beeinträchtigen in zweifacher Weise die Pressefreiheit. Zum einen die Vergabe von Lizenzen und Genehmigungen für Zeitungen und zum anderen die Frage der Zensur. Die Arbeit des Militärzensors wird durch Artikel 87 der britischen Notstandsverordnungen rechtlich begründet. Danach hat der Zensor das Recht, Veröffentlichungen jeder Art zu verbieten, die die »Verteidigung Palästinas« oder die »öffentliche Sicherheit und öffentliche Ordnung« beeinträchtigen könnten. Die Presseverordnungen aus dem Jahre 1933 machen jede Veröffentlichung von der Zustimmung des Bevollmächtigten abhängig. Die drakonischen Maßnahmen der Presse- und der Notstandsverordnungen sind formaljuristisch in der Hand des israelischen Innenministers. Der ehemalige Oberste Richter Moshe Landau charakterisierte die Macht des Innenministeriums unter dem Artikel 94 (2) der Notstandsverordnungen als »unvereinbar mit den Grundsätzen eines demokratischen Staates, der der Rede- und Meinungsfreiheit verpflichtet ist«. Selbst diese Bewertung veranlaßte den HCJ nicht, in die Genehmigungspraxis für Publikationsorgane des Innenminsteriums einzugreifen. Nach diesen Gesetzen kann der Bevollmächtigte des Innenministeriums jederzeit die Schließung einer Zeitung oder die Vergabe einer Druckerlaubnis verfügen, ohne Gründe dafür anzugeben. Diese restriktiven Maßnahmen werden aber selten gegen die palästinensischen Presseorgane eingesetzt.

Jeden Abend müssen die palästinensischen Zeitungen ihre erscheinenden Artikel der Militärzensur in doppelter Ausfertigung vorlegen, die die öffentliche Sicherheit und Ordnung in Israel, Judäa, Samaria und den Gaza-Streifen berühren. Der Zensor kann einen Artikel, Kommentare oder Karrikaturen ganz oder teilweise streichen. Nach Artikel 98 der Notstandsverordnungen darf einmal verbotenes Material nicht mehr veröffentlicht werden. Der Zensor braucht seine Entscheidung nicht zu begründen. Diese restriktiven Maßnahmen gelten theoretisch auch für die Presse in Israel; gegen die hebräischsprachige Presse wurden diese Artikel so gut wie nie angewandt. Dies ist auf eine freiwillige Vereinbarung zwischen dem Zensor und der Armee sowie den Zeitungsverlegern und den elektronischen Medien zurückzuführen; sie mündete 1950 in einem »Editors' Committee agreement«. Durch diese Vereinbarung haben sich die Herausgeber einer Art Selbstzensur unterworfen. Die Schere im Kopf schneidet schon während des Schreibens die kritischen Stellen aus dem Text. Ihre Wurzeln hat diese Art der Vereinbarung in der Zeit vor der Gründung Israels.

Die Ost-Jerusalemer Presse und die ausländischen Journalisten fallen nicht unter diese Vereinbarung. Für sie gelten theoretisch die britischen Notstandsverordnungen. Ausgangspunkt der Vereinbarung war die Weigerung der Herausgeber, sich den Zensurbestimmungen aus der britischen Mandatszeit zu unterwerfen, die 1966 nur leicht modifiziert worden sind. Nur einige sensible und sicherheitsrelevante Beiträge sind somit dem Zensor einzureichen. Dagegen gibt es kaum Material der Ost-Jerusalemer Presse, was den Zensor nicht interessiert. Die gleichen strengen Zensurbestimmungen werden auf israelische Druckerzeugnisse angewandt, die sich nicht dieser Vereinbarung unterworfen haben. Ebenfalls müssen ausländische Journalisten ihre Beiträge dem Zensor vorlegen, der die Zensur mehr oder weniger großzügig handhabt. Mit den Auslandskorrespondenten kommt es immer dann zu Schwierigkeiten, wenn sie über »sensible« Vorgänge berichten, wie z.B. über den Libanon-Krieg, die Intifada oder andere »sicherheitsrelevante« Bereiche.

Das Abkommen zwischen Herausgeber und Militär rief scharfe Kritik hervor. Die Kritiker wandten ein, daß das Abkommen keinerlei Rechtswirksamkeit habe, da die Presse gegen den Zensor nicht rechtlich vorgehen könne, und dieser Möglichkeiten gegeben seien, das Abkommen zu umgehen. Im Falle von Einwänden seitens der Presse, wäre der Generalstabschef der Armee zuständig, der die Letztentscheidung treffe. Der Jurist Ze'ev Segal von der Universität in Tel Aviv glaubt, daß das Abkommen nicht den demokratischen Prinzipien in Israel entspreche, weil es das Informationsrecht der Öffentlichkeit einschränke und diskriminierend gegen die Medien sei, die nicht Partner dieses Abkommens sind. Durch die freiwillige Selbstbindung der Herausgeber haben diese einen hohen ethischen Preis gezahlt, da sie sich freiwillig zu »Komplizen« des Sicherheitsestablishments gemacht haben und damit die Freiheit anderer Zeitungen und Journalisten einschränken.

Eine vom Auswärtigen- und Verteidigungsausschuß eingesetzte Kommission unter Leitung von Yossi Sarid machte dem Militär Vorschläge, die die ganze Presse in Israel einschließlich der arabischsprachigen betraf: So sollte sich das Abkommen auf die gesamte Presse beziehen. Einsprüche gegen Zensurmaßnahmen sollten nur vor einem Richter und nicht vor dem Generalstabschef der Armee erfolgen; damit würde die Letztentscheidung von Militär- auf zivile Behörden übergehen. Allen Zeitungen solle es freistehen, aus bereits veröffentlichtem Material zitieren zu dürfen, wenn dies nach Meinung des Militärzensors nicht der Sicherheit des Staates schade. Dem Innenminister oder dem Zensor soll es nicht gestattet sein, eine Zeitung zu schließen, die nicht das Abkommen unterzeichnet hat, ohne dieser den Rechtsweg ermöglicht zu haben. Die Liste der – der Zensur vorzulegenden – Themen sollen stark eingeschränkt werden, und der Verstoß gegen diese Themenliste würde dann härter bestraft werden.

In einer Entscheidung des HCJ (HCJ 680/80) – betreffend Pressezensur – entschied dieser, daß der Zensor das Recht habe, die Veröffentlichung von Artikeln zu verhindern, die die »Sicherheitsinteressen« Israels verletzen. In seiner Verbotsentscheidung gegen »Kol Ha'am« hat der HCJ (HCJ 75/53) im Jahre 1953 einer weitgehenden Pressefreiheit das Wort geredet. Dabei berief sich der HCJ auf die israelische Unabhängigkeitserklärung und erklärte die Meinungsfreiheit als ein »herausragendes Recht«, das die Grundlagen für die Realisierung aller anderen Freiheiten sei und daß es deshalb großer Anstrengungen bedürfe, jeglicher Einschränkung zu widerstehen. Der HCJ hat es seither immer vermieden, gegen Entscheidungen, die mit den Notstandsverordnungen begründet werden, sei es in bezug auf die Arbeit von Journalisten, sei es gegen geltend gemachte Verstöße gegen die Zensur, juristisch vorzugehen.

Insbesondere in den besetzten Gebieten ist die Arbeit der Journalisten sowohl einer Vorzensur als auch einer direkten Zensur unterworfen. Journalisten werden nicht so sehr daran gehindert, ihre fertigen Produkte zu verbreiten, sondern ihre Recherchemöglichkeiten werden beschnitten, indem man gewisse Gebiete zu »geschlossenen Militärzonen« erklärt. Diese Methode wird häufig angewandt. Zuletzt bei Zwischenfällen im November 1993 und Januar 1994 in der Westbank. Solche Zugangsbeschränkungen werden oft von Soldaten vor Ort durch das Ausfüllen entsprechender Formalitäten erlassen, wohingegen gewöhnliche Bürger diese Gebiete ungehindert passieren dürfen. In einigen Fällen wurden Journalisten von Sicherheitskräften geschlagen und ihre Ausrüstung beschädigt. In anderen Fällen wiederum wurde keine Gewalt angewandt, sondern nur die Ausrüstung beschlagnahmt. Während des Golfkrieges waren die Westbank und der Gaza-Streifen für Journalisten für drei Monate gesperrt. Insbesondere in Folge der Intifada wurde die Berichterstattung für Auslandskorrespondenten immer schwieriger; die Lage hat sich in den beiden letzten Jahren etwas entspannt. Gegen palästinensische Journalisten setzte man die Waffe der Administrativhaft ein. Die Freigelassenen erhalten wie alle Administrativhäftlinge eine grüne Identitätskarte, die es ihnen nicht gestattet, nach Israel einzureisen oder nach Ost-Jerusalem zu gehen, wo ihre Pressebüros sind.

Wie wichtig der Armee die Einschränkung der Arbeit der Journalisten ist, zeigt die Aussage des früheren Armeesprechers General Ephraim Lapid. »Auf ein Beispiel bin ich stolz, und zwar das Video, das wir für alle Soldaten produziert haben, die ihren Dienst in den Gebieten absolvieren. Ihnen wird gezeigt, wie sie die Medienvertreter erfolgreich behandeln sollen«, so der General im IDF Journal vom Herbst 1989. In den beiden ersten Monaten des Jahres 1991 wurden sechs Pressebüros in der Westbank und eines im Gaza-Streifen geschlossen. Vier der Eigentümer wurden in Administrativhaft gesteckt. B'Tselem protestiert dagegen, erhielt aber vom Verteidigungsministerium die Standardbegründung, daß dies nur aus »Sicherheitsgründen« geschehen sei.

Gewaltsame Übergriffe auf Journalisten, die Soldaten beim Einsatz filmen oder fotografieren, sind an der Tagesordnung. So wurden die Kamera des Journalisten Taher Shreitah, Korrespondent von Reuters und CBS im Gaza-Streifen, zerstört, weil er Soldaten fotografierte, wie sie einen 12jährigen Steinewerfer verfolgten. Zwei palästinensische Kameramänner, Maidi al Arbeit von AP und Hamza Zaqout von WTV, wurden vom 24. bis 26. März 1994 für das angebliche filmen eines militärischen Sperrgebietes in Gaza verhaftet. Der Fotograf John Japs Third von AP wurde im März durch Schüsse des israelischen Militärs verletzt. Er wurde mit Plastikkugeln ins Knie geschossen, als er steinewerfende Kinder im Flüchtlingslager Jabalya fotografierte. Am 13. April 1994 mußte der Kamermann Hamed Abu Samra auf Anweisung eines israelischen Soldaten seine Videokassette abgeben, weil er Soldaten gefilmt hatte, die einen Palästinenser als Schild gegen palästinensische Steinewerfer mißbrauchten. Am 25. April wurde Qassim Ali, Leiter vom ABC-TV im Gaza-Streifen, von der israelischen Gava'ati Einheit gestoppt, die mit Steinen beworfen worden war. Ein Soldat schlug den Journalisten mit seinem Gewehrkolben durch das geöffnete Autofenster, nahm ihm den Autoschlüssel weg und ging fort. Als er daraufhin seinen Schlüssel zurückforderte, wurde er gegen die Hauswand gedrückt und in Handschellen abgeführt. Dieser Zwischenfall wurde vom Direktor von GCRL, Raji Sourani, gesehen. Trotz seiner Intervention auf der Polizeistation weigerte man sich, den Journalisten freizulassen. Erst aufgrund einer schriftlichen Beschwerde beim Militärkommandeur des Gaza-Streifens wurde Qassim Ali freigelassen. Am 11. Mai wurde der Journalist Moti Amir in Jericho von drei israelischen Soldaten geschlagen, als er über die Ereignisse vor Ort berichten wollte, wie »Davar« vom 13. Mai meldete.

Der Verfasser berichtete am 5. April 1993 in der »taz« von einem Angriff auf den Journalisten Bassam Schweiki, der am 16. Januar 1993 Interviews auf dem Gemüsemarkt von Hebron über das Verhalten israelischer Siedler machen wollte. Drei israelische Soldaten kamen und schlugen ihn ohne Vorwarnung mit einem Knüppel. Er habe hier keine Fragen zu stellen, schrien sie ihn an. Schweiki zeigte den Soldaten seinen Presseausweis der Nachrichtenagentur Reuters, der sie aber nicht beeindruckte. Ein Soldat zertrümmerte sein Tonbandgerät auf dem Boden und schrie: »Du bist bloß ein Aufwiegler und ein Miststück, es gibt keine palästinensischen Journalisten, ihr seid alle Terroristen.« Einer der beiden anderen Soldaten schlug derweil weiter mit einem Knüppel auf Schweiki ein. Schweiki drohte mit einer Anzeige, was sie mit Gelächter quittierten. Die Nachrichtenagentur Reuters reichte beim Sprecher der israelischen Armee Beschwerde ein. B'Tselem und Al-Haq berichten übereinstimmend von mehreren Angriffen auf Journalisten; einige der Angreifer wurden aber auch zu Haftstrafen verurteilt.

Neben direkten Angriffen übt auch das Sicherheitsestablishment Druck auf Journalisten und deren Berichterstattung aus. Sowohl israelische als auch palästinensische Journalisten sind davon betroffen, letztere im verstärkten Umfang. Am 7. Mai 1993 erschien in der Wochenend-Beilage von »Hadashot« ein Artikel von Sarah Lebovitz-Dar, die eine Zusammenfassung eines Berichtes der Organisation »Jounalisten ohne Grenzen« wiedergab, der sich auch auf Veröffentlichungen von B'Tselem stützte und zu dem Ergebnis kam, daß Israel die Liste der demokratischen Staaten anführt, die die Pressefreiheit verletzen. Welche Art die Verletzungen und der Druck auf Journalisten ist, zeigt die Tatsache, daß der frühere Minister Ariel Sharon die Tageszeitung »Ha'aretz« wegen Artikeln verklagte, die seine Rolle im Libanon-Krieg von 1982 beleuchteten. Im Juni 1993 sagte der Direktor des israelischen Fernsehens in einem Interview mit »Kol Ha'ir«: »Ich wurde oft während der Nacht von Ministern oder Abgeordneten aufgeweckt, die mir vor oder nach einer Sendung drohten, weil ihnen der Bericht zu regierungskritisch erschien.« Am 2. August 1992 gab der HCJ der Israelischen Fernsehgesellschaft 30 Tage Zeit, um zu erklären, warum sie ein Interview mit Feisal Husseini senden wollte. Gegen dieses geplante Interview hatte der frühere Knesset-Abgeordnete Elayakim Ha'etzni Beschwerde beim HCJ eingelegt. Der HCJ verbot das Interview.

Auch über die Massendeportation im Dezember 1992 durfte nicht unmittelbar berichtet werden, weil die Regierung darin eine Gefährdung der ganzen Aktion erblickte. Der Bericht der »Journalisten ohne Grenzen« kommt zu dem Ergebnis, daß trotz Regierungswechsels, die Presse weiterhin »unter der willkürlichen Zensur leidet«. Der Leiter des israelischen Presseamtes, Uri Dromi, kritisierte den Bericht, weil die Herausgeber ihn nicht vor der Veröffentlichung um eine Stellungnahme gebeten und sich nur auf Berichte von B'Tselem und anderer israelischer Zeitungen gestützt hätten. Den Journalisten Carol Rosenberg vom »Miami Herald« und Ian Black vom »Guardian« wurde die Akkreditierung entzogen, weil sie trotz Zensur über das Tse'lim-Desaster berichtet hatten. Bei diesem Zwischenfall wurden einige israelische Soldaten von Kameraden erschossen; Rosenberg berichtete, daß diese Übung als eine Generalprobe für einen Schlag gegen die Hisbollah gedacht war, und Ian Black schrieb ergänzend, daß Spezialeinheiten der israelischen Armee darin involviert waren. Die Zensur dieser Vorgänge geschah aus »Sicherheitsgründen«.

Die Situation der palästinensischen Journalisten in den besetzten Gebieten ist wesentlich schlechter als die der israelischen. So befanden sich von den 300 palästinensischen Journalisten 1992 18 in Haft. Seit Beginn der Intifada wurden 150 Journalisten verhaftet und verurteilt, 35 erhielten die grüne Identitätskarte, was ihrer Arbeit abträglich ist. In den letzten zwölf Jahren wurden zwölf Pressebüros vom Militär geschlossen, plus zwei in Israel. Für die Arbeit der Journalisten wirkt sich die totale Abriegelung verheerend auf ihre Arbeit aus, weil sie für jeden Besuch Ost-Jerusalems eine Genehmigung beantragen müssen. Was als noch frustrierender angesehen wird, ist die Zensur. Mit den Beschwerden der palästinensischen Journalisten ist Uri Dromi nicht einverstanden, denn seit er Chef des Presseamtes ist, wurde eine Stelle eingerichtet, die sich speziell um die Informationspolitik für palästinensische Journalisten kümmert. Ihnen wird Material zur Verfügung gestellt, das extra ins Arabische übersetzt worden ist. Die Regierung hat selbst an palästinensische Journalisten, die im Gefängnis waren, Presseausweise ausgestellt. Allein bei »Al-Fajr« hatten 30 Journalisten einen solchen Ausweis. Zehn von 20 Journalisten wurde während der Abriegelung die Erlaubnis erteilt, zur Arbeit nach Ost-Jerusalem zu kommen.

Am 19. Juni 1993 trafen sich Vertreter des arbabischsprechenden Fernsehprogramms mit Mordechai Kirshenbaum vom israelischen Fernsehen und trugen Beschwerden vor, daß sie nur Propaganda berichten dürften. So sei es ihnen nicht erlaubt, über den Tod von verletzten Palästinensern im Krankenhaus zu berichten, weil dies zur Aufwiegelung führen könnte. Die PLO durfte bis zur Unterzeichnung des »Gaza-Jericho-Abkommens« nicht beim Namen genannt werden; sie wurde als »die Organisation« bezeichnet.

Am 3. Mai 1992 verbot die Zivilverwaltung allen Angestellten der Landwirtschaftsabteilung in den besetzten Gebieten bis auf weiteres weder mit israelischen noch mit palästinensischen Journalisten zu sprechen. Der Erlaß schloß nicht die Weitergabe von Informationen über die Landwirtschaftsabteilung, ihre Projekte und Pläne ein. Am 9. Juli 1992 bestätigte der HCJ die Verweigerung einer Druckgenehmigung des Innenministeriums für die neuzugründende Zeitung »Al-Wafa« in Ost-Jerusalem. Das Gericht verwarf damit die Eingabe des Herausgebers Fairuz Alhatib mit der Begründung, daß »gute Gründe« dafür sprechen, daß die Zeitung die Interessen von Organisationen fördern würde, die Israel und Jerusalem sowie seiner Umgebung feindlich gegenüberstünden.

Palästinensische Künstler in den besetzten Gebieten sind in ihrer Arbeit sehr eingeschränkt. Dies erstreckt sich von Motiven, die sie darstellen wollen, bis zu Orten, die sie für ihre Arbeit aufsuchen müssen. In einigen Fällen wurden Künstler in Haft genommen oder ihnen die Ausreise ins Ausland verwehrt. 1974 wurde eine palästinensische Künstlergewerkschaft gegründet. Um legal arbeiten zu können, beantragte sie eine Genehmigung, die ihr aber verweigert wurde. Ein erneuter Antrag 1978 scheiterte ebenfalls. Seither arbeitet sie ohne offizielle Genehmigung.

Militärerlaß Nr. 101 für die Westbank und Nr. 33 für den Gaza-Streifen sagt in Artikel 6, daß »keine Veröffentlichungen, Flugblätter, Notizen, Fotos, Broschüren oder andere Dokumente, die Informationen von politischer Bedeutung enthalten in einem Gebiet gedruckt oder veröffentlicht werden, bevor nicht eine Genehmigung durch den Militärkommandeur für den Ort der Veröffentlichung erteilt worden ist.« Die Phrase von »politischer Bedeutung« gibt den Behörden einen weiten Interpretationsspielraum. Jedes Kunstwerk muß dem Militärkommandeur in den besetzten Gebieten vorgelegt werden, bevor es ausgestellt werden kann. In Ost-Jerusalem erscheint vor Ausstellungsbeginn entweder die Polizei oder der Shin Bet und inspiziert die Ausstellungsstücke. Einige der Exponate wurden schon mal als »aufwieglerisch« aus der Austellung genommen, aber bis heute wurde noch nie ein Kunstwerk konfisziert.

Die einzig wirklich funktionierende Galerie in den besetzten Gebieten war die »Gallery 78« in Ramallah; sie wurde 1981 durch Erlaß der Sicherheitskräfte geschlossen. Nachdem auch die palästinensischen Bürgermeister von Israel abgesetzt waren, konnten auch in Stadthallen keine Ausstellungen mehr stattfinden. Von Zeit zu Zeit konnten nur noch auf dem Universitätsgelände Kunstwerke ausgestellt werden. Durch häufige Schließungen über Jahre war auch diese Möglichkeit stark eingeschränkt. So verblieben nur noch das palästinensische »al-Hakawati«-Theater oder einige Galerien in Israel. Nach Angaben von Sami al-Bartawi, Programmdirektor des Theaters, wurden von seiten der Regierung keine Einwände gegen die Stücke oder Ausstellungen erhoben. Trotz dieses positiven Tatbestandes kommt es sporadisch zu Belästigungen. So am 28. April 1991 als eine palästinensische Frauengewerkschaft eine Veranstaltung in al-Hakawati abhielt und die Grenzpolizei diese auflösen wollte. Durch Intervention von Rechtsanwalt Jonathan Kuttab und der Tatsache, daß sie dazu nicht berechtigt waren, zogen sie unverrichteter Dinge wieder ab.

Daß Israel aufgrund gewisser sicherheitspolitischer Überlegungen manchmal das Mittel der Zensur einsetzt, kann in Ausnahmesituationen vorkommen. Daß dies aber als ein Instrument genutzt wird, um eine offene Berichterstattung über die zahlreichen Menschenrechtsverletzungen zu verhindern oder stark zu beeinträchtigen, sollte von einem demokratischen Staat nicht erwartet werden. Daß sich die israelische Informationspolitik nicht immer rein faktenorientiert verhält, ist bekannt. Aus diesem Grund und zum Schutz der Menschen unter Besetzung ist eine freie Berichterstattung von essentieller Bedeutung. Als ein Beispiel israelischer Informationspolitik sei auf folgendes hingewiesen. »Die Kamera ist der Schlüssel ... Ohne die Präsens der Kamera vor Ort können die Israelis sagen, was sie wollen. Bei einem Zwischenfall außerhalb Bethlehems am 5. November 1989 erschossen israelische Soldaten einen 15jährigen Jungen von hinten. Wir sahen dies, hatten aber nicht unsere Kamera dabei. Am nächsten Tag berichtete das israelische Fernsehen, daß der Junge maskiert gewesen sei, was völlig falsch war«, so Ali Qa'dan vom Fernsehsender ABC in einem Interview vom 8. November 1989. Den Vorwurf der übertriebenen Zensur, der auch Artikel trifft, die aus israelischen Zeitungen übersetzt worden sind, haben die Behörden als »Fehler« bezeichnet. B'Tselem bemerkt dazu: »Die Häufigkeit mit der solche ›Fehler‹ gemacht werden, ist entweder ein Anzeichen für eine bewußte Politik oder ein Maß an Nachlässigkeit, das der Behandlung dieses sensiblen Problems völlig unangemessen ist.«

Das Recht der Meinungsfreiheit äußert sich auch im Demonstrationsrecht. Es ist in Artikel 20 der Allgemeinen Erklärung der Menschenrechte niedergelegt. »Jedermann hat das Recht auf Versammlungs- und Vereinigungsfreiheit zu friedlichen Zwecken.« Auch das jordanische Recht garantierte das Demonstrationsrecht. Eingeschränkt kann dieses nach Artikel 164 (1) des jordanischen Strafgesetzbuches nur werden, wenn die Demonstration gegen die öffentliche Ordnung und Sicherheit verstößt oder damit eine kriminelle Aktion intendiert ist. In verschiedenen Entscheidungen hat der HCJ (HCJ 619/78; 236/82; 428/86) das Recht der Meinungsfreiheit auch in den besetzten Gebieten hochgehalten und den Militärbehörden auferlegt, eine Einschränkung gut zu begründen. Trotz dieser Ermahnung benutzt die Militärverwaltung das Besatzungsrecht, um das Recht auf Meinungsfreiheit, das das Recht auf Demonstration miteinschließt, gegenüber Palästinensern in den besetzten Gebieten und Israelis, die die Ziele der Palästinensern unterstützen und die Siedlungspolitik der Regierung verurteilen, mit aller Härte anzuwenden. Anhand des Militärerlasses Nr. 101 kann Israel das Demonstrationsrecht einschränken. »Keine Demonstration oder Versammlung darf ohne Genehmigung des Militärkommandeurs stattfinden.« Ein Verstoß dagegen wird mit bis zu zehn Jahren Gefängnis bestraft.

Theoretisch kann jeder Palästinenser in den besetzten Gebieten eine Demonstration anmelden, ob er eine Genehmigung erhält, wäre eine andere Frage. Bis heute wurde aber noch nie ein formeller Antrag gestellt. Eine Demonstration oder Versammlung würde gegen eine der folgenden Sicherheitsüberlegungen verstoßen. Man würde entweder auf der Versammlung eine feindliche Organisation unterstützen oder sie würde aufrührerisch wirken oder gegen ein Sicherheitsgesetz verstoßen. Wie in der Regel mit nicht angemeldeten Demonstrationen und deren Organisatoren verfahren wird und wie wichtig die Arbeit von ACRI und den anderen Menschenrechtsorganisationen ist, zeigt eine Demonstration in Jericho, die zur Unterstützung des Friedensprozesses von Madrid stattfand und in der Olivenzweige und Transparente mitgeführt wurden, die zur Koexistenz aufriefen. Zwei Teilnehmer dieser Demonstration wurden verhaftet und wegen Organisierung einer nicht genehmigten Demonstration angeklagt. Vor dem Militärgericht in Ramallah stellte ACRI den Antrag, die Vorwürfe fallen zu lassen, weil sie gegen den Grundsatz der Meinungsfreiheit und der Gleicheit vor dem Gesetz verstießen. Weiter argumentierte ACRI, daß zum Zeitpunkt der Demonstration es für die Bewohner der besetzten Gebiete unmöglich gewesen sei, eine Genehmigung zur Abhaltung einer Demonstration zu bekommen. Die Organisation wies darauf hin, daß zur gleichen Zeit jüdische Siedler ebenfalls ohne Genehmigung gegen den Friedensprozeß demonstriert hätten und gegen sie keine Strafverfahren eingeleitet worden seien. Der Militärstaatsanwalt stimmte der Argumentation ACRIs zu und zog die Anklage zurück. Hier sei in Parenthese angemerkt, daß in jedem demokratischen Staat aus übergeordneten Erwägungen, Demonstrationen verboten werden.

In Israel bedarf es der Genehmigung durch die Polizei, wenn sich 50 oder mehr Menschen zu einem Protest einfinden wollen, bei dem eine Rede gehalten wird; in den besetzten Gebieten bedarf es einer Erlaubnis schon ab zehn. Somit haben die Militärbehörden theoretisch das Recht, eine Person zu Hause zu verhaften, wenn in seinem Haus eine Diskussion stattfindet. In den besetzten Gebieten muß eine Versammlung in geschlossenen Räumen genehmigt werden, nicht so in Israel. Protestversammlungen in Israel, auf denen keine Reden gehalten werden, bedürfen gar keiner Genehmigung. So halten schon seit drei Jahren die »Frauen in Schwarz« ihren wöchentlichen Protest auf dem Französischen Platz gegen die israelische Präsenz in den besetzten Gebieten ab, ohne dafür jemals eine Genehmigung beantragt zu haben. Das gleiche gilt für die Gegendemonstrationen von »Kach« und »Moledet«.

Selbst friedlichen Protest lassen die Militärbehörden nicht zu. Als Mittel dagegen wird das Gebiet zu einer »geschlossenen Militärzone« erklärt. Mit dieser Taktik wurde eine Pressekonferenz im National Palace Hotel von Feisal Husseini, die er mit anderen über den Steuerstreik in Beit Sahur abhalten wollte, verboten. Mit den gleichen Argumenten sollte ein Lauf der Gruppe »Läufer für Frieden« in Bethlehem untersagt werden. Dabei handelte es sich noch nicht einmal um zehn Läufer. Dagegen reichte ACRI beim HCJ Beschwerde ein, weil das Militär »Sicherheitsbedenken« und Störungen der »öffentlichen Ordnung« befürchtete. Der HCJ stimmte einem

Kompromiß zu, als das Militär zu erkennen gab, daß es dem Lauf zustimmen werde, wenn die Zeit und die Strecke mit ihnen abgesprochen werden würde. Im Zuge der Eröffnung der Madrider Friedensverhandlungen fanden eine Reihe von Demonstrationen in den besetzten Gebieten statt. Die Militärbehörden reagierten überall unterschiedlich. Einige dieser friedlichen Demonstrationen verliefen ungestört, bei anderen setzte das Militär Tränengas ein, um die Demonstranten auseinanderzutreiben. Am 4. November 1991 fand eine große Demonstration in Nablus anläßlich der Friedensverhandlungen in Madrid statt, bei der die Palästinenserflagge und Olivenzweige mitgeführt wurden. Eine Militäreinheit befahl den Demonstranten, sich aufzulösen, was sie auch taten. Sie versammelten sich in einem anderen Teil der Stadt, in dem sie eine andere Militäreinheit friedlich demonstrieren ließ. Nach einigen Tagen der Unsicherheit sprach Generalstabschef Ehud Barak ein Machtwort und stellte die altbekannte Verteidigungslinie wieder her. »Demonstrationen, die mit einem Olivenzweig begannen, können schnell in einem Aufstand enden, und wir ziehen es vor, Ruhe auf den Straßen zu haben. Die IDF wird keine nichtgenehmigten Demonstrationen zulassen.«

Selbst Demonstrationen von Israelis in den besetzten Gebieten gegen die Siedlungspolitik der Regierung werden vom Militär stark behindert. Während der Intifada haben die Behörden fast immer Demonstrationen von Israelis in den besetzten Gebieten verboten. Am 4. März 1989 verhinderte das Militär ein Treffen von 2000 Peace Now-Aktivisten mit Bewohnern von Ramallah, Far'ah und Beit Omar. Ebenfalls wurde eine Aktion der gleichen Gruppe am 7. Oktober 1989 im Gebiet von Tulkarem verhindert, weil man dieses Gebiet zur militärischen Sperrzone erklärt hatte. Die Haltung der Armeeführung in den besetzten Gebieten verfolgt eine siedlerfreundliche Politik. So durften sie eine Thora-Rolle am Josephs Grab einweihen; zu diesem Anlaß wurde eine Ausgangssperre über Nablus verhängt, aber eine Gegendemonstration von Peace Now durfte nicht stattfinden. Erst eine Beschwerde von ACRI beim HCJ brachte einen Kompromiß, der 20 Peace Now-Aktivisten gestattete, eine friedliche Demonstration abzuhalten. Auch die Zahl der Teilnehmer an der Einweihung wurde begrenzt. Demonstrationen im Mai 1989 in Qalqilia und im Dezember 1991 von linken israelischen Gruppen wurden vom Militär dadurch aufgelöst, daß die Gebiete zu militärischem Sperrgebiet erklärt wurde, obwohl an gleicher Stelle in Ramallah im Dezember 1991, aber eine Woche vorher, Siedler demonstrieren durften.

Gegenüber Demonstrationen von Siedlern verhält sich die Regierung sehr tolerant. Sie benötigen für ihre Protestveranstaltungen weder eine Genehmigung des Militärkommandeurs noch stimmen sie diese mit ihm ab. Obwohl die meisten Demonstrationen der Siedler politischen Charakter haben, wäre eine Genehmigung notwendig. Die Siedler verstoßen oft gegen Gesetze, ohne das die Polizei oder das Militär eingreift. So infolge der Ermordung des Siedlers Tzvi Klein aus der Siedlung Ofra in der Nähe der Stadt al-Bireh im Dezember 1991. Die Siedler bildeten für einige Tage eine Mahnwache, verteilten Flugblätter in der Stadt und zerstörten absichtlich palästinensisches Eigentum wie Autos oder Fensterscheiben, ohne das die Armee eingriff. Am 5. Januar 1992 blockierten Siedler eine Hauptstraße, um gegen die Sicherheitslage in den besetzten Gebieten zu protestieren. Sie ließen nur eine schmale Durchfahrt für Militärfahrzeuge zu. Kein Palästinenser durfte zur Arbeit nach Jerusalem. Der Aufforderung der Polizei, die Straße zu räumen, leisteten sie nicht Folge. Erst nach zwei Stunden verließen sie freiwillig die Straßen. Ähnliche Zwischenfälle ereigneten sich an mehreren Stellen in den Gebieten, ohne daß das Militär eingegriffen hätte. Das Militär hat unterschiedliche Befehle für die verschiedenen Bevölkerungsgruppen. So kann die Armee nach Aussagen von Verteidigungsminister Yitzhak Rabin Tränengas gegen jüdische Demonstranten einsetzen, aber keine Gummigeschosse, wie »Ha'aretz« vom 19. April 1991 meldete.

Die Siedler bedienen sich der unterschiedlichsten Protestformen, um die Palästinenser zu provozieren. So erklären sie ihre Proteste als Märsche, Prozessionen, Wanderungen oder gewaltsame Ausflüge. Sie werden nicht von den Militärbehörden verboten, obwohl sie eine politische Zielrichtung haben, und zwar die Demonstration israelischer Besitzrechte und Souveränität über die besetzten Gebiete. Die religiös-nationalistische Siedlerbewegung Gush Emunim veranstaltet jedes Jahr am Unabhängigkeitstag eine machtvolle Demonstration im Zentrum der Westbank. Nachdem im April 1991 die Siedlung Revavah in einer Nacht-und-Nebel-Aktion gegründet worden war, verbot der Militärkommandeur der Westbank die alljährlich stattfindenden Manifestationen der Siedler. Daraufhin übten die Siedler massivsten Druck aus, woraufhin die Demonstration genehmigt wurde. Yehuda Hazani, ein Vertreter der Gush Emunim-Bewegung, betonte daraufhin, »selbst wenn der Oberbefehlshaber seine gesamte Armee nach Samaria bringt, wird er nicht in der Lage sein, uns aufzuhalten. Was mich betrifft, ist die Karriere des Oberbefehlshabers zu Ende«, so der Augenzeugenbericht von Yizhar Be'er. Trotz radikaler Slogans: »Moledet: Transfer: Immer einen Schritt vorausdenken«, oder »Kein Friede und Zusammenarbeit mit diesen Mördern, die sogenannten Palästinenser. Sie müssen unser Land verlassen und sich mit ihrem Alliierten Saddam Hussein verbünden.«

Eine andere Form des Siedlerprotestes bekam im Januar 1992 der damalige Verteidigungsminister Moshe Arens zu spüren. Man erwartete den Minister auf dem Fußballfeld der Siedlung Kiryat Arba. Dreimal hatten Siedler erfolgreich die Landung seines Hubschraubers verhindert. Als sie feststellten, daß Arens bereits im Hauptquartier des Militärs in Hebron war, versuchten zirka 70 Siedler den Minister daran zu hindern, in seinem Auto wegzufahren. Nachdem der Minister Hebron verlassen hatte, folgte ihm ein Autokonvoi, aus dem ablehnende Parolen gerufen wurden. Die Siedler errichteten etwas weiter eine Straßensperre und stoppten den Minister. Später am Tag folgten wiederum drei Autos mit Siedlern dem Auto Moshe Arens.

Verglichen mit Israel ist das Demonstrationsrecht in den besetzten Gebieten stark eingeschränkt. Politische Versammlungen sind für Palästinenser überhaupt verboten, wohingegen sie den Siedlern gestattet sind und oft noch gefördert werden. Proteste von Israelis gegen die Siedlungspolitik in den besetzten Gebieten können nur mit Hilfe des HCJ stattfinden, und Palästinensern steht keinerlei Demonstrationsrecht zu.

Auch die Reisefreiheit der Palästinenser aus den besetzten Gebieten unterliegt einer Anzahl von Beschränkungen oder läßt sich erst mit Hilfe der Gerichte realisieren. Der größte Teil der Ein- und Ausreise erfolgt über die Allenby Brücke nach Jordanien; nur wenige Palästinenser reisen über den Flughafen Ben Gurion aus; Bewohner Ost-Jerusalems können mit ihrer blauen Identitätskarte ebenfalls von dort ausreisen, müssen sich aber oft erniedrigenden Durchsuchungsprozeduren und Verhören unterziehen, wie die Apothekerin Mary Mina in einem Gespräch im Juni 1993 berichtet. Seit Beginn der Intifada bis Ende August 1991 mußten Ausreisewillige von der Zivilverwaltung eine Bescheinigung vorweisen, daß sie alle Steuern und Schulden bezahlt hatten. Ihr Antrag wurde auch dem Geheimdienst Shin Bet zugeleitet. Diese Bestimmungen wurden nicht auf Palästinenser aus Ost-Jerusalem angewandt, da sie israelischen Gesetzen unterliegen. Seit September 1991 benötigen ausreisende Palästinenser dieses Dokument nicht mehr. Jeder Ausreisewillige muß jetzt zum Postamt gehen und dort eine Steuer entrichten. Die Quittung dient ihm als Ausreisegenehmigung. Diese Neuerung brachte aber einige Schwierigkeiten mit sich. Trotz dieser Vereinfachung erfährt der Ausreisende erst an der Grenze, ob er durchgelassen wird. Manche werden ohne Angabe von Gründen zurückgeschickt, andere, weil ihr Name »im Computer« erscheint. Auf dieser sogenannten »Bingo«-Liste stehen viele Namen von Palästinensern, gegen die nichts vorliegt. Die israelische Menschenrechtsorganisation HaMoked vermutet, daß solche Fehler auf Koordinationsschwierigkeiten zwischen der Zivilverwaltung und der Verwaltung an der Brücke zurückzuführen sind. Obwohl einige Palästinenser auf Intervention von HaMoked eine schriftliche Ausreisegenehmigung hatten, wurden sie an der Allenby Brücke zurückgewiesen.

Die israelischen Behörden begründen die Reisebeschränkungen mit »Sicherheitsgründen«. Solche Überlegungen hält HaMoked für nicht »legitim«. In ihrer Untersuchung über Reisebeschränkungen kommt die Organisation zu dem Ergebnis, daß die Handhabe der Ausreisgenehmigungen Sicherheitserwägungen nicht gerechtfertigt erscheinen läßt. »Diese Methode hat keine moralische und rechtliche Legitimation.« Auf der Basis von 150 Anträgen kommt HaMoked zu folgenden Ergebnissen. Bei 70 Prozent der Eingaben erhielt die Organisation die Antwort, daß »der Ausreise nichts im Wege steht«. Ein geheimer Erlaß legt fest, daß Männer im Alter von 16/18 bis 36/39 Jahren bei Ausreise mindestens neun Monate im Ausland bleiben müssen. Diejenigen, die nicht solange bleiben wollen, erwarten bürokratische Hindernisse. HaMoked betont in seiner Untersuchung den Schaden und die Ungerechtigkeit, die dieser willkürliche Erlaß anrichtet. Zwölf Prozent der Bewerber in 1991 erhielten eine Ausreisegenehmigung für ein Jahr. Dies führte zu einer Debatte über ein »freiwilliges Exil«. 12,5 Prozent lehnte man den Antrag ab. Dagegen legten die Betroffenen Einspruch ein, weil die Ablehnungen nicht sicherheitsbedingt waren. Dringende Ausreiseanträge wegen medizinischer Behandlung werden mit Verzögerungen und Gleichgültigkeit behandelt. Der Shin Bet, der für die Verzögerungen hauptsächlich verantwortlich ist, ist nicht greifbar. Er benutzt seine unsichtbare Macht, um Ausreiseanträge aus den verschiedensten Gründen abzulehnen, wie z.B. aus Gründen einer verhängten Kollektivstrafe über die Familie, oder man versucht, den Antragsteller als Kollaborateur zu gewinnen. Einige Antragsteller haben eine Eingabe an den HCJ eingereicht. Bevor es jedoch zur Anhörung kam, gaben die Sicherheitsbehörden nach.

Obwohl die Verweigerung der Ausreise nicht zu den zentralen Menschenrechtsverletzungen gehört, leiden doch eine nicht unerhebliche Zahl von Menschen darunter. HaMoked zeigt in seiner Untersuchung, daß die Genehmigung oft von der Stimmung des gerade Diensthabenden abhängt. Viele Briefe der Organisation würden nicht beantwortet. »All dies zeigt eine völlige Mißachtung der Rechte, Gefühle, Ehre, Zeit und Geld vieler Menschen, deren einziges Verbrechen ihr Wunsch ist, die Gegend zu verlassen.« Die Gewährung einer Ausreisegenehmigung ist nicht so sehr ein Recht, sondern ein Privileg, das man gewähren kann oder auch nicht. Die Rolle des Shin Bet in diesem Verfahren ist so dubios wie in anderen Fällen von Menschenrechtsverletzungen. Sein widerrechtliches Verhalten bedarf in einer Demokratie dringend der rechtlichen Kontrolle.

13. Recht auf Familienzusammenführung

Das Recht, eine Familie zu gründen und mit seinen Kindern zusammenzuleben, gehört zu den elementaren Rechten einer jeden Gesellschaft. Artikel 16 der Allgemeinen Erklärung der Menschenrechte und Artikel 23 Abs. 2 des ICCPR garantieren in ähnlich lautenden Worten diesen Rechtsanspruch, der den besonderen Schutz durch Gesellschaft und Staat genießt. Eine ähnliche Tradition findet man im Judentum. In Genesis 2, 24 heißt es: »Darum verläßt der Mann Vater und Mutter und bindet sich an seine Frau, und sie werden ein Fleisch.« Sowohl die HLKO als auch die VGK betonen die wichtige Rolle der Familie und deren besonderen Schutz. So betont Artikel 46 HLKO, die »Ehre und die Rechte der Familie« zu achten, und Artikel 27 VGK spricht von dem Schutz der »Familienrechte«. Wenn Israel – wie in der Vergangenheit geschehen – Mutter und Kind deportiert, verstößt es damit eindeutig auch gegen das Übereinkommen über die Rechte des Kindes vom 20. November 1989, das Israel im September 1991 ratifiziert hat, in dessen Artikel 9 die Staaten dafür Sorge tragen, »daß ein Kind nicht gegen den Willen seiner Eltern von diesen getrennt wird«. Im I. Zusatzprotokoll zur VGK von 1977 heißt es in Artikel 74, daß die Konfliktparteien die Zusammenführung von Familien erleichtern wollen. Dieses Protokoll hat Israel aber nicht unterzeichnet.

Das Recht eines Paares mit seinen Kindern zusammenzuleben, selbst wenn ein Teil noch nicht eingebürgert ist, wird von den meisten Staaten anerkannt und praktiziert. Einem noch nicht eingebürgerten Familienteil wird entweder die Staatsangehörigkeit oder ein dauerndes Aufenthaltsrecht nach einem Verfahren oder sogar direkt gewährt. So ist die Praxis auch in Israel, das in seinem Rückkehrergesetz von 1950 jedem Juden das Recht einräumt, nach Israel einzuwandern; es garantiert dieses Recht auch jedem Angehörigen, Kind oder Enkelkind, das von einem Juden abstammt. Rückkehrwilligen Palästinensern wird dagegen die Familienzusammenführung so schwer wie möglich gemacht. Daran hat auch das »Gaza-Jericho-Abkommen« nichts geändert. Dies ist kein Zufall, wie Al-Haq in seiner Untersuchung »The Right to Unite« feststellt. »Im Gegenteil, es ist das Ergebnis einer bestimmten Politik, die systematisch durch die israelischen Militärbehörden angewandt wird.« Diesem harten Vorwurf wollen wir nachgehen.

Die britische Mandatsmacht gewährte schon 1925 allen in Palästina lebenden Bewohnern unabhängig von Rasse, Religion, Hautfarbe und Geschlecht die palästinensische Staatsangehörigkeit. Nach 1948 annektierte Jordanien die Westbank und gab den Bewohnern die jordanische Staatsbürgerschaft. Die Ägypter dagegen verwalteten den Gaza-Streifen nur, ohne den Bewohnern ihre Staatsbürgerschaft zu gewähren; sie behielten ihre palästinensische Staatsangehörigkeit. Die wurde nochmals im ägyptischen Staatsbürgergesetz von 1962 bestätigt. Somit waren bei der Besetzung im Juni 1967 diese Bestimmungen in Kraft, die nach Völkerrecht auch bis heute weiter fortgelten. Obwohl die Palästinenser eine Staatsbürgerschaft besaßen, wird ihnen von Israel heute das Wohnrecht in den besetzten Gebieten streitig gemacht.

Israels ablehnende Haltung gegenüber der VGK wurde schon mehrmals begründet. Da es sich bei der Besetzung der Westbank und des Gaza-Streifens um eine »kriegerische Besetzung« handelt, wurde in den Militärerlassen aus den Jahren 1967/68 die Gebiete zu »geschlossenen Gebieten« erklärt, in die nur mit Genehmigung des Militärkommendeurs eingereist werden durfte. Diese Bestimmungen gestatten noch nicht einmal die freie Ausreise im Falle von Heirat. Indem Israel betroffenen Personen die Familienzusammenführung gestattet, erweist es »Edelmut«. Drei Gründe sind es, die den Palästinensern das Recht auf Familienzusammenführung immer wieder streitig machen: Erstens behauptet Israel, daß es so ein Recht weder in der HLKO nach der VGK gebe, sondern es ein Privileg, ein Gnadenakt sei, den die Behörden aufgrund humanitärer Erwägungen gewähren können oder auch nicht. Diese Auffassung wurde HaMoked ausdrücklich nochmals vom Büro des Generalstaatsanwalts im November 1990 bestätigt; die gleiche Position vertritt auch der HCJ (HCJ 13/86; 5168/90). Zweitens würde ein Rechtsanspruch auf Familienzusammenführung eine Gefahr für die »Sicherheit« darstellen und hätte politische und ökonomische Auswirkungen. Israel bestätigt sein Recht als Besatzer, indem es entsprechende Maßnahmen in den besetzten Gebieten durchführt, die seine Sicherheit garantieren. Die Entscheidung auf der Basis von Sicherheitserwägungen hat der HCJ den Behörden zugestanden (HCJ 66/80). Drittens hat Israel deutlich gemacht, daß es eine Zunahme der palästinensischen Bevölkerung fürchtet.

Wer darf nun in die besetzten oder autonomen Gebiete einreisen? Die rechtliche und politische Lage veränderte sich mit der Besetzung der Gebiete. Hunderttausende Palästinenser flohen vor dem Krieg. Unter Ausgangssperre führte Israel im September 1967 eine Volkszählung durch. 1 022.000 Palästinenser wurden gezählt, dies waren 325.000 weniger als vor dem Krieg. Jeder auf Dauer Ansässige wurde durch Militärerlaß gezwungen, eine Identitätskarte zu besitzen. Dies betraf jeden über 16 Jahre. Alle Jüngeren wurden auf den Identitätskarten der Eltern geführt. Diese Ausweise garantieren den Palästinensern weder Nationalität noch Staatsangehörigkeit und können nicht für die Reise ins Ausland verwendet werden. Kehrt ein Palästinenser aus dem Ausland nicht in der vorgeschriebenen Frist zurück – in der Regel zwischen zwei und sechs Jahren – verliert er seine Identitätskarte. Sie können jedoch in den besetzten Gebieten leben, arbeiten und Eigentum besitzen. Diese Rechte können jederzeit durch bürokratische Verfahrensregeln entzogen werden. So können die Behörden annehmen, daß ein Palästinenser in irgendeinem anderen Land leben möchte, das ihm einen Reisepaß ausgestellt hat. Sie können ihm nun sein Wohnrecht entziehen, dadurch verliert er sein Eigentum, sprich das Land; dieses fällt an den Treuhänder, der abwesendes Eigentum verwaltet. Sein Wohnrecht verliert auch, wer eine andere Staatsbürgerschaft annimmt. Alle Palästinenser, die sich – aus welchem Grund auch immer – am Tag der Volkszählung im Ausland aufgehalten haben, verloren ihr Wohnrecht. Schon kurz nach Kriegsende begann Israel mit der Familienzusammenführung. Im Laufe der Jahre hat das Problem aber an Schärfe zugenommen. Bedingt durch den Golfkrieg mußten viele Palästinenser Kuwait verlassen, hinzu kamen die Personen aus anderen arabischen Staaten, die mit Palästinensern verheiratet sind. Alle diese Personen müssen einen Antrag auf Familienzusammenführung stellen. Ein solcher Antrag muß auch von denjenigen Personen gestellt werden, die jemanden heiraten, der nicht als Bewohner der besetzten Gebiete anerkannt ist, weil die Heiratsbräuche auch eine Heirat innerhalb der Familie gestatten. Familienmitglieder, deren Antrag abgelehnt worden ist, reisen seit 1984 mit einem Besuchervisum ein, das aber nur für einen Monat gilt; es kann maximal zweimal einen Monat verlängert werden. Viele leben deshalb illegal in den Gebieten. Schätzungen sprechen von 120.000, meistens Frauen und Kinder. Sie haben aber keinen Anspruch auf medizinische Versorgung und Ausbildung. Der Besitz von Eigentum ist ihnen nicht gestattet. Dies macht sie völlig von ihren Ehemännern abhängig und hat dazu noch den Nachteil, daß die Kinder nicht erbberechtigt sind. Wenn die Kinder 16 Jahre alt sind, haben sie keinen Anspruch auf eine Identitätskarte und verlieren auch die gewährten anderen Vergünstigungen.

Im September 1987 erließ Israel den neuen, restriktiven Militärerlaß Nr. 1208, der den Status der Palästinenser berührte. Von nun an erhielt ein Kind nur noch die Wohnberechtigung, wenn beide Eltern diese auch hatten, oder wenn die Mutter als Bewohnerin registiert war. Zuvor wurde Kindern auch die Wohnberechtigung erteilt, wenn der Vater sie besaß. Durch diese Änderung wurden viele Neugeborene zu »illegalen« Bewohnern. Aufgrund dieser Gesetzesänderung wurde eine große Zahl neugeborener Kinder ihres Wohnrechtes beraubt, nämlich dort wo sie geboren wurden oder wo der Vater sein legales Aufenthaltsrecht besitzt. Seit März 1989 muß jeder Palästinenser eine Identitätskarte besitzen, vorher waren dazu nur die Männer verpflichtet. Von 1609 untersuchten Fällen hatte nur in 907 (56 Prozent) der Vater ein Wohnrecht. In 308 Fällen (19 Prozent) stellte die Frau einen Antrag auf Wohnrecht für ihren Mann. Auch Jordanien hat Einfluß auf den Status von Kindern. Nachdem es 1988 auf die Westbank verzichtet hatte, stellte das Land nur noch Geburtsurkunden für neugeborene Kinder aus. Jordanien definierte solch ein Kind als Palästinenser. Falls die Mutter im Besitz eines jordanischen Paßes ist, darf das Kind darin nicht vermerkt sein. Somit sind diese Kinder staatenlos und erhalten weder einen jordanischen Paß noch eine israelische Identitätskarte.

Diese neue Politik läßt die Aussicht der Palästinenser auf Familienzusammenführung düster erscheinen. ACRI registrierte im Mai 1987 eine »sichtliche Verhärtung« der Familienzusammenführung seit 1983. Das Problem spitzte sich dramatisch zu als zwischen Mai und Dezember 1989 die Behörden begannen, nachts Frauen und Kinder zu deportieren. Von dieser rechtswidrigen und unmenschlichen Politik waren 250 Personen betroffen. Die Maßnahme lief wie folgt ab: Nachts erschien in einem Dorf eine Militäreinheit, trieb alle Bewohner zwischen 16 und 60 Jahren an einem gewissen Punkt zusammen und befahl jenen, die deportiert werden sollten, ihre Sachen zu packen und den Ort sofort zu verlassen. Nach Angaben von B'Tselem waren 46 Prozent der Betroffenen Frauen, 50 Prozent Kinder und vier Prozent Männer. Zirka zehn Prozent der Frauen waren schwanger, und ein Teil waren Kleinkinder. Sie wurden entweder mit einem Militärfahrzeug abtransportiert oder sie mußten sich ein Taxi nehmen, das sie an die Grenze zu Jordanien brachte; bevor sie die Gebiete verließen, mußten sie noch 150 Shekel Strafe wegen Überziehung ihrer Aufenthaltsgenehmigung zahlen. Die betroffenen Frauen hatten kein Wohnrecht, waren aber mit Palästinensern verheiratet, die diesen Status besaßen. Sie lebten in den besetzten Gebieten aufgrund eines Besuchervisums. Nach Ablauf dieser Aufenthaltsgenehmigung mußte man das Land für weitere drei Monate verlassen und konnte dann erneut einen Antrag auf Einreise für drei Monate stellen. Neben den finanziellen Belastungen kann ein Teil wegen dieser Maßnahmen keiner festen Arbeit nachgehen, von den psychologischen und emotionalen Belastungen gar nicht zu sprechen.

Ein Artikel über die Deportationen auf der ersten Seite der »Washington Post« vom 30. Januar 1990 führte zu internationalen Protesten. Das amerikanische Außenministerium verlangte von der israelischen Regierung mehr »Sensibilität und Flexibilität«. Ein Sprecher des damaligen Verteidigungsministers Yitzhak Rabin erklärte am Tag darauf, daß aus »humanitären Gründen« die »Deportation ausländischer Personen« bis auf weiteres eingestellt werde. Im Mai 1990 reichte ACRI eine Eingabe an den HCJ ein und verlangte die Rückkehr von sechs Familien samt deren Kindern. Die Behörden wurden darin aufgefordert, den Betroffenen entweder ein permanentes Aufenthaltsrecht oder aber die Einreise per Besuchervisum zu gestatten. ACRI argumentierte, daß es die Pflicht einer Besatzungsmacht nach Völkerrecht sei, für das Wohlergehen der betroffenen Bevölkerung zu sorgen, anstatt die Handlungen nach politischen und demographischen Kriterien auszurichten, was dagegen nicht zu den Aufgaben einer Besatzungsmacht gehöre. Der HCJ wies die Eingabe von ACRI zurück, weil der Generalstaatsanwalt und die Armee eine Änderung der Politik angekündigt hatten (HCJ 1979/90). Man war jetzt bereit, ein »permanentes Besuchervisum« auszustellen, das für längere Zeit gültig sein sollte und automatisch verlängerbar war. Die Armee sagte auch zu, daß den Betroffenen ab sofort auch die übliche medizinische Versorgung und die anderen Dienstleistungen zur Verfügung stünden. Nach diesen Änderungen kehrten bis auf diejenigen, gegen die »Sicherheitsbedenken« bestanden, alle Deportierten zurück. Der HCJ begründete die Zurückweisung der Petition von ACRI auch damit, daß man die Veränderungen in der Politik erst einmal beobachten müsse, betonte aber auch, daß der Status der Betroffenen nicht unbegrenzt in der Schwebe gehalten werden könne.

Trotz dieser scheinbar positiven Veränderungen ist nach B'Tselem »die neue Politik in der Praxis nicht erfolgreich«, und der Status »der Familien ist so unklar wie zuvor«. Im Juni 1991 gab die Armee bekannt, daß die Entscheidung vom Juni 1990 nur auf Familien angewendet würde, die nach diesem Zeitpunkt in den besetzten Gebieten eingereist seien. Alle vor diesem Datum zugereisten, mußten sich der alten Drei-Monats-Regelung unterwerfen. Im Juli 1991 wurden überraschenderweise die Deportationen wieder aufgenommen. Dieses Mal wurden die Betroffenen nicht mit Lastwagen abtransportiert, sondern man befahl den Männern in Nablus, Tulkarem, Bethlehem und Ramallah zur Zivilverwaltung zu kommen und teilte ihnen mit, daß ihre Frauen das Land innerhalb von 24 bis 48 Stunden zu verlassen hätten. Gegen diese Maßnahmen protestierten B'Tselem und ACRI beim Rechtsberater des Militärs und hielten eine Pressekonfernz ab. Bei diesen Deportationen handelte es sich nach B'Tselem um keine zufälligen »Mißverständnisse«, sondern sie waren »Teil einer Politik, die jeden ›illegalen Bewohner‹ der besetzten Gebiete betraf«. Daraufhin reichte ACRI erneut Beschwerde beim HCJ ein und verlangte, daß allen Familien jetzt und in Zukunft ein permanenter Besucherstatus zugestanden werden solle. Dieser Petition schloß sich auch HaMoked-Anwalt Andre Rosenthal mit 100 weiteren Fällen an. Vor der Entscheidung des HCJ stimmte die Armee einer Vereinbarung zu, die am 6. Juni 1990 getroffene Vereinbarung auf alle auszudehnen, die bis 31. August 1992 eingereist waren, und die in Zukunft noch kommen werden. Für sie werden sechsmonatige Besuchervisa ausgestellt, die automatisch um weitere sechs Monate verlängert werden können. Die Armeeführung stimmte auch der Rückkehr der vor diesem Zeitpunkt Ausgewiesenen zu.

Die augenblickliche Lage kann als kritisch und im Fluß befindlich bezeichnet werden. Diese erzielte Vereinbarung trifft nur auf unmittelbare Familienangehörige zu, und zwar auf Frauen und Kinder, die keinen Dauerwohnsitz in den besetzten Gebieten haben. Nicht unter diese Bestimmungen fallen Brüder, Schwestern, Jugendliche, Verlobte und Schwäger; sie wurden mit der Begründung abgelehnt, daß »sie nur entfernte Verwandte sind«. Diese Personengruppen müssen weiter die Gebiete verlassen, und wer bleibt, gilt als »illegal«. Des weiteren sind alle, die nach dem 1. September 1992 einreisen, davon ausgenommen, selbst wenn sie mit einem Bewohner verheiratet sind oder minderjährige Kinder haben. Sie können als »Besucher« bleiben, solange sie 300 Shekel für die Verlängerung ihrer Aufenthaltsgenehmigung zahlen. Diese Personengruppe kann nur vor der Deportation bewahrt werden, wenn Menschenrechtsorganisationen wie HaMoked, ACRI oder B'Tselem sich ihnen annehmen. Obwohl dieses Abkommen auch den Gaza-Streifen ausdrücklich mit einschließt, werden die dortigen Bewohner nicht sachgerecht informiert. Die Vereinbarung vom November 1992 enthält natürlich auch die »Sicherheitsklausel«, die beinhaltet, daß der Antrag auf Aufenthalt nur mit der Zustimmung durch den Geheimdienst erteilt wird. Es muß befürchtet werden, daß politische Häftlinge und deren Familien die ersten Opfer sein werden. Um einer Ausweisung zu entgehen, wird den Betroffenen die Zusammenarbeit mit dem Geheimdienst angeboten, wie aus einer eidesstattlichen Erklärung hervorgeht (Anhang, S. 360ff.). Al-Haq hat aus einer Untersuchung von 1609 Personen 15 solcher Erklärungen in seiner Veröffentlichung »Application Denied« aus dem Jahre 1991 zusammengestellt. Abgesehen von der rechtlichen Seite geben diese eidesstattlichen Versicherungen Einblick in die humanitären Dimensionen, in der sich die Betroffenen befinden.

Im August 1993 wurden neue Richtlinien für die Familienzusammenführung erlassen. Ehegatten und deren minderjährige Kinder ohne Wohnrecht von Palästinensern in der Westbank und dem Gaza-Streifen, die vor dem

31. August 1992 eingereist sind, erhalten die Genehmigung der Familienzusammenführung, nachdem ihr Fall von den Sicherheitsbehörden überprüft worden ist. Zirka 6000 Palästinenser, die mit sechsmonatigem Visa in den besetzten Gebieten leben, erhalten das permanente Wohnrecht. Diese Vereinbarung wurde nach Angaben von AIC im April vom Innenministerium ohne Angabe von Gründen wieder außer Kraft gesetzt. In Zukunft will Israel 5000 Personen, d.h. 2000 Anträge auf Familienzusammenführung pro Jahr genehmigen. Diese Anzahl wird auf drei Gruppen verteilt:

- verheiratete Ehegatten ohne Wohnrecht,
- besondere humanitäre Fälle und
- Anträge, die im Interesse der Behörden liegen.

Die Anträge müssen bei der Zivilverwaltung gestellt werden, während die betroffene Person sich im Ausland aufhalten muß.

Was hat sich nach dem »Gaza-Jericho-Abkommen« in bezug auf Ein- und Ausreise für die Palästinenser geändert? Für die Bewohner der besetzten Gebiete hat sich bei der Ausreise nichts geändert. Palästinenser aus den autonomen Gebieten erhalten einen »palästinensischen Paß«. Die Letztentscheidung wird aber von den israelischen Sicherheitskräften abhängen. Alle Personen, die in die autonomen Gebiete einreisen wollen, müssen durch die elektronische Sperre. Dann müssen Israelis und Touristen in Israel durch die israelischen Grenzkontrollen, wohingegen Palästinenser und Touristen der autonomen Gebiete sich einer israelisch-palästinensischen Kontrolle unterziehen müssen. »Verdächtige« Personen müssen sich einer Leibesvisitation unterziehen.

Palästinenser, die zum Zeitpunkt der Unterzeichnung der »Prinzipienerklärung« nicht im Besitz von gültigen israelischen Ausweispapieren waren, können nur einreisen, wenn Verwandte mit Wohnrecht ein Besuchervisum erhalten haben. Bewohner der autonomen Gebiete können für ihre Verwandten Besuchervisa bei der palästinensischen Selbstverwaltung beantragen, die die Anträge zur Genehmigung an die israelischen Behörden weiterleiten. Für die Bewohner der besetzten Gebiete bleibt alles beim alten; sie müssen ihre Anträge weiterhin bei der Zivilverwaltung oder dem Innenministerium stellen. Besuchervisa gelten nur für die autonomen Gebiete und nicht für die besetzten Gebiete. Die palästinensischen Behörden können diese einmal für drei Monate verlängern. Eine weitere Verlängerung kann nur von Israel erteilt werden. Die Gewährung von Dauerwohnrecht für alle Gebiete bleibt allein in der Hand der israelischen Behörden. Die palästinensische Polizei und deren Angehörige fallen nicht unter die Quote von 2000 Anträgen auf Familienzusammenführung.

Die Regularien für die Aus- und Einreise machen deutlich, daß die Palästinenser keinerlei eigenständige Entscheidungsbefugnis besitzen. Auch die südafrikanischen Homelands hatten ihre eigenen Pässe, Fahne, Briefmarken und eine starke Polizeitruppe. Diese Insignien der Macht haben aber mit Selbstverwaltung und Autonomie nichts zu tun.

Israels Position in puncto Familienzusammenführung wäre nach Meinung des Geheimdienstes Shin Bet stark beeinträchtigt worden, wenn der Vorschlag der Mehrheit der Knesset Gesetz geworden wäre, das die Rückkehr der Bewohner der galiläischen Dörfer Ikrit und Biram gestattet hätte, die 1948 von der Hagana vertrieben worden sind. Dies hätte nach Ansicht des Shin Bet Präzedenzcharakter. Deshalb legte er sein Veto gegen die Mehrheitsentscheidung der Knesset ein! Der melkitische Priester Elias Chacour berichtet in seinen Büchern in beeindruckender Weise über diese Vertreibungen und die Rolle der israelischen Soldaten.

AIC berichtete im Mai 1993, daß Kollaborateure eine dauernde Aufenthaltsgenehmigung für ihre Ehefrauen erhalten, gleichgültig ob sie vor der Vereinbarung vom November 1992 betroffen sind. Der Preis für eine solche Genehmigung stieg von 200 Shekel im Februar auf 400 bis 500 Shekel im April 1993. Dieses Phänomen zeigt, daß die rechtliche Lage irrelevant ist und die Menschen sich in ihrer Notlage in eine solche Situation begeben.

Das Aufenthalts- und Wohnrecht in Jerusalem ist von dieser Vereinbarung nicht betroffen und kreist zum Beispiel um zwei Probleme: Palästinenser, die ihr Wohnrecht dort beantragen und ihre Kinder registieren wollen, müssen sich an das Innenministerium wenden. Da nach israelischem Recht Bewohner der besetzten Gebiete als »Ausländer« gelten, fällt nach dem Einwanderungsrecht die Entscheidung über ein dauerndes Aufenthaltsrecht in Jerusalem in die Kompetenz des Innenministers. Auf der Grundlage dieses Gesetzes erhalten Palästinenser ein permanentes Aufenthaltsrecht nur in Ausnahmefällen. So ist es einem Bewohner aus Nablus oder Ramallah nicht ohne weiteres gestattet, in Jerusalem zu wohnen, wie dies für jeden Israeli selbstverständlich ist. Das Innenministerium behandelt vorwiegend nur Fälle von Ausländerinnen, die mit einem Bewohner von Jerusalem verheiratet sind, aber selbst kein Wohnrecht dort besitzen. Der einzige Weg für diese Menschen zusammenzuleben, ist die Beantragung der Familienzusammenführung. Männer, die mit Bewohnerinnen von Jerusalem verheiratet sind, ist die Familienzusammenführung verweigert. Das Paar hat entweder die Alternative aus Jerusalem wegzuziehen oder in der Stadt illegal zu leben.

Die Registrierung eines palästinensischen Kindes ist sehr kompliziert. Nach Artikel 12 des Einwanderungsgesetzes erhält ein nicht-jüdisches Kind den Status seiner Eltern. In den Fällen, in denen die Eltern nicht den gleichen Status haben, erhält das Kind den Status des Vaters. Nach dieser Bestimmung erhält ein Kind von einer Jerusalemer Mutter und eines Vaters aus der Westbank nicht das Aufenthaltsrecht in Jerusalem. 1986 legte ACRI beim staatlichen Rechtsberater Beschwerde ein, weil diese Regelung die Palästinenserinnen in Jerusalem diskriminiere. Das Innenministerium sagte zu, daß Kinder von Jerusalemer Müttern in Jerusalem ihr Wohnrecht erhalten würden, wenn der Vater diesem zustimme und die Mutter nachweisen könne, daß ihr Lebensmittelpunkt in Jerusalem sei. Trotz dieser Vereinbarung kommt AIC zu dem Ergebnis, daß, »obwohl viele Kinder diese Kriterien erfüllen, nicht in Jerusalem registriert werden, sondern eher in der Westbank oder überhaupt nicht«.

Besonders hart sind die Bewohner des Gaza-Streifens betroffen. Da ihnen Ägypten nie die ägyptische Staatsbürgerschaft gegeben hatte, steht in ihren Dokumenten Palästinenser. Nach der Niederlage der Ägypter 1967 wurden die Bewohner des Gaza-Streifens staatenlos. Ein Teil der Bewohner des Gaza-Streifens verlor sein Wohnrecht, nachdem 1982 im Zuge des israelisch-ägyptischen Friedensvertrages die Grenze im Sinai festgelegt wurde, weil sie nicht rechtzeitig den Sinai verlassen hatten. Alle Bewohner ohne ordentliches Wohnrecht mit Ausnahme einiger, die eine andere Staatsbürgerschaft angenommen haben oder denen Familienzusammenführung gewährt worden ist, gelten in Ägypten, den Golfstaaten oder sonstwo als Staatenlose. Die Vereinbarung vom Juni 1990 wurde nie auf den Gaza-Streifen ausgedehnt. Palästinenserinnen aus Ägypten oder Kuwait, die mit einem Verwandten aus Gaza verheiratet sind, wurde nie alle sechs Monate ihr Aufenthalt erneuert. So leben viele im Gaza-Streifen, deren Papiere schon vor Jahren abgelaufen sind. Auch ihre ägyptischen Dokumente sind ungültig. Ihre Kinder bekommen Probleme, wenn sie eingeschult werden. Deshalb gehen einige erst gar nicht in die Schule. Ägypterinnen, die mit einem Palästinenser aus dem Gaza-Streifen verheiratet sind, reisen mit einem regulären Visa ein. Es kann regelmäßig in Ägypten erneuert werden. Sie dürfen aber nicht ihre Kinder mit nach Ägypten bringen. Besonders hart betroffen sind die Palästinenser aus Kuwait. So gibt zwar Ägypten Reisedokumente für staatenlose Palästinenser nicht nur aus dem Gaza-Streifen oder aus Ägypten, sondern auch von Syrien, Libanon oder den Golfstaaten aus. Diese Dokumente erlauben es ihnen aber nicht, nach Ägypten einzureisen, wenn sie nicht im Besitz eines Visums sind. Seit dem Golfkrieg ist es fast unmöglich geworden, ein Visum zu erhalten. Die Verweigerung eines Visums für Ägypten macht es für solche Bewohner des Gaza-Streifens ohne Wohnrecht unmöglich, zu ihren Familien zurückzukehren; sie können aber auch nicht in Drittländer reisen. Augenblicklich leben zwischen 80.000 bis 120.000 Palästinenser in Ägypten. Im Rahmen des Vier-Parteien-Ausschusses, dem Israel, Palästina, Jordanien und Ägypten angehören, sollen Rückkehrmodalitäten für die 1967-Flüchtlinge diskutiert werden. Palästinenser, die ägyptische Dokumente besitzen und in Jordanien leben, wurden aufgefordert, sich zwischen dem 15. Januar und dem 15. April in der ägyptischen Botschaft registrieren zu lassen. Bisher sind nur einige dieser Aufforderung gefolgt, weil sie negative Auswirkungen auf ihr Bleiberecht in Jordanien befürchten. Zirka 21.000 Palästinenser aus dem Gaza-Streifen leben in Lagern an der kuwaitisch-irakischen Grenze. Zehntausende andere leben in den Golfstaaten, ohne Arbeit, ohne Bleibe und ohne einen Ort, an den sie ziehen können.

Wie erreicht man eine Familienzusammenführung? Israelische Politik seit 1984 ist es, Anträge auf Familienzusammenführung nur in Ausnahmefällen zu genehmigen. Diese Antragsform wird gewählt, um ein permanentes Wohnrecht zu erlangen. Bestimmungen, die die Formalitäten für eine Familienzusammenführung regeln, sind nicht veröffentlicht. Seit der Intifada wurde der Weg zur Antragstellung bei der Zivilverwaltung des betreffenden Bezirkes sehr erschwert. Bewohner Jerusalems müssen den Antrag beim Innenministerium stellen. Bevor überhaupt ein Antrag abgegeben werden kann, muß der Antragsteller die Zustimmung von folgenden Behörden bekommen: Einkommen- und Mehrwertsteuerabteilung, der Stadtverwaltung, der Polizei und dem Dorfchef (mukhtar). Nach positivem Votum dieser Stellen, kann der Antrag bei der Zivilverwaltung abgegeben werden. Bevor die sich mit dem Antrag befaßt, muß erst der Geheimdienst zustimmen. Erst nachdem alle Behörden positiv entschieden haben, wird der Antrag formal akzeptiert. Die Gesamtkosten bis zu diesem Zeitpunkt belaufen sich auf 300 Shekel, zirka 150 US-Dollar.

Der Antragsteller wird in der Regel gefragt, in welchem Land sich die betreffende Person aufhält. Ist sie bereits im Land und die Antwort ist »ja«, wird der Antrag nicht angenommen, bis die betreffende Person das Land verlassen hat. Al-Haq berichtet von einem Fall, wo genau das Gegenteil zutraf. Da es keine allgemein zugänglichen Richtlinien gibt, ist es für einen Antragsteller schwer, die richtigen Regeln einzuhalten. Ein Antrag bezieht sich in der Regel auf mehrere Personen, da Kinder unter 16 Jahren keines eigenen Antrages bedürfen. Entschieden werden die Anträge von einem unregelmäßig tagenden Militärausschuß. Es gibt weder eine Anhörung noch hat der Antragsteller die Möglichkeit, Argumente oder andere Fakten nachzureichen. Es ist nicht bekannt anhand welcher Kriterien – außer »exceptional humanitärian or administrative reasons« – über die Anträge entschieden wird. Außergewöhnlich humanitäre Gründe bedeuten, daß es sich um einen besonderen Notfall handelt. Eine endgültige Antwort auf einen Antrag erhält man jedoch nicht vor einem Jahr nach Abgabe. Wird ein Antrag abgelehnt, ist die Begründung sehr allgemein, und sie erfolgt meistens nur mündlich. Von den von Al-Haq untersuchten 1609 Fällen wurden 1560 ohne Angabe von Gründen abgelehnt, dies entspricht 97 Prozent. Ein Wiederholungsantrag kann erst nach einem Jahr gestellt werden. Gegen die Ablehnung ist kein Einspruch möglich, sondern nur ein sogenanntes »Überprüfungsverfahren« vor dem HCJ. Der HCJ prüft nicht die rechtliche Grundlage des Verfahrens, sondern nur den formalen Ablauf. Die meisten »Überprüfungsverfahren« wurden negativ beschieden. Der HCJ hat auch keine Einwände gegen die nicht öffentlichen Antragskriterien. Das Gericht bestätigte in seinen Entscheidungen (HCJ 13/86; 58/68; 106/86) auch, daß eine Besatzungsmacht nicht verpflichtet ist, Familienzusammenführung zu gestatten. Der Besatzer muß vielmehr »die Sicherheitslage, politische, wirtschaftliche und allgemeine Phänomene und deren Konsequenzen berücksichtigen«. Der Antragsteller müsse die Notwendigkeit seines Antrages begründen und nicht die Behörden ihre Ablehnung einer festgelegten Politik. Nach Aussagen der Generalstaatsanwaltschaft zerrüttet die Ablehnung der Familienzusammenführung nicht die Familie, weil sie immer noch die Wahl hat, im Ausland zusammenzuleben.

Artikel 13 der Allgemeinen Erklärung der Menschenrechte gestattet Jedermann das Recht, sein Land zu verlassen und wieder zurückzukehren. Israel versucht, soweit es möglich erscheint, den 1967 geflohenen Palästinensern ein Rückkehrrecht zu verweigern. Das Rückkehrergesetz aus dem Jahre 1950 gibt jedem Juden überall auf der Welt das Recht, nach Israel einzuwandern. Von dieser Möglichkeit machen augenblicklich zigtausende Juden aus den Ländern der ehemaligen Sowjetunion Gebrauch. Aber Palästinenser, die seit Jahrhunderten in diesem Gebiet gelebt haben, wird dieses Recht verweigert. Mit welchem Recht? Ist es vielleicht aus politischen Gründen, um die Bevölkerungsstruktur langfristig zu Israels Gunsten zu verändern? Indem die Miltärbehörden palästinensichen Familien das Recht zusammenzuleben, verweigern, verletzen sie nicht nur Völkerrecht, sondern auch fundamentale, allgemeingültige menschliche Standards, und zwar das selbstverständliche Bedürfnis, mit seiner Familie zusammen in seinem Heimatland zu leben.

14. Tötung und Mißhandlung von Kindern

Seit Beginn der Intifada bis Oktober 1993 wurden 235 palästinensische Kinder im Alter bis zu 16 Jahren durch israelische Sicherheitskräfte getötet. 64 waren zwölf Jahre und jünger, 171 zwischen 13 und 16 Jahren. 38 allein kamen nach Angaben von B'Tselem in der Zeit vom 9. Dezember 1992 bis 8. Juni 1993 ums Leben. Dies sind doppelt so viele wie im ganzen Zeitraum von 1992. Nach Angaben von UNICEF wurden 22.757 Kinder bis 15 Jahren verwundet, was sechs Prozent der Bevölkerung entspricht. Wie konnte es zu dieser nicht geringen Zahl von Todesopfern und Verwundeten unter Kindern kommen?

Die israelische Sektion von »Defence for Children International (DCI)« und »Mental Health Workers for the Advancement of Peace (IMUT)« schreiben in ihrer Untersuchung über die Lage der Kinder in den besetzten Gebieten vom Juni 1993, daß die Bedingungen, unter denen Kinder in den Gebieten leben müssen, »diese systematisch in eine Lage gebracht werden, die ihr Leben, ihre Gesundheit, ihre Ausbildung und ihre Zukunftchancen beeinträchtigt. Sie bezahlen einen außerordentlich hohen Preis für die Willkür eines Regimes, unter dem sie leben müssen.« Und zu wenige »der Soldaten und Offiziere, die die Bestimmungen verletzen, werden angeklagt«, so die Organisationen. Das israelische Strafrecht von 1977 sieht für denjenigen, der einen Minderjährigen physisch oder psychisch verletzt, fünf Jahre Gefängnis vor.

In beiden Rechtssystemen sowohl in Israel als auch in den besetzten Gebieten werden Kinder unter zwölf Jahren für eine Straftat nicht bestraft. Nichtsdestotrotz sind Kinder über dieser Altersgrenze völlig unterschiedlichen Regeln unterworfen, schreibt DCI in »Israel Children's Rights Monitor« vom November 1992. Nach israelischem Gesetz und den Militärerlassen ist ein Minderjähriger über zwölf Jahren rechtlich verantwortlich für seine Taten. Israel hat das Straffälligkeitsalter in den besetzten Gebieten herabgesetzt. Lag es unter jordanischem Recht bei 17 Jahren, so gilt in den besetzten Gebieten ein Kind im Alter zwischen 12 und 16 Jahren als minderjährig (Militärerlaß Nr. 1220). In Israel liegt die Altersgrenze bei 18 Jahren. In der Praxis sieht es so aus, daß palästinensische Kinder ab 14 Jahren wie Erwachsene behandelt werden. Militärerlaß Nr. 132 definiert drei Kategorien von Minderjährigen: »Kinder« unter zwölf Jahren sollen weder verurteilt noch inhaftiert werden. In der Realität werden die Kinder nur für einige Stunden eingesperrt. »Heranwachsende Jugendliche« zwischen zwölf und 13 Jahren sollen getrennt von anderen Häftlingen eingesperrt werden, wenn der Militärkommandeur nichts anderes befiehlt, und die Haftzeit soll ein Jahr nicht übersteigen, wenn ihre Straftat unter dem Strafmaß von fünf Jahren liegt. »Jugendliche« zwischen 14 und 15 Jahren sollen ebenfalls nicht mit gewöhnlichen Häftlingen zusammengelegt werden; ihre Haftzeit kann aber schon unbegrenzt sein. Fast alle Jugendlichen, die vor einem Militärgericht angeklagt werden, haben gegen »Sicherheitsmaßnahmen« verstoßen. Vom Juni 1990 an wurden Minderjährige unter 14 Jahren für eine kurze Zeit eingesperrt und mit einer Geldstrafe belegt. Aber an den Haftstrafen für 14 und 15jährige hat sich nichts geändert. Die Höhe der Strafe ist von Gericht zu Gericht verschieden; sie hängt von der Persönlichkeit des Richters ab. Bei den Richtern handelt es sich um gewöhnliche Militär- und keine Jugendrichter.

Viele Familien werden durch die Verhängung von Geldstrafen und Kaution für Steinewerfer und andere Verstöße bei ihrer augenblicklichen schlechten ökonomischen Lage hart getroffen. Die Kaution erhalten die Eltern in der Regel zurückerstattet, wenn der Minderjährige innerhalb eines Jahres nicht erneut straffällig wird. Die Eltern können durch Androhung einer Haftstrafe gezwungen werden, die verhängten Geldstrafen zu bezahlen. Dies betrifft Kinder ab zwölf Jahren und Jugendliche zwischen 16 und 18, die in anderen Fällen wie Erwachsene behandelt werden.

In Israel wird klar zwischen einem Jugendlichen und einem Erwachsenen unterschieden, der einer Straftat verdächtigt wird. Können Erwachsene bis zu 48 Stunden ohne formale Anklage festgehalten werden, sind dies bei Minderjährigen nur 24 Stunden, was aber auch auf 48 Stunden ausgedehnt werden kann. Minderjährige zwischen zwölf und 14 Jahren können für 12 Stunden eingesperrt werden mit einer Verlängerungsmöglichkeit auf 24 Stunden. Nach dieser Zeit sollte ein Minderjähriger entweder entlassen oder einem Richter vorgeführt werden. Ein Kind von zwölf Jahren aufwärts kann auf Veranlassung eines Jugendrichters bis zu zehn Tagen eingesperrt bleiben, diese Frist kann nochmals um die gleiche Zeit verlängert werden. Auf Antrag des Rechtsberaters kann diese Zeit bis zu 90 Tagen ausgedehnt werden. Palästinensische Kinder dagegen bleiben im Gefängnis, bis ihre Verhandlung vorüber ist. Seit August 1992 gibt es ein »Gentlemen's agreement« zwischen ACRI und den Militärbehörden dahingehend, daß ein Kind nicht länger als acht Tage inhaftiert bleiben soll, bevor es einem Militärrichter vorgeführt wird. Dies wurde am 26. Oktober 1992 im Militärerlaß Nr. 1379 formalisiert.

Nach Meinung von DCI bekommt man von der Anzahl der Soldaten, die bei einer Gerichtsverhandlung anwesend sind den Eindruck, daß auch Minderjährige als »Terroristen« angesehen werden. Die Organisation berichtet von unhaltbaren Zuständen mancher »Gerichtsorte« und fährt fort:

»Wenn ein Richter endlich erscheint (oft verspätet und unvorbereitet) gleicht die Szene in dem ›Gericht‹ einem typischen Markt im Nahen Osten. Das verbale und physische Chaos macht es unmöglich, ein geregeltes Verfahren zu beginnen und aufrechtzuerhalten.« Unterbrechungen von Anhörungen durch das Kommen und Gehen von Anwälten und Soldaten ist üblich. Der Übersetzer ist so plaziert, daß der Angeklagte sein Gesicht nicht sehen kann. Während seiner Übersetzung redet der Ankläger immer weiter und trägt damit noch zum allgemeinen Chaos bei, so DCI.

In Ost-Jerusalem waren 1989 1307 Jugendliche in Haft; davon wurden 599 wegen diverser Vergehen angeklagt, wie B'Tselem berichtet. Palästinensische Jugendliche aus Ost-Jerusalem werden beim Verstoß gegen die »Sicherheit« wie Erwachsene behandelt und nicht nach dem auf Fürsorge ausgerichteten israelischen Jugendstrafrecht verurteilt; sie werden an das Militärgericht in Lod überstellt. Das Jerusalemer Stadtgericht verhandelt Verstöße wie das Steinewerfen während einer Demonstration; das Strafmaß liegt bei zirka 500 Shekel oder bei vier Monaten Gefängnis. Das Bezirksgericht befaßt sich mit Strafsachen wie Steinewerfen gegen Fahrzeuge, dem Werfen von Molotowcocktails oder Mitgliedschaft in einer illegalen Organisation; diese Fälle werden aber oft an das Militärgericht in Lod überwiesen, das härtere Strafen verhängt. So kann sich das Strafmaß für Steinewerfen gegen Fahrzeuge auf 18 Monate belaufen; es kann in Bewährung plus 5000 Shekel Strafe umgewandelt werden.

Ein dunkles Kapitel israelischer Besatzungspolitik ist die Behandlung von Gefangenen während der Verhöre. Hier kommt es oft zu Folterungen; davon nicht ausgenommen sind auch Jugendliche. Geständnisse werden oft durch Gewaltanwendung erzwungen. Dabei kommt die ganze Palette physischer und psychischer Grausamkeiten zur Anwendung, über die bereits im Folterkapitel berichtet worden ist. Im einzelnen handelt es sich um Schläge auf alle Körperteile, Verbrennungen durch Zigaretten, Essens- und Flüssigkeitsentzug, Aussetzung von extremer Wärme und Kälte. Kinder werden ebenfalls in engen Räumen wie dem »Sarg« eingesperrt, müssen einen überriechenden Sack über dem Kopf tragen und sind an Händen und Füßen gebunden, besondere Variante ist dabei der »Shabeh«. Psychischer Druck in Form von Morddrohungen, Druck gegenüber seiner Familie und andere Techniken, die die Unreife der Jugendlichen ausnutzen, wie das Sichlustigmachen über deren religiöse und politische Einstellungen.

Von seiten Israels werden auch Kollaborateure eingesetzt, um Informationen von Kindern zu erlangen. Diese Verhör- und Foltermethoden werden sowohl vom Geheimdienst Shin Bet als auch der Polizei angewandt, die für die Verhaftung und für die Verhöre von Kindern und Jugendlichen verantwortlich ist. Nur »Sicherheitsverstöße« Jugendlicher werden vom Shin Bet bearbeitet. Der Professor für Psychologie an der Hebräischen Universität, Charles Greenbaum, schreibt zu diesen Vorwürfen in der Untersuchung von B'Tselem über »Violence against Minors in Police Detention«, daß das »Verhalten der Polizei, wie es in diesem Bericht beschrieben wird, unethisch und illegal ist«. Neben der Frage, wie die Gewalt den Betroffenen und den Polizisten berühre, fragt Greenbaum, welche Auswirkungen die Gewaltanwendung auf die israelische Gesellschaft überhaupt habe. Hier stellt er einen Gewöhnungs-, Rechtfertigungs- und Leugnungseffekt fest. Man gewöhnt sich an das, was man hört. Die Rechtfertigung lautet: »Kinder, die Steine werfen und Gewalt anwenden, erhalten die Strafe, die sie verdienen.« Die Leugnung des Faktums geschieht nach dem Motto. »Das, was ich nicht weiß, existiert nicht.« So wird die Behandlung eines Jugendlichen im »Sarg« (60 x 80 cm) geleugnet. Greenbaum sieht denn auch die gefährlichen Auswirkungen für die Menschen, die dies nicht wahrhaben und wissen wollen. Eine Änderung dieser Verhaltensweise scheint wegen der psychologischen Lage der israelischen Gesellschaft im allgemeinen kurzfristig kaum erreichbar.

B'Tselem und PHRIC berichten übereinstimmend von Mißhandlungen von Kindern. Die meisten der Verhöre Jugendlicher und Kinder werden nachts durchgeführt. Sie erstrecken sich über mehrere Stunden und lassen sich in eine »Zermürbungsphase« und eine »Geständnisphase« einteilen. In ersterer werden die Häftlinge malträtiert und bedroht, in letzterer wird das Geständnis von einem anderen Polizeioffizier in Hebräisch aufgenommen; die Verhöre werden aber in Arabisch geführt. Sobald dieses Geständnis unterzeichnet ist, hören die Mißhandlungen auf. Aus rechtlichen Gründen werden in den Untersuchungen von B'Tselem und PHRIC nur die Initialen der Namen verwandt. Sie sind jedoch den Organisationen bekannt.

In einer eidesstattlichen Erklärung gab der 16jährige J.S. gegenüber Rechtsanwalt Sheldon Kleimeist folgendes zu Protokoll: »Es waren fünf Untersuchungsbeamte im Raum. Ich mußte mich auf einen Stuhl setzen. Sie fragten mich nach der Herkunft eines Flugblattes und sagten, ich sei ein Mitglied der Kommunistischen Bewegung. Ich wies die Beschuldigungen zurück; bei jeder Leugnung schlugen sie auf mich ein. Ein Beamter saß vor mir und stellte die Fragen, die anderen vier standen hinter mir und schlugen mich. Oder: Ein Beamter saß auf dem Tisch vor mir, riß mich an den Haaren, zwei andere nahmen mich bei der Schulter und einer schlug mich mit Fäusten. Am siebten Tag meiner Haft kam der Beamte Samer und schlug mich, ohne eine Frage zu stellen. Er schlug mich mit der Kante eines Plastiklineals auf alle Körperteile; überall waren Kratzer. Dann nahmen er eine Eisenstange und schlug mich auf den Kopf. Die ganze Zeit waren meine Hände vorn gefesselt und jedes Mal, wenn ich mich schützen wollte, wurden sie wieder auf den Rücken gebunden. Ich mußte mich übergeben und fühlte mich schwindlig. Der Verhörer schüttete mir Wasser über den Kopf, und ich konnte kaum atmen. Sie brachten mich zur Toilette, wo ich mich auf den Boden legte. Sie sagten zu meinem Freund, der dort auf mich wartete, daß, wenn ich nicht gestehen würde, das gleiche mit ihm passieren würde.« J.S. blieb solange in der Toilette, bis jemand kam und seinen Zustand sah. Er wurde ins Hadassah Krankenhaus in Ein Karem eingeliefert. Am gleichen Tag wurde er noch ins Gefängnis zurückgebracht und am darauffolgenden Tag entlassen.

So gestand der 12jährige M.U.R., daß er während des Verhörs für zirka drei Stunden geschlagen worden und für eine halbe Stunde in eine eineinhalb Quadratmeter große Zelle mit Toilette eingesperrt worden sei; sie war dunkel, stank fürchterlich, so daß der Häftling zu ersticken drohte. »Der Untersuchungsbeamte ging hinaus und rief einen anderen Beamten in Arabisch, so daß ich es verstehen konnte: Den Jungen hängen. Sie brachten einen kakifarbenen Sack, steckten mich hinein und banden ihn oben zu und hängten ihn an der Decke auf. Sie löschten das Licht und schlugen mit Stöcken auf mich ein. Ich wurde am Auge verletzt, was auch der Richter sah. Danach nahmen sie den Sack ab und machten Licht. Zehn Männer saßen plötzlich um mich herum. Ich weiß nicht, wie lange ich in dem Sack gewesen bin.«

An dem 17jährigen M.A.R. aus Abu-Tor wurden alle bekannten Foltermethoden angewandt, wie aus der eidesstaatlichen Erklärung gegenüber Rechtsanwalt Gil'ad Sher hervorgeht. »Nach meiner Verhaftung schlugen sie mich auf dem Weg ins Gefängnis. Der Shin Bet-Offizier sagte auf Hebräisch ›Schlag ihn‹. Nachdem sie im Russian Compound angekommen waren, brachten sie mich in ein Zimmer. Ein Shin Bet-Offizier befestigte eine Kaffiyeh auf meinem Kopf. Fesselte meine Hände auf dem Rücken und begann, auf mich einzuschlagen, ohne ein Wort zu sagen. Ich vermute, daß sie sich an mir rächen wollten, weil ich bisher noch nie gestanden hatte. Dann steckten sie mich für sieben Stunden in einen langen schwarzen Gang; ich war völlig allein, niemand sah nach mir. Dann kam ein Polizist und brachte mich in eine Zelle des Shin Bet. Er zog mir einen Sack über den Kopf und trat mich. Um neun Uhr warfen sie mir ein stinkendes Ei und einen halben Leib Brot durch das Fenster, aber ich aß nichts. Die ganze Zeit wurde ich geschlagen, keine Verhöre, nur Schläge. Nach 24 Stunden führten sie mich einem Richter vor, der die Haft um sieben Tage verlängerte. Jetzt erst fingen die Verhöre an. Avi Itach und ein anderer Mann brachten mich in einen abseits gelegenen Raum, so daß man meine Schreie nicht hören konnte. Avi nahm einen dünnen Stock und beide begannen, mich auf den Kopf und die Füße zu schlagen. Nach einer Weile – während meine Hände auf dem Rükken gefesselt waren und ich einen Sack über meinem Kopf trug, befahlen sie mir, meine Schuhe auszuziehen. Ich mußte meine Füße auf den Tisch legen und sie schlugen mit einem dünnen Stock auf meine nackten Füße. Als sie keinen Erfolg hatten, stießen sie mich zu Boden. Avi wurde müde, setzte sich auf den Stuhl und schlug mich. Das ganze dauerte zirka zwei Stunden. Nach dieser Zeit kam Yigal und begann mich zu schlagen und zu fluchen. Er nahm den Sack von meinem Kopf und sah, daß ich blaue Flekken im ganzen Gesicht hatte. Er lachte und sagte, daß ich ein Handtuch bräuchte, um mein Gesicht zu reinigen … Er befahl mir, aufzustehen, aber ich konnte nicht. Er zog mir den Sack über den Kopf, als ich auf dem Boden lag. Ich blieb dort über vier Stunden liegen. Plötzlich ging die Tür auf und Avi Itach, Yigal, Eli, Gabi und ein anderer dicker Mann kamen herein. Yigal zog mir den Sack vom Kopf und befahl mir aufzustehen. Ich versuchte es, schaffte es aber nicht. Zwei Mann halfen mir und setzten mich auf den Stuhl. Avi Itach gab mir Papier und einen Kugelschreiben und sagte: ›Das Gebräu ist fertig.‹ Ich sagte, daß ich nichts getan habe. Daraufhin schlugen sie mich wieder, noch schlimmer als zuvor, aber ich reagierte nicht. Dann brachten sie mich zurück in den Karzer. Ich wußte, daß Hauptmann Abu-Nihad für mich verantwortlich war. Sie brachten mich in sein Büro. Zuvor verlangte ich nach einem Arzt. Ich wurde angeschrien, daß mir nichts fehle, und man gab mir Aspirin. Anfangs war Abu-Nihad nett zu mir. Als er erfuhr, daß die anderen erfolglos waren, schrie er mich an. ›Bei uns wird nicht geschlagen, wir gebrauchen unseren Kopf. Wenn Du sprechen willst, fang an, falls nicht, haben wir Methoden, die dich zum Sprechen bringen. Wir klagen dich an, Autos in Brand gesetzt zu haben.‹ Ich sagte, daß ich nichts getan habe. Dann rief mich der Polizist Waxman, zog mir den Sack über den Kopf, fesselte mir die Hände auf dem Rücken und band mich an das »Rohr«. Auch andere waren daran festgebunden, denn sie riefen sich Anweisungen wie setzen oder aufstehen zu. Es gab keine Toilette, alles ging in die Hosen; es gab auch nichts zu essen. Ich war für eineinhalb Tage angebunden. Waxman schlug mich jedesmal mit schweren Schlüsseln, wenn er an mir vorbeiging. Der Polizist brachte mich zu Hauptmann Rashid zurück. Ich konnte nicht gehen, deshalb schob er mich. Er löste meine Fesseln und nahm den Sack ab und befahl, endlich zu gestehen. Als ich dies verweigerte, wurde ich gefesselt und bekam wieder den Sack über den Kopf. Dann brachten sie mich zu Hauptmann Abu-Nihad zurück, der mich verhörte. Nachdem er genug hatte, rief er Waxman, der mich ins »Grab« bringen sollte. Dies ist ein Loch von 60 x 80 cm, das durch eine Tür, die einige Löcher hat, verschlossen wird. Ich war zwei Stunden darin eingesperrt. Während der ganzen Zeit bekam ich nichts zu essen. Danach sperrten sie mich für weitere vier Tage in den Karzer. Nach dieser Zeit kam ein Shin Bet-Offizier, nahm meine Fingerabdrücke und schickte mich zu den anderen Gefangenen zurück. Nach eineinhalb Tagen führten sie mich dem Richter vor, der mich sofort freiließ. Sie brachten mich ins Makassed Krankenhaus, wo sie mich röntgen; sie stellten schwere Schläge am Kopf fest. Ich bekam Medizin und konnte nach Hause gehen.«

Der 16jährige A.A. aus Tur in Jerusalem war zwei Wochen im Russian Compound inhaftiert. Seine Erklärung beschreibt den ersten, zweiten und vierten Tag. »Mit einem dreckigen Sack über dem Kopf und mit Plastikhandschellen brachten sie mich zum Verhör. Sie sperrten mich gegen acht Uhr bis zum Abend in den »Sarg«. Dann brachten sie mich wieder zum Verhör. Sie sagten mir, daß ein anderer gegen mich ausgesagt habe und ich zu einem Streikkomitee gehöre und an der Intifada aktiv teilgenommen hätte. Ich gab nichts zu. Ich blieb in dem Raum bis zum Morgen, ohne Essen bekommen zu haben. Dann machten sie den »Shabeh« bis zum Mittag, verhörten mich anschließend und führten mich dem Richter vor, der meine Haft um sieben Tage verlängerte. Danach wurde der »Shabeh« fortgesetzt. Ich bekam weder Essen noch Trinken. Am vierten Tag kam ich wieder in den »Shabeh« bis zum Abend. Sie brachten mich in die Zelle und gaben mir zu Essen. In der Zelle war ein anderer Gefangener, vermutlich ein Kollaborateur. Ich aß ein bißchen und versuchte zu schlafen, aber der andere Häftling hinderte mich daran. Er fragte mich über Jugendliche aus, die gegen mich ausgesagt hätten und sagte: ›Ich habe deine Akte gelesen, Du kannst mir alles erzählen.‹ Er schlug mich auf die Brust und ins Gesicht. Er wolle mir Arbeit im gleichen Restaurant besorgen, in dem er beschäftigt war. Er versuchte, meine Kleidung auszuziehen, um nachzusehen, ob ich Haare auf der Brust hätte. Er drohte mir, meine ganze Familie ins Gefängnis zu bringen. Er zog mir die Hose runter und versuchte, mich zu vergewaltigen. Ich rief um Hilfe, aber die Polizei kam nicht. Ich mußte mein abgelegtes Geständnis nochmals wiederholen.«

PCATI dokumentiert den Fall eines 14jährigen Mädchens von Ras El Amud in Jerusalem, über den Max Levitta in »Kol Ha'ir« vom 5. Februar

1993 berichtete. Die Bezirksrichterin Massia Arad verweigerte die Anerkennung der Zeugenaussage von A.H., weil sie in folgender Weise gefoltert worden ist. Das Mädchen wurde zwischen zwei Schränke – Freiraum 50cm – eingesperrt, und die Türen wurden über ihr geschlossen. Die Richterin entschied, daß die Polizei inakzeptable Verhörmethoden angewandt hatte. A.H. wurde angeklagt, eine leere Flasche auf einen Bus der Egged-Busgesellschaft in der Saladdin Straße in Ost-Jerusalem geworfen zu haben. Sie wurde verhaftet und gestand. In ihrem Prozeß behauptete sie, daß sie nur aufgrund von Folter gestanden habe. In einem »kleinen Prozeß« ging es um die Glaubwürdigkeit ihres Geständnisses. In diesem »mini-Prozeß« beschuldigte sie die Polizei, sie zwischen zwei Schränke gesperrt, ihr Essen ins Gesicht gespuckt, sie ins Gesicht geschlagen und angeschrien zu haben. Der Leiter der Jugendabteilung der Polizei, Segan Nitzav Ami Fachima, gab zu, daß man den Raum zwischen den Schränken nutze, um Verdächtige zu isolieren. Ein anderer Verhörer erklärte, daß dies nicht die übliche Praxis sei. Alle Verhörer wiesen jedoch die anderen Anschuldigungen zurück. Der Nachrichtendienstoffizier Ehud Benjamin, der sie verhörte, gab zu Protokoll: »Ich überzeugte sie, die Wahrheit zu sagen, und sie entschied sich, ein Geständnis eigenhändig zu schreiben, um es hinter sich zu bringen.« Er könne nicht verstehen, warum sie ihre Meinung jetzt geändert habe. Der Ankläger warf A.H. vor, nicht die Wahrheit zu sagen. Ihr Verteidiger hielt dagegen und sagte, daß sie, wenn sie gewollt hätte, die Polizei mit noch mehr Vorwürfen hätte belasten können. Richterin Arad kam zu dem Schluß, daß das Geständnis nicht freiwillig geleistet worden sei und die angewandten Verhörmethoden in keinem Verhältnis zur begangenen Straftat gestanden haben.

Diese Zeugenaussagen, die B'Tselem, PHRIC und PCATI dokumentiert haben, zeigen, daß nicht nur der Shin Bet Palästinenser foltert, sondern auch die Polizei. Ja, daß es eine Zusammenarbeit im Russian Compound, der der Polizei untersteht, zwischen Shin Bet und der Polizei gibt. Ein ehemaliger Polizist hat gegenüber dem Verfasser in einem Gespräch im Juni 1993 zugegeben, daß er selbst Gefangene in die Shin Bet-Abteilung des Gefängnisses in Jerusalem gebracht habe. B'Tselem schlußfolgert, daß es nicht nur Gewalt bei den Verhören gibt, sondern dies die Norm während der Haft sei. Insbesondere »die Befolgung von minimalen rechtlichen Standards ist besonders wichtig, was die Behandlung von Minderjährigen anbetrifft«, schrieb der jetzige Minister Amnon Rubinstein in der B'Tselem Broschüre über »Violence against Minors in Police Detention«. Obwohl die Verantwortung für die augenblickliche Situation bei jenen liege, die die Kinder in diese Lage brächten, liege es an den Behörden, ein Minimum an Anstand zu wahren; die Minderjährigen müßten humane Haftbedingungen erhalten, und man müsse sie vor Gewalt und Erniedrigung schützen, so Rubinstein. Daß die Palästinenser ihre Kinder bewußt in den Kampf schicken, halten DCI und IMUT für eine Legende. »Es gibt ein großes Mißverständnis über palästinensische Eltern und Lehrer. In Israel wird oft angenommen, daß ›sie ihre Kinder an die Front schicken, um zu töten‹. Wir haben im Gaza-Streifen den Eindruck gewonnen, daß die Eltern sich große Sorgen um ihre Kinder machen, wenn sie auf dem Weg zur Schule und von dort zurückkehren, und daß die Autorität der Lehrer untergraben wird, und sie keinen großen Einfluß auf sie haben.«

Seit der Massendeportation von Palästinensern in den Libanon im Dezember 1992 hat die Brutalität auf beiden Seiten zugenommen. Insbesondere die Kinder hatten darunter zu leiden. Obwohl die Richtlinien für den Schußwaffengebrauch, das Töten von Kindern verbieten, kamen in nur sechs Monaten 38 Kinder ums Leben. B'Tselem stellt in seinem aufsehnerregenden Bericht über »The Killing of Palestinian Children and the Open-Fire Regulations« fest, daß schon Tötungen nicht gründlich genug untersucht würden. Von offizieller Seite wird das beschrieben, was die Anwendung des Schußwaffeneinsatzes genannt wird, oder was die Soldaten darunter verstehen. »In keinem einzigen Fall waren die Soldaten in Lebensgefahr, was auch der offizielle Armeesprecher zugab«, so B'Tselem.

Wie verhalten sich nun Theorie und Praxis, d.h. die formalen Befehle und die Tötungen der Soldaten in den besetzten Gebieten zueinander? Wie überall, weicht Theorie und Praxis voneinander ab. Am 8. Februar 1993 griffen Soldaten und Mitglieder der »Todesschwadronen« das Dorf Tamum im Bezirk Jenin an. Ala a-Din Majed Bani Odeh wurde hinterrücks erschossen. Ein 18jähriger Zeuge schildert gegenüber Bassem Id von B'Tselem den Vorfall wie folgt: »Ein Mann erschien an der Ecke und lehnte sich an das Tor unseres Hauses und zielte auf Ala. Er war ungefähr 40 Meter entfernt und trug Jeans, einen Pullover und einen grünen Hut. Ich hörte drei oder vier Schüsse. Ala fiel sofort nach vorne. Der Mann, der auf Ala geschossen hatte, lief zu ihm und drehte seinen Körper mit dem Fuß um. Ich sah Blut aus Alas Mund laufen. Die Hosenbeine des Mannes waren voller Blut ... Einer der uniformierten Männer zielte auf mich und befahl mir, sofort zu verschwinden.« Am selben Tag gab der Militärsprecher bekannt, daß zwei arabische Bewohner getötet worden seien und einer, der als »gesucht« galt, verhaftet worden sei. Als die Soldaten das Dorf verließen, wurden sie mit Steinen beworfen; sie eröffneten das Feuer; zwei Steinewerfer wurden verwundet, nachdem sie medizinisch versorgt worden seien, starben sie an ihren Verletzungen. Die Armee wolle diesen Vorfall untersuchen.

Gemäß den Richtlinien für die Festnahme von Verdächtigten muß ein solcher zuerst auf Arabisch gewarnt werden, bevor ein Warnschuß in die Luft abgegeben werden kann, und dann erst darf gezielt auf die Beine geschossen werden. Ein bloßer Verdacht reicht dafür nicht aus. Es solle grundsätzlich nie auf einen Menschen geschossen werden, der nur eine »gewöhnliche Straftat« begangen habe. Unter keinen Umständen solle auf eine Person geschossen werden, die nicht der Aufforderung, stehen zu bleiben, folgt, sondern flieht, vorausgesetzt, es ist keine »Verdachtsperson«. Es ist nach den Richtlinien verboten, auf den Oberkörper zu zielen. Nach Angaben von B'Tselem kamen 141 Palästinenser durch die Anwendung dieser Richtlinien zu Tode; es bestand keine Lebensgefahr für die Soldaten. 52 davon waren Kinder, 18 unter 14 Jahren. Fast alle wurden am Oberkörper getroffen. »Das Schießen ›nur auf die Beine der Angreifer‹ bedeutet häufig Todesschüsse in den Oberkörper«, so B'Tselem.

Wie verhalten sich israelische Soldaten, wenn sie ein verdächtiges Fahrzeug stoppen wollen? Am 13. März 1993 fuhr ein Teenager der Familie Siyaj seine jüngeren Geschwister mit dem Auto spazieren. In Hebron herrschte zu dieser Zeit Ausgangssperre. Keines der Familienmitglieder steht auf der Liste für »gesuchte Personen«. Als der Fahrer die Soldaten sah, brach er in Panik aus, drehte um und fuhr schnell davon. Die Soldaten schossen auf das Auto und verletzten die 4jährige Safa Ishaq Siyaj so schwer, daß sie am nächsten Tag starb. Der Fahrer hatte keinen Führerschein. Ein Armeesprecher gab am 14. März 1993 bekannt, daß auf ein Auto, das vor einer Straßensperre gewendet habe und schnell davongefahren sei, geschossen worden ist und ein 4jähriges Mädchen leichte Verletzungen des Magens erlitten habe. Der Fahrer sei verhaftet und zum Verhör gebracht worden.

Auf ähnlich tragische Weise kam am 24. Juli 1992 das Kleinkind Na'im Kemal Na'im Isma'il Abu Amuna ums Leben. Die Armee gab bekannt, daß ein Oberstleutnant und ein Hauptmann wegen »Regelwidrigkeiten in bezug auf die Einheit« gerügt worden seien. Die Armee hatte aus der Tötung des Kleinkindes nicht gelernt und ohne Gefahr für die Soldaten, das Feuer auf das Auto eröffnet. Statt dessen bezeichnete die Armee die Tötung des 4jährigen Kindes als »Regelwidrigkeit«. Nach den Richtlinien kann ein Fahrzeug nur gestoppt werden, wenn es den Befehlen der Soldaten nicht Folge leistet; es kann nur durch Schüsse aufgehalten werden, wenn alle anderen Maßnahmen erfolglos waren. Seit der Intifada wurden acht Palästinenser darunter zwei Kinder an Straßensperren getötet, keiner von diesen stellte eine Gefahr für die Soldaten dar, wie ein Armeesprecher zugab. Wie fatal dieses Verhalten der Soldaten auch für eigene Kameraden werden kann, zeigt der Zwischenfall am 3. April 1993 als der israelische Polizist Eitan Masika erschossen wurde, als er an einer Straßensperre in der Nähe der Kreuzung Tapuah nicht halten wollte; zwei weitere Insassen wurden verwundet. Die Soldaten dachten, der Fahrer sei ein Palästinenser. Zwei israelische Zivilisten wurden bei einem ähnlichen Zwischenfall am 26. April 1993 im Dorf Ein Yabroud verwundet.

Auch der Einsatz von Plastikmunition ist geregelt. Am 16. Mai 1993 starb der 20 Monate alte Fares Muhammad Rasmi al-Kurdi als ein Armeeoffizier im Flüchtlingslager Jabaliya aus zirka 38 Meter auf steinewerfende Jugendliche schoß. Nach Angaben von Augenzeugen nahmen Soldaten einen zirka 15jährigen Jungen fest und schlugen ihn. Die anderen bewarfen sie mit Steinen. Aus Furcht ging der Vater mit seinem kleinen Sohn in ein Geschäft, als ein Soldat auf ihn zukam. »Er kam ein Stück auf uns zu, drehte sich um, zielte schnell und schoß auf meinen Sohn«, so der Vater gegenüber Yuval Ginbar von B'Tselem. Der Vater befand sich mit seinem Sohn in dem Laden, und die Kugel traf den Kleinen in die Brust. Der Besitzer des Reifengeschäftes gab folgendes zu Protokoll: »Ich sah den Vater und den Sohn. Sie bemerkten die Soldaten und betraten meinen Laden. Ich sah einen großen, blonden Offizier, der eine Brille trug. Er stand draußen, drehte sich um, zielte und schoß unmittelbar. Es geschah alles sehr schnell.« Der regionale Armeekommandeur sprach dem Vater sein Beileid aus.

Plastikkugeln sollen eingesetzt werden, um aufkommende gewalttätige Störungen zu unterdrücken, die keine tödliche Gefahr für die Soldaten darstellen; sie können zusammen mit Tränengas eingesetzt werden. »Eine Plastikkugel soll nur aus einer Entfernung von 70 bis 110 Meter abgefeuert werden«, so die Bestimmungen. Es darf nur auf die Schienbeine und Waden gezielt werden, und sie sollen nicht gegen Jugendliche unter 16 Jahren und Frauen eingesetzt werden. Ebenfalls in dem gleichen Zeitraum wurden noch zwei weitere Kinder im Alter von elf und zwölf Jahren von Plastikkugeln getötet; das eine durch einen Schuß in den Magen und das andere in die Stirn. So bedeutet in vielen Fällen »unterhalb des Knies« einen Todesschuß in den Oberkörper.

Der nachfolgende Todesfall gehört in jene Kategorie von Fällen, die im Zuge der Auflösung eines Tumultes passieren. Im Flüchtlingslager Shu'afat wurde der 15jährige Riyad Khalil Abd a-Nabi Muhammad in den Rücken und das Genick geschossen und starb. Ein Freund Riyads machte gegenüber

Bassem Id von B'Tselem folgende Aussage: »Ich sah Kinder, die eine Straße blockierten. Sie flohen und schrien als Soldaten der Grenzpolizei in das Lager kamen ... Drei Grenzpolizisten stiegen aus dem Jeep. Riyad und ich gingen ins Lager. Die Soldaten warfen eine Gasgranate zwischen die Häuser, wo die Kinder verschwunden waren. Dann gingen die Grenzpolizisten zu ihrem Jeep zurück. Kein Stein wurde nach ihnen geworfen. Riyad und ich gingen zu der Stelle, wo der Jeep gestanden hatte, um zu sehen, ob die Soldaten das Dorf bereits verlassen hatten. Als der Fahrer uns sah, stieg er aus dem Jeep und feuerte zwei Schüsse auf uns ab. Nach dem ersten Schuß sah ich Riyad, wie er sich mit dem Rücken zum Jeep drehte und sich vorn überbeugte. Der zweite Schuß traf ihn in den Rücken. Er begann, in das Lager zu laufen. Nach zirka 100 Meter fiel er hin. Ein gerade vorbeifahrendes Auto brachte ihn ins Maqassed Krankenhaus, wo er kurz darauf verstarb.« Am 7. Februar 1993 gab der Polizeisprecher bekannt, daß »locals« (Ortsansässige) im Flüchtlingslager Shu'afat Reifen angezündet und eine Barrikade errichtet hätten sowie Steine auf die Grenzpolizisten geworfen hätten. Soldaten und Grenzpolizisten schossen daraufhin Plastikkugeln und Warnschüsse in die Luft. Nach einer kurzen Zeit wurde der Körper eines Jungen ins Maqassed Krankenhaus eingeliefert, der in den Nacken geschossen worden war.

Diese Erklärung des Sprechers stimmte nur rudimentär mit dem überein, was der Junge gegenüber Bassem Id erklärt hatte. B'Tselem führt es auf den »Mangel an Klarheit in den Erklärungen« der offiziellen Sprecher zurück, daß in der Mehrzahl der Fälle nicht festgestellt werden kann, nach welchen Regeln die Soldaten vorgegangen sind. In hunderten von Todesfällen eröffneten die Sicherheitskräfte das Feuer auf Demonstranten, die keinerlei Gefahr für das Leben der Soldaten darstellten, wie selbst offizielle Verlautbarungen immer wieder erklären. Über diese Erklärungen schreibt B'Tselem: »Diese Verlautbarungen rechtfertigen in fast allen Fällen automatisch die Taten der Soldaten und vernachlässigen dabei die Sorgfaltspflicht. Die Verlautbarungen bedienen sich oft solcher Ausdrücke, in denen mehr als nur eine Spur der Entmenschlichung der Palästinenser enthalten ist.« So werden z.B. die Palästinenser oft als »Ortsansässige« (locals) oder als »maskierte« oder »gesuchte Personen« oder als »Aufwiegler« tituliert. Diese herabsetzenden Ausdrücke implizieren von vornherein eine Schuld, die in vielen Fällen nie bewiesen wird, und läßt die Menschen zu gefährlichen Objekten werden. Nur in den seltensten Fällen lassen die Familienangehörigen eine Autopsie durchführen, weil sie sonst von der Armee die Auflage erhalten, den Toten mitten in der Nacht in Anwesenheit von Soldaten und nur weniger Verwandten begraben zu müssen.

B'Tselem unterstellt den Sicherheitskräften keine willkürliche Tötungsabsicht. »Aber bei 235 toten Kindern in fünfeinhalb Jahren ... trifft die Sicherheitskräfte doch eine schwere Schuld. Der Hauptgrund für die Tötung von so vielen Kindern ist ein willkürlicher Schußwaffeneinsatz in Situationen, in denen für die Soldaten keine Lebensgefahr bestand.« Daß die Soldaten Regeln befolgen, die das Töten nicht beabsichtigen, und trotzdem so viele Palästinenser erschossen worden sind, kann nicht als »Unregelmäßigkeit« abgetan werden. »Sie sind ein eindeutiger Beweis für die Gefahren, die in diesen Bestimmungen stecken, und sie müssen deshalb verändert werden. Auch müssen die Formulierungen des Militärsprechers geändert werden, die die Tötung von Palästinensern – inklusive Kinder – in den besetzten Gebieten rechtfertigen«, so die Schlußfolgerung von B'Tselem.

In einem Brief vom 5. Juli 1993 an B'Tselem bedauerte der Armeesprecher den Tod zweier Kleinkinder und betonte, daß die Soldaten sich gemäß den Bestimmungen verhalten hatten. Er wies auch auf die Zunahme der allgemeinen Gewalt im Untersuchungszeitraum hin, der 22 israelischen Soldaten und Zivilisten das Leben gekostet habe, wohingegen in den vorangegangenen sechs Monaten nur 14 Soldaten und Zivilisten getötet worden seien. Somit seien die Soldaten einer größeren Gefahr ausgesetzt gewesen. »Zu unserem größten Bedauern gibt es somit mehr Situationen, in denen Kinder einer zufälligen Tötung ausgesetzt sind.« Den Militärbehörden sollte bekannt sein, daß nach Völkerrecht die Bevölkerung »geschützte Personen« sind und kein Freiwild, das man nach Belieben »jagen« oder entmenschlichen kann. Es scheint deshalb besonders wichtig, daß von seiten des Armeesprechers berichtet wird, was wirklich geschehen ist. So sollten seine Erklärungen gut fundiert sowie genau und unzweideutig formuliert sein.

Die Armeeführung sollte auch die psychologischen Auswirkungen für die Kinder mitbedenken. Vor einem Knessetausschuß wiesen ein israelischer Psychologe, ein Kinderarzt und Vertreter von DCI auf die erheblichen psychischen und physischen Auswirkungen – der von der israelischen Regierung veranlaßten – militärischen Operationen auf die Kinder hin. »Wenn Kindern Schaden zugefügt wird, sollte das unsere Gesellschaft in Alarmzustand versetzen«, sagte der Psychologe Rami Bar-Giora. »Wenn das nicht geschieht, fallen wir in dunkle Episoden der Geschichte zurück, in denen Zustände herrschten, die nicht zu tolerieren sind. Ein Kind, das Verletzungen erleidet, wird ebenso geschädigt wie die Nachkommen, die es möglicherweise einmal zur Welt bringen wird.« So berichten Mitglieder von IMUT nach einem Besuch im Gaza-Streifen von palästinensischen Kindern, die zahlreiche Symptome wie Stottern, Bettnässen und Angstzustände aufwiesen, wenn sie Zeuge oder Opfer von Gewalttaten geworden seien. Eine israelische Kinderärztin, die ihre Anonymität gewahrt wissen wollte, bestätigte, daß die Todesrate unter den Kindern weit höher sei, als in den Medien berichtet. Ihre Aussagen bezögen sich nicht auf diejenigen, die direkt durch die Soldaten getötet würden, sondern auf die indirekten Todesfolgen durch Maßnahmen wie die totale Abriegelung der Gebiete durch das Militär. Den Kindern würde somit dringend benötigte medizinische Behandlung verwehrt. Sie berichtete von Kindern, die ihre Dialysebehandlung nicht fortsetzen könnten, oder deren Behandlung auf die Hälfte der Zeit reduziert werden müsse. Sie wies darauf hin, daß es in den besetzten Gebieten keine Dialysegeräte gebe und man wegen der Abriegelung wesentlich mehr Zeit brauche, um nach Jerusalem zu gelangen, da es Transportprobleme gebe, und man viele Kontrollen über sich ergehen lassen müsse.

Die israelische Gesellschaft ist sich solcher Auswirkungen auf Kinder bewußt und unternimmt alles, wenn israelische Kinder davon betroffen sind. Sofort werden eine ganze Reihe Fachleute aktiviert, um mit posttraumatischen Symptomen umzugehen. Warum gibt man sich keinerlei Mühe, wenn palästinensische Kinder in den besetzten Gebieten davon betroffen sind? So leidet der 5jährige Khalil Salsmeh vom Flüchtlingslager Jabaliya an Alpträumen, Appetittlosigkeit, Aggression, Nervosität, Zurückgezogenheit und Angstzuständen, seitdem die Soldaten während eines nächtlichen Einsatzes eine Rauchgranate in seinem Zimmer zündeten und der Raum voller Rauch war. Der 8jährige Issam Rarabawi vom Flüchtlingslager El Bureij leidet an Angstzuständen, Alpträumen, Zurückgezogenheit, Depression und Aggression nachdem er miterleben mußte, wie Soldaten seinen Vater verprügelt hatten. Die Zivilverwaltung hat sich bisher wenig um die Angelegenheiten dieser Kinder gekümmert.

Über die psychischen Folgen für die Soldaten und die Auswirkungen auf die israelische Gesellschaft spricht die Armee nicht gern. Die Soldaten werden nach Einsätzen oft mit ihrer persönlichen Verantwortung und ihrem Gewissen alleine gelassen, da das System sich weigert, eine Verantwortung zu übernehmen. Eine Zeitung berichtete, daß der Soldat, der ein Baby erschossen hatte, unter Depressionen leide. Da das System die Soldaten vor langfristigen psychischen Schäden nicht bewahren kann, müssen die jungen Soldaten mit einer Lage fertig werden, mit der sie nicht leben können. Obgleich die Armee immer wieder Untersuchungen zitiert, die zeigen, daß die Soldaten keinerlei Schäden davontragen, kann eingewandt werden, daß dies interne Untersuchungen sind, die vom System selber durchgeführt werden. Führende Psychologen in Israel sind der Meinung, daß das Land für seine

Politik gegenüber den Palästinensern einen hohen Preis zahlt, der in Extremfällen zu Selbstmord sowie sexueller und physischer Gewalt führt. Für wie lange ist Israel noch bereit, diesen Preis für seinen ideologischen Anspruch auf »Judäa« und »Samaria« zu zahlen?

15. Diskriminierungen von israelischen Staatsbürgern

1947 bestand die Bevölkerung in Palästina zu 67 Prozent aus palästinensischen Arabern. Durch die Gründung des Staates Israel wurden 700.000 von ihnen vertrieben. Dabei wurden nach israelischen Angaben zwischen 369 und 374 Dörfer zerstört, 171 davon in Galiläa. Diese Zahlen entsprechen 45 Prozent der arabischen Siedlungen vor dem Krieg. Auf einem überwiegenden Teil dieser zerstörten Dörfer wurden israelische Siedlungen errichtet. Hinzu kamen noch 81.000 »interne Flüchtlinge«, die man gezwungen hatte, ihre Dörfer zu verlassen, die aber in Israel blieben. Den palästinensischen Flüchtlingen ist die Rückkehr durch ein Gesetz verwehrt, das alle vor dem 1. September 1948 Geflohenen als »augenblicklich Abwesende« bezeichnet. Nach Artikel 4 dieses Gesetzes fiel das Eigentum an das Finanzministerium. Diese Palästinenser verloren nicht nur ihr Eigentum, sondern auch 100.000 Dunums an Obstgärten, Weinbergen und die meisten ihrer Olivenhaine. Schon 1948 verlangte die Generalversammlung der Vereinten Nationen die Rückkehr dieser Flüchtlinge zum frühest möglichen Zeitpunkt sowie deren Entschädigung. Gesetze aus den Jahren 1950 und 1960 ermöglichten es der israelischen Regierung, »legal« 93 Prozent des Landes dem Staat Israel zu übereignen, vor 1948 waren es nur 6,6 Prozent. Dieses Land wird von der Israelischen Landbehörde (ILA) verwaltet; es ist Juden vorbehalten, und die Nutzung durch Nicht-Juden ist durch Gesetz stark eingeschränkt. Diese auf das Land bezogene Politik macht es den Palästinensern unmöglich, ihre eigene ökonomische, kulturelle und bildungspolitische Situation zu verbessern, weil sie nur noch 4,5 Prozent des Bodens besitzen. Welche dramatischen Auswirkungen der Krieg von 1948 auf die Bevölkerungsstruktur hatte, verdeutlicht die Tabelle auf folgender Seite.

Heute leben zirka 800.000 Palästinenser in Israel, dies entspricht 18 Prozent der Gesamtbevölkerung; sie sind israelische Staatsbürger. Während Israel behauptet, daß seine »arabischen Bürger« gleichberechtigt seien und das Wahlrecht besitzen, werden sie in der Realität durch zahlreiche Gesetze und Verwaltungsverordnungen diskriminiert und zu Bürgern zweiter Klasse degradiert. Von 1948 bis 1966 lebten die israelischen Palästinenser unter Mi-

Tabelle 8: Arabische und Jüdische Bevölkerung in einigen Bezirken (in %)

Bezirke	1947[1] Araber und andere	1947[1] Juden	1991[2] Araber und andere	1991[2] Juden
Akko	96	4	22	78
Tiberias	67	33	0	100
Haifa	53	47	10	90
Sefad	87	13	0	100

Quelle: 1: Official Records of the Second Session of the General Assembly Ad Hoc Committee of the Palestine Question, Summary Records of Meetings, 15.9.–25.11.1947; 2: Central Bureau of Statistics, Statistical Abstract of Israel, Jerusalem 1992, Nr. 43.

litärherrschaft. Für sie galten die Notstandsverordnungen aus der britischen Mandatszeit. Ihre Bewegungsfreiheit war stark eingeschränkt; so mußte die Reise von einem Dorf zum anderen genehmigt werden.

Der israelische Staat übt eine totale Kontrolle über alle Planungsvorhaben aus, die im Lande durchgeführt werden. Dadurch hat er die Macht, mit dieser Politik auch politische Ziele durchzusetzen. Ein Ziel der Regierung ist es, die »Judaisierung« in allen Teilen Israels durchzusetzen. Dies hat zur Folge, daß die palästinensischen Dörfer und Städte auf ein Minimum an Land beschränkt werden, um freies Land für jüdische Siedler bereitzustellen. So werden z.B. die arabischen Beduinen in völlig unzusammenhängende Siedlungen zusammengefaßt, um dadurch das von ihnen genutzte Land zu reduzieren. Diese Politik der Strangulierung läßt den palästinensischen Siedlungen keine Möglichkeit der Entwicklung oder Expansion. So müssen sich die 65.000 Einwohner Nazareths mit dem gleichen Gebiet zufrieden geben, das 1948 von 12.000 bewohnt war. Die Palästinenser sind nur marginal in den Planungsprozeß eingebunden; ihre Wünsche werden nicht berücksichtigt. Entwicklungspläne werden auf die lange Bank geschoben und sind unzureichend. Die Planungsvorhaben gegenüber den Palästinensern sind restriktiv, wohingegen sie gegenüber den Israelis auf Innovation abzielen. Hinzu kommt, daß 123 sogenannten »nichtanerkannten Dörfern« mit einer Gesamtbevölkerung von 50.000 Bewohnern die Zerstörung und die Umsiedlung droht.

Die Bewohner dieser »nichtanerkannten Dörfer« sind israelische Staatsbürger mit nur einem Makel: sie sind arabischen Ursprungs. Ihre Häuser werden für illegal erklärt, keinerlei Baugenehmigungen werden erteilt, noch nicht einmal für Erweiterungsbauten. Die Dörfer erscheinen auf keiner israelischen Landkarte und liegen abseits der Hauptverkehrsstraßen. Die meisten sind nicht an das Wassernetz angeschlossen; so müssen sich die Bewohner das Wasser aus benachbarten Dörfern holen, was nicht nur unbequem, sondern auch teuer ist. Somit steht für die Verrichtung der täglichen Hygiene nur begrenzt Wasser zur Verfügung. Ebenfalls haben die meisten dieser Dörfer keinen Strom; er muß durch Generatoren oder Solarzellen erzeugt werden; einige Dörfer haben noch nicht einmal diesen »Luxus«. Es gibt nur in einem einzigen Dorf eine Schule. Somit sind die Kinder gezwungen, weite Schulwege zurückzulegen. Demzufolge verlassen 50 Prozent der Schüler vor Ablauf ihrer gesetzlichen Schulpflicht die Schule. Die »Association of Forty«, eine arabische Nicht-Regierungsorganisation, hat in einigen dieser Dörfer Kindergärten eingerichtet. Die Regierung stellt keinerlei Gesundheitsdienst zur Verfügung. Der HCJ hat in mehreren Entscheidungen betont, daß der Staat diese Basisdienste wie Wasser und Bildung anbieten müsse, gleich wo die Dörfer lägen. Hinzu kommt, daß seit dem Bekanntwerden des Berichtes der Markovitz-Kommission im Jahre 1986 die Dörfer zerstört werden sollen. Seither hat die Regierung versucht, die Bewohner von Ein Hod und Ramya zur Umsiedlung zu zwingen. Die israelische Regierung verweigert durch diese Politik ihren arabischen Staatsbürgern fundamentale Menschenrechte.

Ein Testfall für die Glaubwürdigkeit israelischer Politik gegenüber seinen palästinensischen Staatsbürgern ist die Auseinandersetzung um das galiläische Dorf Ramya geworden; es ist eines dieser »nichtanerkannten Dörfer«, denen die israelische Regierung den Kampf angesagt hat. Ramya ist zum Symbol des Widerstandes gegen eine von oben verordnete »Judaisierungspolitik« geworden, die auf die Belange der arabischen Minderheit keinerlei Rücksicht nimmt. Das Schicksal Ramyas und der andern »nichtanerkannten Dörfer« hat nichts mit ihrer Größe zu tun. Es geht der Regierung und den mit ihr zusammenarbeitenden Organisationen wie dem Gewerkschaftsverband Histadrut oder der Zionist Agency ausschließlich darum, soviel Land wie nur möglich unter ihre Kontrolle zu bekommen. Ramya ist auch zum Testfall für Rabins Glaubwürdigkeit gegenüber der arabischen Bevölkerung geworden. Wie die RHR berichten, sollen die arabischen Bewohner durch eine Gerichtsentscheidung gezwungen werden, ihr Dorf und ihr legal registriertes Land für sowjetische Juden zu räumen. Der Rabbiner Ehud Bandel, Direktor von RHR, bezeichnete die Aktion der Regierung als »inhuman und unmoralisch, fernab jeder Vorstellung von fundamentaler Gerechtigkeit«.

Nach Angaben des »Soldaritätskomitees Ramya« konnte bis heute keine Übereinkunft zwischen den Bewohnern Ramyas und der Regierung erzielt werden. Im Gegenteil: Am 14. Oktober 1992 kam es in dem seit zwei Jahren andauernden Streit zu einer Verschärfung. Das »Bailiffs«-Büro in Nazareth forderte die Bewohner auf, binnen 20 Tagen ihr Land und ihre Häuser zu verlassen. Dieser neue Räumungsbefehl gründete auf einer Entscheidung des Bezirksgerichtes in Haifa vom Juni 1991, das – in Übereinstimmung mit den Forderungen der ILA – die Bewohner Ramyas aufforderte, für Neueinwanderer Platz zu machen. Eine Beschwerde Ramyas beim HCJ wurde am 1. März 1992 abgelehnt. Gerichtspräsident Meir Shamgar verweigerte auch noch eine nachträgliche Anhörung vor einem Richtergremium – bestehend aus fünf Richtern. Da nun alle rechtlichen Mittel ausgeschöpft sind, hat das »Bailiffs«-Büro folgenden Erlaß übersandt: »Sie müssen das Land in ihrem Besitz an das Dorf Be'ene im Bezirk Giv'at Makosh von Carmiel frei von allen Gegenständen und Personen übergeben.« Muhammad Ali Sawa'id vom Bürgerkomitee entgegnete: »Die Bewohner von Ramya werden ihre Häuser und das Land nicht wegen des Räumungsbefehls der Regierung verlassen. Das Land gehörte schon unseren Vorfahren und nicht den Funktionären der Arbeitspartei, die ihr Versprechen nicht eingehalten haben, unsere Forderung anzuerkennen und uns statt dessen von unserem Land vertreiben wollen.«

Die Regierung beabsichtigt, das Gebiet von Ramya der jüdischen Stadt Carmiel einzugliedern. Daraufhin kam es zu nationalen und internationalen Protesten. Am 18. Oktober 1992 gab es eine Versammlung zwischen Juden, Arabern und dem »Soldaritätskomitee Ramya« in Ramya. In der Zwischenzeit begannen die Verhandlungen mit der Regierung. Am 23. Oktober 1992 traf sich der Polizeiminister Moshe Shahal mit Bewohnern des Ortes und forderte diese auf, alle Beziehungen zu politischen Parteien und dem Solidaritätskomitee einzustellen. Der Leiter der Israelischen Landbehörde, Eliyahu Babai, bestand weiterhin auf der gerichtlichen Vertreibung, da die Bewohner auf »Staatsland« lebten. Die augenblicklichen Verhandlungen führt Beni Shiloh vom Büro des Ministerpräsidenten. Er bot den Bewohnern Ramyas am 23. November 1992 an, daß jede Familie 450 Quadratmeter Land von Carmiel plus finanzielle Entschädigung von der ILA für ihr beschlagnahmtes Land erhalten sollte. Von den ursprünglichen 100 Dunums sollten nur noch neun Dunums für die Bewohner Ramyas verbleiben. Die ILA machte aber keine Zusage, ob die Bewohner auf dem Land bleiben konnten oder ob sie im Verwaltungsbezirk von Carmiel irgendwohin umgesiedelt werden sollten. Die Bewohner Ramyas lehnten das Angebot ab, da es nicht die zukünftigen Bedürfnisse der Jugendlichen und Kinder berücksichtigte. Sie forderten statt dessen, daß die Anzahl der Parzellen der Anzahl der Personen entsprechen müsse, die im Dorf lebten, plus einem Stück Land für öffentliche Nutzung, und daß diese Parzellen von dem Land sein müßten, das sie besäßen. Die Bewohner deuteten an, daß sie unter diesen Bedingungen den Rest abgeben würden. Beni Shiloh lehnte dies ab, und das Treffen endete im Streit. Die Bewohner Ramyas besitzen zirka 100 Dunums. Sie fordern 50 Dunums, um darauf öffentliche Einrichtungen bauen zu können und um sicherzustellen, daß ihre Kinder nicht wegen der Landknappheit abwanderten.

Während des Jahres wurden Bebauungspläne der Stadt Carmiel bekannt, die zeigen, daß das umstrittene Land bereits für die Bebauung vorgesehen ist. Von dem Dorf Ramya ist dort nicht mehr die Rede, sondern nur noch von einem neuen jüdischen Wohngebiet. Die Bewohner Ramyas sind auch weiterhin nicht bereit, ihr Land nach fünfzig Jahren Bebauung zu verlassen. Auch der Innenausschuß der Knesset sprach sich zum jetzigen Zeitpunkt gegen eine Räumung Ramyas aus. Solange jedoch die Regierung keine klare Haltung gegenüber den »nichtanerkannten Dörfern« einnimmt, bleibt die Zukunft Ramyas ungewiß.

Ramya stellt nur die Spitze des Eisberges dar. Das Problem der »nichtanerkannten Dörfer« besteht schon seit 1948. Die Dörfer liegen konzentriert im Norden, um Haifa herum und im Süden in der Negev Wüste. Sie wurden von Beginn an aus dem nationalen Entwicklungsplan ausgeschlossen, weil sie auf landwirtschaftlich nutzbaren Land gebaut seien, und dies nach israelischem Recht verboten ist. 1965 wurde die offizielle Nichtanerkennung von israelischer Seite durch ein Gesetz legalisiert, das besagte, daß ab sofort für jedes Gebäude eine Baugenehmigung benötigt werde. Die Erteilung einer solchen hängt von zahlreichen Beschränkungen ab und hat dazu geführt, daß es in diesen Dörfern zu keinerlei weiteren Entwicklung kam. Weiterhin wurde Druck auf die Bevölkerung ausgeübt, ihr Land zu verlassen. Um dieser Politik einen legalen Anstrich zu geben, wurde 1981 das Planungs- und Baurecht dadurch ergänzt, daß es den Behörden gestattete, Dienstleistungen für ein Haus, das ohne Genehmigung errichtet wurde, zu verweigern. Als auch diese Methode zu keinem Erfolg führte, setzte die Regierung Kommissionen ein, die Empfehlungen geben sollten. Eine davon war die Markovitz-Kommission, benannt nach dem ehemaligen stellvertretenden Innenminister Israels, Jacob Markovitz. 1986 empfahl diese Kommission nur die Zerstörung von Häusern, die nach dem Zeitpunkt dieses Berichtes ohne Genehmigung geplant worden sind. Die Bewohner sollten in Nachbardörfer umgesiedelt werden. Des weiteren war im Bericht zu lesen, daß diese Häuser in eine Kategorie, der sogenannten »grauen Häuser« eingeteilt würden, und diesen jegliche Dienstleistungen verweigert werden sollten. Im Laufe von zehn Jahren sollte das Problem gelöst sein. Markovitz empfahl der Regierung eine Politik der »eisernen Faust« gegenüber denjenigen, die ohne Genehmigung bauen sollten. Den Bezirksbevollmächtigten schlug er vor, bei Verwaltungsentscheidungen zur Zerstörung von Häusern den Rechtsweg auszuschließen. Was der Kommissionsbericht ganz klar machte, war, daß die Araber, die ihr Haus ohne Genehmigung gebaut hatten, Gesetzesbrecher seien, denen man nachträglich nicht auch noch eine Genehmigung dafür erteilen sollte. Der Bericht empfahl der Regierung auch, alle Häuser der Beduinen im Negev zu zerstören, die außerhalb der von der Regierung errichteten Zentren lägen; dies wären Ende 1990 6 601 Häuser. Die Regierung fuhr also mit ihrer Politik der Häuserzerstörung fort. Sie hielt sich nicht an die Empfehlungen des Markovitz-Berichtes und ordnete die Zerstörung des Hauses von Suleiman Sawa'id am 23. November 1992 im Dorf Humeira in der Nähe von Shefar'am an; das Haus wurde 1982 gebaut.

Dies führte 1988 zur Gründung der »Association of Forty« im Dorf Ein Hod. Aufgrund einer Untersuchung von 32 Dörfern machte die »Vereinigung der Vierzig« der Regierung folgenden Vorschlag, der eine Alternative zur Umsiedlung der Bewohner darstellte und deren Bedürfnisse mitberücksichtigte. Nach diesem Plan können die meisten der Dörfer nahegelegenen anderen Dörfern oder Städten angeschlossen werden. Jene Dörfer, wo dies nicht möglich ist, sollten offiziell anerkannt werden. Die »Vereinigung« wirft dem Innenministerium vor, von überhöhten Zahlen auszugehen. So spricht das Ministerium von 96 Dörfern im Norden, 30 um Haifa und 50 im Negev. Die »Vereinigung« errechnete, daß es sich um 58 der 96 Dörfer nur um Hütten handele, in denen während der Erntezeit das Vieh gehalten würde. Nur 38 könnten als wirkliche Dörfer angesehen werden. Die »Vereinigung« hat bisher schon Erfolge erzielt: So wurden Teile ihres Planes in den nationalen Entwicklungsplan Anfang 1993 mit aufgenommen. Mitte 1992 wurden vom Innenminsiterium die Anerkennung folgender Dörfer bekanntgegeben: Hawaled, Ein Hod, El-Arian, Domeida, Kamaneh East und Kamaneh West. Auch die Vorschläge zur Eingliederung einiger Dörfer im Norden in andere arabische Dörfer wurde mitberücksichtigt.

Wie könnte eine alle Seiten befriedigende Lösung aussehen? Dazu gibt es bis heute keine offizielle Verlautbarung. Die bisher anerkannten Dörfer lagen alle in der Nähe von Haifa. Nach einem Schreiben von Alex Bligh, Berater der Regierung für Arabische Angelegenheiten, vom 18. Mai 1992 soll eine Lösung der »illegalen Konzentrationen« (so werden die Dörfer im offiziellen Sprachgebrauch genannt) bis Ende 1993 gefunden werden. Jeder Fall solle individuell gelöst werden. Bevor ein Räumungsbescheid ergehe, solle mit jedem Betroffenen noch einmal nach einer Lösung gesucht werden, so Bligh. Das Schreiben zeigt, daß in Wirklichkeit keine Anerkennung dieser Dörfer beabsichtigt ist und keinerlei Entschädigungen für die erlittenen Ungerechtigkeiten erfolgen wird. Es ist die Absicht der Regierung, einige aus ihren Häusern zu vertreiben. Dieser Aufschub bis Jahresende macht die Bewohner von Ramya und Husseiniya umso mißtrauischer. Sie vermuten, daß die Regierung solange warten will, bis die öffentliche Aufmerksamkeit nachgelassen habe. Bis heute ist in dieser Sache nichts erfolgt.

Gegenüber den Beduinen in der Negev Wüste betreibt Israel eine restriktive Ansiedlungspolitik. Israel nimmt die Beduinen zwar in die Armee auf und gibt ihnen damit Hoffnungen auf die vielen Vorteile, die mit einem Militärdienst in der Gesellschaft verbunden sind, nichtsdestotrotz diskriminiert es sie. Israel betreibt im Negev eine Politik der »ethnischen Säuberung«. Die Regierung plant mit der legalen Unterstützung des HCJ, alle Bewohner des Negev in sieben Städten zu konzentrieren, die für sie gebaut worden sind, weil der nomadische Lebensstil nicht mit dem Fortschritt zu vereinbaren sei. Dadurch verlieren die Beduinen ihr Land, ihre Lebensgrundlagen und ihre Tradition. Einige wenige dürfen als Touristenattraktion in ihrer traditionellen Lebensweise verharren. Hinzu kommt, daß die israelische Armee den Negev als Übungsplatz haben möchte.

Schon seit den fünfziger Jahren, nachdem die Regierung den ganzen Negev verstaatlicht hatte, zielte die Regierungspolitik auf die Seßhaftmachung der Beduinen. Selbst dokumentierte Besitzrechte wurden beiseite geschoben. Entweder bot man den Beduinen ein Stück Land in der Stadt an oder zahlte eine kleine Entschädigung. 1977 intensivierte Israel den Zusammenlegungsprozeß. Dazu gründete man eine sogenannte »grüne Streife«, und Umsiedlungsbescheide wurden erlassen. Einige Beduinen aus dem Zentralnegev wandten sich an Gerichte und machten alte Besitzansprüche geltend. Sie erzielten Erfolge insofern, als die Gerichte ihre Umsetzungsverfügung bis zu einer endgültigen Klärung der Besitzrechte aussetzten. Diejenigen, die dies nicht taten, wurden nach Segev-Shalom umgesiedelt. Nach israelischem Recht können »squatter's rights« (Siedler ohne Rechtstitel) erst nach 15 bis 25 Jahren Besitzanspruch anmelden.

Um die Beduinen aus den Bergen des Negev zu vertreiben, verbot die Regierung ihnen das Halten von Schafen. Die »grüne Streife« beschlagnahmte die Herden – bis heute zirka 100.000 – und verkaufte sie zu einem Drittel des Preises an Fleischhändler in den besetzten Gebieten unter der Bedingung, daß sie umgehend geschlachtet werden müßten. Danach wurde der Besitzer der Herde angeklagt und vom Gericht zu einer Geldstrafe verurteilt. Zusätzlich mußte er noch die Transportkosten bezahlen. Die Beduinen schlugen der Regierung vor, das Land zu pachten; dies wurde aber abgelehnt, weil die Armee es als Übungsplatz benötigte. Vor zwei Jahren erklärte der Kommandeur für den Negev gegenüber dem Journalisten Yitzhak Beily von »Ha'aretz«, die Benutzung des Negev als Übungsplatz mache nicht die Verlegung der Beduinen notwendig. Würde es der israelischen Regierung auch einfallen, die Bewohner von Mitzpeh Ramon, vom Kibbutz S'deh Boker oder S'deh Boker College zu evakuieren, weil ihr Gebiet als Schießplatz für die Armee benötigt werde? Auf der anderen Seite richtet das Tourismusministerium Beduinenzelte als Touristenattraktionen ein; verbot den Beduninen aber gleichzeitig, diese selbst zu bewirtschaften. Gleichzeitig verweigerte man den Beduinen das Leben in den Bergen des Negev, weil man befürchtet, daß sie dies als Vorwand nehmen könnten, um dort zu bleiben. Trotz einer intensiven Umsiedlungspolitik in den letzten 27 Jahren leben immer noch 35.000 Beduinen (55 Prozent) an ihren angestammten Plätzen. So leben z.B. in den Negev-Dörfern Assam 3000, Abu Kaf und as-Sayad jeweils 2500 und in Uqby 1000 Einwohner. Einige Marktflecken haben immerhin hunderte von Einwohnern. Der Anthropologe Clinton Bailey beschreibt die Politik Israels in den letzten vierzig Jahren gegenüber den Beduinen des Negev als »ungerecht und ungerechtfertigt« und als ein Beispiel von »ethnischer Säuberung«.

Die Beduinen des Negev fordern von der Rabin-Regierung die Anerkennung ihrer Besitzrechte, das Ende der Häuserzerstörung – auch jene, die ohne Genehmigung gebaut wurden –, die Abschaffung der »grünen Streife«, finanzielle Entschädigung für den Verlust ihrer Schafherden, das Ende der Zerstörung ihrer Moscheen und Friedhöfe sowie die Zurückführung ihres Eigentums.

Gemäß der israelischen Unabhängigkeitserklärung ist das Land ein jüdischer Staat, der seine »Tür für jeden Juden offen hält«. Nach dieser Definition versteht sich das Land nicht als ein Staat für alle seine Bürger, sondern nur für eine spezifische, religiös-nationale Gruppe. Liegt die Ungleichbehandlung und die Wurzel der Diskriminierung gegenüber den Palästinensern nicht in bestimmten Gesetzen begründet, die ausschließlich auf Juden hin erlassen worden sind? So heißt es im ersten Teil des Rückkehrergesetzes von 1950, daß »jeder Jude das Recht hat, als Immigrant in dieses Land zu kommen«. Und das Staatsangehörigkeitsgesetz von 1952 beschränkt die Staatsbürgerschaft auf jene, die nach Israel immigirieren, dort wohnen oder dort geboren sind. Demzufolge ist Immigration auf die Juden aus aller Welt beschränkt. Palästinenser können die Staatsbürgerschaft nur erlangen, wenn sie in Israel geboren sind, im Lande wohnen oder durch Einbürgerung. Palästinenser, die zwar im Lande geboren sind, aber nicht mehr länger in Israel wohnen, wird das Recht auf Rückkehr in ihr Heimatland verweigert, während ein Jude, der nicht in Israel geboren wurde, aufgrund seines Judeseins automatisch bei der Einwanderung die Staatsbürgerschaft erhält. Beide Gesetze wirken sich somit diskriminierend auf die in Israel lebenden Palästinenser aus.

Nach der Gründung Israels erhielten jüdische Organisationen wie die Zionistische Weltorganisation (WZO) oder die Jewish Agency einen besonderen Status innerhalb der Regierung; sie wurden in die staatliche Struktur inkorporiert und dadurch wurde ihr begrenzter und ausschließlicher Auftrag automatisch Teil der Politik der Regierung. Sie befassen sich insbesondere mit Landbesitz und Landwirtschaft. Ihre Aktivitäten sind ausschließlich auf den israelischen Sektor beschränkt. Der Einfluß der Organisationen ist bei der Formulierung der Land- und Landwirtschaftspolitik so groß, daß den Palästinensern die Gründung neuer Dörfer oder landwirtschaftlicher Siedlungen nicht gestattet wird. Über 90 Prozent des Landes wird als »Israel Land« definiert und von der ILA verwaltet. Diese Behörde besteht aus Regierungsvertretern und Mitgliedern des Jewish National Fund (INF), einer Freiwilligen Organistation, die seit 1961 einen Kooperationsvertrag mit der israelischen Regierung unterzeichnet hat. Der INF besitzt zirka 13 Prozent des Landes, das für die Ansiedlung von Juden zur Verfügung steht. Gemäß ihrer Satzung darf es nicht an nicht-jüdische Mitbürger verpachtet werden.

Wie diskriminierend sich die Zusammenarbeit der ILA und der Jewish Agency z.B. auf die Beduinen auswirkt, zeigt der Fall des israelischen Beduinen Khalaad Suwa'ed. Er diente in der israelischen Armee und verbrachte seine Kindheit auf dem Berg Kamun in Galiläa, auf Land, das seiner Familie schon seit Jahrzehnten gehört. Vor einigen Jahren wurde die Siedlung Mikhmonim mit Hilfe der Jewish Agency in der Nähe seines Landes gegründet. Neunzig jüdische Familien haben ein gutes Verhältnis zu ihren Beduinen-Nachbarn. 1988 stellte Suwa'ed einen Antrag auf Aufnahme in die Siedlung, der aber abgelehnt wurde. Ein Teil des Landes von Suwa'ed ist zur weiteren Ansiedlung von Familien vorgesehen. Suwa'ed ist bereit, seine Besitzrechte zu verkaufen oder zu übertragen, wenn ihm auf einem kleinen Stück erlaubt wird, für seine Familie ein Haus zu bauen. Die ILA und die

Jewish Agency haben diesen Vorschlag abgelehnt. Einmal schlugen sie ihm vor, er solle irgendwo anders Land im Tausch akzeptieren; ein anderes mal deuteten sie ihm an, daß die Einteilung so verändert werde, daß sein Land nur noch für landwirtschaftliche Zwecke genutzt werden dürfe. ACRI hat sich an den HCJ gewandt und die Meinung vertreten, daß die Maßnahmen der Behörden illegal seien und aufgrund der Nationalität Suwa'ed diskriminierten. Das Ziel der Behörden sei es, einen Araber in der Siedlung zu verhindern und ihn zu zwingen, in eine arabische Siedlung zu ziehen. ACRI verlangt, daß Suwa'ed gestattet werde, innerhalb von Mikhmonim zu wohnen. Die Enteignung seines Eigentums wurde annulliert bevor es zur Anhörung vor dem HCJ kam. Die Pläne für die Ausdehnung der jüdischen Siedlung wurden erst einmal auf Eis gelegt. Suwa'ed hat nochmals einen Antrag gestellt, sein Haus auf seinem Land bauen zu dürfen, das an Mikhmonim angrenzt. ACRI hatte daraufhin nach Aussage des Rechtsanwalts Eliyahu Abram seine Petition zurückgezogen.

Die Beduinen gehören zur untersten Gesellschaftsschicht in Israel. Deshalb scheint es einfach zu sein, sie bei Bedarf jederzeit umsiedeln zu können. Die Jahalin Beduinen wurden 1952 aus dem Negev vertrieben. Seitdem leben sie in der Westbank und stellen heute ein Hindernis für die Expansion der Siedlung Ma'aleh Adumim dar. Gegen ihre erneute Vertreibung hat die Society of St. Yves im Dezember 1993 eine Eingabe an den HCJ gemacht und die Einstellung der Bauarbeiten in der Nähe des Lagers der Beduinen verlangt. Gleichzeitig verlangte die Society of St. Yves einen adäquaten Lagerplatz, der durch eine Straße erreichbar sein muß, Strom- und Wasserversorgung hat und das Land als Bauland mit den dazugehörigen Baugenehmigungen ausgewiesen sein muß. Das Büro des Generalstaatsanwaltes hat der Gesellschaft vom Heiligen Ivo eine Einigung noch vor der Anhörung vor den HCJ angeboten. Die israelischen Behörden hatten als Alternative einen Platz offeriert, der nur 200 Meter von der zentralen Jerusalemer Mülldeponie entfernt liegt. Riesige Felsbrocken machen es als Bauland ungeeignet. In der Zwischenzeit haben sich sowohl die nationale als auch internationale Öffentlichkeit dieses Falles angenommen. Protestveranstaltungen verhindern bis heute, daß die Baumaschinen das Lager dem Erdboden gleichgemacht haben. So trafen sich am 19. Februar 1994 zirka 100 Demonstranten, um gegen die Auflösung des Lagers zu protestieren.

Nach dem Wehrdienstgesetz muß jeder Bürger Israels in der israelischen Armee dienen. Die arabischen Staatsbürger werden mit Ausnahme der männlichen Drusen und der Circassians nicht eingezogen. Von der Ableistung des Wehrdienstes hängt aber ab, wo man leben kann, wie hoch ein

Baudarlehen, die Kinderbeihilfe, die Steuern und die Universitätsgebühren sind. Die neueinberufenen Soldaten erhalten Vorzüge bei der Arbeit, wie z.B. bei beruflicher Weiterbildung und deren Finanzierung. Auch private Unternehmen berücksichtigen die Ableistung des Wehrdienstes als ein Auswahlkriterium. Da auch für die arabische Bevölkerung keine Art Ersatzdienst existiert, wird sie aufgrund ihres Status diskriminiert. Die Schüler der jüdisch-religösen Schulen (Yeshiva) leisten auch keinen Militärdienst, erhalten aber trotzdem alle Vergünstigungen. Die Schüler christlicher oder muslimischer Schulen wiederum erhalten diese nicht. Seit Anfang 1994 erhalten endlich auch die Palästinenser jene Sozialhilfen, die bisher immer nur an die Erfüllung des Wehrdienstes geknüpft waren. Der Unterschied in der Höhe des Kindergeldes zwischen »Gedienten« und »Nicht-Gedienten« ist damit aufgehoben.

Das Bildungsgesetz von 1953 definiert die Ziele staatlicher Bildung, daß »die Volksschulausbildung des Staates auf den Werten der jüdischen Kultur und den Leistungen der Wissenschaft, auf der Liebe zum Heimatland und der Loyalität zum Staat und dem jüdischen Volk« zu beruhen habe. Was das für ein nicht-jüdisches Kind bedeuten soll, ist völlig unklar. Auch im Gesundheitswesen, der Landwirtschaft, der Bildung und im lokalen Dienstleistungssektor herrscht Diskriminierung gegenüber den arabischen Israelis. So erhalten die arabischen Stadt- und Ortsräte nur 25 bis 30 Prozent von den Geldern, die ihre jüdischen Pendants bekommen. In letzter Zeit hat sich die israelische Regierung bemüht, das Los der palästinensischen Israelis zu verbessern. Der Etat für die Unterstützung arabischer Gebiete stieg von 185 auf 400 Mio. Shekel (250. Mio. US-Dollar). Die arabische Bevölkerung ist von den verschiedenen Leistungen ausgeschlossen, die von Organisationen wie der Jewish Agency oder ähnlichen Einrichtungen geführt werden. Kanalisation gibt es nur in 19 von 140 arabischen Orten. Israel ist geographisch in Entwicklungsgebiete eingeteilt. Firmen, die in diesen Gebieten investieren, erhalten Steuervergünstigungen, günstige Wohnungen für ihre Mitarbeiter, Ausbildungsbeihilfen und anderes mehr. Obwohl die arabischen Dörfer und Städte auch in diesen Gebieten liegen, ist keiner dieser Orte als eine Entwicklungssiedlung ausgewiesen.

Die ökonomische Benachteiligung führt zwangsläufig zum Problem der Armut. Wie eine Untersuchung von Amin Feras von der Hebräischen Universität zeigt, leben 70 Prozent der arabischen Kinder unter 16 Jahren in Not. 50 Prozent der arabischen Familien in Israel leben unter der Armutsgrenze. Seine Untersuchung zeigt, daß es unter dem arabischen Bevölkerungsteil eine größere Disparität im Einkommensbereich und eine größere

Armut gibt als unter den jüdischen Mitbürgern. So ist die Arbeitslosenquote mit 10,2 Prozent gegenüber 8,7 Prozent über dem Durchschnitt; besonders stark sind die Männer von Arbeitslosigkeit betroffen. Auch der Anteil der weiblichen arabischen Arbeitskräfte liegt mit 12,3 Prozent deutlich unter dem der jüdischen mit 46,6 Prozent. Viele der arbeitslosen Araber erhalten keinerlei Arbeitslosenunterstützung, weil sie 150 Tage an einem Stück beschäftigt waren. Über 82 Prozent der Alten lebt unter der Armutsgrenze.

Meron Benvenisti nennt das Verhältnis zwischen Juden und Arabern in Israel in »Ha'aretz« vom 22. Oktober 1992 eine »institutionalisierte ethnisch begründete Diskriminierung«. Am eklatantesten drückt sich dies in der Weigerung der Regierung aus, die israelischen Araber in die Machtstruktur einzubinden und ihre Repräsentanten als gleichberechtigte Partner anzuerkennen. Bisher gibt es keinen höheren Beamten und keine Minister. Von der Armee sind sie weitgehend ausgeschlossen. Alle »sicherheitsrelevanten« Arbeitsplätze sind für die palästinensischen Israelis nicht zugänglich. »Es ist unvermeidlich, daß die israelischen Araber nicht bereit sind, sich mit der andauernden Delegitimierung abzufinden«, so Benvenisti. Erstmalig wollte Israel in diesem Sommer einen israelischen Palästinenser als Botschafter nach Finnland entsenden. Doch vier Wochen nach seiner Bestellung lehnte Richter Yusuf Haji Yitzye ab, und zwar aus familiären Gründen. Ihm wurde aus seiner arabischen Gemeinde vorgeworfen, daß durch seine Annahme der Eindruck entstehen könnte, als seien die Palästinenser in Israel schon gleichberechtigt. Die Vorurteile gegenüber ihren palästinensischen Staatsbürgern brachen aufs neue aus, als die Arabisch Demokratische Partei (ADP) für den Knessetabgeordneten Abed al-Wahab Darawshe einen Ministerposten in Rabins Regierung forderte, weil sie von den Stimmen dieser Partei abhängig ist. Sowohl in den Artikeln von Gid'on Sa'ar in »Hadashot« vom 26. November 1993 und von Avraham Tal in »Ha'aretz« vom 25. November 1993 kam die Stimmung der Israelis gegenüber ihren palästinensischen Mitbürgern in einem Mangel an Vertrauen zum Ausdruck. Auch Rabin lehnte ein solches Ansinnen des Abgeordneten ab. Seine Haltung bewertet Haim Baram in »Kol Ha'ir« vom 3. Dezember 1993 mit folgenden Worten: »Rabins Ablehnung eines arabischen Ministers in seiner Regierung nach 46 Jahren Unabhängigkeit ist eine Schande für uns alle.« Diejenigen Kräfte, die den Friedensprozeß ablehnen, betonen die mangelnde politische Legitimation der arabischen Israelis für ihre politischen Ziele. Die Linke in Israel wird auf lange Sicht nicht daran vorbeikommen, das Konzept eines »jüdischen Staates« abzulehnen, da ein solcher Staat »antidemokratisch« sei, wie Baram feststellte. Ein demokratisches Gemeinwesen darf 18 Prozent seiner Staatsbürger nicht von der Partizipation ausschließen.

Am 10. November 1993 reichte die Society of St. Yves eine Eingabe an den HCJ ein und verlangte eine Entscheidung dahingehend, daß der HCJ den Justizminister und den Richterwahlausschuß auffordern sollen, wenigstens einen palästinensischen Staatsbürger als Obersten Richter zu berufen. Die Eingabe forderte den HCJ weiterhin auf, ein vorläufiges Urteil zu erlassen, das den Richterwahlausschuß eine Entscheidung verbot, bis der HCJ seine endgültige Entscheidung in puncto Richterernennung gesprochen habe. Dieser Fall von Samir Abu Shakrah versus Justizminister und Richterwahlausschuß wurde vom HCJ abgelehnt. Das Oberste Gericht wies auch nicht den Richterausschuß an, einen Palästinenser zu ernennen. Auch vermied das Gericht, auf die Frage der Repräsentation einzugehen. Das Gericht ließ den Weg für eine neue Eingabe offen, wenn nachgewiesen werden könne, daß der Richterwahlausschuß keinen qualifizierten palästinensischen Richter in Betracht gezogen habe. Aufgrund eines Briefes der Society of St. Yves an Justizminister David Libai setzte dieser den palästinensischen Richter Abdul al-Rahman Zouabi auf die Kandidatenliste. Eine Entscheidung ist noch nicht gefallen.

Wie begründet die israelische Regierung ihr Verhalten gegenüber den israelsichen Arabern im Lichte von Deuteronomium 16: 19–21? »Du sollst das Recht nicht beugen. Du sollst kein Ansehen der Person kennen. Du sollst keine Bestechung annehmen; denn Bestechung macht Weise blind und verdreht die Fälle derer, die im Recht sind. Gerechtigkeit, Gerechtigkeit – ihr sollst du nachjagen, damit du Leben hast und das Land in Besitz nehmen kannst, das der Herr, dein Gott, dir gibt. Du sollst nehmen den Altar des Herrn, deines Gottes, den du dir baust, keinen Kultpfahl, keinerlei Holz einpflanzen.« Oder was sagen wohl die Bewohner von Carmiel, die Ramya das Land streitig machen zu Deuteronomium 19:14. »An deinem Erbbesitz, der dir in dem Land zugeteilt werden soll, das der Herr, dein Gott, dir gibt, damit du es in Besitz nimmst, sollst du die Grenzmarkierung zu deinem Nachbarn hin, die die Vorfahren errichtet haben, nicht verrücken.« Ist die Thora nicht auch heute noch hochaktuell?

Die Politik Israels gegenüber seinen arabischen Staatsbürgern beruhte seit der Staatsgründung auf der Diskriminierung derselben. Den zahlreichen »legalen« und institutionalisierten Diskriminierungen, denen sich die palästinensischen Israelis ausgesetzt sehen, beeinträchtigen ihr tägliches Leben erheblich und widersprechen den Prinzipien der Charta der Vereinten Nationen, die Israel als ein Mitgliedsstaat derselben akzeptieren muß.

16. Kollaborateure und palästinensische Gesellschaft

Die Frage der palästinensischen Kollaborateure und wie man in der palästinensischen Gesellschaft damit umgeht, beschäftigt insbesondere die Palästinenser. Jede Art von Besetzung bringt dieses Phänomen hervor. Ohne eine Zusammenarbeit zwischen Besatzer und lokaler Bevölkerung wäre eine langandauernde Kontrolle nicht möglich, insbesondere für einen demokratischen Staat. Diese Kollaborateure fungieren auf vielfältige Weise als Agenten Israels, das sie in den letzten Jahren zunehmend bewaffnet hat, weil immer mehr von ihnen von eigenen Landsleuten getötet worden sind. B'Tselem geht in seiner im Januar 1994 veröffentlichten Untersuchung über »Collaborators in the Occupied Territories: Human Rights Abuses and Violations« von zirka 4000 Kollaborateuren aus, wohingegen Palästinenser von »mehreren Zehntausend« sprechen.

Der Begriff »Kollaborateur« ist in sich schon problematisch. Wo beginnt Kollaboration, die den eigenen Landsleuten schadet, und wo ist sie zum Nutzen anderer berechtigt, ja notwendig? Da die israelische Besetzung alle Bereiche des täglichen Lebens erfaßt, sind auch palästinensiche Einrichtungen – ob sie es wollen oder nicht – auf eine Zusammenarbeit mit israelischen Behörden angewiesen. Personen wie Lehrer, Ärzte und Krankenhauspersonal, Rechtsanwälte, Bürgermeister – früher auch Polizisten – können nicht als Kollaborateure bezeichnet werden. Was in der palästinensischen Gesellschaft als Kollaboration angesehen wird, sind die Taten solcher Landsleute, die Israel mit Informationen versorgen oder sogenannte »sicherheitsrelevante« Dienste leisten wie zum Beispiel die Denunziation von »gesuchten Personen«.

Das Phänomen des Kollaborateurs läßt sich in vier Kategorien einteilen:

1. Informanten innerhalb und außerhalb des Gefängnissystems. In der Bevölkerung sind diese Personen meistens nicht bekannt. Ihre Loyalität gegenüber den israelischen Behörden beruht mehr auf Druck und Erpressung als auf freier Entscheidung. Zu dieser Personengruppe gehören auch palästinensische Häftlinge, die vom Geheimdienst Shin Bet zu Folterungen an Palästinensern eingesetzt werden.
2. Palästinenser, die sich als Vermittler zwischen ihren Landsleuten und den israelischen Behörden anbieten, um jede Art von Genehmigung zu erhalten, da die Palästinenser total von den israelischen Behörden abhängig sind.

3. Bewaffnete Palästinenser, die oft die Kontrolle in ihrem Ort über eigene Landsleute durch Einschüchterung und Gewalt ausüben. Sie erhalten in der Regel ihre Aufträge durch das Militär oder den Geheimdienst.
4. Palästinenserinnen, die in den Augen selbsternannter Sittenwächter des »unmoralischen« Verhaltens beschuldigt werden, weil sie sich mit Israelis oder anderen Palästinensern eingelassen haben.

Al-Haq wendet den Begriff »Kollaborateur« nur auf solche Personen an, die bewaffnet sind und deren Aktionen gegen die Zivilbevölkerung von den israelischen Behörden ermutigt oder geduldet werden. In der Regel benötigt jeder Waffenbesitzer eine Genehmigung der Behörde. In den besetzten Gebieten erhalten nur die Siedler oder solche Palästinenser, die bereit sind, mit Israel zusammenzuarbeiten, eine solche Genehmigung.

Israel hat seit 1967 bewußt ein Netz von Kollaborateuren aufgebaut, und diese ausbildet, bewaffnet und eingesetzt. Somit können solche Personen als »Agenten« des Staates Israel angesehen werden. Ihre Taten unterliegen demzufolge der VGK. Dort heißt es in Artikel 29. »Die am Konflikt beteiligte Partei, in deren Machtbereich sich geschützte Personen befinden, ist verantwortlich für die Behandlung, die diese durch ihre Beauftragten erfahren, unbeschadet der individuellen Verantwortlichkeiten, die gegebenenfalls bestehen.« Die maßgebliche Interpretation der VGK durch das Internationale Komitee vom Roten Kreuz stellt dazu folgendes fest. »Der Terminus ›Agent‹ muß so verstanden werden, daß er jeden umfaßt, der im Dienste einer Vertragspartei steht, unabhängig auf welche Art oder Funktion ... Die Nationalität des Handelnden spielt dabei keine Rolle. Dieses Faktum ist besonders in besetzten Gebieten von besonderer Bedeutung, weil die Besatzungsbehörden verantwortlich für die begangenen Taten der von ihnen rekrutierten Agenten sind, die die Nationalität des besetzten Staates besitzen.« Somit ist Israel auch für die Straftaten dieser Kollaborateure sowie für die Bestrafung der zum Teil bestialischen Morde der palästinensischen Killerkommandos »Black Panther«, »Red Eagle« oder der »Streikkomitees« verantwortlich. Da die Palästinenser kein staatliches Instrumentarium zur Verfügung haben, ist eine rechtmäßige Bestrafung von seiten der Palästinenser nicht möglich. Weder die PLO noch eine andere palästinensische Organistation verfügt bis zum 4. Mai 1994 über Instrumente wie Polizei, Gerichte, Gefängnisse usw., um gegen solche Gruppen vorzugehen. Somit kann die Verantwortung nur von solch einer Institution oder Staat übernommen werden, die auch über die Mittel zur Bestrafung verfügt. Israel versucht schon seit Jahren, dieser Gruppen habhaft zu werden; bisher mit nur mäßigem Erfolg.

Auf welche Art und Weise bedient sich Israel der Kollaborateure? Bis Ende der siebziger Jahre ernannte die israelische Militärverwaltung die palästinensischen Dorfchefs. Sie waren bei der Beschaffung vieler Genehmigungen behilflich – gegen eine weit überhöhe Gebühr –, halfen dem Militär bei der Verhaftung von »gesuchten Personen« dadurch, daß sie deren Verstecke verrieten. Manche dieser Kollaborateure behandelten die Bewohner ihres Ortes sehr schlecht, wie z.B. der Mukhtar des Dorfes Bidia in der Nähe von Nablus, der als Kollaborateur erschossen wurde. Nach Abschluß des israelisch-ägyptischen Friedensvertrages, der Israel verpflichtete, seine Vorstellungen von Autonomie umzusetzen, gründete Israel überall in der Westbank »village leagues«. Diese Gruppen rekrutierten sich mehrheitlich aus Palästinensern mit krimineller Vergangenheit. Sie wurden durch Israel bewaffnet. Da die Bevölkerung sie ablehnte, scheiterte das Projekt, das ein Gegengewicht zur PLO schaffen sollte. Kurz nach Ausbruch der Intifada schworen viele dieser Kollaborateure öffentlich ihrer Tätigkeit ab, aber nicht alle. Die Armee und der Shin Bet haben seither immer wieder versucht, dieses Informationsnetz aufzubauen, was aber nicht gelang. Israel bedient sich der Hilfe dieser Palästinenser in Gefängnissen mit dem Versprechen, ihnen die Strafe wesentlich zu verkürzen. Auch der Shin Bet und die Militärgerichte arbeiten mit Aussagen von Kollaborateuren. Sie werden dadurch gedeckt, daß man ihre Aussagen als »geheim« einstuft und sie deshalb nicht vor Gericht erscheinen brauchen.

Die israelischen Behörden heißen die Aktionen der Kollaborateure gut, ja sie ermutigen sie regelrecht. In der »New York Times« vom 24. September 1989 wird ein israelischer Offizier mit den Worten zitiert, »daß Kollaborateure für Aktionen des Geheimdienstes und zur Sammlung von Daten« gebraucht würden. Sie spielen auch eine gewisse Rolle, »der Armee bei der Verhaftung von Palästinensern zu helfen, da sie im Dorf leben, kennen sie es in- und auswendig und wissen die Verstecke«. Das Militär gibt zu, daß es sich bei den getöteten Palästinensern meistens um Kollaborateure gehandelt habe. Ein hochrangiger Offizier wird in der »Jerusalem Post« vom 5. Mai 1989 zitiert, daß »der Angreifer gewöhnlich direkt ins Ziel trifft«. Der Offizier in der »New York Times« sagte zum Schutz der Kollaborateue: »Wir können nicht jedem von ihnen einen Jeep mit vier Soldaten für 24 Stunden zum Schutz geben. Wir können ihnen nur einen minimalen Schutz anbieten, und zwar in Form von Waffen.«

Nach der Unterzeichnung des »Gaza-Jericho-Abkommens« stellt sich auch für Israel die Frage, was es mit den Kollaborateuren tun soll; dies ist nicht nur eine politische, sondern primär eine moralische Frage. So entschied kürzlich die Regierung, innerhalb des Shin Bet ein spezielles »Direktorium« einzurichten, das für die Behandlung der mit Israel kollaborierenden Palästinenser zuständig ist. Israel erkennt zirka 2000 Palästinenser als Kollaborateure an. Zur Erledigung dieser Aufgabe erhält der Shin Bet besondere Mittel zugewiesen. Unter anderem wird dieses »Direktorium« auch für die Ansiedlung dieser Personengruppe im Kernland von Israel zuständig sein. Denn einige werden wohl nicht mehr in ihre Heimatorte zurückkehren. Bei den Verhandlungen mit der PLO versucht Israel einen Handel: So sollen schwere Verbrechen von einsitzenden Häftlingen gegen die Gewährung von Immunität von Kollaborateuren aufgerechnet werden. Ministerpräsident Rabin hat die weitere Freilassung palästinensischer Gefangener vom Schicksal der Kollaborateure abhängig gemacht. Die Verfolgung der Kollaborateure in den Autonomiegebieten widerspreche dem Abkommen zwischen Israel und der PLO, so Rabin nach einer Meldung der »SZ« vom 15. Juni 1994.

Die meisten der Kollaborateure leben isoliert in Dörfern, die auf keiner Landkarte zu finden sind. Berühmt ist Fahme, das »Dorf der Verräter«, wie es Fredy Gsteiger nennt, das die Jordanier 1966 als Militärbasis errichtet hatten. Es liegt versteckt im Norden der Westbank. Es ist neben Dahanija im Gaza-Streifen nicht das einzige seiner Art. In diesem Gottverlassenen Ort leben 81 Familien, 1032 Menschen, die die palästinensische Gesellschaft als Ausgestoßene verachtet. Achmed Hamarsha alias Abu Ali wurde eines Tages von einem »Intifada-Komitee« aufgefordert, keine Häuser mehr für die Israelis zu bauen. Selbst das gerade begonnene, wollte man ihm nicht mehr fertig bauen lassen. Er und seine Kollegen wurden eingeschüchtert. Man bedrohte, ja schoß sogar auf ihn. Seine Kinder wurden schikaniert. Erst wollte er alles aushalten, dann entschloß er sich, zu den Militärbehörden zu gehen und um eine Waffe für seinen Schutz und den seiner Familie zu bitten. Er mußte sein ganzes Leben offenbaren, auch seine Kontakte zur PLO. »Diese Offenheit war der Preis für die Waffen, die sie mir gaben.« Die Informationen, die die Bewohner von Fahme den Israelis geben können, sind ihnen entweder zugetragen worden oder es handelt sich um Gerüchte, Klatsch und Stimmungen, schreibt Fredy Gsteiger. So spielen denn auch die Israelis die Bedeutung der Kollaborateure herunter.

Um den Bericht von B'Tselem über die Tötung von Kollabroateuren hat es innerhalb der israelischen Menschenrechtsbewegung einigen Wirbel gegeben. Seitdem Meretz in die Regierung eingetreten ist, wollen die führenden Vertreter von ihrer früheren Kritik an Regierungsentscheidungen nicht mehr viel wissen; sie haben sich dem allgemeinen Konsens angeschlossen. So stimmten sie für die Massendeportation, obwohl Ministerin Shulamit Aloni vorher festgestellt hat, sie würde persönlich dagegen vorgehen. B'Tselem kam unter Druck von seiten ihrer früheren Mitglieder, die jetzt Regierungsämter bekleiden. So attackierte Dedi Zucker in »Hadashot« vom 19. Juli 1993 die Organisation dafür, daß sie einen Bericht über die Tötung von Kindern in den besetzten Gebieten herausgebracht habe und nicht über die Tötungen von Kollaborateuren. Schon vor drei Jahren hatte das Direktorium über die Veröffentlichung eines solchen Berichtes kontrovers diskutiert. Befürworter waren Dedi Zucker, Amnon Rubinstein und Haim Oron. Nachdem der Bericht nicht erschien, griffen führende Persönlichkeiten von Meretz den Direktor von B'Tselem, Yizhar Be'er, mit dem Argument an, die Glaubwürdigkeit der Organisation stehe auf dem Spiel. Für Dedi Zucker ist dies eine »ungerechtfertigte Verzögerung«. Be'er verteidigte sich gegen die Angriffe der drei mit dem Hinweis, daß die Regierung für die Verschlechterung der Lage der Menschenrechte verantwortlich sei, und dies maßgeblich zur Verzögerung beigetragen habe. Direktionsmitglied Avishai Margalit von B'Tselem kritisierte Minister Rubinsteins Angriffe auf den Bericht über die Tötung von Kindern. »Wenn Rubinstein versucht, durch Angriffe auf B'Tselem den Bericht über die Tötung von Kindern zu diskreditieren, kommt dies von seiner Seite einer Prostitution an dieser Regierung gleich.«

Nach Angaben von Associated Press beläuft sich die Zahl der getöteten Kollaborateure auf zirka 770. B'Tselem schätzt deren Zahl zwischen 771 und 942. Obwohl B'Tselem das Recht der Palästinenser auf Selbstverteidigung anerkennt, müssen dabei jedoch internationale Menschenrechtsstandards gewahrt bleiben. Wie die Untersuchung zeigt, »war dies aber nicht immer der Fall«. Wie sind nun diese Morde einzuschätzen, und als was sollen sie bewertet werden? Aufgrund dieser hohen Zahl kann man nach B'Tselem von schweren Menschenrechtsverletzungen von Palästinensern an Palästinensern sprechen. Die Organisation argumentiert, daß die palästinensischen Organisationen wie PLO, Hamas u.a. eine quasi eigene Infrastruktur besitzen, die autoritativen Charakter habe, und deshalb durch diese Strukturen eine Kontrolle der Gruppen stattfinden müsse. Demzufolge seinen sie auch indirekt für die Morde mitverantwortlich, ja vielleicht sogar ihre heimlichen Auftraggeber. Zu Beginn hatten sie es jedoch versäumt, sich dezidiert gegen die Tötungen auszusprechen. Neben der Erschießung haben die palästinensischen Organisationen auch andere Methoden der Bestrafung wie das Schießen in die Beine, das Brechen von Knochen oder Hausarrest angewandt. Vor einem sogenannten »Volksgericht« wurden Palästinenser schwer gefoltert oder gelyncht. Dutzende von Palästinensern wurden in Gefängnissen von ihren Landsleuten ermordet. »In all diesen Fällen gab es keine Untersuchung, die auch nur den minimalsten juristischen Standards entsprochen hätte«, so B'Tselem. Yizhar Be'er sagte in einem Interview gegenüber dem Verfasser, daß diese Mörder nicht genügend kritisiert oder aus der Gesellschaft ausgeschlossen würden, manche von ihnen feierte man sogar als nationale Helden. Er sieht aber auch eine starke Mitverantwortung von seiten Israels, da es dieses Phänomen geschaffen habe. Das Land habe durch sein Verhalten gegen die VGK verstoßen und sich somit Menschenrechtsverletzungen schuldig gemacht.

Wir vertreten hier die Ansicht, daß es sich bei diesen Morden nicht um Menschenrechtsverletzungen im eigentlichen Sinne handelt, da die Straftaten nicht von Staats wegen, d.h. im Auftrage des Staates begangen oder von einer zentralen Behörde mit quasi staatsähnlichem Charakter angeordnet wurden. Die PLO tat zwar immer so, als übe sie staatliche Macht aus, de facto entsprach dies aber nie der Realität. Bei den grausamen Verbrechen, die von politischen Desperados im Namen einer höheren Moral oder im Auftrag begangen werden, handelt es sich um Mord, der durch die israelischen Besatzungsbehörden geahndet werden muß, da sie die politische Autorität in den besetzten Gebieten ausüben. Diesen Todeskommandos müßte Israel schnellstens das Handwerk legen. Die Fragen, unter wessen Regie oder Kommando diese Gruppen agieren, läßt sich nicht immer klar beantworten; man ist nur auf Vermutungen angewiesen. Auch der Bericht von B'Tselem tut sich hier schwer. Bis zum Ausbruch der Intifada hatte die PLO selten die Tötung eigener Landsleute angeordnet. Die Flugblätter der VNFA enthielten sich widersprechende Aussagen zu diesem Problem. Einige riefen zum Angriff gegen Kollaborateure auf, andere aber zur »Reue«. 1989 war auf Flugblättern zu lesen, daß man zuerst eine gründliche Untersuchung durchführen solle, bevor man die Menschen exekutiere. »Aber zu keiner Zeit gab es einen eindeutigen Aufruf zum Stop der Tötungen«, so B'Tselem. »Die Organisationen, die die PLO bilden, distanzierten sich nie von den Taten der Gruppen, die sich mit ihnen identifizierten, und sie hielten die organisatorischen Verbindungen und die finanzielle Unterstützung aufrecht.« Zu Beginn der Intifada tötete Hamas weniger Kollaborateure als die PLO-Gruppen; und die meisten gehörten zur »Sicherheits«-Kategorie. Hamas unterschied immer zwischen sicherheitsbedingter, ideologischer, politischer, wirtschaftlicher und moralischer Kollaboration. Seit 1992 sind Hamas-Gruppen für die Mehrzahl der Ermordungen von sogenannten Kollaborateuren verantwortlich.

Nach der Unterzeichnung des »Gaza-Jericho-Abkommens« erklärte die Fatah innerhalb der PLO, daß sie ihre militärischen Operationen gegen Israel und gegen Kollaborateure einstelle. Die Reaktion vor Ort war nicht einheitlich. Einige sind diesem Aufruf gefolgt und ins normale Leben zurückgekehrt, andere kämpfen weiter gegen die Kollaborateure. Israel hat aber nur denen die Freiheit vor Strafverfolgung zugesagt, die kein »jüdisches Blut an ihren Händen haben«. Da diese Personen jetzt der Aufforderung der PLO gefolgt sind, stellt sich die Frage, ob die Aktivitäten nicht hätten früher beendet werden können und die PLO doch eine gewisse Macht über diese Killerkommandos besessen hatte. Hätte die PLO diesen Gruppen nicht den Geldhahn zudrehen, sie organisatorisch isolieren, sie aus der PLO ausschließen oder mit Strafe bedrohen können? Wenn sich bewahrheiten sollte und die Morde angeordnet waren, dann macht sich die PLO oder irgendeine der anderen palästinensischen Gruppierungen der Menschenrechtsverletzung an eigenen Landsleuten schuldig. Somit würde sich B'Tselems These als richtig herausstellen.

Menschenrechtsverletzungen von nicht staatlichen Akteuren können nur in einem bewaffneten Konflikt gegenüber der anderen Partei begangen werden. Als das Problem 1988/89 virulent wurde, hatte man von seiten der PLO noch versucht, eine Art formalisierten Prozeß zu installieren. So gab es einige öffentliche Schuldbekenntnisse vor Moscheen. Dieses Verfahren wurde als nicht effektiv angesehen, und so haben sich die Todeskommandos verselbständigt und agieren nun völlig außerhalb jeglicher Kontrolle. Auch Frauen fallen diesen Banden zum Opfer. Sie werden wegen »unmoralischen Verhaltens« auf grausame Weise liquidiert. Auch Drogenabhängige trifft dieses Verdikt. Was gibt diesen Killerkommandos überhaupt das Recht, von höherer Moral zu sprechen und alles, was davon abweicht, zu vernichten? Die palästinensische Gesellschaft sollte schon im eigenen Interesse versuchen, diese Gruppen zu isolieren und zur Verantwortung zu ziehen.

Daß dieses Phänomen die palästinensische Gesellschaft nicht unberührt läßt, zeigt die Reaktion der Direktorin von PHRIC, Jan Abu Shakrah, auf die Frage eines israelischen Journalisten auf der Mitte Juni in Tel Aviv abgehaltenen »Folterkonferenz«. Warum wurde nicht auch über diese palästinensischen Menschenrechtsverletzungen gesprochen, so der Journalist. An der emotionalen Antwort kann man erkennen, wie delikat dieses Problem ist. »Ich bin verletzt und erschrocken, lieber Journalist, daß Sie eine solch selbstgefällige Freude über den Horror dieser verstümmelten Körper an den Tag legen. Ich fühle mich angewidert, daß nicht nur offizielle israelische Stellen, die täglich eine entmenschlichende Folter und Erniedrigung über die Palästinenser bringen, sondern auch Menschenrechtsaktivisten sich auf das einlassen, was nur als Besatzungspornographie bezeichnet werden kann. Ich bin über mich selbst wütend, über die Palästinenser und die Israelis, die es besser wissen und solche Orgien von perversem Zynismus ruhig hinnehmen. Ziehen Sie eine Art »Mengelian satisfaction« aus der Tatsache, daß Sie nach 26 Jahren entmenschlichender Besetzung sagen können: ›Aha, wir behandelten sie wie Tiere und jetzt benehmen sie sich auch wie solche‹? Was macht Sie glauben, daß die Palästinenser die Qualen ihrer zerstörten Gesellschaft und Persönlichkeit mit ihnen teilen wollen? Was können Sie uns, die Sie die Kollaborateure geschaffen und uns Folter gelehrt haben, im Gegenzug anbieten?«

Die letzte Verantwortung für die toten Kollaborateure tragen diejenigen, die sie ausbilden, bewaffnen und bestimmte Aufträge ausführen lassen. Die Behauptung der Militärbehörden, daß Menschenrechtsverletzungen durch Kollaborateure nur auf interne palästinensische Konflikte zurückgehen, kann nicht an der Tatsache vorbeigehen, daß Israel sich dieser als einer Art zusätzliches Machtinstrument zur Kontrolle der Palästinenser bedient. Da über die offiziellen Rekrutierungsmechanismen nichts bekannt ist, sei abschließend nur auf Artikel 51 Abs. 1 VGK hingewiesen: »Die Besatzungsmacht kann geschützte Personen nicht zwingen, in ihren Streitkräften oder Hilfskräften zu dienen. Jeder Druck und jede Propaganda, die auf freiwilligen Eintritt in diese abzielt, ist untersagt.« Als einen Bruch der VGK kann angesehen werden, wenn nach Artikel 147 die Besatzungsmacht Personen zur »Dienstleistung in den Streitkräften der feindlichen Macht« zwingt. Israel rekrutiert zwar keine Palästinenser in seine Armee, aber es bedient sich palästinensischer Kollaborateure, um die palästinensische Gesellschaft weiter zu spalten und zu isolieren.

Aufgrund der vielfältigen Menschenrechtsverletzungen haben sich in Israel und den besetzten Gebieten zahlreiche Organisationen gebildet, die die unzähligen Verstöße genauestens dokumentieren und veröffentlichen. Um einen kleinen Überblick über die Anzahl und die Arbeitsweise bzw. Organisationsstruktur dieser Gruppen zu geben, sollen im nächsten Kapitel die wichtigsten kurz vorgestellt werden.

V.
MENSCHENRECHTSORGANISATIONEN IN ISRAEL UND DEN BESETZTEN GEBIETEN

Die im folgenden vorgestellten Menschenrechtsorganisationen gehören zu den wichtigsten in Israel und den besetzten Gebieten. Es gibt darüber hinaus aber noch weitere sowie eine große Anzahl von religiösen und säkularen Friedensgruppen, deren bekannteste »Peace Now« ist und die nicht behandelt werden konnten, weil sie den Rahmen der Untersuchung gesprengt hätten. Deren Arbeit wird im wesentlichen von den hier vorgestellten mit abgedeckt, so daß wir uns auf die bloße Erwähnung beschränken können. So seien als Menschenrechtsorganisationen im engeren Sinne noch genannt: Quaker Service – Information and Legal Aid Center, Association for the Support and Defence of Bedouin Rights in Israel, Imut – Mental Health Workers for the Advancement of Peace, das Gaza-Team for Human Rights – Protagoras Association, die Association of the 40 und die israelische Sektion von amnesty international.

Alle diese Organisationen leisten hervorragende Arbeit. Was aber fehlt, ist eine zentrale Koordinierungsstelle, die als Institution wichtige Aktionen zusammenführt. Ein solches Gremium könnte auch dazu dienen, daß sich zu festgelegten Terminen die Repräsentanten der zahlreichen Organisationen regelmäßig treffen. Ein solcher Koordinationsrat für Menschenrechte könnte insbesondere auch die Öffentlichkeitsarbeit für das Ausland übernehmen, denn hieran hapert es bei vielen Organisationen noch.

1. The Association for Civil Rights in Israel (ACRI)

Sie ist die älteste Organisation ihrer Art und setzt sich für die Einhaltung der Menschenrechte und der bürgerlichen Freiheiten ein; sie ist unabhängig und gemeinnützig. Seit 1972 vertritt ACRI Juden und Araber gleich welcher religiösen oder weltanschaulichen Einstellung. Anfänglich arbeitete ACRI auf freiwilliger Basis; heute zählt die Organisation mehr als 1000 Mitglieder und beschäftigt neun Rechtsanwälte und acht Erzieher. 21 freiwillige Gruppen arbeiten von Jerusalem, Tel Aviv, Haifa und Beersheba aus, um jede Menschenrechtsverletzung in Israel oder den besetzten Gebieten zu registrieren. Da Israel formell keine Verfassung hat, sind die Entscheidungen des Obersten Gerichts in bezug auf die bürgerlichen Freiheitsrechte verfassungbildend. Durch die Urteile zur Einhaltung dieser Rechte entsteht in Israel eine Rechtskultur, die dem Recht und den liberalen Freiheitsrechten zum Durchbruch verhilft; dazu leistet ACRI einen wichtigen Beitrag. In enger Zusammenarbeit mit dem Bildungsministerium und den Sicherheitskräften versucht ACRI, Bürgerrechtscurricula in deren Ausbildungsprogrammen durchzusetzen. ACRI arbeitet mit anderen Menschenrechtsgruppen in Israel zusammen. Sie gehört der » International League for Human Rights« und der »Federation Internationale des Droits de l'Homme« als Mitglied an. Finanziert wird die Organisation durch Mitgliedsbeiträge und Spenden von privaten Stiftungen und Einzelpersonen aus dem Ausland und Israel.

Die Arbeit in den besetzten Gebieten konzentriert sich auf zwei Schwerpunkte: Zum einen wird versucht, die fundamentalen Rechte der Palästinenser, die nicht direkt in Gewalttätigkeiten verstrickt sind, aber unter den Maßnahmen des Militärs leiden, zu garantieren, zum anderen will man erreichen, daß die Verhafteten eine menschliche Behandlung und einen fairen Prozeß erhalten. Speziell in Israel spricht sich die Organisation für die Gleichbehandlung von Arabern mit israelischer Staatsbürgerschaft, die Gleichbehandlung von Frauen, die religiöse Gleichbehandlung zwischen orthodoxen und nichtorthodoxen Juden aus. ACRI erstellt und verteilt Material über die Einhaltung der Bürgerrechte in jüdischen und arabischen Schulen und führt Seminare mit Lehrern mit dem Ziel durch, Bewußtsein für die Bedeutung von diesen Rechten zu schaffen. Die Organisation führt Bürgerrechtsseminare für die Polizei und die paramilitärische Grenzpolizei durch. Die Seminare von ACRI wurden zu einem integralen Bestandteil des Trainingsprogramms an allen drei Polizeiakademien gemacht. ACRI verteilt Broschüren über Bürgerrechte an die Allgemeinheit. Wie seriös die Publikationen von ACRI sind, zeigt die Tatsache, daß das Bildungsministerium begonnen hat, Publikationen der Organisation aufzukaufen und sie in Schulen zu verteilen.

Im Zusammenhang mit der Massendeportation von 415 Palästinensern wurde die Organisation von Ministerpräsident Yitzhak Rabin scharf angegriffen. Er machte ACRI in einer Kampangne dafür verantwortlich, daß die Massendeportation nicht ohne Widerspruch vollzogen wurde. Er diffamierte in mehreren direkt übertragenen Radiosendungen die Organisation: »Der ganze Ärger begann, als die ›Association for Hamas Rights in Israel‹ an das Oberste Gericht appellierte. Dies gab den Libanesen Zeit, die Grenzübergänge zu blockieren.« Er beschuldigte die Organisation, Mördern zu helfen. Keiner der Deportierten wurde eines solchen Vergehens angeklagt. Nach diesen Angriffen wurde ACRI mit anonymen Drohanrufen und -briefen überhäuft. Ministerpräsident Rabin hat ungerechtfertigter Weise eine Organisation angegriffen, die mit rechtstaatlichen Mitteln eine rechtswidrige Aktion der Regierung stoppen wollte, was aber durch das Oberste Gericht abgeblockt worden ist. ACRI gehört zu den seriösesten Menschenrechtsorganisationen in Israel und leistet hervorragende Arbeit.

Trotz ihres Einsatzes für die Bürger- und Menschenrechte muß sich ACRI Kritik aus dem Lager der anderen Menschenrechtsorganisationen gefallen lassen. Der Organisation wird ihre zu enge Kooperation mit Regierungsstellen vorgeworfen. Dies hatte bereits dazu geführt, daß die Organisation keine Eingaben gegen Regierungshandeln bei Gericht eingereicht hatte. Die vage Verbindung zwischen ACRI und offiziellen Regierungsstellen läßt sich besonders deutlich an der Person von Rechtsanwalt Yehoshua Shofman zeigen. Wie »Kol Ha'ir« vom 18. März 1994 meldete, wechselte Shofman in das Büro des Staatsanwaltes beim HCJ. Vor seinem Wechsel zu ACRI arbeitete er als Anwalt für das israelische Militär. Eine solche Art der »Beziehung« zwischen einer Menschenrechtsorganisation und staatlichen Stellen ist nur möglich aufgrund einer Einstellung, die dem Staat die primäre Loyalität schuldet und sich dann erst um die Menschenrechte kümmert.

Wie Kommissionsmitglied Ruth Gabizon im ACRI-Newsletter vom April 1994 berichtet, beabsichtigt die Organisation, ihre Aktivitäten parallel mit dem Rückzug der israelischen Armee aus den besetzten Gebieten zu beenden und die Organisation zu reorganisieren, um sich Fragen der Rechtmäßigkeit von Siedlerprotesten und solchen Protestformen rechter Parteien gegen Regierungshandeln zu widmen. Am 11. Mai 1994 schrieb Gabizon in »Ha'aretz«: »Die Struktur (des Militärregimes), das soviele Menschenrechtsverletzungen verursacht hatte, wird sich ändern, und der Grund für diese Verletzungen wird entfallen oder wenigstens zurückgehen«.

2. Al-Haq – Palestinian Organization for Human Rights (POHR)

Diese Organisation wurde als Filiale der Genfer »International Commission of Jurists« (ICJ) 1979 von den Rechtsanwälten Raja Shehadeh und Jonathan

Kuttab sowie dem Ökonomen Charles Shammas gegründet. Derzeitiger Geschäftsführer ist Fateh Azzam. Ihr Anliegen ist die Einhaltung der Menschenrechte durch eine Förderung des Rechts. Sie hat ihren Sitz im 18 Kilometer nördlich von Jerusalem gelegenen Ramallah. Al-Haq – was so viel heißt wie Gerechtigkeit – dokumentiert alle Menschenrechtsverletzungen in den besetzten Gebieten. Zu diesem Zweck beschäftigt die Organisation eine Reihe von Außendienstmitarbeitern, die, über die Westbank und den Gaza-Streifen verteilt, jeder Verletzung der Menschenrechte nachgehen und diese der Zentrale melden. Ihre Tätigkeit war während des Golfkrieges stark beeinträchtigt. Al-Haq leistet Rechtsberatung und interveniert im Namen der Betroffenen oder anderer Menschenrechtsorganisationen bei der zuständigen israelischen Militärverwaltung. Als palästinensische Organisation kann sie nicht vor israelischen Gerichten auftreten; zu diesem Zweck wird sie von israelischen Anwälten vertreten.

Das Rückgrat der Arbeit von Al-Haq ist die Sammlung ausführlicher Informationen über die andauernden Menschenrechtsverletzungen. Dies geschieht durch ein Team professionell ausgebildeter Fieldworker in der Westbank und dem Gaza-Streifen. Die gesammelten Daten werden mit einem Koordinator in der Zentrale besprochen. Die Berichte bestehen aus eidesstattlichen Erklärungen, schriftlichen Berichten und Fragebögen, Bildern und medizinischen Berichten. Diese Informationen werden in einem Computer erfaßt und ausgewertet. Daneben gibt es ein Forschungsprogramm, das es der Organisation ermöglicht, genaue Urteile über die Lage der Palästinenser unter der Besetzung zu geben sowie die Auflagen der Militärverwaltung am Völkerrecht zu überprüfen. Durch die Ausarbeitung eines völkerrechtlichen Rahmens ist es Al-Haq möglich, Menschenrechtsverletzungen eindeutig zu identifizieren.

Wenn es die Organisation für angemessen erachtet, interveniert sie bei Menschenrechtsverletzungen zum Nutzen der Betroffenen. Dies geschieht entweder direkt bei den Militärbehörden oder durch Informationen an die nationale und internationale Presse. Durch die Mobilisierung internationalen Drucks will man nach Meinung der Pressesprecherin Randa Siniora eine Wiederholung ausschließen.

Al-Haq kümmert sich intensiv um die Bildung der Menschen, um sie dadurch auf ihre Rechte hinzuweisen. Das Handbuch »Know Your Rights« dient diesem Zweck. In dieser Broschüre werden angesprochen: die Rechte von Internierten, der Schutz des Landes und des Eigentums, das durch Konfiszierung bedroht ist, und die Rechte der Arbeiter. Einige Untersuchungen über die Gesetzgebung der Militärverwaltung sollen Rechtsanwälten und der Öffentlichkeit Texte an die Hand geben, die Analysen und Interpretationen der Militärverordnungen im Lichte des Völkerrechts enthalten.

Al-Haq bietet für die Palästinenser eine kostenlose Rechtsberatung an. Wenn es eine Menschenrechtsverletzung betrifft und es keiner Gerichtsverhandlung bedarf, interveniert die Organisation direkt bei den zuständigen Behörden. Sollte dies keinen Erfolg haben, wird der Betreffende zu einem Anwalt geschickt. Al-Haq vertritt weder Palästinenser vor Gericht, noch übernimmt sie deren Kosten. Erfolg ist den Rechtsberatungsprogrammen auf den Gebieten Reisebeschränkungen, Konfiszierung von Identitätskarten, Einbehaltung von Genehmigungen und anderen Dokumenten, die die Palästinenser für ihr tägliches Leben brauchen, beschieden.

Mit seinen Maßnahmen will Al-Haq die Bewohner der besetzten Gebiete schützen. Finanziert wird Al-Haq durch zwölf Nicht-Regierungsorganisationen und solchen Einrichtungen, die sich mit Menschenrechten befassen sowie durch private Spenden. Nach Meinung des ehemaligen Pressesprechers der Organisation, Sami Mushasha, steht hinter den koordinierten Maßnahmen der Israelis die Absicht, den Palästinensern das Leben so schwer wie möglich zu machen. »Diese Besetzung verletzt nicht offen die Menschenrechte, sondern verdeckt. Menschenrechtsverletzungen werden auf rechtlicher Grundlage begangen.«

3. The Palestine Human Rights Information Center (PHRIC)

Diese Organisation wurde 1986 unter dem Schutz der »Arab Studies Society« in Jerusalem gegründet. Leiterin ist Jan Abu Shakrah. PHRIC ist eine unabhängige palästinensische Nicht-Regierungsorganisation, die sich die Dokumentation von Menschenrechtsverletzungen und die Beachtung der Menschenrechte zum Ziel gesetzt hat. Als Menschenrechtsorganisation hat sie sich der Beobachtung der Menschenrechte verschrieben, wie sie in der Allgemeinen Erklärung der Menschenrechte und den internationalen Konventionen und Verträgen niedergelegt sind.

Mitarbeiter vor Ort nehmen jede Menschenrechtsverletzung in der Westbank und dem Gaza-Streifen auf und dokumentieren sie; dies geschieht in Form von Interviews und Fragebögen, eidesstattlichen Erklärungen und durch offizielle Dokumente wie Verlautbarungen der Militärverwaltung. Mitarbeiter der Organisation dokumentieren Menschenrechtsverletzungen gegen Palästinenser in Israel und gegen israelische Friedensaktivisten. Eine

Datenbank ermöglicht es PHRIC, schnell auf jede Menschenrechtsverletzung zu reagieren. Ein ausgebildetes Team von qualifizierten Sozialwissenschaftlern erstellt monatlich und jährlich Berichte; sie werden ergänzt durch Informationsblätter und Pressemitteilungen.

Auf internationaler Ebene existiert in Chicago eine Zweigstelle von PHRIC, die weltweit die Menschenrechtsverletzungen in Israel bekannt macht und Informationsmaterial verschickt. Innerhalb der palästinensischen Gesellschaft will PHRIC das Bewußtsein und das Verständnis für die Prinzipien der Menschenrechte unter den Bedingungen der Besetzung fördern; dies geschieht in Form von Seminaren und Veröffentlichungen.

4. HaMoked: Center for the Defence of the Individual

Mit Beginn der Intifada verschlechterte sich die Situation der Menschenrechte in den besetzten Gebieten dramatisch. Das Militär beging immer öfter Verstöße gegen die Menschenrechte, um den Aufstand niederzuschlagen. Im Juli 1988 wurde »Hotline for Victims of Violence« als Zweig der »Tolerance-Bewegung« (Sovlanut) gegründet. 1989 wurde Hotline unabhängig und nahm Anfang 1993 seinen jetzigen Namen an. Ein eigener Aufsichtsrat wurde berufen, und durch ein eigenes Budget konnten Mitarbeiter eingestellt werden. Vorsitzende wurde Lotte Saltzberger, ehemalige stellvertretende Bürgermeisterin von Jerusalem. Sie erhielt 1991 den Emil-Grünzweig-Preis von ACRI für ihren Einsatz für die Menschenrechte verliehen. Leiterin des Büros in Ost-Jerusalem ist Dalia Kerstein.

In den letzten fünf Jahren hat HaMoked über 4000 Fälle bearbeitet. 40 freiwillige Helfer – Juden und Araber – und vier Angestellte helfen den Opfern beim Erstellen ihrer Eingaben oder bei rechtlichen Schritten. Schwerpunkte der Eingaben sind: Verletzungen oder sogar Tötung durch Armee, Polizei, Grenztruppen, Siedler oder andere Israelis; Schäden, die durch Soldaten, Polizei oder Zivilisten verursacht wurden; Verstöße gegen Bürgerrechte von Individuen wie illegale Verhaftungen, willkürliche Verweigerung von Ein- oder Ausreisepapieren nach Israel; Beschlagnahme der Identitätskarte – was aber stark nachgelassen hat, weil das Oberste Gericht Israels dies für illegal erklärt hat –; Nichtinformation von Angehörigen über den Aufenthaltsort von Verhafteten; Ausweisung von Familienangehörigen und Kindern von Palästinensern, die keine gültige Aufenthaltsgenehmigung besitzen.

HaMoked setzt sich für solche Individuen ein, deren Rechte mißbraucht wurden, um damit einen Beitrag für Frieden und Versöhnung zu leisten.

Durch ihre Arbeit will die Organisation den Mißbrauch der Rechte der Palästinenser minimieren bzw. ganz verhindern. Wo die Rechte von jüdischen Opfern der Gewalt durch den Staat und das Recht geschützt sind, haben nach HaMoked die palästinensischen Opfer oft große Schwierigkeiten beim Ausfüllen ihrer Beschwerden, und sie genießen nicht den Schutz des Staates. Deshalb hilft HaMoked den Palästinensern, die Hürden der Bürokratie zu meistern.

Was die Gewalttaten von Siedlern und anderen Israelis gegen Palästinenser in Ost-Jerusalem und den besetzten Gebieten angeht, ist die Situation nach HaMoked sehr unbefriedigend. Bei mehr als 70 angezeigten Fällen hat sich die Polizei geweigert, diese überhaupt zu registrieren, oder sie ist der Anzeige nicht nachgegangen. Oft werden Anzeigen verlegt, oder der Täter gilt als »unbekannt«. Wo immer möglich, arbeitet die Organisation mit den offiziellen Behörden zusammen. Ziel von Hotline bleibt es nach Lotte Saltzberger, »das öffentliche Bewußtsein für die ungesetzlichen Aktivitäten und Menschenrechtsverletzungen gegenüber Palästinensern in den Gebieten wachzurütteln«.

HaMoked arbeitet mit hohen Regierungsvertretern im Bereich des Militärs und der Polizei zusammen, was zur Effektivität der Arbeit beigetragen hat. So hat die Organisation als einzige Zugang zu dem Büro, das alle Namen von Internierten gespeichert hat. Eine enge Zusammenarbeit besteht mit ACRI und B'Tselem, aber auch mit anderen israelischen und palästinensischen Menschenrechtsorganisationen.

Finanziert wird die Organisation durch Zuschüsse des New Israel Fund, verschiedener anderer internationaler Organisationen, unter ihnen auch »Brot für die Welt«, und durch Privatspenden aus Israel und dem Ausland. Als eine gemeinnützige Organisation ist sie immer an der Erschließung neuer Finanzierungsquellen interessiert. Am 1. März 1992 eröffnete HaMoked zusammen mit dem israelischen Zweig der Organisation »Defense of Children International« (DCI) in Bethlehem ein Büro, das Rechtsanwalt Badera Khoury leitet; er nimmt auch Beschwerden in Ramallah entgegen.

5. Rabbis for Human Rights (RHR)

Auch diese Organisation wurde wegen zunehmender Menschenrechtsverletzungen durch das israelische Militär 1988 gegründet. Das Anliegen der Rabbiner ist es, das humane Gesicht des Judentums und seine Ziele der sozialen Gerechtigkeit in Israel stärker zum Tragen zu bringen, denn die

Mißstände in den besetzten Gebieten seien nicht mit der alten jüdischen Tradition der Menschlichkeit und der moralischen Verantwortung »für den Fremden in unserer Mitte« vereinbar. Augenblicklich gehören den RHR 120 Rabbiner – von Orthodoxen bis zu Reformrabbinern – an. Es ist somit die einzige Organisation in Israel, die die führenden Persönlichkeiten der verschiedenen jüdischen Glaubensrichtungen zusammenbringt, sowie die einzige jüdisch-religiöse Einrichtung, die sich um Menschenrechte sorgt. Moralische und humanitäre Fragen stehen im Mittelpunkt der Arbeit. RHR ist politisch unabhängig. Es ist beabsichtigt, durch die Bekanntmachung von Menschenrechtsverletzungen, Druck auf die Politiker auszuüben.

Die Öffentlichkeit soll unterrichtet werden, was in ihrem Namen und im Namen der jüdischen Prinzipien geschieht. Selbst die höchsten religiösen Repräsentanten schweigen dazu. Ihre Haltung wird vom ehemaligen Vorsitzenden der RHR, David Foreman, kritisiert: Sie sind unfähig, eine moralische Anwort auf die zentralen Anliegen zu geben, die den jüdisch demokratischen Staat bedrängen.« Langfristig beabsichtigt RHR, das Erscheinungsbild des Judentums zu verändern, das von religiösen und nicht-religiösen Juden als eine nach innen gewandte nur an Regeln und Ritualen orientierte pietistische Gemeinschaft wahrgenommen wird. Die Organisation will die Frage der Menschenrechte als eine jüdisch-religiöse Frage etablieren, und zwar in Israel sowie in der Diaspora. Denn immer öfter erscheint das Judentum als eine Religion der »Gewalt und Intoleranz«. Für ihre Repräsentanten gibt es keinen Widerspruch, weder zwischen Judentum und ethischem Verhalten noch zwischen Judentum und sozialer Gerechtigkeit, beides seien zwei Seiten einer Medaille. Konkret versucht man, seine Ideen in Form von Vorträgen und Schriften in das Schulsystem, die Armee und andere Bildungseinrichtungen zu tragen und hält Seminare über Menschenrechte in der jüdischen Tradition ab.

Die RHR sind bekannt für ihre spontanen Aktionen wie Demonstrationen vor dem Haus des Ministerpräsidenten, des Ministeriums für Religionsangelegenheiten und dem Gelände des Oberrabbiners von Jerusalem. So hatten die RHR der Familie des arabischen Kaufmanns im Shuk, der durch einen Steinwurf des extremistischen Rabbiners Moshe Levinger von der Gush Emunim-Bewegung (Block der Getreuen) getötet worden ist, einen Besuch abgestattet. Sie setzten damit ein Zeichen, daß nicht »die Juden« hinter der Tat stünden. Levinger erhielt fünf Monate Haft für eine »angebliche« Tötung eines Arabers. Eine an Zynismus nicht mehr zu überbietende Begründung, die vom Ankläger Levingers gegeben wurde. Durch den Einsatz der RHR wurde das Haus von Ali Masri im Flüchtlingslager Balata, das durch die Armee zerstört worden ist, mit Hilfe des Staates wieder aufgebaut, obgleich die Militärbehörden und die israelische Regierung dies abgelehnt und versucht hatten, jede Verantwortung von sich zu weisen.

6. B'Tselem – The Israeli Information Center for Human Rights in the Occupied Territories

Der Name B'Tselem leitet sich von Genesis 1,27 her, wo es heißt: »Gott schuf den Menschen als sein Abbild; als Abbild Gottes schuf er ihn. Als Mann und Frau schuf er sie.« Dieser Geist beseelt auch die Allgemeine Erklärung der Menschenrechte, in der es heißt, daß alle Menschen gleich an Würde und Rechten sind. Die Organisation wurde von einer Gruppe von 63 Rechtsanwälten, Medizinern, Akademikern, Journalisten, Persönlichkeiten des öffentlichen Lebens und Knesset-Abgeordneten im Februar 1989 gegründet. Der Anlaß war, die Sicherheit und den humanitären Charakter des Staates Israel zu bewahren. Diese Verpflichtung ist die »Staatsräson« der Organisation und bildet die Grundlage jeder Aktion, wie es der Direktor Yizhar Be'er beschreibt. Die Organisation sammelt alle verläßlichen Daten von Menschenrechtsverletzungen in den besetzten Gebieten, analysiert die Politik und ist bei Eingaben behilflich. Die Daten von B'Tselem fußen auf unabhängiger Feldforschung, Untersuchungen, offiziellen israelischen Quellen und Daten von palästinensischen und anderen israelischen Menschenrechtsorganisationen. Alle Publikationen von B'Tselem werden vor der Veröffentlichung freiwillig den zivilen und militärischen Behörden vorgelegt und ihre Reaktionen im Bericht mit aufgenommen. Oft lehnen die Regierungsvertreter eine Stellungnahme ab oder greifen die Publikationen in der Öffentlichkeit an.

B'Tselem veröffentlicht verschiedene Broschüren, die die Menschenrechtsfrage als zentrales Anliegen primär für die israelische Öffentlichkeit darstellen. Dadurch soll die israelische Öffentlichkeit sensibilisiert werden, um Druck auf die Regierung auszuüben. Zu den wichtigsten Veröffentlichungen von B'Tselem zählen: zweimonatliche Informationsbroschüren, umfangreiche Untersuchungen zu Folter, dem Steuersystem, der Kollektivstrafe, den »undercover units«, die Jahresberichte sowie seit Sommer 1993 den »B'Tselem Human Rights Report«. An den umfangreichen Untersuchungen sind oft Rechtsanwälte, Ärzte, Ökonomen u.a. Experten beteiligt.

Alle Berichte zeugen von einem hohen Grad an Professionalität und Seriosität. Eine enge Kooperation mit anderen Menschenrechtsorganisationen ist selbstverständlich.

Vertreter der Organisation unternehmen Informationstouren in die besetzten Gebiete und werden dabei manchmal von Knesset-Abgeordneten, Rechtsanwälten, Ärzten und Journalisten begleitet. B'Tselem versucht, die israelische Öffentlichkeit über die internationalen Menschenrechtsstandards und Normen zu informieren und die öffentliche Debatte in Israel über die Menschenrechtsverletzungen in den besetzten Gebieten zu führen. Eine Kooperation mit über 20 Knesset-Abgeordneten von der Arbeitspartei, Shinui, Ratz und Mapam hat zum Ziel, diese Fragen auch im Parlament zu diskutieren.

Die Organisation finanziert sich aus öffentlichen und privaten Spenden. Sie beschäftigt zehn Voll- bzw. Teilzeitkräfte sowie eine ganze Anzahl Freiwilliger. 1989 erhielt B'Tselem zusammen mit Al-Haq den Carter-Menil-Menschenrechtspreis.

7. The Association of Israeli-Palestinian Physicians for Human Rights (PHR)

Anlaß der Gründung waren auch hier die »weitverbreiteten Menschenrechtsverletzungen, die Tötungen und die Verletzungen von unbewaffneten Zivilisten, der massive Einsatz von Gewalt durch das israelische Militär in ihrem Versuch, die Intifada zu unterdrücken, sowie die zunehmenden Menschenrechtsverletzungen von Patienten und medizinischem Personal«, schrieb die Vorsitzende von PHR, Ruchama Marton, in einem Brief vom 17. März 1992 an den Verfasser. Von israelischen und palästinensischen Ärzten wurde PHR im Februar 1988 gegründet. Die Arbeit erfolgt ausschließlich auf freiwilliger Basis. Ziel der Organisation ist es, aktuelles Leiden zu lindern, Solidaritätsaktionen in den besetzten Gebieten für Kollegen abzuhalten, Freiwilligenarbeit zu organisieren, medizinische Geräte und Material zur Verfügung zu stellen und Brücken der Verständigung zwischen israelischen und palästinensischen Ärzten zu bauen.

PHR erhält täglich Anfragen mit der Bitte, sich für die Freilassung von verletzten oder behinderten Patienten einzusetzen. Die Organisation will erreichen, daß diese Patienten die richtige Medizin verordnet bekommen. Gegen die 40tägige Ausgangssperre während des zweiten Golfkrieges legte die Organisation 1991 Beschwerde beim Obersten Gericht Israels ein; sie forderte, daß dem medizinischen Personal und den Patienten gestattet sein muß, während dieser Zeit einen Arzt aufzusuchen oder Patienten zu besuchen. Dieser Eingabe wurde mit Richtlinien für die Umsetzung stattgegeben. Vor Ort wurde aber immer wieder dagegen verstoßen.

PHR versorgt Flüchtlingslager und Dörfer, in denen es keine ärztliche Versorgung gibt. An einem Tag der Woche begibt man sich mit einem Team von Ärzten in einen Ort und behandelt so viele Patienten wie möglich. In den meisten Dörfern gibt es keinen Arzt. PHR verteilt – soweit als möglich – medizinische Geräte für Krankenhäuser in den besetzten Gebieten. So wurden während der 40tägigen Ausgangssperre Babynahrung, Reis, Mehl und andere Lebensmittel in die Gebiete transportiert. Bedürftige Patienten werden kostenlos versorgt. Die Organisation kritisiert insbesondere die Verhörmethoden des Shin Bet und das teilweise rücksichtslose Verhalten des Militärs gegenüber Patienten. PHR finanziert sich durch Spenden. So wurde durch eine großzügige Privatspende 1992 ein Kinderhilfsfonds eingerichtet, der finanzielle Hilfe für palästinensische Kinder schnell und unbürokratisch zur Verfügung stellt.

Auch nach dem Massaker von Hebron versuchte sich PHR im Überbrücken von Kommunikationsbarrieren. So stellte die Organisation medizinische Geräte und Medikamente zur Verfügung und setzte sich für besseren Zugang des medizinischen Personals zu den Krankenhäusern ein. Durch intensive Intervention von Direktor Neve Gordon und der Vorsitzenden Ruchama Marton bei Gesundheitsminister Shuki Schemer, Umweltminister Jossi Sarid sowie dem Koordinator für die besetzten Gebiete, General Danny Rothschild, gelang es der Organisation, schnelle Hilfe zu leisten. In diesem Fall war die Kooperation mit den zuständigen Regierungsstellen problemlos und unbürokratisch.

Der Arbeit von PHR liegen folgende Prinzipien und Ziele zugrunde: Das Ziel ihrer Arbeit ist der Schutz des menschlichen Lebens und die Verbesserung der Gesundheit. Der Einsatz für Leben und Gesundheit im weitesten Sinne schließt auch die Verteidigung der Menschenrechte mit ein. Dieses Engagement darf nicht durch Rasse, Abstammung oder Nationalität eingeschränkt werden. Das Problem, das sich für die Organisation aus dieser Haltung ergibt, besteht darin, daß die Befolgung dieser Prinzipien auch für die eigene Organisation Nachteile bringt. Mit ihrer Arbeit will PHR Kontakte zwischen israelischen und palästinensischen Ärzten herstellen. Dabei geht sie von der Anerkennung des Rechtes eines jeden auf seine personale und nationale Identität aus. Der Konflikt zwischen dem israelischen und dem palästinensischen Volk wirft viele Fragen und Probleme auf, die nur schwer zu beantworten und zu lösen sind. Deshalb will die Organisation weiterhin Vertrauen und Zusammenarbeit unter Berücksichtigung der Unterschiede zwischen beiden Völkern fördern.

Konkret drückt sich dies darin aus, daß man über die Probleme der medizinischen Versorgung in beiden Gesellschaften redet. Palästinensisches medizinisches Personal soll durch PHR vor Belästigungen durch das Militär in Form von Verhaftungen, willkürlicher Administrativhaft, Entlassung und physischen Schäden geschützt werden. Ebenso versucht die Organisation – soweit es in ihren Kräften steht – Verletzungen von Palästinensern nachzugehen und deren Wiederholung zu verhindern. Wenn nötig, sollen medizinische Tätigkeiten auf freiwilliger Basis in den besetzten Gebieten verrichtet werden. Durch Konferenzen, wie z.B. der »Folterkonferenz« am 13./14. Juni 1993 in Tel Aviv, will die Organisation an die Weltöffentlichkeit appellieren, Druck auf die israelische Regierung auszuüben, um Mißstände auf medizinischem Gebiet und in den Verhöreinheiten des Geheimdienstes abzustellen.

8. The Public Committee against Torture in Israel (PCATI)

Als Antwort auf weitverbreitete Berichte über Folter sowie die physische und psychische Mißhandlung von Palästinensern durch die Sicherheitskräfte, Soldaten und Polizei wurde das Komitee von Rechtsanwälten, Psychiatern, Kriminologen, Sozialarbeitern und Menschenrechtsaktivisten Ende 1989 gegründet. Das Hauptziel der Organisation ist es, den Anschuldigungen von Folter nachzugehen, die Fakten zu veröffentlichen und durch die Beeinflussung der öffentlichen Meinung Abhilfe zu schaffen. Man geht davon aus, daß jede Art von Folter die Prinzipien der israelischen Demokratie gefährdet, den Rechtsstaat unterminiert und in Widerspruch zu den Menschenrechtsdeklarationen steht.

Seit der Besetzung palästinensischen Landes im Jahre 1967 kam es immer wieder zu gelegentlichen Anschuldigungen gegenüber dem Shin Bet wegen Folter an Gefangenen. Entscheidend war aber die Anschuldigung des israelischen Armeeoffiziers Izzat Nafsu 1986, als er dem Geheimdienst vorwarf, sein Geständnis durch Folter erpreßt zu haben. Diesen Vorwurf ließ die Regierung durch ihren früheren Präsidenten des Obersten Gerichts, Moshe Landau, untersuchen. Sein Bericht über die Verhörpraktiken des Geheimdienstes war so niederschmetternd wie simpel: Seit 1971 hatte der Geheimdienst Geständnisse durch Folter erpreßt und den Gerichten erklärt, sie seien freiwillig erfolgt. Der Bericht sprach sich gegen eine Bestrafung der Geheimdienstler aus, weil sie nur ihre »nationale Pflicht« erfüllt hätten. Der Bericht ersparte dem Geheimdienst in Zukunft das Lügen, indem er »non-violent psychological pressure« und, wenn dieser nicht helfe, die Ausübung von »moderate physical pressure« gestattet. PCATI versucht seit einiger Zeit, die Veröffentlichung beim Obersten Gericht durchzusetzen.

Für PCATI gibt es in einer Demokratie keinen Grund, der die Folter rechtfertigen würde. Die Anwendung der Folter ist sowohl ein Verstoß gegen die internationalen Menschenrechtsdeklarationen als auch gegen israelisches Recht. PCATI behandelt nicht nur die Fälle von Folter an Palästinensern, die wegen sogenannter »Verstöße gegen die Sicherheit« geschehen, sondern kümmert sich um solche Verstöße, die gegen israelische Araber und Juden begangen werden. Deshalb werden alle relevanten Stellen wie Shin Bet, die Armee, die reguläre und die Grenzpolizei beobachtet.

Das Komitee hat erreicht, daß das Thema Folter nicht mehr tabuisiert wird. Immer häufiger erscheinen Beiträge in Zeitungen, was zur Sensibilisierung des öffentlichen Bewußtseins beiträgt. So soll das medizinische Personal, das Menschenrechtsverletzungen sieht, aber sie nicht berichtet, bestärkt werden. Es soll sichergestellt werden, daß sich Israel an die UN-Konvention gegen Folter hält, die es am 3. Oktober 1991 ratifiziert hat. Die Verabschiedung eines Anti-Foltergesetzes soll garantieren, daß eindeutige Beweise vorliegen müssen, bevor ein Urteil aufgrund eines Geständnisses gefällt werden kann.

PCATI verteilt Unterrichtsmaterial in Schulen, Jugendgruppen und anderen Organisationen. Öffentliche Diskussionen oder das Symposium über den Landau-Bericht 1990 sollen die Öffentlichkeit informieren. Dadurch will man auch die Mitglieder der Knesset gewinnen, die relevanten Gesetze zu ändern. PCATI führt auch selbst Prozesse, in denen es die Rechtmäßigkeit der Empfehlungen des Landau-Berichts vor dem Obersten Gericht in Frage stellt.

Die Mitglieder und Mitarbeiter arbeiten ehrenamtlich und auf freiwilliger Basis. Die Organisation finanziert sich aus Spenden von nationalen und internationalen Organisationen sowie Individuen.

9. Kav La'Oved – Workers' Hotline for the Protection of Workers Rights

Kav La'Oved ist eine gemeinnützige israelische Organisation, die 1990 von Israelis und Palästinensern aus den besetzten Gebieten in Tel Aviv gegründet worden ist. Die Organisation setzt sich für die Rechte der Arbeiter, insbesondere für solche aus den besetzten Gebieten, ein, da sie zu den am stärksten unterdrückten der Arbeiterschaft gehören. Kav La'Oved wendet sich gegen die indifferente Haltung der Regierung und der Gewerkschaften gegenüber den palästinensischen Arbeitern. Freiwillige und Teilzeitkräfte führen die Politik aus, die vom fünfköpfigen Vorstand beschlossen wird.

Die israelischen Arbeitsgesetze und -vorschriften diskriminieren die palästinensischen Arbeiter und garantieren ihnen nur einen minimalen Schutz, der auch noch von rücksichtslosen Unternehmern – oft mit Wissen der Regierung und der Gewerkschaft – unterlaufen wird. Die Organisation wendet sich dagegen, daß palästinensische Arbeiter durch Immigranten aus der Sowjetunion auf der Grundlage »jüdische Arbeiter« ersetzt werden. Seit dem zweiten Golfkrieg 1991 und der Abriegelung der besetzten Gebiete Ende März 1993 hat sich die Lage der palästinensischen Arbeiter nochmals verschlechtert.

Kav La'Oved gibt allen Arbeitern, deren Rechte beeinträchtigt worden sind, einen Rechtsbeistand. Sie hilft bei Verhandlungen mit den Arbeitgebern und bei der Einreichung von Klagen vor den Arbeitsgerichten. Seit der Gründung wurden zirka 700 Fälle behandelt, die einen Streitwert von 60.000 US-Dollar hatten. Die Organisation versucht, Beeinträchtigungen von Rechten der Arbeiter aufzuspüren, die bei der Behandlung eines Einzelfalls nicht sofort ins Auge fallen. Sie gibt Informationen an die nationale wie internationale Presse. Druck wird ausgeübt auf die Gewerkschaft Histadrut, gleiche Leistungen für alle Arbeiter bereitzustellen.

Kav La'Oved veröffentlicht seine Dienstleistungen in palästinensischen Zeitungen. Ehrenamtliche Mitarbeiter reisen regelmäßig in die Gewerkschaftszentralen in Gaza, Tulkarem, Kalkilya und Nablus, um Beschwerden von Arbeitern entgegenzunehmen. Ein Flugblatt über die Rechte der Arbeiter wird in Arabisch, Hebräisch, Amharisch und Russisch verteilt. Eine zweimonatliche Informationsbroschüre über die Aktivitäten der Organisation wird in mehreren Sprachen herausgegeben. Die Organisation finanziert sich durch Spenden des New Israel Fund, von französischen und amerikanischen Stiftungen sowie Privatpersonen.

10. Women's Organization for Political Prisoners (WOFPP)

Die WOFPP wurde im Mai 1988 als Antwort auf die harsche Haltung Israels gegen die Intifada in Tel Aviv gegründet; ihre Jerusalemer Dependance wurde Anfang 1989 ins Leben gerufen und betreut die weiblichen Gefangenen im Russian Compound. Anlaß der Gründung waren die Belästigungen von palästinensischen Frauenorganisationen, die in ihrer sozialen Infrastruktur, politischen Funktion und ihrem rechtmäßigen Widerstand gegen die Besetzung beeinträchtigt wurden.

WOFPP gehören israelische und palästinensische Frauen an, die sich in der Ablehnung der Besetzung einig sind. Die Arbeit der Organisation zielt auf den Schutz der Menschenrechte von Gefangenen vor der israelischen Besatzungspolitik. Ein Teil des Russian Compound ist unter der Kontrolle des Geheimdienstes, der durch psychischen und physischen Druck Geständnisse erpreßt.

Die Aktivitäten von WOFPP zielen auf die Mobilisierung und Information der öffentlichen Meinung ab. Man will Einfluß nehmen auf die Abgeordneten der Knesset, öffentliche Einrichtungen wie andere Menschenrechtsorganisationen sowie lokale und internationale Organisationen sowie den Kontakt zwischen Gefangenen, ihren Anwälten und den Familien herstellen. Zu diesem Zweck wird ein Informationsblatt in verschiedenen Sprachen regelmäßig veröffentlicht. Die Organisation versteht sich als »watch-dog«. Sie ist gemeinnützig und finanziert sich ausschließlich durch Spenden.

Gegen folgende Verstöße versucht WOFPP vorzugehen: illegale Verhaftung und Internierung, Belästigungen und Folter, menschenunwürdige Haftbedingungen, nicht ausreichende medizinische Versorgung, insbesondere für schwangere Frauen, sexuelle Belästigungen während der Verhöre, Zensur über die Gründe der Verhaftung und der Folter, Verweigerung eines Anwaltes, Trennung von Mutter und Kind während der Haftzeit, Geiselnahme von Gefangenen, um Druck auf die Familien und Freunde auszuüben, sowie sexuelle Gewalttätigkeiten durch Soldaten.

WOFPP versucht bei der Verlegung von Gefangenen, ihren neuen Ort herauszufinden, um die Angehörigen und die Anwälte zu unterrichten. Die Mitglieder der Organisation unterstützen die Gefangenen während ihres Prozesses als Beobachter bei Gericht, halten Kontakt zu ehemaligen Häftlingen und stellen Gegenstände des täglichen Bedarfs den Gefangenen zur Verfügung. Die Organisation schickt Rechtsanwälte in die Gefängnisse, um die Haftbedingungen zu kontrollieren und um Zeugenaussagen aufzunehmen.

Die Leistungen von WOFPP lassen sich nicht konkret messen, aber schon allein die Präsenz der Vertreter der Organisation wird von den Gefangenen als moralische Unterstützung empfunden und hochgeschätzt. Durch das Engagement einzelner wird der vorherrschenden Indifferenz der Bevölkerung gegenüber den Rechten der politischen Gefangenen entgegengewirkt. So leisten zum Beispiel die Rechtsanwältin Josefa Pick und Hava Keller eine aufopferungsvolle und äußerst verdienstvolle Arbeit.

11. The Alternative Information Center (AIC)

Das AIC wurde 1984 als überparteiliches Projekt gegründet. Es wird von fortschrittlichen Israelis und Palästinensern mit dem Ziel geleitet, gegenseitiges Verstehen und Zusammenarbeit zu fördern. Seit seiner Gründung hat das AIC zwei Ziele verfolgt: Erstens die israelische Öffentlichkeit mit alternativen Informationen über die herrschende Repression in den besetzten Gebieten und dem dort herrschenden Widerstand zu versorgen sowie der palästinensischen Öffentlichkeit einen besseren Einblick in die politisch-soziale Realität Israels zu geben. Zweitens einen neutralen Raum zu schaffen, in dem Israelis und Palästinenser sich treffen und Informationen austauschen können, um sich besser kennenzulernen und für eine gemeinsame friedliche Zukunft zu arbeiten.

Das AIC war für eine lange Zeit eine von den ersten israelisch-palästinensischen Institutionen, die sich für Solidarität, Zusammenarbeit und ein Zusammengehörigkeitsgefühl zwischen Juden und Arabern einsetzten. Die Einzigartigkeit dieser Organisation veranlaßte die israelische Regierung 1987, wegen »Unterstützung terroristischer Organisationen« das Büro zu schließen. Auf Beschluß des Jerusalemer Bezirksgerichts konnte das Büro aber wieder geöffnet werden. AIC Direktor Michel Warschawski wurde verhaftet und wegen Unterstützung einer terroristischen Organisation und der »Leistung drucktechnischer Dienste für illegale Organisationen« nach den Notstandsverordnungen aus der britischen Mandatszeit angeklagt. Nach einem vier Jahre dauernden Prozeß wurde er von diesem Vorwurf freigesprochen. 1990 wurde er jedoch zu acht Monaten Gefängnis verurteilt, weil er nicht die Namen des palästinensischen Studenten und der Frauenaktivistin preisgeben wollte, die die Dienste in Anspruch genommen hatten.

Das AIC investiert einen großen Teil seiner Aktivitäten in die Unterstützung von fortschrittlichen israelischen Gruppen und Individuen, die sich mit Palästinensern treffen wollen, wie Gymnasiasten, Frauengruppen oder Menschenrechtsaktivisten. Es fördert gemeinsame Projekte, die sich gegen die israelische Besetzung richten und das »andere Israel« zeigen sollen.

Augenblicklich betreibt das AIC drei Projekte: das israelisch-palästinensische Koordinierungskomitee für Familienzusammenführung, das Unterstützungs- und Informationsprojekt über palästinensische politische Gefangene (17. April) und ein Projekt über palästinensische Arbeiter in israelischen Unternehmen, die in Siedlungen produzieren. Bei allen drei Projekten geht es dem AIC darum, auf die schwierige und entwürdigende Lage der Palästinenser aufmerksam zu machen.

Das AIC arbeitet eng mit in- und ausländischen Medien zusammen. Die Organisation finanziert sich durch den Verkauf eigener Veröffentlichungen, durch die Betreuung von Delegationen und Medienvertretern. Der größte Teil des Budgets stammt jedoch von Stiftungen, fortschrittlichen Initiativen und von Organisationen, die von Kirchen unterstützt werden, sowie von Einzelpersonen.

12. Mandela Institute for Political Prisoners

Das Mandela Institut wurde im Januar 1990 als eine palästinensische Menschenrechtsorganisation von dem Arzt Mamdouh al-Aker, dem Pastor Naim Ateek und den Rechtsanwälten Butheina Dukmaq und Jonathan Kuttab gegründet. Der Name des Instituts ist Verpflichtung und Programm. Sein ganzer und ausschließlicher Einsatz gilt den politischen Gefangenen, da in Palästina kaum eine Familie nicht davon betroffen ist.

Das Mandela Institut ist eine gemeinnützige und überparteiliche Einrichtung, die einen holistischen Ansatz vertritt, d.h. man kümmert sich um medizinische, physische, psychische, soziale, spirituelle und bildungspolitische Angelegenheiten. Es ist das Ziel des Instituts, in einer umfassenden Art auf die Bedürfnisse der Bevölkerung zu reagieren. So setzt man sich ein für die Verbesserung der Haftbedingungen der Internierten und Gefangenen, ihren Rechtsbeistand und die Achtung ihrer Menschenrechte, für die Rehabilitation entlassener Internierter sowie für Besuche von Familienangehörigen und Geistlichen.

Augenblicklich betreibt das Institut eine Öffentlichkeitskampagne, um auf die Lage der Gefangenen und Internierten aufmerksam zu machen und dadurch ein besseres Verständnis in der Öffentlichkeit für ihre Belange zu erzeugen. Als langfristiges Ziel sollen Kliniken und Zentren eröffnet werden, die Gesundheitsdienste für Gefangene und deren Familien zur Verfügung stellen sowie bildungs- und wirtschaftliche Möglichkeiten für entlassene Gefangene anbieten.

Das Mandela Institut betreibt Forschungen über die Haftbedingungen, stellt medizinische Hilfe in besonderen Fällen zur Verfügung, bringt Bücher und anderes Bildungsmaterial in Gefängnisse, appelliert an das Oberste Gericht in Israel, wenn die Rechte der Gefangenen zu sehr beeinträchtigt werden – wie im Falle der Verteilung von Gasmasken –, stellt Lebensmittel für mittellose Gefangene zur Verfügung und versteht sich als Anwalt der Menschenrechte der Gefangenen. Zur Information der Öffentlichkeit gibt die Organisation den Rundbrief »SAMED« heraus.

13. Society of St. Yves

Die Gesellschaft vom Heiligen Ivo wurde am 1. Januar 1991 als einzige katholische Menschenrechtsorganisation in Israel unter der Schirmherrschaft des palästinensischen Patriarchen von Jerusalem, Michel Sabbah, gegründet. Direktorin ist die 1988 zum Katholizismus konvertierte südafrikanische Jüdin Lynda Brayer. Die Idee zur Gründung wurde am 11. Mai 1990 geboren, als Frau Brayer völlig frustriert aus der Messe kam und sich an einen Jesuitenpater mit der Frage wandte: »Pater, was kann die katholische Kirche für die Armen und Unterdrückten in Palästina tun? Warum haben wir keine Art Rechtsbeistand für die Palästinenser unter der Besetzung?«

Bekannt wurde die Gesellschaft nach der »Gasmasken-Entscheidung« des Obersten Gerichts. Während des zweiten Golfkrieges wurden an alle Israelis und die Siedler in den besetzten Gebieten Gasmasken verteilt, nur die Palästinenser, die dem gleichen Risiko ausgesetzt waren, erhielten keine. Als ACRI sich weigerte, eine Eingabe an das Oberste Gericht einzureichen, schlug die Stunde Lynda Brayers. Sie argumentierte vor dem Obersten Gericht, daß die Palästinenser auch Menschen seien und Israel als Besatzungsmacht diese zu schützen habe. Dieser Argumentation schloß sich das Oberste Gericht an und entschied für die Verteilung. Die Entscheidung wurde aber niemals umgesetzt, da die Regierung nur 172.000 Gasmasken für über eine Million Palästinenser hatte; viele von diesen funktionierten obendrein nicht.

Die ursprüngliche Absicht der Gesellschaft war die Reform des israelischen Rechtssystems, um es für die Bedürfnisse der Palästinenser unter der Besetzung sensibler zu machen. Es wurde von der Gesellschaft vom heiligen Ivo antizipiert, daß durch eine andere Argumentation vor dem Obersten Gericht oder den Militärgerichten offensichtlich Ungerechtigkeiten korrigiert werden könnten. Diese ursprüngliche Naivität der Gesellschaft wurde aber schnell durch die Realität korrigiert.

Für die Society of St. Yves und ihre Vorsitzende Lynda Brayer geht es darum, das Absurde in der israelischen Gesellschaft aufzudecken. Wie bei »Alice im Wunderland« beginnt auch in der Gesellschaft Israels das Absurde das Rechtssystem zu infiltrieren. Dieses Vordringen des Absurden bereitet der Ungerechtigkeit den Weg. Dieses aufzudecken, hat sich die Society of St. Yves zum Ziel gesetzt. Während die Gesellschaft die Ungerechtigkeit der israelischen Besatzungspolitik und die Absurditäten des Rechtssystems bekämpft, fragt sie aber auch immer nach der Bedeutung all dessen. Es reicht nicht aus, nur das zu berichten, was unter der Besetzung geschieht, sondern man muß fragen: Was bedeutet es?

Die Bedeutung all dessen wird auf verschiedenen Ebenen gesucht. Auf der ersten Ebene wird die rechtliche Thematik diskutiert und gefragt, was die Krise des Rechtssystems in bezug auf das Gesetz bedeutet. Während andere innerhalb dieser chaotischen rechtlichen Struktur arbeiten, stellt die Society of St. Yves die Legitimation dieses Systems generell in Frage. Welches ist die genaue rechtliche Situation unter israelischer Besetzung? Welches ist der rechtliche Rahmen, der angewandt werden soll?

Auf der zweiten Ebene fragt die Society of St. Yves nach den weiteren rechtswissenschaftlichen Implikationen der Fälle. Welche Rechtstheorie erlaubt z.B. die Zuteilung von Wasser auf der Grundlage von Religion und Rasse? Was sind die Implikationen, wenn der israelische Generalstaatsanwalt für sich die Rechtsregeln festlegt und damit auch die rechtlichen Spielregeln?

Die dritte Ebene übersteigt die rechtlichen Fragestellungen. Die Society of St. Yves fragt hier nach dem letzten Sinn. Ursprünglich beruhten Gesetze auf der Moral, auf einem universalen Wissen von richtig und falsch. Seit der Aufklärung wurde diese »objektive« Moral in Frage gestellt, was zu einer Erodierung des Rechts führte. Die positivistischen Theorien schienen bis zu den Grausamkeiten des Zweiten Weltkrieges zu funktionieren. Da der Positivismus nur scheinbar objektiv ist, kann er leicht für staatliche oder andere Interessen mißbraucht werden. Deshalb muß es wieder eine objektive Moral, Universalität und einen Sinn in den Gesetzen geben, damit die Tragödie der Vergangenheit sich nicht wiederholen und die der Gegenwart gemildert werden kann, so Lynda Brayer. Indem man zu den originären Ursprüngen der Gesetze vorstößt, erhofft sich die Society of St. Yves, daß sie einen festen Boden findet, um auf ihm eine gerechte Zukunft zu bauen.

14. Gaza Center for Rights and Law (GCRL)

Diese palästinensische Menschenrechtsorganisation wurde 1985 von den Rechtsanwälten Faraj al-Sarraf, Zohair al-Reis, Tawliq Abu Ghazalah und

Ibrahim al-Saka im Gaza-Streifen gegründet. Sie ist eine Mitgliedsorganisation der »International Commission of Jurists« in Genf. Der augenblickliche Direktor ist der Rechtsanwalt Raji Sourani. Gegründet wurde der GCRL, um dadurch die Achtung der Menschenrechte, die Prinzipien der Gerechtigkeit und die Herrschaft des Rechts zu garantieren, die in den internationalen Konventionen niedergelegt sind. Durch die folgenden Aktivitäten versucht das Zentrum, dies zu erreichen: Forschung und Dokumentation zu Menschenrechten, Studien im Bereich des Rechts sowie Rechtsberatung.

Die Dokumentation der Menschenrechtsverletzungen nimmt einen breiten Raum in der Arbeit des Instituts ein. Es ist für Forschungszwecke zugänglich, die sich dem Schutz der Menschenrechte annehmen. In Zusammenarbeit mit anderen Menschenrechtsorganisationen und Stiftungen sollen Informationen und Studien über die Entwicklung von Recht und Gesetz im Gaza-Streifen veröffentlicht werden, die das existierende Recht in Gaza mit in Betracht ziehen. Zu diesem Zweck werden auch Übersetzungen von Literatur zum Völkerrecht vorgenommen, die wichtig für die Situation der Palästinenser ist. Das Zentrum gibt Rechtsberatung für bedürftige Palästinenser im Rahmen seiner Möglichkeiten.

Da es im Gaza-Streifen keine Bibliothek auf dem Gebiet des Völkerrechts und der Menschenrechte gibt, hat sich das GCRL entschlossen, eine solche aufzubauen; sie soll all jenen offenstehen, die auf dem Gebiet der Menschenrechte arbeiten. Die Organisation gibt einen monatlichen Bericht zur Lage der Menschenrechte heraus, der die Menschenrechtsverletzungen der israelischen Armee dokumentiert.

15. Palestinian Lawyers for Human Rights (PLHR)

Diese regierungsunabhängige Organisation wurde 1991 von einer Gruppe palästinensischer Rechtsanwälte in Khan Yunis, einer Stadt im Gaza-Streifen gegründet. Zu ihnen gehörten: Ahmed Taha al-Ghandour, Samir Yousif Daher, Bahij Ahmed al-Laham, Bashir Salim Abo Hatab und Rahman Abu Nasr. PLHR beobachten, verfolgen und dokumentieren Menschenrechtsverletzungen im Gaza-Streifen. Als Grundlage ihrer Arbeit dienen ihnen die Allgemeine Erklärung der Menschenrechte vom Dezember 1948 und alle Konventionen, die für die Menschenrechte wichtig sind. Zur Zeit finanziert sich die Organisation vorwiegend aus eigenen Mitteln.

Die Arbeit konzentriert sich auf die Entgegennahme von einzelnen Hinweisen von Menschenrechtsverletzungen. Diesen Eingaben wird durch die verfügbaren rechtlichen Schritte und Möglichkeiten nachgegangen, um Entschädigung zu erreichen. Diese Fälle werden dokumentiert und der Öffentlichkeit zugänglich gemacht. Unter der Bevölkerung des Gaza-Streifens soll ein Bewußtsein für den Respekt der Rechte und der Menschenrechte geschaffen werden, in dem sowohl Gruppen als auch einzelne über ihre Rechte informiert werden. Die PLHR geben einzelnen Palästinensern Rechtsbeistand, wenn z.B. die Israelis Reisedokumente verweigern, oder sie intervenieren bei der Militärverwaltung. Die Organisation sucht auch solche Palästinenser auf, deren Menschenrechte verletzt worden sind; diese Fälle werden jeweils dokumentiert. Der Aufbau einer Menschenrechtsbibliothek wurde in Angriff genommen. Die PLHR arbeiten mit anderen Menschenrechtsorganisationen zusammen und organisieren Konferenzen, die die Menschenrechtsverletzungen im Gaza-Streifen bekannt machen sollen. Die PLHR haben u.a. Berichte über die Verhöreinheiten des Geheimdienstes in Khan Yunis, »Ansar 4«, über den Mißbrauch der Rechte palästinensischer Arbeiter in Israel sowie über die Haftbedingungen in israelischen Gefängnissen veröffentlicht.

16. The Arab Association for Human Rights (HRA)

Die Arabische Vereinigung für Menschenrechte wurde 1988 von folgenden Personen gegründet: Mansur Kardosh, Hussein Abu Hussein, Riad Anis, Salim Wakim, Walid Fahoum, Adnan Matar, Nimr Rayaheen, Abed Zo'bi und Kahled Zo'bi. Vorsitzender ist augenblicklich Mansur Kardosh. Die HRA macht in seinen Publikationen die diskriminierenden Praktiken und Menschenrechtsverletzungen von Israel gegenüber seinen palästinensischen Staatsbürgern bekannt. Sie ist die einzige arabische Menschenrechtsorganisation innerhalb Israels mit Sitz in Nazareth. Die Organisation kümmert sich um die bürgerlichen, politischen, ökonomischen, sozialen und kulturellen Rechte der palästinensischen nationalen Minderheit in Israel. Problemfelder sind die Beschlagnahme von Land, Bildung, Haftbedingungen, Arbeitslosigkeit, Folter und die ungleiche Verteilung der Güter in Israel.

Rund 800.000 Palästinenser mit israelischer Staatsbürgerschaft leben in Israel; sie stellen 18 Prozent der Gesamtbevölkerung dar. Die Palästinenser in Israel empfinden ihre israelische Staatsbürgerschaft in einem System als »wertlos«, das ausschließlich auf die Bedürfnisse der jüdischen Bevölkerung ausgerichtet ist. Obwohl sich Israel bei seiner Gründung als ein Staat verstanden hat, der seine Minoritäten schützen wollte, haben sich diese Versprechen nicht erfüllt.

So wurde der überwiegende Teil des arabischen Landes, das für Landwirtschaft genutzt worden ist, konfisziert. Der arabische Sektor leidet an Kapitalmangel und erhält nicht den entsprechenden Staatsanteil. Die Palästinenser erfahren täglich Diskriminierungen; so ist es für sie schwierig, Baugenehmigungen zu erhalten, neue Geschäfte zu gründen, Arbeit zu finden oder ihren Kindern eine gute Erziehung angedeihen zu lassen.

Die Aktivitäten von HRA erstrecken sich auf folgende Bereiche: die Registrierung von ökonomischen, kulturellen und politischen Menschenrechtsverletzungen gegenüber israelischen Palästinensern; die Rechtsberatung für Palästinenser in Israel; die Rechtsberatung für Rechtsanwälte in den besetzten Gebieten; das Führen von Prozessen vor israelischen Gerichten; die Unterrichtung von Palästinensern über ihre Rechte; die Veranstaltung von öffentlichen Aktionen auf nationaler wie internationaler Ebene und das Veröffentlichen von zweckdienlichen Informationen über relevante politische Bereiche.

Augenblicklich plant HRA eine Eingabe an den Ausschuß für »Laws and Constitutions« zu einem Gesetzentwurf über die Menschenrechte, der im Februar 1993 veröffentlicht wurde und noch in der Knesset diskutiert wird. Die Vertreter von HRA sind der Ansicht, daß ein solches Gesetz die weitere Ungleichbehandlung der Palästinenser in Israel festschreiben würde. Ein solches Gesetz birgt die Gefahr in sich, daß es einmal ein integraler Teil einer möglichen Verfassung werden könnte. Dies würde die Diskriminierung der israelischen Palästinenser ad indefinitum fortsetzen.

HRA veranstaltet Vorlesungen und Seminare in Gymnasien, um mit den Schülern über Theorie und Praxis der Menschenrechte der Palästinenser in Israel zu reden. Muhammed Zeidan hat über 40 dieser Veranstaltungen abgehalten, davon drei mit palästinensischen Lehrern. Ziel dieser Veranstaltungsreihe ist die Schaffung von Bewußtsein über Menschenrechte, Demokratie und das Selbstbestimmungsrecht. Dieses Programm soll weiter fortgesetzt werden. Die HRA arbeitet mit einer Vielzahl von Menschenrechtsorganisationen in Israel und den besetzten Gebieten zusammen; dies sieht die Organisation nach Meinung von Mansur Kardosh als »eine Pflicht« an. Enge Beziehungen bestehen zu den palästinensischen Menschenrechtsorganisationen Al-Haq und PHRIC.

17. Defence for Children International (DCI)

Die israelische Sektion von DCI wurde im November 1987 gegründet. Sie ist Mitglied in der internationalen Dachorganisation, die im Internationalen

Jahr des Kindes 1979 gegründet wurde und sich den Schutz der Rechte der Kinder zum Ziel gesetzt hat. DCI will auf die rechtliche Lage der Kinder aufmerksam machen und ein Gefühl der Solidarität durch weltweite Initiativen erzeugen. Die Rechte der Kinder sollen in der jeweiligen konkreten Situation geschützt werden. In über 40 Ländern gibt es DCI-Sektionen. Sitz des internationalen Sekretariats ist in Genf.

Die israelische Sektion ist beim Innenministerium registriert und ist gemeinnützig; sie verfolgt keine politischen Ziele. Viele der Probleme, die von DCI in Israel angesprochen werden, resultieren aus ungelösten politischen Problemen, wie der Vorsitzende George Samaan mitteilte. Durch die Wahl des israelischen Koordinators von DCI, Philip E. Veerman, in das Internationale Exekutive Komitee wurde die Arbeit der israelischen Sektion gewürdigt.

DCI hat sich sofort nach seiner Gründung für die Unterzeichnung der UN-Konvention über die Rechte des Kindes vom 20. November 1989 eingesetzt. Im September 1991 wurde dieses Übereinkommen von Israel ratifiziert. Es bedarf aber noch der Übernahme in innerisraelisches Recht durch ein besonderes Gesetz, wofür sich im DCI Augenblick einsetzt. DCI tritt auch dafür ein, daß die Konvention auch in den besetzten Gebieten zur Anwendung kommt. Alle Projekte von DCI werden von einem Team von Experten betreut. Daneben wird ein großer Teil der anfallenden Arbeit durch freiwillige Helfer erledigt.

Zusammen mit der palästinensischen Sektion von DCI und HaMoked wurde im März 1992 ein gemeinsames Büro für die Rechtsberatung Jugendlicher im Paradise-Hotel in Bethlehem eröffnet. Die israelische und die palästinensische Sektion von DCI sind seit Juni 1992 gleichberechtigt. Der Vorsitzende der palästinensischen Sektion ist Rifat Odeh Kassis, Direktor des YMCA-Rehabilitationszentrums. Durch die finanzielle Unterstützung aus dem Ausland wurde dieses Projekt erst ermöglicht. Der israelischen Sektion von DCI ist es gelungen, die Genehmigung für die Eröffnung eines Kindergartens im nichtregistrierten Beduinendorf Arab-el-Kamane zu erhalten; die Regierung zahlt einen Teil des Gehaltes für die Kindergärtnerin. Ende 1992 hat DCI in Haifa eine Zweigstelle eröffnet, in der Jugendliche Rechtsauskünfte einholen können.

Weitere Projekte der Rechtsberatung gibt es in Tel Aviv, Jerusalem und der Westbank. Die Lage in den besetzten Gebieten ist besonders problematisch für Jugendliche, da es keine Jugendgerichte gibt; die Jugendlichen werden vor regulären Militärgerichten angeklagt. Es gibt keine Jugend-, sondern nur einen Militärrichter. Die Militärerlasse, die für Erwachsene gelten, werden auch auf Jugendliche angewandt.

Zusammen mit israelischen Menschenrechtsorganisationen versucht DCI eine starke Lobby für Kinder und Jugendliche in Israel und den besetzten Gebieten zu sein. Nach Philip E. Veerman versucht die Organisation, gegen das Vorurteil in Israel anzugehen, daß palästinensische Eltern »ihre Kinder an die Front schicken, um getötet zu werden«. Bei einem Besuch im Gaza-Streifen hatte man eher den Eindruck, daß die Eltern besorgt sind, ihren Kindern könnte auf dem Schulweg etwas zustoßen.

Die Organisation finanziert sich durch Mitgliedsbeiträge und Spenden von zahlreichen internationalen Hilfsorganisationen. Eine Spende des israelischen Justizministeriums 1991 war bestimmt für die Rechtsberatung der Jugendgerichte in Tel Aviv. Im Oktober 1992 hat DCI eine Petition an den HCI gerichtet, eine Entscheidung über diejenigen Kinder herbeizuführen, denen die Trennung von ihren Familien droht und die aus den besetzten Gebieten abgeschoben werden sollen.

Ein besonderes Problem, dem sich DCI in den nächsten Jahre annehmen wird, sind die geistig zurückgebliebenen Kinder der Beduinen in der Negev-Wüste. So gibt es in der Stadt Rahat im Negev 180 geistig behinderte Kinder, aber so gut wie keine öffentlichen Gelder für Spezialschulen oder Betreuungseinrichtungen. Zirka 60 der Kinder besuchen reguläre Schulen, in denen sie den Fortgang des Unterrichts stark beeinträchtigen. 32 weitere Kinder sind in Tagesstätten für geistig Behinderte untergebracht, die nicht von der Regierung unterstützt werden. Im ganzen Negev gibt es Hunderte solcher Kinder, denen sich DCI in Zukunft stärker widmen wird.

VI. MENSCHENRECHTE – GERECHTIGKEIT – FRIEDEN: EIN AUSBLICK

Die Nachrichten, die uns täglich aus dem Nahen Osten erreichen, stimmen nicht optimistisch. Es scheint als ob die radikalen Kräfte die Oberhand gewännen und das »Gaza-Jericho-Abkommen« innerhalb der palästinensischen Gesellschaft jede Unterstützung verliere. Die »Prinzipienerklärung« und die nachfolgenden Vereinbarungen werden weder die Region sofort befrieden, noch werden sie die gerechte Grundlage für einen Palästinenserstaat abgeben. Dazu bedarf es weiterer Konzessionen von seiten Israels. Den Palästinensern wird durch die Vereinbarung nicht das Selbstbestimmungsrecht und die Freiheit gegeben, sondern es wird eine – auf absehbare Zeit – begrenzte Autonomie unter israelischer Kontrolle und nach israelischen Vorstellungen sein. Es ist die Fortsetzung der Besetzung mit anderen Mitteln. Ohne Selbstbestimmungsrecht und Freiheit werden die Menschenrechte der Palästinenser nicht garantiert werden können. Selbstbestimmung und Freiheit lassen sich nur durch das Ende der Besetzung erreichen. Erst dann kann es Sicherheit, Menschenrechte und Frieden in Gerechtigkeit geben. Die Politik Israels in den kommenden Jahren zielt, was Jerusalem anbelangt, aber weiter auf die Penetration des besetzten Landes.

Wie steht es mit der gerechten Behandlung der palästinensischen Sache? Welche Position vertritt Israel? 30 Prozent der Westbank, was Israel als »Groß-Jerusalem« bezeichnet, sind überhaupt nicht verhandelbar. Ebenso soll Hebron als religiöser Ort für Juden einen speziellen Status erhalten. Die Siedlungen im Jordantal bleiben außerhalb der palästinensischen Kontrolle. Der Rest der Westbank ist mit großen jüdischen Siedlungen durchsetzt, die zu ihrer Kontrolle starke militärische Verbände notwendig machen. Die Siedlungen werden sich letztlich als das große Hindernis für einen gerechten Frieden erweisen. Die vorübergehende Autonomie darf nicht den Verzicht auf die Souveränität bedeuten.

Obgleich Ministerpräsident Yitzhak Rabin das Massaker von Hebron als »antijüdisch und antizionistisch« bezeichnete und den Mörder einen »Hamas-Juden« nannte, hängen er und die Siedler voneinander ab. Rabin braucht die Siedler, um seine Vorstellungen von Autonomie den Palästinensern aufzuzwingen und die Siedler brauchen ihn für die Garantie ihrer Existenz. Sie unterscheiden sich nur in ihrer Interpretation. Die religiös motivierten Siedler wollen in einem großen »Eretz Israel« leben und berufen sich dabei auf »göttliches Recht«, während Rabin sich die besetzten Gebiete wie eine Art »Bantustanisierung« vorstellt, in denen Israel für die Sicherheit, die Wirtschaft, die Siedlungen und die auswärtigen Beziehungen verantwortlich ist und die Palästinenser ihre persönlichen Dinge allein regeln können. Von seiten der israelischen Regierung kann und will man die Siedler nicht schutzlos lassen. Sie, die man 27 Jahre ermutigt und großzügig materiell als »Pioniere« zur Besiedlung von »Judäa« und »Samaria« aufgefordert hatte, können nicht von heute auf morgen kriminalisiert werden. Die israelische Regierung hat die Verantwortung für die Rückkehr der Siedler und deren Wiedereingliederung in Israel. Erst wenn sich ein Stimmungsumschwung und ein Bewußtseinswandel innerhalb eines Teils der israelischen Gesellschaft und der Siedler vollzogen hat, könnte unbefangener über die Siedlungen geredet werden. Daß sie eines Tages alle mit Zustimmung Israels – für den Preis eines dauerhaften Friedens – aufgelöst werden könnten, ist zwar zu hoffen, aber nicht zu erwarten.

Seit der Unterzeichnung der »Prinzipienerklärung« hat sich die Gewalt von beiden Seiten auf einem Niveau eingependelt, das an die Hochzeiten der Intifada erinnert. Radikale Siedler und Hamas-Aktivisten gießen weiter Öl ins Feuer. Den Palästinensern ist langsam bewußt geworden, daß das Abkommen ihnen wenig eigenen Handlungsspielraum läßt. Haider Abdel Shafi hat dies in einem Interview im »Spiegel« vom 2. Mai 1994 erst wieder deutlich gemacht. Für ihn wäre eine Unterzeichnung nicht in Frage gekommen, weil keines der palästinensischen Essentials auch nur angesprochen worden ist. Israel hätte sich wenigstens zu einem Stop der Siedlungspolitik, zu einem Ende der Beschlagnahme von Land, für die Beendigung der Zerstörung von Häusern, für ein Ende der Tötungen durch die »Todesschwadronen«, für die Rückgabe der Wasserrechte, für die Einhaltung der Vierten Genfer Konvention, die Einfrierung der Anwendung aller aus der britischen Mandatszeit übernommen Notstandsverordnungen, die Aufhebung der Pressezensur, die Erlaubnis zur Familienzusammenführung, die Abschaffung aller Gesetze, die eine politische Betätigung in den besetzten Gebieten verbieten, für die Lockerung der harschen administrativen Verordnungen sowie die Aufhebung der diskriminierenden Paßgesetze bereiterklären sollen. Nichts dergleichen ist geschehen.

Verfechter des Abkommens beschwören immer wieder die noch nicht ausgeschöpften Möglichkeiten und verweisen auf den Prozeßcharakter und die Alternativlosigkeit des Weges. Sollte das Abkommen noch ungeahnte Optionen enthalten, wird von Israel eine flexiblere Haltung und viel Konzessionsbereitschaft erwartet. Warum wurde diese aber nicht schon im Abkommen dokumentiert? Da es in Verhandlungen immer um die Durchsetzung von Interessen geht, darf gefragt werden, was die PLO für Druckmittel in der Hand hat, um die Interessen der Palästinenser zu realisieren. Alle Pfunde, die sie hatte, wurden für ein Abkommen gegeben, das ihnen nur die Anerkennung und den Status des Geächteten im Westen genommen hat. Oder hatte die PLO keine andere Wahl? War dies die Frucht der »Neuen Weltordnung« in bezug auf den Nahen Osten, sprich die Durchsetzung des Rechtes des Stärkeren? War dies der Preis dafür, daß die PLO zu den Verlierern des Golfkrieges gehörte? Die Fatah-Fraktion um Arafat war nicht länger bereit, für die Selbstbestimmung und die Rückkehr der Palästinenser zu kämpfen, zu dessen Zweck einmal die PLO gegründet worden war. Die Fortsetzung des bewaffneten Kampfes hatte bisher die Palästinenser auf der Seite der Verlierer gesehen. Ihn unter den gegenwärtigen machtpolitischen Verhältnissen fortzusetzen hieße, jegliche palästinensischen Interessen aufs Spiel zu setzen. Deshalb war die Arafat-Fraktion bereit zu nehmen, was die »Neue Weltordnung« ihnen bot. Unter diesen nicht sehr rosigen Aussichten ist es nicht verwunderlich, daß die ehemalige Sprecherin der palästinensischen Verhandlungsdelegation, Hanan Ashrawi, ihr Amt am 9. Dezember 1993 niedergelegt hat.

Ein Ende der Menschenrechtsverletzungen und einen Frieden im Nahen Osten wird es nur geben, wenn es zu einer ehrlichen und gerechten Lösung für die Palästinenser kommt. Dazu bedarf es neben Israel der Gründung eines Palästinenserstaates, in dem das Recht auf Selbstbestimmung anerkannt ist. Erst dann kann über eine wie auch immer geartete Konföderation mit Jordanien und Israel nachgedacht werden. Erst wenn die Ursachen für die Diskriminierungen beseitigt sein werden, wird es Sicherheit und Stabilität für die Region geben. Dazu gehört auch, daß die arabische Seite bereit sein muß, mit Israel in der Region wirklich zusammenleben zu wollen. Sie darf nicht länger den insgeheimen Wunsch hegen, eines Tages die Israelis doch noch besiegen zu wollen. Jerusalem muß auch die Hauptstadt eines Palästinenserstaates sein, dazu braucht sie nicht geteilt zu werden. Von fortschrittlichen Israelis gibt es Denkmodelle, wie Jerusalem gemeinsam verwaltet werden kann. Sie plädieren sogar für einen Einheitsstaat »Israel-Palästina«, weil dies die billigste Lösung sei. Sollte es aber eine Lösung ohne die Einbeziehung der »Heiligen« geben, wie Jerusalem ehrfurchtsvoll von den Palästinensern genannt wird, wird die Zukunft »grausam« und ungewiß sein. Der Streit um Jerusalem ist schon voll im Gange. So fordert Jerusalems Bürgermeister Ehud Olmert die völlige Schließung aller palästinensischen Einrichtungen. Dies ist jedoch nicht möglich, weil im Rahmen der bilateralen Gespräche die israelische Regierung in einem Brief an Arafat die Erhaltung aller palästinensischen Institutionen zugesagt hat. Diese Zusage bewertet Amos Carmel in »Yediot Aharonot« vom 8. Juni 1994 folgendermaßen: »Kurz gesagt: Falls Worte und Dokumente überhaupt wichtig sind, so stellt der Brief des israelischen Außenministers an den PLO-Chef, der ihm durch das norwegische Außenministerium überreicht worden ist, eine starke Beeinträchtigung der israelischen Position betreffend Jerusalem dar.« Arafats südafrikanische »Djihad-Rede« vom 10. Mai 1994 erscheint nun in einem anderen Licht. Wirkliche Sicherheit kann es ebenfalls für Israel nicht geben, wenn es weiterhin das Land eines anderen Volkes besetzt hält. Die negativen Auswirkungen der Besetzung auf die Moral der Israelis sollten nicht gering geschätzt werden. An den besetzten Gebieten festzuhalten, setzt den Haß fort und schafft nur eine »tödliche« Sicherheit, es wäre nicht mehr als ein »kalter Friede«. Warum können die Siedler nicht auch in einem Palästinenserstaat leben, dessen Staatsbürgerschaft sie annehmen und der ihnen gleiche Rechte garantieren würde und demgegenüber sie loyal sein müßten? Sie müßten sich einer palästinensischen Souveränität unterwerfen oder aber ins israelische Kernland zurückkehren. Das enteignete Land muß entweder zurückgegeben oder adäquat entschädigt werden. Dazu bedarf es aber eines Abschieds von Zerrbildern wie »Terroristen« und »Mördern« hier und »Zionisten« und »Imperialisten« dort. Denn solange die Menschen nicht ihren Haß und ihre Vorurteile aus ihren Herzen verbannt haben, kann es zu keinem gerechten Ausgleich in Israel und Palästina kommen. So sind die Palästinenser nicht die »Bewohner der Gebiete« oder ein Hindernis für Israels Expansionspläne, sondern sie sind mit den Juden zusammen die ursprünglichen Bewohner des historischen Palästina mit einem Anrecht auch auf ihren eigenen Staat neben Israel. Der Abbau von gegenseitigen Feindbildern und Stereotypen, insbesondere in israelischen Schulbüchern muß in sein Gegenteil verkehrt werden. So schreibt der Knesset-Abgeordnete Hashem Mahamid in »Ha'aretz« vom 3. November 1993, daß das israelische Bildungssystem den Kindern permanent und systematisch die Dämonisierung der Araber vermittelt habe. Es bedarf deshalb primär eines Humanisierungsprozesses, um einen Bewußtseinswandel einzuleiten, um damit langfristig den Friedensprozeß zu stabilisieren. Der Frieden zwischen beiden Völkern ist primär ein Bewußtseinsprozeß, und die technischen Regelungen, auf die Rabin so großen Wert legt, sind nur schmückendes Beiwerk.

Ist nicht Südafrika ein Beispiel dafür, daß sich ein Volk auf Dauer nicht unterdrücken läßt? Erst seit die Diskriminierungen an ein Ende gekommen sind, war Frieden möglich. Israel sollte nicht den Irrweg Südafrikas gehen, sondern den Großmut aufbringen, den Palästinensern sofort Gerechtigkeit wiederfahren zu lassen und den direkten Weg zum Frieden zu gehen. Wenn der Friedensprozeß und die Annäherung auch nur den Schimmer einer Chance haben sollen, muß dies auf beiden Seiten einhergehen mit einer Akzeptanz der Veränderungen auf moralischem, geistigem und psychologischem Gebiet. Gerade weil solche Veränderungen schwierig sind, müssen beide Völker einer Vision von einer neuen Gesellschaft folgen, deren Basis friedliche Koexistenz, gegenseitiger Respekt und menschliche Würde ist, anstatt nur über funktionale Lösungen nachzudenken, die eine neuerliche Teilung nur festschreiben, aber beide Völker wieder zwingt, sich wiederum eine Niederlage einzugestehen. So müssen die Israelis den palästinensischen Staat als in ihrem Interesse liegend akzeptieren, der ihrer Sicherheit und ihrer Lebensqualität dienlich ist. Sie sollten zu der Erkenntnis kommen, daß es in ihrem Interesse liegt, das Recht auf einen palästinensischen Staat in friedlicher Koexistenz mit Israel zu akzeptieren. Bedarf es darüber hinaus für einen wirklichen Frieden aber nicht auch eines Schuldeingeständnisses von seiten Israels, wie dies Arnold Hottinger in seinem Vorwort ausgedrückt hat? Aber erst durch das Ende der Besetzung und die Achtung der Menschenrechte wird es zu einem dauerhaften Frieden in der Region kommen.

GLOSSAR

Absentee Property Law:
Dieses Gesetz aus dem Jahre 1950 stellt die legale Grundlage für die Beschlagnahme allen palästinensischen Eigentums dar. Darunter fallen alle Personen, die nach dem November 1947 auch nur vorübergehend das Land verlassen haben. Ebenso trifft das Gesetz auf alle palästinensischen Bürger Israels zu, die zwar nie das Land verlassen haben, sich aber zum Beispiel während des Krieges auch nur auf eine geringe Distanz entfernt hatten und damit als »intern Abwesende« im Sinne dieses Gesetzes gelten. Nach dem Sechs-Tage-Krieg wurde das Gesetz durch die Militärverordnung Nr. 58 auf die Palästinenser in den besetzten Gebieten übertragen. Rund acht Prozent des Landes der Westbank fielen so in die Verwaltung des »Custodian of Absentee Property«.

Al-Aqsa-Moschee:
Zusammen mit dem Felsendom bildet sie den heiligen Bezirk (Haram al Sharif) in Jerusalem.

Ateret Cohanim/Atara Leyoshna/El-Ad:
Alle drei religiösen Organisationen bezeichnen sich als nicht-politisch und gemeinnützig. In Wirklichkeit fungieren sie als inoffizielle Kanäle für Unsummen von Geld aus verschiedenen Ministerien, insbesondere dem Wohnungsbau- und Religionsministerium; daneben haben die Organisationen noch ein Hohes Privatspendenaufkommen. Ziel ist das »Einkaufen« in das arabische Viertel der Altstadt von Jerusalem. Die ersten beiden Organisationen sind in ganz Ost-Jerusalem aktiv, wohingegen El-Ad zum Zwecke der »Judaisierung« von Silwan gegründet worden ist.

Closet (al-khazaneh):
Dieser Schrank (in der Regel ein Meter mal ein Meter) ist fast völlig geschlossen und hat oft kein Licht. In einigen ist es weder möglich zu sitzen noch zu liegen, deshalb muß der Häftling die ganze Zeit stehen. Manchmal ist der Gefangene an Händen und Füßen gefesselt. Dem Häftling ist es

nicht gestattet, sich zu waschen oder zur Toilette zu gehen; er muß in diesem Raum für Stunden, manchmal sogar für Tage ausharren.

Custodian of Absentee Property:
Diese eigens geschaffene Aufsichtsbehörde verwaltet bzw. verkauft das unter das Absentee Property Law fallende palästinensische Land an Juden.

Dunum:
Arabisches Flächenmaß (1 Dunum = 1000 Quadratmeter).

Eretz Israel:
Das »Land Israel« ist eine Bezeichnung für den Staat Israel. Von rechten und nationalistischen Kräften wird diese Bezeichnung auch auf die besetzten Gebiete im Sinne einer Großisraelideologie übertragen. Von arabischer Seite wird Israel unterstellt, daß es mit dieser Bezeichnung Ansprüche auf das ganze Land vom Nil bis zum Euphrat erhebe.

Etzel (Irgun Zwai Leumi):
Der militärische Arm der rechtsradikalen revisionistischen Partei.

Grave:
Das Grab ist eine Art Box im Boden von einer Größe von 110x80x60 cm. Es wird von einer Eisentür verschlossen, in der sich einige Löcher befinden. Gefangene haben ausgesagt, daß sie für Stunden mit gefesselten Händen darin zubringen mußten.

Habeas-Corpus-Akte:
Grundlegendes englisches Gesetz von 1679 zum Schutz der persönlichen Freiheit, wonach keine Person ohne richterliche Überprüfung und Anordnung in Haft genommen und dort gehalten werden darf. Des weiteren wird darin das Haftverfahren geregelt.

Hagana:
Die quasi offizielle jüdische Verteidigungsarmee.

Haram al Sharif:
Heiliger Bezirk auf dem Tempelberg zu Jerusalem, der den Felsendom und die Al-Aqsa-Moschee umfaßt. Nach Mekka und Medina ist dies der drittheiligste Ort für Muslime.

Histadrut:
Seit 1920 dominierender Gewerkschaftsverband in Israel. Er ist ein Zusammenschluß von Einzelmitgliedern, die automatisch der entsprechenden Berufsgruppe zugeordnet werden. Die Arbeit der Histadrut beruht auf drei Prinzipien, und zwar der sozialistischen Wirtschaft unter Arbeiterkontrolle, der Politik der Selbstversorgung und der Identifikation von Management und Arbeiter. Neben der traditionellen Gewerkschaftstätigkeit dominiert die Histadrut den gesellschaftlichen und sozialpolitischen Bereich der israelischen Gesellschaft.

Hooding/Sacking (al-kees):
Dem Häftling wird ein übelriechender und ekelerregender Sack über den Kopf gezogen, so daß ihm die Sicht genommen ist. Aufgrund des Zustandes des Sackes bekommt der Häftling Atembeschwerden.

Jüdische Siedlungen:
Eine Besonderheit dieser Siedlungen besteht darin, daß nicht die Staatsangehörigkeit Voraussetzung für ein Leben in ihnen ist, sondern das Kriterium, ein Jude zu sein und nicht »nur« ein Israeli. Die israelische Staatsbürgerschaft besitzen auch die palästinensischen (arabischen) Israelis.

Id al-Fitr:
Dieses »kleine Fest« folgt dem Fastenmonat Ramadan (großes Fest). Es beginnt am letzten Tages des Ramadans und dauert drei Tage. Diese religiösen Festtage dienen dem gegenseitigen Besuch und der Feier.

Intifada:
Der Aufstand der Palästinenser in der Westbank und dem Gaza-Streifen um Unabhängigkeit und Freiheit. Er brach am 9. Dezember 1987 aus.

Kach/Kahane lebt:
Extremistische Siedlerbewegungen, die von dem Rabbiner Meir Kahane bzw. nach dessen Ermordung von seinem Sohn gegründet wurden und aus denen Baruch Goldstein hervorgegangen ist.

Kibbutz:
Jüdische Gemeinschaftssiedlung mit kollektivistischer und basisdemokratischer Ausrichtung. Sie entstanden auf Anregung von Theodor Herzl im Rahmen der jüdischen Einwanderung in Palästina um 1910 und wurden nach der Staatsgründung 1948 beibehalten.

Keffiyeh:
Ein viereckiges Baumwolltuch, das lose drapiert und mit einer um den Kopf gewundenen Kordel befestigt wird. Arabische Männer tragen es gegen Staub und als Sonnenschutz. Die Keffiyeh symbolisiert auch einen Teil des palästinensischen Widerstandes. Sie wurde insbesondere im Ausland als ein Zeichen der Solidarität von jungen Menschen getragen.

Knesset:
Das Parlament des Staates Israel; 120 Abgeordnete, die sich wie folgt verteilen: Arbeitspartei (44), Likud (32) Meretz (12), Tzomet (8), National-Religiöse Partei (NRP) (6), Shas (6), Vereinigtes Thora-Judentum (4), Chadash (3), Moledet (3) und Arabische Demokratische Partei (2).

Land Day:
Am »Tag des Bodens« gedenkt man der Toten, die am 30. März 1976 bei einem Streik gegen die willkürliche Landnahme durch Israel vom Militär erschossen wurden; dies führte zu schweren Erschütterungen im ganzen Land.

Lehi (Lohamei Herut Yisrael):
Stern-Gruppe oder Stern-Bande.

Moschaw:
Landwirtschaftliche Gruppensiedlung in Israel, die durch vier Prinzipien gekennzeichnet ist: Alle Mitglieder sind zur Eigenarbeit und zur gegenseitigen Hilfeleistung verpflichtet, der Einkauf und die Vermarktung erfolgen kooperativ, der Boden ist Staatseigentum und jeder Siedler lebt auf seinem Grundstück eingenständig. 1921 wurde der erste Moschaw gegründet.

Mukhtar:
Ortsvorsteher, »Dorfchef«, traditioneller Bürgermeister.

Pipe:
Das Rohr führt durch einen Gefängnishof, an das minderjährige Häftlinge mit ihren Händen auf dem Rücken in einer verdrehten Position manchmal nachts oder während des Tages für Stunden angebunden sind.

Refrigerator (al-thalajeh):
Dabei handelt es sich um einen ähnliche kleinen Raum wie beim »Closet«,

nur daß in ihn kalte Luft geblasen wird; oft erreichen die Temperaturen unter Null Grad.

Seven Stars Settlement Plan:
Durch diesen »Sieben Sterne Siedlungsplan«, der vom früheren Wohnungsbauminister Ariel Sharon entwickelt worden ist, sollen in einem 80 Kilometer langen Streifen beidseits der »Grünen Linie« zur Westbank zwölf Vorstadtzentren in einem Dreieck von Modi'in im Süden bis Umm al-Fahm im Norden entstehen. Ziel ist die Erlangung einer jüdischen Bevölkerungsmehrheit bis zum Jahre 2005 im Verhältnis 2:1.

Shabak/Shin Bet:
Hebräisches Akronym für General Security Services. Dies ist der israelische Inlandsgeheimdienst im Gegensatz zum Mossad, dem Auslandsgeheimdienst.

Sicherheitsestablishment:
Mit dieser Bezeichnung sind die Armee (IDF), der Geheimdienst (Shin Bet), die Polizei, die Grenzpolizei und der zivile Verwaltungsapparat gemeint. B'Tselem verwendet diesen Terminus in seinen Publikationen.

Thora:
Die fünf Bücher Moses: Genesis, Exodus, Levitikus, Numeri und Deuteronomium.

Tying up (al-Shabah):
Diese Fesselmethode kann mehrere Variationen annehmen. Sie gehört zum Standardrepertoire in jeder Verhöreinheit. Eine Art ist das Zusammenbinden beider Hände des Gefangenen zu Röhren über dem Rücken; die Hände werden dann an der Wand befestigt, so daß der Häftling gerade den Boden mit seinen Füßen berühren kann. Eine andere Form ist das Fesseln des Gefangenen an einen kleinen Stuhl, der oft ungleiche Beine hat. Eine weitere Art ist die Fesselung zur »Bananen-Haltung«, in der die Beine und Arme des Häftlings hinter dem Rücken zusammengebunden werden; dies kann entweder über einem Stuhl geschehen oder auf dem Boden liegend erfolgen. Dies sind nur die gängigsten Formen. Der Phantasie der Verhörer sind hier aber keine Grenzen gesetzt. Die Häftlinge müssen in diesen Stellungen oft Tage ohne Essen, Schlafen oder Toilettenbenutzung zubringen.

Undercover units:
Die »Schimschon-« und die »Duwdewan«-Einheit machen in den besetzten Gebieten »Jagd« auf sogenannte »wanted persons«.

Yom Kippur:
Versöhnungstag; einer der höchsten jüdischen Festtage. Seit der Zerstörung des Tempels wird der Yom Kippur als strenger Fast- und Bußtag begangen. Just an diesem Tag begann der israelisch-arabische Krieg 1973.

Wqaf:
Büro für islamische Angelegenheiten. Diese Behörde verwaltet sowohl die Moscheen als auch alle islamisch-religiösen Liegenschaften in Jerusalem und den besetzten Gebieten. Der Schlüssel zum Tempelberg ist der Wqaf 1967 vom israelischen Religionsministerium entzogen worden.

Zionismus:
Eine am Ende des 19. Jahrhunderts entstandene jüdisch-nationale Bewegung mit dem Ziel, einen Staat der Juden in Palästina zu gründen. Der Zionismus ist die Staatsraison Israels und zielt auf eine Etablierung des israelischen Staatsgebietes zu Lasten der Palästinenser. Die Vertreter dieser »Ideologie« befürworten eine Politik, die auf die Einschränkung der Entwicklungsmöglichkeiten der arabischen Bewohner Palästinas hinausläuft. Der Zionismus fußt auf drei Grundannahmen:

1. Die Juden sind ein Volk, nicht nur eine Religionsgemeinschaft. Deshalb ist die Judenfrage eine nationale Frage.
2. Der Antisemitismus und die daraus resultiernde Judenverfolgung ist eine latente Gefahr für die Juden.
3. Palästina (Eretz Israel) war und ist Heimat des jüdischen Volkes.

Als »Vater des Zionismus« gilt Theodor Herzl mit seiner Schrift »Der Judenstaat«.

ANHANG

1. Jerusalemer Bund

Von diesem Tag an, dem Jerusalem-Tag, dem achtundzwanzigsten Tag des Monats Iyar im Jahr Fünftausendsiebenhundertzweiundfünfzig; eintausendneunhundertund-zweiundzwanzig Jahre nach der Zerstörung des zweiten Tempels; vierundvierzig Jahre nach der Gründung des Staates Israel; fünfundzwanzig Jahre nach dem Sechs-Tage-Krieg, in dem die israelischen Streitkräfte zur Verteidigung unserer bloßen Existenz den Tempelberg und damit die Einheit Jerusalems zurückeroberten; zwölf Jahre, nachdem die Knesset von Israel Jerusalem »vereint und als Ganzes« wieder als die »Hauptstadt Israels« einsetzte, ist »der Staat Israel der Staat des jüdischen Volkes« und die Hauptstadt von Israel ist die Hauptstadt des Volkes von Israel. Wir, souveräne nationale Vertreter und Führer unserer Gemeinden überall in der Welt, haben uns in Zion versammelt, um mit Jerusalem einen Bund zu schließen, wie es die Führer unserer Nation und das ganze Volk Israel nach ihrer Rückkehr in unser Land aus dem babylonischen Exil taten. Dabei gelobten das Volk und seine Führer »in Jerusalem, der heiligen Stadt, zu wohnen.«

Wieder »stehen unsere Füße in deinen Toren, Jerusalem Jerusalem, vereinigte Stadt, die »die Völker Israels miteinander verbindet« und die »das himmlische mit dem irdischen Jerusalem verknüpft.«

Wir sind an den Ort zurückgekommen, den der Herr den Nachkommen Abrahams, des Vaters unserer Nation, als Erbe versprochen hat; in die Stadt Davids, des Königs von Israel; dorthin, wo Salomon, der Sohn Davids, einen heiligen Tempel gebaut hat; eine Hauptstadt, die die Mutter ganz Israels geworden ist, ein Zentrum des Rechts und der Gerechtigkeit, der Weisheit und des Wissens der Alten Welt; wo ein zweiter Tempel erbaut wurde in den Tagen von Ezra und Nehemiah. In dieser Stadt verkündeten die Propheten des Herrn ihre Prophezeiungen. In dieser Stadt lehrten unsere Gelehrten die Thora; in dieser Stadt kam der Sanhedrin zusammen und tagte in der »Halle der Quadersteine«. Denn dort waren die »Throne zum Gericht, der Thron des Hauses David«, »denn aus Zion wird die Thora hervorgehen und das Wort des Herrn von Jerusalem.«

Heute wie damals halten wir fest an der Wahrheit der Worte der Propheten Israels, daß alle Bewohner dieser Stadt in die Tore Jerusalems einziehen sollen: »Es wird zur letzten Zeit der Berg, der des Herrn Haus ist, fest stehen, höher als alle Berge und über alle Hügel erhaben, und alle Völker werden herzulaufen.« Jedes Volk wird mit seinem eigenen Glauben leben: »Denn alle Völker werden hervortreten, jedes mit seinem eigenen göttlichen Namen: Wir werden im Namen des Herrn, unseres Gottes, wandeln in alle Ewigkeit.« Und in diesem Geiste hat die Knesset des Staates Israel ein Gesetz beschlossen, das besagt: Die Orte, die den Völkern aller Religionen heilig sind, sollen vor aller Entweihung geschützt und der freie Zugang zu ihnen nicht behindert werden.

In der Stadt Jerusalem sollen Ruhe und Frieden herrschen. »Betet für den Frieden Jerusalems. Mögen die, die dich lieben, ruhig sein. Es möge Frieden sein in deinen Mauern und Glück in deinen Palästen.« Aus Jerusalem ging eine Friedensbotschaft hervor und soll auch in Zukunft hervorgehen zu allen Bewohnern der Erde: »Da werden sie ihre Schwerter zu Pflugscharen und ihre Spieße zu Sicheln machen; denn es wird kein Volk wider das andere das Schwert erheben, und sie werden hinfort nicht mehr lernen, Krieg zu führen.« Unsere Weisen im seligen Andenken haben gesagt: »In Zukunft kann der Heilige, der Gesegnete, Jerusalem nur mit Frieden trösten.«

An diesem Ort geloben wir wieder: »Vergesse ich dich, Jerusalem, so verdorre meine Rechte. Meine Zunge soll an meinem Gaumen kleben, wenn ich deiner nicht gedenke, wenn ich nicht Jerusalem meine höchste Freude sein lasse.«

Und mit all diesen Gedanken schließen wir diesen Bund und schreiben: Wir werden dich für immer an uns binden, mit Treue, Rechtschaffenheit und Gerechtigkeit, mit unerschütterlicher Liebe und Erbarmen. Wir lieben dich, Jerusalem, mit immerwährender Liebe, mit grenzenloser Liebe, belagert und befreit vom Joch der Unterdrücker. Wir sind für dich gemartert worden; wir haben uns nach dir gesehnt, wir haben an dir festgehalten. Unsere Treue zu dir werden wir an unsere Kinder weitergeben. Für immer und ewig soll unsere Heimat in dir sein.

Der Jerusalemer Bund wurde vom Obersten Richter Menachem Elon verfaßt und anläßlich der Feierlichkeiten zum 25. Jahrestag der Vereinigung der Stadt unterzeichnet. Die Unterzeichner waren: Präsident Chaim Herzog; Premierminister Yitzhak Shamir; Knessetsprecher Dov Shilansky; Meir Shamgar, Präsident des Obersten Gerichts; Avraham Shapiro und Mordechai Eliyahu, Oberste Rabbiner Israels; Stellvertretender Premierminister David Levy; Stellvertretender Premierminister Moshe Nissim; Gideon Patt, Vorsitzender des Ministerausschusses für Symbole und Zeremonien, Simcha Dinitz, Vorsitzender des Exekutivkomitees der Zionistischen Weltorganisation; Avraham Verdiger, Stellvertretender Minister für Jerusalemer Angelegenheiten; Bürgermeister Teddy Kollek; Menachem Elon, Vizepräsident des Obersten Gerichts; Yitzhak Rabin, Chef des Generalstabs im Sechs-Tage-Krieg; Yosef Shani, Vertreter der Familien, deren Angehörige in den Kämpfen um Jerusalem getötet wurden; und Erziehungsminister Zevulun Hammer.

Quelle: Israel Yearbook and Almanac 1993, Jerusalem 1993, Seite 293.

2. Muhammad Said Muhammad Yusuf al-Hindi

Eidesstattliche Erklärung, am 11. Januar 1990 an Rechtsanwalt Tamar Pelleg-Sryck abgegeben, ID 92645516/3.

1. Ich wurde am 4. Dezember 1989 in der Nacht verhaftet und direkt ins Gaza-Zentralgefängnis gebracht.

2. Ich zog mich um und zog einen Overall an. Sie stülpten mir einen Sack über den Kopf und fesselten mir die Hände hinter dem Rücken.

3. Ich wurde die Treppen hinauf in einen Raum geführt. Dort wurde mir der Sack abgenommen, und ich sah zwei Männer: »Abu Daoud« und den anderen, der, glaube ich, »Abu Feisal« hieß – groß, dünn, etwas dunkel. »Abu Daoud« ist groß, hat graue Haare und ist über 45 Jahre alt.

4. Sie begannen mich zu schlagen, vor allem »Abu Feisal«. Sie schlugen mich ins Gesicht, quetschten meine Hoden und kniffen mich in die Oberschenkel. Sie pressten mir den Sack auf Mund und Nase. Dabei lag ich mit gefesselten Händen auf dem Rücken. Sie würgten mich mit den Händen.

5. Dies alles dauerte etwa eine Stunde mit Unterbrechungen, in denen sie mir Fragen über Dr. Jamil Alayan stellten. Sie sagten, er habe alles über mich ausgesagt, deshalb solle ich ihnen die ganze Geschichte erzählen. Ich sagte ihnen, daß ich ihn kennen würde, daß es aber sonst nichts zu sagen gebe.

6. Sie erlaubten mir, mich auf den Stuhl zu setzen und brachten Dr. Alayan herein. Dieser sagte, daß er mich kenne und daß er mich aufgefordert habe, mit ihm in einer Organisation zusammenzuarbeiten, und daß er meine, ich hätte akzeptiert. Ich sagte: »Es stimmt, daß er mich gefragt hat, aber ich habe abgelehnt.« Sie brachten ihn nach draußen.

7. Sie redeten erneut auf mich ein, begannen mich aber bald wieder zu schlagen usw., wie oben beschrieben. Ich lehnte ein Geständnis immer noch ab.

8. Nach ungefähr einer Stunde ließen sie von mir ab. Sie brachten mich mit einem Sack über dem Kopf und mit auf dem Rücken gefesselten Händen auf den Gang. Ich blieb eine kurze Zeit auf dem Gang stehen und wurde dann bis zum Morgen im »Kühlschrank« gelassen.

9. Der »Kühlschrank« ist dunkel. Es gibt einige solcher Zellen dort: 1,5 x 1,5 Meter und sehr kalt, vielleicht 7 Grad Celsius. Es ist kälter als in einem Operationssaal. Das einzige Kleidungsstück, das ich im »Kühlschrank« hatte, war der Overall, den ich trug; ich hatte keine Decke, und meine Hände waren auf dem Rücken zusammengebunden. Ich blieb stehen oder saß auf dem Boden. Es gab keine Matratze. Alle sechs Stunden wechselten sich die beiden Wachen (Soldaten) ab. Sie schlugen die Gefangenen im »Kühlschrank« oder gossen Wasser über sie. Das gleiche taten sie mit den Gefangenen, die auf dem Gang auf Stühlen saßen.

10. Am zweiten Tag kam ein anderer Vernehmungsbeamter. Sein Name war »Abu Nimmer«. Mit ihm kam »Abu Mansur«.

11. Sie taten mit mir wieder das gleiche wie vorher.

12. Danach inszenierten sie wieder eine Gegenüberstellung mit Dr. Alayan. Um die Augen herum war sein Gesicht gelb von den Schlägen. Sie sagten zu mir: »Wir haben das mit ihm gemacht, und wir werden das auch mit dir machen.«

13. Ich weigerte mich zu antworten, und sie beschimpften mich mit sehr schmutzigen Wörtern. Sie drohten, sie würden meine Frau holen und sie foltern.

14. Dr. Alayan sagte, er habe mir 2000 Dollar für die Frau von Herrn Ziyad Nahla gegeben, damit sie ins Ausland gehen könne. Ziyad Nahla ist ein Nachbar von mir, der deportiert worden ist. Ich sagte, daß das stimme. Jamil sagte auch, daß er dachte, er hätte mir ungefähr 5000 Dollar mehr gegeben. Dann brachten sie ihn hinaus.

15. Sie begannen mich zu schlagen, vor allem ins Gesicht.

16. Ich blieb ungefähr 12 Tage lang dort, entweder im »Kühlschrank« oder im Gang. Sie ließen mich tagelang nicht schlafen. Dann gaben sie mir eine Decke und ließen mich eine Nacht im »Kühlschrank« schlafen.

17. In diesen 12 Tagen wurde ich ab und zu geholt und geschlagen. Dabei konzentrierten sie sich auf meine linke Hand, weil sie gebrochen war. Einmal verlor ich das Bewußtsein. Sie schütteten mir Wasser ins Gesicht und traten auf meine Knöchel, um mich aufzuwecken. Als ich zu mir kam, schlugen sie mich wieder.

Nach 12 Tagen ließen sie mich am Freitag und Samstag in Ruhe. Am Sonntag holten sie mich und fingen wieder an. Das dauerte bis Dienstag, kurz vor Mitternacht. Dann starb Khaled. Es herrschte Verwirrung, und wir wurden alle in die Zellen hinuntergebracht. Am nächsten Tag begann das Verhör. Sie sagten uns, daß sich jemand aufgehängt habe und daß ich der Nächste sei, der sich hier aufhängen würde.

Sie setzten mich psychisch so unter Druck, daß ich mich wirklich aufhängen wollte. Nach ungefähr 18 bis 19 Tagen kamen die Polizisten und begannen mein Geständnis aufzunehmen und mich zu bedrohen. Einer schlug mich ins Gesicht (ein kleiner Dicker).

Sie brachten einen Shabak-(G.S.S.) Vernehmungsbeamten, um mir Angst zu machen. Sie zeichneten mein Geständnis auf und führten mich einem Richter vor (am 21. Dezember 1989). Meine Gefangenschaft wurde noch 30 Tage verlängert.

Seitdem bin ich in der Zelle, und am 4. Januar wurde ich ins Madina Center verlegt. Seit wir hier sind, haben wir kein Tageslicht gesehen. Unsere Familien durften uns nicht besuchen. Das Rote Kreuz hat uns hier nicht besucht.

Bis jetzt habe ich nur einmal geduscht. Ich habe keine frische Unterwäsche bekommen, keine Handtücher. Seit zwei Jahren habe ich ein Magengeschwür. Es ist hier schlimmer geworden. Ich habe Magenschmerzen, die bis in den Rücken ausstrahlen. Vor meiner Verhaftung wollte ich für drei Jahre ins Ausland gehen, um mein Studium zu beenden. (Meine Bewerbung habe ich vor ungefähr 4 Monaten eingereicht).

Quelle: B'Tselem: The Interrogation of Palestinians During the Intifada: Ill-treatment, »Moderate Physical Pressure« or Torture?, Jerusalem, March 1991, S, 78 f.

3. Yasser al-Abed Hussein Abu Zayed

Yasser al-Abed Hussein Abu Zayed: Rafah Flüchtlingslager, Gaza Streifen, 23 Jahre, ledig, Eigentümer eines Lebensmittelladens. Er wurde im Januar 1987 verhaftet und 18 Tage lang verhört; später im selben Jahr wurde er nochmals für 21 Tage eingesperrt,ohne verhört zu werden. Er wurde zu drei Monaten Gefängnis und einer Geldstrafe von 900 NIS verurteilt. Im folgenden Bericht beschreibt er die Umstände seiner dritten Verhaftung am 4. April 1988 und die darauf folgenden 16 Tage im Gefängnis (Al-Haq Affidavit No. 3336 am 19. September 1992 aufgezeichnet).

Am 4. April 1988 ging ich zum militärischen Hauptquartier in Rafah um mich zu stellen, da ich von den Behörden gesucht wurde. Am folgenden Tag wurde ich mit dem Auto zum Zentralgefängnis von Gaza gebracht. Auf dem Weg schlugen und traten mich die Soldaten im Auto mit ihren Händen, Stiefeln und Gewehrkolben, wobei sie sich besonders auf meinen Kopf und mein Gesicht konzentrierten. Nach dem routinemäßigen Aufnahmeverfahren im Gaza Zentralgefängnis stülpte mir ein Mann namens »Moussa« vom Geheimdienst (welchen ich gut von einer früheren Verhaftung kannte) einen Sack über den Kopf und zog mich an diesem Sack die Treppen zum zweiten Stock hinauf. Ich wußte, daß auf diesem Flur, der von den Häftlingen wegen der dort angewandten Folter »Schlachthof« genannt wurde, die Verhöre stattfanden.

Er zwang mich, auf einem Stuhl Platz zu nehmen und als er den Sack entfernt hatte, sah ich, daß ich mich in einem Raum mit zwei weiteren Vernehmungsbeamten namens »Abu Younes« und »Abu Faisal« befand. Sie sagten mir, es hätte keinen Sinn, die gegen mich vorgebrachten Anklagen zu leugnen, da jemand gegen mich ausgesagt hätte. Mittlerweile betraten zwei weitere Vernehmungsbeamte namens »Jack« und »Abu Eid« den Raum. Sie legten mir eiserne Handschellen an, zogen mir drei Säcke über den Kopf, einen nach dem anderen, und warfen mich auf den Boden. Einer von ihnen saß auf meinen Beinen und griff meine Hoden, ein zweiter fing an, mir mit der Faust in den Unterleib zu schlagen, während ein dritter mir die Kehle zuquetschte und versuchte, mich zu erwürgen. Gleichzeitig fühlte ich, wie irgend jemand mir die Hand über Nase und Mund legte und mir die Luft abdrückte. Dies dauerte fast eine halbe Stunde und während dieser Zeit entfernten die Männer hin und wieder ihre Hände von meiner Kehle, Mund und Nase, so daß ich nicht ersticken würde. Einer von ihnen fragte ständig: »Willst Du gestehen?« In dieser Position konnte ich überhaupt nicht sprechen. Irgendwann hoben sie mich vom Boden auf und setzten mich auf einen Stuhl, entfernten die Säcke und drohten, mich umzubringen oder mich aufgrund der Aussagen anderer zu verurteilen, wenn ich nicht gestehen würde. Dann befahl »Moussa« mir, ohne Pause 100 Mal aufzustehen und mich wieder hinzusetzen.

Alle Vernehmungsbeamten außer »Moussa«, der einige Unterlagen an seinem Tisch studierte, verließen den Raum. »Moussa« fragte mich, warum ich aufgehört habe. Ich sagte ihm, daß ich die 100 Wiederholungen beendet hätte. Er gab zurück, es seien nur 98 gewesen und ich solle die 100 noch einmal von vorne beginnen. Ich begann wieder, war aber so erschöpft, daß ich umfiel und mit dem Gesicht auf den Tisch schlug, so daß das Blut aus meiner Nase spritze. Er sagte zu mir: »Steh auf Hurensohn, hör auf, mich zu verarschen.« Er hielt mich aufrecht gegen die Wand, nahm meinen Kopf und stieß ihn mehrfach gegen den Schrank. Dies dauerte eine halbe Stunde. Dann kamen die anderen Vernehmungsbeamten zurück, gefolgt von einem weiteren. Ich erfuhr, daß er »Abu Daoud« hieß und einen weiteren Vernehmungsbeamten namens »Abu Waleed« hereinbringen würde, welcher mich zum Sprechen bringen würde. »Abu Daoud« ging und »Abu Waleed« betrat den Raum, kam sofort auf mich zu und warf mich zu Boden. Er saß auf meinem Unterleib und sagte: »Weißt du, wie sehr ich arabisches Blut liebe?« Er bekundete, daß es ihm genauso sehr gefalle, wie mit seiner Frau zu schlafen und fügte hinzu: »Ich hätte jetzt gern ein Glas arabisches Blut.« Er schlug mich ins Gesicht und sagte zu den anderen: »Tötet ihn, wenn er nicht gesteht.« Danach verließen alle den Raum außer »Abu Faisal«, der freundlich mit mir sprach und mir riet, zu gestehen. Er sagte, daß er mich allein lassen würde, um die Sache zu überdenken, führte mich aus dem Zimmer und zwang mich, auf einem Stuhl zu sitzen, nachdem er meine Hände gebunden und zwei Säcke über meinen Kopf gezogen hatte.

Ungefähr sieben Stunden später wurde ich in einen Raum geführt und auf einen Stuhl gesetzt. Als die beiden Säcke entfernt wurden, sah ich mich einem anderen Vernehmungsbeamten gegenüber, der sich als »Abu Awni« vorstellte. Er befahl mir zu gestehen und bot mir eine Tasse Kaffee und eine Zigarette an, aber ich weigerte mich, worauf er mir drohte, einen Test mit dem Lügendetektor durchzuführen. Dann führte er mich aus dem Raum und zwang mich, wie zuvor sieben Stunden lang bis zum Morgen zu sitzen. Am nächsten Morgen bot man mir zum ersten Mal etwas zu Essen an. Die Mahlzeit bestand aus einem Ei. Als ich nach Brot fragte, sagte man mir, es gäbe keines wegen des Passahfestes. Ich wurde zurück ins Vernehmungszimmer geführt, wo mich »Moussa« und »Jack« erwarteten. »Moussa« sagte mir, ich solle gestehen und ich wiederholte, daß ich nichts zu gestehen hätte. Dann zog er mir alle Kleider aus, griff meinen Penis und sagte: »Ich werde ihn dir entfernen.« Er zwang mich, auf einem Stuhl zu sitzen. Während »Jack« meinen Hals von hinten umklammert hielt, tat »Moussa« meinen Penis in eine leere Heftmaschine und fing an, kräftig zu drücken. Er tat dies ungefähr eine viertel Stunde lang und benutzte dann die Heftmaschine dazu, meine Schamhaare auszuziehen, bis das Blut zum Vorschein kam. Als ich mich immer noch weigerte, zu gestehen, schlug er mich in den Unterleib und zwang mich, niederzuknien, meinen Kopf zu senken und meinen Rücken zu beugen. Dann plazierte er zwei Stühle auf jeder Seite von mir, und »Jack« und »Moussa« begannen beide, mich zwischen den Stühlen einzuquetschen.

Irgendwann hielt mich »Jack« am Nacken und versuchte, mich zu würgen. Dann zog er mich an den Haaren und schlug meinen Kopf gegen die Wand, bis ich das Bewußtsein verlor. Ich wachte komplett angezogen im Gefängniskrankenhaus auf. Im Zimmer war eine Person in Krankenhauskleidung. Als ich ihm sagte, daß mein Kopf schmerzte, sagte er, ich solle etwas Wasser trinken. Irgend jemand in Zivil trat ein, bedeckte meinen Kopf mit einem Sack und schleppte mich weg. Er half mir auf, als ich unterwegs hinfiel. Er führte mich eine Treppe hinauf und zwang mich, sechs Stunden lang auf einem Stuhl zu sitzen. Ich hatte große Schmerzen und fiel oft vom Stuhl, worauf mir irgend jemand befahl, mich wieder hinzusetzen. Schließlich wurde ich in ein Zimmer geschleppt, der Sack wurde entfernt und ich sah mich einem Vernehmungsbeamten namens »Abu Eideh« gegenüber.

Er zog an meinem Schnurrbart und sagte zu mir: »Hältst du dich für einen Mann mit diesem Schnurrbart?« Dann zog er einige Haare aus meinem Bart aus. Nachdem er mit jemandem außerhalb des Raumes gesprochen hatte, brachte »Abu Jameel« ihm einen Rasierer und »Abu Eideh« rasierte meinen Bart ab und drohte, ebenso mit meinen Augenbrauen zu verfahren. »Abu Jameel« stülpte mir daraufhin wieder den Sack über den Kopf und brachte mich hinaus, um auf einem Stuhl zu sitzen. Ich bat, auf Toilette gehen zu dürfen, und »Abu Jameel« erlaubte es mir. Auf der Toilette sah ich, das mein Penis mit Wunden bedeckt war und mein Urin Blut enthielt. Ich ging zurück um bis zum folgenden Morgen auf dem Stuhl zu sitzen. Hin und wieder übergossen mich die Wärter mit Wasser, damit ich nicht einschlafen konnte.

Am nächsten Morgen brachte mich irgend jemand in das Untersuchungszimmer zurück und nahm mir den Sack vom Kopf. In diesem Raum warteten »Moussa« und »Abu Faisal« auf mich und drohten, meine Aussagen mit dem Lügendetektor zu überprüfen. »Moussa« drohte weiterhin, mich unfruchtbar zu machen. Als ich ihm sagte, daß es in Gottes Händen läge, ob man Kinder haben könne oder nicht, erwiderte er, er würde mir zeigen, daß es in Wirklichkeit in seinen Händen liege. Dann zog er meine Kleider aus und griff nach meinen Penis. Ich widersetzte mich sowohl ihm als auch »Abu Faisal«, der ihm zu Hilfe kam. Dann kamen »Abu Eideh« und »Jack« hinzu. Einer von ihnen saß auf meinen Beinen, ein zweiter auf meiner Brust und ein weiterer hielt meine Brust nieder, während »Moussa« die Miene eines Kugelschreibers in meinen Penis einführte und kreisförmig bewegte. Ich schrie vor Schmerz. Nach ungefähr zwei Minuten entfernte er die Miene und begann, mir mit der Faust in den Unterleib zu schlagen. »Abu Jameel« zog zwei Säcke über meinen Kopf und zwang mich, auf einem Stuhl zu sitzen. Als ich unter den Säcken erbrach, weigerte sich »Abu Jameel«, diesen zu wechseln und zog statt dessen einen dritten Sack darüber. Die Säcke stanken erbärmlich aufgrund des Erbrochenen. Dann fing er an, mich mit einem Instrument aus Gummi zu schlagen. Ich fühlte einen unerträglichen Schmerz in meinem Penis, stand auf, warf mich gegen die Wand und fiel zu Boden. Darauf entfernte »Abu Eideh« die Säcke und fragte: »Stimmt etwas nicht mit dir?« Ieh sagte: »Ich bin sehr müde und sehr krank, töte mich.« Er erwiderte, daß er dies tun würde, aber noch nicht jetzt, sondern »nach einiger Zeit«. Er zog einen sauberen Sack über meinen Kopf und setzte mich wieder auf den Stuhl. Aufgrund der Schmerzen jedoch konnte ich nicht sitzen und fiel vom Stuhl. Während der ganzen Nacht schlug er mich in Abständen, um mich zum Aufstehen zu zwingen, aber ich konnte es nicht.

Am vierten Tag meiner Inhaftierung fand ich mich in einem Raum mit allen acht Vernehmungsbeamten wieder, die ich bereits kannte. Sie warfen mich auf den Boden und zogen sechs Säcke über meinen Kopf, saßen auf meiner Brust und meinen Beinen, und fingen an, meinen Penis und meine Hoden zu quetschen und mich am ganzen Körper zu schlagen. Während der Prügel, die 20 Minuten lang dauerte, machten sie Geräusche, um mich zu verängstigen. Auf die Frage einer der Vernehmungsbeamten hin erwiderte ich, ich wolle gestehen, aber nicht alle Anklagepunkte. Ich gestand, daß ich und einige andere geplant hatten, Sprengstoff herzustellen, jedoch nichts zustandegebracht hätten außer einem Gegenstand, der kein Sprengstoff gewesen sei und den wir ohnehin nicht gebraucht hätten. Ich unterschrieb mein Geständnis.

Am folgenden Tag begannen sie ihr Verhör von neuem und befahlen mir, auch weitere Anklagepunkte, wie zum Beispiel das Werfen von Sprengkörpern auf Militärfahrzeuge und die Verteilung von Pamphleten zu gestehen. Während der darauffolgenden acht Tage wandten sie die meisten der oben beschriebenen Methoden für durchschnittlich eineinhalb Stunden pro Tag an, insbesondere die Schläge, die Würgemethode und das Quetschen meiner Genitalien. Das Verhör dauerte insgesamt 12 Stunden bis zum 16. April. An diesem Tag verhafteten sie eine Gruppe, der wie mir der Einsatz von Sprengstoff vorgeworfen wurde. Ich wurde zu vier Monaten Gefängnis verurteilt.

Quelle: Al-Haq, Palestinian Victims of Torture Speak Out. Thirteen Accounts of Torture During Interrogation in Israeli Prisons, Ramallah 1993, S. 40–42.

4. Walid Younes Yousef As'ad

Der Fall des 25-Jährigen Walid Younes Yousef As'ad, einem Einwohner des Dorfes Irtas im Bezirk Bethlehem, zeigt deutlich die komplexen Verfahrensweisen und die gezielten Schikanen, die die israelischen Behörden benutzen, um den Palästinensern in den besetzten Gebieten die Aussichtslosigkeit einer Familienzusammenführung und die Erlangung von Besuchserlaubnissen vor Augen zu führen. Als Walid versuchte, eine Erlaubnis zur Familienzusammenführung für seine Frau – seine Kusine Injad Isma'il – zu erlangen, sagte man ihm, seine Frau solle sich in der West Bank aufhalten, so daß ihr Antrag geprüft werden könne. Ein anderes Mal jedoch hieß es, sie müsse im Ausland sein. Obwohl er jedesmal die Anweisungen befolgte und mehrere Versuche unternahm, wurden alle seine Anträge von der Zivilverwaltung abgelehnt. Ebenso erging es ihm, als er eine Besuchserlaubnis für seine Frau beantragte. Dies gelang ihm jedoch letztendlich.
Interviewte Person: Walid Younes Yousef As'ad, Datum: 18. Oktober 1990.

Ich wurde am 23. Dezember 1965 in Irtas geboren und habe dort mein ganzes Leben verbracht. Ich arbeitete als Klempner in Israel. Ich heiratete meine Kusine Injad am 17. Oktober 1988. Injad wurde am 14. Januar 1966 geboren, und ihre Familie emigrierte nach dem Krieg von 1967 nach Jordanien. Ich lernte sie während ihrer gelegentlichen Besuche in Irtas mit ihrer Familie kennen. Unsere Hochzeit fand in Irtas statt, als sie mit einem Besuchervisum dort war. Am 28. April 1987, als wir noch verlobt waren, beantragte ich eine Erlaubnis für eine Familienzusammenführung bei der Zivilverwaltung in Bethlehem. Der Antrag wurde nach einigen Monaten abgelehnt. Nach unserer Hochzeit versuchte ich mehrfach, einen Antrag zu stellen, wurde aber jedesmal abgewiesen. Manchmal hieß es, daß Injad hier im Land sein müsse, manchmal, daß sie im Ausland sein sollte. Als ich den ersten Antrag stellte, begleitete mich meine Frau. Ihre Besuchserlaubnis war fast abgelaufen. Der Beamte Yoval sagte mir, daß er meinen Antrag erst annehmen würde, wenn meine Frau das Land verlassen hätte. Also reiste sie am 11. Dezember 1988 ab. Dann ging ich zum selben Beamten, aber er weigerte sich, meinen Antrag anzunehmen. Zur Begründung sagte er, er würde den Antrag erst annehmen, wenn meine Frau mit einer Besuchserlaubnis zurückgekommen sei.

Danach versuchte ich vier oder fünf Mal vergeblich, eine Besuchserlaubnis für meine Frau zu erhalten. Schließlich gelang es mir durch einen Trick. Ich bat eine Frau aus unserem Dorf mit einer Jerusalemer Identitätskarte, sich um eine Erlaubnis für meine Frau zu bemühen, indem sie vorgab, ihre Schwester zu sein, da ihre Namen ähnlich sind. Es gelang ihr, auf diese Weise die Erlaubnis zu erhalten. Meine Frau kam im September 1989. Ich ging zum selben Beamten, um einen Antrag auf Familienzusammenführung zu stellen, aber er weigerte sich, den Antrag anzunehmen, da meine Frau in der West Bank war. In dieser Zeit gebar meine Frau unser Kind Iyad, welches die Behörden nicht registrierten, da seine Mutter keinen Ausweis hatte. Meine Frau reiste am 9. Februar 1990 nach Jordanien ab, nachdem ihre Erlaubnis zweimal erneuert worden war.

Das Problem, eine Besuchserlaubnis für meine Frau zu erhalten, tauchte immer wieder auf. Einmal wurde ich von der Zentralverwaltung aufgefordert, mich bei »Abu Nader«, dem Sicherheitsoffizier, der für unsere Gegend verantwortlich war, zu melden. Er belehrte mich 45 Minuten lang darüber, wie wichtig es sei und welche Vorteile es böte, mit den Behörden zusammenzuarbeiten. Er sagte, das diejenigen, die kollaborierten, Hilfe von den Behörden erhalten würden. Er sagte zu, daß er mir innerhalb von fünf bis sechs Monaten eine Erlaubnis zur Familienzusammenführung besorgen würde, falls ich mit den Behörde kollaborierte. Er sagte mir, daß ich nicht sofort entscheiden müsse und gab mir ein bis zwei Wochen, um die Sache zu überdenken. Aber ich antwortete sofort: »Wenn der Preis dafür, daß meine Frau herkommen darf, meine Kollaboration mit euch ist, dann laßt sie für immer im Ausland bleiben.« Ich traf ihn noch zweimal danach, und das gleiche Gespräch wiederholte sich. Als mein Vater ein Besuchervisum beantragte, bestellte Abu Nader ihn zu sich und fragte ihn über mich aus. Danach bestellte er mich zu sich. Als ich kam, sagte er: »Glaubst du, wir sind Idioten? Wir wissen, daß du deinen Vater gebeten hast, eine Erlaubnis zu beantragen, nachdem dein Antrag abgelehnt worden war. Geh fort, es gibt keine Erlaubnis. Wenn Gott dir eine Erlaubnis gibt, dann gebe ich dir eine.«

Bei meinem letzten Versuch wurde mir gesagt, daß ein Sicherheitsoffizier namens »Kamal« für die Ausgabe von Erlaubnisscheinen zuständig sei. Ich fragte ihn, warum die Anträge abgelehnt worden waren. Er schlug vor, daß ich meine Frau in Jordanien besuchen solle. Ich reiste im Mai 1990 nach Jordanien ab. Nachdem ich zurückgekehrt war, ging ich zu Yoval um erneut eine Erlaubnis zur Familienzusammenführung zu beantragen. Er fragte mich, wo meine Frau lebe; als ich sagte, sie lebe in Jordanien, erwiderte er, ich solle eine Besuchserlaubnis beantragen. Dann würde er den Antrag auf eine Familienzusammenführung annehmen. Nach vier Versuchen erlangte ich Zustimmung zu dem Besuch. Zu diesem Zeitpunkt erklärten die Behörden, daß sie den Ehefrauen erlauben würden, zurückzukommen und mit einem Besuchervisum zu bleiben.

Meine Frau kam immer legal hierher und blieb niemals länger als erlaubt. Zum letzten Mal kam sie am 26. Juni 1990 und erhiehlt eine Aufenthaltserlaubnis für drei Monate. Diese Erlaubnis wurde um einen Monat verlängert. Am 24. September ging ich zu Yoval, um eine Familienzusammenführung zu beantragen. Dieses Mal sagte er mir: »Wenn deine Frau nach Jordanien geht, kannst du kommen und einen Antrag stellen.« Ich bin durchgedreht. Ich brüllte ihn an: »Ich mache jedesmal, was sie sagen und dennoch weigern sie sich, den Antrag anzunehmen.« Er sagte: »Das stimmt nicht. Sie mißverstehen mich jedesmal.« Ich ging mit dem Vorsatz fort, keinen Antrag mehr zu stellen, wenn ich nicht sicher sei, daß sie ihn ernstnehmen würden. Ich weiß nicht, warum sie mir das antun. Ich bin nie verhaftet worden oder habe das Gesetz gebrochen. Ich frage mich, wann sie mir erlauben werden, mit meiner Frau und meinem Kind in meiner Heimat zusammen mit meinen Verwandten zu leben.

Quelle: Al Haq, Application Denied. Separarted Palestinian Families Tell Their Stories, Ramallah 1991, S. 9–11.

5. Erklärung und Gelübde

Ich, der Unterzeichnende …, ID# …, verpflichtet sich, von jeder Art von Terrorismus und Gewalt Abstand zu nehmen. Ich erkläre auch, daß mir völlig klar ist, daß diese Unterschrift unter dieses Dokument die Voraussetzung für meine Freilassung darstellt. Ich realisiere auch, daß diese Freilassung im Rahmen der Verhandlungen des Friedensprozesses zwischen Israel und der Palästinensischen Befreiungsbewegung geschah, welche ich unterstütze, um die Prinzipienerklärung, die am 13. September 1993 unterzeichnet worden ist, umzusetzen.
Datum Unterschrift

Quelle: Samed. Palestinian Prison Voices. Mandela Institute, March/April 1994, S. 5.

LITERATURVERZEICHNIS

Primärliteratur

AIC: The Other Front erscheint 14täglich und gibt einen Überblick über die israelische Innenpolitik, insbesondere auf dem Gebiet der Menschenrechte.

Dies.: April 17. Magazine for Information and Support of Political Prisoners, Nr. 4/5, Dezember 1993; Nr. 6, April 1994.

Dies.: Article 74 vom 8. Mai 1994, 6. November 1993, 5. Mai 1993, 4. Januar 1993, 28. September 1992, 12. April 1992, 11. November 1991.

Dies.: Palestine an the other Israel. Alternative Directory of progressive Groups and Institutions in Israel and the Occupied Territories, Jerusalem, January 1993.

Dies.: The Right to Family Unity, Jerusalem, June 1992.

Dies.: Hebron Prison – A View from Inside, Jerusalem, July 1992.

ACRI: Legal Action in the Occupied Territories, January – June 1993, 9 Seiten.

Dies.: Litigation Docket 1993, Jerusalem 1993.

Dies.: Litigation Docket 1992, Jerusalem 1992.

Dies.: Litigation Docket 1991, Jerusalem 1991.

Dies.: Legal Action in the Occupied Territories, July – December 1992, 8 Seiten.

Dies.: Educational Activities Progress Report for 1992, 4 Seiten.

Dies.: Annual Report, Jerusalem, versch. Jahrgänge.

Dies.: The Legal and Administrative System, Jerusalem 1985.

Al-Haq: Settler Attacks and Violence against the Residents of the Hebron District during 1993, Ramallah, January 1994, 17 Seiten.

Dies.: An Ailing System: Israeli Military Government Health Insurance in the Occupied Palestinian Territories, Ramallah 1993.

Dies.: Palestinian Victims of Torture Speak Out. Thirteen Accounts of Torture During Interrogation in Israeli Prisons, Ramallah 1993.

Dies.: An Illusion of Legality: A Legal Analysis of Israel's Mass Deportation of Palestinians on 17. December 1992, Ramallah 1993.

Dies.: Critique of the United States Department of State. Country Reports on Human Rights Practices for 1991: Israel and the Occupied Territories, March 1992.

Dies.: Al-Haq's Response to the U.S. State Department Country Reports on Human Rights Pratices for 1991: The Occupied Territories, May 1991.

Dies.: Israeli Land Acquisition and Settlements in the Occupied Territories, Ramallah, August 1991, 23 Seiten.

Dies.: Protection Denied, Ramallah 1991.

Dies.: Application Denied, Ramallah 1991.

Dies.: A Nation under Siege, Ramallah 1990.

Dies.: The Right to Unite, Ramallah 1990.

Dies.: Newsletter, versch. Jahrgänge.

B'Tselem: Lethal Gunfire and Collective Punishment in the Wake of the Massacre of the Tomb of the Patriarchs, Jerusalem, March 1994.

Dies.: Law Enforcement Vis-A-Vis Israeli Civilians in the Occupied Territories, Jerusalem, March 1994.

Dies.: Firing at Vehicles by the Security Forces in the Occupied Territories, Jerusalem, February 1994.

Dies.: Collaborators in the Occupied Territories. Human Rights Abuses and Violations, Jerusalem, January 1994.

Dies.: The B'Tselem Human Rights Report, 2 (1994) 1, 12 Seiten.

Dies.: The B'Tselem Human Rights Report, 1 (1993) 1, 12 Seiten.

Dies.: The New Procedure in GSS Interrogation: The Case of Abd A-Nasser Ubeid, Jerusalem, November 1993.

Dies.: The Killing of Palestinian Children and the Open-Fire Regulations, Jerusalem, June 1993.

Dies.: Deportation of Palestinians from the Occupied Territories and the Mass Deportation of December 1992, Jerusalem, June 1993.

Dies.: House Demolition during Operations against Wanted Persons, Jerusalem, May 1993.

Dies.: The Closure of the West Bank and Gaza Strip: Human Rights Violations against Residents of the Occupied Territories, Jerusalem, April 1993.

Dies.: Khan Yunis December 1992, Jerusalem, January 1993.

Dies.: Detained without Trail. Administrative Detention in the Occupied Territories since the Beginning of the Intifada, Jerusalem, October 1992.

Dies.: The Death of Mustafa Barakat in the Interrogation Wing of the Tulkarm Prison, Jerusalem, September 1992.

Dies.: Activity of the Undercover Units in the Occupied Territories, Jerusalem, May 1992.

Dies.: The Interrogation of Palestinians during the Intifada: Follow-up to March 1991 B'Tselem Report, Jerusalem, March 1992.

Dies.: The System of Taxation in the West Bank and the Gaza Strip, Jerusalem, February 1992.

Dies.: Limitations on the Right to Demonstrate and Protest in the Territories, Jerusalem, January 1992.

Dies.: Violations of Human Rights in the Occupied Territories 1990/1991, Jerusalem 1992.

Dies.: The Interrogation of Palestinians during the Intifada: Ill-Treatment, »Moderate Physical Pressure« or Torture?, Jerusalem, March 1991.

Dies.: Collective Punishment in the West Bank and the Gaza Strip, Jerusalem, November 1990.

Dies.: The Use of Firearms by the Security Forces in the Occupied Territories, Jerusalem, July 1990.

Dies.: Annual Report 1989: Violations of Human Rights in the Occupied Territories, Jerusalem, December 1989.

Dies./PLHR: Summary Execution: Jabalya Refugee Camp, March 28, 1994, Jerusalem, April 1994.

DCI: Israel Children's Right Monitor and DCI-Israel Biannual Report 1991/1992, Jerusalem 1992.

DCI/IMUT: A Situation Analysis of Palestinian Children in the West Bank and Gaza, June 1992 – May 1993, Jerusalem 1993.

Foundation for Democratic Education in Israel: Struggle. A Newsletter on Israeli Democracy, Nr. 1 – 9, Beersheba.

GCRL: Monthly Human Rights Reports, versch. Jahrgänge.

Dies.: IDF use massive Firepower in six Military Attacks in Gaza Strip, Pressemitteilung vom 3. Oktober 1993.

HaMoked (Hotline): Newsletter, versch. Jahrgänge.

Dies.: Restrictions on Travel Abroad for East Jerusalem and West Bank Palestinians, Jerusalem 1992.

Dies.: Complaints of Human Rights Violations in the Israeli – Occupied Territories, Jerusalem, August 1991.

HRA: Discrimination in Education against the Arab Palestinians in Israel, Nazareth, April 1994.

Dies.: The Palestinians in Israel: Voices under Censorship, Nazareth 1992.

Dies.: Newsletter, May 1993.

Dies.: Palestinians Inside Israel: The Unrecognised Villages. World Conference on Human Rights, Vienna, June 1993, 4 Seiten.

Dies.: Palestinians in Israel: Discrimination Towards a National Minority. World Conference on Human Rights, Vienna, June 1993, 4 Seiten.

Dies.: Palestinians Inside Israel: Indigenous People or »Present Absentees«?, World Conference on Human Rights, Vienna, June 1993, 4 Seiten.

Dies.: Political Prisoners: Domestication or Slow Death, 4 Seiten.

Joint Statement von 21 Menschrechtsorganisationen gegen die Abriegelung der besetzten Gebiete vom 30. März 1993, Jerusalem, April 1993.

Kav La'Oved: Newsletter, versch. Jahrgänge.

Dies.: The Social Rights of Palestinian Workers in Israel. Transcript of a Panel Debate, 6. May 1993, National Palace Hotel in Ost-Jerusalem.

Dies.: Public Statement vom 4. November 1993.

Dies.: Who we are What we do, o.O.,O.J.

Mandela Institute: Samed. Palestinian Prison Voices, versch. Jahrgänge.

Dies.: Fact Sheet: Conditions of Palestinian Internees After Hunger Strike, June 1993.

Dies.: Results of the Palestinian Political Prisoners Hunger Strike, October 1992.

Dies.: Agreement Ending the Hunger Strike in Nafha Prison, October 1992.

Dies.: Summary Activity of the Jailed Movement Strike. Covering Events from 30. September – 14. October 1992, 6 Seiten.

PCATI: The Case of Abed A-Nasser Ali Isa Ubeid, January 1994.

Dies.: The Case of 20 Year old Henia Abu Haled from Abu Tor Jerusalem, January 1994.

Dies.: Follow-up: The Appeal of PCATI to the Supreme Court, February 1993.

Dies.: Failure to Investigate the Alleged Torture of Lamia Ismail Jaber, September 1992.

Dies.: Samir Omar: An other Death Following Shin Bet Interrogation, June 1992.

Dies.: Death During Detention of Mustafa Al-Akawi: Call for Independent Investigation, February 1992.

Dies.: Report on Third Year's Activity, January 1992 – December 1992, Jerusalem 1992.

Dies.: Report on First Year's Activity, January 1990 – January 1991, Jerusalem 1991.

Dies.: Torture in Shin Bet Investigations. File Shin/Aleph (107). Eidesstattliche Erklärung von Ghazat Hassan Abu Khadir an Lea Tsemel, Jerusalem 1991, 3 Seiten.

Dies.: Moderate Physical Pressure. Interrogation Methods in Israel. Symposium Following the Landau Commission Report, Jerusalem 1990.

Dies.: Informationsblatt über die Organisation, Jerusalem, o.J.

PHR: Child Medical Care Fund, Tel-Aviv 1993.

Dies.: Annual Report – 1992. Focus on: The Occupied Health Care System, Tel Aviv, October 1993.

Dies.: versch. Tätigkeitsberichte, 1988 – 1992.

Dies.: Brief der Vorsitzenden Ruchama Marton an Ludwig Watzal vom 17. März 1993.

Dies.: Brief von Ram Ishai an PHR vom 16. März 1993.

Dies.: Report on Rehabilitation Services in the Occupied Territories, Tel Aviv, August 1991.

PHRIC: Israeli Human Rights Violations in the Occupied Territories: Trends in 1993 – An Increase in Violence, Jerusalem, February 1994.

Dies.: »From The Field«. Settler Lawlessness in the Occupied Territories: Deliberate Shootings, Racist Attacks and Mob Violence, November/December 1993.

Dies.: »From The Field«. Undercover Units shoot Unarmed Palestinian in »Arrest Operations«, September 1993.

Dies.: »From The Field«. The Economic Impact of the ›Closure‹, August 1993.

Dies.: »From The Field«. Israeli Closure Forces nine Jerusalem Villages under virtual House Arrest, May 1993.

Dies.: Military Roadblocks Create Enclaves in the West Bank and Gaza, isolate Jerusalem, March/April 1993.

Dies.: »From The Field«. Israeli Anti-Tank Missiles destroy Palestinian Homes, February 1993.

Dies.: »From The Field«. Transfer! Israel Orders Mass Deporations of Palestinians from Occupied Territory, December 1992/January 1993.

Dies.: »From The Field«. Settlement Freeze – What Does it Really Mean?, September/October 1992.

Dies.: The Impact of the Work Permit System on Palestinian Workers in Israel, Jerusalem, September 1992.

Dies.: International Legal Standards on Conditions of Detention, Jerusalem, September 1992.

Dies.: »From The Field«. New Israeli Measures Restricting Palestinian Workers, July/August 1992.

Dies.: Israel's Use of Electric Shock Torture in the Interrogation of Palestinian Detainees, Jerusalem, July 1992.

Dies.: Targeting to Kill: Israel's Undercover Units, Jerusalem, May 1992.

Dies.: »From The Field«. Detention and Interrogation of Palestinian Detainees: Torture, Deaths in Detention and Prison Conditions, February 1992.

Dies.: »From The Field«. The Al-Aqsa Massacre one-Year Anniversary, October 1991.

Dies.: »From The Field«. The Arrest, Detention and Physical Abuse of Palestinian Children, August/September 1991.

Dies.: Human Rights Update, versch. Ausgaben, 1991–1993.

PLHR: The Israeli Death Squads and the Criteria for Actions intended to cause Death, 4 Seiten.

Dies.: Ansar 4: Khan Yunis Interrogation Centre, 9 Seiten.

RHR: Newsletter, versch. Jahrgänge.

Dies.: Selbstdarstellung, o.O.,o.J.

Ramya Solidarity Committee: Ramya Residents receive new Order to vacate within 20 Days, October 1992.

Society of St. Yves: Law – A Weapon for Dispossession, Pressemitteilung vom Januar 1994.

Dies.: St. Yves Legal Newsletter, 1 (1993) 1, 4 Seiten.

Dies.: Palestinian Family under Siege, Pressemitteilung vom 1. November 1993.

Dies.: Jahalin Bedouin Tribe to Lose land. Difficult Negotiations with the Israeli Authorities, Pressemitteilung vom 14. December 1993.

Dies.: Appeal to Appoint Arab Justices to the Israeli Supreme Court, Pressemitteilung vom 26. October und 1. December 1993.

Dies.: House Bombing in Zayta, Pressemitteilung vom 30. September 1993.

Dies.: To the Friends of the Society of St. Yves, Pressemitteilung vom 18. June 1993.

Dies.: Lawless Law – The Israeli Occupation, Jerusalem o.J., 5 Seiten.

Dies.: A World of their own. The Israeli Negotiating Position vis-a-vis the Palestinians, Jerusalem o.J., 10 Seiten.

The Association of Forty: The Forgotten Ones, Doar Na'a, August 1993.

Dies.: The Association of Forty, Doar Na'a, August 1993.

The Other Israel: Newsletter of the Israeli Council for Israeli-Palestinian Peace, versch. Ausgaben.

WOFPP: Who are we and what do we do, Tel Aviv, April 1992.

Dies.: Semi – Annual Report, January – June 1990, Jerusalem 1990.

Dies.: Newsletter, versch. Jahrgänge.

Sekundärliteratur

Aburish, Said K.: Schrei, Palästina! Alltag auf der Westbank, München 1992.

Ders.: Die Kinder von Bethanien. Geschichte einer palästinensischen Familie, München 1992.

Abu Shakrah, Jan: A response to the journalist who worries about »What they do to each other«, in: Al-Fajr vom 21. Juni 1993, S. 16.

Adiv, Assaf: Recognized or Not?, in: Challenge, 3(1992) 4, S. 22 f.

Ders./ Schwartz, Michal: Sharon's Star Wars: Israel's Seven Star Settlement Plan, Jerusalem 1993.

Allon, Gideon: East Jerusalem Population is Increasing Artificially, in: Ha'aretz vom 26. Januar 1994.

Aloni, Shulamit: The Quest for Human Rights and the Need for Dialogue: Two Sovereign Peoples, in: Gordon, Haim/ Gordon, Rivca (Eds.): Israel/Palestine. The Quest for Dialogue, Maryknoll 1991, S. 21–26.

Amirav, Moshe: Blueprint for Jerusalem, in: The Jerusalem Post vom 12. März 1992.

Amnesty international (International Secretariat): Israel and the Occupied Territories. Torture und Ill-treatment of political Detainees, London, April 1994, 26 Seiten.

Dies.: Israel/South Lebanon. The Khiam Detainees: Torture and Ill-treatmant, London, May 1992.

Dies.: Israel and the Occupied Territories. The Military Justice System in the Occupied Territories: Detention, Interrogation and Trial Procedures, London, July 1991.

Ashkenazi, Yael: Just one staight line, in: Kol Ha'ir vom 2. August 1991.

Augstein, Rudolf: Von Belfast nach Hebron, in: Der Spiegel, Nr. 10/1994, S. 138.

Avnery, Uri: Die Mauern von Jericho, in: Der Spiegel, Nr. 52/1993, S. 120 f.

Ders.: Historischer Durchbruch für beide Seiten, in: Der Spiegel, Nr. 37/1993, S. 158 f.

Ders.: Teufel aus der Kiste, in: Der Spiegel, Nr. 36/1993, S. 154.

Ders.: Kein Mut zum Frieden, in: Der Spiegel, Nr. 31/1993, S. 102 f.

Ders.: Der Siebentagekrieg, in: taz vom 4. August 1993.

Awad, Mubarak: Chronik einer Deportation, in: israel & palästina. Zeitschrift für Dialog, Sonderheft Nr. 16, August 1988.

Bandel, Ehud: The Role of Religion in the Israeli-Palestinian Conflict, Vortragsmanuskript, 12 Seiten.

Ders.: The ›stranger in our midst‹ has rights too, in: The Jerusalem Post vom 10. Dezember 1991.

Bauer, Yehuda: »Wenn das vergessen wird, woran kann man sich dann erinnern?«, in: FR vom 18. Februar 1994.

Baumgarten, Helga: Palästina: Befreiung in den Staat, Frankfurt 1991.

Begin, Menachem: The Revolt, Jerusalem 1972.

Beilin, Yossi: A Vision of the Middle East, Tokyo, 15. Dezember 1993.

Ben Efrat, Jacov: The Government must go, in: Challenge, 4 (1993) 1, S. 10 f.

Ders.: Close Minded, in: Challenge, 4 (1993) 3, S. 6 f.

Ben Efrat, Roni: 45 Days in a Tent, in: Challenge, 4 (1993) 6, S. 7–9 und 39.

Benvenisti, Meron: The West Bank Data Project. A Survey of Israel's Policies, Washington–London 1984.

Ders.: The West Bank Data Base 1986 Report, Jerusalem 1986.

Ders.: The West Bank Data Base 1987 Report, Jerusalem 1987.

Bergen, Kathy/Neuhaus, David/Rubeiz, Ghassan: Justice and the Intifada. Palestinians and Israeli Speak out, New York 1991.

Bildungswerk für Demokratie und Umweltschutz e.V. (Hrsg.): Israel. Die verratene Hoffnung. Bericht über eine Informationsreise nach Israel/Palästina von Alisa Fuss, Berlin, Januar 1993.

Bishara, Azmi: Okkupation ist nicht neutral, in: taz vom 16. April 1994.

Botschaft des Staates Israel. Presse- und Informationsabteilung: Das »Gaza-Jerichio-Abkommen«, o.O. (Bonn), Mai 1994.

Dies.: Hinrichtung eines Iranischen Juden, Pressemitteilung vom 11. März 1994.

Dies.: Presse- und Informations-Abteilung: Frieden. Die Vereinbarungen zwischen Israel und der PLO, o.O. (Bonn), September 1993.

Brauscheidt, Hans: Die endgültige Marginalisierung der Palästinenser, in: blätter des iz3w, Nr. 194, Dezember 93/Januar 94, S. 4–7.

Brayer, Lynda: Legal Protection for Palestinians, in: Catholic Near East, 19 (1993) 3, S. 6–11.

Dies.: Like God's own Garden, in: Challenge, 4 (1993) 3, S. 24 f.

Dies.: Israeli Autonomy: Bantustans Revisited, in: Challenge, 4 (1993) 2, S. 34f.

Dies.: Curfew, in: Challenge, 3 (1992) 2, S. 31 f.

Bremer, Jörg: Ein realisierbarer Traum, in: FAZ vom 15. Januar 1994.

Ders.: Keine andere Wahl als Frieden, in: FAZ vom 18. September 1993.

Ders.: Der zionistische Traum und der Alltag, in: FAZ vom 17. April 1993.

Ders.: Die Ohnmacht, der Haß und die Hoffnungslosigkeit, in: FAZ vom 19. September 1992.

Broder, Henryk M.: Nachwort, in: Arendt, Hannah: Die Krise des Zionismus, Berlin 1989.

Brumlik, Micha: Wenn der Kopfschmerz weg ist ..., in: taz vom 14. September 1993.

Ders.: Weltrisiko Naher Osten. Moralische und politische Perspektiven in einem Konflikt ohne Ende, Hamburg 1991.

Ders.: Frieden im Nahen Osten – Anzahlung auf die neue »Weltordnung«?, in: FR vom 17. Oktober 1991.

Bundeszentrale für politische Bildung (Hrsg.): Der israelisch-palästinensische Konflikt, Bonn 1991[5].

Dies.: Menschenrechte. Dokumente und Deklarationen, Bonn 1991.

Charta der Vereinten Nationen und Statut des Internationalen Gerichtshofs, Genf 1991.

Chacour, Elias: Auch uns gehört das Land. Ein israelischer Palästinenser kämpft für Frieden und Gerechtigkeit, Frankfurt 1993.

Ders.: Und dennoch sind wir Brüder! Frieden für Palästina, Frankfurt 1988.

Cohen, Amiram: About Water, the Territories and Intellectual Honesty, in: Davar vom 25. Oktober 1993.

Cohen, Haim: Größte Gefahr des heiligen Terrors ist der unheilige Gegenterror, in: Die Welt vom 14. Mai 1993.

Cohen, Stanley: More Vigilant Than Ever, in: Challenge, 4 (1993) 6, S. 16 f.

Ders.: Ten Questions about Human Rights Work in Israel, in: Challenge, 3 (1992) 1, S. 24–27.

Ders.: Talking About Torture in Israel, in: Tikkun, 6 (1991) 6, S. 23–30 und 89f.

Ders.: The myth of the ›rule of Law‹, in: The Jerusalem Post vom 23. Januar 1989.

Corbin, Jane: Riskante Annäherung. Die Geheimverhandlungen zwischen den Israelis und der PLO in Norwegen, München 1994.

Corsten, Nina: Ungeahnte Gewaltpotentiale, in: taz vom 28. Juli 1993.

Dachs, Gisela: Terror unter dem Davidstern, in: Die Zeit vom 15. April 1994, S. 13–16.

Dies.: »Zeit zum Heilen, Zeit zum Töten, in: Die Zeit vom 4. März 1994.

Dies./Passow, Judah: Zwischen allen Fronten, in: Zeit-Magazin vom 13. Mai 1994.

De Jong, Jan: Expansion and Containment, in: Challenge, 3 (1993) 2, S. 12–14.

Ders.: Annexation and Fragmentation, in: Challenge, 3 (1992) 2, S. 22–24.

Ders.: Jerusalem: A City under Siege, in: Challenge, 3 (1992) 1, S. 14–17.

Ders./Tyler, John: Agreeing to Settle, in: Challenge, 4 (1993) 6, S. 18–21.

Department of State: Country Reports on Human Rights Practices 1992, Washington, D.C. 1993.

Ders.: Country Reports on Human Rights Practices 1991, Washington, D. C. 1992.

Ders.: Country Reports on Human Rights Practices 1990, Washington, D. C. 1991.

Deutsche Sektion der Internationalen Juristenkommission (DJK) (Hrsg.): Die Menschenrechte in Israel, Bd. 9, Heidelberg 1980.

»Die Gewalt korrumpiert«. Interview mit Yeshayahu Leibowitz, in: Der Spiegel, Nr. 5/1993, S. 144.

»Die Trennung ist unvermeidlich«. Interview mit Yeshayahu Leibowitz, in: Die Neue Gesellschaft/Frankfurter Hefte, 40 (1993) 4, S. 296–304.

Diner, Dan: Vor allem ein historischer Kompromiß, in: FAZ vom 14. September 1993.

Ders.: »Keine Zukunft auf den Gräbern der Palästinenser«, Hamburg 1982.

»Ein andauerndes Blutbad«. Interview mit Yassir Arafat, in: Der Spiegel, Nr. 10/1994, S. 136–140.

Ein erster, noch zu kleiner Schritt. Interview mit Felicia Langer, in: Schwäbisches Tagblatt vom 4. September 1993.

Elias, Adel S.: Wer wirft den letzten Stein. Der lange Weg zum Frieden im Nahen Osten, Düsseldorf–Wien–New York–Moskau 1993.

Etwas absolut Neues in der israelischen Politik. Interview mit Amos Oz, in: FR vom 9. September 1993.

Flapan, Simcha: Die Geburt Israels. Mythos und Wirklichkeit, München 1988.

Flores, Alexander: Warum sich die Palästinenser wehren, in: Kontraste, 1/92, S. 22–27.

Ders.: Am Ende der Geduld. Der palästinensische Aufstand gegen die israelische Besatzung, in: der überblick, 2/91, S. 27–30.

Ders.: Intifada. Aufstand der Palästinenser, Berlin 1989.

Ders.: Frieden durch Aufstand? Bewegung im israelisch-palästinensischen Konfikt, in: Jahrbuch Frieden 1990, München 1989, S. 49–56.

Fluch der Palästinenser, in: Der Spiegel, Nr. 38/1993, S. 166–168.

Follath, Erich: Pulverfaß Nahost, in: Stern, Nr. 10/94, S. 20–28.

Forman, David: Raising awareness of human rights, in: The Jerusalem Post vom 15. November 1991.

Fried, Erich: Höre Israel!, in: ders., Gedichte., Bd. 2, Berlin 1993, S. 91–190.

Friede den Tapferen, in: Der Spiegel, Nr. 36/1993, S. 148–155.

Friedman, Hannah: Where have all the Doctors Gone?, in: Challenge, 3 (1992) 6, S. 14–16.

Ghazzawi, Izzat: Point of Departure. Letters from Prison, Jerusalem 1993.

Geiger, Rudolf: Recht der internationalen Beziehungen. Ein Führer durch internationale Abkommen und Organisationen, München 1982³.

Gideon, Levi: Light on the Shin Bet, in: Ha'aretz vom 16. Juni 1991.

Giordano, Ralph (Hrsg.): Deutschland und Israel: Solidarität in der Bewährung. Bilanz und Perspektiven der deutsch-israelischen Beziehungen, Gerlingen 1992.

Gordon, Haim/ Gordon, Rivca (Eds.): Israel/Palestine: The Quest for Dialogue, Maryknoll 1991.

Gordon, Neve: The Writing on the Wall, in: Challenge, 4 (1993) 3, S. 22 f.

Ders./Mazali, Rela: The Vicious Circle of Torture, in: Challenge, 4 (1993) 6, S. 12 f.

Green, Jeffrey M.: The Politics of Israeli Identity, in: Challenge, 3 (1992) 6, S. 34–36.

Gsteiger, Fredy: Das Ende der Zweisamkeit, in: Die Zeit vom 4. März 1994.

Ders.: Die Wunden sollen endlich heilen, in: Die Zeit vom 6. August 1993.

Ders./Passow, Judah: Das Dorf der Verräter, in: Zeit-Magazin, vom 18. September 1992.

Habash, Dalia: Land-Grab Mania, in: Challenge, 5 (1994) 1, S. 18 f.

Herzl, Theodor: Der Judenstaat, Leipzig 1896.

Hirschfeld, Ronald (Hrsg.): Israel im Nahen Osten. Äußere Herausforderungen und innerer Wandel, Düsseldorf 1990.

Hirst, David: Arafat faces dilemma as support falls, in: The Guardian vom 1. Dezember 1993.

Ders.: Thus far and no Fatah for Mr. Palestine, in: The Guardian vom 12. November 1993.

Ders.: The Gun and the Olive Branch. The Roots of Violence in the Middle East, London 1977.

Hoch, Martin: Palästina-Konflikt: Positionen und Perspektiven im Friedensprozeß, in: Aussenpolitik, (1993) 2, S. 163–172.

Honig-Parnass, Tikva: Escalating Oppression: IDF-Settler Violence, in: News from within, IX (1993) 12, S. 1–4.

Dies.: The Oslo Agreement: No Recognition of Palestinian National Rights, in: News from within, IX (1993) 9, S. 2–8.

Hottinger, Arnold: Islamischer Fundamentalismus, Paderborn u.a. 1993.

Ders.: Die Araber vor ihrer Zukunft, Paderborn u.a. 1991.

Hollstein, Walter: Kein Frieden um Israel, Bonn 1977.

Human Rights Watch: World Report. Events of 1991, New York–Washington 1991.

»I Am Paying the Price«. Interview mit Yassir Arafat, in: Newsweek vom 14. März 1994.

»Ich will nach Jerusalem«. Interview mit George Habash, in: Der Spiegel, Nr. 36/1993, S. 152 f.

Im Feuer auferstehen, in: Der Spiegel, Nr. 50/1993, S. 154 f.

In Blut und Feuer, in: Der Spiegel, Nr. 9/1994, S. 156–159.

Informationsstelle Palästina (Hrsg.): Die palästinensische Friedensinitiative. Dokumente, Bonn 1989.

Dies.: Nahost. Friedenskonferenz in Madrid. Dokumente, Bonn 1991.

»I now have a new identity …«. Interview mit Rechtsanwältin Tamar Pelleg-Sryck, in: Challenge, 3 (1992) 2, S. 8–11.

»I Understand the Pain«. Interview mit Yitzhak Rabin, in: Newsweek vom 14. März 1994.

Joffe, Josef: Amen für eine Blaupause, in: SZ vom 15. September 1993.

Ders.: Mißtrauische Sehnsucht nach Frieden, in: SZ vom 10. September 1993.

Ders.: Furiose Flucht nach vorn, in: SZ vom 3. September 1993.

Ders.: Fesseln einer unfreiwilligen Seilschaft, in: SZ vom 17. März 1993.

Kaufman Nunn, Maxine: Jahalin Bedouins Forced to Move Again, in: Challenge, 5 (1994) 1, S. 20 f.

Dies.: Negev Bedouin Demand Fair Treatment, in: News from within, X (1994) 1, S. 26–28.

Dies.: Children under Occupation, in: Challenge, 4 (1993) 6, S. 34 f.

»Keine Anerkennung – keine Aussöhnung. Interview mit Hasmi Bchara, in: Focus, Nr. 37/1993, S. 82.

Kepel, Gilles: Die Rache Gottes. Radikale Moslems, Christen und Juden auf dem Vormarsch, München 1991.

Khamayse, Rassem: Unrecognized Villages. A History of Expulsions, in: Challenge, 3 (1992) 1, S. 20 f.

Kimminich, Otto: Die Staatensouveränität wird durchlässig, in: Vereinte Nationen, 41 (1993) 1, S. 5–10.

Ders.: Einführung in das Völkerrecht, München 1975.

Ders.: Schutz der Menschen in bewaffneten Konflikten, München–Mainz 1979.

Kloke, Martin W.: Israel und die deutsche Linke. Zur Geschichte eines schwierigen Verhältnisses, Frankfurt 1990.

Köhler, Wolfgang: Ein erster Erfolg für Arafat, in: FAZ vom 20. September 1993.

Ders.: Manche Palästinenser fürchten den politischen Ausverkauf an Israel, in: FAZ vom 2. September 1993.

Koydl, Wolfgang: Schamirs Sprengsatz entschärfen, in: SZ vom 27. Juli 1993.

Kremnitzer, Mordechai: Free of the Law's Constraints, in: Ha'aretz vom 15. April 1990.

Land and Water Est. For Studies and Legal Services: The Shelta Land Case & the Methods used for its Expropriation, prepared by Ahmad Qandeel, Jerusalem, March 1992.

Dies.: Settlements & Land Confiscation, Jerusalem, November 1991.

Dies.: House Demolition in the Occupied Territories. Legal Background: Implications and Consequences, prepared by Musa Al–Kurdi, Jerusalem o.J.

Langer, Felicia: My Legal Struggle Against Torture, in: Challenge, 5 (1994) 1, S. 25–27.

Dies.: Lebensbedrohlicher Kolonialismus, in: taz vom 19. April 1993.

Dies.: Ein Deal mit Folgen, in: taz vom 15. Februar 1993.

Dies.: »Ein Schutz, auf den jeder Mensch Anspruch hat«, in: taz vom 4. Februar 1993.

Dies.: Die Zeit der Steine. Eine israelische Jüdin über den palästinensischen Widerstand, Göttingen 1991[4].

Dies.: Zorn und Hoffnung, Göttingen 1991.

Dies.: The Pursuit of Justice and Dialogue. Israeli Persecution of Palestinians, in: Gordon, Haim/Gordon Rivca (Eds.): Israel/Palestine. The Quest for Dialogue, Maryknoll 1991.

Langfur, Stephen: »Moderate Physical Pressure«: An Update, in: Challenge, 3 (1992) 2, S. 27 f.

Ders.: »Moderate Physical Pressure:« How many Volts?, in: Challenge, 3 (1992) 1, S. 28–30.

Leibowitz, Yeshayahu: Division is the only Solution, in: Challenge, 4 (1993) 4, S. 4.

Lawyers Committee for Human Rights: Lawyers and the Military Justice System of the Israeli-Occupied Territories, New York 1992.

Lerch, Wolfgang Günter: Der nächste Schritt, in: FAZ vom 4. Mai 1994.

Ders.: Der Nahost-Prozeß hat sich internationalisiert, in: FAZ vom 17. März 1994.

Ders.: Hebron und die Lehren, in: FAZ vom 26. Februar 1994.

Ders.: Arafat und Rabin, in: FAZ vom 18. Dezember 1993.

Ders.: Im Nahen Osten gilt es nun, den Schwung zu nutzen, in: FAZ vom 15. September 1993.

Ders.: Wird Arafat es schaffen, in: FAZ vom 9. September 1993.

Ders.: Kleiner Krieg im Libanon, in: FAZ vom 29. Juli 1993.

Ders.: Halbmond, Kreuz und Davidstern. Nationalitäten und Religionen im Nahen und Mittleren Osten, Frankfurt 1992.

Lewan, Kenneth M.: Ist Israel Südafrika?, Tossens 1993.

Liga der Arabischen Staaten (Hrsg.): Die Arabischen Länder in Zahlen 1989, o.O., o.J.

Löw, Konrad: Im heiligen Jahr der Vergebung. Wider Tabus und Verteufelung der Juden, Zürich–Osnabrück 1991.

Lübben, Ivesa/Jans, Käthe: Kinder der Steine. Vom Aufstand der Palästinenser, Reinbek 1988.

Marton, Ruchama: The White Coat Passes Like a Shadow, in: Challenge, 4 (1993) 4, S. 32 f.

Mazali, Rela: Complicity in Torture, in: Challenge, 3 (1992) 5, S. 16.

Mejcher, Helmut (Hrsg.): Die Palästina Frage 1917–1948, Paderborn u.a. 1993[2].

Mit den Arabern kein Frieden aus Schwäche. Interview mit Benjamin Netanyahu, in: SZ vom 12. Mai 1993.

Neff, Donald: Der Friedensprozeß, in: The Washington Report on Middle East Affairs, März 1993.

Out Now! Interview mit Tanya Reinhart, in: Challenge, V (1994) 3, S. 5–7.

Oz, Amos: Die Mienenfelder des Herzens räumen, in: taz vom 10. September 1993.

Peace Now: The Real Map. A Demographic and Geographic Analysis of the Population of the West Bank and the Gaza Strip, Report Nr. 5, November 1992.

Peach, Norman: Bantustan Palästina, in: Zeitschrift Demokratie und Recht, (1992) 2, S. 190–208.

Ders./Stuby, Gerhard: Machtpolitik und Völkerrecht in den internationalen Beziehungen, Baden-Baden 1994.

Peres, Shimon: Die Geburtsstunde des Friedens, in: FAZ vom 4. Dezember 1993.

Pinsker, Leo: Autoemanzipation, Berlin 1917.

Ponger, Anne: Die Intifada hat den Alltag verändert, in: SZ vom 9. Dezember 1992.

Rabie, Mohamed: Die Palästinenser und der Friedensprozeß, in: Die Neue Gesellschaft/Frankfurter Hefte, 39 (1992) 2, S. 136–141.

»Rabin belügt die Israelis und uns«. Interview mit Yassir Arafat, in: Der Spiegel, Nr. 6/1993, S. 142 f.

Raheb, Mitri: Ich bin Christ und Palästinenser, Gütersloh 1994.

Reinfeld, Moshe: To investigate Akawi's Death for the Possibility of Manslaughter, Causing Death by Negligence, or Beating, in: Ha'aretz vom 14. Februar 1992.

Rieck, Andreas: Gesamtarabische Solidarität? Die Palästinenser und die Nahost-Verhandlungen, in: Europa-Archiv, 48 (1993) 17, S. 491–498.

Rishmawi, George/Opperskalski, Michael (Hrsg.): Palästina. Unterdrückung und Widerstand, Köln 1982.

Rohlfs, Ellen: Sag, Mutter, wie sieht Frieden aus?, Tossens 1993.

Ross, Thomas: Das Ferment des Nahen Ostens, in: FAZ vom 17. August 1993.

Rosen, Rolly: Tod den Verrätern, in: Freitag vom 21. Januar 1994.

Rühl, Lothar: Objektive Verbündete, in: Die Welt vom 11. März 1994.

Ders.: Arafat gerät zwischen die Fronten, und die Zeit wird knapp, in: Die Welt vom 2. März 1994.

Ders.: Die palästinensische Nationalbewegung vor dem Bruch, in: Die Welt vom 27. August 1993.

Schiff, Ze'ev/Ya'ari, Ehud: Intifada. The Palestinian Uprising – Israel's Third Front, New York 1989.

Schiller, David Th.: Palästinenser zwischen Terrorismus und Diplomatie, München 1982.

Schreiber, Friedrich: Kampf um Palästina. Eine 3000 jährige Geschichte der Gewalt, München 1992.

Ders.: Aufstand der Palästinenser. Die Intifada, Opladen 1989.

Ders./Wolffsohn Michael: Nahost. Geschichte und Struktur des Konflikts, Opladen 1987.

Schriften des Deutschen Roten Kreuzes: Die Genfer Rotkreuz-Abkommen vom 12. August 1949, Bonn 1988[8].

Schröder-Schrader, Petra: Die »normative Kraft des Faktischen«. Israelische Siedlungspolitik seit 1967, Diplomarbeit an der Hochschule für Wirtschaft und Politik, Hamburg, November 1992.

Schwartz, Michal: A House of Their Own, in: Challenge, 5 (1994) 1, S. 22 f.

Dies.: Barbarous Rituals in Hebron, in: Challenge, 4 (1993) 6, S. 24–25 und 31.

Dies.: Road 6 Strikes Again, in: Challenge, 4 (1993) 6, S. 28–30.

Dies.: Paved with bad Intentions, in: Challenge, 4 (1993) 6, S. 14–17.

Dies.: Sitting among the Rubble, in: Challenge, 4 (1993) 4, S. 20 f.

Dies.: In the Wee Hours of the Might, in: Challenge, 4 (1993) 1, S. 12 f.

Dies.: From Tunnels to Roof-tops, in: Challenge, 3 (1992) 2, S. 15–18.

Dies.: Sharon's Star Wars, in: Challenge, 3 (1992) 2, S. 16–19.

Dies.: Sharon's Star Wars: part Two, in: Challenge, 3 (1992) 2, S. 26–28.

Dies.: The Case of Silwan: The Illegality of »Legality«, in: Challenge, 2 (1991) 6, S. 10–13.

Said, Edward: Der Schacher der PLO, in: taz vom 11. September 1993.

Samara, Adel: Israel Swallowing the Economy of Palestinian Cantons, in: News from within, IX (1993) 10, S. 24 f.

Seel, Beate: Das Ende des Ghettos, in: taz vom 11. September 1993.

Dies.: Autonomie im Laboratorium, in: taz vom 6. September 1993.

Sela, Michal: Greater Jerusalem: Israel Speaks the Language of New Housing, in: Davar vom 30. November 1993.

Shahak, Israel: Die Politik der israelischen Arbeitspartei, in: Middle East International vom 30. April 1993.

Ders.: Israeli League for Human and Civil Rights. The Shahak Papers, Beirut 1973.

Shalev, Sharon/Gordon, Neve: Inhuman Conditions at Ketsiot Detention Center, in: Challenge, 5 (1994) 1, S. 28 f.

Shehadeh, Raja: Occupier's Law. Israel and the West Bank, Washington, D.C. 1985.

Ders.: Aufzeichnungen aus einem Ghetto. Leben unter israelischer Besatzung, Berlin–Bonn 1983.

Siegreich im Frieden, in: Der Spiegel, Nr. 37/1993, S. 150–158.

Sielaff, Horst: Die Rechte der Palästinenser dürfen nicht länger verletzt werden, in: Sozialdemokratischer Pressedienst vom 20. April 1994, S. 3 f.

Siemens, Jochen: Frieden im Laborversuch, in: FR vom 31. August 1993, S. 3.

Stein, Rebecca: Dressed to Kill, in: Challenge, 4 (1993) 1, S. 24 f.

Stein, Yehoyakim: A Moderate Psychological Pressure, in: Ha'aretz vom 9. April 1990.

Steinbach, Udo: Das Gaza-Jericho-Abkommen. Wegmarke im Friedensprozeß, in: Aus Politik und Zeitgeschichte, B 21–22/94, S. 3–12.

Susskind, Yifat: Purgatory. House Demolition in Hizmeh, in: Challenge, 4 (1993) 6, S. 22 f. und 31.

Tailoring International Law. Interview mit David Kretzmer, in: Challenge, 3 (1992) 2, S. 14–16.

The Karp Report. An Israeli Government Inquiry into Settler Violence against Palestinians on the West Bank, Washington, D. C. 1984.

Thornhill, Teresa: Making Women Talk. The Interrogation of Palestinian Women Detainees by the Israeli General Security Services, London 1992.

Tibi, Bassam: Drei Hindernisse für den Friedensprozeß im Nahen Osten, in: Europa-Archiv, 49 (1994) 12, S. 357–364.

Ders.: Die fundamentalistische Herausforderung. Der Islam und die Weltpolitik, München 1992.

Tomuschat, Christian: Die Befreiungsbewegungen in den Vereinten Nationen, in: Vereinte Nationen, 22 (1974) 3, S. 65–72 und 22 (1974) 4, S. 110–113.

Torture is the Norm in Israel. Interview mit Rela Mazali, in: Al-Fajr vom 21. Juni 1993.

Turniansky, Meir: License to Kill, in: Challenge, 4 (1993) 3, S. 18 f.

Tyler, John: Wadi Yasoul Scheduled for Demolition, in: Challenge, 5 (1994) 2, S. 14 f.

United Nations Conference on Trade and Development: Report on the Secretary-General on Assistance to the Palestinian People in the Light of the Castagena Decision, 39. Session vom 28. September 1992.

Dies.: The Tourism Sector and related Services in the Palestinian Territory under Israeli Occupation vom 31. December 1991.

United Nations Department of Public Information (Hrsg.): For the Rights of the Palestinians, o.O., December 1992.

United Nations General Assembly: Report on the Committee on the Exercise of the inalienable Rights of the Palestinian People, 48. Session vom 23. November 1993.

Dies.: Report of the Special Committee to investigate Israeli Practices affecting the Human Rights of the Palestinian People and other Arabs of the Occupied Territories, 48. Session vom 16. April 1993.

Dies.: gleicher Titel, 47. Session vom 21. October 1992.

Dies.: gleicher Titel, 47. Session vom 10. January 1992.

Dies.: Report of the Commissioner-General of the United Nations Relief and Works Agency for Palestine Refugees in the Near East, 1. July 1991–30. June 1992, 47. Session, New York 1992.

Dies.: Report of the Committee on the Exercise of the inalienable Rights of the Palestinian People, 46. Session, New York 1992.

United Nations: Jerusalem. Visions of Reconciliation. An Israeli-Palestinian Dialogue, Proceedings of the United Nations Department of Public Information's Encounter for Greek Journalists on the Question of Palestine, 27–28. April 1993, Athens, Greece.

Verhängnisvolle Nähe. Interview mit Hanan Ashrawi, in: Wochenpost vom 7. April 1994, S. 26 f.

Völkerrechtliche Verträge, hrsgg. von Albrecht Randelshofer, München 1991[5].

Waltz, Victoria: Die Erde habt Ihr uns genommen, Berlin 1986.

Warschawski, Michel: Hollow Handshakes and Hypocrites. Palestinian Political Prisoners after Oslo, in: April 17 Magazin, (1993) 4/5, S. 8 f.

Watzal, Ludwig: Das »Gaza-Jericho-Abkommen«. Ein Weg zum Frieden in Israel und Palästina?, in: Schweizer Monatshefte, 74 (1994) 5, S. 9–13.

Ders.: Die Menschenrechtspraxis im israelisch-palästinensischen Verhältnis, in: Orient, 34 (1993) 4, S. 625–635.

Ders.: Zur Lage der Menschenrechte – Die »Folterkonferenz« in Tel Aviv, in: Die Neue Gesellschaft/Frankfurter Hefte, (1993) 10, S. 919–925.

Ders.: »The international struggle against torture and the case of israel, in: Orient, 34 (1993) 2, S. 190–194.

Ders.: Folterpraxis in Israel, in: VDJ Forum. Zeitschrift demokratischer Juristinnen und Juristen, 3/93, S. 22 f.

Ders.: Vom Wahren Frieden noch weit entfernt, in: Rheinischer Merkur vom 31. Dezember 1993.

Ders.: »Arafat hat alles weggegeben und nichts dafür bekommen«, in: Das Parlament vom 12./19. November 1993.

Ders.: Doppelt bedroht, in: Public Forum vom 5. November 1993.

Ders.: Trotz Elend und Trostlosigkeit. Das Schicksal der Palästinenser im Gaza-Streifen, in: FAZ vom 21. August 1993.

Ders.: Wo Legalität die Gewalt tarnt, in: Rheinischer Merkur vom 23. Juli 1993.

Ders.: Gnadenlos und voller Willkür wird gefoltert, in: taz vom 16. Juli 1993.

Ders.: »Die Bürokratisierung der Folter«, in: taz vom 17. Juni 1993.

Ders.: Die PLO verliert an Boden, in: taz vom 5. April 1993.

Ders.: Die Rechtfertigung ist der eigentliche Skandal. Rabins Deportationsentscheidung und das Besatzungsrecht der Engländer, in: FAZ vom 24. Februar 1993.

Ders.: Israel tritt die Menschenrechte der Palästinenser mit Füßen, in: Salzburger Nachrichten vom 11. Februar 1993.

Ders.: Zwischen Demokratie und Intifada. Die Menschenrechte in Israel und den besetzten Gebieten, in: FAZ vom 9. Januar 1993.

Weingarten, Jane: Israeli Human Rights Leaders Speak of Country's Dilemma, in: The Jewish Advocate vom 13. Dezember 1990.

Wertz, Achim: Nahöstlicher Handel, in: FR vom 17. März 1994.

Ders.: Sie fühlen sich palästinensischer als die Palästinenser, in: FR vom 16./17. November 1993.

wgl (Wolfgang Günter Lerch): Nahost-Poker in Kairo, in: FAZ vom 29. Dezember 1993.

Ders.: Historische Entscheidung, in: FAZ vom 10. September 1993.

Wie im Exil, in: Der Spiegel, Nr. 47/1993, S. 176 f.

Wir können Jerusalem nicht einfach den Israelis schenken. Interview mit Almutawakel Taha, in: FR vom 9. September 1993.

Wir sind Vettern. Interview mit Yassir Arafat, in: Focus, Nr. 10/1994, S. 260 f.

»Wir stehen am Scheideweg«, in: Der Spiegel, Nr. 5/1994, S. 126–129.

»Wir werden friedlich nebeneinander leben«. Interview mit Yassir Arafat, in: Der Spiegel, Nr. 38/1993, S. 168–170.

»Wir werden Rabin verklagen«. Interview mit Avigdor Feldman, in: Der Spiegel, Nr. 5/1993, S. 139.

Wolffsohn, Michael: Frieden jetzt? Nahost im Umbruch, München 1994.

Ders.: Dynamik des Friedens, in: Die Welt vom 11. September 1993.

Ders.: Wem gehört das Heilige Land?, München 1992.

Ders.: Ewige Schuld? 40 Jahre Deutsch-Jüdisch-Israelische Beziehungen, München 1988².

Wollin, Amos: Israel macht Jagd auf Hamas, in: taz vom 29. November 1993.

Ders.: Autonomieplan – erster Schritt zur Rückgabe?, in: taz vom 31. August 1993.

Ders.: Israels Ärzteverband gegen Folter, in: taz vom 3. Juli 1993.

Ders.: »Deportationskrise« für Israel beendet, in: taz vom 15. Februar 1993.

Yorke, Valerie: Der ungewisse Weg zum wahren Frieden im Nahen Osten, in: Europa-Archiv, 49 (1994) 8, S. 213–222.

Zumach, Andreas: Wie universell sind die Menschenrechte?, in: taz vom 12. Juni 1993.

Ziv-Goldman, Netta: Review of the Legal Status of Political Detainees, in: WOFPP (Hrsg.), Women for Support of Women Political Prisoners, Jerusalem 1989.

ABKÜRZUNGSVERZEICHNIS

ABC – American Broadcasting Corporation
ACRI – The Association for Civil Rights in Israel
ADP – Arab Democratic Party
AIC – Alternative Information Center
AP – Associated Press
CAP – Custodian for Absentee Property
CBS – Columbia Broadcasting System
CURPD – Cultural Urban and Planning Department
DCI – Defence for Children International
DFLP – Demokratische Volksfront für die Befreiung Palästinas
DOP – Department of Planning
DPC – District Planning Committee
EU – Europäische Union
FAZ – Frankfurter Allgemeine Zeitung
FR – Frankfurter Rundschau
GCMHP – Gaza Community Mental Health Program
GCRL – Gaza Center for Rights and Law
GSS – General Security Service (Shabak/Shin Bet)
Hamas – Bewegung des Islamischen Widerstands
HCJ – High Court of Justice
HLKO – Haager Landkriegsordnung
HPC – Higher Planning Council
HRA – The Arab Association for Human Rights
HTA – Hostile Terrorist Activity
ICCPR – Internationaler Pakt über bürgerliche und politische Rechte vom 19. Dezember 1966
ICJ – International Commission of Jurists
IDF – Israeli Defense Forces
ILA – Israeli Land Authority
IKRK – Internationales Komitee vom Roten Kreuz
IMA – Israeli Medical Association
IMUT – Mental Health Workers for the Advancement of Peace
JNF – Jewish National Fund
IUG – Islamische Universität von Gaza
JPC – Joint Planning Committee

LPC – Local Planning Committee
NII – National Insurance Institute
PCATI – The Public Committee against Torture in Israel
PFLP – Volksfront für die Befreiung Palästinas
PHR – The Association of Israeli-Palestinian Physicans for Human Rights
PHRIC – Palestine Human Rights Information Center
PLHR – Palestinian Lawyers for Human Rights
PLO – Palästinensische Befreiungsbewegung
POHR – Palestinian Organization for Human Rights
RHR – Rabbis for Human Rights
SZ – Süddeutsche Zeitung
Taz – die tageszeitung
UN – United Nations
UNESCO – United Nations Educational, Scientific and Cultural Organization
UNRWA – United Nations Relief and Works Agency for Palestine Refugees in the Near East
VGK – Vierte Genfer Konvention
VNFA – Vereinigte Nationale Führung des Aufstandes
WDR – Westdeutscher Rundfunk
WOFPP – Women's Organization for Political Prisoners
WZO – World Zionist Organization
YMCA – Young Mens Christian Association

ANSCHRIFTEN DER MENSCHENRECHTSORGANISATIONEN

Al-Haq-Palestinian Organization for Human Rights, P.O. Box 1413, Ramallah, Westbank

Amnesty international – Israeli Section, P.O. Box 14179, Tel Aviv 61141

Alternative Information Center, P.O. Box 31417, Jerusalem

Arab Association for Human Rights, P.O. Box 215, Nazareth 16101

Defence for Children International, P.O. Box 8028, Jerusalem

B'Tselem – The Israeli Information Center for Human Rights in the Occupied Territories, 43 Emek Refain St., Jerusalem 93141

Gaza Center for Rights and Law, P.O. Box 1274, Gaza, Gaza-Strip

Gaza Team for Human Rights, Derech Metsada 25817, Beersheba 84755

HaMoked: Center for the Defence of the Individual, 4 Abu Obeidah St., Jerusalem 97200

Imut – Mental Health Workers for the Advancement of Peace, P.O. Box 10166, Jerusalem 91101

Kav La'Oved – Workers Hotline for the Protection of Workers' Rights, P.O. Box 2319, Tel Aviv 61022

Mandela Institute for Political Prisoners, P.O. Box 19543, Jerusalem, via Israel

Palestine Human Rights Information Center, P.O. Box 20479, Jerusalem, via Israel

Palestinian Lawyers for Human Rights, P.O. Box 18, Khan Yunis, Gaza-Strip

Quaker Service – Information and Legal Aid Center, P.O. Box 20166, Jerusalem

Rabbis for Human Rights, P.O. Box 32225, Jerusalem 91999

Society of St. Yves, c/o Notre Dame of Jerusalem Center, P.O. Box 20531, Jerusalem 91204

The Association for Civil Rights in Israel, P.O. Box 8273, Jerusalem 91082

The Association for the Support and Defence of Bedouin Rights in Israel, P.O. Box 5212, Beersheba

The Association of Israeli-Palestinian Physicians for Human Rights, P.O. Box 10235, Tel Aviv 61101

The Association of the 40, 9 Hanadiv Ave, Haifa 34611

The Public Committee Against Torture in Israel, P.O. Box 8588, Jerusalem 91083

Women's Organization for Political Prisoners, P.O. Box 31811, Tel Aviv

NAMENREGISTER

* Hier handelt es sich um Spitznamen, die die wahre Identität der Shin Bet-Verhörer verschleiern sollen.

Thomas Hofmann/Hanno Loewy/
Harry Stein (Hg.)

POGROMNACHT UND HOLOCAUST

Frankfurt, Weimar, Buchenwald ...
Die schwierige Erinnerung an die Stationen der Vernichtung

1994. XII, 200 S. 6 s/w Abb. Br. DM 38,- ISBN 3-412-03293-X

Es braucht kaum betont zu werden, daß die beiden Städte Frankfurt und Weimar in der deutschen Kulturgeschichte viel miteinander verbindet. Doch daß 1938 mehr als 2600 jüdische Frankfurter nach Buchenwald deportiert wurden, ist in beiden Städten kaum bekannt. Was lag näher, als gemeinsam an dieses Stück Weg "Deutscher Kultur" zu erinnern. Die Erinnerung an dieses Ereignis ist widersprüchlich, und das nicht nur, weil es darum geht, zwischen Deutschland-West und Deutschland-Ost wieder zu einer gemeinsamen Sprache zu finden.

BÖHLAU VERLAG WEIMAR KÖLN WIEN

Puschkinstr. 1, D -99423 Weimar

BÖHLAU